百衲本二十四史

魏書

上海涵芬樓景印北平圖
書館江安傅氏雙鑑樓吳
興劉氏嘉業堂及涵芬樓
藏宋蜀大字本原書板高
二十三公分寬十九公分

薛辯　　寇讚
酈範　　韓秀
堯暄

薛辯字允白其先自蜀徙於河東之汾陰因家
焉祖陶與薛祖薛落等分統部衆故世號三薛
父彊復代領部落而祖落子孫微弱彊遂摠攝
三營善綏撫爲民所歸歷石虎苻堅常憑河自
固仕姚興爲鎮東將軍入爲尚書彊卒辯復襲

統其營爲興尚書郎建威將軍河北太守辯稍
僑傲頗失民心劉裕辯擧營降裕司馬
德宗拜爲寧朔將軍平陽太守及裕失長安辯
來歸國仍立功於河際太宗授平西將軍雍州
刺史賜爵汾陰侯泰常七年卒於位年四十四
子謹字法順容見魁偉頗覽史傳劉裕擒泓辟
相府行參軍隨裕渡江尋轉記室參軍辯將歸
國密使報謹遂自彭城來奔朝廷嘉之授河東
太守後襲爵平西將軍汾陰侯謹所治與屈丐

連接結士抗敵甚有威惠始光中世宗詔奚斤
討赫連昌勅謹領偏師前鋒鄉導旣剋蒲坂世
祖以新舊之民并爲一郡謹仍爲太守遷秦州
刺史將軍如故山胡白龍憑險作逆世祖詔鎮
南將軍奚眷與謹自太平北入討平之除安西
將軍涪陵公刺史如故太延初征吐沒骨平之
謹自郡遷州威惠兼備風化大行時兵荒之後
儒雅道息謹命立庠教以討書三農之暇悉令
受業躬巡邑里親加考試於是河汾之地儒道

興焉眞君元年徵還京師除內都坐大官五年
爲都將軍從駕北討以後期與中山王辰等斬於
都南時年四十四尋贈鎮西將軍秦雍二州刺
史諡曰元公
長子初古拔一曰車輅拔本名洪祚世祖賜名
沉毅有器識年始弱冠司徒崔浩見而奇之眞
君中蓋具擾動關右薛永宗亦據河側世祖親
討之乃詔拔糾合宗鄉壁於河際二寇往來之
路事平除中散賜爵永康侯世祖南討以拔爲

都將從駕臨江而還又共陸真討反氐仇傸檀
彊免生平之皇興三年除散騎常侍尚西河長
公主拜駙馬都尉其年拔族叔劉或徐州刺史
安都據城歸順勳拔詣彭城勞迎除冠軍將
南豫州刺史延興二年除鎮西大將軍開府進
爵平陽公三年拔與南兗州刺史游明根南陽
平太守許公舍等以治民著稱徵詣京師顯祖親
自勞勉復令還州太和六年改爵為河東公八
年三月詔拔入朝暴病卒年五十八贈左光祿
大夫諡曰康

長子龕字寧宗少有父風弱冠拜中散襲爵鎮
西大將軍河東公除懸瓠鎮將蕭賾遣將冠邊
詔以為都將與穆亮等拒於淮上尋授持節義
陽道都將十四年文明太后公除高祖詔諸刺
史鎮將曾經近侍者皆聽赴闕傸隨例入朝屬
開革五等降公為侯十七年高祖詔趙郡
王幹司空穆亮為西道都將時幹年少未涉軍
旅高祖乃除傸假節假平南將軍為幹副軍行

達哀父以著關qing死班師又為都將共討秦州反
敗支西　生擒斬之除立忠將軍河北太守郡
帶山河路多盜賊有韓馬兩姓各二千家恃
彊馮險最為狡害劫掠道路侵暴鄉閭亂至郡
之日即收其餘魁二十餘人一時戮之於是羣
盜懾氣郡中清肅二十三年秋遇疾卒於郡時
年四十四諡曰敬

子裔字豫孫襲爵性甚豪爽盛營園宅賓客俊
以恣嬉遊歷歲尚書左外兵郎左軍將軍遷征虜
將軍中散大夫出為洛州刺史卒贈平西將軍
岐州刺史

子孝紳襲爵稍遷前將軍太中大夫孝紳音行
險薄坐事為河南尹元世儁所劾死後贈征西
將軍華州刺史

傸弟　字崇業廣平王懷　　　令汝陰太守

子修仁司空行參軍

修仁弟玄景陳留太守

拔弟洪隆字菩提解褐陽平王國常侍稍遷河

東太守

長子驎駒好讀書舉秀才除中書博士和九
年蕭賾使至乃詔驎駒兼主客郎以接之十年
秋遇疾卒時年三十五贈寧朔將軍河東太守
謚曰宣
長子慶之守慶之少聰敏頗以學業聞解褐奉朝請領
侍御史遷廷尉丞廷尉寺隣接北城曾夏日於
寺傍執得一狐慶之與廷尉正博士崔纂窐或以
城狐狡害宜速殺之或以長育之月宜待秋分
二卿裴延儁哀翻互有同異雖曰戲謔詞義可
觀事傳於世轉尚書郎兼尚書左丞為并肆行
臺賜爵龍立子行并州事遷征虜將軍滄州刺
史為葛榮攻圍城陷毒患卒後贈右將軍華州
刺史
慶之弟英集性通率隨舅本宗在揚州積年以
軍功歷司徒鎧曹參軍稍遷治書侍御史通直
散騎常侍卒
驎駒弟鳳子自從都洛邑鳳子兄弟移屬華州

河西郡焉太和二年為太子詹事尹丞本州中正
世宗登祚轉太尉府鎧曹參軍稍遷治書侍御
史正始初為持節征義陽軍司還京其年秋卒
時年四十九贈陵江將軍光城太守
鳳子弟驥奴州主簿
洪隆弟破胡州治中別駕稍遷河東太守征虜
池都將有六子
將軍為高祖所知世宗踐祚除輔國將軍齊州
長子聰字延智有世譽累遷治書侍御史宣閣
景茂弟通頗有文學永安中中尉高道穆引
長子昊景茂司州記室從事猗氏令早卒
刺史卒於州贈征虜將軍華州刺史
為御史麻止中書舍人中書侍郎常山太守遇惡
疾而卒
聰弟道智尚書郎卒
子長瑜天平中為征東將軍洛州刺史擊賊潼
關沒於陳贈都督冀豪定太三州諸軍事車騎將
軍冀州刺史

道智弟仙智郡功曹

仙智弟曇賢卒於國子博士

小子景淵尚書左民郎

曇賢弟和字導穆解褐大將軍劉昶府行參軍

轉司空長流參軍除太尉府主簿遷諫議大夫

永平四年正月山賊劉龍駒擾亂夏州詔和發

汾華東秦夏四州之眾討龍駒平之和因表立

東夏州世宗從之又行正平潁川二郡事除通

直散騎常侍蕭衍遣將張齊寇晉壽詔和兼尚

書左丞為西道行臺節度都督傅豎眼諸軍大

破齊軍正光初除左將軍南青州刺史卒於州

年五十五贈安北將軍瀛州刺史

長子元信定末中軍將軍儀同開府長史

和弟季令奉朝請

破胡弟破氏為本州別駕早卒四子

長子敬賢為鉅鹿太守

破氏弟積善為中書博士臨淮王提友

子隆宗太原太守

冠讚字奉國上谷人因難徙濡馮翊万年父脩之

字延期符堅東萊太守讚弟謙之有道術世祖

敬重之故追贈脩之安西將軍秦州刺史馮翊

公賜命服諡曰哀公詔秦雍二州為立碑於墓

又贈脩之母為馮翊夫人及宗從追贈太守讚少

令侯子男者十六人其臨民者七郡五縣讚弟

以清素知名身長八尺姿容嚴毅非禮不動符

堅僕射韋華華州里高達雖年時有異恒以風味

相待華為馮翊太守召為功曹後除襄邑令姚

泓滅秦雍人千有餘家推讚為主歸順拜綏遠

將軍魏郡太守其後秦雍之民來奔河南滎陽

河內者尸至万數拜讚安遠將軍南雍州刺史

軹縣侯治于洛陽立雍州之郡縣以撫之由是

流民繈負自遠而至參倍於前賜讚爵河南公

加安南將軍領護南蠻校尉仍刺史分洛豫二

州之僑郡以益之雖位高爵重而接待不倦初

讚之未貴也嘗從相者唐文相文曰君額上黑

子入情位當至方伯封公及貴也文以民禮拜

謁仍曰明公憶民疇昔之言乎爾曰但知公當
貴然不能自知得爲州民世讚曰往時卿言杜
瓊不得官長人咸謂不然父瓊被選爲鷔至令
卿猶言相中不見而瓊果以暴疾未拜而終昔
魏舒見主人兒死自知已至公吾常以卿言讚
瓊之驗亦復不息此望也乃賜文衣服良馬
悼惜之謚曰宣穆
君九年卒年八十六遺令薄葬斂以時服世祖

二百八十　魏列傳三十　　九

長子元寶襲爵爲豫州別駕興安元年卒贈安
南將軍豫州刺史
子祖龍襲爵高祖時爲安南將軍東徐州刺史卒
子靈孫襲緒陽太守
元寶弟虎皮有才器本縣令
虎皮弟臻字仙勝年五十二遭父憂居喪以孝稱
輕財好士顯祖末爲中川太守時馮熙爲洛州
刺史政號貪虐仙勝微能附之其得其意轉弘
農太守後以母老屢求解任父乃從之高祖初

母憂未闋以恒農大盜張熾等賊害良善徵爲
都將與荆州刺史公孫初追捕之拜振武
將軍北陽鎮將有威惠之稱遷建威將軍鄖州
刺史及高祖南遷鄖州地爲王畿除弘農太守
坐受納爲御史所彈遂廢卒於家
長子祖訓順陽太守
祖訓弟治字祖禮自洛陽令稍遷鎮遠將軍東
荆州刺史代下之後蠻民以刺史鄖道元峻刻
請治爲刺史朝議以邊民宜悅乃以治代道元

三百卅九　魏列三十　　十　胡廣十四

進號征虜將軍坐遣戍兵送道元免官治兄弟
並孝友敦穆白首同居父亡雖父節開堂列拜垂
所處堂宇備設幃帳八杖以時
淚陳薦若宗廟然吉凶之事必先啟告遠出行
反亦如之治世宗末遷前將軍河州刺史在任
數年遇赦免父之兼廷尉卿又兼尚書畏避勢
六條會赦免父之兼廷尉卿又兼尚書畏避勢
家承顏色不能有所執據尋遷金紫光祿大
夫是時蠻反於三鵶治爲都督追討戰沒贈持

節都督雍華歧三州諸軍事衛大將軍七兵尚
書雍州刺史昌平男
治弟彌兼尚書郎為城陽王徽所親待永安末
徽避令朱兆脫身南走歸命於彌彌不納遣人
加害時論深責之後沒關西
治長子勰之字長明白直後建義中出除冠軍
將軍諫議大夫仍直後奏朝請冊遷鎮遠
東荊州刺史兼尚書郎為荊邸行臺毛代遷
將軍普泰中龍襲爵又為東荊州刺史永熙中鎮
東將軍金紫光祿大夫武定四年卒年五十八
酈範字世則小名記祖范陽涿鹿人祖紹慕容
寶濮陽太守太祖定中山以郡迎降授兗州監
軍父高天水太守範世祖時給事東宮高宗踐
祚追錄先朝勳賜爵永寧男加寧遠將軍以
治禮郎奉遷世祖恭宗神主於太廟進爵為子
征南大將軍慕容白曜南征範為左司馬師次
無鹽劉彧戍主申纂憑城拒守識者僉以攻具
未周不宜便進範曰今輕軍遠襲裝深入敵境無

宜淹留又稽機候且算纂必以我軍來速不去攻
守謂方城可憑弱卒可恃此天亡之時今若
外潛威形內整密厲我旅士出其非意可一
攻而剋之白曜曰一日縱敵數世之患今若舒
遲民心固矣司馬之策是也遂潛軍偽退示以
不攻算纂果不設備於是即夜部分旦便騰城崇
朝而剋白曜將盡以其人為軍實範曰宜邑有
之地世號東秦不遠為經略恐未可定也今皇
威始被民未霑澤連城有懷貳之將旄邑有拒
守之夫宜先信義示之軌物然後民心可懷二
州可定白曜曰此良策也乃免之進次肥城白
曜將攻之範曰肥城雖小攻則淹日得之無益
軍聲失之有損威勢且見無鹽之卒死者塗炭
成敗之機足為臨金戒若飛書告喻可不攻自伏
縱其不降亦當逃散白曜乃以書曉之肥城果
潰白曜目範於眾曰此行也得卿三齊不足定
矣軍達升城劉彧太原太守房崇吉棄母妻東
走或青州刺史沈文秀遺其寧朔將軍張元孫

奉牋歸款請軍接拯曰曜將遣偏師赴之範曰
桑梓之戀有懷同德文秀家在江南青土無墳
柏之累擁眾數萬勁甲堅城彊則拒戰勢屈則
走師未逼之朝夕無患竟何所畏巳求援軍且
觀其使詞煩而顏愧視下而志怯幣厚言甘誘
我也若不遠圖懼廚軍勢既進無所取退逼盤陽
敵紙羊觸藩羸角之謂未若先守歷城平盤陽
下梁鄒剋樂陵然後方軌連鑣揚旌直進何患
不靈漿路左以迎明公者哉曰曜曰卿前後納
策皆不失衷衷今日之筹吾所不取何者道固孤
城裁能自守盤陽諸戍勢不野戰文秀必亂珍
意在先誠天與不取後悔何及範曰短見猶謂
不虛歷城根本多遣軍則歷城之固不立少遣
陽爲諸城心脫文秀還歷城既據東
眾則無以懼敵叛閉門拒守偏師
在前爲其所挫梁鄒諸城追擊其後文秀身率
大軍必相乘迫腹背受敵進退無途雖有韓白
恐無全理願更思審勿久賊計中曰曜乃止遂

表範爲青州刺史以撫新民後進爵爲侯加冠
軍將軍遷尚書右丞後除平東將軍青州刺史
假范陽公範前解州還京也夜夢陰毛拂踝他
日說之時齊人有占夢者曰史武進云家盛於
齊下矢使君臨撫東秦道光海代必當重牧全
夢果如其言具時範將元伊利表範與外賊
通高祖詔範曰卿身非功舊位無重班所以超
遷顯爵任居方夏者正以勤能致遠離外無殊
效亦未有負時之愆而鎮將伊利妄生姦撓表
卿造舡市玉賣外賊交通規陷卿罪覘覦州任
有司推驗虛實目顯有罪者今伏其辜矣卿其
明爲籌略勿復懷疑待卿別犯處刑及鞭令恕
刑罷鞭止罰五十卿宜克循綏輯邊服稱朕意
也還朝年六十二卒於京師謚曰穆範五子道
元在酷吏傳
道元第四弟道慎字善季善涉歷史傳有幹略自
奉朝請遷尚書三千石郎中加威遠將軍爲漢

川行臺迎接降歆以功除散騎常侍領郎中轉輔
國將軍驍騎將軍出為正平太守治有能名遷長
樂相正光五年卒年三十八贈後將軍平州刺史
子中字伯偉武定初司徒刑獄參軍
道慎弟約字善禮起家奉朝請再遷冠軍將軍
司徒諮議參軍樸質遲鈍頗愛琴書性多造請
好以榮利干謁乞丐不已多為人所笑弄坎壈
於世不免飢寒晚歷東萊魯郡二郡太守為政
清靜吏民安之年六十三武定七年卒

範弟神虎尚書左民郎中
神虎弟慶子懌字幼和好學有文才尤長吏幹
正光中刺史裴延儁用為主簿令其修起學校
又舉秀才射策高第為奉朝請後延儁為討胡
行臺尚書引為行臺郎以招撫有稱除尚書外
兵郎仍行臺郎及延儁解還行臺長孫稚又引
為行臺郎加征虜將軍懌頗兼武用常以功名
自許每進計於雅多見納用以功賞魏昌縣開
國子邑三百戶懌在軍啟求減身官爵為父請

贈詔贈慶征虜將軍安州刺史懌後與唐州刺
史崔元珍固守平陽武泰中企朱榮稱兵赴洛
懌與元珍不從其命為榮行臺郎中樊子鵠所
攻城陷被害時年三十六世咸痛惜之所作文
章頗行於世末司空長流參軍
子懷則武定末撰慕容氏書不成
慶弟神期中書博士
神期弟白虎昌黎人也祖宰慕容儁謁者僕射
韓秀字白虎昌黎人也
父晡皇始初歸國拜宣威將軍騎都尉秀歷吏
任稍遷尚書郎賜爵昌子拜廣武將軍高宗
稱秀聰敏清辨才任喉舌遂命出納王言并掌
機密行幸遊獵隨侍左右顯祖踐阼轉給事中
參征南慕容白曜軍事延興中尚書奏以敦煌
一鎮介遠西北寇賊路衝慮或不固欲移就涼
州羣官會議僉以為然秀獨謂非便曰此虧國
之事非關土之宜愚謂敦煌之立其來已久雖
土隣彊寇而兵人素習縱有姦竊不能為害循

常置戍足以自全進斷比狄之覘途退塞西夷
之闕路若徙就姑臧慮人懷異意或貪留重遷
情不願徙脫引寇內侵深為國患且敦煌去涼
州及千餘里捨近就遠防有闕一旦廢罷是
啟戎心則夷狄交構互相來往恐醜徒恊契是
竊涼土及近諸戍則關右荒擾烽警不息邊役
煩興艱難方甚乃從秀議太和初遷內侍長後
為平東將軍青州刺史假漁陽公在州數年卒

子務龍襲爵

▍魏書傳三十

務字道世性端謹有治幹初為中散稍遷太子
翊軍校尉時高祖南征行梁州刺史楊靈珍謀
叛以務為統軍受都督李崇節度以討靈珍有
戰功授後軍長史徵赴行在所還遷長水校尉
景明初假節行肆州事轉左中郎將寧朔將軍
試守常山郡又為征蠻都督李崇司馬崇掃蕩
羣蠻除近畿之患務有力焉後除鎮北府司馬
初試守常山府解復為平北長史務頗有受納
為御史中尉李平所劾付廷尉會赦免後除龍

十七　毕伯

驤將軍郢州刺史務獻七寶牀象牙席詔曰晉
武帝焚雉頭裘朕常嘉之今務所獻亦此之流
也奇麗之物有乘風素可付其家人還人邊取李旻
馬道進等許殺蕭衍黃坂戍主率戶來降務信
之遣兵千餘人近接戶既不至而詐表破賊坐
以免官父之拜冠軍將軍太中大夫進號左將
軍神龜初卒

堯暄字辟邪上黨長子人也本名鍾葵後賜為
暄祖僧賴太祖平中山興趙郡呂含首來歸國
暄聰了美容貌為千人軍將東宮吏高宗必其
恭謹擢為中散奉使齊州檢平原鎮將及長史
貪暴事後推情診理皆得其實除太尉中給事兼
比部曹事後轉南部大夫中遷南部尚書于時
始立三長暄為東道十三州使更比戶籍賜獨
車一乘廄馬四匹時蕭賾遣其將陳顯達寇邊
以暄為使持節假中護軍都督南征諸軍事平
陽公軍次許昌會陳顯達遁走暄乃班師暄前
後從征及出使檢察三十餘許度皆有克己奉公

▍魏書傳三十

十八　度

之稱賞賜衣服二十具綵絹十匹細絹千餘段
奴婢十口賜爵平陽伯及改置百官授太僕卿
車駕南征加安南將軍轉大司農卿太和十九
年卒於平城高祖為之舉哀贈安北將軍相州
刺史贈帛七百匹初暄使徐州見州城樓觀嫌
其華盛乃令往毀撤由是後更損落及高祖
幸彭城聞之曰暄猶可追斬
暄長子洪襄爵鎮北府錄事參軍
子樂字永壽元象中開府儀同三司樂城縣開
國公
洪弟遵伏波將軍河州冠軍府府長史臨洮太守
卒贈龍驤將軍謚曰思
遵弟榮貞外散騎侍郎
子雄字休武元象中儀同三司豫州刺史城平
縣開國公
雄弟奮宇彥興和中驃騎將軍穎州刺史
奮弟難宗武定中征西將軍南歧州刺史征羌
縣開國伯

呂舍既歸國從至京師給賜田宅
子方生機識明辯卒於主書郎贈建武將軍定
州刺史高邑子謚曰敬
子受因寫待御中散典官曹累遷外都曹令
轉北部給事秦州刺史卒於官
史臣曰薛辯讚歸身有道並以款勤見嘉議
敦煌得馼遠之籌務武夫鄙詐貢林飾賓彙而
不御斯乃人主之盛德堯暄聰察奉公以致名
位禮加存歿有餘榮矣

列傳第三十

魏書四十二

魏書四十三

嚴稜　　毛脩之
房法壽
唐和　　劉休賓

嚴稜馮翊臨晉人遇亂避地河南劉裕以為廣
威將軍陳留太守戌鬲君垣泰常中山陽公奚斤
南討軍至潁川稜率文武五百人詣斤降驛送
稜朝太宗於冀州嘉其誠款拜平遠將軍賜爵
部陽侯假荊州稜隨駕南討還為上客及世
祖踐祚以稜歸化之功除中山太守有清廉之
稱年九十卒於家
子雅玉龍襲爵真君中詔雅玉副長安鎮將元蘭
率眾一万迎漢川附化之民入自斜谷至甘亭
劉義隆梁州刺史王玄載遣將拒嶮路不得通
班師太和二年太倉令五年出為平南將軍東
兗州刺史假馮翊公卒
子曇龍襲爵
毛脩之字敬文滎陽陽武人也父瑾司馬德宗

梁秦二州刺史劉裕之擒姚泓留子義真鎮長
安以脩之為司馬及赫連屈丐破義真於青泥
脩之被俘遂没統萬世祖平赫連昌獲脩之神
麁中以脩之領具兵討蠕蠕大檀以功拜吳兵
將軍領步兵校尉後從世祖征平涼有功遷散
騎常侍前將軍光禄大夫脩之能為南人飲食
手自煎調多所適意世祖親待之進太官尚書
賜爵南郡公加冠軍將軍常在太官主進御膳
從討和龍別破三堡賜奴婢牛羊是時諸軍攻
城宿衛之士多在戰陳行宮人少雲中鎮將朱
脩之劉義隆故將也時從在軍欲率吳兵謀為
大逆因入和龍箕浮海南歸以告脩之脩之不
聽乃止是日無脩之大變幾作朱脩之遂亡奔
馮文通又以脩之收三堡功多遷特進撫軍大
將軍金紫光禄大夫位次崔浩之下浩以其中
國舊門雖學不博洽而猶涉獵書傳每推重之
與共論說言次遂及陳壽三國志有古良史之
風其所著述文義典正皆揚于王廷之言微而

魏傳三十

顯婉而成章班史以來無及臺哿者脩之曰昔在
蜀中閭長老言壽嘗為諸葛亮門下書佐被撻
百下故其論武侯云應變將略非其所長浩乃
與論曰承祚之評亮乃有故義過美參譽案其
迹也不為負之非挾恨以云然夫亮之
州退入巴蜀誘奪劉璋偽連孫氏守窮蹐跼之
相劉備當九州鼎沸而不能與曹氏會英雄奮發之時弃荆
相得魚水為喻而不能與曹氏爭天下委弃荆
地儌號邊夷之間此策之下者可與趙他為偶

而以為管蕭之亞匹不亦過乎謂言賕亮非為
失實且亮既據蜀恃山嶮之固不達時宜弗量
勢力嚴威切法控勒蜀人矜才負能高自矜舉
欲以邊夷之眾抗衡上國出兵隴右再攻祁山一
攻陳倉跮遲失會摧屈而及後入秦川不復
攻城更求野戰魏人知其意閉壘堅守以不戰
屈之知窮勢盡憤結攻中發病而死由是言之
豈合古之善用將見可而進知難而退者乎脩之
謂浩言為然太延三年為外都大官卒謚曰恭

魏傳三十一

公脩之在南有四子唯子法仁入國高宗初
為金部尚書襲爵後轉殿中尚書加散騎
常侍法仁聲壯大至於軍旅田狩唱呼
處分振於山谷和平六年卒贈征東大將
軍南郡王謚曰威
長子猛虎太安中為東宮主書轉中舍人又遷
中散大夫初龍襄爵為散騎常侍皇興中蠕蠕犯
塞從顯祖討之有勇決之稱太和初卒贈豫州
刺史謚曰康公
子乾祐襲
子泰寶襲爵征虜將長史例降為侯卒
朱脩之者劉義隆司徒從事中郎守滑臺安頡
圍之其母在家乳忽出母號慟告家人曰我
年老非復有乳汁之時今忽出母必殞矣果
以其日為頡所擒世祖善其固守授以內職以
宗室女妻之而侫馬輕薄為人士所賤為雲中
鎮將及入馮文通送之江南
唐和字稚起晉昌宜安人也父瑤以涼土喪亂

民無所歸推隴西李暠於敦煌以寧一州李氏
為沮渠蒙遜所滅和與兄契攜外甥李寶員避難
伊吾招集民衆二千餘家臣於蠕蠕蠕蠕遣蠕蠕以契
為伊吾王經二十年和與契遣使來降為蠕蠕
騎討和至白力城和率騎五百先攻高昌蠕蠕與率
所逼遂擁部落至于高昌蠕蠕遣部帥阿若率
阿若戰歿和收餘衆奔前部王國時沮渠安周
屯橫截城和攻拔之斬安周兄子樹又剋高寧
白力二城斬其戍主遣使表狀世祖嘉其誠款

魏傳三十一　　　五　　　何澄

屢賜和後與前部王車伊洛擊破安周斬首
三百世祖遣成周公萬度歸討焉耆詔和與伊
洛率所領赴度歸和奉詔會度歸討龜茲度
東六城因共擊波居羅城拔之後同征龜茲度
歸令和鎮焉者時柳驢戍主乙直八真伽率諸胡將
據城而叛和領輕騎二百匹入其城擒乙真伽
斬之由是諸胡欵附世祖剋平和有力也正平
元年和詣關世祖優寵之待以上客高宗以和
歸誠先朝拜鎮南將軍酒泉公太安中出為濟

州刺史其有稱績徵為內都大官評決獄訟不
加捶楚察疑獲實者甚多世以是稱之皇興中
卒年六十七贈征西大將軍太常卿酒泉王諡
曰宣

子欽字孟直中書學生襲爵太和中拜鎮南將
軍長安鎮副將轉陝州刺史將軍如故後降爵
為侯二十年卒

子景宣襲爵歷井州城陽王徽後軍府長史加
中堅將軍遷東郡太守普泰中卒贈撫軍將軍
秦州刺史

景宣弟本李弼武定中滄州別駕

魏傳三十一　　　六　　　邵耳

契子玄達性果毅有父風與叔父和歸闕俱為
上客拜安西將軍晉昌公顯祖時出為華州刺
史將軍如故杏城民蓋平定聚衆為逆顯祖遣
給事中楊鍾葵擊平定不剋而還詔安達討平之
杏城民成亦本又聚黨自號為王遍掠郡縣殘
害百姓平原復聚為亂玄達追擊來恶平之延興三年

有罪免官太和十六年降爵爲侯卒

子崇字繼祖襲爵盛樂太守

崇弟與業定陽閏熙

劉休賓字處幹本平原人祖昶從慕容德度河
家于北海之都昌縣父伯劉裕時北海太守
休賓必好學有文才兄第六人秉民遷幽州等皆
有時譽休賓爲劉或虎賁中郎將稍遷幽州之令
史鎮梁鄒及慕容白曜軍至升城遣人說之或皆
降休賓不從劉或龍驤將軍崔靈延行勃海郡
房靈建等數十家皆入梁鄒同舉休賓爲征虜
兗州會劉或遣使授休賓輔國將軍兗州剌史
休賓妻崔邪利女也生一男字文曄崔氏先歸
寧在魯郡邪利之降也文曄母子遂與俱入國
至是白曜表請崔與文曄旣至白曜以報休賓又
於北海執延和妻子送至梁鄒巡視城下休賓
苔白曜許歷城降當即歸順密遣兼主簿尹文
達向歷城觀國軍形勢文達詣白曜詐言聞王
臨境故來祇候私謂白曜曰劉休賓父子兄弟

累郡連州令若識運知機束手歸化不審明王
加何賞敘白曜曰休賓仕南爵寵如此今若不
勞兵甲望風自降者非直處卿富貴兼還其
婦兒休賓縱令不畏攻圍豈不憐其妻子也今
升城卿自往見休賓見休賓妻子丈
曄攀援文達哭泣號咷以爪髮爲信文達回還
復經白曜誓約而去白曜曰卿是休賓耳目腹
心親見其妻子又知我來旅少多善共量宣白
求多福文達還見休賓出其妻兒爪髮兼宣
曜所言及國軍形勢謂休賓曰升城已敗歷城
非朝則夕公可早圖之休賓撫爪髮泣涕曰妻
子幽隔誰不愍乎吾荷南朝厚恩受寄邊任今
顧妻子而降於臣節足乎然而密與其兄子聞
慰議以爲降計聞慰曰此故當文達詐耳年常
抄掠豈有多軍也休賓又謂文達撫彊兵勤肅衛方城狹
嶮何爲便生憂怯示人以弱也休賓於是
曰卿勿憚危苦更爲吾作一返善觀形勢於是
遣文達偷道而出令與白曜爲期剋日許送降

欽文達既至白曜喜曰非直休賓父子荷榮城
內閻豪亦隨人補授卿便即為梁鄒城主以酒
灌地啟告山河曰若負休賓使我三軍覆沒初
白曜之表取休賓妻子也顯祖以道固既叛詔
授休賓持節平南將軍冀州刺史平原公至是
付文達詔策文達還謂休賓曰白曜信誓如此
公可早為決計恐攻逼之後降悔無由休賓於
是告兄子聞慰曰事勢可知汝草作降書聞慰
沈疑因執不作遂差本契白曜尋遣信聞慰於
許赤虎夜至梁鄒南門下告城上人曰汝語劉
休賓何由遣文達頻造僕射許送降文歸誠大
化何得無信違期不來於是門人唱告城內悉
知遂相維持欲降不得皆云休賓父子欲以
我城內人易榮位也尋被攻逼經冬至春歷城
降白曜遣道固子景業與文曄至城下休賓知
道固降乃出請命白曜送休賓及宿有名望者
十餘人俱入代都為客及立平齊郡乃以梁鄒
民為懷寧縣休賓為縣令延興二年卒

文曄有志尚綜覽群書輕財重義太和中坐從
兄聞慰南叛與二弟文顯季友被徙北邊高祖
特聽還代高曄大言於路側曰
來見聖明申宣父屈高祖遣尚書李沖宣詔問
曰卿欲何言聽卿而自申盡於是引見文曄對
曰臣之陋族出自平原魯郡太守崔以臣
齊以來八九十載具君十一年世祖太武皇帝
巡江之日時二歲隨外祖燕亂流離河居
於鄒山歸國邪利蒙賜四品除廣寧太守以臣
年小不及齒錄至天安之初皇威遠被臣亡父
休賓劉氏持節兗州刺史戍梁鄒時慕容白曜
以臣父居全齊之要水陸道衝青冀二城往來
要路三城岳峙並拒王師白曜知臣母子先在
代京表請臣母子慰勞臣白曜遣右司馬盧河內等
詣軍又賜云父既見亡父遣知臣母子先在
送臣母子至鄒臣既見亡父澤云五乃蒙
本朝寵遇捍禦藩屏尊卑百口並在二城吾若
先降百口必被誅滅既不固誠於本朝又令尊

卑塗炭豈堪為人臣以奉大魏乎汝且申吾意
白僕射降意已判平歷城即率士衆送款軍前
既剋歷城白曜遣赤虎送臣并崔道固子景業
等向梁鄒亡父既見赤虎之信仰感聖朝遠遣
妻子又知天命有歸擁衆一万以城降款並蒙
赴臺蒙為客例臣私竊察深重亡父以延興二年
孤背明世血誠微心未獲申展如臣等比並蒙
榮爵為在事孤抑以廢勳高祖曰卿訴父賞
而卿父無勳歷城齊之西關歸命請順梁鄒小

■魏列傳三十一 十一 崔

戍豈能獲全何足以為功也文曄對曰誠如聖旨
愚臣所見猶有未申何者昔樂毅破齊七十餘
城唯有即墨獨在此豈非根亡而條立且夫降
順之人驗之古今未有不由危逼者故黃權無
路歸款列地封侯且薛安都畢衆敬危投命
並受茅土之爵論古則如彼語今則如此明明
之世不及此流竊惟梁鄒嚴固地據中齊要支
十載控弦數千万方之升城不可同日而語孤
城猶能抗兵累旬傷殺甚衆若臣亡父固守孤

城則非一朝可剋高祖曰歷城既陷梁鄒便是
掌中何煩苦力對曰若以聖旨白曜便應窮兵
極意取曬俯仰何為上假赤虎之信下衡知變
之民高祖曰卿父此勳本自至少以卿才地豈
假殺勳對曰臣庸愚六蔽文武無施竊見絕九皐
聞天無曰遭逢聖運方死猶生但臣竊見徐州
刺史張讜所戍團城領二郡而已徐兗降後猶
閉門拒命授以方獄始乃歸降父子二人並蒙

■魏書傳三十一 十二 章文鄴

侯爵論功比勤不先臣父高祖曰卿引張讜讜
事小異對曰臣未識異狀高祖曰張讜始來送
款終不差信卿父進非先覺退又拒守何得不
異對曰張讜父子始有歸順之名後有閉門之
罪以功補過免其罪為幸臣又見崔僧祐母弟
其叔父道固在歷城僧祐遣張讜讜始來及恐母
弟淪亡督率鄉閭來欲救援既至郁州歷城已
沒束手歸誠救母弟之命聖朝嘉其附化賞以
三品亡父之誠豈後僧祐高祖曰僧祐身居東

海去留任意來則他人是故賞之卿

父被圍孤城已是已物所以不賞對曰七父攄

城歸國至公也僧祐意計而來為私也為蒙

賞至公不酬臣未見其可高祖笑而不言比部

尚書陸叡叱文曄曰假令先朝謬賞僧祐豈可

謬相賞也文曄曰先帝中代聖主與日月等曜

比隆競舜宰相則十亂五臣今言謬賞豈不仰

誣先朝乎尚書高閭曰卿謂母弟與妻子何者

為重文曄曰母弟間曰卿知母弟與妻子為重朝

■魏傳三十一　十三

廷賞僧祐是也卿父為妻子而來事何相反對

曰僧祐若無母弟來歸以不來文曄曰

若僧祐赴母弟之難此是其私而亡父本為大

丈夫立身處世豈可顧妻子而虧高節世樂

羊食子有顧以不亡父本心實不垂顧所以歸

化者自知商周亦有途天命有所歸高祖謂文曄

曰卿之所許頗亦有賞從重訓從輕尋勑酬

叙文曄泣曰臣愚頓理極再見無期陛下飲垂

慈澤願勑有司特賜矜理高祖曰王者無戲何

待勳勳既而賜文曄爵都昌子深見待遇拜協

律郎中改授羽林監世宗除高陽太守延昌

中卒贈平遠將軍光州刺史謚曰貞

子元襲拜員外郎襄威將軍青州別駕卒

文顥性仁孝篤厚徐州安豐王府騎兵參軍

季友南青州左軍府錄事參軍

聞尉博識有才思至延興中南叛

休賓叔父旅之其妻許氏二子法鳳法武而旋

之早亡東陽平許氏攜二子入國孤貧不自立

■魏傳三十一　十四

並踸踔薄不倫為時人所棄母子皆出家為尼既

而反俗太和中高祖選盡物望河南人士十才學

之徒咸見申擢法鳳兄弟無可收用不蒙選授

後俱奔南法武後改名孝標云

房法壽小名烏頭清河繹幕人也幼孤少好射

獵輕率勇果結群小而為劫盜從叔元慶範鎮

等坐法壽被州郡切責時月相繼宗族其惠之

弱冠州迎主簿後以母老不復應州郡之命常

盜殺牺牛以共其母招集壯士常有百數母亡

歲餘遇沈文秀崔道固起兵應劉子勛明僧暠
劉乘民起兵應劉彧攻討文秀法壽亦與清河
太守王玄邈起兵西屯合討道固玄邈以法壽
為司馬累破道固軍甚為歷城所憚加法壽綏
邊將魏郡太守子勛死為歷城固文秀悉復歸或
乃罷兵道固憚其扇亂百姓遂切遣之而法壽
外託裝辦而內不欲行會從弟崇吉奔還舊
慕容白曜所破母妻沒於白曜軍崇吉為
宅法壽與崇吉年志粗相諧協而親則從兄

弟也崇吉以母妻見獲託法壽為計法壽既不
欲南行恨道固通切又歆崇吉情理時道固以
兼治中房靈賓督清河廣川郡事成盤陽法壽
遂與崇吉潛謀龍靈賓克之仍歸款於白曜以
贖母妻白曜遣將軍長孫觀等自大山南入馬
耳關以赴盤陽還崇吉母妻初道固軍圍盤
陽法壽等拒守二十餘日觀軍至賊乃散走觀
軍入城詔以法壽為平遠將軍與韓麒麟對為
冀州刺史督上租粮以法壽從父弟靈民為清

河太守思順為濟南太守伯
憐為廣川太守叔王為高陽太守叔王兄伯
為河間太守伯王從父弟思安為樂陵太守思
安弟幼安為高密太守以安初附及歷城梁鄒
降法壽崇吉等與崔道固劉休賓俱至京師以
法壽為上客崇吉等為次客崔劉為下客法壽供
給亞於安都等以功賜爵壯武侯加平遠將軍
給以田宅奴婢性好酒愛施親舊賓客率同飢
飽坎壇常不豐足畢眾敬等皆尚其通愛太和

中卒贈平東將軍青州刺史諡敬侯
子伯祖龍例降為伯歷齊郡內史伯祖闇弱妻
事於功曹張僧皓僧皓大有受納伯祖衣食不
充後廣陵王羽為青州伯祖為從事中即平原
相轉幽州輔國長史坐公事免官卒
子翼龍驤宣威將軍大城戍主來安中青州太傅
開府從事中郎
伯祖弟叔祖別以功賜爵魏昌子歷廣陵王國
郎中令長廣東萊二郡太守龍驤將軍中散大

叔祖弟幼愍安豐新蔡二郡太守坐事奪官居
家忽聞有客聲出無所見還至盤陽也城中禼以
所緊遂卒初長孫觀之將至盤陽為家群犬
震懼時劉或給事中崔平仲欲歸江南自歷下
至圍城軍中與十餘騎遇共常禁靈賓密遣
人捕執之始法壽克盤陽之後常禁靈賓於別
齋既得平仲引與同室致酒食叙國軍明將入
意夜中比城上縋出平仲靈賓等十餘人厭明

魏傳三十一 十七 王業

官軍至城靈賓遂歸梁鄒

靈賓文漆不如兒靈建而辯悟過之靈建在南
官至州治中教海太守以才名見稱兄弟俱入
國為平齊民雖流漂屯坦操尚卓然並卒於平
齊

靈建子宣明亦文學著稱雅有父風高祖擢為
中書博士遷洛轉議郎試守東清河郡正始中
京兆王愉出除征東冀州以宣明為記室參軍
愉反逼宣明為太守

靈賓從父弟堅字千秋少有才名亦內徙為平
齊民太和初高祖擢為秘書郎遷司空諮議齊
州大中正高祖臨朝令諸州中正各舉其所知千
秋與幽州中正陽尼各舉其子高祖曰昔有一
祁名垂往史今有一奚當聞來嗤出為濮陽太
守世宗時復為司空諮議加立忠將軍卒贈南
青州刺史諡曰懿

魏傳三十一 十八 佑

贈安東將軍濟州刺史
長子祖淵羽林監從章武王融討葛榮沒於陳
祖淵弟祖皓長水校尉後討蕭衍將於九山戰
歿贈撫軍將軍兗州刺史
崔平仲自東陽奔妻子於歷城入國太和中
高祖聽其還南
思安有勇力伯玉果敢有將略思安賜爵西安
子建威將軍北平太守遷大司馬諮州武
昌王府司馬高祖南代徵為步兵校尉直閤將
軍中統軍善撫士眾高祖嘉之漢陽既平復為
武昌王司馬帶東魏郡太守加寧朔將軍改爵

清河子卒官子敬寶襲爵

敬寶亦壯健奉朝請征北中兵參軍北征統軍

靈遠將軍每有戰功早卒

子去病龔襲

鸞南陽太守高祖南伐剋宛外城命舍人公孫

延景宣詔於伯玉曰天無二日土無兩王是以

躬摠六師湯一四海宛城小戍豈足以禦抗王

威深可三思封侯胙土事在俯仰伯玉對曰

臣荷國厚恩奉任疆境為臣之道未敢聽命伏

惟遊鑾遠涉願不損神高祖又遣謂曰朕親率

麾旆遠清江沔此之小戍當足徘徊王師但戎

輅所經纖介須殄宜量力三思自求多福且卿

早蒙蕭賾殊常之眷曾不懷恩報以塵露蕭鸞

安言入繼道成纂卿又無子遺卿不能建忠於前

君方立節於逆豎卿之罪一又頃年傷我偏師

卿之罪二今瘞旆親戎清一南服不先面縛待

罪麾下卿之罪三卿之此戍多則一年中則百

日少則三旬剋殄豈遠宜善思之後悔無及伯

玉對曰昔蒙武帝愷悌之恩忝侍左右此之厚

遇無忘夙夜但繼主失德民望有歸主上龍飛

踐極光紹大宗輯寧厲將士以救蒼生實兼武皇

入寇擾邊輙厲勤勤狠狠不敢失隆此乃邊戍常

事陛下不得垂責及剋宛伯玉面縛而降高祖

引見伯玉并其參佐二百人詔伯玉曰朕承天

馭宇方欲清一寰域卿蕞爾小戍敢拒六師卿

之愆罪理在不赦伯玉對曰臣既小人備荷驅

使緣百口在南致拒皇略罪合萬死高祖曰凡

立忠抱節比皆應有所至若奉逆君守迷節克

所不為卿何得事逆賊蕭鸞自貽伊譴伯玉對

曰臣愚癡晚悟罪合萬斷今遭陛下願乞生命

高祖曰凡惟有兩途知機獲福背機受禍勞

我王師彌歷歲月如此為降何人有罪且朕前

遣舍人公孫延景城西共卿語云天無二日土

無二王卿荅云在此不在彼天道依遠變化無

方卿寧知今日在此不在彼乎伯玉乞命而巳
更無所言高祖以恩安頻為伯玉泣請故令還
之伯玉在南之日放妾楊氏為尼入國遂令還
俗復愛幸焉為有司所奏高宗聽之世宗即位
拜長史兼游擊將軍出為馮翊相卒官
崇吉少驍勇為沈文秀中兵參軍及崇吉督郡
靈越率眾棄郡南赴子勛文秀以崇吉為崔道
事既而背文秀同於劉或母叔在歷城為崔道
固所拘繫又將致刑於市以恐之而崇吉卒無

▲魏列傳三十 二十一 ▼ 施室

所顧會道固歸或乃出其母或以崇吉為龍驤
將軍并州刺史領太原太守戍升城崇吉以其
從兄靈獻為長史賈延年為司馬未幾而
白曜軍至白曜遣人招之崇吉不降遂開門固
守升城至小人力不多勝伏者不過七百人而
白曜侮之乃遣眾陵城崇吉設土草方梁下相
春擊不時剋殄白曜遂築長城圍三重更造攻
具日夜攻擊自二月至四月粮矢俱盡崇吉突
圍出走遁藏民舍母妻見復道固遣洛中房靈

實慰引之崇吉不肯見道固遂東歸舊村隆募
壯士欲以偷母還奔河南白曜慮其如此守備
城民為歸安縣崇吉為縣令頗懷昔憾與道固
嚴固後與法壽取盤陽俱降及立平齊郡以歷
接事意甚不平後委縣出臺訟道固罪狀數條
會救不問崇吉乞解縣許之傅京師半歲乃南
奔崇吉夫婦異路剃髮為沙門改名僧達投其
族叔法延住歲餘清河張略之亦家俠士也崇
吉遺其金帛吊得以自遣妻從幽州南出亦得相

▲魏傳三十一 二十二 ▼ 宋疍

會崇吉至江東尋病死
崇吉從父第三益字敬安於南陽內附高祖與
語善之曰三益了了殊不惡拜員外散騎侍郎
尋出為太山大守轉兗州左軍府司馬所在以
清和著稱除左將軍正光中卒年六十三九
子
長子士隆弟八和中東清河大守世帶盤陽鎮將
士隆弟士達少有才氣其族兄景先有鑒識每
曰此兒俶儻終當大其門戶起家濟州左將軍

府舍曹參軍時京兆王羆為大將軍出鎮關右
聞其名徵補騎兵參軍領帳內統軍孝昌中其
鄉人劉蒨生劉鈞房須等作亂攻陷郡縣頻敗
州軍時士達父憂在家刺史元欣欲逼其為將
士達以禮固辭乃命其友人馮元興謂之曰
今合境從逆賊徒轉熾若萬一陷州君家當宣得
獨全既急病如此安得顧名敬也士達不得已
而起率州郡之二千餘人東西討擊悉破平
之武泰初就家拜平原太守抑挫豪彊境內肅

【魏傳三十一】 二十三 吳春

然時邢杲寇亂憚其威名越郡城西度不敢攻
逼永安末轉濟南太守士達不入京師而頻為
本州郡時人榮之永安末介朱兆入洛刺史蕭
贊為城民趙洛周等以士
達鄉情所歸乃就郡請之命攝州事永熙二年
卒年三十八時人傷惜之贈平東將軍齊州刺
史諡曰武
士達弟士素武定末太尉諮議參軍
士素弟士章 尚書郎

法壽族子景伯字長暉高祖諱謹避地渡河居於
齊州之東清河繹幕焉祖元慶仕劉駿歷十郡
太守後子業為沈文秀青州建威府司馬劉或之殺
子業自立也子業弟子勛起兵攻文秀遣其
將劉珍之率兵助或後背或歸子勛元慶不
同為文秀所害父愛親率勒部攻文秀劉或
嘉之起家授龍驤將軍尋會文秀降或乃止顯
祖時三齊平隨例內徙為平齊民以父非命疏
服終身景伯生於桑乾少喪父以孝聞家貧傭

【魏傳三十一】 二十四 徐義

書自給養母甚謹尚書盧淵稱之於李沖沖時
典選拔為奉朝請司空祭酒給事中尚書儀曹
郎除齊州輔國長史值刺史死勑行州事政存
寬簡百姓安之後值清河太守杜昶外叛郡居
山險盜賊群起除清河太守郡民劉簡虎曾失
禮於景伯聞其臨郡閤家逃亡景伯督切屬縣
捕擒之即署其子為西曹掾命喻山賊賊以景
伯不念舊惡一時俱下論者稱之舊守令六年
為限限滿將代郡民韓靈和等三百餘人表訴

乞留復加二載後遷太尉中郎司徒諮議參軍
輔國將軍司空長史以母疾去官景伯性淳和
涉獵經史諸弟宗之如事嚴親及弟妓亡疏食
終喪甚不內御憂毀之如居重其次弟景
先亡其幼弟景遠甚年哭臨亦不內寢景
標牓人物無所推尚每云景伯有士大夫之行
業及母亡景伯居喪不食鹽菜因此遂為水病
積年不愈孝昌三年卒于家時年五十贈左將
軍齊州刺史
子文烈字光申冑孤貧無資從師其母自授毛詩
曲禮年十二請其母曰可使兄傭賃以供景
先也請自求衣然後就學母長其小不許苦請
從之遂得一羊求忻然自足晝則樵蘇夜誦經
史自是精勤遂大通贍太和中例得還鄉郡辟
功曹州舉秀才值州將卒不得對策解褐太學
博士時太常劉芳侍中崔光當世儒宗歎其精

博光遂奏兼著作郎修國史尋除司徒祭酒
員外郎侍中穆紹又啟景先撰世宗起居注累
遷步兵校尉領尚書郎齊州中正所歷皆有當
官之稱景先沈敏方正事兄恭謹出告反面晨
昏參省側立移時兄亦危坐對賓客
曾寢疾景先侍湯藥衣冠不解形容毀瘁親友
見者莫不哀之神龜元年蕭衍冠行臺發二荊兵
能據東義陽城內屬勅景先為行臺發二荊兵
以援之在軍遇疾而還其年卒於家時年四十
贈持節冠軍將軍洛州刺史諡曰文景先作
五經疑問百餘篇其言該典允行於時文多略
舉其切於世教者
問王者受命木火相生曰五精代感稟靈者興
金德方隆禎發華渚水運告昌瑤光啟祚人道
承天天理應實受謝旣彰安命若契相生之義
有允不違至如湯武革命殺伐是用水火為次
遵而不改旣事乖代終而數同納麓逆順且殊
禎運宜異而兆徵不差有疑符應

問禹以鯀配天舜不尊父曰明明上天下土是
冒道高者貢宸四方神積者郊原斯主是以則
天不能私其子紹堯不敢尊其父鯀既罪不能
山川受殛於羽裔化質與鱗甲為羣銘精不能
上乘箕尾而厚尊配於國陽當升煙不能
存及躬以亂祀典降上帝為罪鬼之賓奏夾鍾
為介蟲之樂奉天之道不乃有渝乎

問湯尊稷廢柱曰神積道存異世同尊刑山見
享綿紀前代成湯革命承天當徂陽之運不思

二七

理數之有時黜元功於百世且畢箕感應風雨
異徵尊播殖之靈而邀澇澍之潤升廢之道無
乃謬與若柱一不合薦夏應失之於前如以歲
父宜遷百神可計日而代求之二三未寇往旨
問湯剗桀欲遷夏社為不可武王滅紂以亳社
為亡國之誡曰神無定方唯人為主道協無為
天地是依桒德弗承崇百靈更祀周武承天禮存
咸秩升后稷當四圭之尊貶土祇隔牲幣之享
就如言之稷稟靈威誠允聿追之宜社非商祖

孝孚乃考之备　殷鑒致誠何獨在斯
問易著革命之文而無揖讓之象曰玄黃剖別
人道為尊合靈行化故義始元首是以飛龍啟
徵大人載就及細蘊相推帝圖異序虞賓以為
善終順守有斬未盡不顯揖讓之象而著已曰
之美豈可兆巨寶為貽厥之謀訓万世而開安
忍之　關求之反衰未識理恕

問周禮秋官司烜氏邦若屋誅為明竈正焉曰王
道貴產法理尚恩崔德見食八象載其美五宥

天一

三刺禮經寶其仁是以祿父巨釁殷禮不輟三
監亂德蔡猶存罪莫極於無上逆莫甚於違
天行大辟禍不及族理正刑惩止於身何惡當
參夷之禍何戾受淪殄之辜
問儀禮經繼母出嫁從為之服傳玄義終其恩曰
繼母配父本非天屬與尊合德名義以興兼鞠
育有加禮服其重既體達義盡棄節墅慈作嬪
異門為鬼他族神道不全何終恩之有方齊服
是追哭於叩次苟存降重無刀過猶不及乎

問禮記生不及祖父母父母稅喪已則否曰服
以恩制禮由義立慈母三年孫無緦葛者以威
非天屬報養止身祖雖異域恩不及已但正體
於下可無服乎且縞冠玄武子姓之服緦練之
後纔經已除猶懷慘素未忍從吉況斬焉為初之
創巨方始復乎之實尚歐緇襲奉哀苦次而無
從天人倫所重保育異宗承奉郊覿而乃肆極
追襲孝子孝孫豈天理是與
問左氏傳齊人殺哀姜君子以為不可曰受醯
齋桓匡翼四方正存刑矩割不忍之恩行至公
之法方生旣違以殺為甚而神道幽默禍降未
期雖窮勃履朝臣不宜絀事反人靈咎將有
所施之取衷靴為優允
問公羊傳王者之後郊天曰神不謬享帝無妄
尊介丘偏祀猶不歆李氏之旅昊天至重豈可
納廢饗之處唐虞已往事無斯典三后已降始
見其文揖讓之冑禮不上通昏瘠後燼四主是

主此便至道相承乾無二統純風旣改玄牝肆
尊禮不虛革庶昭異聞
問穀梁傳魯僖三十一年夏四月卜郊不從乃
免牲傳曰乃者亡乎人之辭也曰樂以觀風禮
為教本其細已甚民不堪命齊不加兵於周
典傳公魯之盛君告誡慶祀穆卜迎吉況斬
不至若推咎於天則神不棄鑒歸德於人則頌
聲宜替旣命龜失辰靈威弗眷郊享不從酖天
斯缺卽傳所言殆非虛美何承而制

問尚書胤征義和詰其罪乃季秋月朔辰弗合
於房曰衡紀不移日月有度炎涼啓辰次舍無
代履端屢臻餘成閏是以爰命義和升準祖
節使晷數應時火流協運致望舒後律耀靈爽
次卽官[缺]永容可為愆玄象一差未成巨庆且
鈔秋豈回星之辰授化作合璧之月叙食弗當
積失加誅律度暫差便遘殄絕仁者之兵義不
妄興王赫斯舉將有異說
問毛詩十月之交朔日辛卯日有食之亦孔之

醜曰日月次周行舍有常分至之候不爲慾各
今同之辰而爲深炭者專以金木相殘指日成
霧推步不一容可如之若讁見正陽日維戍午
生育相因猶子歸母但以陰陽得無深忌乎若
爲忌也朔亦應爲灾如不忌也辛卯豈獲成醜
且舉凡之始以屬月時繫之在日有爽明例義
不妄構理用何依
問論語河不出圖泣麟自傷曰聖人禀靈天地
資識未形齊生死於一同等榮辱於彼我孔子

自生不辰徙心告齒樂正既修素王斯著方興
吾已之歎結反袂之悲進涉無上之心退跡負
杖之懼聖達之理無乃缺如符璽郎王神貴咎
之名爲辯疑合成十卷亦有可觀前廢帝時奏
上之帝親自執卷與神貴徃復嘉其用心特除
神貴子鴻彥爲奉朝請
景先子延祐武定末太子家令
景遠字叔遜重然諾好施與頻歲凶儉分贍宗
親又於通衢以食餓者存濟甚衆平原劉郁行

經濟奕之境忽遇刼賊已殺十餘人次至郁郁
呼曰與君鄉近何忍見殺賊曰若言鄉里親親
是誰郁曰齊州主簿房陽是我姨兄陽是景遠
小字賊曰我食其粥得活何得殺其親遂還衣
服蒙活者二十餘人景遠好學史傳不爲章句天
性小急不類家風然事二兄至謹撫養兄孤恩
訓甚篤益州刺史傅豎眼慕其名義啓爲昭武
府功曹參軍以母老不應豎眼頗恨之卒於家
子敬道永熙中開府參軍事

史臣曰嚴稜夙款可嘉脩之晚有誠効唐和方
里慕義歸身著績休實窮而委質法壽伯玉末
能投命景伯兄弟儒風雅業良可稱焉

羅結
　伊馛
乙瓌
　和其奴
苟頹
　薛野䐗
宇文福
　費于
孟威

羅結代人也其先世領部落為國附臣劉顯之
謀逆也太祖去之結翼衛鑾輿從幸賀蘭部後
以功賜爵屈她侯太宗時除持節散騎常侍寧

【魏傳三十二】

南將軍河內鎮將世祖初遷侍中外都大官摠
三十六曹事年一百七歲精爽不衰世祖以其
忠慤甚見信待監典後宮出入卧內因除長信
卿年一百二十詔聽歸老賜大寧東川以為居
業并為築城即號曰羅侯城至今猶存朝廷每
有大事驛馬詢訪焉年一百二十歲卒贈寧東
將軍幽州刺史諡曰貞
子斤太宗時為侍御中散後從世祖討赫連昌
世祖追奔入城昌邀擊左右多死斤力戰有功

世祖嘉之後錄勳除散騎常侍侍中四部尚書
又加平西將軍後平涼州攻城野戰多有克捷
以功賜爵帶方公除長安鎮都大將蠕蠕侵
境馳馬徵還除柔玄鎮都大將後以斤機辯勑
與王俊使蠕蠕迎女備後宮又以本將軍開府
為長安鎮都大將卒贈本將軍雍州刺史諡曰
靜陪葬金陵
子敦襲爵有姿兒善舉止自太子洗馬稍遷散
騎常侍庫部尚書卒贈安東將軍幽州刺史諡
曰恭　　　　　　【魏書傳三十二】　二

子伊利高宗時襲爵除內行長以沈密小心恭
勤不怠領御食羽獵諸曹事伊利魯曾病顯祖幸
其宅自視醫藥其見待如此稍遷散騎常侍儀
曹尚書出為安東將軍宛州刺史善撫導在州
數年邊民歸之五千餘戶高祖時蠕蠕來寇詔
伊利追擊之不及而反後依例降為侯除司農
卿光祿大夫卒世宗初贈征比將軍燕州刺史
諡曰靜

李五

子阿奴亦忠實寬夏言有智度以勳臣之子除侍
御中散龍驤爵稍遷中散大夫卒
子殺思龍襲爵武泰中驃騎將軍南青州刺史
敦弟拔歷殿中尚書賜爵濟南公高祖時進爵
為王除征西將軍吏部尚書改封趙郡王後例
降為公卒贈窆東將軍定州刺史諡曰康陪葬
金陵
子道生肆州安北府外兵參軍卒
子延天興中驃騎將軍左光祿大夫

結從子渥渥子提並歷通顯提從世祖討赫連
昌有功賜昌女為妻
子雲早有名位顯祖時給事中西征勅勒為賊
所龍長殺
子蓋世宗時右將軍直閣將軍轉龍驤將軍濟
州刺史卒贈本將軍苑州刺史
長子臨累遷冠軍將軍岐州刺史入除散騎常
侍金紫光祿大夫主衣都統卒贈侍中都督冀
定瀛三州諸軍事尚書右僕射司空公衛將軍

冀州刺史以孝靜外戚故也
臨金弟衡累遷天水樂陵二郡太守輔國將軍光
州刺史
結宗人彌善射有贅力世祖時為軍將數從征
伐有功官至范陽太守卒贈幽州刺史
彌孫念字子懷武定中驃騎將軍膠州刺史
伊馛代人也少而勇健走及奔馬善射多力
牛却行神麚初擢為侍郎轉三郎賜爵汾陽子
加振威將軍世祖之將討涼州也議者咸諫唯
司徒崔浩勸世祖決行羣臣出後馛言於世祖
曰若涼州無水草何得為國議者不可用也宜
從浩言世祖善之旣剋涼州世祖大會於姑臧
謂羣臣曰崔公智計有餘吾亦不復奇之吾正
奇馛弓馬之士而所見能與崔浩同此深自可奇
顧謂浩曰馛智力如此終至公相浩曰誠如公言
書然後為學衞青霍去病亦不讀書貴能大建
勳名致位公輔世祖笑曰誠如公言馛世恵謹
世祖愛之親待日殊賞賜優厚真君初世祖欲

拜馥為尚書封郡公馥辭曰尚書務殷公爵至
重非臣年少愚所宜荷任請收過恩世祖問
其欲馥曰中祕二省多諸文士若恩矜不巳請
參其次世祖賢之遂拜為中護將軍祕書監以
進爵河南公興光元年拜司空及為三公清約
軍興安三年遷征北大將軍都曹尚書加侍中
世祖親任之從幸瓜步頻有戰功進號鎮軍將
史恩化大行百姓思之轉殿中尚書常典宿衛
功賜爵安侯加冠軍將軍後出為東雍州刺
年薨
子蘭襲散騎常侍庫部尚書卒
自守為政舉大綱而巳不為苛碎太安二年領
太子太保三年與司徒陸麗等並平當書事五
子盆生驍勇有膽氣初為統軍累有戰功遂為
名將以勳賜爵平城子神龜二年自驍騎將軍
直間將軍為持節右將軍洛州刺史與荊州刺
史淮南王世遵曾陽太守崔模俱討襄陽不剋
而還坐免官後除安西將軍光祿大夫又為撫

軍將軍太僕卿假鎮西將軍西道別將每戰頻
捷自崔延伯之後盆生為次焉進號征西將軍
行岐州刺史復為西道都督戰歿贈車騎將軍
雍州刺史永熙中重贈驃騎大將軍儀同三司
定州刺史
子武平司徒祭酒
武平弟武榮直閤將軍
馥族孫豹子武衛將軍
豹子從子琳亦武衛將軍
乙瓌代人也其先世統部落世祖因留之瓌便弓馬善
慕國威化遣瓌入貢世祖時瓌父匹知
射手格猛獸贄力過人數從征伐甚見信待尚
上谷公主世祖之女也除鎮南將軍駙馬都尉
賜爵西平公從駕南征除使持節都督前鋒諸
軍事每戰身先士卒勇冠三軍後除侍中征東
將軍儀同三司定州刺史進爵為西道都將和
平中薨時年二十九贈太尉公諡曰忠
子乾歸襲爵年十二為侍御中散及長身長八尺有

氣幹頗習書疏尤好兵法復尚恭宗女安樂公
主除駙馬都尉侍中顯祖初除征西將軍泰州
刺史有惠政高祖初即位爲征西道都將軍又爲
中道都將軍延興五年卒時年三十一贈左光祿
大夫開府儀同三諡曰康
子海字懷仁少歷侍御中散散騎侍郎卒時年
四十一贈散騎常侍備將軍濟州刺史諡曰孝

[三百金] [魏傳三十二] [七] [潘用]

子瑗字雅珍尚淮陽公主高祖之女也除駙馬
都尉汝南王友固辭不拜歷濟南太守時爲逆
賊劉桃攻郡瑗踰城獲免後都督李子權仁討桃
平之瑗乃還郡後除司農少卿銀青金紫左右
光祿大夫中軍將軍兗州刺史天平元年舉
兵應樊子鵠與行臺左丞宗顯戰敗死時年四
十六
瑗弟諧字遵和武定中司馬
諧弟琛字仲珍解褐司空參軍事稍遷東平濟
陰二郡太守散騎常侍卒時年四十九
和其奴代人也少有操行善射御初爲三郎轉

羽林中郎以恭勤致稱賜爵東陽子除舊武將
軍高祖初遷尚書加散騎常侍遷爵平昌公拜
安南將軍遷尚書左僕射太安元年詔君臣議
立皇太子名其以奴與司徒麗等以爲宜以德命
名帝從之又與河東王閭毗太宰常英等並
中高宗乙渾與株金閭撾殺尚書楊保平等
諸將潛傳不進久囚未決其奴與尚書毛法仁
等窮問其狀連日員伏和平六年遷司空加侍

[魏傳三十二] [八] [元]

尚書事在官慎法不受私請時以西征吐谷渾
殿中尚書元郁殿中宿衛士欲加兵於渾渾
懼歸各於金閭執金閭以付郁時其奴以金閭
罪惡未分乃出之爲定州刺史皇興元年長安
鎮將東平王道符反詔其奴領征西大將軍率
殿中精甲萬騎以討之未至而道符敗軍還三
年薨內外咸歎惜之贈平昌王諡曰宣
子天受襲爵初爲內行令太和六年遷弩庫曹
下大夫卒
尚頹代人也曾祖烏提登國初有勳於太祖賜

吳甯子父洛跋內行長穎性厚重少言嚴毅清
直武力過人擢為中散小心謹敬世祖南討以
穎為前鋒都將母臨敵對戰常先登陷陳世祖
至江賜爵建德男加甯遠將軍還遷奏事中散
至涼州作曹遷內行令轉給事中遷司衛監以
本將軍拜洛州刺史為政剛嚴抑彊扶弱坐豎
畏威不敢為寇承明元年文明太后令百官舉
才堪幹事人足委此者於是公卿咸以穎應選
徵拜散騎常侍尋遷侍中安東將軍
都曹尚書進爵河南公穎方正好直言雖文明
太后生殺不允穎亦言至亷切未曾　諫李訢
李敷之誅也穎並致諫太后不從三年遷征北
大將軍司空公進爵河東王以舊老聽沙門步挽
杖於朝大駕行幸三川穎留守京師沙門法秀
謀反穎率禁衛收掩畢獲內外晏然駕還飲至
文明太后曰當爾之日卿若持疑不即收捕處
分失所則事成不測矣今京畿不擾宗社獲安

者實卿之功也七年詔曰穎為台鼎論道定寄
歷奉四朝庸績彌遠宜加崇異以彰厥功自茲
已後可永受復除十三年冬薨高祖痛悼者又
之贈賵有加諡僖王
長子愷累遷冠軍將軍柔玄懷荒武川鎮大將
襲爵河東王例降為公正光二年卒贈平北將
軍恒州刺史
子寶武定中北梁太守
愷弟養炪兵校尉早卒
養弟資武騎侍郎河間太守太僕少卿汲郡太
守遷龍驤將軍肆州刺史還除武衛將軍加後
將軍延昌末卒贈平北將軍并州刺史并給帛
二百匹布二百匹諡曰愍
子景蚤莊帝時撫軍將軍金紫光祿大夫
穎弟若周散騎常侍尚書太和中安南將軍豫
州刺史穎川侯卒贈光祿大夫
若周弟壽樂太和中北部尚書安南將軍懷州
刺史假山陽公未拜尋除散騎常侍殿中尚書

晉安侯卒贈安東將軍冀州刺史

頗從叔孤少以忠直稱太宗即位以定策功拜
車騎將軍後除鎮軍大將軍幷州刺史博陵公
不治產業死之日家無餘財百姓追恩之

薛野䐗代人也父達頭目姚萇率部落歸國太
祖嘉其忠歟賜爵聊城侯散員大夫待以上客
之禮賜妻鄭氏達頭閣雅恭慎太祖深器之
贈平南將軍冀州刺史謚曰悼野䐗少失父母
養於宗人利家及長好學善射其宗初召補羽
林遷給事中典民籍事校計戶口號為稱職賜
爵順陽子野䐗少孤父侯不龔至是錫爵和平
中除平南將軍幷州刺史進爵河東公轉太州
剌史在治有聲卒年六十一贈散騎常侍大將
軍幷州刺史謚曰簡

子虎子姿見牡韋明斷有父風年十三入侍高
宗太安中遷內行長典奏諸曹事當官正直內
外憚之及文明太后臨朝出虎子為柔頭鎮將
虎子素剛簡為近臣所疾因小過黜為鎮門士

及顯祖南巡次於山陽虎子拜訴於路曰臣昔
事先帝過露重恩陛下在諒闇之日臣橫罹非
罪自擯黜此蕃已經多載不悟今日得奉聖顏
遂流涕嗚咽顯祖曰卿先帝舊臣久屈非所良
用憫然詔虎子侍行訪以政事數十里中占對
不絕時山東飢饉盜賊競起相州民孫海等五
百餘人稱虎子在鎮之日土境清晏訴乞虎子
乃復除枋頭鎮將即日之任至鎮數州之地盜
徒屏跡顯祖璽書慰喻後除平南將軍相州刺

史顯祖崩不行太和二年襲爵三年詔虎子督
三將出壽春與劉昶南討四年徐州民相和等
叛逆屯於五固詔虎子為南征都副將與尉元
等討平之以本將軍為彭城鎮將至鎮雅得民
和除開府徐州刺史時州鎮戍兵資絹自隨不
入公庫任其私用常苦飢寒虎子上表曰臣聞
金湯之固非粟不守韓白之勇非粮不戰故

用兵以來莫不先積聚然後圖之兼幷者也今江
左未賓鯨鯢待戮自不委粟彭城以疆豈豆沛將

何以拓定江關掃一衡霍竊惟在鎮之兵不減
數万資粮之絹人十二匹即自隨身用度無準
未及代下不免飢寒論之於公無毫氂之潤語
其利私則橫費不足非所謂納民軌度公私相
益也徐州左右水陸壤沃清汴通流足盈激灌
其中良田十萬餘頃若以兵絹餘足減戍卒
計其牛數足得萬頭興力公田必當大獲粟稻
一歲之中且給官食半兵賴植餘兵尚眾且耕
一歲守不妨捍邊一年之收過於十倍之絹暫時
之耕足充數載之食於後兵資唯須內庫五稔
之後穀帛俱溢匪直成士有豐飽之資於國有
吞敵之勢昔杜預田宛葉以平吳以國耕西零
以彊漢臣雖識謝古人任當邊守庶竭塵露有
增山海高祖納之又上疏曰臣聞先王建不易
之軌万代承之聖主垂不列之制千載共仰伏
惟陛下道洽羣生恩齊造化仁德所軍迹超前
哲遠崇古典留意治方革前王之弊法申當令
之宜用定貢賦之輕重均品秩之厚薄庶令百

辟足以代耕編戶享其餘玄異魏平焕焉不可量
也臣竊矯尋居邊之民蒙化日淺戎馬之所資計
素微小戶者一丁而已計其徵調之費終歲乃
有七縑去年徵責不備或有貸易賣宅質妻賣
子呻吟道路不可忍聞今淮南之人思慕聖化
延頸企足十室而九恐聞賦重更懷進退非惟
損皇風之盛慮傷其義之心且臣所居與南連
接民情去就實所諳知特宜寬省以招未至其
小郡太守數戶而已一請止六尺絹歲不滿四
既委邊捍取其必死邀之士重何吝君輕今班
制已行布之天下不宜忤冒以亂朝章但猥籍
恩私備位蕃岳憂責實重之地敢不盡言畫奏文明
太皇太后令曰俸制已行不可以小有不平便
廚通式在州戍兵每歲交代虎子必親自勞送
喪者給其斂帛彬容問秘書丞李彪曰卿頻使
民粟民有車牛者求詣東兗給之並如所奏民
得安堵民高祖曾從容問秘書丞李彪曰鄉頻使
江南徐州刺史政績何如彪曰綏邊布化甚得

三百三　魏書傳三十二卷　十五　黃四榮

其和高祖曰朕亦知之沛郡太守邸安下邳太守張攀咸以賦汙虎子案之於法安等遣子弟上書評虎子南通賊虜高祖曰此其妄矣朕度虎子必不然也推案果虛乃下詔曰夫君臣體合則功業可興上下猜懼則爲治道替矣沛郡太守邸安下邳太守張攀咸以貪婪獲罪各遣子弟詣闕告刺史虎子縱民通賊妄稱無端安宜賜死攀及子僧保鞭一百配敦煌安息他生鞭一百可集州官兵民等宣告行決塞彼輕校之源開此陳力之效在州十一載太和十五年卒年五十一贈散騎常侍鎮南將軍相州刺史謚曰文有六子

長子世遵襲爵例降爲侯景明中爲秦州刺史稍遷左將軍卒年四十二

長子忱字安民正光中襲爵稍遷鎮南將軍鉅鹿太守定州儀同開府諮議參軍齊獻武王大行臺左丞中外府司馬出爲殷州驃騎府長史武定五年除鎮北將軍北廣平太守爲治暴虐

三百五　魏書傳三十二　十六　黃四榮

魯因公事一家之內併殺數人爲民所訟將致之罪遇惠卒於郡贈征西將軍西兗州刺史

忱弟顥武定末東豫州征西府長史

世遵弟曇慶少有度量永平中貟外散騎常侍遷尚書郎年五十一卒

子衍字元孫輕財慕義熙平中爲侍御史奉朝請永安中尚書駕部郎中行河陰縣事卒於正平太守贈征東將軍徐州刺史

曇慶弟曇寶初補散騎高祖詔曇寶採遺書於天下歷侍御中散直閤將軍太子步兵校尉世宗時遣使巡行四方以曇寶達龍驤將軍南道大使曇寶達豫州卒年二十九

曇寶弟曇尚有容貌性寬和初除御史加奉朝請熙平二年除徐州穀陽戍主行南陽平郡事母憂去職正光中詔以陽平隣接蕭衍綏捍須人仰尚書舉才而遣左僕射蕭寶夤舉曇尚應選馳駟之郡孝昌初徐州刺史元法僧叛入蕭衍曇尚斬其使人送首於都督安樂王鑒鑒不

能援遂為蕭衍將王希冊所陷拘曇高送蕭衍
行以禮遇之曇高乞歸衍乃聽還蕭宗復其本
秩武泰初介朱榮擅彊并肆朝廷欲揣其情除
曇高員外常侍使於榮託以慰喻密以觀之建
義初除司徒還賜左長史兼吏部尚書授太原王介
朱榮之死授持節兼尚書北道行臺代魏蘭
根後為鎮東將軍金紫光祿大夫太昌初加征
東將軍行兗州事天平中除驃騎大將軍齊州
刺史曇高凡歷三州俱稱貪虐還除將作大匠
卒於官年六十一贈都督瀛滄二州諸軍事本
將軍儀同三司瀛州刺史
子仲苾武定中督文襄主中外府中兵參軍
曇高弟琡字曇琰武定末儀同三司尚書右僕
射
宇文福河南洛陽人其先南單于之遠屬世為
擁部大人祖活撥任甘恭垂為唐郡內史遼東
公太祖之平慕容寶活撥入國為弟一客福少

驍果有贅力太和初拜羽林郎將遷建節將軍
賜爵新昌侯南征都將擊蕭頤有功授顯武將
軍尋除恢武將軍北征都將特賜六服破蠕蠕
別部獲萬餘還除都牧給事十七年車駕南討
假冠軍將軍後軍將軍時仍遷洛勒福檢行牧
馬之所福規石濟以西河內以東拒黃河北
千里為牧地事尋施行令之馬場是也及從代
後雜畜於牧所福善於將養並無損耗高祖嘉
之尋補司衛監從駕豫州加冠軍將軍西道都
將假節征虜將軍領精騎一千專殿駕後未幾
轉驍騎將軍仍領太僕典牧令從駕征南陽兼
武衛將軍二十二年車駕南討道福與右衛將
軍楊播為前軍至鄧城福選兵簡將為攻圍之
勢高祖望福軍法齊整將士閑習大被獎歎蕭
鸞遣其尚書崔慧景黃門郎蕭衍率眾十萬來
救高祖指麾將士勒福領高車羽林五百騎出
賊南面奮其橋道遇絕歸路賊眾大恐六道來
戰福據鞍哲言眾身先士卒賊不得前遂大奔潰

賜爵昌黎伯正武衛加征虜將軍尋以高車叛命加征北將軍北道都將追討之軍敗被黜景明初乃起拜平遠將軍南征統軍進討於都督彭城王勰曰建安是淮南重鎮彼此要衝得之則義陽易圖不獲則壽春難保勰然之及勰為州遂令福攻建安建安降以勳封樂縣開國男邑三百戶除太僕少卿尋以衍將寇邊假節征虜將軍領兵出三關討之又詔福行豫州事與東豫州刺史田益宗共相影援綏過蠻楚還

魏書傳三十二　九　三十

為光祿大夫轉太僕卿延昌中以本官領左衛將軍除散騎常侍都官尚書加安東將軍營州大中正熙平初除鎮北將軍瀛州刺史福性忠清在公嚴毅以信御民其得聲譽解任復除太僕卿又為金紫光祿大夫出除散騎常侍都督懷朔沃野武川三鎮諸軍事征北將軍懷朔鎮將至鎮遇病卒詔遣主書樂安嘉赴弔贈車騎大將軍定州刺史開國如故謚曰貞惠

長子姜字慶孫龍衣爵自司空椽稍遷平南將軍

光祿大夫孝昌末北征戰歿贈車騎將軍冀州刺史

善弟延字慶壽體貌魁岸眉目疏朗永平中釋褐奉朝請直後員外散騎常侍以父老詔聽隨侍在瀛州屬大乘妖黨奕入州城延率奴客戰死者數人身被重瘡賊乃小退而縱火燒齋閣福時在內延突火而入抱福出外支體灼爛髭盡為爁於是勤衆苦戰賊乃散走以此見稱孝昌中投假節建威將軍西道別將赴撟關隴有戰功除員外散騎常侍轉直寢與万俟醜奴戰沒贈冠軍將軍豫州刺史

魏書傳三十二　二十　三十

子仲驎武定末齊王丞相府長流參軍

慶壽弟慶安歷給事中尚書殿中郎中後軍比將軍武衛將軍河陰遇害贈征東將軍兗州刺史

長子仲衍

融弟仲衍

費子代人也祖峻仕赫連昌為寧東將軍兼常

末率衆來降拜龍驤將軍賜爵犍爲公後遷征

南將軍廣阿鎮大將從爵下邳公父以隨父

歸誠勲賜五等男除燕郡太守卒贈幽州刺史

于少有節操起家內三郎世祖南伐從駕至江

以宿衞之勤除寧遠將軍賜爵松楊男遷商賈

部二曹令除平南將軍懷州刺史卒

〔魏士傳三十一〕　二十一

子穆字朗興性剛烈頗有壯氣沙書史好尚功

南伐龍從駕渡淮戰歿贈鎮東將軍冀州刺史

子萬歲太和初除平南將軍梁國鎮將後高祖

之元舅恃外戚之親多爲非法穆正色匡諫集

軍轉涇州平西府長史時刺史皇甫集靈太后

名世宗初龍襲男爵後除夏州別駕尋加寧遠將

軍轉河陰令有嚴明之稱時蠕蠕主婆羅門自

涼州歸降其部衆因飢侵掠邊邑詔穆輔國將

慰便比旨款附明年復叛入寇涼州除穆輔國將

亦憚之轉安定太守仍爲長史選朝拜左軍將

軍假征虜將軍兼尚書左丞西北道行臺仍爲

別將往討之穆至涼州蠕蠕遁走穆譖其所部

曰夷狄獸心唯利具入視見敵便走乘虛後出今

王師來討雖畏威逃跡然軍還之後必來侵暴

今欲廝命誘致冀獲一戰若不令其破膽終恐

疲於奔命衆感然之穆乃簡練精騎伏於山谷

使羸步之衆爲外營以誘之賊騎覘見謂爲信

弱俄而競至穆伏兵奮擊大破之斬其帥郁厥

烏介俟斤十代等獲生口雜畜甚衆及六鎮反

叛詔穆爲別將隷都督李崇北代都督崔遵失

利崇將班師會諸將議曰朔州是白道之衝賊

〔魏書傳三十二〕　三十二

之咽喉若此處不全則并肆危矣今欲選諸將

一人留以鎮捍不知誰堪此任僉曰無過穆者

崇乃請爲朔州刺史仍本將軍尋改除雲州刺

史穆招離聚散頗得人心時北境州鎮悉皆淪

没唯穆獨據一城四面抗拒父之援軍不至兼

行路阻塞粮仗俱盡穆知勢窮乃棄城南走投

介朱榮於秀容既而詣闕請罪詔原之孝昌中

二絳蜀反以穆爲都督討平之拜前將軍散騎

常侍遷平南將軍光祿大夫娀賊李洪於陽城

起逆連結謀左詔穆兼武衞將軍率眾討擊誡

於關口之南遷金紫光祿大夫正武衞將軍介

朱榮向洛靈太后徵穆令屯小平及榮推奉莊

帝河梁不守穆遂棄眾先降穆素爲榮所知見

之甚悅穆潛說榮曰公士馬不出萬人今爲長驅

向洛前無橫陳者正以推奉主上順民心故耳

既無戰勝之威臺情素不厭伏人之心若不

百官之盛一知公之虛實必有輕侮之心若不

大行誅罰更樹親黨公還北之日恐不得度太

行而內難作矣榮心然之於是遂有河陰之事

天下聞之莫不切齒穆入洛穆遷中軍將軍吏

部尚書兼縣開國侯食邑八百戶又領夏州大

中正蕭衍遣將曹義宗遍荆州詔穆爲使持

節南征將軍都督南征諸軍事大都督詔以援之

穆潛軍徑進出其不意至即大破之生擒義宗

送闕以功遷衞將軍進封趙平郡開國公增邑

一千戶遷使持節加侍中車騎將軍假儀同三

司前鋒大都督與大將軍元天穆東討邢杲破

親傳三十二　二十三　王志

平之時元顯內通莊帝北辛顯入京師穆與天

穆既平齊地回師將擊顯憚先驅圍虎牢盡銳

攻之將拔屬天穆北渡既無後繼情離迫穆

遂降顯以河陰酷濫事起於穆引人詬讓出而

殺之時年五十三〔莊帝還宮追贈侍中司徒公

諡曰武宣〔親傳三十二〕

長子慶遠永安中龍驤將軍青州開府司馬

第二子孝遠襲天平中叛入關西

孟威字能重河南洛陽人頗有氣尚光曉北土

風俗歷東宮齋帥羽林監時四鎮高車叛投蠕

蠕高祖詔威曉諭禍福追還逃散分配爲民後

以明解北人之語勅在著作推訪永平中

自鎮遠將軍前軍將軍左右直長加龍驤將軍

出使高昌還遷城門校尉直閣將軍汲野鎮將

正光初蠕蠕主阿那瓌歸國詔道前鄜州刺史

陸希道兼侍中爲使主以威兼散騎常侍爲副

遠邇迎接阿那瓌之還國也復以威爲平北將

軍光祿大夫假員外常侍爲使主護送之前後

親傳三十二　二十四　王志

頻使遠蕃祖皆稱旨復加撫軍將軍並暴中除
大鴻臚卿尋加驃騎大將軍左光祿大夫天平
三年卒贈使持節侍中本將軍都督冀瀛滄三
州諸軍事司空公冀州刺史子恂嗣
威弟季稍遷鎮遠將軍左中郎將廷尉監以本
將軍除廣州刺史預尒朱榮義舉封鉅鹿縣開
國公食邑二千戶除撫軍將軍廷尉卿轉司農
卿出為平西將軍華州刺史卒贈車騎大將軍
雍州刺史

史臣曰羅結枝附業從當舊之眷子孫顯祿俱
至公王伊馥以勇力見擢而能贊伐姑臧之策
請參中祕之官世祖嘉之於前良有以也乙瓌
之驍猛和奴之貞正苟頹之剛直虎子之威彊
宇文之氣幹咸亦有用之士費穆出身致力遂
有功名而末路一言禍被箠帶校之文和異世
同咎其死也幸哉孟威致力荒裔其勤可錄矣

羅結孫撥高祖時進爵濟南王撥孫延天興
中驃騎將軍案太祖初即位年號天興撥仕
高祖其孫必非太祖時蓋年號之誤也

魏書四十四

韋閬　　裴駿　　柳崇
　　　　杜銓　　芹紹先

韋閬字友觀京兆杜陵人世為三輔冠族祖楷
晉建威將軍長樂清河二郡太守父逞慕容垂
吏部郎大長秋卿閬少有器望值慕容氏政亂
避地於薊城世祖徵拜咸陽太守轉武都太守
屬杏城鎮將郝溫及蓋吳反關中擾亂閬盡心
撫納所部獨全在郡十六年卒
子範歷鎮西大將軍府司馬試守華山郡高宗
時賜爵平男卒
子儁字穎超早有學識少孤事祖母以孝聞性
溫和廉謹為州里所稱太和中龍驤將軍除荊州治
中轉梁州寧朔府長史還為太尉外兵參軍于
州中正遷都水使者所在有聲世宗崩與左僕射
郭祚尚書裴植同時遇
害語在植傳時年五十七儁與祚婚家為忠所

惡故及於難臨終儁歎曰吾一生為善未蒙善報常不
為惡今為惡終悠悠蒼天抱直無訴時人咸怨
傷為熙平元年追贈中壘將軍洛州刺史諡曰
貞有子十三人
長子榮緒字子光頗涉文史龍襲爵除員外散騎
侍郎齊王蕭寶寅儀同開府屬因戰敗歿
榮緒弟榮茂字子曄以幹知名歷侍御史尚
書考功郎中出為征虜將軍東泰州刺史永熙
末兄弟並歿關西
榮茂弟弟子粲為寶炬南汾州刺史
子粲少弟道諧為南汾州鎮城都督齊獻武王
命將出討陷城克之武定末子粲官至南兗州
刺史
閬兄子眞喜起家中書博士遷中書侍郎馮翊
太守
祉子義遠出帝時為岐州刺史沒關西
子祉至於太府少卿

祖弟禎有識幹起家奉朝請尚書郎中司徒主
簿太子中舍人廷尉少卿給事黃門侍郎光祿
大夫卒子殊貟贈安西將軍秦州刺史
子文殊貟外散騎侍郎早卒
閻從叔道福父罷為苻堅丞相王猛所器重以
女妻焉為堅東海太守堅滅奔江左仕劉裕為
輔國將軍泰州刺史道福有志略歷劉駿盱眙
南沛二郡太守領北府録事参軍時徐州刺
史薛安都謀欲擁州內附道福貪賛其事以功
除安遠將軍賜爵高密侯因此仍家於彭城卒
贈征虜將軍兗州刺史謚曰簡
子欣宗以歸國勳別賜爵杜縣侯高祖初拜彭
城内史遷大將軍宋王劉昶諮議参軍廣陵侯
元衍為徐州刺史又請為長史帶彭城內史撫
綏內外甚得民和世宗初除通直散騎常侍出
為河北太守不行尋轉太中大夫行幽州事卒
贈龍驤將軍南兗州刺史謚曰簡
子元敏武定中潁州驃騎府長史

欣宗從父弟合宗卒於東海太守
子元恢有氣幹孝昌初值刺史元法僧據州外
叛元恢招聚同志潛規克復事泄為法僧所害
時人傷惜之
閻從子崇字洪基具度江歷魏郡弋陽二郡太
辟為王簿仍隨父蕭字道壽劉義員鎮關中
安豫州刺史崇年十歲父卒母鄭氏以入國因
寓居河洛少為舅充兗州刺史鄭羲所賞解褐
中書博士轉司徒從事中郎高祖納其女為充
華嬪除南潁川太守不好發摘細事常云何用
小察以傷大道吏民感之郡中大治高祖聞而
嘉賞貟賜帛二百四遷洛從事中郎復為河南
右將軍咸陽王禧開府從事中郎為鄉郡邑
中正崇頻居衡品以平直見稱出為鄉郡太守
更滿應代吏民詣闕乞留復延三年在郡九年
轉司徒諮議奉朝請轉給事中步兵校尉稍遷
前將軍太中大夫卒

獻之弟休之起家安州左將軍府城局參軍轉
給事中河南邑中正稍遷安西將軍光祿大夫
休之貞和自守未嘗以言行忤物卒
子道建武定末定州儀同開府長史帶中山太
守
道建弟道儒齊文襄王大將軍府東閤祭酒
閭族弟珍字靈智高祖賜名爲父尚字文叔樂
安王良安西府從事中郎卒贈安遠將軍雍州
刺史珍少有志操解褐京兆王子推常侍轉尚

書南部郎高祖初蠻首桓誕歸款朝廷思安邊
之略以誕爲東荊州刺史令珍爲使與誕招慰
蠻左珍自縣瓠西入三百餘里至桐柏山窮淮
源宣揚恩澤莫不降附淮源舊有祠堂蠻俗恒
用人祭之珍乃曉告曰天地明靈即是民之父
毋嘗有父毋甘子肉味自今已後悉宜以酒脯
代用羣蠻從約至今行之凡所招降七萬餘戶
置郡縣而還以奉使稱旨除左將軍樂陵鎮將
賜爵霸城子蕭道成司州民謝天蓋自署司州

魏書傳三十三 五 任城

刺史規欲以州內附事洩爲道成將崔慧景攻
圍詔珍率在鎮士馬渡淮援接時道成聞珍將
至遣將苟元賓據淮逆拒珍乃分遣鐵馬於上
流潛渡親率步士與賊對接舉旗鼓始交甲騎奄
至腹背奮擊大破之天蓋尋爲左右所殺降於慧
景珍乘勝馳進又破慧景擁降民七千餘戶內
徙表置城陽剛陵義陽三郡以處珍高祖詔珍
移鎮北陽蕭賾遣其雍州刺史陳顯達率衆來
寇城中將士感欲出戰珍曰彼初至氣銳未可

便挫且共堅守待其攻我疲弊擊之未晚於是
憑城拒戰殺傷其衆相持旬有二日夜開城門
掩擊之賊遂奔潰以功進爵爲侯重駕南討珍
上便宜并自陳在邊歲久悉其要害願爲前驅
詔珍爲隴西公源懷儐大將軍長史在州有聲
齊郡王長史遷顯武將軍郢州刺史府長史轉太保
績朝庭嘉之遷龍驤將軍郢州刺史賜驊騮二匹帛五十
匹穀三百斛珍乃召集州內孤貧者謂曰天子
以我能綏撫卿等故賜以穀帛吾何敢獨當遂

魏書傳三十三 六 潘正

以所賜悉分與之尋加平南將軍荊州刺史與
尚書盧淵征赭陽為蕭鸞將垣歷生蔡道貴所
敗免歸鄉里臨別謂淵曰主上聖明志吞吳會不
用兵機要在於上流若有軍荊楚恐老夫復不
得停耳後車駕征樊鄧復起珍為建威將軍試
守魯陽郡高祖復南代路經珍郡加中壘將軍
彭城王勰長史沔北既平以珍為建威將軍試
正太守珍從至清水高祖曰朕頃戎事再駕卿
帝寶務中軍今日之舉亦欲與卿同行但三鵶
險惡非卿無以守也因勅珍辭還及高祖崩於
行宮祕匿而還至珍郡始發大諱還除中散大
夫尋加鎮遠將軍太尉諮議參軍永平元年卒
時年七十四贈本將軍南青州刺史諡曰懿
長子續字遵彥年十三補中書學生聰敏明辯
為博士李彪所稱除祕書中散遷侍御中散高
祖每與名德沙門談論往復續掌綴錄無所遺
漏頗見知賞轉散騎侍郎徙太子中舍人仍兼
黃門又兼司徒右長史尋轉長兼尚書左丞尋

春內附尚書令王肅出鎮揚州請續為長史加
平遠將軍帶梁郡太守蕭寶勅續行州事任城
王澄代肅為州復啟續出征之後蕭
行將姜慶真乘虛攻襲遂慘外郭雖尋克復續
坐免官永平三年卒年四十五
續弟或字遵慶亦有學識解褐奉朝請遷太尉
騎兵參軍出為雍州治中轉別駕入為司徒掾
尋轉散騎侍郎遷平遠將軍東豫州刺史或
綏懷蠻左頗得其心蠻首田益宗子魯生魯賢
先叛父南入數為寇掠自或至州魯生等成戚
啟修敬不復為害或以蠻俗荒梗不識禮儀乃
表立太學選諸郡生徒於州惣教又於城北置
王繼西征請為長史拜通直散騎常侍尋以本
官兼尚書為幽夏行臺以功封陰盤縣開國男
宗武館弱質武焉境內清肅還遷大將軍京兆
邑二百戶永昌元年秋卒於長安贈撫軍將軍
雍州刺史諡曰文
子彪襲歷本州治中轉別駕孝莊末監田太守

彪弟融解褐負外散騎侍郎以軍功賜爵長安
伯稍遷大司馬開府司馬聚司農卿趙郡李子
瑾女天平中疑其妻與章武王景哲姦通乃刺
殺之懼不免仍亦自害

或弟朏字遵顯少有志業年十八辟州主簿時
屬歲儉朏以家粟造粥以飼飢人所濟甚衆解
褐太學博士遷祕書郎中稍遷左軍將軍為荊
鄖和羅大使南鄖州刺史田夷啟稱朏父珍任

二六六 【費傳二三】 九

荊州恩洽夷夏乞朏充南道別將領荊州驍勇
共為腹背詔從之未幾行南荊州事蕭宗末除
征虜將軍東徐州刺史尋遷安東將軍加散騎
常侍蕭衍道其鄖州刺史田曇憙率衆來寇朏
於石羊岡破斬之以功封杜縣開國子邑二百
户永安三年卒於州贈侍中車騎將軍雍州刺
史諡曰宣

長子鴻字道衍頗有幹用解褐本朝請遷尚書
令吏部郎中中書令父天平三年坐漏泄賜死於

家時年三十二
鴻弟道植武定末儀同開府中兵參軍
太祖時有安定梁穎先仕慕容寶歷黄門郎入
國拜建德太守賜爵朝那男
孫景儁起家趙郡王幹行參軍稍遷治書侍御
史司徒中兵參軍
子師禮早卒
師禮族弟昌遵少有氣俠起家奉朝請歷司空
外兵參軍後蕭寶寅為雍州刺史引為中兵參
軍深見信任寅反令昌遵率衆出征昌遵偽

三六七 【魏書傳二三】 十 毛文

受其署既行之後遂與侯終德等還來襲城以
功封為氏縣開國伯邑五百户後除光州平東
府長史轉荊州驃騎府司馬卒官年四十四
嵩遵弟昌景儁少有武功
蘇湛字景儁魏侍中則之後也晉亂避地
河右世祖平涼還鄉里父擁字天祐秦州撫
軍府司馬湛少有器行頗涉群書青年二十餘
舉秀才除奉朝請領侍御史轉員外散騎侍

郎蕭寶寅之計關西以湛爲行臺郎中深見委
任孝昌中寶寅大敗東還朝廷以爲雍州刺史
後自猜懼害中尉酈道元乃稱兵反時湛卧疾
於家寶寅令姜儉報湛云元略受蕭衍意旨乃
欲見除酈道元之來事不可測吾不能坐受死
亡今便爲身計不復作魏臣也與卿契闊故以
相報死生榮辱與君共之湛聞之舉聲大哭儉
遽止之曰何得便爾湛曰百口居家即時屠滅
云何不哭哭數十聲徐謂儉曰爲我白齊王王

本以窮鳥投人賴朝廷假王羽翼榮寵至此屬
國步多虞不能竭忠報德乃欲乘人間隙有不
滅之心信感行路無識之語欲以廠敗之兵守
關問鼎今魏德雖未見有成蘇湛不能以百口
洽於民但見其敗未有成理寶寅復報曰此吾
居家爲王族滅寶寅復報曰此吾計故爾湛復
得不爾所以不先相白者恐沮吾計故爾湛復
曰凡爲大事當得天下奇士今但共長安博徒
小兒輩軍計校辦有成理不湛恐荊棘必生庭間

願乞骸骨還鄉脫得因此病死可以下見先
人寶寅素重之以湛病且知不爲已用聽還武
功寶寅敗莊帝即位徵補尚書郎既至莊帝曰
前聞卿爲蕭寶寅甚有美辭爲我說之湛頓首
謝曰臣雖言辭不如伍被始終盡心而不能令其
然臣與寶寅周遊契闊言得盡心不易自謂過之
不反臣之罪也莊帝初病還鄉里終於家贈散騎
遷中書侍郎出帝時還鄉都尉仍領郎尋
常侍鎮西將軍雍州刺史

湛從母弟天水姜儉字文簡父昭自平憲司直
出爲兗州安東長史帶高平太守卒於營構都
將儉少有幹用勤濟過人起家徐州車騎府田
曹參軍轉太尉外兵參軍蕭寶寅出討關西引
爲開府屬竭誠委託寶寅反以爲左丞尤見信
知已遂竭誠託寶寅及以爲左丞尤見信
事中郎帶長安令及寶寅敗友以爲在丞尤見信
任爲叅下所憐疾寶寅敗城人殺之時年三十
九蘇湛每謂人曰以姜儉才志堪致富貴惜其

不過命也如何

儉弟素武定末中散大夫

杜銓字士衡京兆人晉征南將軍預五世孫也
祖胄符堅太尉長史父燮慕容垂祕書監仍僑
居趙郡銓學涉有長者風與盧玄高允等同被
徵為中書博士初密太后父盧豹在濮陽世祖
欲命迎葬於鄴謂司徒崔浩曰天下諸杜何處
望高浩對京兆為美世祖曰朕今方改葬外祖
意欲取京中長老一人以為宗正命營護凶

魏書傳三十三　十三　何建

事浩曰中書博士杜銓其家今在趙郡是杜預
之後於今為諸杜之最即可取之詔召見銓器
貞瓌雅世祖感悅謂浩曰此真吾所欲也以為
宗正令與杜超子道生迎豹喪柩葬於鄴南銓
遂與超如親超謂銓曰既是宗近何緣復僑居
趙郡乃迎引同屬親郡焉遷散騎侍郎轉中書
侍郎賜爵新豐侯卒贈平南將軍相州刺史魏
縣侯諡曰宣

子振字本于元太和初舉秀才卒於中書博士

子遇字慶期起家奉朝請轉員外散騎侍郎尚
書起部郎中竊官村友起立私宅清論鄙之遷
龍驤將軍中散大夫出為河東太守卒贈中軍
將軍都官尚書豫州刺史諡曰惠

子鴻永熙中司徒倉曹參軍

銓族子洪字道人廓延興中為中書博士後使
高麗除中安遠將軍下邳太守轉梁郡太守太和
中除鷹揚將軍絳城鎮將帶新昌陽平二郡太
守卒年五十二

魏書傳三十三　十四　建

子祖悅字士豁頗有識尚大將軍劉昶參軍事
稍遷天水仇池二郡太守行南秦州事正光中
入為太尉汝南王悅諮議參軍出除高陽太守
卒於郡

子長文字子儒肅宗挽郎員外散騎侍郎稍遷
尚書郎以隨叔顯守岐州勳賜爵始平伯加平
東將軍天平末卒於安西將軍光祿大夫贈中
軍將軍度支尚書雍州刺史

長文第四弟子達武定中齊文襄王大都督府

祖悅弟顯字思顏頗有幹用解褐北中府錄事
參軍正光中稍遷厲威將軍肝胎太守帶大徐
戎主元法僧之叛也顯逃竄獲免後為諫議大
夫孝昌二年為西征軍司行岐州事蕭寶寅起
逆顯據州不從還除征虜將軍岐州刺史荊州以
守岐州勳封平陽縣開國伯除涇州刺史時万俟
轉授岐州刺史永安中除涇州伯轉授弟
奴充斥關石不行乃為都督防守岐州醜奴攻

【魏傳三十三】　十五　　李才

【關西】

之不兌事寧除鎮西將軍光祿大夫以勳又賞
安平縣開國伯食邑五百戶以平陽伯轉授弟
二子景仲後為征西將軍金紫光祿大夫沒於

裴駿字神駒小名皮河東聞喜人父雙碩本縣
令假建威將軍恒農太守安邑子卒贈平南將
軍東雍州刺史聞喜侯駿幼而聰慧親表異之
稱為神駒因以為字弱冠通涉經史好屬文性
方檢有禮度鄉里宗敬焉嘗蓋吳作亂於關中汾

陰人薛永宗聚眾一應之屢殘破諸縣來襲聞
縣中先無兵伏人情駭動縣令憂惶計無所出
駿在家聞之便率厲鄉豪曰在禮君父有危臣
子致命府縣令為賊所逼是吾等徇節之秋諸
君可不勉乎諸豪咸曰舊德激請行駿乃簡騎驍勇
數百人奔赴賊聞救至引兵退走刺史嘉之以
狀表聞世祖親詔頭謂崔浩曰裴駿有當世
才具且忠義可嘉補中書博士浩亦深器駿目

【魏傳三十三】　十六

為三河領袖轉中書侍郎劉駿道使明僧暠朝
貢以駿有才學乃假給事中散騎常侍於境上
勞接皇興二年卒贈平南將軍秦州刺史聞喜
侯諡曰康

子修字元寄清辯好學年十三補中書學生遷
祕書中散轉主客令以婦父李訢事出為張掖
子都大將張掖前後數致惡掠修明
誤烽候以方略禦之在邊六年開塞清靜高祖
嘉之徵為中部令轉中大夫兼祠部曹事職主

檀樂每有疑議修斟酌故實感有條貫大和十
六年卒時年五十一高祖悼惜之賻帛一百四
諡曰恭伯世宗時追贈輔國將軍東秦州刺史
修早孤居喪以孝聞二弟三妹並在幼弱撫養
訓誨甚有義方次弟務早喪修哀傷之感於行
路愛育孤姪同於已子及將異居奴婢田宅悉
推與之時人以此稱焉
子詢字敬叔美儀見多藝能音律博弈咸所開
解起家奉朝請大尉集曹家軍轉長流當書起

部郎中平昌太守時太原長公主寡居與詢私
姦蕭宗仍詔詢當為尋以王堦特除散騎常侍
時本邑中正關司徒召詢為之詢族叔昞自陳
情願此官詢遂讓焉時論善之尋起居事選
秘書監出為平南將軍鄄州刺史詢以凡司戌
土鹽酉田朴特地居要險俗眾踰數萬只為邊捍
遂表朴特為西郢州刺史朝議許之蕭衍遣將
李國興寇邊時四方多事朝廷未遑外略綠境
城戌多為國興所陷賊既乘勝遂向州城詢率

厲固守垂將百日援軍既至賊乃退走加散騎
常侍安南將軍朴特自國興來寇便與詢捨角
為表重聲援鄧州獲全朴特顧有力焉徵為七
兵尚書至都未幾除豫州刺史尋進號撫軍將
軍加散騎常侍未之州還為七兵尚書常侍如
故武泰初詔詢以本官兼侍中關右大使賞
權慕義之徒未及發會介朱榮入洛於河陰遇
害年五十一贈侍中車騎大將軍司空公雍州
刺史諡曰貞烈無子

修弟務字陽仁少而聰慧舉秀才州辟主簿早
卒
子美字師伯少有美名舉秀才州主簿太尉咸
陽王雅相賞愛欲以女妻之美拒而不納除奉
朝請亦早卒無子
務弟宣字叔令通辯博物早有聲譽少孤事母
兄以孝友稱舉秀才至都見司空李訢與言自
旦及夕訢嗟善不已司空李沖有人倫鑒識見
而重之高祖初徵為尚書主客郎與蕭賾使顏

幼明劉思效蕭琛范雲等對接轉都官郎邊員
外散騎侍郎舊令與吏部郎同班闕高祖曾集
沙門講佛經因命宣論難其有理詣高祖稱善
遷都洛陽以宣爲採材副將奉使稱旨遙除司
空諮議參軍府解轉司州治中兼司徒右長史
中正仍別駕又爲司州都督遷太尉大夫領本郡
無凝滯遠近稱之世宗初除太中大夫領本郡
又轉別駕仍長史宣明敏有器幹總攝州府軍
言曰自遷都已來凡戰陳之處及軍罷兵還之
道所有骸骼無人覆藏者請悉令州郡戍邏檢
行埋掩井符出兵之鄉其家有死於戎役者使
皆招魂復魄祔祭先靈復其年租調身被傷痍
者免其兵役朝廷從之出爲征虜將軍益州刺
史宜善於綏撫甚得羌戎之心復晉壽更置益
州改宜所莅爲南秦州先是有陰平氐酋楊孟
孫擁戶數萬自立爲王通引蕭衍數爲邊患宣
乃遣使招諭曉以逆順孟孫感恩即遣子詣闕
武興氐姜謀等千餘人上書乞延更限世宗嘉

爲宣家世以儒學爲業常慕廉退每歎曰貴
誼之才仕漢文之世不歷公卿將非運也乃謂
親賓曰吾本閭閻之士素無當世之志直隨牒
推移遂至於此祿後養親道不光國贍言往哲
可以言歸矣因表求解世宗不許乃作懷田賦
以叙心焉永平四年患篤世宗遣太醫齎御藥也
就視并賜御藥宣素明陰陽之書自患便知
不起因自剋亡日果如其言時年五十八世宗
悼惜之贈左將軍豫州刺史諡曰定尋改爲穆
子敬憲莊伯並在文苑傳
第四子獻伯武定末廷尉卿
駿從弟安祖少而聰慧年八九歲就師講詩至
鹿鳴篇語諸兄云鹿雖禽獸得食相呼而況人
也自此之後未曾獨食雖冠歲得羣主簿民有兄
弟爭財詣州相訟安祖召其兄弟以禮義責讓
之此人兄弟明日相率謝罪內外欽服之復有
人勸其入仕安祖曰高尚之事非敢庶幾且京
師遼遠實憚於栖屑耳於是閉居養志不出城

邑安祖曾行值天熱舍於樹下鵞遂雜難急
投之遂觸樹而死安祖愍之乃取置陰地徐徐
護視良久得蘇安祖喜而放之後夜忽夢一丈
夫衣冠甚偉著繡衣曲領向安祖再拜安祖怪
而問之此人云感君前日見放故來謝德聞者
異焉後高祖幸長安至河東存訪故老安祖以老
於蒲坂高祖與語甚悅仍拜安邑令安祖朝
病固辭詔給一時俸以供湯藥焉年八十三卒

於家

子宗賢

子思濟亦有志操早卒

思濟弟幼儁卒於綺氏令

辛紹先隴西狄道人五世祖怡晉幽州刺史父
淵私署涼王李高驍騎將軍崑子歆亦厚遇之
歆與沮渠蒙遜戰於蓼泉軍敗失馬歆以所乘
馬援歆而身死於難以義烈見稱西土世祖之
平涼州紹先內徙家於晉陽明敏有識量與廣
平游明根范陽盧度世同郡李承等甚相友善

有至性丁父憂三年口不甘味頭不櫛沐緣遂
落盡故常著垂裙皂帽自中書博士轉神部令
皇興中薛安都以彭城歸國時朝廷欲綬安初
附以紹先為下邳太守加寧朔將軍為政不苟
激察舉其大綱而已唯教民治產業不廳郡
之日辛紹先未易侵也宜共慎之於是不廳郡
劉或將陳顯達蕭道成蕭順之來寇道成謂順
境遂徑屯呂梁太和十三年卒贈冠軍將軍并
州刺史晉陽公諡曰惠

子鳳達航道樂古有長者之名卒於京兆王子

推國常侍

鳳達子祥字乃福舉司州秀才司空行參軍遷
主簿大傳元丕為并州刺史祥為五府屬勅行
建興郡咸陽王禧即祥妻妹及禧構逆親知
多罹塵謗祥獨蕭然不預轉并州平北府司馬
會刺史喪朝廷以其公清遂越長史勅行州事
祥初在司馬有自壁還兵藥道顯被誣為賊官
屬推鞫咸以為然祥日道顯面有悲色竊獄以

色其此之謂乎苦執申之月餘別獲真賊後除
郢州龍驤府長史帶義陽太守白早生之反也
蕭衍遣眾來援因此緣淮鎮戍相繼降沒唯祥
堅城獨守蕭衍遣將胡武城陶平虜於州南金
山之上連營侵逼眾情大懼祥從容曉喻人心
遂安時出挑戰儻退以驕賊賊果日來攻逼不
復自備乃夜出襲其營
散潰擒平虜斬武城以送京師州境獲全論功
方有賞擢而刺史妻悅耻勳出其下聞之執政
事竟不行胡賊劉龍駒作逆華州勅除祥華州
安定王欻征虜府長史仍為別將與討胡使薛
和討城之神龜元年卒時年五十五永安二年
贈冠軍將軍南青州刺史
長子琨字懷王少聰敏解褐相州倉曹參軍稍
遷陳郡太守輕車將軍濟州征虜府長史卒年
四十六
琨弟懷仁武定末長樂太守
懷仁弟賁字叔文少有文學識度沈雅起家北

中府中兵參軍員外散騎侍郎建義初循起居
注除濟州撫軍府長史出帝時轉膠州車騎府
長史遷平東將軍太師咸陽王坦開府長史武
定中中尉崔遵表薦賁除
太守吏民懷其恩
惠還卒於鄴時年五十八
賁弟烈字季武歷太傅東閣祭酒卒於梁州鎮
南府長史
烈弟匡字季政頗有文學永安初釋褐封丘令
加威烈將軍時經河陰之役朝士多求出外故
匡為之後除平遠將軍符璽郎中卒於龍驤將
軍通直散騎侍郎時年三十五贈散騎常侍前
將軍雍州刺史
祥弟少雍字季仲少聰穎有孝行尤為祖父紹
先所愛紹先性嗜羊肝常呼少雍其食及紹先
卒少雍終身不食肝性仁厚有禮義門內之法
為時所重釋褐奉朝請太學博士員外散騎侍
郎司空高陽王雍引為田曹參軍少雍性清正
不憚彊禦積年久訟造次決之請託路絕時稱

賢明正始中詔百官各舉所知高陽王雍及吏
部郎中李憲俱以少雍爲舉首遷給事中侍中
游摩後亦薦之會卒年四十二少雍妻王氏有
德義與其從子懷仁兄弟同居懷仁等事之甚
謹閨門禮讓人無比爲士大夫以此稱美

子元植武定中儀同府司馬

元植弟遜　太師開府功曹參軍

鳳達第穆字叔宗舉茂子東雍州別駕初隨父
在下邳與彭城陳敬文友善敬文弟敬武少爲
沙門從師遠學經父不反敬文病臨卒以雜綾
二十四託穆與敬武訪不得經二十餘年
始於洛陽見敬武以物還之封題如故世稱其
廉信歷東荊州司馬轉長史帶義陽太守領戍
雅有恤民之稱轉汝陽太守值水澇民飢上表
請輕租賦帝從之逐勑汝陽一郡聽以小絹爲
調還中散大夫加龍驤將軍正光四年以老啓
求致仕詔引見謂穆志力尚可除平原相穆善
撫導民吏懷之孝昌三年徵爲征虜將軍太中

大夫未發卒於郡年七十七贈後將軍幽州刺
史謐曰貞

長子馥字元穎早有學行孝昌初釋褐南司
州龍驤府錄事參軍丁父艱居喪有禮後除給
事中南冀州防城都督素爲莊帝所知識及即
位除宣威將軍尚書主客郎中持節爲南濟
冀濟青四州慰勞使尋除寧朔將軍員外散騎
常侍仍領郎中太宰元天穆征邢杲引爲行臺
郎中尋除平原相子馥父子並爲此郡吏民懷
安之元顯入洛子馥不受其赦刺史元仲景附
顯拘子馥并禁家口莊帝反政詔封三門縣開
國男食邑二百戶天平中爲東南道行臺左丞
徐州開府長史入除太尉府司馬長白山連接
三齊瑕立數州之界多有盜賊子馥受使檢覆
因辨山谷要害宜立鎮戍之所又諸州豪右在
山鼓鑄姦黨多依之又得密造兵仗亦請破罷
諸冶朝廷善而從之還除尚書右丞出爲清河
太守武定八年卒於郡子馥以三傳經同說異

遂撮為一部傳注並出校比短長會亡未就

子德維武定末司徒行參軍

子馥弟子華字仲夷天平中右光祿大夫

柳崇字僧生河東解人也七世祖軌曾建尉卿
崇方雅有器量身長八尺美鬚明曰兼有學行
舉秀才射策高第解褐太尉主簿尚書右外兵
郎中干時河東河北二郡爭境其間有鹽池之
饒虜坂之便守宰及民皆恐外割公私朋競紛
胃置臺府高祖乃遣崇檢斷民官息訟屬荊邑新

見玄列卅三　二十七

附南寇窺擾文詔崇持節與州郡經略兼加尉
諭還遷太子洗馬本郡邑中正轉中壘將軍散
騎侍郎遷司空馬兼衛尉少卿又領邑中正
出為河北太守崇初屆郡郡民張明失馬疑十
餘人崇見之不問賊事人人別借以溫顏更問
其親老存不農桑多少而微察其辭色即獲真
賊呂穆等二人餘皆放遣郡中畏服境內怡然
卒於官年五十六贈輔國將軍岐州刺史謐曰
穆崇所制裁文章寇亂遺失

長子慶和性沈靜不競於時起家奉朝請稍遷
輕車將軍給事中本郡邑中正卒

子德弟逸武定末齊王丞相府主簿

慶和弟楷字孝則身長八尺善草書曾涉文史
解褐員外散騎侍郎蕭明西征引為軍騎主簿
仍為行臺郎中征還以員外郎領尉中侍御史
轉太尉記室參軍遷寧遠將軍通直散騎侍郎
本郡邑中正普泰初簡定集書省官出除征虜
將軍司徒從事中書郎轉儀同開府長史天平

輕玄列卅三　二十八

中為肆州驃騎府長史頗有聲譽又加中軍將
軍興和中撫軍司馬遇病卒

崇從父弟元章姿貌魁偉歷太尉中兵參軍司
空錄事司徒從事中郎遷相州平東郡太守李
刺史元熙起兵欲除元義元義與魏郡太守李
孝怡等執昶賜爵狩氏伯除正平太守後靈太
后反政削除官爵卒於家

崇族弟勔起字華之起家中書博士轉城陽王
文學除寧遠將軍尚書儀曹郎中龍驤將軍平

陽太守卒有五子

長子永字神護性麤率解褐奉朝請轉員外散騎侍郎除太尉記室參軍遷諫議大夫又轉征虜將軍太中大夫本郡邑中正以母老解官歸養卒於家贈征西將軍泰州刺史

永弟暢字叔智自奉朝請三遷伏波將軍岐州征虜府長史遷征虜將軍魯陽太守還除左將軍太中大夫轉安東將軍光祿大夫卒贈衛大將軍雍州刺史諡曰穆

暢弟龥字洪禮卒於前將軍給事中本州大中正

龥弟粹字本義出後叔仲起武定末平東後軍遷遼西太守

敬起弟仲起字紹隆舉秀才咸陽王禧為牧碑西曹書佐無子兄子粹繼之

崇族子雋起少有志尚解褐奉朝請轉太尉黙曹參軍伏波將軍司徒倉曹參軍卒

長子達摩武定末陽城太守

雋起從父弟援字乾護身長八尺儀望甚偉解褐太尉鎧曹參軍轉護軍司馬稍遷冠軍將軍司空長史轉廷尉少卿出除安西將軍南秦州刺史尋為散騎常侍鎮軍將軍轉征西將軍金紫光祿大夫遷車騎將軍右光祿大夫卒贈本將軍泰州刺史

子長黎武定末青州驃騎府中兵參軍

援從父弟仲景汝南王悅常侍

史臣曰韋杜舊族門風名亦不殞裴辛柳氏素業有資器行仍　所以布於列位不替其美

列傳第三十三

魏書四十五

寶瑾字道瑜頓丘衛國人也自云漢司空融之
後高祖成為頓丘太守因家焉瑾少以文學知
名自中書博士為中書侍郎賜爵繁陽子加寧
遠將軍參與軍國之謀屢有軍功遷秘書監進
爵衛國侯加冠軍將軍轉西部尚書初定三秦
人猶去就拜使持節散騎常侍都督秦雍二州
諸軍事寧西將軍長安鎮將毗陵公在鎮八年
甚著威惠徵為殿中都官尚書仍散騎常侍世
祖親待之賞賜甚厚從征蓋吳先驅慰諭因平
巴西氐羌酋領降下數千家於五將山蓋吳平瑾留
蠻酋仇天祐等三千家於五將山蓋吳平瑾留
鎮長安還京復為殿中都官典左右執法世祖
歎曰古者右賢左戚國之良翰毗陵公之謂矣
恭宗薨於東宮瑾兼司徒奉詔冊論出為鎮南
將軍冀州刺史清約沖素憂勤王事著稱當時

魏書傳三十四　一　十五

還為內都大官興光初瑾女婿鬱林公司馬彌
陀以選尚書臨涇公主瑾教彌陀辭託有誹謗呪
詛之言與彌陀同時伏法唯瑾有四子秉持依並為中
書學生與父同時伏法唯少子遵逃匿得免
遵善楷篆北京諸碑及臺殿樓觀門題署多
遵書也官至尚書郎濮陽太守多所受納其子
僧演姦通民婦為民賈逸所告免官後以善書
拜庫部令卒官

許彦字道謨小字嘉屯高陽新城人也祖茂慕
容氏高陽太守彦少孤貧好讀書後從沙門法
敘受易世祖初被徵以卜筮驗遂在左右參
與謀議拜散騎常侍賜爵博陵侯彦質厚慎密
與人言不及內事世祖以此益親待之進爵武
昌公拜安東將軍相州刺史在州受納多違法
度詔書切讓之然以彦腹心近臣弗之罪也真
君二年卒論曰宣公

子宗之初入為中散領內祕書世祖臨江賜爵
高鄉侯高宗踐祚遷殿中尚書出為鎮東將軍

魏書傳三十四　二　張脈

定州刺史潁川公受勅討丁零丁零既平宗之
因循郡縣求取不節深澤人馬超毀謗宗之
之怒遂歐殺超家人告狀上超謗訕朝政
高宗聞之曰此必妄也朕為天下主何惡於超
而超有此言必是宗之懼罪超按驗果然事
下有司司空伊馛等必以宗之腹心近臣出居方
伯不能宣揚本朝盡心綏導而侵損齊民枉殺
良善妄列無辜上塵朝廷誣詐不道理合極刑
太安二年冬遂斬於都南

宗之孫亮字元規正光中盪寇將軍稍遷冀州
驃騎長史司徒諮議參軍年五十二卒
宗之長兄熙字德融龔襲爵武昌公中書郎早卒
子安仁襲除中書郎卒贈安東將軍冀州刺史
諡曰簡
子元康龔爵後降為侯拜冠軍將軍長安鎮副
將遷監河州諸軍事河州刺史如故入為
廷尉少卿除魏郡太守固辭不拜尋卒贈征虜
將軍營州刺史諡曰肅

子廓字崇遠龔襲爵除奉朝請累遷頓丘東太原
二郡太守卒年二十八子躬龔
子躬武定末中外府水曹參軍齊受禪爵例降
子躬弟子憲太尉中兵參軍
元康弟護州主簿
子瑞字徵亦州主簿卒
瑞弟絢字伯禮頗有業尚閨門雍睦三世同居
吏部尚書李神儁常稱其家風自侍御史累遷
尚書左民郎司徒諮議參軍起居注後拜太

絢弟遜武定末東陽平太守
遜弟曄字叔明性開率州治中別駕西高陽太
守太中大夫興和三年卒年四十一贈鎮東將
軍瀛州刺史
中大夫興和初卒年四十七贈使持節都督冀
瀛二州諸軍事征東將軍吏部尚書冀州刺史
曄弟惇字季良武定末兼大司農卿
熙弟龍官至趙郡太守
孫琰字長琳有幹用初除太學博士累遷尚書

南主客即瀛州中正孝昌中卒年四十七贈平
東將軍滄州刺史承熙中重贈散騎常侍衛將
軍尚書右僕射瀛州刺史
琰弟璣字仲衡有識尚廣平王常侍貞外散騎
侍郎諫議大夫遷通直散騎常侍瀛州大中正
散騎常侍榮陽太守行南青州事卒年五十五
琰兄弟並通率多與勝流交遊又有博陵
許赤虎涉獵經史善朝謹延與中著作佐
即與慕容白曜南討後使江南應對敏捷雖
言不典故而南人頗稱機辯滑稽焉使還為東
郡太守卒官
子陀定州長史
李訢字元盛小名真奴范陽人也魯祖產產子
續二世知名於慕容氏父崇馮跋吏部尚書石
城太守延和初車駕至和龍崇率十餘郡歸降
世祖甚禮之呼曰李公以崇為平西將軍北幽
州刺史固安侯卒年八十一謚曰襄侯訢母賤
為諸兄所輕崇曰此子之生相者言貴吾每觀

察或未可知遂使入都為中書學生世
書學見而異之指謂從者曰此小兒終效用於
朕之子孫矣因識眄之世祖舅陽平王杜超有
女將許貴戚世祖聞之謂超曰李訢後必當富貴
益人門戶可以女妻之勿許他貴也超遂勸成婚
南人李括嘗言訢必當貴達社超之死也世祖
親哭三日訢以超壻得在喪位出入帝目而指
之謂左右曰觀此人舉動豈不有異於眾必為
朕家幹事之臣訢聰敏機辯彊記明察初李靈
為高宗博士諮議詔崔浩選中書學生器業優
者為助教浩舉其弟子箱子與盧度世李敷三
人應之給事高謙子祐尚書段霸兒姪等以為
浩阿其親戚言於恭宗以浩為不平聞之
於世祖世祖意在於訢前亦言云何不耽幽州刺史
李崇老翁也浩對曰前亦言訢合選但以其
先行在外故不取之世祖曰可待訢還箱子等
罷之訢為世祖所識如此遂除中書助教博士
稍見任用入授高宗經高宗即位訢以舊恩親

寵遷儀曹尚書領中祕書賜爵扶風公加安東
將軍贈其母孫氏為容城君高宗顧謂羣臣曰
朕始學之歲情未能專既撫万機溫習廢暇是
故儒道實有闕焉豈惟予各柳亦師傅之不勤
所以爵賞仍隆者蓋不遺舊也詔免冠拜謝出
為使持節安南將軍相州刺史為政清簡明於
折獄姦盜止息百姓稱之訢上疏求立學校曰
臣聞至治之隆非文德無以經綸王道太平之
美非良才無以光贊皇化是以昔之明主建庠

序於京畿立學官於郡邑教國子弟習其道藝
然後選其俊異以為造士今聖治欽明道隆三
五九服之民咸仰德化而所在州土學校未立
臣雖不敏誠願陛下使後生聞雅頌之音童幼
觀經教之本臣昔蒙恩寵長管中祕時課修學
有成立之人髦俊之士已蒙進用臣今重荷榮
顧任方岳恩圖帝猷光宣於外自到以來訪
遇文學舊德已老後生未進歲首所貢雖依制
諸遣對問之日懼不克堪臣愚欲仰依先典於州

郡治所各立學官使士子翌至之流冠冕之冑就而
受業庶必有成其經藝通明者貝之王府則郁
郁之文於是不墜書奏顯祖從之以訢治為諸
州之最加賜衣服自是遂有驕矜自得之志乃
受納民財及商胡珍寶兵民告言高書訢與敷
訢少長相好每左右之或有勸以奏聞敷不許
顯祖聞訢罪狀檻車徵訢拷劾抵罪時敷兄弟
將見踈斥有司諷訢以中旨嫌敷兄弟之意令
訢告列敷等隱罪可得自全訢深所不欲且弗

之知也乃謂其女壻裴攸曰吾宗與李敷族世
雖遠情如一家在事既有此勸音如何也昨來
每欲為此取死引蹔自剌以無自縊而不能致
絕且亦不知其事收日何為為他死也敷兄弟
事興募可知有馬闈者先為敷所敗其家切恨之
但呼闈弟問之足知委曲訢從其言又趙郡范
標具條列敷兄弟罪應死以紏李敷兄弟故得降免詔
列訢貪冒罪應死訢之廢也平壽侯張讜見訢
鞭鬻刑配為廝役訢之廢也

與語奇之謂人曰此佳士也終不久屈未幾而
復為太倉尚書攝南部事用范摛陳端等計令
千里之外戶別轉運詣倉輸之所在委滯傅延
歲月百姓競以貨略各求在前於是遠近大為
困弊道路聲議曰范摛善能降人以色假人以
辭未聞德義之言但有勢利之說聽其言姦使
左將軍璞謂摛曰范玄曲聚斂之臣未若盜臣
不早絕之後悔無及訴不從彌信之腹心之事皆以告
察其行也賊所謂詥諛讒諂貪冒姦宄不早絕
摛訴既寵於顯祖參決軍國大議兼典選舉權
傾內外百寮莫不曲節以事之摛以無功起家
拜盧奴令延興末詔曰尚書李訴著勳先朝弼
諧皇極謹言嘉謀旬日屢進實國家之楨幹當
今之老成也是以權授南部綜理煩務自在厥
位夙夜惟寅心匪懈克已復禮退食自公利
上之事知無不為賞罰所加不避疎戚雖孝子
之思慈母不為鷹鸇之逐鳥雀何以方之若鄭之子
産萌昌之季文亦未加也然惡直醜正盜憎主人

自往年以來羣姦不息劫訴宗人李英等四家
焚燒舍宅傷害良善此而可忍孰不可忍有司
可明加購募必令擒殄六月顯祖崩訴還念訴
進爵范陽公七月以訴為侍中鎮南大將軍開
府儀同三司徐州刺史范摛知文明太后念訴
也又知內外疾之訴至京師言其叛狀訴曰無之
叛文明太后徵訴言爾安云知我吾又何言雖然爾
引摛證訴訴言爾安云知我吾又何言雖然爾
不顧余之厚德而忍為此不仁甚矣摛曰公德
於摛何若李敷之德於公公昔忍於敷摛今敢
不忍於公平訴憗然曰吾不用璞言自貽伊戚
万悔於心何嗟及矣遂見誅訴有三子
長子遜起家拜侍御中散東宮門大夫遷散騎
常侍加平東將軍先訴卒
子晴字誨明逃竄遇赦免
子晴字衡字伯琳武定中中堅將軍齊獻武王丞
相府水曹參軍
遜第令和令度與訴同時死

訢長兄恭字元順成周太守卒贈幽州刺史容
成侯諡曰簡侯
恭弟瑾字元衡營丘太守襲父爵固安侯平西
將軍卒贈兗州刺史諡曰康侯
子長生龔長生卒
子元宗襲廣平郡丞陳郡太守
璞字季真性惇厚多識人物歷中書博士侍郎
漁陽王尉眷傳左將軍長安副將賜爵宜陽侯
太常卿御承明元年年五十一先訢卒贈安西將

十一　成

軍雍州刺史諡曰穆
子暉中書議郎
固弟欽州主簿
暉弟固太學博士高密太守
欽子奧字元熾武定末鎮西將軍南營州別駕
襄弟盛字仲炎安東將軍開府諮議參軍
盛弟叔樊平西將軍太中大夫
欽弟蘊字宗令有器幹中書學生祕書中散侍
御中散出為燕郡范陽二郡太守入為員外散

騎常侍尚書右丞中堅將軍遷左丞延昌三年
卒贈平遠將軍南青州刺史諡曰敬初崇之歸
魏也與州里比平田豈俱降而豈子孫遂微劣
焉
史臣曰魏氏之有天下百餘年中任刑為治蹉
跌之間便至夷滅寶瑾李訢器識既美時曰良
幹謹以片言疑似訢以風故猜嫌而嬰合門之
戮悲夫宗之不全自貽伊戚矣

列傳第三十四　　魏書四十六

盧玄

盧玄字子真范陽涿人也曾祖諶晉司空劉琨
從事中郎祖偃父邈並仕慕容氏為郡太守皆
以儒雅稱神䴥四年辟召儒儁以玄為首授中
書博士司徒崔浩之外兄每與玄言輒歎曰
對子真使我懷古之情更深浩大欲齊整人倫
分明姓族我勸之曰夫翦荑制立事各有其時樂
為此者詎幾人也宜其三思浩當時雖無異言

三百九十二　魏列傳三十五　一　羅愻

竟不納浩敗頗亦由此後轉宰朝將軍兼散騎
常侍使劉義隆見之與語良久歎曰中郎
卿曾祖也既還病卒
子度世字子遷幼而聰達有計數為中書學生
應選東宮弱兄與從兄遐俱以學行為時流所
重度世後以崔浩事棄官逃於高陽鄭羆家羆
匿之使者囚羆長子將加捶楚羆戒之曰君子
殺身以成人汝雖死勿言子奉父命邊被考掠
至乃火爇其體因以物故卒無所言度世後令

弟要罷妹以報其恩世祖臨江劉義隆使其殿
中將軍黃延年朝貢世祖問延年曰范陽盧度
世坐與崔浩親通江表雅遁之至今安在延年
都下無聞當必不至世祖詔東宮敕其宗族
逃亡及籍没者度世為侯後除散騎侍郎襲
爵興安中兼太常卿立保太后父遼西獻王廟
加鎮遠將軍進爵為侯即使劉駿
遣其侍中柳元景與度世對接度世應使失衷
還被禁劾經年乃釋除假節鎮遠將軍齊州刺

魏傳三十五　二　周虎

史州接邊境將士數相侵掠度世乃禁勤所統
還其停虜二境以寧後坐事因擊父之還鄉里
尋徵赴京除平東將軍青州刺史未拜遇患延
興元年卒年五十三謚曰惠侯四子淵敏昶尚
初玄有五子嫡唯度世餘皆別生崔浩事難其
庶兄弟常欲危害之度世常深恣恨及度世有
子每誡約令絕妾孽不得使長以防後患至淵
兄弟娉賤生子雖形貌相類皆不舉接為識者
所非

淵字伯源小名烏陽烏性溫雅寡欲有祖父之風
敦尚學業闈門和睦襲侯爵拜主客令典屬國
遷祕書令始平王師以例降爵為伯給事黃門
侍郎遷兼散騎常侍祕書監本州大中正是時
高祖將立馮后方集朝臣議之高祖先謂淵曰
卿意以為何如對曰此自古所慎如臣愚意宜
更簡上高祖曰以先后之姪朕意已定淵曰雖
奉勑如此然於臣實有未盡及朝臣集議執
意如前馮誕有盛寵深以為恨淵不以介懷及

【魏書傳三十五】 三

高祖議伐蕭賾淵表曰臣誠識不周覽頗尋篇
籍自魏晉以前承平之世未有皇輿親御六軍
決勝行陳之間者勝不足為武弗勝有虧威德
明千鈞之弩不為鼷鼠發機故也昔魏武以數十
卒一万而表紹土崩謝玄以步兵三千而苻堅
尾解勝負不由眾寡成敗在於頂史若用田豐
之謀則坐制孟德矣魏既并蜀近于晉世吳君
有江水居其上流大小勢殊德政理絕然猶
臣協謀垂數十載遠孫皓暴戾上下攜弍水陸

俱進舉始克令蕭氏以篡殺之燼政虐役繁
又支屬相屠人神同棄吳會之民延踵皇澤正
是弔軌之期一同之會若大駕南巡必左袵革
面閩越倒戈其猶山壓卵有征無戰然愚謂
万乘親戎轉漕難繼千里饋粮士有飢色大軍
之後必有凶年不若命將簡銳盪滌江石然後
嗚鑾巡省告成東岳則天下幸甚率土戴賴臣
又聞流言關右之民自比年以來競設邪僞假
稱豪貴以相扇惑顯然於眾坐之中以誘朝廷

【魏書傳三十五】 四

無上之心莫此之甚愚謂宜速徵絕戮其魁帥
不爾懼成黃巾赤眉之禍育其微萌不艾之毫
末斧斤一加恐蹈害者眾臣奉皇家義均休
戚誠知干忤之愆實深然不忠之罪莫大詔曰
至德雖一樹功多途三聖殊文五帝異律或張
或弛豈必相因遠惟承平之主或以同軌無征守庸
戎者蓋有由矣英明之主或喻之英豈時非昔類
之君或緣志劣寢食有惡焉脫元極之傳本不宜駕
比之庸后意有惡焉脫元極之傳本不宜駕

公之徒革輅之戎寧非謀歟尋夫昔人若必須
已而濟世豈不克廣先業也定火之雄未聞不
武世祖之行匪皆疑懼且曹操勝袁蓋由德義
內舉符堅尾解當緣立政未至定非弊卒之力
彊十萬之衆豪也令則驅馳先天之術駕用仁
憚踊紀之蕭相將希混一豈好輕動利見之
義之師審觀成敗庶免斯咎長江之阻未足可
臂一呼或成漢業經略之義當付之臨機足食
之籌繫哉奇之

■魏書傳三十五

五
徐

事何得委人也又水旱之運未必由兵堯湯之
難詎因興旅頗豐之後雖靜有之關左小紛已
勅禁勒流言之細昌足以紆天功深錄誠心勿
恨不相遂耳及車駕南伐郡王幹關右諸
軍事詔加淵使持節安南將軍為副勒衆諸
將出子午尋以蕭賾死停師是時涇州羌叛殘
破城邑淵以步騎六千衆號三萬徐行而進未
經三旬賊衆逃散降者數萬口唯泉首惡餘悉
不問詔兼待中初淵年十四嘗詣長安將還諸

相餞送者五十餘人別於渭北有相者扶風人
王伯達曰諸君皆不如此盧郎雖位不副實然
德聲甚盛望踰公輔後二十餘年當制命關右
顧不相忘此行也相者年過八十詣軍門請見
言敘平生未幾拜儀曹尚書高祖考課在位降
淵以王師少老固辭會蕭昭業雍州刺史曹虎
州刺史少守常侍尚書奮常侍祿二周尋除豫
遣使請降乃以淵為使持節安南將軍督前鋒
諸軍徑赴樊鄧淵面辭曰臣本儒生頗聞俎豆

■魏書傳三十五

六
宋

軍旅之事未之學也惟陛下裁之軍期已逼高
祖不許淵曰但恐曹虎為周魴耳陛下宜審之
虎果僞進取南陽淵至葉縣曹虎譎詐之間兼其利
害果淵僞進取南陽淵以兵少糧乏表求先攻赭
陽以近葉倉故也高祖許馬乃進攻赭陽蕭鸞
遣將垣歷生來救淵素無將略為賊所敗坐免
官爵為民尋遭母憂高祖遣謁者詣宅宣慰服
闕兼太尉長史高祖南討又兼彭城王中軍府
長史尋為徐州京兆王愉兼長史賜絹百匹愉

既年少事無巨細多決於淵淵以誠信御物甚
得東南民和南徐州刺史沈陵密謀外叛淵覺
其萌漸潛勑諸戍微為之備屢有麥聞朝廷不
納陵果殺將佐勒宿豫之衆逃濱淮諸戍虛
備得全陵之餘黨顧見執既廣二州人情咸相
扇惑陵之餘黨顧見執送淵皆撫而赦之惟歸
罪於陵由是衆心乃安景明初除秘書監二年
卒官年四十八贈安北將軍幽州刺史復本爵
固安伯謐曰懿初諶父志法鍾繇書傳業累世

世有能名至邈以上兼善草迹淵習家法代京
宮殿多淵所題白馬公崔玄伯亦善書世傳衛
瓘體魏初工書者崔盧二門淵與僕射李沖特
相友善沖重淵門風而淵祇沖才官故結為婚
姻往來親密至於淵荷高祖意遇頗亦由沖淵
有八子
長子道將字祖業應襲父爵而讓其第弟道
舒有司奏聞詔曰長嫡承重禮之大經何得輒
授也而道將引清河國工常侍韓子熙讓弟仲

穆魯陽男之例尚書李平重申奏詔乃聽許道
將涉獵經史風氣謇諤頗有文才為一家後來
之冠諸父並敬憚之彭城王勰任城王澄皆虛
襟相待娠為中軍大將軍辟行參軍遷司徒東
閤祭酒尚書左外兵郎中轉秘書丞出為燕郡
太守道將下車表樂毅霍原之墓而為之立祠
優禮儒生勵勸學業敦課農桑墾田歲倍於常
司徒司馬卒贈龍驤將軍太常少卿謐曰獻所
為文筆數十篇

子思道

亮弟道裕字寧祖少以學尚知名風儀兼美尚
顯祖女樂浪長公主拜駙馬都尉尋
轉洗馬遷散騎侍郎轉安遠將軍中書侍郎兼
祕書丞尋以母憂去官服終復拜中書侍郎遷

子懷道

子懷祖太學博士員外散騎侍郎卒
懷祖弟懷仁武定中大尉鎧曹參軍
道將弟亮字仁業不仕而終

龍驤將軍太子中庶子幽州大中正轉長兼散

騎侍郎加左將軍神龜二年除左將軍涇州刺史其年七月卒官年四十四贈撫軍將軍青州刺史賜帛三百匹諡曰文侯

道裕弟道虔字慶祖粗閑經史兼通算術尚高祖女濟南長公主驕淫聲穢跛蹇遇先無參患倉卒暴薨時云道虔所害世宗祕其醜惡不苦窮治尚書骨秦道虔爲國子博士靈太后追主薨事乃默道虔爲民終身不仕孝昌末臨淮王彧因將出征啓除道虔奉本車都尉道虔外生李彧尚莊帝姊豐亭公主因相藉託永安中除輔國將軍通直常侍尋加征虜將軍以議歷勳賜爵臨淄伯遷散騎常侍天平初征南將軍轉都官尚書本州大中正出除驃騎將軍幽州刺史尋加衛大將軍卒於官贈都督幽瀛二州諸軍事驃騎大將軍尚書右僕射司空公瀛州刺史諡曰恭文公主二子昌寓昌仁昌寓不惠昌仁早卒道虔又娶司馬氏有子昌裕及司馬見

子景緒武定中儀同開府錄事參軍

出之後更娶元氏生二子昌期昌衡兄弟競父爵至今未襲

道虔弟道偘字希祖沉雅有學尚孝昌末卒二子早夭以弟道約子正達爲後

武定中征虜將軍太尉記室參軍

道偘弟道和字權維兄弟之中人望最下黃州中軍府中兵參軍卒

子景豫

景豫弟景熙武定中儀同開府諮議

道和弟道約字季恭起家貞外郎累遷司空錄事參軍司徒屬幽州大中正輔國將軍光祿大夫轉司徒右長史太傅李延實出除青州延實先被病道約延實之妻弟詔以道約爲延寶長史加散騎常侍寄以臣維也永熙中車騎將軍左光祿大夫領廣平王歆儀同開府長史天平中開府儀同高岳請爲長史岳轉除青冀二州道約仍爲長史隨岳岳兩藩有毗佐之稱興和末除

衛大將軍兗州刺史在州頗得民和武定元年
卒年五十八贈使持節驃騎大將軍儀同三司
幽州刺史
子正通開府諮議少有令譽徵赴晉陽遇惠卒
妻鄭氏與正通弟正思淫亂武定中為御史所
劾人士疾之
淵弟敏字仲通小字紅崖少有大量太和初拜
中為冠軍將軍中書侍郎卒

〔一〕魏書傳三十五　十一

議即早卒贈威遠將軍范陽太守謚曰靖高祖
納其女為嬪敏五子
義僖字遠慶早有學尚識度沈雅年九歲喪父
便有至性少為僕射李沖所歎美起家祕書郎
歷太子舍人司徒中郎神龜初任城王澄奏舉
義僖除散騎侍郎轉冠軍將軍中散大夫以母
憂去職幽州刺史王誦與義僖交款每與舊故
李神儁等書曰盧冠軍在此時復惠好朝留連
數日得諮詢政道其見重若此齊王蕭寶寅啟

為開府諮議參軍辭疾不赴尋兼司空長史拜
征虜將軍太中大夫散秩多年澹然自得行先
王之志何能苟求富貴也孝昌中除散騎常侍
時靈太后臨朝黃門侍郎李神軌勢傾朝野求
結婚姻義僖慮其必敗拒而不許王誦謂義僖
曰昔人不以一女易五男鄉豈易之也義僖曰
所以不從正為此耳從之恐禍大而速誦乃堅
執義僖之手曰我聞有命不敢以告人遂適他

〔一〕魏書傳三十五　十二

族臨婚之夕靈太后遣中常侍服景就家勅停
內外惶怖義僖夷然自若義僖初兼都官尚書加
尋除安東將軍衛尉卿普泰中除都官尚書
驃騎大將軍左光祿大夫義僖少時幽州頻遭
水旱間悅其恩德性寬和畏慎不妄交款
與魏子建情好尤篤義僖以年穀不熟乃
熔其契州間數萬石伇民不
營財利雖居顯位每至困乏麥飯蔬食忻然甘
之永熙中風疾頻發興和中卒年六十四贈本

將軍儀同三司瀛州刺史謚莘簡

子遜之武定中太尉記室參軍

遜之弟世叡齊王開府集曹參軍

義傳弟義懍字叔預司空行參軍本州治中散
騎侍郎司徒諮議參軍

義懍弟義敦字奉和征北府默曹參軍

子景開字子達武定中儀同開府屬

子苹章儀同開府行參軍早亡

義敦弟義安字幼仁不仕義傳諸弟並遠不逮
兄也

敏弟昶字叔達小字師顏學涉經史早有時與譽
太和初為太子中舍人兼員外散騎常侍使於
蕭昭業高祖詔昶日卿便至彼勿存彼我密通
江揚不早當晚會是朕物卿等欲言便無相疑
難又勑副使王清石曰卿莫以本是南人言語
致慮若彼先有所知所識欲見須論即論
盧昶正是寬柔君子無多文才或主容命卿作
詩可率卿所知莫以昶不作便復罷也凡使人

之體以和為貴易遜相矜誇見於色貝失將命
之體卿等各率所知以相規誨及昶至彼值蕭
鸞僭立於是高祖南討之昶見淵為別道將而
蕭鸞以昶朝廷加兵遂酷遇昶等昶本非骨鯁間
南人云兄既作將弟為使者乃大恐怖淚汗交
橫鸞以腐米臭魚豆豆供之而謂者張思寧辭
氣塞謂昶曾不屈撓遂以壯烈死於館中昶還高
祖責之曰銜命之禮有死無廢雖流放海隅猶
且抱節致殞卿不能長纓羈首已是可恨何乃
偃眉飲喙自同犬馬有生必死惰幾何卿若
殺身成名貼之竹素何如甘彼蒭菽以辱君父
乎縱不遠愧蘇武寧不近愧思寧昶對日臣器
之陸隨禾使閩越屬蕭鸞昏狂誅戮無道恐不
得仰奉明時歸養老母苟存尺蠖屈以求伸員
辱朝命罪且萬死乞歸司寇伏聽谷鈇遂見罷
黜父之復除彭城王友轉秘書丞景明初昶請外
書侍郎世宗不許遷散騎常侍兼尚書時洛陽縣獲

白鼠昶奏曰謹案瑞典外鎮刺史二千石令長
不祗上命刻暴百姓人民怨嗟則白鼠至臣聞
禎不虛貝德合必符妖不妄出咎彰而立功斯乃
古之人君或急瑞齡以失德或祗變而作洊陽
萬古之殷鑒千齡之慈降納隍之旨哀百姓之
無辜引在子之深書舉賢黜佞之詔道映於琨
先進思布庸瞽陳方一竊惟一夫之耕食裁
徵讜敢納諫之言事先於舜右伏讀明旨俯觀
充口一婦之織衣止蔽形年租歲調則惟常理
此外徵求於何取足然自比年以來兵革屢動
荊揚二州屯戍不息鍾離義陽師旅相繼兼荊
蠻凶狡王師薄伐暴露原野經秋淹夏汝潁之
地率戶從戎河冀之境連丁轉運又戰不必勝之
加之退負死喪離曠十室而九細役煩徭日月
滋其奇兵酷吏因逞威福至使通原遠畛田蕪
空耘連村接壟蠶飢莫不食而監司公以貪求
豪彊恃私而遍標茇令衢南祖褐以益千金之資

魏傳二十五 十五

制口腹而充一朝之急此皆由牧守令長多失
其人郡關之君黃霸之宰不思所以
安民正思所以潤屋故士女呼嗟相望於道路
守宰貪貝風聞於魏闕往歲法官案驗公違憲
網謂必顧戮以明勸誡然後遣使覆訊輒施刑
典或承風俠請輕樹恩或容情受賄
惠御史所劾皆言誣枉申雪罪人更云清白長
悔上之源滋陵下之路忠清之人見之而自怠
犯暴之夫聞之以益快白鼠之至信而有徵矣
伏願陛下垂歡詰之鑒察妖災之起延對公卿
廣詢庶政引見樞納博求民隱存問孤寡去其
苛碎輕徭省賦興民休息貞良忠謹置之於朝
姦回貪佞屏棄之於市則九官勿戒而恒砥百縣
不嚴而自肅士女欣欣人有靉矣詔曰朕纂承
鴻緒伏膺寶曆思靖八方惠康四海當必世之
期麟鳳不降屬勝殘之會白鼠告祭萬邦有罪
實唯朕躬尚書敷納機猷獻替是許讜言有聞
朕實嘉美轉侍中又兼吏部尚書尋即正仍侍

魏傳三十五 十六 家宗

中昶守職而已無所激揚也與侍中元曜等更相朋附為世宗所寵時論鄙之出除鎮東將軍徐州刺史永平四年夏昶表曰蕭衍琅邪郡民王萬壽等款誠內結潛來詣臣遣員外將交換有可圖之機臣即許以旌賞遣其還入至三月二十四夜萬壽等辦大率同盟攻掩朐城斬衍輔國將軍琅邪東莞二郡太守帶朐山戌主劉晰并將士四十餘人傳首至州臣即遣兼郯城戌副張天惠率驍勇二百徑往赴之琅邪諸

惠與萬壽等至衍郁洲已遣二軍以拒天惠天戌絡繹繼援而衍郁洲詔曰彭城宋地接邊疆勢連淮海威禦之術功在不易朐山險塞寇之要防水陸交湊揚郁路衝畜聚山徒虔虜劉邊鄙青光齊兗每罹其患卿妙筭既敕克城殄衆展疆闢土何善如之庸勳之懋朕用嘉止故遣左右直長閭導業具宣往懷此戌郁洲之本存亡所繫令既失守有不存之心彼見扼喉將圖救援之計令水雨盛行且須

防守卿可深思擬捍之規攘敵之略使還具聞昶又表蕭衍將張稷馬仙琕陰虔和等各領精兵分屯諸堰昌昊義之張惠紹王神念王茂光承彼傳信續發建鄴自存之計并歸於此兵力里健寇事恐不輕何者此兵九十賊衆四萬名將乘凶希士遠近畢集邀憑兩熱決死來戰藉衆乘凶固巢究所以傾國而舉非為朐山將恐王師固六里據湖衝南截淮浦勢崩難測海利臨物交關常貢所慮在大有必爭之心若皇家經略方

有所討必須簡將增兵加益糧伏與之充擬相持至秋天寒一動開拓為易圖南之計事本在昶又表賊徒大集衆旅盛置柵朐山屯守門井井圍固城晝夜連戰恐勢既疆後難除掃今請增兵六千米十萬石如其不也伏聽朝議輒欲令征虜將軍趙遐率見兵與之決勝退慮衆少不敵若一舉失利則衆心挫恧求待大應俱至奮勇銳擊之竊謂此謀非為孟浪且臣本奉朝規令相拒可以待涼月今歲已云秋高風

漸舉經算大

圖時事既至且皰口以東陸運無

閟昀固之間本無傳遼宜時擁擊邊陸役使

夏又來貫甲木歇從六里以北城柵相連而賊自

兵人便已疲殆若大衆臨之必可禽捷一城退

潰衆疊王朋乘勝圖之易於振朽脫兵不速至

長彼熾心軍士憂惶自生異議請速簡配以及

事機詔昀請兵理宜速遂可遣冀定瀛相四州

有寄是以起兵之始即委廳分前機經略一以

任之今既請兵理宜速遂可遣冀定瀛相四州

中品羽林虎賁四千人赴之又詔昀曰昀山之

克寔由於卿開疆拓土實為長策然經討未服

非卿而誰而蟻徒送死規侵王略天亡小賊數

在無遠故前者命卿親臨指授尋以卿疾未瘳

且待消息今既荃復宜遵前旨秉戈撓銳殄寇

為懷已發虎旅五万應機電起指辰而至遂卿

本請截彼東南亮委高弇又詔昀曰取卿以兵少請益

並是卿計始終成敗歸悉歸於卿卿以兵少請益

今已遂卿本意如聞東唐陸道甚狹一軌之外

皆是大水彼必據之以斷軍路若已如此更設

何策其軍音兵變遵以表聞又聞行軍將帥每

有流言云魏博淮陽宿豫乃是兩冀若寔有此

卿可量昀山新水得支幾時脫事容往返馳驛

速聞如新水少即可量計若理不可爾小將

軍裁決昀既儒生本少將略又羊祉子變為昀

司馬專任戎事掩聲以城降衍見城降於其先

傳文驥粮椎俱馨以城降衍昀見城降於其先

走退諸軍相尋奔迸遇大寒雲軍人凍死及落

手足者三分而二自國家經略江左唯有中山

王英敗於鍾離昀於昀山失利最為甚焉世宗

遣黃門甄琛馳馹昀窮其敗狀詔曰昀山之

敗傷損寔深推始究末罪鍾元帥雖經大宥輕

重冝別昀一人可以免官論坐自餘將統以下

悉聽依赦復任未幾拜太常卿仍除安西將軍

雍州刺史又進號鎮西將軍冀州刺史諡曰穆昀

元年卒於官贈征北將軍冀州刺史諡曰穆昀

寬和矜恕善於綏撫其在徐州戍兵疾親自檢

恤至番兵年滿不歸容充後役終昶一政然後
始還人庶稱之
書監
主拜駙馬都尉位太尉司馬光祿大夫卒贈中
子元韋字仲訓無他才能尚高祖女義陽長公
元韋第五弟元明字幼章渉歷摹書兼有文義
風彩閑潤進退可觀永安初長兼尚書令臨淮
王晟欽愛之及或開府引為兼屬仍領部曲出
子士晟儀同開府掾
帝登祚以郎往行禮封城陽縣子遷中書侍郎
永熙末居洛東繳山乃作幽居賦焉於時元明
友人王由居潁川忽夢由擕酒就之言別賦詩
為贈及明歎曰由性不狎俗旅寄人間乃今有
夢又復如此必有他故經三日果聞由為亂兵
所害尋其亡日乃是得夢之夜天平中兼吏部
郎中副李諧使蕭衍南人稱之遠拜尚書右丞
轉散騎常侍監起居積年在史館了不厝意又

兼黃門郎本州大中正元明善自標置不妄交
遊飲酒賦詩遇興忘返性好玄理作史子新論
數十篇文筆別有集錄少時常從鄉還洛途遇
相州刺史中山王熙熙博識之士見而歎曰盧
郎有如此風神唯須誦離騷飲美酒自為佳器
鄭氏與元明兄子士啟滛汙元明不能離絶又
好以世地自矜時論以此貶之
元明弟元緝字幼緒凶率好酒曾於婦氏飲宴
小有不平手刃其客起家秘書郎轉司徒祭酒
稍遷輔國將軍司徒司馬卒於官贈散騎常侍
都督幽瀛二州諸軍事驃騎大將軍吏部尚書
幽州刺史諡曰宣
子士深開府行參軍
昶弟尚之字季儒小字羨夏亦以儒素見重太
和中拜議郎轉趙郡王征東諮議參軍母憂去
官後為太尉主簿司徒屬范陽太守章武內史
兼司徒右長史加冠軍將軍轉左長史出為前

將軍濟州刺史入除光祿大夫正光五年卒年

六十二贈散騎常侍安東將軍青州刺史

長子文甫字元祐少有器尚涉歷文史有譽於

時位司空參軍年四十九卒

子敬舒有文學早亡

文甫弟文翼字仲祐少甚輕躁晚頗改節為員

外郎因歸鄉里永安中為都督守范陽三城拒

賊帥韓婁有功賜爵范陽子永熙中除右將軍

太中大夫栖遲桑井而卒年六十

子士偉興和中散大夫

子翼弟文符字叔儒性通率位員外郎羽林監

尚書客郎中遷通直散騎侍郎永安中卒

四十

子子潛武定中齊文襄王中外府中兵參軍度

世本氏之甥其為濟州也國家初平升城無鹽

房崇吉母傳氏度世繼外祖母兄之子婦也充

州刺史申竹年妻賈氏崇吉之姑女也皆亡破

途老病憔悴而度世推計中表致其共恤每覩

二十三

見傳氏晚間起居隨時奉送衣被食物亦存販

賈氏供其服膳青州既陷諸崔墜落多所收贖

及淵昶等並循父風遠親踈屬叙為尊行長者

莫不畢拜致敬閨門之禮為世所推謙退簡約

不與競及二財自財然同居共財自祖至孫家內

百口在洛時有饑年無以自贍淵諸父

儉同之親從晜弟常旦省謁諸父出坐別室至

暮乃入朝府之外不安交遊其相勗以禮如此

又【門三主當世以為榮淵兄弟亡及道將卒

後家風衰損子孫多非法惟溥混穢為論者

所鄙

慶世從祖弟神寶中書博士太和中高祖為高

陽王雍納其女為妃初玄從祖兄溥慕容寶高

之末摠攝鄉部屯於海濱遂殺其鄉姻慕諸祖十

餘人稱征北大將軍幽州刺史攻掠郡縣天興

中討禽之事在帝紀

溥玄孫洪字曾孫太和中歷中書博士稍遷高

陽王雍鎮北府諮議參軍幽州中正樂陵陽平

三州

三九一

康

二郡太守洪三子

長子崇字元禮少立美名有識者許之以遠大

景明中驃騎府法曹參軍早卒

子剛司空行參軍荊州驃騎府主簿沒於關
中

崇弟仲義小名黑知名於世高陽王雍司空行
參軍員外散騎侍郎幽州別駕

弟三子叔矩字子規武定中尚書郎

子規弟子正司徒法曹參軍崇兄弟官雖不達
至於婚姻常與玄家齊等

仲義弟幹字紉禎州主簿

仲宜弟叔虔武定初司徒諮議參軍

洪從弟附伯弟侍伯並有學識附伯位至
滄州平東府長史侍伯永熙中衞大將軍南岐
州刺史

侍伯從弟文偉與和中驃騎大將軍青州刺史

洪弟光宗子觀觀弟仲宣在文死傳

子讓儀同開府參軍

二洲二 ｜觀書傳三十五｜ 二十五 第卷

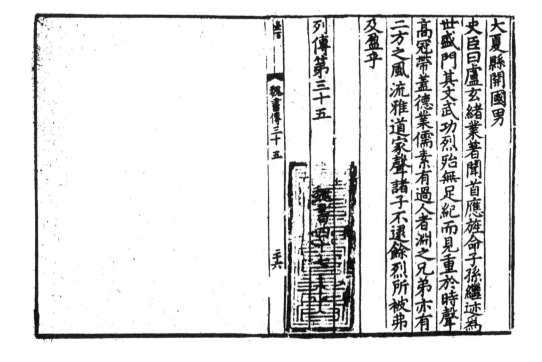

大夏縣開國男

史臣曰盧玄緒業著聞首應旌命子孫繼述為
世盛門其文武功烈殆無足紀而見重於時聲
高冠帶蓋德業儒素有過人者洲之兄弟亦有
二方之風流雅道家聲諸子不隕餘烈所被弗
及盈乎

列傳第三十五

觀書傳三十五

高允

魏傳三十六　一

高允字伯恭勃海人也祖泰在叔父湖傳父韜
少以英朗知名同郡封懿雅相敬慕慕容垂
太尉從事中郎太祖平中山以韜為丞相參軍
早卒允少孤夙夜有奇度清河崔玄伯見而異
之歎曰高子黃中內潤文明外照必為一代偉
器但恐吾不見耳年十餘奉祖父喪還本郡推
財與二弟而為沙門名法淨未久而罷性好文
學擔負書千里就業博通經史天文術數允
好春秋公羊郡召功曹神麚三年世祖舅陽平
王杜超行征南大將軍鎮鄴以允為從事中郎
年四十餘矣以方春而諸州多不決乃表
允與中郎呂熙等分詣諸州共評獄事熙等皆
以貪穢得罪唯允以清平獲賞府解還拜中書
博士還侍郎與太原張偉並以本官領術教授
受業者千餘人四年與盧玄等俱被徵拜中書
軍樂安王範從事中郎範世祖之寵弟西鎮長

安允甚有匡益秦人稱之尋被徵還允曰作基
上翁詩有混欣戚遺得要之致驃騎大將軍樂
平王丕西討上邽復以本官參丕軍事語在丕
傳後涼州平以本官參謀之勳賜爵汶陽子加建武將
軍後詔允與司徒崔浩述成國記以本官領著
作郎時浩集諸術士考校漢元以來日月薄蝕
五星行度并識前史之失別為魏曆以示允
曰天文曆數不可空論夫善言遠者必先驗於
近且漢元年冬十月五星聚於東井此乃曆術

魏書傳三十六　二

之淺今譏今識漢史而不覺此謬恐後人譏今猶
之譏古浩曰所謬云何允曰案星傳金水二星
常附日而行冬十月日在尾箕昏沒於申南而
東井方出於寅此二星何因背日而行是史官
欲神其事不復推之於理浩曰欲為變者何所
不可者獨不疑三星之聚而怪二星之來乎允
此不可以空言爭宜更審之時坐者咸怪唯東
宮少傳游雅曰高君長於曆數當不虛也後歲
餘浩謂允曰先所論者本不注心及更考究果

如君語以前三月聚於東井非十月也又謂雅
曰高允之術陽元之射也衆乃歎服允雖明於
曆數初不推步有所論說唯游雅數以災異問
允允曰昔人有言知之甚難旣知復恐漏泄不
如不知也天下妙理至多何必須盡知之甚難
待又詔允與侍郎公孫質李虛胡方回共定律
令世祖引允與論刑政言甚見禮因問允曰萬
機之務何者為先是時多禁封良田又京師遊

食者衆允因言曰臣少也賤所知唯田請言農
事古人云方一里則為田三頃七十畝百里則
田三萬七千頃若勤之則畝益三升不勤則畝
損三升方百里損益之率為粟二百二十二萬
斛況以天下之廣乎若君公私有儲雖遇飢年
何憂哉世祖善之遂除田禁悉以授民初崔浩
薦冀定相幽弁五州之士數十人各起家郡守
恭宗謂浩曰先召之人亦州郡守令宰民者浩
勤勞未答今可先補前召外任郡縣以新召者

代為郎吏又守令宰民宜使更事者浩固爭而
遣之允聞之謂東宮博士管恬曰崔公其不免
乎苟遑其非而校勝於上何以勝濟遼東公羅
黑子有寵於世祖奉使幷州受布千四事尋發
覺黑子請計於允曰主上問我為首為譁乎允
曰公惟帷幄寵臣答詔宜實又自告忠誠罪必
慮中書侍郎崔覽公孫質等咸言自告忠誠罪不
測宜諱之黑子以覽等為親已而反怒允曰如
君言誘我死何其不直遂與允絕黑子以不實

對竟為世祖所踈終獲罪戮是時著作令史閔
湛郄標性巧佞為浩信待見浩所注詩論語尚
書易遂上䟽言馬鄭王賈雖注述六經並多踈
謬不如浩之精微乞收境內諸書藏之秘府班
浩所注令天下習業并求勅浩注禮傳令後生
得觀正義浩亦表薦湛標有著述之才旣而湛
標所撰國史千石用垂不朽欲以彰浩直筆之
跡允聞之謂著作郎宗欽曰閔湛所營分寸之
間恐為崔門萬世之禍吾徒無類矣未幾而難

作初浩之被收也允直中書省恭宗使東宮侍
郎吳延召允仍留宿宮內翌日恭宗入奏世祖
命允驂乘至宮門謂曰入當見至尊吾自導卿
脫至尊有問但依吾語允請曰為何等事也恭
宗曰入自知之既入見帝恭宗曰中書侍郎高
允自在臣宮同處累年小心慎密臣所委悉雖
與浩同事然允微賤制由於浩請敕其命世祖
召允謂曰國書皆崔浩作不允對曰太祖記前
著作郎鄧淵所撰先帝記及今記臣與浩同作

然浩綜務處多總裁而已至於注疏臣多於浩
世祖大怒曰此甚於浩安有生路恭宗曰天威
嚴重允是小臣迷亂失次耳臣向備問皆云浩
作世祖問允如東宮曰實不允曰臣以下才謬參著
作犯逆天威罪應滅族今已分死不敢虛妄殿
下以臣侍講日久哀臣乞命耳實不問臣臣無
此言臣以實對不敢迷亂世祖謂恭宗曰直哉
此亦人情所難而能臨死不移不亦難乎且對
君以實貞臣也如此言寧失一有罪宜宥之允

竟得免於是召浩前使人詰浩浩惶惑不能對
允事事申明皆有條理時世祖怒甚勑允為詔
自浩已下僮吏已上百二十八人皆夷五族允
持疑不為頻詔催切允乞更一見然後為詔詔
引前允曰浩之所坐若更有數千口死矣浩竟
以犯觸罪不至死世祖怒命介士執允恭宗拜
請世祖乃止世祖欽歎曰高允其殆聖乎
族滅餘皆身死宗欽臨刑歎曰高允其殆聖乎
恭宗後讓允曰人當知機不知機學復何益當

爾之時吾導卿端緒何故不從人言怒帝如此
每一念之使人心悸允曰臣東野凡生本無官
意屬休延之會應旌弓之舉釋褐鳳池仍忝麟
閣尸素官榮妨賢已久夫史籍者帝王之實錄
將來之烱戒今之所以觀往後之所以知今是
以言行舉動莫不備載故人君慎焉然浩世受
殊遇榮曜當時孤負聖恩自貽灰滅即浩之跡
時有可論者浩以蓬蒿之才荷棟梁之重在朝無
賽謬之節退私無委蛇之稱私欲沒其公廉愛

憎蔽其直理此浩之責也至於史書朝廷起居之
跡言國家得失之事此亦為史之天體未為多
違然臣與浩實同其事死生榮辱義無獨殊誠
荷殿下大造之慈達心苟免非臣之意恭恐貪
容稱歡允後與人言我不奉東宮導旨者恭恐動
翟黑子恭宗季年頗親近左右營立田園以取
其利允諫曰天地無私故能覆載王者無私故
能包養昔之明王以至公宰物故藏金於山藏
珠於淵示天下以無私訓天下以至儉故美聲

盈溢千載不衰今殿下國之儲貳四海屬心言
行舉動万方所則而營立私田畜養難大乃至
販酤市厘與民爭利議聲流布不可追掩夫天
下者殿下之天下富有四海何求而不獲何欲
而弗從而與販夫販婦竸此尺寸昔漢之靈帝
神乃下降賜之土田卒喪其國漢之靈帝不修
人君之重好與宮人列肆販賣私立府藏以管
小利卒有顛覆傾亂之禍前鑒若此其可畏懼
夫為人君者必審於擇人故稱知人則哲惟帝

難之商書云無偏小人孔父有云小人近之則
不遜遠之則怨矣武王愛周邵齊畢所以王天
下殷紂愛飛廉惡來所以喪其國歷觀古今存
亡之際莫不由之今東宮懼乂人儁乂不少
察愚言斤出佞邪親近忠良所在田園分給貧
下云田產販賣以時收散如此則休聲日至謗議
可除恭宗不納恭宗之崩也乂又不進見曰世
祖召允昇階歔欷悲不能止世祖流涕命允使

出左右莫知其故相謂曰高允無何悲泣令至
尊而可觀哀傷何也世祖聞之召而謂曰汝不知高允
悲乎左右曰臣等見允無言而泣陛下為之悲
傷是以竊言耳世祖曰崔浩誅時允亦應死東
宮苦諫是以得免今無東宮允見事世祖允
表曰往年被勅令臣集天文災異使事類相從
約而可觀臣聞箕子陳謨而洪範作宣尼述史
而春秋著皆所以章明列辟景測皇天者也故
先其善惡而驗以災異隨其失得而效以禍福

天人誠遠而報速如響甚可懼也自古帝王莫
不尊崇其道而稽其法數以自儆飭厥後史官
並載其事以為鑒誡漢成帝時光祿大夫劉向
見漢祚將危權歸外戚屢陳妖眚而不見納遂
因洪範春秋災異報應者而為其傳觀以感悟
人主而終不聽災異卒以厄亡豈不哀哉伏惟陛
下神武則天叡鑒自遠欽若稽古率由舊章前
言往行靡不究觀前皇所不逮臣學不洽聞
識見寡薄懼無以裨廣聖聽仰酬明旨今謹依
洪範傳天文志撮其事要略其文辭凡為八篇

魏書傳三十六 九 句

世祖覽而善之曰高允之明災異亦豈減崔浩
乎及高宗即位允頗有謀焉司徒陸麗等皆受
重賞允既不蒙褒異又終身不言其忠而不伐
皆此類也既給事中郭善明性多機巧欲逞其能
勸高宗大起宮室允諫曰臣聞太祖道武皇帝
既定天下始建都邑其所營立非因農隙不有
所興今建國已久宮室已備至於營立非有
會萬國西堂溫室足以安御聖躬紫樓臨望可

以觀望遠近若廣修壯麗為異觀者宜漸致之
不可倉卒計研村運土及諸雜役須二萬人丁
夫充作老小供餉合四萬人半年可訖古人有
言一夫不耕或受其飢一婦不織或受其寒況
數萬之眾其所損廢亦以多矣推之於古驗之
於今必然之效也誠聖主所宜思量高宗納之
允以高宗纂承平日前朝之世屢發明詔禁諸
不依古式允乃諫曰前朝之世屢發明詔禁諸
婚娶不得作樂及葬送之日歌謠鼓舞殺牲燒

葬一切禁斷雖條旨父頒而俗不革變將由居

魏書傳三十六 十 句

上者未能懷改為下者習以成俗教化陵遲一
至於斯普天之地靡德布政先於寡
妻及於兄弟以至家邦三分天下而有其二明
為政者先自近始詩云嫁女之教先於寡
君舉動不可不慎禮云今諸王納室皆樂部給
伎以為嬉戲而獨禁細民不得作樂此一異也
古之婚者皆揀擇德義之門妙選員閑之女先

之以媒娉繼之以禮物集賓友以重其別親御
輪以崇其勤婚姻之際如此之難今諸王十五
便賜亦妻別居然所配者或長少差舜或罪人掖
庭而作合宗王妃嬪潘諡失禮之甚無復此過
往年及今頻有檢劾誠是諸王過酒致責跡其
元起亦由色衰相棄致此紛紜今皇子娶妻多
出宮掖令天下小民必依禮限此二異也万物
之生歷不有死古先哲王作為禮制所以養生
送死折諸人情若毀生以奉死則聖人所禁也

〔魏傳三十六〕 十一 石昌

然葬者藏也死者不可再見故深藏之昔堯葬
穀林農不易畝舜葬於蒼梧市不改肆秦始皇
為之地市下固三泉金王寶貨不可計數死不旋
踵尸焚墓掘由此推之堯舜之儉如皇之奢是
非可見今國家營葬費有益於亡者之臣美獨不然今
灰爐苟靡費有益於亡者之必止此三異也今
上為之不輟而禁下民之必止此三異也今
祭必立尸序其昭穆使亡者有憑致食饗之禮
今已葬之魂人直求貌類者事之如父母燕好

如夫妻損敗風化瀆亂情禮莫此之甚王未禁
之下不改絕此四異也夫饗者所以定禮儀訓
万國故聖王重之至乃爵盈而不飲肴乾而不
食樂非雅聲則不奏物非正色則不列今之大
會內外相混酒醉喧讙閭有儀武又俳優鄙藝
污辱視聽朝庭積晉以為美而責風俗之清純
此五異也今陛下當百王之末踵晉亂之弊而
不矯然釐政以屬頹俗臣恐天下蒼生永不聞
見禮教矣允言如此非一高宗從容聽之或有

〔親傳三十六〕 十二 祖逖

火

觸迕帝所不忍聞者命左右扶出事有不便允
輒求見高宗知允意逆屏左右待之禮敬甚
重晨入暮出或積日居中朝臣莫知所論或有
上事陳得失者高宗省而謂群臣曰君父[一]也
父有是非十何為不作書於人中諫之使人知
惡而於家內隱匿也豈不以父親恐惡彰於外
也今國家善惡不能面陳而表顯諫諍宣露
彭君之短明已之美至如高允者真忠臣矣朕
有是非常正言面論至朕所不樂聞者皆侃侃

言說無所避就朕聞其過而天下不知其諫豈
不忠乎汝等在左右曾不聞一正言但伺朕喜
時求官乞職汝等把弓刀侍朕左右徒立勞耳
皆至公王此人把筆臣我國家不過作郎汝等
不自愧乎於是拜允中書令著作如故司徒陸
麗曰高允雖蒙寵待而家貧布衣妻子不立高
宗怒曰何不先言之見朕用之方言其貧是日
幸允第惟草屋數間布被縕袍厨中鹽菜而已
高宗歎息曰古人之清貧豈有此乎即賜帛五
百匹粟千斛拜長子悅為綏遠將軍長樂太守
允頓表固讓高宗不許初與允同徵游雅等多
至通官封侯及允部下吏百數十人亦至刺史
二千石而允為郎二十七年不徙官時百官無
祿允常使諸子樵采自給初尚書竇瑾坐事誅
瑾子導亡在山澤邊母焦年老允愍在
得兔瑾之親故莫有恤者允愍焦年老保護在
家積六年導始蒙赦其篤行如此轉太常卿本
官如故允上代都賦因以規諷亦二京之流也

文多不載時中書博士索敬與侍郎傳默渠祚
論名字貴賤著議紛紜允遂著名字論以釋其
惑甚有典證復以本官領祕書監解太常卿進
爵梁城侯加左將軍初允與游雅及太原張偉
同業相友雅嘗論允曰夫喜怒者有生所不能
無也而前史載卓公寬中文競洪量褊心者或
非愠喜之色不亦信哉高子游麌四十年矣未嘗見其
其言呐呐不能出口余常呼為文子崔公謂余
云高生豐才博學一代佳士所之者矯矯風節
耳余亦然之司徒之謫起於纖微及於詔書崔
公聲嘶股戰不能言宗欽已下伏地流汗都無
人色高子數陳事理申釋是非辭義清辯音韻
高亮明主為之動容聽者無不稱善仁及寮友
保茲元吉向之所謂矯矯者更在斯乎宗愛之
任勢也威振四海當召百司於都坐王公以下
望庭畢拜高子獨昇階長揖由此觀之汲長孺
可卧見衛青何抗禮之有向之所謂風節者得

不謂此乎知人固不易人亦不易知吾既失之

於心內崔亦漏之於形外鍾期上聽於伯牙夷

吾見明於鮑叔良有以也其爲人人物所推如此

高宗重兄常不名之恒呼爲令公令公之號播

於四遠矣高宗顯祖居諒闇乙渾專擅朝命

謀卷社稷文明太后誅之引允禁中參決大政

又詔允曰自頃以來庠序不建爲日久矣道肆

陵遲學業遂廢子袗之歡復見于今朕既纂統

大業八表晏寧稽之舊典欲置學官於郡國使

進脩之業有所津寄鄉儒宗元老朝望舊德宜

與中秘二省參議以聞允表曰臣聞經綸大業

必以教養爲先咸秩九疇亦由文德成務故辟

雍光於周詩洋秩自永嘉以來舊章

殄滅鄉閭蕪沒雅頌之聲京邑杜絕釋奠之禮

道業陵夷一百五十載仰惟先朝每欲憲章昔

經閭素烈萬方事尚殷弗遑克復陛下欽明文思

纂成洪烈之絕業爰發德音惟新文教搢紳黎庶

與周禮之

莫不幸甚臣承旨勑並集二省披覽史籍備究

典紀靡不敢儒以勸其業貴學以篤其道伏思

明詔玄同古義宜如聖旨崇建學校以厲風俗

使先王之道光演於明時郁郁之音流聞於四

海請制大郡立博士二人助教二人學生八十

人中郡立博士一人助教二人學生六十人下

郡立博士一人助教一人學生四十人其博士

取博關經典世履忠清堪爲人師者年限四十

以上助教亦與博士同年限三十以上若道業

風成才任教授不拘年齒學生取郡中清望人

行修謹堪循名教者先盡高門次及中第顯祖

從之郡國立學自此始也後允以老疾頻上表

乞骸骨詔不許於是乃著告老詩又以昔歲同

徵零落將盡感逝懷人作徵士頌蓋止於應命

者其有命而不至則闕焉羣賢之行舉其梗槩

矣今著之於右

中書侍郎固安伯范陽盧玄子真

郡功曹史博陵崔綽茂祖

河內太守下樂侯廣寗燕崇玄略
上黨太守高邑侯廣寗常陝公山
征南大將軍從事中郎勃海高毗子翼
征南大將軍從事中郎勃海李歆道賜
河西太守饒陽子博陵許堪祖根
中書郎新豐侯京兆杜銓士衡
征西大將軍從事中郎京兆韋閬友規
京兆太守趙郡李詵令孫
太常博士鉅鹿公趙郡李靈虎符
中書郎中卽丘子趙郡李遜仲熙
營州剌史建安公太原張偉仲業
輔國大將軍從事中郎范陽祖邁
征東大將軍從事中郎范陽祖侃士倫
東郡太守蒲縣子中山劉策
濮陽太守眞定子常山許琛
行司隸校尉中都侯西河宋宣道茂
中書郎燕郡劉遐彥鑒
中書郎武恒子河間邢穎宗敬

十七

澮水太守浮陽侯勃海高濟叔民
太平太守平原子鴈門李熙士元
秘書監梁郡公廣平游雅伯度
廷尉正安平子博陵崔建興祖
廣平太守列人侯西河宋愔
州主簿長樂潘天符
郡功曹長樂杜熙
征東大將軍從事中郎中山張綱
中書郎上谷張誕叔術
秘書郎鴈門王道雅
秘書郎鴈門閔弼
衛大將軍從事中郎中山郎苗
大司馬從事中郎上谷侯辯
陳留郡太守高邑子趙郡呂季才
夫百王之御士也莫不資伏羣才以隆治道故
周文以多士克寧義魏武自神鹿加已後宇內平定諛
所記由來之常義魏漢武以得賢為盛此載籍之
赫連積世之僭掃窮髮不要鞘之冠南摧江楚西

十八

盜涼域殊方之外慕義而至於是偃兵息甲修
立文學登延儁造酬諮政事夢想賢哲思遇其
人訪諸有司以求名士咸稱范陽盧玄等四十
二人皆冠冕之胄箸聞州邦有羽儀之用親發
明詔以徵玄等乃曠官以待之懸爵以縻其
就命三十五人自餘依例州郡所遣者不可稱
記爾乃髦士盈朝而濟濟之美興焉昔與之俱
蒙斯舉或從容廊廟或游集私門上談公務下
盡忻娛以為千載一時始於此矣日月推移吉

山代謝同徵之人凋殞殆盡在者數子然復分
張徃昔之忻礵為悲感張仲業東臨營州遲其
還返一叙于懷齎袂垂殁之年寫情於桑榆
之末其人不幸復至殞殁在朝者皆後進之士
居里者非疇昔之人進沙無寄心之所出入無
解顏之地顧省形骸亦可以永歎而不已夫以
美盛德之形容亦可以長言寄意不為文二十
年矣然事切於心豈可默乎遂為之頌詞曰紫
氣千霄羣雄亂夏王龔徂征戎車屢駕掃盪遊

氣克剪妖霸四海從風八垠漸化政教無外旣
寧且一偃武臺兵唯文是崇帝乃旁求搜賢舉
逸嚴隱投竿異人並出虀盧生量遠恩純鑽
道撽德遊藝依仁旋引旣招釋褐投巾播響附劉
堂嘉謀曰陳自東祖南躍馬馳輪僭憑影附劉
道敦心六經遊思文藻終辭寵命以之自保燕
以和親茂祖覺單鳳雛不造克已勉躬畫隆家
常篤信百行靡遺栖遲居沖守
約好讓善推思賢樂古如渴如飢子翼致遠道

賜悟深相期以義相和若琴並參慕府俱發德
音優遊辛歲聊以寄心祖根運會克光碤猷仰
緣朝恩俯因德友功雖後建祿實先受班同舊
臣位並群后士衡孤立內省靡疚言不崇華交
不遺舊規以產則貧論道則富所謂伊人實邦之
秀卓矣友規稟茲淑亮存彼大方擴此細讓神
與理宜形隨流浪雖屈王侯莫廢其尚趙實名
區世多奇士山岳所鍾挺生三李矯矯清風抑
抑容止初九而潛望雲而起訊尹西都靈惟作

傳垂訓自王宮載理雲霧熙雖中天迹階郎署餘

塵可挹終亦顯著仲業淵長雅性清到憲章古

式綢繆典詁時值險難常一其操納眾以仁訓

下以孝化被龍川民歸其教邁則英賢佩亦稱緝

選聞達邦家名行素顯志在兼濟豈伊獨善緝

匠弗顧功不獲展許燕下崇名與朋以信行物以

說入獻其功輶軒一摩撓燕下崇名與朋以信行物以　魏書傳三十六

業亦隆道茂鳳成弱冠播名與朋以信行物以

誠怡怡昆弟穆穆家庭發響九皇翰飛紫其頻

在省闥亦司于京刑之以中政之以平猗歟彥　二十一

鑒恩參文雅率性任眞器成非假靡矜于高莫

耻于下乃謝朱門歸迹林野宗敬延譽號為四

儁華藻雲飛金聲鳳振中遇沈痾賦詩以訊忠

顯于辭理出于韻高滄朗達默識淵通領新悟

異發自心肯質侔和璧文炳雕龍燿姿天邑衣

錦舊邦士元先覺介焉不惑振袂來庭始賓王

國踖方履正好是緝墨淑人君子其儀不忒孔

稱游夏漢美淵雲越哉伯度出類踰羣司言祕　何通

閣作牧河汾移風易俗理亂解紛融彼滯義渙

此潛文儒道以折九流以分崔宋二賢誕性英

偉權穎間闇闇名象符標尚熙好而清不潔

而不矜素而能貫番符標尚熙好而清不潔

流渾不同波絕希龍津止分常科幽而踰顯擯

識拔萃衡門俱漸鴻翼發憤忘餐豈要斗食率

禮從仁圖德于式失不繫心得不形色郎苗始

舉用均已試智足周身言足為治性協於時情　魏書傳三十六

斂於事與全而同與古昌異物以利移人以酒　三

晷侯生潔已唯義是敦曰縱醇醨逾敬逾溫其

在私室如涉公門季才之性柔而執競屆彼南

秦申威致命諫之以權矯之以政帝道用光邊

土納慶羣賢遭世顯名有代志竭其忠蓋其

縶體龍襲朱裳青紐雙佩榮曜當時風高千載君

臣相遇實難偕昔因朝命舉之克諧詩言思之中

想解帶舒懷此忻如昨存亡奄乗靜言思之中

心九攉揮毫頌德準爾增哀皇興中詔允兼太　陳

常至兗州祭孔子廟謂允曰此簡德而行勿有
辭也後允從顯祖北伐大捷而還至武川鎮上
北代頌其詞曰皇矣上天降臨惟德眷命有魏
照臨萬國禮化丕融王猷允塞靜亂以威穆民
以則北虜舊隸稟政在茲番往因時逃命北轅
世襲凶軌背忠食言招亡聚醜類實繁敢率
犬羊圖縱猖獗乃詔訓師興戈北伐躍馬裹粮
星馳電發撲討虜劉肆陳斧鉞斧鉞暫陳戟罸
厥旅積骸填谷流血成浦元凶奔假息窮墅
爪牙既摧腹心亦阻周之忠厚存及行葦冀冀
聖明有兼斯美澤被京觀垂此仁曰封尸野獲
克合萬邦以協義著春秋功銘玉牒載興頌聲
播之來葉顯祖覽而善之又顯祖時有不豫以
惠加生死死蒙惠人欣覆育理貫幽冥澤漸
殊域物歸其誠神獻其福遐斯懷無思不服
古稱善兵歷時始捷今也用師辰不及浹六軍
高祖沖幼欲立京兆王子推集諸大臣以次召
問允進跪上前涕泣曰臣不敢多言以勞神聽

願陛下上思宗廟託付之重追念周公抱成王
之事顯祖於是傳位於高祖賜帛千匹以標忠
亮又遷中書監加散騎常侍難父典史事然而
不能專勤屬述時與校書郎劉模有所緝綴大
較績崔浩故事準春秋之體而時有刊正自高
閭以自代以定議之勳進爵咸陽公加鎮東將
軍尋授使持節散騎常侍征西將軍懷州刺史
允秋月巡境問民疾苦至邵縣見邵公廟廢毀
宗迄于顯祖軍國書檄多允文也末年乃薦高
化頗行然儒者優遊不以斷決為事後正光中
中散大夫中書舍人河內常景追思允帥郡中
故老爲允立祠於野王之南樹碑紀德焉太和
表聞修茸之允於時年將九十矢勸民學業風
不立乃曰邵公之德闕而不禮爲善者何望乃
二年又以老乞還鄉里十餘章上卒不聽許遂
以疾告歸其年詔以安車徵允勅州郡發遣至
都拜鎮軍大將軍領中書監固辭不許又扶引
就內政定皇誥允上酒訓曰臣被勅論集往世

酒之敗德以為酒訓臣以朽邁人倫所棄而殊
恩過隆錄臣於將歿之年晶臣於已隆之地奉
命驚慄喜懼兼甚不知何事可以上答伏惟陛
下以叡哲之姿撫臨萬國太皇太后以聖德之
廣濟育群生普天之下罔不踴躍謹竭其所見
虛求不已思監往事以為警戒此之至誠悟通
百靈而況於百官士民不稱賴然曰吳憂動
作酒訓一篇但臣愚短加以荒毀辭義鄙拙不
足觀採伏願聖慈體臣悾悾之情恕臣狂瞽之

意其詞曰自古聖王其為驚也玄酒在堂而醴
酒在下所以崇本重原降於滋味雖沈爵旅行
不及於亂故能禮童而敬不慳事畢而儀不忒
非由斯致是失其道將何以範時軌物垂之於
世歷觀往代成敗之效吉凶由人不在數也商
辛聽酒殷道以之亡公旦陳誥周德以之昌子
反昏酣而致斃穆生不飲而身世而為
戒或百代而流芳感情性雖曰括
人孰能自競在官者殆於政也為下者慢於令

二五

也聰達之士荒於聽也柔順之倫興於諍也以
而不悛致於病也豈止於病乃損其命謗亦有
云其益如毫乎言所損者夭年亂志夭亂之損不
益不亦寡乎言所損者止於一味之損不
亦夥乎如無以酒荒而陷其身無以酒狂而喪其
倫迷邦失道流浪漂津不師不遵反將何因詩
不言乎如切如瑳如琢如磨朋友之義也作官
以箴之申謨以禁之君臣之道也其言也善則
三覆而佩之言之不善則哀矜而貸之此實先

王納視之意性者有晉士多失度肆散誕以
為不覊縱長酣以為高達調酒之頌以相眩
曜稱堯舜有千鍾百觚之飲著非法之言引大
聖為璧言以則天之明豈其然乎且子思有云天
子之歠不能一升以此推之千鍾百觚皆為妄
也今大魏應圖重明御世化之所暨無思不服
仁風敦洽於四海太皇太右以至德之隆誨而
不倦憂勤備於皇情誥訓行於無外故能道協
兩儀功同覆載仁恩下逮罔有不遵普天率土

北六

雖不豪頓在朝之士有志之人宜克己從善履
正存貞節酒以為度順德以為經悟昏飲之美
疾審敬慎之彌榮遵孝道以致養顯父母而揚
名蹈閔曾之前軌遺仁風於後生仰苔所授
俯以保其成可不勉歟可不勉歟猶高祖悅之常
置左右詔兀乘車入殿朝賀不拜明年詔以議
定律令雖年漸期頤而志識無損猶家貧養薄可
披考史書又詔曰兀年涉危境而志識無損而家貧養薄可
令樂部絲竹十八五日一詣兀以娛其志特賜
兀蜀牛一頭四望蜀車一乘素兀杖各一蜀刀
一口又賜珍味每春秋常致之尋詔朝晡給膳
朔望致牛酒衣服綿絹每月送給兀皆分之親
故是時貴臣之門皆羅列顯官而兀子弟皆無
官爵其廉退若此遷尚書散騎常侍時延入備
几杖問以政治十年加光祿大夫金童紫綬朝
之大議皆咨訪焉魏初法嚴朝士多見杖罰兀
歷事五帝出入三省五十餘年初無譴笈初兀
君中以獄訟留滯始令中書以經義斷諸疑事

兀據律評刑三十餘載內外稱平兀以獄者民
之命也常歎曰皋陶至德也其後英蒙先士劉
項之際英布黥而王經世雖久猶有刑之餘釁
況凡人能無咎乎其年四月有事西郊詔以御
馬車迎兀就郊所板殿觀矚馬忽驚奔車覆傷
大懼兀慰勉之不令聞徹與壽稀共兀掇事三
中黃門蘇興壽扶持兀曾雲中遇犬驚倒扶者
司駕將處重坐兀啓陳無恙乞免其罪先是命
眉三處高祖文明太后遣醫藥護治存問相望
年未嘗見其慍色恂恂善誘誨人不倦盡夜手
常執書吟詠尋覽篤親念故虛己存納雖處貴
重志同貧素性好音樂每至伶人弦歌鼓舞常
擊節稱善又雅信佛道時設齋講好生惡殺性
又簡至不妄交遊顯祖平青齋從其族望於代
時諸士人流移遠至率皆飢寒從人之中多兀
姻嫌皆徒步造門兀散財竭產以相贍賑慰問
周至無不感其仁厚收其才能表奏申用時議
者皆以新附致異兀謂取材任能無宜抑屈先

是允被召在方山作頌志氣猶不多損談說舊
事了無所遺十一年正月卒年九十八初允每
謂人曰吾在中書時有陰德濟救民命若陽報
不差吾壽應享百年矣先卒旬外微有不適猶
不寢卧呼醫請藥出入行止吟詠如常高祖文
明太后聞而遣醫診視之告以無恙脩
入密陳允榮衛有異懼其不久於是遺使備賜
御膳珍羞自酒米至於鹽醢百有餘品皆盡時
味及牀帳衣服茵被几杖羅列於庭王官往還

魏書傳三十六　二十九　周惠達

慰問相屬允喜形於色語人曰天恩以我篤老
大有所賚得以贈客矣表謝而已不有他慮如
是數日夜中卒家人莫覺詔給絹一千匹布二
千匹綿五百斤錦五十四雜綵百匹穀千斛以
周喪用觀初以來存亡蒙賚者莫及焉朝廷榮
之將葬贈侍中司空公冀州刺史將軍公如故
謚曰文賜命服一襲允所制累詩賦誄頌箴論表
讚左氏公羊釋毛詩拾遺論雜解議何鄭膏肓
事凡百餘篇別有集行於世允明筆法為筆術

三卷子忱襲

忱字士和以父任除綏遠將軍長樂太守為政
寬惠民廢安之後倒降爵為侯尋卒
孫貴賞襲除州治中卒官
忱弟懷字士仁任城王雲郎中令大將軍從事
中郎授中散恬淡退靜不競世利在散童十八
年不易官太和中除太尉東陽王諮議參軍而
卒

子緯字僧裕少孤恭敏自立身長八尺腰帶十

魏書傳三十六　三十　宋繇附

圍沈雅有度量博涉經史太和十五年拜奉朝
請太尉法曹行參軍尋兼尚書祠部郎以母憂
去職父之除治書侍御史轉洛陽令緯為政強
直不避豪貴邑人憚之又詔假節行涇州刺史延
國子博士行潁川郡事詔參議律令緯為長兼
昌初遷尚書右丞參議壬子歷蕭宗初司徒清
河王懌司馬冠軍又隨懌遷太尉司馬其年秋
大乘賊起於冀州都督元遙率眾討之詔緯兼
散騎常侍持節以白虎幡軍前招慰緯信著州

里降者相桑軍還除汲郡太守固辭不拜御史

中尉元匡奏高聰及緯等朋附高肇詔並原罪

俄行滎陽郡事以本將軍出除豫州刺史為政

清平抑強扶弱百姓愛之流民歸附者二千餘

戶遷後將軍并州刺史正光三年久暴疾卒年

四十八九月詔贈安東將軍冀州刺史諡

曰簡

子炳字仲彪太尉行參軍稍遷征虜將軍開府

祿早卒

▇親書傳三十六　刑　三十一　刘赦

允弟襃字仲讓小名檀越早有名譽太延中以

前後南使不稱妙簡行人游雅鷹推應選詔兼

散騎常侍使劉義隆南人稱其才辯遇疾卒於

建業朝廷悼惜之喪選贈朝國將軍臨邑子諡

曰恭賜命服衣冠允為之作誄

推弟襃字李和小字淳于亦有文才世祖每詔

徵辭疾不應恒憚議安允屈折父宜栖泊京常

從父於家州辟主簿卒

孫市賓奉朝請冀州京兆王愉城蜀參軍愉構

逆市賓逃歸京後除青州安南府司馬永熙中

冠軍將軍開府從事中郎始神廳中允與從叔

清族兄毗及同郡李金俱被徵

濟字叔民初補中書博士爲楚王傅眞君中

假員外常侍賜爵浮陽子使於劉義隆世祖臨

江於行所除肝貽太守後超授游擊將軍尋出

除滄水太守卒年六十七贈鎮遠將軍冀州刺

史諡曰宜

子矯襲卒子師襲

▇親書三十六　三十二　宋弁

師字孝則有學識歷太尉丞太子舍人尚書主

客郎轉通直散騎侍郎從事正員郎累遷光祿

少卿行涇州事卒贈龍驤將軍河州刺史

子和仁字德舒襲釋褐員外散騎侍郎領殿中

御史少清簡有文才實爲五言詩贈太尉屬盧

仲宣仲宣甚歎重之常有高尚之志後爲洛州

錄事參軍不赴服餌於汲郡白鹿山未幾卒時

人悼惜之

和仁弟德偉武定末東宮齋帥

嫡弟遵自有傳

毗字子翼鄉邑稱為長者官至從事中郎
孫當尚書郎卒贈樂陵太守謚曰恭初允所
引劉模者長樂信都人也少時繼遊河表
遂至河南尋復潛歸顏涉經籍微有注疏之
用允領祕書典著作選為校書郎允撰國記
與俱緝著常令模持質詣允每日同入史閣接膝
對定周述時事允年已九十目手稍衰多遺模
執筆而指授裁斷之如此者五六歲允所成篇

卷著論上下模預有功為太和初模遷中書博
士與李彪為秘書並相愛好至林訓導國軸
明風範遠不及彪也出除潁州刺史王肅之歸
關路經懸瓠舞窳時人莫識模獨繪給所須
弓待以禮蕭深感其意及蕭臨沒後州樓猶在郡
徵報後之由是為新蔡太守在二郡積十年寬
猛相濟頗有治稱正始元年復出為陳留本
時年七十餘矣而飾老隱年昧禁自效遂家於
南潁川不復歸其舊鄉矣

子懷恕聰率多　甚收潁川情和至王襄威將軍
本州冠軍府功曹參軍
懷恕弟懷遜頗解醫醫術歷位給事中卒於左軍
將軍領遠將軍

史臣曰依仁遊藝垂裕義中諸其司空亡高九乎蹈
危禍之機抗雷霆之氣禦死夷然忘身溝物乎
悟明主保已全身自非體隣知命鑒照窮達亦
何能以若此宜其光寵四世終身百齡有飄以
來斯人而已僧裕學淹有聞華脩之義也

列傳第三十六　　魏書四十八

李靈　崔鑒

魏書四十九

李靈字虎符趙郡人高平公順從父兄也父勰字小同恬靜好學有聲趙魏太祖平中原聞勰已亡哀惜之贈宣威將軍蘭陵太守神麚中世祖徵天下才儁靈以學優儒溫謹選授高宗經臨江除淮陽太守靈至拜中書博士轉侍郎從駕後加建威將軍中散內博士賜爵高邑子高宗踐祚受除平南將軍洛州刺史而卒時年六十三

【魏書傳三十七】　一

帝追悼之贈散騎常侍平東將軍定州刺史鉅鹿公諡曰簡

子恢襲子爵高宗以恢師傅之子拜員外散騎常侍安西將軍長安鎮副將進爵為侯假鉅鹿公皇興元年鎮軍大將軍東平王道符謀反殺恢又雍州刺史魚玄明雍州別駕李充等恢時年四十八顯祖悼之追贈恢散騎常侍鎮西將軍定州刺史鉅鹿公諡曰貞

恢長子悅祖襲爵高邑侯例降為伯卒

子瑾字伯瓊太和中拜奉朝請後襲爵盪寇將軍轉司徒廣陽王嘉集曹參軍太尉高陽王雍長流參軍太尉清河王懌記室參軍後除中堅將軍步兵校尉葛榮反於河北所在殘害詔瑾持節兼吏部郎中東北道弟尉大使至冀州值葛榮圍通授瑾防城都督時瑾以二子自隨次子戰死瑾恐動人情忍哀輟哭城陷沒賊既而走免永安初拜左將軍太中大夫殷州大中正累遷車騎將軍右光祿大夫太尉諮議參軍天平初除車

【魏傳三十七】　二　李

騎將軍大司農卿中正如故瑾淳謹好學老而不倦元象元年秋卒年六十五贈使持節都督定瀛殷三州諸軍事驃騎大將軍司徒公定州刺史

子景威襲武定末西汝陰太守晉受禪西尉例降悅祖弟顯甫本州別駕遷步兵校尉從駕南討以功賜爵平棘子行并州事尋除河北太守卒贈顯武將軍安州刺史諡曰威

子元忠武定中驃騎大將軍儀同三司晉陽縣

開國伯

子擢武定末河內太守

顯南次弟華字寧夏初為羽林中郎武騎侍郎

步兵校尉轉直閤將軍武衛將軍華贊力過人

頗有將略每從征伐頻著軍功賜爵贊城子定

州驃騎長史輔國將軍中山太守卒贈前將軍

幽州刺史有八子

長子構襲爵至通直散騎常侍卒贈殷州刺史

次敬義司徒長流參軍兼光祿少卿平北將軍

元法僧叛逼入蕭衍

次叔向為徐州鎧曹參軍帶郭浦戍主值刺史

光祿大夫卒贈本將軍殷州刺史

次世幹次稚明兄弟並不脩名行險暴無禮為

時所賤

次季脩傳陵常山二郡太守

次幼緒早亡

華弟馮字青龍秘書主文中散累遷冀州征東

長史太子中舍人阿附趙脩超遷司空長史給

事黃門侍郎武衛將軍定州大中正坐脩黨免

官後除趙郡太守卒

子道嘉字同吉豫州外兵參軍汝陽太守

同吉弟文衡開府行參軍

綜子道字良軏有業尚初拜奉朝請尚書度支

郎遷洛為營構將高祖南伐為行臺郎車駕還

拜太子步兵校尉世宗初轉步兵校尉兼散騎

侍郎副盧昶東比道使拜司空諮議加中壘將

軍京兆王愉以征東將軍為冀州刺史道為愉

府司馬愉反召集州府以告之道不從為愉所

害時年四十四事平詔賜帛二百匹贈征虜將

軍幽州刺史謚曰簡拜子渾給事中

渾字季初武定末大司農卿

渾弟繪字敬文齊王丞相府司馬

繪弟系字乾經少聰惠有才學與舅子河間邢

昕少相倫董晚不逮之初為征東法曹參軍後

除奉車都尉加寧遠將軍尋拜大司馬廣陵王

錄事參軍府解還鄉里徵拜冠軍將軍中散大
夫齊獻武王從子永樂爲瀞州刺史聞而請與
相見待以賓交之禮及永樂薨送葬還都蕭
衍遣使朝貢侍中李神儁與永樂薨爲尚書南客
郎系前後接對凡十八人頗爲稱職齊文襄王
攝選以系爲司徒諮議參軍因謂之曰自郎署
至此所謂不次以卿人才故有此舉耳尋加征
虜將軍武定五年兼散騎常侍使蕭衍與其二
兄前後將命時人傷惜之齊初贈平東將軍比徐
州刺史諡曰文

靈弟均趙郡太守

均子璨字世顯身長八尺五寸貌魁偉受學
於梁祚興安中爲祕書中散本州別駕轉趙郡
常山二郡太守遷中書郎雅爲高允所知天安
初劉彧徐州刺史薛安都舉彭城降詔鎮南大
將軍博陵公尉元鎮東將軍陽城公孔伯恭等

率衆迎之顯祖復以璨參三府軍事軍達九里
山安都率文武出迎元不加禮接安都還城使
遂不至時劉彧或將張永沈攸之等率衆先屯下
磕元令璨與中書郎高閭入彭城說安都安都
即與俱載赴軍元等入城收質諸兄其夜永攻南
門不剋退還時永軸重在武原璨勸元乘永攻之
永軍凍死者萬計於是遂定淮北加璨寧朔將
軍與張讜對爲兗州刺史綏安初附以參定徐
失襍攻永米舩大破之斬首數千級時大雪寒
州之功賜爵始豐侯加建武將軍延興元年
四十卒諡曰懿

子元茂太和年襲爵加建武將軍以寬雅著
稱闕又倒降拜司徒尋除振威將軍南征
別將彭城鎮副將民吏安之賞帛百匹穀二百
斛太和二十年年四十四卒贈顯武將軍徐州
刺史諡曰順

子李之字鳳起初除京兆王參軍轉貟外散騎
侍郎襲爵拜尚書都官郎

秀之第子雲字鳳昇司空參軍轉外兵參軍本
州治中
子雲弟子羽字鳳跱貞外郎大司馬祭酒季之
子羽弟子岳字鳳降征南法曹參軍
等早孤事母孝謹兄弟並容兒魁偉風度審正
而皆早卒
鳳昇子道宗武定末直閤將軍
道宗弟道林武徒中兵參軍
元茂第宣茂太和初拜中書博士稍遷司空諮

二百六十八　魏書傳三十七　七　附蕃可

議轉司馬監構事出除寧朔將軍試守正平
郡不拜兼定州大中正坐受鄉人財貨爲御史
所劾除名爲民從駕征新野又從討樊鄧持節
兼散騎常侍東南二道便景明中除平陽太守
以罪左遷步兵校尉正始初除太中大夫遷光
禄大夫宣茂議明堂之制以五室爲長與游肇
往復肇善之遷平東將軍幽州刺史延昌二年
卒年五十九遺言薄葬贈本將軍齊州刺史諡
曰齊

子籍之字脩遠性謹正粗涉書史歷貞外郎給
事中司徒諮議參軍前將軍太中大夫著忠諡
一篇文多不載永熙初卒年五十四贈中軍將
軍定州刺史
子徹字伯倫武定末司空主簿
茂之第志字敬遠有氣尚州主簿
子長瑜郡功曹
敬遠第幼遠性麤暴每爲刼盜刺史録殺之
宣茂弟叔胤舉秀才著作佐郎歷廣陵王諮議

二百六十一　魏書傳三十七　八　附蕃可

南趙郡太守在位九載有政績景明三年卒年
三十六諡曰惠
子彌字延軌位至相州録事參軍
彌弟翼字景業初爲溫寇將軍齊帥又除貞外
郎遷尚書郎仍齋帥建義初遇害河陰贈平北
將軍定州刺史
叔胤弟仲胤自中書學生歷公府主簿從事中
郎諫議大夫尚書左丞辛賜帛一百四布五十
四綿五十斤贈鎮遠將軍光州刺史諡曰恭

少子子仁尚書主客郎
崔鑒字神具博陵安平人父綽少孫學行偹
明有名於世與盧玄高允李靈等俱被徵
在允傳尋以毋老囬辭後為郡功曹而夭臨
有文學自中書博士轉侍郎延興中受詔使齊
州觀省風俗行兗州事以功賜爵桐廬縣子出
為奮威將軍東徐州刺史鑒欲安悅新附民
有年老者表求假以令詔從之又於州內治
銅以為農具兵民獲利卒贈冠軍將軍青州
刺史安平侯謚曰康
子合字文和少有時譽襲爵桐廬子為中書
學生寊文中散太尉謚議參軍本州大中正出
為常山太守卒於郡時年二十七
長子偹義有風望襲爵自司徒黙曹參軍再
遷寧遠將軍新野太守還除太尉掾出為冀
州征東府長史卒年四十五
長子放寬裕襲爵齊受禪例降
合弟秉少有志氣太和中為中書學生拜奉朝

請轉徐州安東府錄事參軍陽平王顯之為定
州秉復為衡軍府錄事參軍帶毋極令時甄定
為長史因公事言競之間秉以拳擊琛隆於林
下琛以本縣長笑而不論其豪率若此彭城王
謂左右曰吾當寄膽氣於此人後為司空主簿
驃征壽春秉從行招致壯俠以為部卒勰目之
轉掾城門校尉長兼司空司馬遷長史加輔國
將軍出除左將軍廣平內史大納財貨為清論
所鄙入為司徒左長史未幾除平東將軍光祿
大夫尋加安西將軍出除燕州刺史時天下多
事遂為杜洛周攻圍秉堅守歷年朝廷遣都督
元譚與秉第二子仲哲赴救譚敗仲哲死之秉
遂率城民奔定州坐免官尋除撫軍將軍行相
州事轉征東將軍金紫光祿大夫孝昌末冀州
流民聚於河外因立東冀州除秉為刺史加征
東將軍不之任永安二年遷衛將軍右光祿加
夫秉年老被疾上表辭事詔不許元顥入洛秉
避居陽武二年除散騎常侍車騎將軍左光祿

大夫太昌中除驍騎大將軍儀同三司常侍左
光祿如故頻以老病乞解永熙三年去職天平
四年薨年七十八贈使持節侍中都督定瀛滄
三州諸軍事本將軍尚書令司徒公定州刺史
謚曰靖穆

長子忻字伯悅有世幹為荊州平南府外兵參
軍北道行臺常景引為行臺郎又啓除員外郎
復為安遠將軍尚書左中兵郎中以鄭儼之甥
兼尚書左丞莊帝初遇害於河陰年四十二贈
鎮軍將軍殿中尚書冀州刺史

忻弟仲哲生為祖母宋氏所養早有知識六歲
宋亡啼慕不止見者悲之性恢達常以將略自
許辟司徒行參軍假寧朔將軍統軍從廣陽王
淵比討擊葛榮破之賜爵安平縣男及父秉
於燕州被圍立訢朝歷逐除別將與都督元譚
赴援到下口遇賊戰歿時年三十五
長子長瑜武定中儀同開府中兵參軍
長瑜弟叔瓚司徒田曹參軍

仲哲弟叔彥撫軍將軍
叔彥弟季通武定中兼司農少卿
季通小弟季良風望閑雅自太學博士從都督
李神軌征討有功賜爵蒲陰縣男尋除著作佐
郎通直散騎侍郎轉征虜將軍員外散騎常侍
騎將軍尚書右僕射定州刺史謚曰簡

秉弟習字貴禮有世譽歷司徒主簿彭城王勰
太尉長史及秉還鄉季良亦去職歸養後除中軍
將軍光祿大夫先秉卒於家時年三十六贈車
開府屬還幽州長史博陵太守吏民愛敬之在
郡九年轉河東太守卒於郡年五十一贈後將軍并州刺史
太守孝昌三年重贈後將軍并州刺史

長子世儒字希業卒於大司馬從事中郎
世儒第三弟叔業業武定中南兗州別駕
秉從父弟廣字仲慶有議幹初為中書學生高
祖時殿中郎中歷通直散騎侍郎太子步兵校
尉詔守尚書左丞父憂去職後任城王澄為揚
州引廣為鎮南府長史以母老辭景明末卒於

家贈安遠將軍光州刺史

子元獻字世儁顔有學識舉秀才不行後卒於
鄉里

廣弟文業為中書博士轉司徒主簿城陽王鸞
為定州刺史引為治中年四十九卒子伯謙武
定末司空諮議參軍

史臣曰李以儒俊之風當旌帛之舉崔以文雅
之烈應利用之科世家有業餘慶不已人位繼
軌亦為盛哉

列傳第三十七　　　魏書四十九

　　尉元　　慕容白曜　　魏書五十

尉元字苟仁代人也世為豪宗父目斤勇略聞
於當時泰常中為前將軍從平虎牢頗有軍功
拜中郎將轉羽林中郎小心恭肅以匪懈見知
世祖嘉其寬雅有風見稍遷駙馬部給事中從幸
海隅賜爵富城男加寧遠將軍和平中遷北部
尚書加散騎常侍進爵大昌侯拜冠軍將軍天
安元年薛安都以徐州內附請師救援顯祖以
元為使持節都督東道諸軍事鎮南大將軍博
陵公與城陽公孔伯恭赴之劉彧東平太守無
鹽戍主申纂詐降元知非誠款外示容納而密
備焉劉彧兗州刺史畢眾敬遣東平太守章仇
備諸軍遁走或遣將張永沈攸之等率眾討安都
屯于下磕永乃分遣羽林監王穆之領卒五千
守輻重於武原龍驤將軍謝芝居領卒二千據

魏書傳三十八　　一　　許忠

呂梁散騎侍郎張引領卒二千守萊黃督上租
州刺史遣中書侍郎高閭李璨等與安都俱還
入城別令孔伯恭精甲二千撫安內外然後元
入彭城元以張永仍據險要攻守勢倍懼傷士
卒乃命安都與璨等固身率精銳揚兵於外分
擊呂梁絕其糧運善居逎奔萊黃仍與張引東
走武原馳騎追擊斬首八百餘級武原窮寇八
千餘人拒戰不下元親擐甲冑四面攻之破穆
之外營殺傷太半獲其輜重五百餘乘以給彭
城諸軍然後收師緩戰開其走路穆之率餘燼
奔于永軍永勢力屈元乘勝追擊時大雨雪
永遂捐城夜遁伯恭安都乘勢追擊時大雨雪
泗水冰合永棄舡而走元豫測永必將奔二身
率眾軍邀其走路南北奮擊大破於呂梁之東
斬首數萬級追北六十餘里死者相枕手足凍
斷者十八九生擒劉彧使持節都督梁南北秦
三州諸軍事梁秦二州刺史寧朔將軍益陽縣

大百衲　魏書傳三十八　　二　　滕太初

開國侯垣恭祖龍驤將軍羽林監沈承伯等永攸之輕騎走免收其舟車軍資器械不可勝數劉彧東下邳輔國將軍兗州刺史樊昌侯王龍驤將軍蘭陵太守桓忻驅掠近民保險自固元遣慰喻張讜及青州刺史沈文秀等皆遣使通誠王整桓忻相與歸命元表曰彭城倉廩虛盡人有飢色求運冀相濟兗州粟取張永所棄舟九百艘沿清運致可以濟救新民顯祖從之

又表分兵置戍進定青冀復表曰彭城賊之要蕃不有積粟彊守不可以固若儲粮廣戍雖劉彧師徒悉動不敢窺關淮北之地此自然之勢也詔曰待後軍到量且守防其青冀已遣軍援須待剋定更運軍糧元表曰臣受命出彊并雖寒暑進無鄧艾一舉之功臣以下愚屬當戎略雖淮代出獲振而民情未安臣以愚智屬當偏任苟事宜宣徹敢不以聞臣前表以下邳水陸所湊先規殄滅遣兵屢計猶未擒定然彭城下

邳信命未斷而此城之人元居賊界心尚繫二輒相誑惑希幸非望南來息肩雍塞不達雖至窮迫仍不肯降彭城民任玄朗從淮南到鎮稱劉彧將任農夫陳顯達領兵二千來詣宿豫臣即以其日密遣覘使驗其虛實如朗所言臣欲自出擊之以運粮未接又恐新民生變遣子都將于沓千劉龍駒等步騎五千將往赴擊但征人淹久逃亡者多迭相扇動莫有固志器仗敗

毀無一可用臣聞伐國事重古人所難功雖可立必須經略而舉若賊向彭城必由清泗過宿豫歷下邳趨青州路亦由下邳入沂水經東安即為賊用師之要今若先定下邳平宿豫鎮淮陽戍東安則青冀諸鎮可不攻而剋若四處不服青冀雖拔百姓狼顧猶懷僥倖之心臣愚以為宜釋青冀之師先定東南之地斷劉彧或北顧之意絕愚民南望之心夏水雖盛無津途可因冬路雖通無高城可固如此則淮北自舉斬劉永逸今雖向熱猶可行師兵尚神速久則生變若天

兩既降或因水通運粮益衆規爲進取恐近淮
民庶翻然改圖青冀二州卒未可拔臣輒與寮
佐共議咸謂可然若應而不陳懼有損敗之責
陳而無驗恐成誣罔之罪惟天鑒懸量照臣愚
款或復遣沈攸之吳憘公領卒數万從沂清而
進欲援下邳元遣孔伯恭率步騎一万以拒之
送令還以沮其衆又表求濟師詔遣征南大將
軍慕容白曜赴之白曜到瑕丘遇患會泗水暴
漲賊軍不得前進白曜遂不行伯恭大破賊軍
攸之憘公等輕騎遁走元書與劉或徐州刺史
王玄載示其禍福玄載狼狽夜走宿豫淮陽皆
弃城而遁於是遣南中郎將中書侍郎高閭領
騎一千與張讜對爲東徐州刺史中書侍郎李
璨與畢衆敬對爲東兗州刺史以安初附拜元
都督徐南北兗州諸軍事鎮東大將軍開府徐
州刺史淮陽公持節散騎常侍尚書如故詔元
曰賊將沈攸之吳憘公等驅率蟻衆進寇下邳

卿戎昭果毅智勇奮發水陸邀絕應時撲珍自
淮以北蕩然清定皆是元帥經略將士效力之
所致也朕用嘉焉所獲諸城要害之處分兵置
成以帖民情今方欲清蕩吳會懸旌秣陵至於
用兵所宜形勢進止善加量度動靜以聞是時
徐州妖人假姓司馬字休符自稱晉王扇惑百
姓元遣將延興元年五月假元淮陽王三年劉
將蕭順之王勃勳等領衆三萬入寇淮北諸城
還所鎮元遣將追斬之四年詔徵元還京赴西郊尋
元分遣諸將逆擊走之元表淮陽郡上黨令韓
念祖始臨之初舊民南叛全無一人令撫綏招
集愛民如子南來民賮係先等前後歸附戶至
二百有餘南濟陰郡雎陵縣人趙憐等辭稱念
祖善於綏撫清身潔已請乞念祖爲雎陵令若
得其人必能招集離叛成立一縣顯祖詔曰樹
君爲民民情如此可聽如請元好申下人之善
皆爲民也太和初徵爲內都大官既而出爲使
持節鎮西大將軍開府統萬鎮都將其得夷民

之心三年進爵淮陽王以舊老見禮聽乘步挽
杖於朝朝蕭道成既自立及遣間諜扇動新民不
逞之徒所在蜂起以元威名鳳振徵為使持節
侍中都督南征諸軍事征西大將軍大都將餘
官如故揔率諸軍以討之元討五固賊桓和等
皆平之東南清晏遠近帖然入為侍中都曹尚
書遷高書令十三年進位司徒十六年例降庶
姓王晉封山陽郡開國公食邑六百戶元表曰
臣以天安之初奉律揔戎廓靈淮右海內既平
仍喬齊徐岳素餐尸祿積有年歲彼土安危竊所
具悉每惟彭城水陸之要江南用兵莫不因之
威陵諸夏夫國之大計豫備為先且臣初剋徐
方青齊未定從何以猶懷彼此時劉或道張
城勢連青充唯以彭城既固而永等摧屈今計
彼戍兵多是胡人臣前鎮徐州之日胡子都
將呼延籠達因於負罪便分叛亂鳩引胡類一
時扇動賴威靈退被罪人斯戮又圍城子都將

胡人王頼勲負冒南叛每懼軒圖狡誘同黨
誠所見宜以彭城胡軍換取南豫州徙民之兵
轉戍彭城又以中州鮮甲增實兵數於事為宜
詔曰公之所陳甚合事機其年頻表以老乞身民
八月詔曰元年會議遠屢表告退朕以公秉德
清挹體懷平隱仁雅淵廣謀猷是伏方委之民
政用康億兆故頻文累札仍違沖志而謙光逾
固三請彌切若不屈從高謨復何以成其美德
也已許其致仕生者可出表付外如禮申遂元
詣闕謝老引見於庭命昇殿勞宴賜立冠素服
又詔曰天大道凝虛至德沖挹故尹王法玄猷
以御世聖人崇謙美是以天子父事三
老兄事五更所以明孝悌於萬國垂教本于天
下自非道高識博孰能處之是故五帝憲德三
王乞言若求備一人同之古哲叔世之老孰能
克堪師上聖則難為其襃傳中庸則易為其選
朕既虛寡德謝曩喆更老之選差可有之前司
從山陽郡開國公尉元前大鴻臚卿新泰伯游

明根並元耳利貞明允誠素少著英風老敷雅
迹位顯台宿歸終私第可謂知始知卒希世之
賢也公以八十之年宜處三老五更之重鄉以七十
之齡可充五更之選於是養三老五更於明堂
國老庶老於階下高祖再拜三老親祖割牲執
爵而饋於五更行肅拜之禮賜國老庶老衣服
有差既而元言曰自天地分判五行施則人之
所崇莫重於孝順然五孝六順天下之所先願
陛下重之以化四方臣既衰老不究遠趣心耳

△魏書傳三十八

九

魏

所及敢不盡誠高祖曰孝順之道天地之經今
承三老明言銘之千懷明根言曰夫至孝通靈
至順感幽故詩云孝悌之至通於神明光於四
海如此則孝順之道無所不格願陛下念之以
濟黎庶臣年志朽槳識見昧然在於心慮不敢
不盡高祖曰五更助三老以言至軌敷展德音
當克已復禮以行來授禮畢乃賜步挽一乘詔
曰天尊老尚更列聖同致欽德綿哲齊軌
朕雖道謝玄風識昧叡則仰凜先誨企遵猷旨

故推老以德立更以元父焉斯彰兄焉斯顯矣
前司徒公元前鴻臚卿明根並以沖德懸車懿
量歸老故尊公以三事更以五雖更老非官老
考至周祿然況事既高且加殊養三老可給上公
之祿五更可食元卿之俸供食省之味亦同其例
十七年七月元疾篤高祖親幸風美富內秉
時年八十一詔曰元至行寬純仁美富內秉

△魏書傳三十八

十

鄭義

之効魯宋懷仁中鉉載德所謂音身備於本末
行道著於終始勳書玉牒惠結民志者也愛及
五福收集懸車歸老謙損既彰遠近流詠陟茲
父事儀我万方謂極眉壽彌贄王業天不遺
老奄介甍念功惟善抽恒于懷但戎事致奪
恨不盡禮耳可賜布帛綵物二千四百溫明祕器
朝衣一襲并爲營造墳域謚曰景桓公葬以殊
禮給羽葆鼓吹假黃鉞班劍四十人賜帛一千

四

子羽名犯肅宗廟諱頗有器望起家祕書中散

駕部令轉主客給事加通直散騎常侍守殿中

尚書兼侍中以父首突去職又起復本官詔襲爵

加平南將軍高祖親考百司以羽怠墮降常侍

爲長兼仍守尚書奪祿一周遷洛以山陽在畿

內改爲博陵郡開國公後爲征虜將軍恒州刺

史卒仍以爲贈諡曰順

子景興龔正始元年卒贈兗州刺史無子

景興弟景儁襲爵員外散騎常侍延昌中坐杖

子伯永襲無子爵除

國吏死降封深澤縣開國公

敬

辛贈博陵太守重贈鎮軍將軍洛州刺史諡曰

羽弟景靜寬雅有才識世宗時爲尚書左民郎中

子祐之通直散騎常侍護軍長史卒

慕容白曜慕容元真(女孫父琚歷官以廉清

著稱賜爵高都侯卒於冠軍將軍尚書左丞贈

安南將軍并州刺史高都公諡曰簡白曜少爲

中書吏以敬直給事東宮呂高宗即位拜北部

大夫龔爵遷北部尚書在職執法無所阿縱高

宗厚待之高宗崩與乙渾共秉朝政遷尚書石

僕射進爵南鄉公加安南將軍劉彧徐州刺史

薛安都兗州刺史畢眾敬並以城內附詔鎮南

大將軍尉元鎮東將軍孔伯恭率師赴之而或

東平太守申纂屯無鹽并州刺史房崇吉屯外

城遏絕王使皇興初加白曜使持節都督諸軍

事征南大將軍上黨公屯於硙磝以爲諸軍後

繼白曜攻纂於無鹽城拔其東郭其夜纂遁遣

兵追執之獲其男女數千口先是劉彧青州刺

史沈文秀冀州刺史崔道固並遣使內附既而

或遣招慰復歸於或白曜既拔無鹽回攻外城

肥城戍主聞軍至弃城遁走獲粟三十萬斛既

至升城垣苗羣瀟二戍拒守不下白曜以千餘

騎襲糜溝糜溝潰自投濟水死者千餘人擊垣

苗又破之得粟十餘萬斛由是軍糧充足先是

淮陽公皮豹子等再征垣苗不剋白曜以一旬

之內頻拔四城威震亦土顯祖嘉焉詔曰卿摠
率戎旅討除不賓霜戈所向無不摧靡旬日之
內剋拔四城韓白之功何以加此雖外城戍將
房崇守遠不順危亡已形潰在旦夕且勉崇
威略務存長轡不必窮兵極武以為勞頓且代
罪弔民國之令典當招懷以德使來蘇之澤加
於百姓外城不降白曜忿之縱兵陵城殺數百
人崇吉母妻逃自曜撫慰其民無所殺戮百姓懷
之獲崇吉母妻待之以禮劉彧遣其將吳悟公
率衆數萬欲寇彭城鎮南大將軍尉元表請濟
師顯祖詔白曜赴之白曜到瑕遇患時泗水
暴竭舡不得進懷公退白曜因停瑕立會崇吉
與從弟法壽盜彧盤陽城以贖母妻白曜自瑕
立遣將軍長孫觀等率騎入自馬耳關赴之觀
至盤陽諸縣來降平東將軍長孫陵寧東將軍
尉眷東討青州白曜自瑕立進攻歷城白曜乃
為書以喻之曰天弃劉彧禍難滋興骨肉兄弟
自相誅戮熬君臣上下靡復紀綱徐州刺史薛安

都豫州刺史常珍奇兗州刺史畢衆敬等梁觀
存亡飄然歸義故朝廷納其誠欵委以南蕃皆
目前之見事東西所備聞也彼無監戍主申纂
敢縱姦劫奪行人官軍始臨一時授首房崇
吉固守外城尋即潰散自襄陽以東至于淮海
莫不風靡服從正化謂東陽歷城有識之士
思安都之榮顯下念申纂之死亡追悔前惑改
圖後悟然執守愚迷不能自革狼戾臨齊境想一變之
北方濟黃河知十二之虛說臨齊境想一變之
清風踟蹰周覽依然何極故去危就安人事常理若
夫見機而動周易所稱去危就安人事常理若
以一介爲高不愜爲美則微子負嫌於時紀季
受譏於世我皇魏重光累葉德懷無外軍威所
拂無不披靡固非三吳弱卒所能擬抗況於今
者勢已土崩劉彧威不制急恃此爲援何異於蹄
復能浮江越海赴危救急恃此爲援何異於蹄
涔之魚冀拯江海赴天蛾地螫手則斷手蛾足則
斷足誠忍肌體以救性命若推義而行之無割

身之痛也而可以保家寧宗長守安樂此智士
所宜深思重慮自求多福道固固守不降白曜
築長圍以攻之長孫陵等旣至青州沈文秀遣
使請降軍人入其西郭頗有採掠文秀悔之遂
嬰城拒守二年崔道固及兗州刺史梁鄒守將
劉休賓及其寮屬于京師後乃從二城民望於下
休賓及其寮屬並面縛而降白曜皆釋而禮之送道固
館朝廷置平齊郡懷寧二縣以居之自餘
悉為奴婢分賜百官白曜雖在軍旅而接待人

魏書三十八　十五　五

物寬和有禮獲崇吉毋妻申纂婦女皆別營安
置不令士卒誼雜乃進討東陽冬入其西郭三
年春剋東陽檻沈文秀凡獲倉粟八十五萬斛
米三千斛弓九千張箭十八萬八千刀二万二
千四百甲冑各三千三百銅五千斤錢十五万
城內戶八千六百口四万一千呉蠻戶三百餘
始末三年築圍攻擊日日交兵雖士卒死傷無
多然叛督上士人租絹以為軍資不至侵苦三
齊欣然安堵樂業剋城之日以沈文秀之抗拒不

爲之拜忿而筆橫唯以此見識以功拜使持節
都督青齊東徐州諸軍事開府儀同三司青州
刺史濟南王將軍如故四年冬見誅初乙渾專
權白曜頗所俠附緣此追以爲責及將誅也云
謀反叛時論寃之
白曜少子真安年十一聞父被執將自殺家人
止之曰輕重未可知真安曰王位至高功重若有
小罪終不至此我何忍見父之死遂自縊焉
白曜弟如意亦從白曜平歷下與白曜同誅太

三﹇廿五　六　郅塋

和中著作佐郎成淹上表理白曜曰臣聞經疆
啓宇實良將之功襄德酬庸乃聖王之務昔姜
公杖鉞開隆周之基韓生秉旄興鴻漢之業故
能賞超當時名垂前史若闔外功成而流言內
作人主猜疑良將懷懼樂毅所以背燕章邯所
以奔楚至如鄧艾懷忠矯命寧國亦心皎然幽
顯同見而橫受屠戮良可悲哀及吉岩伐呉奮
不顧命万里浮江應機直指使孫皓君臣興櫬
入洛大功亦舉讒書驟至內外唱和貝錦將成

微晉武之臨金亦幾於顛沛矣每覽其事常為痛
心聖主明王固宜深察臣伏見故征南大將軍
開府儀同三司青州刺史濟南王慕容白曜祖
父相資世紹東裔值皇運廓被委節臣妾白曜
生長王國欽服道教爵列上階位登帝伯去天
安初江陰夷楚敢拒王命三方阻兵連城岳峙
海岱著君生覿首援聖朝乃眷南顧救茲荒黎
勳委誠授以專征之任握兵十萬杖鉞一方威
大議廟堂顯庸元將百寮同音僉曰惟允遂推
東掃道固衝壁盤陽梁鄴肉祖請命于時東陽
比太原同時消潰廉溝苗相尋本走及回麾
陵河澠則淮徐震懼師出無臆而申纂授首濟
邊服崔僧祐蓋次陽陳顯達連兵淮海水陸鋒
起揚雄而至規援青齊士民怡怡莫不南顧時
兵役既久咸有歸心而白曜外宣皇風內盡方
略身攘甲胄與士卒同安撫初附示以恩厚三
軍懷挾纊之溫新民於來蘇之澤遂使僧祐擁

徒弭旆効順重門文靜崇仁葉城覬海次陽顯
達望塵南奔聲震江吳風偃荊漢及青州剗平
文秀面縛海波清靜三齊克定逖彼東南永為
國有使天府納六州之貢濟泗煙塵之虞開
代岱宗封禪之略關山川望秩之序斯誠宗廟
靈神籌所授然抑亦白曜與有力矣及氛醫既
靜爵命亦隆榮燁當時聲問昌遠而民惡其上
安生九隙因其功高流言惑聽巧偽亂真朱紫
難辨傷夷未瘳合門屠戮鴻勳盛德幾介無聞
有識之徒能不悽愴臣謂白曜策名王庭累荷
榮授歷司出內世載忠芙秉鉞改蕃折衝敵國
開疆千里拔城十二辛勤於戎旅之際契闊於
矢石之間登鋒履危志存靜亂及方難既夷身
應高賞受胙河山與國昇隆六十之年寵靈巳
極觀其立功足明機運宣容僥倖更邀非塋者
平且於時國家士馬屯積京南跨州連鎮勢佅
雲岳主將驍雄按鈕在所莫不殉忠死難効節
奉時此之不可生心白曜足知之矣況潛逆阻

兵營岱嶽亂加以王師仍舉州郡屠裂兼民勞
止神膽俱喪亡爐之眾不可與圖存離敗之民
不可與語勇哉白曜果毅習戎體開兵勢寧不
知士民之不可藉將士之不同已據彊兵之勢
因釜炭之民而欲立非常之事此愚夫之所弗
為也料此推之事可知矣伏惟陛下聖鑒自天
仁孝宰世風冠宇宙超百王開國以來諸有
罪犯極刑不得骸骨者悉聽收葬大造之恩振
古未有而白曜人舊功高嬰禍淪覆名滅國除
爵命無紹天下眾庶咸共哀憐方之餘流應有
差異頸陛下揚日月之光明勳臣之績垂天地
之施慰僵屍之魂使合棺定諡歿有餘稱選其
宗近才堪驅策錫以微爵繼其絕世進可以獎
勸將來退可以顯國恩澤宣不美哉仰惟聖明霑然昭
死者受骨肉之惠豈不美哉仰惟聖明霑然昭
覽狂瞽之言伏待刑憲高祖覽表嘉愍之
白曜弟子契輕薄無檢太和初以名家子擢為
中散遷宰官南安王楨有貪暴之鄉督遣中散間

文祖詣長安察之文文祖受楨金寶之賂為楨隱
而不言事發坐之文明太后引見群臣謂之曰
前論貪清皆云克循文祖時亦在中後竟犯法
以此言之人心信不可知高祖曰古有待放之
臣亦有離俗之士卿等自審不勝貪心者聽辭
位歸第契進曰臣甲微小人聞識不逮蒙曲
照虛忝令職小人之心無定帝王之法有常以
無恆之心奉有常之法非所克堪乞垂退免高
祖曰昔鄭相嗜魚人有獻魚者相曰若取此魚
忍削名祿遂不肯受契若知心不可常即知貪
之惡矣何為求退遷宰官令微好碎事頗曉工
作主司厨宰稍以見知及營洛陽基構征新野
南陽起諸攻具契皆參典太和末以功遷太中
大夫光祿少卿營州大中正賜爵定陶男正始
初除征虜將軍營州刺史徙都督沃野懷荒二鎮
二鎮諸軍事平城鎮將轉都督禦夷懷荒二鎮
諸軍事沃野鎮將並如故轉都督朔州沃
野懷朔武川三鎮三道諸軍事後將軍朔州刺

史熙平元年卒贈鎮北將軍并州刺史諡曰克

初慕容破後種族仍敏失賜末頗忌而誅之時

有遺免不敢復姓皆以興為氏延昌末詔復舊

姓而其子女先入掖庭者猶號慕容特多於他

族

契長子昇字僧度建興太守遠鎮遠將軍沃野

鎮將進號征虜將軍軍其得邊民情

和第二子僧濟自奉朝請稍轉至五校躭淫酒

色不事名行

大使于忠賞粟二百石卒贈幽州刺史

契弟暉歷涇州長史新平太守有惠政景明中

孫善儀同開府主簿

史臣曰魏之諸將罕立方面之功尉元以寬雅

之風受將帥之任取瑕丘如覆掌剋彭城猶拾

遺擒將醜威名遠被位極公老聖主氣言無

乃近世之一人歟白曜有敦正之風出當蒲代

席卷三齊如風靡草按物有禮海垂欣慰其勞

固不細矣功名難劭追猜嬰戮有賢議勤未聞

於斯曰也

列傳第三十八　　　　魏書五十

韓茂　皮豹子
　封勅文　呂羅漢
　孔伯恭

韓茂字元興安定武安人世父老賣字黃老永興
中自赫連屈丐來降拜綏遠將軍遷龍驤將軍
常山太守假安武侯茂仍居常山之九門卒贈齊
州刺史諡曰成侯茂年十七膂力過人尤善騎
射太宗曾親征丁零翟猛茂為中軍執幢時有
風諸軍旌旗皆偃什茂於馬上持幢初不傾倒
太宗異而問之徵茂所屬具以狀對太宗謂左
右曰記之尋徵詣行在所試以騎射太宗深奇
之以茂為虎賁中郎將後從世祖討赫連昌大
破之世祖謂諸將曰今若窮兵極武非弔民之
道明年當共卿等取之從其民而還以軍功賜
茂爵蒲陰子加強弩將軍遷侍輦郎又從征統
萬大破之從平平涼茂所衝莫不應弦而殪
由是世祖壯之拜內侍長進爵九門侯加冠軍

將軍後從征蠕蠕頻戰大捷與樂平王不等代
和龍徙其居民從平涼州茂為前鋒都將戰功
居多遷司衛監錄前後功拜散騎常侍殿中尚
書進晉爵安定公加平南將軍從破薛永宗伐蓋
吳轉都官尚書從征懸瓠頻破賊軍重駕南征
分為六道茂與高涼王那出青州諸軍渡淮降
若相繼拜茂徐州刺史加征南將軍世祖崩劉義隆
侍中尚書左僕射加征南安王余余令茂討之至濟
遣將檀和之寇濟州南安王余余令茂討之至濟
州和之遁走高宗踐阼拜尚書令加侍中征南
大將軍茂沉毅篤實雖無文學每論議合理為
若善於撫衆勇冠當世為朝廷所稱太安二年
夏領太子少師冬卒贈涇州刺史安定王諡曰

桓王
　長子備字延德初為中散賜爵江陽男加揚烈
　將軍又進爵行唐侯拜冠軍將軍太子庶子
　遷寧西將軍典遊獵曹加散騎常侍龍驤爵安定公
　征南大將軍卒贈雍州刺史諡曰簡公

備弟均字天德少而善射有將略初為中散賜
爵范陽子加寧朔將軍遷金部尚書加散騎常
侍兄備卒無子均襲爵安定公征南大將軍出
為使持節散騎常侍本將軍定州刺史轉青冀
二州刺史餘如故恤民廉謹甚有治稱廣阿澤
在定冀二州之界土廣民稀多有寇盜乃置
鎮以靜之以均在冀州劫盜止息除本將軍廣
阿鎮大將加都督三州諸軍事均清身率下明
為耳目廣設方略禁斷姦邪於是趙郡屠各西
山丁零聚黨出澤以劫害為業者均皆誘慰道
捕遠近震踢先是河外未賓民多去就故權立
東青州為招懷之本新附之民咸受優復然猶
人斬逃走者多往投焉均表陳非便朝議罷之
後均所統劫盜頗起顯祖詔讓之又以五州
民戶殷多復編籍不實以均忠直不阿詔均檢括
出十餘萬戶復授定州刺史輕徭寬賦百姓安
之延興五年卒謚曰康公
子寶石龍襲爵

均弟天生為內廄令後典龍牧曹出為持節平
北將軍沃野鎮將
皮豹子漁陽人少有武略泰常中為散騎常侍遷
內侍左右世祖時為散騎常侍賜爵新安侯加
冠軍將軍又拜選部尚書餘如故出除使持節
侍中都督秦雍荊梁四州諸軍事安西將軍開
府儀同三司進爵淮陽公鎮長安尋加征西將
軍後坐盜官財從於統萬具君三年劉義隆遣
將裴方明等侵南秦王楊難當遂陷仇池世祖
徵豹子復其爵位尋拜使持節仇池鎮將督關
中諸軍與建興公古弼等分命諸將十道並進
四年正月豹子進軍至樂鄉大破之擒義隆將王
奐之王長鄉等六人斬首三千餘級俘獲二千
人豹子進軍下辨義隆將強玄明辛伯奮據襄城
遁走追斬之悉獲其衆義隆使其秦州刺史胡
崇之鎮仇池至漢中聞官軍已西懼不敢進方
明益其兵而遺之豹子與司馬楚之至於濁水
擊擒崇之盡虜其衆進至高平義隆將姜道祖

降仇池平未幾諸氏復反推楊文德為主以圍
仇池古彌率諸軍計平之時豹子次于下辨聞
圍解欲還彌遣使謂豹子曰賊恥其負敗必求
報復後舉為難不如陳兵以待之豹子以為然
尋除都督秦雍荊梁益五州諸軍事進號征西
大將軍開府仇池鎮將持節公如故十一月義
隆復遣楊文德姜道盛率衆二萬人寇濁水城
遣將青陽顯伯守谷山以拒豹子濁水城兵射
殺道盛豹子至斧山斬顯伯悉俘其衆豹子又

與河間公元齊俱會于濁水賊衆震恐棄其兵
甲夜遁初南秦王楊難當歸命詔送楊氏子第
詣京師文德以行賂得留云奔漢中義隆以文
德為武都隆平五部氐民叛應文德詔誘豹子
於是武都王給兵二十人守叚盧城招誘氐羌
諸軍討之文德阻兵固險拒豹子文德詔將楊高
來降引諸軍向其城文德棄城南走收其妻子
寮屬軍資及故武都王保宗妻公主送京師義
隆白水太守郭啓玄率衆救文德豹子分軍逆

擊大破之啓玄文德走還漢中興安三年正月
義隆遣其將蕭道成王虯馬光等入漢中別令
楊文德楊頭等率諸氐羌圍武都城中拒之殺
賊二百餘人豹子分兵將救之至女磊聞賊傅
軍豹子遣人於祁山取馬欲往赴援文德謂豹
子欲斷其糧運回軍還入覆津擄險自固義隆
恐其輙回又增兵益將令晉壽白水送糧覆津
漢川武興運粟甘泉皆置倉儲豹子表曰義隆
增兵運粮剋必送死臣所領之衆本自不多唯

仰民兵專恃防固其統萬安定二鎮之衆從戎
以來經三四歲長安之兵役過昔月未有代期
衣粮俱盡形顏枯悴窮切戀家逃亡不已既臨
寇難不任攻戰士民新通知臣兵弱南引文德
共為脣齒計文德去年八月與義隆梁州刺史
劉秀之同征長安聞臺遣大軍勢援雲集長安
地平用馬為便國騎臺軍不多此出但承仇池
人各有還思軍勢若及必自奔逃進軍取城有
局人稱臺軍不敢比出諸州雜

易返掌承信其語回趣長安之兵遣文德蕭道
成王乱等將領來攻武都仇池望連秦隴進圍
武都已經積日畏臣後斷其糧路關鎮少兵
未有大損今外寇兵彊臣力寡追賊備敵非
兵不擬今選壯兵增戍武都牢城自守可以無
患今事已切急若不馳聞損失城鎮恐招深責
願道高平突騎二千賞糧一月速赴仇池且可
抑折逆民對賊虜須長關上郯雖有金城湯池無粮
可得自全粮者民之命也雖有金城湯池無粮 七 魏書傳三十九 楊洞
不守仇池本無儲積今歲不收苦高平至不
知云何以得供援請遣秦州之民送軍郡山臣
隨迎致詔高平鎮將苟莫千率突騎二千以赴
之道成等乃退徵豹子為尚書出為內都大官
劉駿遣其將殷孝祖修兩當城於清東以逼南
境天水公封勑文擊之不剋詔豹子與給事中
周丘等助擊之豹子以南寇城守攻圍費日遂
略地至高平劉駿瑕丘鎮道步卒五千助戍兩
當去城八里與豹子前鋒候騎相遇即便交戰

豹子軍繼至大破之縱騎追擊殺之至於城下
其免者十餘人而已城內恐懼不敢出救旣而
班師先是河西諸胡亡匿避命命豹子及前涇州
刺史封阿君督河西諸軍南趣石樓與衛大將
軍樂安王良以討羣胡豹子等與賊相對不覺
胡走無捷而還又坐免官尋以前後戰功復擢
為內都大官和平五年六月卒高宗追惜之贈
淮陽王諡曰襄賜命服一襲
子道明襲爵 八 魏書傳三十九 蔡郯
道明第八弟喜高宗以其名臣子擢為侍御中 官
散遷侍御長高祖初吐谷渾拾寅部落飢寇侵
涼境河大為民詔假喜平西將軍廣川公領
涼州抱罕高平諸軍與上黨王長孫觀討拾寅
又拜為使持節侍中都督秦雍荊梁益五州諸
軍事本將軍開府仇池鎮將假公如故以其父豹
子昔鎮仇池有威信故也喜至申恩布惠衆民
大悅酋帥強奴子等各率戶歸附於是置盧業
固道二郡以居之徵為南部尚書賜爵南康侯

加左將軍太和元年劉準葭蘆戍主楊文度遣
弟鼠竊據仇池詔喜率衆四萬討開軍到建安
鼠棄城南走進次濁水遣平西將軍楊靈珍擊
文度所置仇池太守楊員衆潰僅而得免喜
遂軍於覆津文度將士攀山崖涉水衝擊大黑
絕偏閣單行喜部分將士大黑固守津道懸崖險
首京師殺一千餘人詔曰夫忠臣生於德義之
門智勇出於將相之族往年民羌放命侵竊邊

【魏書傳三九】九

成都將皮喜梁醜奴等感資父舊勳或身建殊
效威名著於庸漢公義列於天府故授以節鉞
委閫外之任並聲力盡銳克荷所司霜戈始動
蟻賊奔散仇池旋復民夷要安又討葭蘆又梟
凶醜元惡俱殲闈閭永息朕甚嘉之其所陳計
略商校利害料其應否寧邊益國專之可也今
軍威既振羣愚懾服革舊崇新有易因之勢覽
猛之宜任其量廚應立郡縣者亦聽銓置其楊
文度楊鼠親屬家累部送赴臺仇池南秦之根

本守禦資儲特須豐積隘阻之要宜中防令
奸魂之徒絕其僥倖勤戎務綏靜新俗懷民
安主稱朕意焉又詔喜等曰卿受命專征薄代
邊寇軍威所及即皆平蕩復仇池之舊昆鎮破段
蘆之新邦梟擒首逆剪削兇黨勳庸之美朕無
間然仇池國之要蕃防守事宜元濵完實從前
以來駱谷置鎮是以軒賊息關之心邊城無
危敗之禍近由徙就建安致有往年之役前勑
卿等部率兵將駱谷築城雖有一時之勤終致

【魏書傳三九】十

永延之固而卿等不祗詔命至于今日徒使兵
人稽頓無事閒停方復曲辭表求罷下豈是良
將忘身憂國盡忠之謂也諸州之兵已復一歲
宜暫戢我力成此要功卿等表求來年築城豈不
更勞兵將乱若因今兵勢即令就之一勞永逸
事不再舉也今更給軍粮一月速於駱谷築城
使四月盡必令成訖若不時營築乃築而不
成而不固以軍法從事南天水郡民柳旆據
險不順喜率衆討滅之轉散騎常侍安南將軍

豫州刺史詔讓其在 州寬忌以飲酒廢事威不
禁下遺使者就州決 以杖罰七年卒贈以本官
諡曰恭公
子承宗襲爵
喜弟雙仁冠軍將軍仇池鎮將
封勅文代人也祖豆皇一始初領眾三萬東征
州平定三郡拜幽州刺史後爲使持節都督冀
青二州諸軍事前將軍開府冀青二州刺史關
內侯父涅太宗時爲侍御長卒贈龍驤將軍定

州刺史童武侯諡曰隱勅文始光初爲中散稍
遷西部尚書出爲使持節散騎常侍鎮西將軍
開府領護西夷校尉秦益二州刺史賜爵天水
公鎮上邽詔勅文率步騎七千征吐谷渾慕利
延兄子拾歸於枹罕眾少不能制詔遣安遠將
軍廣川公乞烏頭等二軍與勅文會隴右軍次
武始拾歸夜遁勅文引軍入枹罕虜拾歸妻子
及其民戶分從千家於上邽留烏頭守枹罕金
城邊回天水梁會謀反扇動秦益二州雜人萬

餘戶據上邽東城攻西城勅文先已設備殺
賊百餘人被傷者眾賊乃引退回會復率眾四
千攻城氐羌一萬屯於南嶺休官屠各及諸雜
戶二萬餘人屯於北嶺爲同等形援勅文遣二
將領騎二百設備門內別令騎出擊之既而僞
退回率眾騰逐勅文輕騎橫衝大破之斬閫而
北嶺之賊從高射勅文軍人飛矢如雨梁會得
奔北嶺騎乃引還復推會爲主勅文分兵二百
人突入南城燒其門樓賊見火起眾皆驚亂又

遣步卒攻門刻之便率騎上馳入賊餘眾開門
出走奔入東城乘背追擊殺千餘人安曲公間
遣使齎書與逆帥梁會以那羅
根率軍助勅文表曰安定逆賊帥路那羅
那羅稱算纂集眾旅刻期助會又仇池城民李洪
自稱應王天授王璽擅作符詔惑百姓梁會
遣使招引楊文德而文德遣權壽胡將兵二千
人來到會間扇動州土云李洪自稱應王兩雄
不並若欲須我先殺李洪我當自往梁會欲引

致文德誘說李洪來入東城即斬洪首送與文
德仇池鎮將淮陽公臣豹子遣使潛行以今月
二十四日來達臣鎮稱楊文德受劉義隆職爵
領兵聚衆在仇池境中沮動民人規竊城鎮且
梁會反逆以來南勾文德援勢相連武都氐羌
盡相脣齒爲文德起軍所在屯結兵衆剋而
來不遑臣備邊鎮與賊相持賊在東城隔墻而
已但以腹背有敵攻城有疑討度文德剋來助
會若文德既至百姓響應賊黨遂甚用功益難
今文德未到麥復未熟事宜速擊於時爲便伏
願天鑒時遣大軍助臣誅翦表未及報梁會謀
欲逃遁先是敕文掘重塹於東城之外斷賊走
路夜中會於車陳飛梯騰湴而走敕文先嚴兵
於塹外拒關從至旦敕文謀於衆曰困獸猶
鬬而況於人賊衆知無生路人自致死必傷士
衆未易可平若開其生路賊必上下離心之
易矣衆咸以爲然初敕文以白虎幡宣告賊衆
曰若能歸降原其生命應時降者六百餘人會

知人心沮壞於是分道敕文縱騎躡之死者太
半俘獲四千五百餘口略陽王元達因梁會之
亂聚衆攻城招引休官屠各之衆推天水休官
王官興爲秦地王敕文與臨淮公莫真討（軍
次略陽敕文遣使慰喻而元達等三千餘人屯
於松多川乃分諸軍三道並攻賊出營拒戰
大破之俘三千人高宗時與新平公周虯擊劉
駿將殷孝祖爵於清東不剋天安元年五月卒
長子萬護讓爵於弟翰於時讓者惟萬護及元
氏侯趙辟惡子元伯讓其弟次興朝廷義之許
之
翰族孫靜世宗時歷位征虜將軍武衛將軍太
子左衛率以幹用稱延昌中遷平北將軍恆州
刺史臨胸子後坐事免卒
子熙奉朝請選員外散騎侍郎給事中與薛曇
尚迎蠕蠕王婆羅門於涼州又除鎮遠將軍河
陰令卒贈輔國將軍朝州刺史
子續武定末贈潁川太守

呂羅漢本東平壽張人其先石勒時徙居幽州
祖顯字子明少好學性廉直鄉人有分爭者皆
就而質焉慕容垂以爲河間太守皇始初以郡
來降太祖嘉之賜爵魏昌男拜鉅鹿太守清身
奉公務存贍卹妻子不免飢寒民頌之曰時惟
府君剋己清明緝我荒土民皆樂生願壽無疆
以享長齡卒官父溫字晞陽善書好施有文武
才略世祖伐赫連昌以溫爲幢將先登陷陳每
戰必捷以功拜宣威將軍奉車都尉出爲秦州

十五　　　石昌

司馬遷上黨太守善勤課有治名卒贈平遠將
軍豫州刺史野王侯諡曰敬羅漢仁篤惆密弱
冠以武幹知名父溫之佐秦州羅漢隨侍龍右
氏楊難當率衆數萬寇上邽秦民多應之鎮將
元意頭知羅漢善射共登西城樓令羅漢射難
當隊將及兵二十三人應弦而殪賊衆轉盛羅
漢進計曰今若不出戰示敵以弱衆情攜貳大
事去矣意頭善之即簡千餘騎令羅漢出戰羅
漢與八諸騎策馬大呼直衝難當軍衆皆披靡殺

難當左右隊騎八人難當大驚會世祖賜難當
璽書責其跋扈難當乃引還仇池意頭具以狀
聞世祖嘉之徵爲羽林中郎上邽休官呂豐屠
各王飛廉等八千餘家據險爲逆詔羅漢率騎
之駕前招慰降者九千餘戶比至盱眙頻破賊
軍擒其將顧儼本子觀之等以功遷羽林中郎
將賜爵子加建威將軍及南安王余立羅
漢猶典宿衛高宗之立羅漢有力焉遷少卿仍

十六　　　魏書傳三十九

幢將進爵野王侯加龍驤將軍拜司衛監遷散
騎常侍殿中尚書進爵山陽公加鎮西將軍及
蠕蠕犯塞顯祖討之羅漢與右僕射南平公元
曰振都督中外軍事出爲鎮西將軍秦益二州
刺史時池仇氏羌反攻逼駱谷鎮將吳保元走
登百頃請援於羅漢羅漢師步騎隨長孫觀掩
擊氐羌大破之斬其渠師衆退散詔羅漢曰卿
卿以勞勤獲敘才能致用內摠禁旅外臨方岳
襃寵之隆可謂備矣自非盡節竭誠將何以垂

名竹帛仇池接近邊境兵革屢興既勞士卒亦

勤民庶皆由鎮將不明綏禁不理之所致也卿

應機赴擊殄此兇醜隴右土險民亦剛悍若不

導之以德齊之以刑寇賊莫由可息百姓無以

得靜朕垂心治道欲使遠近清穆卿可召集豪

右擇其事宜以利民為先益國為本隨其風俗

以施威惠其有安土樂業奉公勤私者善加勸

督無奪時利明相宣吾稱朕意為涇州民張羌

郎扇惑隴東聚眾千餘人州軍討之不能羅

漢率步騎一千擊羌郎擒之仇池氏羌叛逆逐

甚所在蜂起道路斷絕其賊帥蚤廉符祈等皆

受劉昱官爵鐵券略陽公伏阿奴等為都將與羅

漢赴討所在破之擒廉祈等秦益阻遠南連

仇池西接赤水諸羌特險數為叛逆自羅漢涖

州撫以威惠西戎懷德土境怗然高祖詔羅漢

曰朕揔攝萬幾統臨四海思隆古道光顯風教

故內委羣司外往方牧正是志士建節之秋也

臣立功之會然赤水羌民遠居邊土非鄉善誘

和平二年卒論曰康公長子羅漢東宮洗馬次

政刑遷侍中鎮東將軍幽州刺史進爵魯郡公

名徵拜光祿大夫轉中都大官善察獄訟明於

將軍昭性柔曠有才用出為趙郡太守治冶能

賜爵汝陰侯加安東將軍徙爵魏縣侯遷安南

孔伯恭魏郡鄴人也父昭始光初以密皇后親

將軍東雍州刺史

豹子第七寶侍御中散遷少卿出為假節龍驤

大檀弟豹子東萊鎮將後改鎮為州行光州事

羅漢弟大檀為中散恂農太守

伯慶弟世興為校書郎

興祖弟伯慶為中散咸陽王禧郎中令

卒

長子興祖龍驤爵山陽公後例降為侯景明元年

深悼惜之賜命服一襲贈少本官論曰莊公高祖

官聽訟察獄多得其情太和六年卒於官高祖

勅領納其馬印付都牧口以賜卿徵拜內都大

何以招輯鄉所得口馬表求貢奉朕嘉乃誠便

伯恭以父佳拜給事中後賜西昭酒陽男加鷹揚
將軍出爲安南將軍濟州刺史進爵城陽公父
爲散騎常侍顯祖初劉彧徐州刺史薛安都以
彭城內附或遣將張永沈彧攸之等擊子安都
上表請援顯祖進伯恭號鎮東將軍副當書尉
元救之軍次于稈賊將周凱聞伯恭等軍至盡棄
攻而剋之永計無所出引師而退時皇興元年
正月天大寒雪泗水冰合永與攸之棄船而走
眾遁走張永仍屯下磝永輪重在武原伯恭等

伯恭等進擊首虜及凍死甚眾八月伯恭以書
喻下邳宿豫城內曰劉彧肆逆洎天弗臨金靈命
猶謂絕而復興長江可恃敢遣張永周凱等率
此蟻眾送死彭城大軍未臨首奔潰今乘機
電翦當屠此城遂平呂天會弔民伐罪幸時歸款
自求多福時攸之吳憘公等率眾數萬來援一
邳屯軍焦墟曲去下邳五十餘里伯恭遣子都
將侯汾等率騎五百在水南婴兒等五百餘騎
在水北南北邀之伯恭密造火車攻具欲水陸

俱進攸之等飲聞將戰引軍退保樊階城伯恭
又令子都將孫天慶等步騎六千向零中峽所
木斷清水路劉彧寧朔將軍陳顯達領眾二千
溯清而上以迎攸之屯于睢清合口伯恭率眾
渡水大破顯達軍停斬十九攸之聞顯達軍敗
順流退下伯恭從睢陵城東向零中峽分軍遣
司馬范師子等在清南伯恭從清西與攸之合
後伯恭部分諸將俠清南北尋攸之之軍
戰遂大破之斬其將姜產之高遵世及丘幻弱

丘隆先沈榮宗陸道景等攸之憘公等輕騎
遁走乘勝追奔八十餘里軍資器械虜獲萬計
進攻宿豫城劉彧戍將魯僧遵棄城夜遁又遣將
孔太恒等領萬騎一千南討淮陽或大守崔武
仲焚城南走遂據淮陽二年以伯恭爲散騎常
侍都督徐南兗州諸軍事鎮東將軍彭城鎮將
東海公三年十月卒贈鎮東大將軍東彭王謚
曰桓

伯恭弟伯孫爲中書

士龍襲父爵魯郡公拜鎮

東將軍東萊鎮將轉本將軍東徐州刺史坐
事免官卒于家
史臣曰韓茂皮豹子封勑文呂羅漢孔伯恭之
為將也皆以沈勇篤實仁厚撫衆功成事立不
徒然矣與夫苟要一戰之利僥幸蹔勝之名豈
同年而語也

列傳第三十九

廿一

趙逸　　胡叟　　宋繇
張湛　　宗欽
段承根　　闞駰
劉昞　　趙柔
索敞　　陰仲達

魏書傳四十

趙逸字思羣，天水人也。十世祖融，漢光祿大夫。父昌，石勒黃門郎。逸好學夙成，仕姚興歷中書侍郎。為興將軍齊難軍司，征赫連屈丐，為屈丐所虜，拜著作郎。世祖平統萬，見逸所著，曰此豎無道，安得為此言乎？作者誰也？其速推之。徒崔浩進曰：彼之謬述，亦猶子雲之美新皇王之道，固宜容之。世祖乃止，拜中書侍郎。神䴥三年三月上巳，帝幸白虎殿，命百寮賦詩，逸製詩序，時稱為善。久之，拜寧朔將軍、赤城鎮將，綏和荒服十有餘年，百姓安之。頻表乞免，久乃見許。性好墳素，白首彌勤，年踰七十，手不釋卷，凡所

逸兄溫，字思恭，博學有高名。姚泓天水太守，劉裕滅泓，遂沒於氐氏王楊盛。盛子難當既有漢中，以溫為輔國將軍、秦梁二州刺史。及難當稱蕃，世祖以溫為難當府司馬，卒于仇池。長子廣，夏中書博士。第三子琰，語在孝感傳。初姚萇以逸伯父遷為尚書左僕射，卒于長安。劉裕滅姚泓，徙遷子孫於建業。遷立孫冀，冀從子超宗令勝遷叔。有治稱，入歷軍校，加鎮遠將軍、長史，深為領軍元乂所知，遷光祿大夫，夫卒，贈左將軍、冀粗涉書傳，通率有器藝。初為平昌太守甚隆穆等，太和景明中相尋歸降。

齊州刺史

超宗身長八尺，頗有將略，太和末為豫州平南府長史，帶汝南太守，加建威將軍，賜爵尋陽伯。入為驍騎將軍，超宗在汝南多所受納貨賂，大傳北海王詳詳言之於世宗，除持節征

虜將軍岐州刺史徙河東太守卒官超宗在
河東更自修屬清靖愛民百姓追思之贈本
將軍華州刺史諡曰成伯
子懿襲爵歷員外常侍尚書郎
超宗弟令勝亦身長八尺跳往有膂力歷河北
恒農二郡太守並坐貪暴爲御史所彈
恒農太守卒官令勝寵惑妾潘離棄其
妻羊氏夫妻相訟送發陰私醜穢之事彰於
朝野

退初爲軍主從高祖征南陽景明初爲梁城戍
主被蕭衍將攻圍以固守又戰功封年平縣開
國子食邑二百戶後以左軍將軍假征虜將軍
督巴東諸軍事鎮南鄭時蕭衍冠軍將軍軍
主美脩衆二万屯羊口輔國將軍姜白龍據南城
龍驤將軍泉建率土民比入暴坯姜脩又分軍
撲興勢龍驤將軍譚思文據夾石司州刺史王
僧炳頓南安並扇動夷獠規翻南鄭遷率甲士

九千所在衝擊數百里中莫不摧靡前後斬首
五千餘級還以輔國將軍出爲滎陽太守時蕭
衍將馬仙琕率衆攻圍胸城戍主傳文驥嬰城
固守以退持節假平東將軍爲別將與劉思祖
等救之次於鮑呂胸城仙琕見退營壘未就徑來逆
戰思祖率彭沛之衆望陳升退遇孤軍奮擊獨
破仙琕斬其直閣將軍軍主李魯生賁
葛景羽等仙琕先分軍於胸城之西阻水列柵

以圍圍城遁身自潛行觀水深淺結草爲筏銜
枚夜進破其六柵遂解圍城之圍以救胸城都
督盧昶率大軍繼之未幾而文驥力竭以城降
賊衆軍大崩昶棄其節傳輕騎而走惟遇獨握
節而還時仲冬寒盛兵士凍死者胸山至於鄴
城二百里間僵尸相屬昶坐此失利免官延昌中起
假節以爲軍威遷前將軍爲別將防捍西荊又
祿大夫使持節假前將軍爲別將防捍西荊又
爲別將祿蕭賢寶賞東征淮堰肅平初出爲平西

將軍汾州刺史在州貪濁聞於遠近卒贈安南

將軍豫州刺史謚曰襄

子獻襲爵

子獻第四弟子素司空長流參軍

叔隆步兵校尉永平初同懸瓠城民白早生之

逆鎮南邢巒平豫州獲而宥之後以貨自通得

為秦州關西府長史加鎮遠將軍秦州殷富去

京懸遠叔隆與敕使元脩義同心聚歛納貨巨

万拜冠軍將軍中散大夫尋遷左軍將軍太中

三九九 ■魏書傳四十 五 戶

大夫賂司空劉騰出為中山内史在郡無德政

專以償賄為事叔隆姦詐無行忘恩義懸瓠

之免是其族人前軍將軍趙文相之力後無報

德之意更與文相斷絕文相長者不以為恨及

文相為為汝南内史猶經紀其家後文相卒叔隆

了不恤其子弟時論賤薄之

穆善書記有刀筆之用為汾州平西府司馬異

臨亡以穆託領軍元乂又以穆為汝南内史

胡方回安定臨涇人父義周姚泓黃門侍郎

方回赫連屈丐中書侍郎涉獵史籍辭彩可觀

為屈丐統萬城銘蛇祠碑諸文頗行於世世祖

破赫連昌方回入國雅有才尚未為時所知也

後為比鎮司馬為鎮脩表有所稱慶世祖覽之

嗟美問誰所作既知方回召為中書博士賜爵

臨涇子遷侍郎與太子少傅游雅等改定律制

司徒崔浩及當時朝賢並愛重之清貧守道以

壽終

子始昌亦長者有父風歷位至南部主書

三五 ■魏書傳四十 六 戶

子醜孫中書學生祕書郎中散世不治產業家

甚貧約兄弟並早亡

胡叟字倫許安定臨涇人也世有冠冕為西夏

著姓叟少聰敏年十三辨疑釋理知名鄉國其

意之所悟與成人交論勘有屈焉與學不師受

人勤之叟曰先聖之言精義入神者其唯易乎

猶謂可思而過半末世腐儒粗別剛柔之位寧

有探賾未兆者哉就道之義非在今矣及披讀

群籍再閱於目皆誦於口屬文既善為典雅

之詞又工爲鄙俗之句以姚政將襄遂入長安
觀風化隱匿名行懼人見時京兆韋祖思少
閑與墳多蔑時輩知恵至召而見之祖思習常
待恵不足恵聊與叙溫涼拂衣而出祖思固留
之曰當與君論天人之際何遽而反乎恵對曰
論天人者其亡久矣與君相知何夸言若是也
恵不坐而去至主人家賦韋杜二族一宿而成
時年十有八矣其述前載無違舊典美叙中世有
協時事而末及鄙顯人皆奇其才畏其筆世猶
傅誦之以爲笑狎恵孤飄坎壈未有仕路遂入

〔三州二〕 ▲觀書傳四十 七 中伶

漢中劉義隆梁秦二州刺史馮翊吉翰以恵才
士頗相禮接授恵不稱其懷未幾翰遷益
州恵隨入蜀多爲豪儁所尚時蜀沙門法成鳩
衆將加大辟恵聞之即赴丹陽啓申其赦遂得
免爲復還於蜀法成感之遺其珍物價直千餘
率僧旅幾千人鑄丈六金像劉義隆惡其聚
正恵謂法成曰繕何人能棄明珠吾爲德請
財何爲也一無所受在益土五六戟比至楊難

當乃西入沮渠牧犍之不重恵亦本無附之
之誠乃爲詩示所知廣平程伯達其略曰羣犬
吠新客俠闇排踈賓途旣以塞曲路非所遵
望衡悅祝鮀眂楚悼靈均何用宣憂懷託翰審
輔仁伯達見詩謂恵曰涼州雖地居我域然自
張氏以來號有華風今則憲章無虧昌祝鮀之
有也恵曰古人有言君子聞鞞鼓之聲則思戰
爭之士貴主奉正朔而弗淳慕仁義而未充地
陋僻而偕徼號居小事大窜宇若茲乎徐偃之

〔三万三千〕 ▲魏書傳四十 八 中伶

故不旋踵矣吾之擇木鳳在大魏與子暫遵非
久闊也歲餘牧犍破降恵旣先歸國朝廷以其
識機拜虎威將軍賜爵始復男家於密雲逢室
草延惟以酒自適謂友人金城宗舒曰我此生
謝恩并獻詩一篇高宗時召恵及舒並使作徽
活以勝焦先志意所栖後恵被徵至
劉駿蠕蠕文舒文少劣於恵尋歸家恵不治産
業常苦飢貧然不以爲恥養子字螟蛉以自給
養每至貴勝之門恒乘一牸牛幣章裲襠而已

作布囊容三四斗飲噉醉飽便盜餘肉餅以付
蚍蛉見車馬榮華者視之蔑如也尚書季敷嘗
遺之以財都無所取初敷一見高允曰吳鄭之
交以紵縞為美談吾之於子以弦韋為幽贄以
此言之彼可無愧也於允館見中書侍郎趙郡
李璨璨被服華靡敷貧老衣褐璨頗忽之敷謂
之曰老子今若相譏脫體上褥衣帽君欲作
言及父母則淚下若孺子之號春秋當祭之前
何計也讖其惟假盛服璨愴然失色敷每

則先求旨酒美膳將其所知廬毋常順陽馮翊
田文宗上谷侯法儁攜壺執榼至郭外空靜處
設坐奠拜盡芬之敬時敦煌氾潛家善釀酒
每節送一壺與敷著作佐郎博陵許赤虎江東
裴定宗等謂潛曰再三之惠以為過厚子惠於
曳何其恒也潛曰我恒給餘者以其恒於孝惠
也論者以潛為君子矣順陽等數子稟曳奬示
頗涉文流高閻曾造其家值曳短褐曳床從田
歸舍為閭設濁酒疏食曳手自辦集其館宇甲

陌園疇局而飯萊精潔醯醬將酒調美見其二妾
並年衰跛眇衣布穿弊間見其貧約以物直十
餘四贈之亦無辭愧閭作宣命賦曳為之序密
雲左右皆祇仰其德歲時奉以麻布穀麥曳隨
分散之家無餘財年八十而卒曳元妻敷麥宋
氏先亡無子後庶養者亦皆早天竟以絕後曳
葬於墓次即令一第繼之龍初復男虎威
死無有家人營主凶事胡始昌迎而殯之于家
將軍曳與始昌雖為宗室而性氣殊詭不相好

附於其存也往來乃簡及亡而收恤至厚議者
以為非必敦哀疏宗或緣求利品秩也
宋繇字體業敦煌人也曾祖配祖悌世仕張軌
子孫父繇張玄靚龍驤將軍武興太守繇生而
寮為張邑所誅五歲喪母事伯母張氏以孝聞
八歲而張氏卒居喪過禮繇少而有志尚喟然
謂妹夫張彥曰門戶傾覆負荷在繇不衍膽自
屬何以繼承先業遂隨彥至酒泉追師就學閉
室誦書晝夜不倦博通經史諸子群言靡不瞻

綜呂光時舉秀才除郎中後奔段業業拜縣中
散常侍縣以業無經濟遠略西奔本昌歷位通
顯家無餘財雅好儒學雖在兵難之間講誦不
廢每聞儒士在門常倒屣出迎偃寢政事引談
經籍縣室得書數千卷臨卒蒙遜平酒

〔魏書傳四十〕　十一

歡曰孤不喜剋本歡欣得宋縣耳拜尚書吏部
郎中委以銓衡之任蒙遜之將死也以子牧犍
委託之牧犍以縣為左丞送其妹興平公主於
京師世祖拜縣為河西王右丞相賜爵清水公
加安遠將軍世祖弁涼州從事中郎卒至京師卒諡
日恭
長子巖襲爵改為西平侯
巖子陰中書議郎樂安王覬從事中郎卒贈輔
國將軍咸陽太守
子超尚書度支郎
超弟稚字季預師事安邑李紹伯受諸經傳性
清巖治家如官府太和中拜司徒屬又以例降

除西中府戶曹參軍轉并州城陽王鑾城局參
軍景明二年拜白水縣令在縣十一年頗得民
和遷青州敦海大守正光三年卒
子遊道武定末太尉長史
張湛字子然字仲玄敦煌人魏執金吾恭九
世孫也湛弱冠知名涼土好學能屬文沖素有
大志仕沮渠蒙遜黃門侍郎兵部尚書涼州平
入國年五十餘歲矣賜爵南浦男加寧遠將軍司
徒崔浩識而禮之浩注易敘曰國家西平河右

〔魏書傳四十〕　十二

之解焉其見稱如此湛至京師家貧不粒操尚
傳封解之遂相勸為注故因退朝之餘暇而為
並有儁才見稱於西州每與余論易以左氏
敦煌張湛金城宗欽武威段承根三人皆儒者
無虧浩常給其衣食每歲贈浩詩頌浩常報答
及浩被誅湛懼悉燒之
兄懷義閑粹有才幹遭母憂哀毀過人服制雖
除而蘇糠弗改卒于征西參軍
長子廣平高平令

宗欽字景若金城人也父燮字文友呂光太常
卿欽少而好學有儒者之風博綜羣言聲著河
右仕沮渠蒙遜爲中書郎世子洗馬欽士東官
侍臣箴曰恢恢玄古悠悠生民五才迭用經叙
彛倫匪父維子弼君伊臣顒而能扶屈而能申昔
在上聖妙鑒厥趣不曰我明而乸其度不曰我
新而勿其故如彼在泉臨深是懼如彼覆重望
途改步是以令問宣流英風遠布及於三季道以
喪純遷築起瓊臺紆醱糟山周滅妖妣异喪以
田險詖蔽其耳目鄭衞陳於其前怗于肆虐異
端是纏豈伊害身厥眉殘焉世涇渭亂跡晝爲九
區昆蟲鳥獸各有巢居雲歌唐后垂橫美虞踈
網改祝船道攸敷龍盤應德隨蚰銜珠勿謂無
心識命不殊謂理絕千載同符爰在子桓靈
數收臻儀形徐阮左右劉維披文采發叩典問
津用能重離龍襲曜魏鼎新於昭儲后運應玄
籙夕惕乾乾虛衿遠屬外撫兆內懷黨獨猶
懼思不遠遠明不退燭君有譏臣庭立謗本本

枝克昌永符天禄微臣作箴敢告在僕世祖平
涼州入國賜爵卹樹男加鷹揚將軍拜寧南郎
欽與高允書曰昔皇網未振華裔殊風九服分
隔金蘭莫遂希懷寄契延想積久天遂其願爰
遘京師才非季札而眘深孫喬德菲程子而義
均傾蓋曠齡牢遇會之一朝比公私理異詶諮
路塞端拱蓬宇歎慨如何不量鄙拙貢詩數韻
若夫泉江相忘遺言存意之美雖莊生之
所尚非淺識所臮循愛殷勤旣深情期往返恩遲
德意以祛鄙吝若能紆鳳彩以耀樣蒼迴連城
以映瓦礫者是所望也詩曰覧我恒嶺況瀁滄
滇山挺其和水燿其精啓茲令族應期誕生華
冠衆彥偉邁羣英於穆吾子含身韞親茂姁彼
松竹陵霜擢秀味老思沖酙易體復戢翼九皐
聲溢宇宙其二我皇龍興重離暉映剛德外彰柔
明內鏡乾象奄氣坤厚山競風無殊俗幽無異
徑其三經緯曰文著述曰史斟酌九流錯綜幽旨
帝用訓諮明發虛擬廣闢四門披延髦士其爾

應其求翰飛東觀曰吐瓊音手揮霄翰彈毫珠
零落紙錦粲墳典無疑割典無滯泮（其五）山降則謙
含柔爲信林崇日漸明升斯進有邈夫子兼茲
四慎弱而難勝通而不峻（其六）南董邈矣史功不
申固傾佞實雄穢美新遷以陵腐邑由阜泯時
無逸勤路盈摧輪（其七）尹佚謨周孔明述魯抑揚
羣致憲章三五昂昂高生寡纂我遐武勿謂古今
建規易矩（其八）自昔索居沉淪西藩風馬既殊標
榜莫緣開通有運闇遇當年披衿暫面定交一

言（其九）諮疑祕省訪滯京都水鏡叔度洗吝由蘇
望儀神婉即象心虛悟言禮樂探研詩書（其十）履
霜悼遷撫節感變嗟我年邁迅踰激電進之由
賜退非回愚素髮掩玄枯顏落蒨（其十一）文以會友
友由知己詩以明言言以通理盱坎迷流覿良
闇止伊尒虬光四鱗曲水（其十二）允荅書曰頃因行
李承足下高問延佇之勞爲日久矣王途一啓
得叙其懷欣於相遇情無有已足下兼愛爲恕
每能存顧養之以風味惠之以德音執翫反覆

銘於心抱吾少乏尋常之操長無老成之致憑
賴賢勝以自克勉而來喻褒飾有過其分既承
雅贈即應有荅但唱高則難和理深則難詶所
以留連日月以至於今今往詩一篇誠不足標
明來旨且表以心幸恕其鄙滯領其至意詩曰
湯湯流漢藹藹南都載稱多士載擢靈珠邈矣
高族世記丹圖啓基郢城振彩涼區（其一）吾生朗
到誕發英風紹熙前緒弈世克隆方圓備體淑
德斯融望傾羣儁響駭華戎（其二）響駭伊何金聲

允著匡贊西藩拯厥時務肅志琴書恬心初素
潛思淵渟秀藻雲布（其三）上天降命祚鍾有代協
燿紫宸與乾作配仁邁春陽功隆覆載招延隱
叟永貽大賚（其四）伊余櫟散才至庸微遭緣幸會
忝與樞機竊名華省厠足丹墀愧無螢燭少益
天暉（其五）明外非諭信漸難兼體卑勳下豈曰能
謙進不弘道退失淵潛既慙朱闕亦愧閭閻（其六）
史班稱達楊蔡致深負荷典策載蹈於心四轍
同軌覆車相尋敬承嘉誨永佩明箴（其七）遠思古

賢內尋諸巳仰謝丘明旦攝南史遐武雖存高
蹤難擬鳳興夕惕豈獲止矣靈運
未通風馬殊隔區域異封有懷西望路險莫從
王澤遠灑九服來同其在昔平吳二陸稱寶今
也剋涼五臣獨矯道映儒林義為孳表我思與
之均於紵緼仁之　田蘇量非叔度韓生屬降
林宗仍顧千載曠遊藹兹一遇蓮詠風俗鄙心
巳悟其十一年時迅邁物我俱逝任之斯通攡之則
滯結貽塵屢空亦弊兩間可守安有迴賜其二

稱
也欽亦賜死欽在河西撰蒙遜記十卷無足可
不敏請事金蘭蔚其勵之無忘歲寒崔浩誅曰
詩以言志志以表丹愧哉劯頸義巳中殘雖曰
叚承根武威姑臧人自至漢太尉頵九世孫也
句町男加威遠將軍名亞於兄子孫皆襲春
弟舒字景太蒙遜庫部郎中與兄同歸國賜爵
父暉字長祚身長八尺餘師事歐陽湯湯甚器
愛之有一童子與暉同志後二年童子辭歸從

暉請馬暉戲作木馬與之童子甚悅謝暉曰吾
太山府君子奉敕遊學今將欲歸煩子厚贈無
以報德子後位至常伯封侯非報也且以為好
言然乘木馬騰空而去暉乃自知必將貴也乞
伏熾磐以暉為輔國大將軍涼州刺史御史大
夫西海侯磐子暮末襲位國政義亂暉父子奔
吐谷渾暮瑱內附暉與承根歸國世祖素
聞其名顧重之以為上客後暉從世祖至長安
有人告暉欲南奔世祖問曰何以知之告者曰

暉置金於馬鞯中不欲逃走何由爾也世祖密
遣視之果如告者之言斬之於市曝尸數日時
有儒生京兆林白奴欽暉德音夜竊其尸置之
枯井女為敦煌張氏婦久而聞之乃向長安收
葬承根好學機辯有文思而性行輕薄有始無
終司徒崔浩見而奇之以為才堪洋述言之世
祖請為著作郎引與同事世咸重其文而薄其
行甚為敦煌公李寶所欽待承根贈寶詩曰世
道衰陵澆風殆緬纏交問豈非路盈訪彊徇競爭

馳天機莫踐不有真宰榛棘誰揃其，於皇我后

重明襲煥文以息煩武以靜亂剖蜂求珍搜嚴

采幹野無投緼朝盈逸翰其二自昔涼秀林焚淵

泗矯矯公子鱗羽靡託靈慧雖奮祅氣禾廓鳳

戢崐丘龍潛女漠旗數不常擾艱極則夷奮翼

幽喬喬翰飛京師珥蟬紫闥杖節方畿庶庇餘光優

庶績綿熙其四自余幽淪卷參舊契庶庶餘我王度

游卒歲忪路來淹離繼彎已際顧難分歧載張載

繼其五聞諸交舊累聖壘曜淳源雖滿民懷餘劭

思樂哲人靜以鎮躁謳彼敏柔音和此清調其詢

下曰文辨訐日明化由禮洽政以寬成勉崇仁

教播德簡刑傾首景遲聞休聲其浩誄承根

與宗欽等俱死承根外孫長水校尉南陽張令

言美頡鯛言談舉止有異武人李琰之李神僬門

一時名士並稱美之

闞駰字玄陰敦煌人也祖儔有名於西土父玟

為一時秀士官至會稽令駰博通經傳聰敏過

人三史羣言經目則誦時人謂之宿讀注王朗

易傳學者藉以通經撰十三州志行於世蒙遜

甚重之常侍左右訪以政治損益拜祕書考課

郎中給文吏三十人典校經籍刊定諸子三千

餘卷加奉車都尉牧犍待之彌重拜大行遷尚

書姑臧平樂平王六鎮涼州引為從事中郎王

莞之後還京師家甚貧弊不免飢寒性能多食

一飯至三升乃飽卒無後

劉昞字延明敦煌人也父寶字子玉以儒學稱

昞年十四就博士郭瑀學時瑀弟子五百餘人

通經業者八十餘人瑀有女始笄妙選良偶有

心於昞遂別設一席於坐前謂諸弟子曰吾有

一女年向成長欲覓一快女婿誰坐此席者吾

當婚焉昞遂奮衣來坐神志蕭然曰向聞先生

欲求快女婿昞其人也瑀遂以女妻之昞隱

居酒泉不應州郡之命弟子受業者五百餘人

李暠私署徵為儒林祭酒從事中郎暠好尚文

典書史穿落者親自補治昞時侍側前請代暠

昞曰躬自執者欲人重此典籍吾與卿相值何

宋繇

異孔明之會玄德還撫夷護軍雖有政務手不
釋卷景高曰卿注記篇籍以燭繼晝白旦且然夜
可休息晡日朝聞道夕死可矣不知老之將至
孔聖稱焉晡日何人斯敢不如此晡以三史文繁
著略記百三十篇八十四卷涼書十卷敦煌實
錄二十卷方言三卷靖恭堂銘一卷注周易韓
子人物志黃石公三略並行於世蒙遜平酒泉
拜秘書郎專管注記築陸沈觀於西苑躬往禮
焉號玄處先生學徒數百月致羊酒牧犍尊為
國師親自致拜命官屬以下皆比面受業焉時
同郡索敞陰興為助教並以文學見舉毋市衣
而入世祖平涼州士民東遷涼聞其名拜樂平
王從事中郎世祖詔諸年七十以上聽留本鄉
一子扶養晡時老矣在姑臧歲餘思鄉而返至
涼州西四百里辛本或作匪谷窟遇疾而卒晡六子
長子僧衍早亡
次字仲禮留鄉里
次字仲次貳歸少歸仁並遷代京後分屬諸州

為城民歸仁有二子
長買奴
次顯宗太和十四年尚書李沖奏晡河右碩儒
今子孫沈屈未有禄潤賢者子孫宣蒙顯異於
是除其一子為郢州雲陽令正光三年太保崔
光奏曰臣聞太上立德其次立功立言死而不
朽前哲所尚思人愛樹自古稱美故樂平王從
事中郎敦煌劉晡著業涼城遺文茲在篇籍之
美願足可觀如或惟興賢旌蒙數世之宥況乃維
祖逮孫相去未遠而令久淪皂隸不獲收異儒
學之士所為歎惜臣乞以聞奏乞敕
尚書推檢所屬甄免碎役用廣聖朝旌善繼絕
敦化厲俗於是平在四年六月詔曰晡德冠前
世蔚為儒宗太保啟陳深合勸善其孫等三家
特可聽免河西人以為榮
趙柔字元順金城人也少以德行才學知名河
右沮渠牧犍時為金部郎世祖平涼州內徙京
師高宗踐阼拜為著作郎後以歷劾有績出為

河內太守甚著仁惠柔嘗在路得人所遺金珠
數百枚價直數百縑柔呼主還之後有人與柔鏷
緝二十匹有商人知其賤與柔三十四善明欲
取之柔曰與人交易一言便定豈可以利動心
也遂與之搢紳之流聞而敬服焉其推誠秉信
皆此類也隴西王源賀採佛經幽旨作祗洹精
舍圖偈六卷柔為之注解咸得理要為當時儁
僧所欲味焉又憑立銘讚頗行于世

子默字沖明武威太守

索敞字巨振敦煌人為劉昞助教專心經籍盡
能傳昞之業涼州平入國以儒學見拔為中書
博士篤勤訓授肅而有禮京師大族貴遊之子
皆敬憚威嚴多所成益前後顯達位至尚書牧
守者數十人皆受業於敞敞遂講授十餘年敞
以喪服散在衆篇遂撰比為喪服要記其名字
論文多不載後出補扶風太守在位清貧未幾
卒官時舊同學生等為請詔贈平南將軍涼州

刺史諡曰獻

敞子僧養中書議郎京兆太守

僧養子演貴征東府參軍

演貴子懷真字公道武定末侍御史初敞在州
之日與鄉人陰世隆文才相友世隆至京師被
罪徒和龍屆上谷困不前達土人陰能抑掠為
奴五年敞因行至上谷遇見世隆語其由狀對
泣而別敞為訴理得免世隆子孟貴性至孝每
向田耘耤早朝拜父來亦如之鄉人欽其篤於

事親

陰仲達字武威姑臧人祖訓字處道仕李暠為武
威太守父華字季文姑藏令仲達少以文學知
名世祖平涼州內徙代都司徒崔浩啟仲達與
段承根云二人俱涼土才華同修國史除祕書
著作郎卒

華次子周達徐州平南司馬太山太守

周達子遵和小名虎頭好音律尚武事初為高
祖挽郎拜奉朝請後廣平王懷取為國常侍遷

和便辟善事人深為懷所親愛轉司空法曹太
尉中兵參軍又為汝南王悅郎中令復被愛信
稍遷龍驤將軍驍騎將軍豫州都督鎮縣甄孝
莊末除左將軍行豫州刺史時前行州事元崇
禮被徵將還既聞众朱兆入洛遂矯殺導和擅
攝州任後追贈平南將軍涼州刺史

遵和兄子道方性和雅頗涉書傳深為其
所知賞神儁為前將軍荊州刺史請道方為其
府長流參軍神儁曾使道方詣蕭衍於雍州刺史
蕭綱論邊事道方風神況正為綱所稱正光末
蕭綱遣其軍主曹義宗等擾動邊蠻神儁令道
方馳傳向新野處分軍事於路為土囚村蠻所
掠送於義宗義宗又傳致襄陽仍送於蕭衍因
之高方孝昌中始得還國既至拜左民郎中修起居
外散騎侍郎孝莊初遷尚書左民郎中王元旭使於
注永安三年詔道方與儀曹郎中王元旭使於
蕭衍至南兗州有詔追還轉安東將軍光祿大
夫領右民郎中太昌初卒年四十二人士咸嗟

惜之贈撫軍將軍荊州刺史
史臣曰趙逸等皆通涉經史才志不羣價重西
州有聞東國故於流播之中挍泥滓之上人之
不可以無能信也胡叟顯晦之間優遊無悶亦
一世之異人乎

列傳第四十　　　魏書五十二

李孝伯　李沖

李孝伯，趙郡人也。高平公順從父弟。父曾，少治鄭氏禮、左氏春秋，以教授為業。郡三辟功曹不就。門人勸之曰：功曹之職，雖曰鄉選高第，猶不是郡吏耳，北面事人，亦何容易。卿州辟主簿，到官月餘，乃歎曰：梁叔敬有云，州郡之職，徒勞人耳。道之不行，身之憂也。遂還家講授。太祖時徵拜博士。出為趙郡太守，令行禁止，劫盜奔竄，十餘宗地也。賊長賁之還，令送鹿故處，隣郡為之謠曰：死力憚不入境，賊於常山界得一死鹿，謂趙郡嘉之。并州丁零數為山東之害，知曾能得百姓，詐作趙郡鹿，猶勝常山粟，其見憚如此。卒，贈平南將軍、荊州刺史，栢仁子，謚曰惠。孝伯少傳父業，博綜羣言，美風儀，動有沐度。從兄順言之於世祖，徵為中散。世祖見而異之，謂順曰：真卿家千里駒也。遷祕書奏事中散，轉侍郎、光祿大夫，賜爵南昌子，加建威將軍，委以軍國機密，其見親寵謀謨切祕，時人莫能知也。遷比部尚書，以穎從征伐規略之功，進爵壽光侯，加建義將軍。真君末，車駕南伐，出彭城。劉義隆將軍、徐州刺史武陵王駿，遣將馬文恭率步騎方餘至蕭城，前軍斬擊破之，文恭走免，執其主簿。義隆聞大駕南巡，又遣其弟太尉江夏王義恭率眾赴蒲城。世祖至彭城，登亞父冢以望城內，遣送蒲應至小市門，實世祖詔，勞問義恭，并遣自陳蕭城之敗。義隆等問應，魏帝自來以不。應曰：自來。又問：今在何處。應曰：在城西南。又問：土馬夕少。應曰：中軍四十餘萬，駿遣人獻酒二器、酢甘蔗百梃，并請駱駝。世祖明旦復登亞父冢，遣孝伯至小市駁，亦遣其長史張暢對孝伯。孝伯遙問暢曰：君姓張。暢曰：是張長史也。暢曰：君何得見識。孝伯曰：既涉此境，何容不悉。暢問孝伯何姓，居何官。孝伯曰：我太上。暢曰：何足致問，然可暫出門，欲與君相敵。孝伯曰：主上有詔，太尉、安北可暫出門，欲與相見，朕亦不攻。

彭城何為勞苦將士城上嚴備今遣賜駱駝及
貂裘雜物暢曰有詔之言政可施於彼國何得
稱之於此孝伯曰卿家太尉安北是人臣不暢
曰是也縱為隣國之君何為不稱詔於隣國之
敢不臣孝伯曰我朝廷奄有万國率土之濱莫
臣孝伯又問暢曰何至忽遽杜門絕橋暢曰二
王以魏帝壁壘未立將士疲勞此精甲十万人
然後共治戰場剋日交戲孝伯曰令行禁止主
思致命恐輕相凌踐故且閉城耳待休息士馬
此相矜暢曰王侯設險何但法令而已也我若
中復何以十万誇大我亦有良馬百万復可以
將常軍宜當以法裁物何用發橋杜門窮城之

誇君當言百万所以言十万者正是二王左右
素所畜養者耳此城內有數州士庶工徒營伍
猶所未論我本闕人不關馬足且冀之北土馬
之所生君復何以逸足見誇也孝伯曰王侯設
險誠如來言開開有常何為杜塞絕橋之意義
在何世此城中君之所晉野戰我之所長我之

恃馬猶如君之恃城耳城內有貝思者嘗至京師
義恭遺視之思識是孝伯思前問孝伯曰本尚書
行途有勞孝伯曰此事應相與知思荅曰緣共
知所以仰勞孝伯曰感君至意旣開門暢屏人却
仗出受賜物孝伯曰詔以貂裘賜太尉駱駝騾馬
賜安北蒲萄酒及諸食味當相與同進暢曰二王
敬白魏帝知欲垂見常願面接但受命本朝忝居
藩任人臣無境外之交故無容私覿義恭又袴
褶〔具〕駿奉酒二器甘蔗百挺孝伯曰又有詔太

尉安北久絕南信殊當馳戀若欲遣信者當為
護送脫須騎者亦當以馬送之暢自此方開路甚多
使命日往復不復以此勞魏帝也孝伯曰亦知
有水路似為白賊所斷暢曰君著白衣稱白賊也
孝伯大笑曰今之白賊似異黃巾赤眉暢曰黃巾
赤眉不在江南孝伯曰雖不在江南亦方開路甚
也孝伯曰向與安北相聞何以久而不報暢曰二
王貴遠啟聞為難孝伯曰周公握髮吐餐二王何
獨貴遠暢曰握髮吐餐不謂隣國之人也孝伯曰

本邦尚爾隣國彌應盡恭旦賓至有禮主人宜
以禮接暢旦昨見眾賓至門未為有禮孝伯旦
非是賓至無禮直是主人怱怱無待賓調度耳
孝伯又言有詔程天祚一介常人誠知非江南
之選近於汝陽身被九槍落在澄水我使牽而
出之凡人骨肉分張並思聚聞其兄弟在此如
欲程天祚兄弟集聚已勸遣之但其固辭不往
孝伯旦豈有子弟聞其炎兄而反不肯相見此
便禽獸之不若貴土風俗何至如此世祖又遣
賜義恭駿等氈各一領鹽各九種并胡豉孝伯
旦有後詔凡此諸鹽各有所宜白鹽食鹽主上
自食黑鹽治腹服氣滿末之六銖以酒而服胡
鹽治目痛戎鹽治諸瘡赤鹽駁鹽臭鹽馬齒鹽
四種並非食鹽太尉安北何不遣人來至朕間
彼此之情雖不可盡要復見小大知朕老少
觀朕為人暢旦魏帝久為往來所具李尚書親
自銜命不患彼此不盡故不復遣信義恭獻蜡

五

爛十梃駿氎錦一四孝伯旦君南土士人何為
著僑君而著此將士云何暢旦士人之言誠知
多愧但以不武受命統軍戎陳之間不容緩服
孝伯旦永昌王頃恒鎮長安今領精騎八萬
直造淮南壽春亦開門自固不敢相禦向送劉
康祖首彼之所見王玄謨甚是所悉亦甚常寸
里王何意作如此在使以致奔敗自入境七百餘
前鋒始得接手崔邪利便爾入穴將士倒曳出
之王上马其生命令從在此復何以輕脫遣馬
文恭至蕭縣使望風退撓也彼之民人甚相怱
怨言清平之時賦我租帛至有急難不能相拯
暢旦知永昌已過淮南康祖為其所破比有信
使無此消息王玄謨過淮南土偏將不謂為才但以
其北人故為前驅引導耳大軍未至而河氷向
合立謨重宜反旆未為失策但因夜回歸致我
馬驚亂耳我家懸瓢小城陳憲小將魏帝傾國
攻圍累旬不剋胡盛之偏禆小帥眾無三旅始

六

瀚瀨水魏國君臣奔散僅得免脫滑臺之師無
所多愧鄒山小戍雖有微險河畔之民多是新
附始慕政化姦盜未息示使崔邪利撫之而已
今雖陷沒何損於國魏帝自以十萬之師而制
一崔邪利乃復足言也近聞華闕縣百姓並依山
險聊遣馬文恭以十隊迎之耳文恭前以三隊
出還走彼大營秌艾勣以百哊至留城魏軍本
敗輕敵致此亦非所郕王境人民列居河畔二
國交兵當互加撫養而魏師入境事生意外官

七

不負民民亦何怨知入境七百里無相捍拒此
自上由太尉神筭次在武陵聖略軍國之要雖
不預間然用兵有機間示不容相諳可謂遁辭知
藉此虛談支離相對可謂遁辭知其所窮且主
上當不圍此城自率衆軍直造瓜步南事若辦
城故不待攻圍南行不捷彭城亦非所欲也我
今當南欲飲馬江湖耳暢曰去留之事自通彼
懷若魏帝遂得飲馬長江便為無復天道孝伯
曰自此而南實惟人化飲馬長江豈獨天道暢

將遣城謂孝伯曰冀蕩定有期相見無遠君若
得還宋朝今為相識之始孝伯曰今當先至建
業以待君耳恐爾日君與二王面縛請罪不暇
為容孝伯風容閒雅雁荅如流暢及左右甚相
嗟歎世祖大喜進爵宣城公興安二年出為使
持節散騎常侍平西將軍泰州刺史太安五年
辛高宗甚悼惜之贈鎮南大將軍定州刺史謚
曰文昭公孝伯體度恢雅明達政事朝野貴殿
咸推重之恭宗曾啟世祖廣徵俊秀世祖曰朕

八

有一孝伯足治天下何用多為假復求訪此人
輩亦何可得其見賞如此性方慎忠厚每朝廷
大事有不足必手自書表切言陳諫或不從者
至於再三削藁草家人不見公庭論議常引
綱紀或有言事者孝伯恣其所長初不隱人姓名以
不抑折及見世祖恣其所陳假有是非終
為已善故衣冠之士服其雅正自崔浩誅後軍
國之謀咸出孝伯世祖寵眷有亞於浩亦必軍
輔遇之獻替補闕其迹不見時人莫得而知也

卒之日遠近哀傷爲孝伯美名聞於遐邇李彪

使於江南蕭賾謂之曰孝伯於卿遠近其參遠

人所知若此孝伯卒後納崔氏安高明婦人生一子

元顯崔氏卒後納崔氏不以爲妻也憎忌元顯

後遇劫元顯見害世云崔氏所爲也元顯志氣

甚高爲時人所傷惜崔氏二子安民安上並有

風度

子爵除

安民龍驤將軍司徒司馬卒贈郢州刺史無

安上鉅鹿太守亦早卒

安民弟豹子正光三年上書曰竊惟屬勳貴勞

有國恆典興滅繼絕哲后所先是以積德累忠

春秋許宥十世立功著節河山哲誓其永久伏惟

世祖太武皇帝英叡自天籠罩宇宙城東清渤海

西定王門凌滅漠北飲馬江水臣三父故尚書

宣城公先臣孝伯宴弈基感會邀幸昌晨綱緒幃

幄繼緣侍從廟弈嘉謀每蒙顧採于時儲后監

國秦請徵賢詔報曰朕有一孝伯足以泊天下

何用多爲其見委遇乃至於此是用寵以元凱

爵以公侯詔冊曰江陽之巡奇謀屢進六師大

捷亦有勳焉出內勤王龍遇隆厚方開大賞而

世祖登遐擇宮始遷外任名岳高宗沖年纂運

未及追叙臣行舛百憲先臣棄世微績未甄誠

志長奪撝傷早世朝野感哀不永臣已兄

龍襲無子封除永惟宗倫爵封埋墜進古重今寶

朝勳書王府同之常惟宗倫爵封埋墜進古重今寶

深荼苦竊惟朝例廣川王遵太原公元大曹等

並以勳重先朝世絕繼祀或以傍親或聽弟龍襲

皆傳河山之功亦不世之賞況先臣在蒙委任

運籌寄幃帝勳著於中聲傳於外事等功均今古

無易是以漢賞信布裁重良平魏賞張徐不棄

荀郭今數族追賞於先朝之世先臣絕封於聖

明之時瞻流顧侶存亡永恨竊見正始中發發

存亡之詔誤賢報功之旨熙平元年故任城王

澄所請十事後新前澤成一時之盛事垂曠代

之茂典凡在纓綏誰不感慶蓋以獎勸來今垂

範万古且劉氏僞書飜流上國尋其訕謗百無
一實前後使人不書姓字亦無名爵至於張暢
傳中略叙先臣對問雖畛畎略盡目欲矜高然
逸韻難虧猶見稱載非直存益於時没亦有彰
國美乞覽此書昭然可見則微衰槯重起一
南土未賓世祖親駕遺尚書韓元興率衆出青
州郡舉賢良祥對策合旨除中書博士時
孝伯兄祥字元善善學傳家業鄉黨宗之世祖詔
朝先臣潜魂結草於千載矣卒不得龑

州以祥爲軍司略地至于陳汝淮北之民詣軍
降者七千餘戶遷之於兖豫之南置淮陽郡以
撫之拜祥爲太守加綏遠將軍沭民歸之者万
餘家勸課農桑百姓安業世相喜之賜以衣馬
遷河間太守有威恩之稱太中徵拜中書侍
郎民有十餘士書乞留數年高宗不許卒官追
贈定州刺史平棘子諡曰憲
子安世幼而聰悟與安二年高宗引見侍郎博
士之子簡其秀儁者欲爲中書學生安世年十

一高宗見其尚小引問之安世陳說父祖其有
次弟即以爲學生高宗每幸國學恒獨被引問
詔曰汝但守此至大不慮不富貴居父憂以孝
聞天安初拜中散以溫敏敬慎顯祖親愛之累
遷主客令蕭賾使劉纘朝貢安世美容貌善舉
止纘等自相謂曰不有君子其能國乎纘等呼
安世爲典客安世曰三代不共禮五帝各異樂
安足以亡秦之官稱於上國纘曰秦之異號凡
有幾也安世曰周謂掌客秦名典客漢名鴻臚

今曰主客君等不欲影響文武而勤二秦纘
又指方山曰此山去燕然遠近安世曰亦由
頭之於番禺耳國家有江南使至多出藏內
物令都下富室好容服者往侮之令使任情交易
使至金玉肆問價纘曰此方金玉大賤當是山
川所出安世曰聖朝不貴金玉所以賤同瓦礫
又皇上德通神明山不愛寶故無川無金無山
無玉纘初將大市得安世三戶勑而罷遷主客給
事中時民困飢流散豪右多有占奪安世乃上

疏曰臣聞量地畫野經國大式邑地相參致治
之本井稅之興其來日久田來之數制之以限
蓋欲使土不曠功民罔游力雄擅之家不獨膏
腴之美單陋之夫亦有頃畝之分所以恤彼貧
微抑茲貧欲同富約之不均一亦民於編戶竊
見州郡之民或因儉流移棄賣田宅漂居異
鄉軍涉數世三長既立始返舊墟廬井荒毀桑
榆改植事已歷遠易生假冒彊宗豪族肆其侵
凌遠認魏晉之家近引親舊之驗又年載稍久
鄉老所惑郡證雖多莫可取據各附親知及有
長短兩證徒具聽者猶疑爭訟遷延連紀不判
良疇委而不開柔桑枯而不採僥倖之徒興繁
多之獄作欲令家豐歲儲人給資用其可得乎
愚謂今雖桑井難復宜更均量審其徑術令分
藝有准力業相稱細民獲資生之利豪右無餘
地之盈則無私之澤乃播均於兆庶如阜如山
可有積於比戶矣又所爭之田宜限年斷事久
難明悉屬今主然後虛妄之民絕望於覬覦守

分之士永免於凌奪矣高祖深納之後均田之
制起於此矣出為安平將軍相州刺史假節趙
郡公敦勸農桑禁斷淫祀西門豹起有功於
民者為之修飾廟堂表薦廣平宋翻陽平路恃
慶皆為朝廷所初廣平李波宗族彊盛
掠生民前刺史薛道攝親往計之波率其宗族
拒戰大破攝軍遂為通逃之薊公私成惠百姓
為之語曰李波小妹字雍容褰裙逐馬如卷蓬
左射右射必疊雙婦女尚如此男子那可逢安
水公主生二子謚郁
博陵崔氏生一子瑒崔氏以妬悍見出又尚滄
世設方略誘波及諸子姪三十餘人斬于鄴市
境內肅然以病免太和十七年卒于家安世妻
瑒字琚羅沙歷史傳頗有文才氣尚豪爽公彊
當世延昌末司徒行參軍遷司徒長兼主簿太
師高陽王雍表薦瑒為其友正主簿于時民多
絕戶而為沙門瑒上言禮以教世法道將來跡
用餒殊區流亦別故三千之罪墓大不孝不孝

之大無過於絕祀然則絕祀之罪重莫甚焉夫
得輕縱背禮之情而肆其向法之意也正使僧
道亦不應令聽然假令聽須裁之以禮一身親
老棄家絕養既非人理九非禮情埋滅大倫日
闕王毋貫交缺當世之禮而來將來之益有棄堂
未知生焉知死斯二言之至亦為備矣安有煩
百姓之情方多避役若復聽之恐抪柰孝慈役此
堂之政而從見教乎又今南那未靜眾役為煩
屋而是沙門都統僧進等眾場鬼教之言以場

為謗於佛法江訴靈太后太后責之場自理曰
竊欲流明佛法使道俗兼通非敢排棄真學妄
為些毀且鬼神之名皆通靈達稱自百代正典
叙三皇五帝皆號為鬼天地曰神祇人死曰鬼
易曰知鬼神之情狀周公自美亦云能事鬼神
禮曰明則有禮樂幽則有鬼神是以明者為堂
堂幽者為鬼教佛非天非地本出於人應世道
俗其道幽隱名之為鬼愚謂謗且心無不善
以佛道為教者正可未達眾妙之門其靈太后

雖知場言為允然不免遷等之意獨罰場金一
兩轉尚書郎加伏波將軍隨蕭寶寅西征以場
為統軍假寧遠將軍場德洽鄉間招募雄勇其
樂從者數百騎場傾家賑恤率之西討寶寅見
場至乃拊場眉曰子遠來五事辦矣敬其下每
有戰功軍中號曰李公騎寶寅反啟場為左丞
仍為別將軍機戎政皆與參決寶寅坐為中
書侍即還朝除鎮遠將軍岐州剌史場坐辭不赴
任免官建義初於河陰遇害時年四十五初贈

鎮東將軍尚書右僕射殷州剌史大昌中重贈
散騎常侍驃騎大將軍儀同三司冀州剌史場
假儻有大志好飲酒篤於親知每謂弟郁曰士
大夫學問特相稽博古今而罷何用專經為老博士
也與弟謐在鄉何物故頗達哭絕為人倫
久而力蘇不食數日暮年之中形骸毀悴人倫
哀歎之場三子
長子義盛武定中司徒倉曹參軍
場弟謐字永和在逸士傳

諡弟郁子永穆好學沈靜博通經史自著作佐
郎為廣平王懷支懷深相禮遇時學士徐遵明
教授山東生徒甚盛懷徵遵明在館令郁問其
五經義例十餘條遵明所答數條而已稍遷國
子博士自國學之建諸博士率不講說朝夕教
授惟郁而已謙虛雅寬甚有儒者之風遷廷尉
少卿加冠軍將軍轉通直散騎常侍建義中以
兄瑒卒遂撫育孤姪歸於鄉里永熙初除散騎
常侍大將軍左光祿大夫兼都官尚書贈領給

七

【魏傳四十一】

事黃門侍郎三年春於顯陽殿講禮詔郁執經
解說不窮羣難鋒起無厭談笑出帝及諸王公
凡預聽者莫不嗟善瑒病卒贈散騎常侍都督
定冀相滄五州軍事驃騎大將軍尚書左僕
射儀同三司定州刺史
子士謙儀同開府參軍事
李沖字思順隴西人敦煌公寶少子也少孤為
長兄滎陽太守承所攜訓承常言此兒器量非
恒方為門戶所寄沖雅有大量隨兄至晉是

時牧守子弟多侵亂民庶輕有乞奪沖與承長
子韶獨清簡皎然無所求取時人美焉沖祖承
為中書學生沖善交遊不妄戲雜沈重之高
祖初以例遷祕書中散典禁中文事以修整敏
惠漸見寵待遷祕書令南部給事中舊無三
長惟五宗王督護所以民多隱冒五十三十家
方為一戶沖以三正治民所由來遠於是創三
長之制而上之文明太后覽而稱善引見公卿
議之中書令鄭羲祕書令高祐等曰沖求立三

八

【魏傳四十一】

長者乃欲混天下【法言】似可用事實難行義
又曰不信臣言但試行之事敗之後當知愚言
之不謀太尉元丕曰臣謂此法若行於公私有
益咸稱方今有事之月校比民戶新舊未分民
必勞怨請過今秋至冬閒月徐乃遣使於事為
宜沖曰民者宜其也可使由之不可使知之若不
因調時百姓徒知立長校戶之勤未見均儁省
賦之益心必生怨宜及課調之月令知賦稅之
均旣識其事又得其利因民之欲為之易行著

作郎傅思益進曰民俗既異險易不同九品差
調為日久一旦改法恐成擾亂太后曰立三
長則課有常進賦有恆分苞蔭之戶可出僥倖
之人可止何為而不可韋議雖有垂異然惟以
竇法為難更無異義遂立三長公私便之遷中
書令加散騎常侍給事中如故尋轉南部尚書
賜爵順陽侯沖為文明太后所幸恩寵日盛賞
賜月至數千萬進爵隴西公密致珍寶御物以
充其第外人莫得而知焉沖家素清貧於是始

為富室而謙以自牧積而能散近自姻族逮千
鄉閭莫不分及虛已接物垂念羈寒衰舊淪屈
由之躋叙者亦以多矣時以此稱之初沖兄佐
與河南太守來崇同自涼州入國素有微嫌佐
因緣成崇罪餓死獄中後崇子護又紀佐贓罪
佐及沖等悉坐幽繫會赦乃免佐其衘之至沖
寵貴綜攝內外護為南部郎深慮為沖所陷常
求退避而沖每慰撫之護後坐贓罪懼惑不濟
沖乃具奏與護本末嫌隙之原恕之遂得不坐

沖從甥陰始孫孤貧往來沖家至如子姪有人
求官因其納馬於沖始孫輒受而不為言後乃假
方便借沖此馬馬見沖乘馬而不得官後
自陳始末沖聞之大驚執始孫以狀款奏始孫
坐死其廝要自屬不念愛惡皆此類也是時循
舊王公重目皆呼其名高祖常謂沖為中書而
不名之文明太后崩高祖居喪引見待接有
加及議禮儀律令潤飾辭旨刊定輕重高祖雖
自下筆無不訪決焉沖嶍忠奉上知無不盡出

入憂勤形於顏色雖舊臣戚輔莫能逮之無不
服其明斷慎密而歸心焉於是天下翕然及殊
方聽望咸宗奇之高祖親敬彌甚
君臣之間情義莫二及改置百司開建五等以
沖參定典禮封滎陽郡開國侯食邑八百戶拜
廷尉卿尋遷侍中吏部尚書咸陽王師東宮既
建拜太子少傅高祖初依周禮置夫嬪之列以
沖女為夫人詔曰昔軒皇誕御垂棟宇之構爰
歷三代興宮觀之式然其等次土皆昭德於上代

屬臺廣廈崇成於中葉民由文質異宜華朴殊
禮故也是以周成繼業營明堂於東都漢祖立
興建未央於咸鎬蓋所以尊嚴皇威崇重帝德
豈好奢惡儉苟譏民力者哉我皇運統天協籌
於三元慶饗萬國充庭觀光之使具瞻有闕朕
乾曆銳意四方未遑建制宮室之度頗為未允
太祖初基雖粗有經式自茲厥後欲多營改至
以寡德猥承洪緒運屬休期事鍾昌運宜遵遠
度式茲宮宇指訓規模事昭於平旦明堂太廟

【魏書傳四十一】　三百卅　二十一　毛文

己成於昔年又因往歲之豐資藉民情之安逸
將以今春營改正殿遄犯時令行之惕然但朔
主多寒事殊南夏自非裁度當春興役徂暑則
廣制崇基莫由克就成功立事非委賢莫可改
制規模非任能莫濟尚書沖器懷淵博經度明
遠可領將作大匠司空長樂公亮可與大匠共
監興繕其去故崇新之宜俯復太極之制當
別加指授車駕南伐加沖輔國大將軍統眾翼
從自發都至於洛陽霖雨不霽仍詔六軍發軹

高祖戎服執鞭御馬而出羣臣啓顙於馬首之
前高祖曰長驅之謀廟筭已定今大軍將進公
等更欲何云沖進曰臣等不能折衝帷幄坐制
四海而令南有竊號之渠寔臣等才之咎陛下以
文軌未一親勞聖駕臣等誠思亡軀盡命效死
戎行然自離都涉雨士馬困斃前路尚遙水潦
方甚且伊洛境內小水猶尚致難況長江浩汗
越在南境若營舟楫必須俟師老糧乏進退
為難衿喪反旆於義為允高祖曰同之意前

【魏書傳四十一】　二十二　辛丑

已具論卿等正以水雨為難然天時頗亦可知
何者夏既炎旱秋故雨多女冬之初必當開霽
比後月十間若雨猶不已此乃天也朕於此而
晴行則無害古不伐喪謂諸侯同軌之國非王
者統一之文已至於此何容停駕沖又進曰今
乘千里馬豈何至也臣有意而無其辭敢以死
請高祖大怒曰方欲經營宇宙一同區域而卿
等儒生屢疑大計斧鉞有常卿勿復言葉馬將

出於是大司馬安定王休兼左僕射任城王澄
等並殷勤泣諫高祖乃諭羣臣曰今者興動不
小動而無成何以示後苟欲班師無以垂之千
載朕仰惟遠祖世居幽漢遠慕遷陵壞令之
之美豈其無心輕遺遺陵壞令之君子寧獨有窮
移都於此光宅中土機亦時矣王公等以為何
如議之所決不得旋踵欲遷者左不欲者右安
定王休等相率如右南安王楨進曰夫愚者闇

〔魏書傳四十二〕　二三　菁

於成事智者見於未萌行至德者不議於俗成
大功者不謀於眾非常之人乃能非常之事廓
神都以延王業度土中以制帝京周公啟之於
前陛下行之於後故其宜也且天下至重莫若
皇居人之所貴寧如遺體請上安聖躬下慰民
望光宅中原輟彼南伐此臣等願言若生幸甚
羣臣咸唱万歲高祖初謀南遷恐眾心戀舊乃
示為大舉因以恐定羣情外名南伐其實遷也
舊人懷土多所不願內憚南征無敢言者於是

定都洛陽沖言於高祖曰陛下方修周公之制
定鼎成周然營建六寢不可遊駕待就興築城
邪難以馬上營建比都令臣下經造功
成事託然後備文物之章和王鑾至鄴巡時南
徒軌儀土中高祖曰朕將巡省方岳至鄴小停
春始便還未宜不歸比尋以沖為鎮南將軍
侍中少傅如故委以營構之任改封陽平郡開
國侯邑戶如先車駕南伐以沖兼左僕射留守
洛陽車駕渡淮別詔安南大將軍元英平南將

〔魏書傳四十一〕　二十四　珧

軍劉藻討漢中召雍涇三州兵六千人擬戍
南鄭剋城則遣沖表諫曰秦州險阨地接羌夷
自西師出後餉援連續加氏胡叛逆所在奔命
城然後差遣如臣愚見猶謂未足何者西道險
阻單徑千里今欲深戍絕界之外孤據羣賊之
胡結夷事或難測輒依旨密下刺史待軍剋鄭
雖加優復恐猶驚駭駑脆終攻不剋徒動民情連
運糧攘甲迄兹未已今復豫差戍卒懸擬山外
口敵攻不可卒援食盡不可運糧古人有言雖

鞭之長不及馬腹南鄭於國實為馬腹也且昔
人攻伐或城降而不取仁君用師或撫民而遺
地且王者之舉情在拯民夷寇所守意在惜地
校之二義德有淺深惠聲已遠何遽於一城哉
且魏境所掩九州過八民人所臣十分而九所
未民者惟漢北之與江外耳羈之在近豈急急
於今日也宜待大開疆宇廣拔城聚多積資粮
食足支敵然後置邦樹將為吞并之舉令鍾離
壽陽密邇未拔諸城新野跬步弗降所剋者舍

之而不取所降者撫之而旋殺東道既未可以
近力守西蕃寧可以遠兵固果欲置者臣恐
終以資敵也又全建都土中地接寇壤方須大
收死士平蕩江會輕遣單寡棄令陷没恐舉
之日眾以留守致懼求其死効易可獲推此
而論不成為上高祖從之車駕還都引見沖等
謂之日本所以多置官者憲有令僕闇弱百事
稽壅若明獨聰專則權勢大併令朕雖不得為
聰明又不為劣闇卿等不為大賢亦不為大惡

且可一兩年許少置官司高祖自鄴還京沈舟
洪池乃從容謂沖曰朕欲從此通渠於洛南伐
之日何容不從此入洛從河入汴從
沘入清以至於淮下船而戰猶出戶而闘此乃
軍國之大計今溝渠若湺二萬人以下六十日
有成者宜以漸修之沖對曰若爾便是士無遠
涉之勞戰有兼人之力遷尚書僕射仍領廢沖
改封清淵縣開國侯邑戶如前及太子恂廢沖
罷少傅高祖引見公卿於清徽堂高祖曰聖人

之大寶惟位與功是以功成作樂治定制禮今
徙極中天創居嵩洛雖大構未成要自條紀略
舉但南有未賓之吳兼蛩蠻密邇朕鳳夜慊愧
良在於茲取南之計決矣朕行之謀必矣若依
近代也則天子下帷深宮之內淮上古也則有
親行祚延七百魏晉不征旋踵而殞祚之脩短
在德不在征今但以行期未知早晚知幾其神
乎朕既非神焉能知也而頃來陰陽卜術之士
咸勸朕今征必剋此既家國大事宜共君臣各

盡所見不得以朕先言便致依違退有同沖
對曰天征戰之法先之人事然後卜筮今卜筮
雖言猶恐人事未備今年秋稔有損常實又京
師始還衆業未定加之征戰以為未可宜至來
秋高祖曰僕射之言非為不合朕意之所慮乃
有社稷之憂然尺尺寇戎無宜自理須如此
僕射言人事未從亦不必如此朕去十七年擁
二十万衆行不出蠻可此人事之盛而非天時
往年乘機天時乃可而闕人事又致不捷若待

【魏書傳四十一】　二十七　孫

人事備復非天時若之何如僕射之言便終無
征理朕若秋行無剋捷三君子並付　司寇不可
不人盡其忠罷議而出後世宗為太子高祖醮
於清徽堂高祖曰皇儲所以纂歷三才光昭七
祖斯乃億兆咸悅天人同泰故卿就此一醮
以暢忻情高祖又曰天地之道一盈一虛豈有
常泰天道猶爾況人事乎故有外有黜自古而
然悼往欣今良用深歎沖對曰東暉承儲養生
咸幸但臣前奉師傅弗能弼諧仰慙天日慈造

寶令得預此醮慶愧交深高祖曰朕弗能革
其昏師傅何勞愧謝也後尚書疑元拔與穆泰罪
事沖奏曰前彭城鎮將元拔與穆泰同逆養子
降言哥宜從拔罪而為罪文禧穆等以為律文
意以養子而為罪父及兄弟不知情者不坐謹審律
差故刑典有降是以養子雖為罪而父兄不預
然父兄為罪養子不知謀易地均情豈獨從戮
平理固不然臣以為後據律文追戮於所生則

【魏書傳四十王】　二六　徐杞

從坐於所養明矣又律惟言父不從子稱子雖
不從父當是優尊屬卑之義臣禧等以為律雖
不正見互文起互起兩明無罪必矣若以嫡繼
子坐是為互文起制於乞也輿父之罪於養也見
養與坐同則父子宜均祇明不坐且繼養之注
云若有別制不同此律又令文云諸有封爵若
無親子及其身卒雖有養繼國除不襲其為有
福不及已有罪便預坐均事等情律令之意便
相矛楯伏度律旨必不然也臣沖以為指例條

尋罪在無疑準令語情頗亦同式詔曰僕射之
議據律明矣太尉等論於曲矯也養所以從戮
者緣其已免所生故不得復甄於所養此獨何
福長慮處不舟于國所以不襲者重列爵特立制
因天之所絕推而除之耳豈復報對刑賞于斯
則應死可特原之沖機敏有巧思北京明堂圓
丘太廟及洛都初基安處郊兆新起堂寢營皆資
於沖勤志彌力致敦無怠旦理文簿兼營匠制
凡案盈積剖剸在手終不勞厭也然顯貴門族

三冊三　■魏書傳四十一　二十九

務益六姻兄弟子姪皆有爵官一家歲祿萬匹
有餘是其親者雖復凝聾無不超官次時論
亦以此少之年纔四十而鬚髮斑白姿見豐美
未有衰狀李彪之入京也孤微寡援而自立不
羣以沖好士傾心宗附沖亦重其器學禮而納
焉每言之於高祖知待便謂非復藉沖而更相輕
背惟公坐斂袂而已無復宗敬之意也沖頗銜
之後高祖南征沖與吏部尚書任城王澄並以

彪倨傲無禮遂禁止之奏其罪狀沖手自作家
人不知辭其激切因以自劾高祖覽其表歎悵
者久之既而曰道固可謂溢也僕射亦為滿矣
沖時震恐數數責彪前後慇懃頓首大呼投折
几案盡收御史皆泥首面縛罵言語亂錯猶扼
腕叫言稱李彪小人醫藥所不能療或謂肝藏
傷裂旬有餘日而卒時年四十九高祖為舉哀
於懸瓠發聲悲泣不能自勝詔曰沖貞和資性

三冊四　■魏書傳四十二　三十

德義樹身訓業自家道素形國太和之始朕在
弱齡早委機密實康時務鴻漸洛朝選開清
升冠端右惟九出納忠肅柔明足敷庶範仁恭
信惠有結民心可謂國之賢也朝之望也方昇
寵秩以旌功舊奄致喪逝悲痛于懷既留勤應
陛兼良宿宜襃可贈司空公給東園祕器朝服
一具衣一襲贈錢三十萬布五百匹蠟二百斤
有司奏諡曰文穆葬於覆舟山近杜預家高祖
之意也後車駕自鄴還洛路經沖墓左右以聞

高祖卧疾望墳掩泣久之詔曰司空文穆公德
爲時宗勳簡朕心不幸徂逝託墳邙嶺旋躔覆
舟躬瞭塋域悲仁惻朕懷可遣太牢之
祭以申吾懷及與留京百官相見皆叙冲之没
之故言及流涕高祖得留臺啟知冲惠狀謂右
衛宋弁曰僕射執我樞衡揔釐朝務清儉居躬
知寵已久朕以仁明忠雅委以台司之寄使我
出境無後顧之憂一朝忽有此患朕甚懷愴慨
其相痛惜如此冲兄弟六人四毋所出頗相忿
閱及冲之貴封祿恩賜皆以共之内外輯睦父
云後同居二十餘年至洛乃別第宅更相友愛
久無閒然皆冲之德也始冲之見私寵也兄子
韶恒有憂色慮致傾敗後榮名日顯稍乃自安
而冲明目當官圖爲已任自近終無所避屈
其體時推運皆此類也
子延寔等語在外戚傳
史臣曰燕趙信多奇士李孝伯風範鑒略蓋亦
過人逮其世祖雄猜嚴斷崔浩已見誅夷而入

發心膂出幹政事獻可替否無際可尋故能從
容任遇以功名始卒其智器固以優乎安世識
具通雅遇春入幹之良琚以豪俊達郁則儒博顯李
冲早延寵眷入幹腹心風流識業郁則儒博顯李
秀終愜契聖主佐命太和位當端撲身任梁棟
德洽家門功著王室蓋有魏之亂臣也

高氏小史魏書列傳第四十五高祐崔挺李
安世三人其傳云李安世趙郡人也宣城公
孝伯之兄子父祥中書博士今魏書諸本祥
及安世事皆附此卷李孝伯後按李孝經史
釋題楊九齡經史目録第四十五卷高祐崔
挺李安世三人宗諫史目殷藏用十三代史
目惟高祐崔挺而無李安世此卷史臣論安
世及煬郁與此史同疑李安世延壽用魏收舊語
或後人移安世傳附孝伯因取北史論安世

父子事於此篇亦不可考證故載諸目
錄同異以備傳疑

魏傳四十

三十三

卅

游雅字伯度小名黃頭廣平任人也少好□
高才世祖時與勃海高允等俱知名徵拜中書
博士東宮內侍長遷著作郎使劉義隆授散騎
侍郎賜爵廣平子加建威將軍受詔與中書侍
領禁兵進爵為侯加建威將軍稍遷太子少傅
郎胡方回等改定律制出為散騎常侍平南將
軍東雍州刺史假梁郡公在任廉白甚有惠政

[二]

徵為秘書監委以國史之任不勤著述音無所成
詔雅為太華殿賦文多不載雅性剛戇好自稱
誕陵蔑人物高允重雅文學而雅輕薄允才九
性柔寬不以為恨允將婚于邢氏雅勸允娶子
其族允不從雅曰人貴河間邢不勝廣平游人
自棄伯度我自貴黃頭貴已賤人皆此類也允
著徵士頌殊為重雅事在允傳雅因論議長短
忿儒而論陷音至族議者深責之和平二
年卒贈相州刺史謚曰宣侯

雅弟恒子曇護太和中為中散遷與寺令後慰
勞仇池地為賊所害贈肆州刺史
高閭字閻士漁陽雍奴人五世祖晉安北軍
司上谷太守洪字季顧陳留王從事中郎閭孤少
名州別駕父洪字季顧陳留王從事中郎閭孤少
乃贈寧朝將軍幽州刺史固安貞子閭孤少
好學博綜經史文辭偉下筆成章本名驢司

[三]

徒崔浩見而奇之乃改為閭而字焉真君九年
徵拜中書博士和平末還中書侍郎高宗崩乙
渾擅權內外危懼文明太后臨朝誅渾引閭與
中書令高允入於禁內參決大政賜爵安樂子
加南中郎將軍尉元南赴徐州閭
先入彭城收管團城後還京城以功進爵為侯
史與張讜對鎮祖傳位從御崇光宮閭
加昭武將軍顯祖傳位從御崇光宮閭上表頌
曰臣聞刑制政揚者應天之聖君矖齬順常者

守文之庸主故五帝異規而化與三王殊禮而
致治用能憲章万祀垂軌百王歷葉所以挹其
遺風後君所以酌其軌度伏惟太上皇帝道光
二儀明齊日月至德潛通武功四暢霜威南被
則淮徐來同齊斧北斷則襁犹覆巘乾西摧三危
之酉東引肅慎之貢荒遐款塞九有宅心於是
從容閒豫帝心玄尚罪湖罟之奇風思載見於
高淵紊壽洽熙載亮采轟后爰挹大位傳祚聖天
開古之高範爰蒃於一朝曠葉之希事載見於
子稱其六至德苟位以聖傳曾子一也謹上王德
頌一篇其詞曰茫茫太極悠悠邈邁古三皇刑
制五帝垂祐世傳周漢纂烈道風雖邈容端揆惟
德是與夏殷世傳周漢纂烈道風雖邈仍誕明
哲爰既曁三季下凌上替曰服三分禮樂四鈌上
靈降臨思皇反正乃眷有魏配天秉命功冠前
王德伴徙聖發風革俗天保載定於穆太皇克
廣聖庸玄化外暢惠臨鑒內悟遺此崇高挹彼沖

〔三〕 朱

素道映當今慶流後祚明明我皇承乾紹焕比
誦熙周方文隆漢重光麗天旦辰暉醫旦辰府孔
修三辰貞觀功均乾造雲霙復雨潤養之以仁敦
之以信綏之斯和動之斯震自東祖西無思不
順禎候並應福祿來格嘉穀秀茂町素文表石立
鳥呈皓體穠泉流液黃龍蚖蚖遊鱗弃弃沖訓既
布率土咸寧穆穆四門灼灼典刑殘愛曁遠春
月有成魏翹翹東岳庶見翠雄先民有言千載一
泰昔難其運今易其會沐浴淳澤被服冠帶
飲和閼潤載欣載賴文以寫意功由頌宣言甫作
歌式昭紞永年唐政緝熙康哉垂徽烈被
之管絃昭高允以間文章富逸舉以自代遂為顯
祖所知數見引接夌論政治命造廣死頌北伐
碑顯祖善之承明初為中書令加給事中委以
機密文明太后其重閒詔令書撥碑銘贊頌皆
其文也太和三年出師討淮北間表曰伏見廟
筭有事准海雖成事不説猶可思量臣愚劣
本非武用至於軍旅尤所不學直以無譛之朝

〔四〕 〔言〕

敢肆狂瞽區區短見竊有所疑臣聞兵者凶器
不得已而用之今天下開泰四方無虞豈宜盛
世干戈妄動疑一也淮北之城凡有五處難易
相兼皆須攻擊然攻守難圖力懸百倍反覆思
量未見其利疑二也縱使如心於國無用發兵
遠入費損轉多若不置城是謂空事疑三也脫
不如意當延日月屯衆聚費于何不有疑四也
伏願思此四疑時速返旆文明太后令曰六軍
電發有若摧朽何慮四難也遷尚書中書監淮

南王他奏求依舊斷祿文明太后令召羣臣議
之間表曰天生烝民樹之以君明君不能獨理
必須臣以作輔君使臣以禮臣事君以忠故車
服有等差爵命有分秩德高者則位尊任廣者
則祿重下者祿足以代耕上者祿足以行義庶
民均其賦以展奉上之心君聚其材以供事
業之用君班其俸亦惠則厚臣受其祿感恩則
深於是貪殘之心止竭効之誠篤兆庶無侵削
之煩百辟備禮容之美斯則經世之明典為治

之至術自堯舜以來逮于三季雖優劣不同而
斯道弗改自中原崩亂天下幅裂海內未一民
戶耗減國用不充祿遂廢此則事出臨時之
宜良非長久之道大魏應期紹祚照臨萬方九
服既和八表咸謐二聖欽明文思道冠百代動
遵禮式稽考舊章淮百王不易之體祿事設令於
利世之高軌置立鄰黨班宣俸祿革慮闕絕
今已久苛應不生上下無怨姦巧革慮闕絕
心利潤之厚同於天地以斯觀之如何可改又

洪波奔激則隄防宜厚姦悖充斥則禁網須嚴
且飢寒切身慈母不保其子家給人足禮讓可
得而生但廉清之人不必皆富豐且財之士未必
悉賢今給其俸則清者足以息其濫竊貪者足
以感而勸善若不班祿則貪者肆其姦情清者
不能自保去俸淮南之議不亦謬乎詔從間議高祖又引
見王公已下於皇信堂高祖曰政雖多途治歸
一體朕每蒙慈訓猶自昧然誠知忠佞有損益

而未識其異同怕懼忠貞見毀佞人便進寢寐
思此如有隱憂國彥朝賢休戚所共宜辨斯真
偽以釋朕懷尚書游明根對曰忠佞之士實亦
難知考依古爵人先試之以官官定然後祿之三
載考績然後忠佞可明間曰糠謂表盈徽慎夫
人席是其忠譖殺晁錯是其佞若以異人言之
望之為忠石顯是佞高祖曰自非聖人忠佞之
行時或互有但忠功顯即謂之忠佞迹成斯謂
之佞史官據成事而書於今觀之有別明矣朕

魏書傳四十二　七　朱玉文

所問者未然之前卿之所對已然之後間曰佞
者飾智以行事忠者發心以附道譬如玉石瞭
然可知高祖曰玉石同體而異名忠佞異名而
同理求之於同則得其所以異尋之於異則失
其所以同出處同異之間交換忠佞之境豈是
曒然易明哉或有託佞以成忠或有假忠以飾
佞如楚子基隨述終致忠言此適欲譏諫非為佞也間曰子基
楚初雖隨述終致忠言此適欲譏諫非為佞也
子基若不設初權後忠無由得顯高祖善間

對間後上表曰臣聞為國之道其要有五一曰
文德二曰武功三曰法度四曰防固五曰刑賞
故遠人不服則修文德以來之荒狡放命則播
武功以威之民未知戰則制法度以齊之暴敵
輕侵則設防固以禦之臨事制勝則明刑賞以
勸之用能關國寧方征伐四剋北狄悍愚同於
禽獸所長者野戰所短者攻城若以狄之所短
奪其所長野眾不能成患雖來不能內逼又
狄散居野澤隨逐水草戰則與家產並至奔則

魏書傳四十二　八　朱玉文

與畜田牧俱逃不齎資糧而飲食足是以古人伐
北方攘其侵掠而已歷代為邊患者良以倏忽
無常故也六鎮勢分倍眾不關互相圍逼難以
制之昔周命南仲城彼朔方趙靈秦始長城是
築漢之孝武踵其前事此四代之君皆帝王之
雄傑所以同此役者非智術之不長兵眾之不
足乃防狄之要事其理宜然故也易稱天險不
升地險山川丘陵王公設險以守其國長城之
謂歟今宜依故於六鎮之北築長城以禦北虜

雖有斬冒勞之山勤乃有永逸之益如其一成惠
及百世即於要害往往開門造小城於其側因
地卻敵多有弓弩狄來有城可守其兵可捍既
不攻城野掠無獲草盡則走終必徵艾宜發近
州武勇四萬人及京師二萬人合六萬人為武
士於苑內立征北大將軍府選忠勇有志幹者
以充其選下置官屬二萬人專分為三軍二萬人專習弓
射二萬人專習戈楯二萬人專習騎稍惰立戰
場十日一習 採諸葛亮八陣之法為平地禦寇

之方使其解兵革之宜識旌旗之節器械精堅
必堪禦寇使將有定兵兵有常主上下相信晝
夜如一七月發六部兵六萬人各備戎作之具
救臺北諸屯倉庫隨近作米俱送比鎮至八月
征北部率所領與六鎮之兵直至磧南揚威漠
北狄若來拒與之決戰若其不來然後散分其
地以築長城計六鎮東西不過千里若一夫一
月之功當三步之地三百人三里三千人三十里
三萬人三百里則十里之地彊弱相兼計十萬

人一月必就運糧一月不足為多人懷永逸勞
而無怨計築長城其利有五罷遊防之苦其利
一也北部放牧無抄掠之虞其利二也登城觀
敵以逸待勞其利三也省境防之虞無時之
備其利四也歲常遊運求得不匱其利五也又
資其給用輒史赦其小過要其大功足忠勇可
任將之道特須委信遣之以禮恕之以情闊外
之事有利輒决赦其小過要其大功然後忠勇可
立制勝可果是以忠臣盡其心征將竭其力雖

三敗而踊躍雖三北而彌寵詔曰臨見表具卿安
邊之策比當與卿面論 三高祖又引見羣臣
議代蠕蠕帝曰蠕蠕前後再擾朔邊近有投化
人云敕勒渠師興兵叛之蠕蠕主身率眾追
至西漠今為應乘敝致討為應休兵息民左僕
射穆亮對曰自古以來有國有家莫不以戎事
為首蠕蠕子孫襲其凶業頻為寇擾為惡不悛
自相違叛如臣愚見宜興軍討之雖不頓除巢
穴且以挫其醜勢間曰昔漢時天下一統故得

窮追比狄今南有吳寇不宜懸軍深入高祖曰

先朝屢興征伐者以有未賓之虜朕承太平之

基何為搖動兵革夫兵者凶器聖王不得已而

用之便可停也高祖又曰今欲遣蠕蠕使還應

有書問以不羣匪以為宜有乃詔問為書於時

蠕蠕國有喪而書不叙凶事高祖曰卿為中書

監職典文詞所造旨書不論彼之凶事若知而

不作罪在灼然若情思不至應謝所任問對曰

昔蠕蠕主敦崇和親其子不遵父志屢犯邊境

如臣愚見謂不宜弔高祖曰敬其父則子悅敬

其君則臣悅卿亡不合弔是何言歟問遂引

愆免冠謝罪高祖謂問曰蠕蠕使牟提小心恭

慎其有使人之禮同行疾其敦厚每至陵辱恐

其還比必被謗誣使殷靈誕以致極刑

不為非禮之事及其還國果被蠕蠕主知之

今為旨書可明年撓忠於其國使蠕蠕主知之

是年冬至高祖文明太后大饗羣官高祖親舞

於太后前羣臣皆舞高祖乃歌仍率羣臣再拜

上壽間進曰臣聞大夫行孝行合一家讀羣行

孝聲著一國天子行孝德被四海今陛下聖性

自天敦行孝道稱觴上壽靈應無差臣等不勝

慶踊謹上千万歲壽高祖大悦賜羣臣帛三

十四又議政於皇信堂高祖曰百揆多途萬機

車猥未周之關卿等宜有所陳間對曰伏思

太皇太后十八條之令及仰尋聖朝所行事周

於百揆理兼於庶務孔子至聖三年有成子產

治鄭歷載乃就今聖化方宣風政驟改行之積

父自然致治理之必明不患事關又為政之道

終始若一民可使由之不可使知之政令既宣

若有不合於民者因民之心改之顧終成其

事使至教必行自反覆三思理畢於此不知其

他但使令之法度必行必行必勝殘去

殺可不遠而致高祖曰刑法者王道之所用何

者為法何者為刑施行之日何先何後間對曰

臣聞刑制立會軌物齊眾謂之法犯違制約致

之於憲謂之刑然則法必先施刑必後著自鞭

杖巳上至於死罪皆謂之刑者成也成而不
可攺高祖曰論語稱冉子退朝孔子問曰何晏
也對曰有政子曰其事也如有政雖不吾以吾
其與聞之何者是政何者為事間對曰臣聞政
者君上之所施行合於法度經國治民之屬皆
謂之政政下奉教承旨作而行之謂之事然則
天下大同風軌齊一則政出於天子王道之襄則
政出於諸侯君道缺則政出於大夫故詩叙曰
王道襄政教失則國異政家殊俗政者上之所

行事者下之所奉高祖曰若君命為政子夏為
莒父宰問政此應奉命而已何得稱政尚書游
明根曰子夏宰民故得稱政帝善之十四年秋
問上表曰奉癸未詔書以春夏少雨憂人飢饉之
方臻懸藜元之傷瘁同禹湯罪已之誠齊堯舜
引咎之德虞災致懼詢及卿士令各上書極陳
捐益深恩被於蒼生厚惠流于后土伏惟陛下
天啓聖姿利見篤極欽若昊天光格宇宙太皇
太后以叡哲贊世稽合三才高明柔克道被無

外七政昭宣於上九功咸序於下君人之量逾
高謙光之旨彌篤修復祭儀宗廟所以致敬飾
正器服禮樂所以宣積增儒官以重文德簡勇
士以昭武功虞獄訟之未息定刑書以理之懼
萐民之姦宄置鄉黨以糺之究庶官之勤劇班
祿以優之知勞逸之難均分民土以齊之以
明孝衿貧恤獨開納讜言抑絕讒佞使明訓以體
率土移風雖未勝殘去殺成無為之化足以仰

苞三靈者矣臣聞皇天無私降鑒在下休咎之
徵咸由人召故帝道昌則九疇叙君德衰而彝
倫斁休瑞並應尊以五福則康于其邦咎徵屢
臻罰訓以六極則害于其國斯乃洪範之實徵神
祇之明驗及其厄運所纏世鍾陽九數乘於天
理事違於人謀時則有之矣故堯湯逢歷年之
災周漢遭水旱之患然立功脩行終能弭息今
考治則有如此之風計運未有如彼之害而
下股勤引過事邁前王從星測雨之徵指展可
必消災滅禍之符灼然自見雖王畿之內頗為

少兩關外諸方未稼仍茂苟動之以禮綏之以

和一歲不收未為大損但豫備不虞古之善政

安不忘危有國常典竊以北鎮新徙家業未就

思親戀本人有愁心一朝有事難以禦敵可寬

其徭來頻使欣開雲中馬城之食以賑恤其

足以感德致力邊境矣明察畿甸之民飢其者

出靈丘下館之粟以救其乏可以安慰孤貧樂

業保土使坐定并四州之租隨運以溢其處

開關弛禁薄賦賤糴以消其費清道路恣其東

西隨豐逐食貧富相贍可以免度凶年不為患

苦又聞常士困則濫竊生四婦餒則慈心薄凶

儉之年民輕違犯可緩其使役急其禁令宜於

未然之前申敕外牧又一夫幽枉王道為虧京

師之獄或恐未盡可集見四於都曹使明折庶

獄者重加寃察輕者即可決遣重者定狀以

罷非急之作放無用之歡此乃救凶之常法且

以見憂於百姓論語曰不患貧而患不安苟安

而樂生雖遭凶年何傷於民庶也愚臣所見如此

而已詔曰省表聞之當敕有司依此施行後詔

閒與太常採雅樂以營金石又領廣陵王師出

除鎮南將軍相州刺史以參定律令之勤賜布

帛千四粟一千斛牛馬各三閒上疏陳代吳之

策高祖納之遷都洛陽閒表遷有十損必

不獲已請遷於鄴高祖頗嫌之蕭鸞雍州刺史

曹虎據襄陽請降詔劉昶薛真度等四道南伐

車駕親幸瓠閒表諫曰洛陽草創虛詐

賀任必非誠心無宜輕舉高祖不納虎果虛詐

諸將皆無功而還高祖攻鍾離未剋將於淮南

俗故城而置鎮戍以撫新附之民賜閒書具

論其狀閒表曰南土亂云僭主屢陛下命將

親征威陵江左望風慕化剋拔數城施恩布德

攜民襁負可謂澤流邊方威惠普著矣然非

大舉軍興後時本為迎降戎卒實少兵法十則

圍之倍則攻之所率既寡東西懸闊難以並稱

伏承欲留戍淮南招撫新附昔世祖以回山倒

海之威步騎數十萬南臨瓜步諸郡盡降而盰

眙小城攻之而弗剋班師之日兵不戍一郡土不
關一壘夫當無人以大鎮未平不可守小故也
堰水先塞其源伐木必拔其本源不塞本不拔
雖翦枝鳩流終不可絕矣書壽陽眙淮陰淮南
之源本也三鎮不剋其二而留兵守郡不可自
全明矣既過敵之大鎮隔深淮可充又欲惰淮
不足以自固矣既眾粮運難可充又欲惰淮陰渠通
漕路必由于泗口泝淮而上須經角城淮陰大
鎮舟艦素多留敵因先積之資必拒始行之路若

元戎旋旆士挫性夏雨水長救援實難忠勇
雖奮畚不可濟淮陰東接山陽南通汪表兼近
江都海西之資西有盱眙壽陽之鎮且安土樂
本人之常情若必留戍軍還之後恐爲敵擒伺
者能自固者未之有也昔彭城之役既剋其城戍而
能自固者未之有也昔彭城之役既剋其城戍
鎮已定而思叛外向者猶過數方角城最爾處
在淮北去淮陽十八里五固之役攻圍歷時卒
不能剋以今比昔事兼數倍今以回熱水雨方

降兵乃既交難以恩恤降附之民及諸守令亦
可徙置淮北如其不然進兵臨淮速度士卒班
師還京踵太武之成規營皇居於伊洛玄南乃以
待敵霧布德以懷遠人使中國清穆化被遐裔
淮南之鎮自効可期天安之捷指展不遠車駕
還幸石濟間朝於行宮高祖謂闞曰朕往年之
意不欲決征但兵士已集恐爲幽王之失不容
中止發洛之日正欲至於懸瓠以觀形勢然機
不可失遂至淮南而彼諸將並列州鎮至無所
獲定由晚一月故也間對曰人皆是其所事
而非其所不事猶大之吠非其主且古者攻戰
之法倍則攻之十則圍之聖駕親戎誠應大捷
所以無大獲者良由兵少故也且徙都者天下
之大事今京邑甫介庶事造剏臣聞詩云惠此
中國以綏四方中國緝熙下從容伊瀍優遊京洛
使德被四海願從容伊瀍實亦不少但未獲耳間
附高祖曰顧從容伊瀍然後向化之徒自然樂
日司馬相如臨終恨不見封禪今雖江介不賓

小賊未殄然中州之地略盡平豈可於聖明
之辰而關盛禮齊桓公霸諸侯猶欲封禪而況
萬乘高祖曰由此桓公屈於管仲荊揚未一豈
得如卿言也間曰漢之名臣皆不以江南為中
國且三代之境亦不能逮高祖曰淮海惟揚州
荊及衡陽惟荊州此非近中國乎及車駕至鄴
高祖頻幸其州館詔曰間昔在中禁有定禮正
樂之勳作藩於州有廉清公幹之美自大軍停
輶庶事咸豐豈可謂國之老成善始令終者也每
惟歟德朕其嘉焉可賜帛五百匹粟一千斛馬
一四衣襲歟勤問每請本州以自効詔
日間以懸車之年方求衣錦知進忘退有塵謙
德可降號平北將軍朝之老成宜遂情願徙授
幽州刺史令存勸兩修恩法並舉間以諸州罷
從事依府置僚軍於治體不便表宜復舊鄉高祖
不悅歲餘表求致仕優答不許徵為太常鄉頻
表陳遜不聽又車駕南討漢陽間上表諫求回
師高祖不納漢陽平賜間璽書間上表陳謝世

宗踐祚間累表遜位詔曰間貞幹早聞儒雅素
著出內清華朝之惟尚老以年及致仕固志辭任
宜聽解宗伯逐安車之禮特加優授崇老成之
秩可光祿太夫金印紫綬使散騎常侍兼吏部
尚書邢巒就家拜授及辭引見於東堂賜以餚
羞訪之大政以其先朝著勳五紀年禮致辭
義光進退歸軒首略感悵懷兼懷安駟巍金漢世
之流涕詔曰間歷官六朝著勳告老永歸世宗
榮觊可賜安車几杖與馬繒綵衣服布帛事從
豐厚百寮餞之猶昔羣公之祖二疏也間進陟
北邙上望闕表以示戀慕之誠景明三年十月
卒于家世宗遣使中慰贈帛四百匹四年三月
軍國書檄詔令碑頌銘贊百有餘篇集為三十
贈鎮北將軍幽州刺史諡曰文侯間好為文章
卷其文亦高允之流後稱二高為當時所服間
彊果敢直諫其在私室言裁聞耳及於朝廷廣
眾之中則讜論鋒起〈莫能敵高祖以其文雅
之美每優禮之然貪㥊矜慢初在中書好㯥厚

諸博士博士學生百有餘人有所干求者無不
受其財貨及老為二州乃更廉儉自謹有良牧
之譽有三子

長子元昌襲爵位至遼西博陵二郡太守

子欽字希叔頗有文學莫折念生之反也欽隨
元志西討志敗為賊所擒念生以為黃門郎死
於秦州

子穆宗襲祖爵興和中定州開府祭酒

欽弟石頭小石皆早卒

元昌弟定殷中蠆蔣軍漁陽太守卒贈征虜將
軍安州刺史

子洪景少有名譽早卒

次子宣景武定中開府司馬

定殷弟幼成員外郎頗有文才性清狂為奴所
害

閭弟悅篤志好學有美於閭早卒

史臣曰游雅才業亦高允之亞歟至於陷族陳
奇斯所以絕世而莫祀也高閭發言有章句下

筆富文彩亦一代之偉人故能受遂累朝日見重
高祖挂冠謝事禮備縣輿美矣

列傳第四十二　　　魏書五十四

游明根字志遠廣平任人也祖鬷慕容熙樂浪
太守父幼馮跋假廣平太守和龍平明根乃得
歸鄉里游雅稱薦之世祖擢為中書學生性貞
慎寡欲綜習經典及恭宗監國與公孫叡俱為
主書高祖踐阼遷都曹主書賜爵安樂男寬遠
將軍高祖以其小心敬慎每嗟美之假員外散
騎常侍冠軍將軍安樂侯使於劉駿真使明僧

三·四字　魏書傳四十三　高異

高相對前後三返駁稱其長者迎送之禮有加
常使顯祖初以本將軍出為東青州刺史加員
外常侍遷散騎常侍平東將軍都督兗州諸軍
事瑕丘鎮將尋就拜東兗州刺史改爵新泰侯
為政清平新民樂附高祖初入為給事中遷儀
曹長加散騎常侍清約恭謹號為稱職後王師
南討詔假安南將軍儀曹尚書廣平公與梁郡
王嘉參謀軍計後兗州民叛詔明根慰喻敕南
征沔西仇城連口三道諸軍票明根節度還都

正尚書仍加散騎常侍詔以與蕭賾絕使多年
今宜通否羣臣會議尚書陸叡獻曰先以三吳不
靖荊梁有難故權停之將觀釁而動今彼方既
靖宜還通使明根曰中絕行人是朝廷之事深
築醴陽侵彼境土二三之理太后崩羣臣固請
使於理為長高祖從之文明太后崩羣臣固請
公除高祖與明根性復事在禮志遷大鴻臚卿
河南王幹師尚書如故隨例降侯為伯又參定
律令屢進謹言明根以年踰七十表求致仕詔

三百卅三　▶　魏書傳四十三

不許頻表固請乃詔曰明根風度清幹志尚貞
敏溫恭靜密乞言是寄故抑其高蹈之操至于
再三表請殷勤不容違奪便已許其告辨可出
前後表付外依禮施行引明根入見高祖曰卿
年耆德茂服勤累朝歷職內外並著顯績遠于
者老履道不渝朕是以登華之始委以禮任遲能
迁德匡贊於朕然高尚邈然便企言歸君臣之
禮於斯而畢眷德思仁情何可已夫七十致仕
典禮所稱位隆固辭閒者達節但季俗陵遲斯

道弗繼卿獨秉沖操居之行古有魏以來首振
頹俗進可以光我朝化退可以榮私門明根
對曰臣桑榆之年鍾鳴漏盡蒙陛下大恩臣
獲全待盡私庭下奉先帝陛下之澤首領
但犬馬之戀不勝悲塞因泣不自勝高祖命之
令進言別殷勤仍為流涕賜青紗單衣委貌冠
被褥錦袍等物其年以司徒元為三老明根
為五更行禮辟雍語在元傳賜步挽一乘給上
卿之祿供食之味太官就第月送之以定律令
之勤賜布帛二千四穀一千斛後明根歸廣平
賜絹五百四安車一乘馬二匹幃帳被褥車駕
幸鄴明根朝于行宮詔曰游五更素蓬蓽歸
終衡里可謂朝之舊德國之老成可賜帛五百
四穀五百斛敕太官備送珍羞如前國有大事恒
朝行宮賜穀帛如前為造甲第問疾太醫前送藥太和二
書訪之舊耆珍發動手詔問疾世宗遣使弔祭賻錢一
十三年卒於家年八十一世宗遣使弔祭賻錢一
十萬絹三百四布二百四贈光祿大夫加金章

紫綬諡靖侯明根歷官內外五十餘年甄身以
仁和接物以禮讓時論貴之高祖初明根與高
閭以儒老學業特被禮遇公私出入每相追隨
而閭以才筆時侮明根世號高游焉子肇襲爵
肇字伯始高祖賜名焉幼為中書學生博通經
史及蒼雅林說高祖初為內祕書侍御中散
州初建為都官從事轉通直郎祕閣令遷散騎
侍郎典命中大夫車駕南伐肇上表諫止高祖
不納尋遷太子中庶子肇謙素敦重文雅見任
以父老求解官扶侍高祖欲令遂祿養乃出為
本州南安王楨鎮北府長史帶魏郡太守王薨
復為高陽王雍鎮北府長史太守如故為政清
簡加以匡贊佐二王甚有聲迹數年以父憂
解任景明末徵黃門侍郎未幾除廷尉少卿固辭乃授黃門侍
郎遷散騎常侍黃門如故兼侍中為畿內大使
黜陟善惡賞罰分明轉太府卿徙廷尉卿蒸御
史中尉黃門如故肇儒者動存名教直繩所舉
莫非傷風敗俗持法仁平斷獄務於矜恕尚書

令高肇世宗之舅為百寮憚憚以肇名與己同
欲令改易肇以高祖所賜秉志不許高肇甚銜
之世宗嘉其剛梗盧昶之在朐山也肇諫曰朐
山巖介僻在海濱山湖下墊民無居者於我非
急於賊為利為利故必致死而爭之非急故不
得已而戰以不得已之衆擊必死之師恐稽延
歲月所費遂甚假令必得朐山徒致交爭終難
全守所謂無益之田也知賊將屢以宿豫求易
朐山臣愚謂此言可許朐山父捍危斃宜速審

五　外

之若必如此宿豫不征而自伏持此無用之地
復彼舊有之疆兵役時解其利為大世宗將從
之尋而昶敗遷侍中蕭衍軍主徐玄明斬其青
冀二州刺史張稷首以郁洲內附朝議遣兵赴
援肇表曰玄明之欵難本救是常事有損益
或懼舉而功多或因小而生患不可必也今六
里朐山地實接海陂湖下濕人不可居郁洲又
在海中所謂雖獲石田終無所用若不得連口
六里雖剋尚不可守況方事連兵而爭非要也

且六里於賊逾要去此閒遠若以閒遠之兵攻
逼近之衆其勢既殊不可敵也災儉之年百姓
飢斃餓死者亦復不少何以得宜靜之辰興干
戈之役軍糧資運取濟無所唯見其損耒觀其
益且新附之民服化猶近特須安恤不宜勞之
勞則怨生怨生則思叛思叛則不自安不宜勞
擾動脫介小則連兵難解事不可輕宜損茲小利
不使大損世宗並不納大將軍高肇伐蜀肇諫
曰臣聞遠人不服則修文德以來之兵者凶器

六　中

不得已而後用當今治雖太平論征未可何者
山東關右殘傷未復頻年水旱百姓空虛宜在
安靜不宜勞役然往昔開拓皆因城壘歸欵故
有征無戰今之據者雖假官號真偽難分或有
怨於彼不可全信且蜀地險隘稱之自古鎮戌
晏然更無異趣豈得虛承浮說而動大軍舉不
慎始悔將何及討蜀之略願陛下圖之世宗又不
納蕭宗即位遷中書令光祿大夫加金章紫綬
相州大中正出為使持節加散騎常侍鎮東將

軍相州刺史有惠政徵為太常卿遷尚書右僕
射固辭詔不許肇於吏事斷決不速主者諮呈
反覆論叙有時不曉至於再三必窮其理然後
下筆雖寵勢干請終無回撓方正之操時人服
之及領軍元义之廢靈太后將害太傅清河王
懌乃集公卿會議其事於時羣官莫不失色順
旨肇獨抗言以為不可終不署正光元年八
月卒年六十九詔給東園祕器朝服一襲贈帛
七百匹肅宗舉哀於朝堂贈使持節驃騎常侍
驃騎大將軍儀同三司冀州刺史諡文貞公肇
外寬柔內剛直躭好經傳手不釋書治周易毛
詩九精三禮為易集解撰婚冠儀自珪論詩賦
表啓九十五篇皆傳於世謙廉不競甞撰儒棋
以表其志為清貧嘉欲資仰體祿巴肇之為
廷尉也世宗嘗私敕肇有所降恕肇執而不從
曰此下自能恕之豈足令臣曲筆也其執意如
此及肅宗初近侍羣官豫在奉迎者皆中軍
光巴下並加封邑時封肇文安縣開國侯邑八百

尸肇獨曰子襲父位今古之常因此獲封何以
自處固辭不應論者高之
子祥字宗良頗有學歷祕書郎襲爵新泰伯遷
通直郎國子博士領尚書郎中肅宗以肇普辭
文安之封復欲封祥守其父意卒亦不受又
追論肇前議封清河守正不屈乃封祥高邑縣開
國侯邑七百戶孝昌元年卒年三十六贈征虜
將軍給事黃門侍郎幽州刺史諡曰文
子皓字賓多襲侍御史早卒
皓弟安居襲爵新泰伯武定中司空墨曹參
軍齊受禪爵例降
明根權父矯中書博士濮陽鉅鹿二郡太守卒
贈冠軍將軍相州刺史
矯孫馥國子博士
馥弟思進尚書郎中
劉芳字伯文彭城人也漢楚元王之後也六世
祖訥晉司隸校尉祖該劉義隆征虜將軍青徐
二州刺史父邕劉駿兗州長史芳出後伯父遜

之遜之劉駿東平太守也邑同劉義宣之事身
死彭城芳隨伯母房逃竄青州會赦免舅元慶
為劉子業青州刺史沈文秀建威府司馬為文
秀所殺芳母子入梁鄒城慕容白曜南討青齊
梁鄒降芳北徙為平齊民時年十六南部尚書
李敷妻司徒崔浩之弟芳祖母浩之姑也芳雖
窮窘之中而業尚貞固聰敏過人篤志墳典畫
則傭書以自資給夜則讀誦終夕不寢至有易

衣併日之弊而澹然自守不汲汲於榮利不感
於賤貧乃著窮通論以自慰焉芳常為諸僧
傭寫經論筆迹稱善卷直以一縑歲中能入百餘
如此數十年頼以頗振由是與德學大僧多
有還往時有南方沙門惠度以事被責未幾暴
亡芳因緣開知文明太后召入禁中鞭之一百
時中官李豐主其始末知芳篤學有志行言之
於太后太后微愧於心會蕭頤使劉纘至芳之
族兄也擢芳兼主客郎與纘相接尋拜中書博

士後與崔光宋弁邢產等俱為中書侍郎俄而
詔芳與產入授皇太子經遷太子庶子兼員外
散騎常侍從駕洛陽自在路及旋京師恒侍坐
講讀芳才思深敏特精經義博聞強記兼覽蒼
雅尤長音訓辨析無疑於是禮遇日隆賞賚豐
渥正除員外散騎常侍俄兼通直常侍從駕南
巡正除行事尋而除正王肅之來奔也高祖雅
相器重朝野屬目芳未及相見高祖宴羣臣於
華林蕭語次云古者唯婦人有笄男子則無芳

曰推經禮正丈古者男子婦人俱有笄書曰喪
服稱男子免而婦人髽男子冠而婦人笄如此
則男子不應有笄芳曰此專謂凶事也禮初遭
喪男子免時則婦人髽男子冠時則婦人笄言
俱則變而男子免髽冠笄之不同也又冠
故奪其笄稱且互言也非謂男子無笄又禮
內則稱子事父母雞初鳴櫛縰笄總以此而言
男子有笄明矣高祖稱善者父之肅亦芳言
為然曰此非劉石經邪昔漢世造三字石經於

太學學者文字不正多往質焉芳音義明辨疑
者皆往詢訪故時人號為劉石經閣芳與蕭
俱出肅執業芳手曰吾少來留意三禮在南諸儒
平生之或芳手通類皆如是今聞往釋頓祛
由朝歌見殷比干墓愴然悼懷為文以弔之芳
為注解表上之詔曰覽卿注殊為富博但文非
屈宋理惄張賈既有雅致便可付之集書詔以
芳經學精洽遷國子祭酒以母憂去官高祖

〔魏書傳四十三〕　十二　蕭威

南征宛鄧起為輔國將軍太尉長史從太尉咸
陽王禧攻南陽蕭衍將裴叔業入冦徐州疆場
之民頗懷去就高祖愛之以芳為散騎常侍國
子祭酒徐州大中正行徐州事徙兼侍中從征
馬圈高祖崩於行宮及世宗即位芳手加袞冕
高祖自襲斂旣于啓祖山陵練除始末喪事皆
芳撰定咸陽王禧等奉申遺旨令芳入授世宗
經及南徐州刺史沈陵外叛徐州大水遣芳撫
慰賑恤之尋正侍中祭酒中正並如故芳表曰

夫為國家者罔不崇儒尊道學教為先誠復政
有質文茲範不易諒由萬端資始衆務泉法故
也唐虞巳往典籍無據隆周以降住居虎門周
禮大司樂云師氏掌以媺詔王居虎門之左司
王朝掌國中之事以教國子弟蔡氏勸學篇云
周之師氏居虎門左敷陳六藝以教國子今之
祭酒即周師氏居洛陽記云國子學亦古之
學在開陽門外棄學記云古之王者建國親民
教學為先鄭氏注云內則設師保以教使國子

重〔魏傳四十三〕　十二　董徵

學焉外則有太學庠序之官由斯而言國學在
內太學在外明矣案如洛陽記猶有仿像臣愚
謂今既徙縣崧瀍皇居伊洛宮闕府寺僉復故
趾至於國學旹可與校量舊事應在宮門之
左至如太學基所炳在仍舊營構又云太和二
十年發敕立四門博士於四門置學臣案自周
巳上學惟以二或尚西或尚東或貴在國或貴
在郊爰暨周室學蓋有六師氏居內太學在國
四小在郊禮記云周人養庶老於虞庠虞庠在

國之西郊禮又云天子設四學當入學而太子
齒注云四學周四郊之虞庠也案大戴保傅篇
云帝入東學尚親而貴仁帝入南學尚齒而貴
信帝入西學尚賢而貴德帝入此學尚貴而尊
爵帝入太學承師而問道周之五學於此彌彰
案鄭注學記周則六學所以然者注云內則設
師保以教使國子學焉外則有太學庠序之官
此其證也漢魏已降無復四郊謹尋先旨宜在
四門案王肅注云天子四郊有學去王都五十
四郊猶為太廣以臣愚意同慮無嫌且今時制
四郊別置相去遼闊檢督難周計太學坊升作
里考之鄭氏不云遠近今太學故坊基趾寬曠
置多循中代未審四學應從古不求集名儒禮
官議其定所從之遷中書令祭酒如故出除安
東將軍青州刺史為政儒緩不能禁止姦盜廉
清寡欲無犯公私還朝議定律令芳斟酌古今
為大議之主其中損益多芳意也世宗以朝儀
多闕其一切諸議悉委芳修正於是朝廷吉凶

大事皆就諮訪焉轉太常卿芳以所置五郊及
日月之位去城里數於禮有違又靈星周公之
祀不應隸太常乃上疏曰臣聞國之大事莫先
郊祀郊祀之本寔在審位是以列聖格言彪炳
緗籍先儒正論昭著經史學臣謝全經業乖通
古旦可輕薦讀言妄陳管見所置壇祠遠
近之宜考之典制或未允衷既曰職司讀陳虞
淺孟春令云其數八又云迎春於東郊盧植云
東郊八里之郊也賈逵云東郊木帝太昊八里
許慎云東郊八里郊也鄭玄孟春令注云王居
明堂禮曰王出十五里迎歲蓋觳禮也周禮近
郊五十里鄭玄別注云東郊去都城八里高誘
云迎春氣於東方八里郊也王肅云東郊八里
因木數也此皆同謂春郊八里之明據也孟夏
令云其數七又云迎夏於南郊盧植云南郊七
里郊也賈逵云南郊火帝炎帝七里許慎云南
郊七里郊也鄭玄云南郊去都城七里高誘云
南郊七里之郊也王肅云南郊七里因火數也

此又南郊七里之審據也中央令云其數五盧
植云中郊五里之郊也賈逵云中兆黃帝之位
开南郊之季故云北五帝於四郊也鄭玄云中
郊西南未地去都城五里此又中郊五里之郊
據也孟秋令云其數九又曰迎秋於西郊為限
云西郊九里郊賈逵云西郊金帝少皞九里許
愃云西郊九里郊也鄭玄云王肅云西郊九里許
高誘云西郊九里之郊也王肅云西郊九里因
金數也此又西郊九里之審據也孟冬令云其

稱　魏傳四十二　十五　紫韻

數六又云迎冬於比郊盧植云比郊六里郊也
賈逵云比郊水帝顓頊六里許愃云比郊六里
郊也鄭玄云比郊去都城六里高誘云比郊六
里之郊也王肅云比郊六里因水數也此又比郊
六里之審據也宋氏舍文嘉注云周禮王畿千
里二十分其一以為近郊五十里倍之為
遠郊迎王氣蓋於近郊漢不設王畿則以其方
數為郊處故東郊八里南郊七里西郊九里比
郊六里中郊在西南未地五里祭祀志云建武

二年正月初制郊兆於雒陽城南七里依採元
始中故事北郊在雒陽城北四里此又漢世南
北郊之明據也今地祇準此至如三十里之郊
進乘鄭玄所引勅周一代之據退違漢所
行故事凡邑外曰郊今計四郊各以郭門為限
里數依上禮朝拜日月皆於東西門外今日月
之位數故今仍舊旦靈星本非禮
日於壇祭月於坎今計造如上禮儀志云高
祺祠于城南不云里數故今立高

三光四　魏傳四十三　十六　本蕭

車兆自漢初專為芍田怕隸君郡郊祀志云高
祖五年制詔御史其令天下立靈星祠牲用太
牢縣邑令長得祠曰祠令云郡縣國祠稷杜先
農縣又令云祠靈星此靈星在天下諸縣之明據也
周公祠所以別在洛陽者蓋妣旦創成洛邑故
傳世洛陽崇祠不絕以彰厥庸夷齋廟者亦世
為洛陽界內神祠今並移太常恐乖其本天下
此類甚眾皆當部郡縣修理公私於之禱請竊
惟太常所司郊廟神祇自有常限無宜臨時斟

酌以意若遂介妄營則不免淫祀二祠在太常
之在洛陽於國一也然貴在審本臣以庸蔽謬
羕今職考括墳籍博採羣議既無異端謂粗可
依據今玄務隨陳野聲人閒遷易郊壇三爲
便詔曰所上乃有明據但先朝置立已久且可
從舊後崇爲太樂令乃上請尚書僕射高肇更
鄉陸琇并公孫崇等十餘人修理金石及八音
之器後崇乃上表以禮樂事大不
共營理世宗詔芳共主之芳表以禮樂事大不
容輒決自非博延公卿廣集儒彥討論得失研
窮是非則無以垂之萬葉爲不朽之式被報聽
許數句之間頻煩三議于時朝士頗以崇專綜
既父不應乖謬各嘿然無發論者芳乃探引經
誥搜括舊文共相難質皆有明據以爲盈縮有
差不合典式崇雖仍詔委芳別更考制於是學
以自通尚書述以奏仍詔委芳無樹又上疏曰依合朔
者彌歸宗爲芳以社稷無樹又上疏曰依合朔
儀注曰有㵎以朱絲爲繩以緯係社樹三匝而

今無樹又周禮司徒職五設其社稷之壇而樹
之田主各以其社之所宜木鄭玄注云木職
謂若松柏栗也此其一證也又小司徒封人職
二掌設王之社壇爲畿封而樹之鄭玄注云不
言稷者王主於社稷社之細也此其一證也又
論語曰哀公問社於宰我宰我對曰夏后氏以
松殷人以柏周人以栗是乃土地之所宜也此
其三證也又白虎通云社稷所以有樹何尊
而識之也使民望見敬之又所以表功也案
此正解所以有樹之義了不論有之與無也此
其四證也此云社稷所以有樹何然則稷亦有
樹明矣也又五經通義云天子太社王社諸侯
國社侯社制度亦何曰社旦有垣無屋樹其中
以木有木者土主生萬物萬物莫善於木故樹
也又五經要義云社必樹之以木周禮司徒職
曰班社而樹之各以土地所生尚書逸篇曰太
社惟松東社惟柏南社惟梓西社惟栗北社惟

槐此其六證也此又太社及四方皆有樹別之
明據也又見諸家禮圖社稷圖皆畫壷樹唯誠
正所植之木案論語稱夏后氏以松殷人以柏
社誠稷無樹此其七證也雖辨有樹之據徂未
周人以栗便是世代不同而尚書逸篇則云太
社惟松東社惟柏南社惟梓西社惟栗北社惟
槐如此便以一代之中而五社各異也愚以為
松不慮失禮惟稷無成證乃云社之細蓋亦不離
宜植以松何以言之逸書去太社惟松今者植
松也世宗從之芳沈雅方正既其高經傳多
通高祖九器敬之動相顧訪太子恂之在東宮
高祖欲為納芳女芳辭以年見非宜高祖歎其
謙慎更勅舉其宗女芳乃稱其族子長文之
女尚祖乃為恂娉之與鄭懿女對為左右孺子
焉崔光於芳有中表之敬每事詢御芳爲
所注周官儀禮音干寶所注周官音王肅所注
高書音何休所注公羊音范甯所注穀梁音韋
昭所注國語音范曄後漢書音各一卷辨類三

一九　體豐

卷毛詩箋音義證十卷禮記義證十卷周官儀
禮義證各五卷崔光表求以中書監讓芳世宗
不許延昌二年卒年六十一詔賜帛四百匹贈
鎮東將軍徐州刺史謚文貞
長子懌字祖欣雅有父風頗好文翰歷徐州別
駕兗州左軍府長史司空諮議參軍屢為行
臺出使所歷皆有當官之稱轉通直散騎常侍
徐州大中正行郢州事尋遷安南將軍大司農

鄉卒贈鎮東將軍徐州刺史謚曰簡無子弟歐
以第三子琰為後
天平中走江南武定末歸國賜爵臨潁縣子
琰弟歐字景興好學彊立善事當世高肇之盛
懌及清河王懌為宰輔歐皆與其子姪交遊往來
靈太后臨朝又與太后兄弟往還相好太后令
廠以詩賦授第元吉歷尚書郎太尉屬中書侍
郎冠軍將軍行南青州事尋徵安南將軍光祿
大夫孝莊初除國子祭酒復以本官行徐州事

二十　㭊成

前廢帝時除驃騎將軍左光祿大夫出帝初除
散騎常侍遷驃騎大將軍復領國子祭酒出帝
於顯陽殿講孝經廞為執經雖訓苦論難未能
精盡而風彩音制足有可觀辭兼都官尚書又
兼殿中尚書及出帝入關齊獻武王至洛責廞
而誅之時年五十一

子隤字子昇少有風氣頗涉文史弱冠州辟主
簿奉使詣闕見莊帝於顯陽殿問以邊事隤應
對閑敏帝善之遂敕除員外散騎侍郎出補徐
州與刺史樊子鵠抗禦王師每戰流涕突陳城
陷擒送晉陽齊獻武王恕之而敕之文襄王之為
儀同開府以隤為屬本州大中正武定初轉中
書舍人加安東將軍於時與蕭衍和通隤前後
受敕接對其使十六人出為司徒右長史未幾
遷左長史六年受使兗州行達東郡暴疾卒時
人嗟惜之追贈本將軍南青州刺史
廞弟悅永安中開府記室

悅弟馘武定中鎮南將軍金紫光祿大夫
馘弟粹别駕兼閤粹少氣俠兄歟
死粹招合部曲就兗州刺史樊子鵠謀應關西
大將軍攻討城陷殺之
芳叔撫之孫思祖男健有將略高祖末入朝歷
征虜著功捷任城王圍鍾離也蕭衍遣其冠

軍將軍張惠紹及彭冤張豹子等率眾一萬送
粮鍾離時思祖為平遠將軍領兵數千邀衍餉
軍於邵陽遣其長史元龜少騎一千於鍾離之
北過其前鋒錄事參軍縸琰掩其後思祖身率
精銳橫衝其陳三軍合擊大破之擒惠紹及衍
驍騎將軍祁陽縣開國男趙景悅悅弟靈遠將
軍景脩寧遠將軍梅世和屯騎校尉任景收長
水校尉邊欣越騎校尉賈慶真龍驤將軍徐敞
等俘斬數千人尚書論功擬封千戶侯思祖有
二婢美姿容善歌舞待中元暉求之不得事遂
偉寢後除揚列將軍遼西太守思祖於路版本

蕭衍衍以思祖為輔國將軍北徐州刺史頻寇
淮北數年而死
續子晰歷蕭衍琅邪東莞二郡太守戍朐山胸
山人王萬壽斬晰送首以胸山內附并晰子秩
於京師數年後以秩為給事中波陽太守正光
初自郡南叛
芳從子懋字祖泰之父承伯仕於劉或並
有名位懋聰敏好學博綜經史善草隸書多識
奇字世宗初入朝拜員外郎遷尚書外兵郎中
與參量尚書博議懋與殿中郎袁飜常為議主
達於從政臺中疑事咸所訪使受詔參議新令
性沈雅厚重善與人交哭宇淵曠風流甚美時
論高之尚書李平與之結莫逆之友遷步兵校
尉領郎中兼東官中舍人轉員外常侍鎮遠將
軍領考功郎中立考課之科明黜陟之法甚有
條貫蕭宗初大軍攻破石懋為李平行臺郎中
減拔懋頗有功太傅清河王懌愛其風雅常目

而送之曰劉生堂堂搢紳領袖若天假之年必
為朝宰輔詔懋與諸才學之士撰成儀令懌
為宰相積年禮懋尤重令諸子師之遷太尉司
馬熙平二年冬暴病卒家甚清貧亡之日徒四
壁而已太傅懌及當時才儁莫不痛惜之贈持
節前將軍秦州刺史謚曰宣簡懋詩誄賦頌
及諸文筆見稱於時又撰諸器物造作之始十
五卷名曰物祖
子筠字士貞自員外散騎侍郎歷河南郡丞中
散大夫徐州大中正祕書丞天平初卒贈前將
軍徐州刺史
子規早卒
筠弟等字士文少而聰惠年十二詣尚書王衍
衍與語大奇之遂與太傅李延寔祕書李凱上
疏薦之拜祕書郎箏亦善士興和元年卒年二
十八無子兄子矩繼
懋從叔元孫養志丘園不求聞達高祖幸彭城
起家拜蘭陵太守治以清靜為名卒官

子長文高祖擢為南兗州冠軍府長史帶譙郡
太守被圍粮竭固節全城以功賜爵下邑子遷
魯郡太守高祖為太子恂納其女為孺子卒
子敬先襲爵
敬先弟徵奉朝請徐州治中
長文弟永字履南頗有將略累著征戰之勤歷
位中散大夫龍驤將軍神龜中兼大鴻臚鄉持
榮拜高麗王安還除范陽太守
芳族兄僧利輕財通俠甚得鄉情高祖幸徐州
引見善之〈拜徐州別駕遷〉沛郡太守後遂從容
鄉里不樂臺官積十餘年朝議慮其有忘徵
拜輕車將軍羽林監卒官
長子世雄至太山太守
世雄弟世明字伯楚渉書傳自奉朝請稍
遷蘭陵大守彭城內史屬刺史元法僧以城外
叛遂送蕭衍衍欲加封爵世明固辭不受頻請
衍乞還衍聽之蕭宗時徵為諫議大夫孝莊末
除征虜將軍南兗州刺史時介朱世隆等威權

自己四方怨叛城民王气得通刼世明據州歸
蕭衍衍封世明開國縣侯食邑千戶征西大將
軍郢州刺史又加儀同三司世明復辭不受固
請此歸衍不奪其意乃躬儉之於樂遊苑世明
既還奉送所持節身歸鄉里自於不復入朝常
以射獵為適興和三年卒於家贈驃騎大將軍
儀同三司徐州刺史
子禕字彦英武定末冠軍將軍中散大夫
初蘭陵緣儉靈奇與彭城劉氏才望略等及彭
城內附靈奇弟子承先隨薛安都至京師賜爵
襄貫子尋還徐州數十年間了無從宦者世
宗末承先子彦植襲爵見叙稍遷伏波將軍羽
林監彦植恭慎長厚為時所稱
時榮陽鄭演仕劉或為琅邪太守屬徐州刺
史薛安都將謀內附演贊成其事顯祖初入朝
以功除冠軍將軍彭城太守洛陽侯後拜太
中大夫改爵雲陽伯卒贈幽州刺史諡曰懿其
子孫因此遂家彭四

子長猷以父勳起家拜寧遠將軍東平太守
尋轉沛郡入為南主客郎中大尉屬龔爵雲
陽伯車駕南伐既尅宛城拜長猷南陽太守
及鑾輿將反詔長猷曰昔曹公剋荊州留滿寵
於後朕令委卿此郡薰統戎馬非直綏初附以
扞城相詎特賜縑二百匹高祖崩於南陽斂於
其郡尋徵護軍長史世宗初壽春斂兼給
事黃門侍郎持節宣慰及任城王為揚州刺史
詔長猷為諮議參軍帶安豐太守轉徐州武
徒諮議遷通直散騎常侍永平五年卒諡曰
貞侯
子廓襲卒
子元休襲與和中雎州刺史齊受禪爵例降
元休弟憑字元祐武定中司徒從事中郎
史臣曰游明根雅道儒風終受非常之遇以太
和之盛當乞言之重抑亦曠世一時肇飫書
修克隆堂構正情梗氣顚沛不渝辭爵主幼

之年亢節臣權之日顧視羣公其風固以遠矣
劉芳矯然特立沈深好古博通洽識為世儒宗
亦當年之師表也懋才流識學有名士之風見
重於世不虛然矣

列傳第四十三

鄭羲　崔辯

鄭羲字幼驎滎陽開封人魏將作大匠渾之
世孫也曾祖豁慕容垂太常卿父曄不仕聚子
長樂潘氏生六子粗有志氣而羲第六文學為
優弱冠舉秀才尚書李孝伯以女妻之高宗末
拜中書博士天安初劉彧司州刺史常珍奇據
汝南來降顯祖詔殿中尚書元石為都將赴之
并招慰淮汝遣羲參石軍事到上蔡珍奇率

魏書傳四十四　一　許戎

文武三百人來迎既相見議欲頓軍於汝北未即
入城羲謂石曰機事尚速今珍奇雖來意未
可量不如直入其城奪其管籥據有府庫雖出
其非意要以全制為勝石從羲言遂策馬徑
入其城城中尚有珍奇親兵數百人在珍奇宅
內石既剋城意益驕急置酒嬉戲無警言防之
虞羲謂石曰觀珍奇甚有不平之色可嚴兵
設備以待非常其夜珍奇果使人燒府廂屋
欲因救火作難以石有備乃止明旦羲詣白虎幡

慰郡邑眾心乃定明年春又引軍東討汝陰劉
或汝陰太守張超城守不下石率精銳攻之不
克遂退至陳項議欲還軍長社待秋擊之諸將
心樂早還咸柵善計羲曰今張超樞市負糧
不降當走可剋足而待成擒物也而欲棄將來
右蟻聚窮城命不延月安心守之超食已盡
社道塗懸遠超必修城深漸多積薪穀將來
恐難圖矣石不納遂旋師長社至冬復往攻超
果設備無功而還歷年超死楊文長代戍食盡

魏書傳四十四　二　庚裕

城潰乃剋之竟如羲策淮北平遷中書侍郎延
興初陽武人田智度年十五妖惑動眾擾亂京
索以羲河南郡所信遣羲乘傳慰
諭羲到宣示禍福重加募賞旬日之間眾皆歸
散智度奔頴川尋見擒斬以功賜爵平昌男加
鷹揚將軍高祖初兼員外散騎常侍假寧朔
將軍陽武子使於劉準中山王叡寵幸當世
並置王官羲為其傳是後歷年不轉資産亦
之因請假歸遂盤桓不返及李沖貴寵與羲姻

好乃就家徵爲中書令文明太后爲父燕宣王
立廟於長安初成以義兼太常卿假榮陽侯
其官屬詣長安拜廟引石建碑於廟門還以使
功仍賜侯爵加給事中出爲安東將軍西兗州
刺史假南陽公義多所受納政以賄成性又嗜
客民有禮餉者皆不與秡酒醃肉西門受羊酒
東門酤賣之以李沖之親法官賈德治中靈
令鄭伯孫鄴城令童騰別駕賈德治中申靈
度並在任廉貞勤恪百姓義皆申表稱薦時

論夘之文明太后爲高祖納其女爲嬪徵爲祕
書監太和十六年卒贈帛五百匹尚書奏諡曰
宣詔曰蓋棺定諡先典成式敫揚清濁治道明
範故何曾幼孝良史不改繆醜之名賈充寵晉
直士猶立荒公之稱義宿有文業而治關廉
清稽古之效未光於朝策昧貨之談已形於民
聽謚以善問殊乖其衷又前歲選眂由備行
克舉自荷後任勳績未昭尚書佪乃情遺至
公愆違明典依諡法博聞多見曰文不勤成名

曰靈可贈以本官加諡文靈
長子懿字景伯涉歷經史善當世事解褐中散
尚書郎稍遷驃騎長史尚書吏部郎太子中庶
子龍襲爵榮陽伯懿闌雅有治才爲高祖所器
遇拜長兼給事黃門侍郎司徒左長史世宗初
以從弟思和同咸陽王禧之逆與弟通直常侍道
昭俱坐緦親出禁拜太常少卿加冠軍將軍出
爲征虜將軍齊州刺史尋進號平東將軍懿
好勸課善斷決雖不潔清義然後取百姓猶思

之永平三年卒贈本將軍兗州刺史諡曰穆
子恭業襲爵武定三年坐與房子遠謀逆伏誅
懿弟道昭字僖伯少而好學綜覽羣言初爲中
書學生遷祕書郎拜主文中散員外散騎侍
郎祕書丞兼中書侍郎從征沔漢高祖鄉飲酒
於懸瓠方丈竹堂道昭與弟懿俱侍坐焉樂作
酒酣高祖乃歌曰白日光天無不曜江左一
隅獨未照彭城王勰續歌曰願從聖明芟荊衡
會萬國馳誠混江外鄭懿歌曰雲雷大振芟九天

門闕率土來賓正歷邢巒歌曰舜舞干戚兮
天下歸文德遠被莫不思道昭歌曰皇風一鼓兮
九地匝戴日依天清六合高祖又歌曰遵彼汝
墳兮昔化貞未若今日道風明宋并歌曰文
王政教兮暉江沼寧如大化光四表高祖謂道
昭曰自比遷務雖猥與諸才儁不廢詠綴遂命
邢巒揔集叙記當介之年卿頻丁艱禍每卷文
席常用愀然寧毒正除中書郎轉通直散騎常
侍北海王詳為司徒以道昭與琅邪王秉為諮

五

議參軍遷國子祭酒道昭表曰臣竊以為崇治
之道必也湏才養才之要莫先於學令國子學
堂房粗置弦誦闕焉城南大學漢魏石經臣墟
殘毀薈蕪遊兒牧豎為之歎息有情之
輩寅亦悼心況臣親司而不言露伏願天慈回
神紆眄賜垂臨察若臣微意万一合允求重勑
尚書門下考論營制之模則五雍可翹立而興
毀銘可不日而就樹舊經於帝京播茂範於不
朽斯有天下者之美業也不從廣平王懷為司

州牧以道昭與宗正卿元匡為州都道昭又表曰
臣聞唐虞啟運以文德為本殷周致治以道藝
為先然則禮樂者為國之基不可斯湏廢也
是故周敷文教四海宅心魯秉周禮彊歸義
及至戰國紛紜干戈遞用五籍灰然儒坑殄
賊仁義之經貴戰爭之術遂使天下分崩黔黎
茶炭數十年間民無聊生者斯之由矣爰暨漢
祖於行陳之中尚優引叔孫通等光武中興於
撥亂之際乃使鄭眾范升校書東觀降逮魏晉

六

何甞不殷勤於篇籍篤與學於戎之
興也雖臯兇未殄戎馬在郊然猶招集英儒廣
開學校用能閭道義於八荒布盛德於万國教
靡不懷風無不偃今者乘休平之基闡無疆之
祚定鼎伊瀍惟新寶曆九服感至德之和四垠
懷擊壤之慶而春蚳介闊吳阻化江湫先帝爰
震武怒戎車不息而俘馘踵留心典墳命
故御史中尉臣李彪與吏部尚書任城王澄等妙
選英儒以崇文教澄等依旨置四門博士四十八其國

子博士大學博士及國子助教宿已簡置伏尋
先旨意在速就但軍國多事未遑營立自尒迄
今垂將一紀學官凋落四術寢廢遂使碩儒者
德卷經而不談俗學後生遺本而逐末進競之
風寔由於此矣伏惟陛下欽明文思玄鑒洞遠
越會未款務修道以來之遐方後服敷文敎而
懷之垂心經素優未墳籍將使化越軒唐德隆
虞夏是故屢發中旨敦營學館房宇既修生
徒未立臣學陋全經識敎篆素然往年冊定
律令謬預議廷謹依準前修尋訪舊事參定
學令事訖封呈自尒迄今未蒙報判但選學
歷年經術淹滯請學令並制早勑施行使選授
有依生徒可准詔日具卿崇儒敦學之意良不
可言新令尋班施行無遠可謂職思其憂無曠
官矣道昭又表曰竊惟鼎遷中縣年將一紀絟
紳褫業組臣闕聞遂使濟濟明朝無觀風之美
非所以光國宣風納民軌義臣自往年以來頻
請學令並置生員前後累上未蒙一報故當以

臣識淺濫官無能有所感悟者也館宇既修生
房粗構博士見員足可講習雖新令未班請依舊
權置國子學博士學生漸開訓業使播敎有章儒風不
墜後生觀徒義之機學徒崇知新之益至若孔廟
既成釋奠告始揖讓之容請侯令出不報遷祕
書監榮陽邑中正出為平東將軍光州剌史轉
青州剌史將軍如故復入為祕書監比將軍相州剌史加平南將軍
熙平元年卒贈鎮比將軍相州剌史謚曰文恭
道昭好為詩賦凡數十篇其在二州政務寬厚
不任威刑為吏民所愛
子嚴祖頗有禮儀粗觀文史歷通直郎通直常
侍輕躁薄行不修士業傾側勢家乾沒榮利閨
門穢亂聲滿天下出帝時御史中尉某彈祖嚴
祖與崇氏從姊姦通人士咸恥言之而嚴祖
無愧色孝靜初除驃騎將軍左光祿大夫鴻臚
卿出為北豫州剌史仍本將軍罷州還除鴻臚
卿卒贈都督豫兗頔三州諸軍事　將軍司
空公豫州剌史

嚴祖弟敬祖性亦麤踈起家著作佐郎鄭儼之
敗也為鄉人所害
敬祖弟述祖武定中尚書
述祖弟遵祖祕書郎卒贈輔國將軍兖州刺史遵
祖弟順卒於太常丞自靈太后預政婚風稍行又
元乂擅權公為姦穢自此素族名家遂多亂雜
並恃家門多行無禮鄉黨鄙之內疚之若雠
法官不加糺治婚官無殷於世有識咸以歎息矣
義五兄長白驎次小白次洞林次叔夜次連山
白驎孫道摽隨郡太守
小白中書博士
子儁伯有當世器幹自中書博士遷侍郎轉司
空長史高祖納其女為嬪出為建威將軍東徐
州刺史轉廣陵王征東府長史帶一郡內史卒
於鴻臚少卿諡曰簡
子希儁未官而亡
子道育武定中開封太守
子希儁弟紹儒好學修謹時望甚優丞相高陽王

雍以女妻之歷尚書郎通直郎司州別駕有當
官之稱卒贈散騎常侍安東將軍兖州刺史諡
景幼儒亡後妻姪蕩兒悖肆行無禮子敬道敬
德並亦不才不才俱走於關右幼儒從兄伯猷每謂所
親曰從弟人才足為令德不幸得如此婦今死
復重死可為悲嘆
脩伯弟平城太尉諡議廣陵王羽納其女為妃
出為東平原太守性清狂使酒為政貪殘卒
贈征虜將軍南青州刺史
長子伯猷博學有文才早知名舉司州秀才以
射策高第除幽州平北府外兵參軍轉太學博
士領中書御史與當時名勝咸申遊款蕭宗釋
奠詔伯猷錄義安豊王延明之征徐州也引居
行臺郎中事寧還都遷尚書外兵郎中典起居
注以軍功賜爵陽武子稍遷散騎常侍平東將
軍前廢帝初以舅氏超授征東將軍右光祿大
大夫領國子祭酒父〉為車騎將軍金紫光祿
轉護軍將軍元象初以本官兼散騎常侍使

於蕭衍前後使人蕭衍令其侯王於馬射之日
宴對申禮伯猷之行衍令其領軍將軍臧盾與
之相接議者以此服之使還除驃騎將軍南青
州刺史在州貪惏妻安豐王元延明女專為聚
斂貨賄公行潤又親戚戶逃散邑落空虛刀
每諷屬朝士常以伯猷及崔叔仁為諭武定七
死罪數十條遇赦免因以頓廢齊文襄王作相
夫婦女配沒百姓怨苦聲聞四方為御史糾劾
誣良民玄欲反叛籍其資財盡以入已誅其丈

崔【魏書列四十四】 十一 頊仁

年除太常卿其年卒年六十四贈驃騎大將軍
中書監兗州刺史
伯猷弟仲衡武定中儀同開府中郎
仲衡弟輯之解褐奉朝請領侍御史以軍功
賜爵城皐男稍遷黎陽太守屬城令
其舅范遵鎮守滑臺與輯之隔河擊之遵潛
軍夜渡規欲掩襲輯之率屬城民担河繫之遵
遂遁走朝廷嘉之除司州別駕尋轉司空長史
遷鎮南將軍金紫光祿大夫孝靜初除征南將

軍東濟北太守帶肥城戍主男如故天平四年
卒時年四十九贈都督北豫州梁二州諸軍事驃
騎將軍軍度支尚書北豫州刺史
輯之弟懷孝武定中司徒諮議
洞林字敬叔司州都官從事滎陽邑中正濮陽
太守坐貪穢除名
子籍字承宗徐州平東府長史
籍弟瓊字祖珍有幹幹之稱自太尉諮議為范
陽太守治頗有聲卒贈太常少卿孝昌中弟儼

【魏書傳四十四】 十二 張廣祖

子道邕歿關西儻事在恩倖傳
寵要重贈安東將軍青州刺史瓊兄弟雍睦其
諸娣姒亦咸相親愛閨門之內有無相通為時
人所稱美
敬叔弟士恭燕郡太守孝昌中因儻之勢除衛
尉少卿尋遷左將軍瀛州刺史時葛榮寇竊河
北州城淪陷不獲之鎮尋除征北將軍金紫光
祿大夫又遷衛將軍右光祿大夫永熙中卒贈
驃騎將軍冀州刺史重贈尚書左僕射諡曰貞

馬

子貞弟湛齋濟二州長史光祿大夫

子湛弟昭伯武定中東平太守

昭伯第子嘉早卒

子大護武定中司空戶曹參軍

叔夜子伯夏司徒諮議東萊太守卒贈冠軍將

軍太常少卿青州刺史

子忠字周子右軍將軍鎮遠將軍卒贈平東將

魏書傳四十四　十三　張虎祖

軍徐州刺史

弟豪長水校尉東平原太守

伯夏弟謹字仲恭琅邪太守

子嵩賓歷尚書郎員外常侍稍遷至左光祿大

夫卒

連山性嚴暴過植僅僕酷過人理父子一時為

奴所害斷首投馬槽下乘馬比逃其第二子思

明驍勇善騎射披髮卒村義馳騎追之及於河

奴乘馬投水思明止將從不聽放矢乃自射之

一發而中落馬隨流衆人擒執至家鬨而殺之

思明及弟思和並以武功自効思明至驍騎將

軍直閤將軍坐第思和同元顥逆徙邊會赦卒

於家後贈冠軍將軍濟州刺史

子先護少有武幹解褐員外郎轉通直郎莊帝

之居藩也先護與鄭季明等固守河橋先護聞

靈太后令先護深自結託及尒朱榮稱兵向洛

莊帝即位於河北遂開門納榮以功封平昌縣

開國侯邑七百戶轉通常侍加鎮北將軍尋除

魏書傳四十四　十五　黃四宗

前將軍廣州刺史假平南將軍當州都督時妖

賊劉舉於濮陽起逆詔先護以本官為東道都

督討舉平之還鎮後元顥入洛莊帝北巡先護

據州起義兵不受顥命顥遣上書令臨淮王彧

率衆討之先護出城拒戰莊帝還京嘉其誠節

除使持節散騎常侍都督襄廣二州諸軍事鎮

南將軍刺史如故進爵郡公增邑一千三百戶

尋轉征西將軍東雍州刺史假車騎將軍當州

都督常侍如故未之任又轉都督二豫東雍

三州諸軍事征東將軍豫州刺史餘官如故又兼
尚書右僕射二豫郢頴四州行臺尋除車騎將
軍左衛將軍及尒朱榮死徐州刺史尒朱仲遠
擁兵向洛前至東郡諸軍出討不能制之乃詔
先護以本官假驃騎將軍大都督領所部與行
臺楊昱同討之莊帝又遣都督賀拔勝討仲
遠勝於陳降賊戰士離心尋聞京師不守先護
部衆逃散遂竄伏於南境前廢帝初仲遠遣人
招誘之既出而害焉出帝時贈持節都督青齊
濟兗四州諸軍事驃騎大將軍儀同三司青州
刺史開國如故
思和歷太尉中兵參軍同元禧之逆伏法
子康業通直郎出帝時坐事賜死
子林武定末齊王相國中兵參軍
思和弟季長太學博士卒
子喬歷司州治中驃騎將軍左光祿大夫
義叔父簡簡孫尚健有將略屢為統軍東
西征討以軍功賜爵汝陽男歷位尚書郎步兵

校尉驃騎將軍遷輔國將軍太尉司馬出為濟
州刺史將軍如故為政寬簡百姓安之卒贈本
將軍豫州刺史諡曰惠
子貴賓襲解褐北海王國常侍員外散騎侍郎
稍遷尚書金部郎以公坐免官久之兼太尉屬卒
贈征虜將軍荊州刺史
子景裕龍驤武定末儀同開府行參軍
貴賓弟次珍卒於員外常侍贈安東將軍光
州刺史
貴賓異母弟大倪小倪皆癡騃陰薄行好為起盜侵
暴鄉里百姓毒患之普泰中並為尒朱仲遠
所殺
尚從父兄雲字道漢歷鴈門濮陽二郡貪穢狼
籍蕭宗時納賄劉騰得為龍驤將軍安州刺
史坐選舉受財為御史所糾因暴病卒
雲從父兄子敬賓自祕書郎稍遷輔國將軍中
散大夫魏郡太守金紫光祿大夫
子士淵司空行參軍

義從父兄德玄顯祖初自淮南內附拜滎陽太
守
子穎考太和中復為滎陽太守卒贈冠軍將
軍豫州刺史開封侯諡曰惠
子洪建太尉祭酒同元禧之逆與弟祖育同伏
法永安中特追贈平東將軍齊州刺史
子士機性識不周多有短失歷散騎侍郎司空
從事中郎中書郎卒
子道薩武定末開府行參軍

▌親書四十四　　十七

祖育太尉祭酒亦特贈平東將軍豫州刺史
祖育弟仲明奉朝請稍遷太尉屬以公彊當世為
從弟儼所眤除滎陽太守儼應世難欲以東道
託之建義初仲明弟季明遇害河陰儼後歸之
欲興起兵尋為城民所殺
仲明兄洪健李沖女壻建義初莊帝以仲明舅
氏之親其弟與謀扶戴仲明之死也且有奉國
之意乃追封安平縣開國侯邑七百戶贈侍中
車騎大將軍儀同三司尚書左僕雍州刺史

長子道門仲明初謀起義令道門說大都督
李叔仁於大梁叔仁始欲同舉後聞莊帝已立
叔仁子拔江乃斬道門建義中特贈立節將軍
瓜州刺史
道門弟孝邕龍襲天保初爵隨例降
仲明弟季亮司徒城局參軍員外常侍卒贈
散騎常侍撫軍將軍青州刺史
季亮弟季明釋褐太學博士正光中誰郡太守
帶渦陽戍王頵為蕭衍遣將攻圍兵粮賞少外
援不接季明孤城自守卒得保全朝廷嘉之封
安德縣開國伯邑七伯戶累遷平東將軍光祿
少卿武泰中潛通尒朱榮謀奉莊帝又在河
陽遂為亂兵所害事寧追封南潁川郡開國
公食邑千五百戶贈驃騎大將軍尚書左僕
司空公定州刺史
子昌龍武定末司徒城局參軍天保初爵隨
例降
崔辯字神通博陵安平人學涉經史風儀整

▌親書四十四　　十八　　沈

峻顯祖徵拜中書博士散騎侍郎平遠將軍武
邑太守政事之餘專以勸學爲務年六十二卒贈
安南將軍定州刺史謚曰恭

長子景舊梗正有高風好古博涉以經明行修
徵拜中書博士歷侍御史主文中散受勅接蕭
隨使蕭琛范雲高祖賜名爲逸後爲員外散騎
侍郎與著作郎韓興宗參定朝儀雅爲高祖所
知重遷國子博士每有公事逸常被詔獨進博
士特命自逸始轉通直散騎常侍廷尉少卿卒
朝廷悼惜之贈以本官

■魏傳四十四　　十九　沈

子巨倫字孝宗幼孤及長歷涉經史有文學武
藝以世宗挽郎除冀州鎮北府墨曹參軍太尉
記室參軍叔楷爲殷州巨倫仍爲長史北道別
將在州陷賊殞恓亡存爲賊所義髙榮聞其事
名欲用爲黃門侍郎巨倫賦詩
會集官寮令巨倫賦詩巨倫乃曰五月五日時
天氣已大熱狗便呼欲死牛復吐出舌以此自
晦僅免未幾潛結死士戮人夜中南走逢賊遊

騎數百俱恐不濟巨倫曰寧南死一寸豈北生
一尺也便欺賊曰吾受勅而行賊不信共爇火
觀勅火未然巨倫手刃賊帥餘人因與奮擊
殺傷數十人賊乃四潰得馬數匹而去夜陰失
道惟看佛塔户而行到洛朝廷嘉之授持節
別將北討初楷喪之始巨倫收殯倉卒車不
周固至是遂偷路改殯并竊家口以歸尋授國
子博士莊帝即位假節中堅將軍東濮陽太
守假征虜將軍別將時河北紛梗人士避難多

■魏傳四十四　　二十　王才

住郡界歲儉飢乏巨倫傾資贍恤務相全濟時
類高之元顯入洛據郡不從莊帝還宮行西兗
州事封漁陽縣開國男邑二百户尋除光禄大
夫三年卒時年四十四

子武襲武定中懷州衛軍府錄事參軍齊受
禪爵例降初巨倫有姊明惠有才行因惠聘一
目內外親類莫有求者其家議欲下嫁之巨倫
姑趙國李叔胤之妻高明慈篤聞而悲感曰
吾兄盛德不幸早世當令此女屈事卑族乃爲

三十五

子翼納之時人歎其義崔氏與翼書詩數十
首辭理可觀
逸弟模字叔軌身長八尺圍亦如之出後其叔
雅有志度起家奉朝請歷太尉祭酒尚書金
部郎中太尉主簿轉中郎遷太子家令以公事
免神龜中詔復本資除冠軍將軍中散大夫出
除魯陽太守正光二年襄陽民密求款附詔模
爲別將隸淮南王世遵率衆赴之事舉模焚
襄陽邑郛而還坐不剋免官及蕭寶夤討關

隴引模爲西征別將屢有戰功除持節光祿大
夫都督別道諸軍事加安東將軍万俟醜奴遣
將郝虎南侵模攻破其營擒虎以功封槐里縣
開國伯邑五百戶於時將督敗歿者多模挫敵
持重號爲名將後假征東將軍行幷州事末幾
擊賊入深沒於陳贈撫軍將軍相州刺史永熙中
追錄前勳又贈都督定相冀三州諸軍事驃騎
大將軍儀同三司相州刺史子士護
模弟楷字季則美風望性剛梗有當世幹具

釋褐奉朝請員外散騎侍郎廣平王懷女學
正始中以王國官非其人多被刑戮惟楷與楊
昱以數諫獲免後爲尚書左主客郎中伏波將
軍太子中舍人左中郎將以黨附高肇爲中
尉所劾事在高聰傳楷性嚴列能摧挫豪彊
故時人語曰莫懼買頗（反）莫懼都官（反）楷付崔楷於時翼
定數州頻遭水害楷上疏曰臣聞有國有家
者莫不以蒼生爲心故矜傷軫於造次求瘼結
於寢興黎民阻飢唐堯致歎衆庶斯雖帝乙罰

己良以爲政與農實繫民命水旱緣茲以得濟
夷險用此而獲安項東北數州頻年淫雨長河
激浪洪波汨流川陸連濤原隰通望彌漫巳
壞骨腴膏之田爲凶較禾黍化作蒲斯用痛
況濫爲災戶無擔石之儲家有藜藿之色華
心徘徊潛然佇立也昔洪水爲害四載流於夏
書九土既平昔日虞諶虎由君之勤恤臣
用勤勞日昃忘餐宵分廢寢伏惟皇魏握圖
臨宇惣契裁極道敷九有德被八荒槐階棘路

實維英折虎門麟閣是曰賢明天地函和曰月
光曜自比定冀永潦無歲不飢幽瀛川河頻年
汎溢當是陽九厄會百六鍾期故以人事而然
非為運極昔魏國鹹鳥史起咄之茲地荒無管
實為運取不揆愚瞽輒敢陳之計水之湊下浸潤
無聞九河通塞屢有變改　不可　淮古洚皆循
舊隄何者河汲氾子梁楚幾危宣防飢建水
還舊迹十數年間　戶口豐衍又決屯氏兩川分
流東北數郡之地僅得支存及下通靈鳴永田

一路往昔膏腴十分病九邑居稠離墳井毀滅
良由水大渠狹更不開瀉眾流壅塞曲直乘之
所致也至若量其遠迤迆穿鑿洵澮分立隄堨
有非常之備鈎連相注多置水口從河入海遠
所在疏通預決其路令　無得感隨其高下必
得地形土木參功務從便省使地有金隄之堅永
遍逕過瀉其境瀉泄此陵澤九月農罷量役計
功十月昏正立匠表度縣遣能工庶畫役計
郡發明使篤壽察可否審地推岸辨其脈流樹

板分崖練厥從往使案檢分部是非曬睞川
原明審通塞當境修治不勞役遠終春自罷未
湏功即以高下營田因於水陸水種秔稻陸
藝桑麻必使室有父儲門曹餘積其實上蕖
禦災之方亦為中古井田之利即之近事有可
比倫江淮之南地勢洿下雲兩陰霖動彌旬月
遙途遠運惟用舟艫南畝備窗微事未耗而粟
庶未為饑色黔首幸有飢顏當天德不均致地
偏罰故是地勢異圖有茲豐餒曰既鄉居水際

目觀荒殘毋思鄭白屢想王李風宵不寐言
念皇家愚誠丹款實希效力有心螢燭气輒施
行使數州士女無廢耕桑之業聖世洪恩有賑
飢荒之士黎庶深笑息自　朝臣之至誠申於
今日詔曰頻年水旱為患黎民阻飢靜言念
之昊不違食鑒此事條深協在慮恒計畫廣
非朝夕可合宜付外量聞事遂施行楷用功未
就詔還追罷父之京兆王繼為大將軍西討引
楷為司馬還轉後將軍廣平太守後葛榮轉盛

諸將拒擊爭並皆失利孝昌初加楷持節散騎常
侍光祿大夫兼尚書北道行臺尋轉軍司未幾
分定相二州四郡置殷州以楷為刺史加後將
軍楷至州表曰竊惟殷州地實四衝居當五裂
西通長山東漸巨野頃國路康寧四方有截仍
聚姦充桴鼓時況今天長喪亂妖災間起四
州逆虜憑陵趣北界介鄰下兒爐聲蜂噬腹心兩憂大
羊勢足并危城下之戰匪暮斯朝臣以不武屬
此屏捍實思効力以弱敵彊析骸煮弩固此忠
節但基趾造創庶事茲然升儲尺刃聊自未有
雖欲竭誠莫知收濟謹列所須兵仗伏請垂矜許
必當虎視一方過其侵軼廓清境內保全所委
詔付外量竟無所給葛榮自破章武廣陽二王
之後鋒不可當初楷將之州人咸勸留家口單
身述職楷曰貪念之祿憂父之事如一身獨往
朝廷謂吾有進退之計將士又誰肯為人固志
也遂合家赴州三年春賊勢已逼或勸減小弱
以避之乃遣第四女第三兒夜出既而召寮屬

共論之咸曰女郎出嫁之郎君小未勝兵留
之無益去復何損且使君在城家口尚多足固
將之意竊不足為疑楷曰國家豈不知城小
力弱也置吾死地令吾死耳一朝送兒女將
謂吾心不固虧忠全愛藏獲之況吾荷國重
寄也遂命追還州既新立了無御備之具及賊
來攻楷率力抗拒彊勢懸每勒兵士撫厲
莫不爭奮畱死咸稱崔公尚不惜百口吾等間
身速戰半旬死者相枕力竭城陷楷執節不屈
賊遂害之時年五十一長子士元舉茂才平州
錄事參軍假征虜將軍防城都督隨楷之州州
陷亦戰歿楷兄弟父子並死王事朝野傷歎焉
贈使持節散騎常侍鎮軍將軍定州刺史永熙
中又特贈待中都督冀定相三州諸軍事驃騎
大將軍儀同三司冀州刺史
士元弟士謙士約並歿關西
士約弟士順儀同開府行參軍
士元息勵德武定中司徒城局參軍

尚俱有可觀故能並當榮遇其濟美矣嚴
祖械薄忝其六家世勤儒令問促年伯猷以敗
業惜乎崔辯器業著聞位不遠到逸經明行
高籍其太和之日德優官薄仍世恨之模雄
壯之烈楷忠貞之操殺身成義臨難如歸非
大丈夫亦何能以若此

列傳四十四　　魏書五十六

〔一〕　〔魏書傳四十四〕　二十七　〔諱〕

高祐字子集小名次奴勃海人也本名禧以與
咸陽王同名高祖賜名祐司空允從祖弟也祖
展慕容寶黃門郎太祖平中山內徙京師卒於
三都大官父讜從世祖滅赫連昌以功拜游擊
將軍賜爵南皮子與崔浩共參著作選中書侍
郎轉給事中冀青二州中正假散騎常侍平東
將軍脩縣侯使高麗卒贈安南將軍冀州刺史

〈魏傳四十五〉　一

假滄水公諡曰康祐兄祚襲爵東青州刺史祐
博涉書吏好文字雜說材性通放不拘小節初
拜中書學生轉博士侍郎以祐招下邳郡羣賊
之功賜爵建康子高宗末兗州東郡吏獲之異
獸獻之京師時人咸無識者詔以問祐祐曰此
是三吳所出厥名鯪鯉餘無今我獲之吳
楚之地其有歸國者乎又有人於零丘得玉印
一以獻詔以示祐祐曰上有籀書三字文曰
宋壽壽者命也我獲其命亦是歸我之徵顯祖

初劉義隆子義陽王昶來奔辭安都等以五州
降附時謂祐言有驗高祖拜秘書令後與丞李
彪等奏曰臣等聞典謨興話言所以光著載籍
作誥命事所以昭揚然則尚書者記言動之體
者錄事之辭尋覽前志斯比言動之實錄也
夏殷以前其文弗具自周以降典章備舉史官
之體文質不同立書各有旨隨時有異至若左氏

三朝　〈魏傳四十五〉　二　周咸

屬詞比事兩致並書言謂存史意而非全史體
速司馬遷班固甘博識大才論敘今古曲有條
漢魏晉咸以放焉惟聖朝削制上古開基長發
自始均以後至於成帝其閒世數久遠是以史
弗能傳臣等踈陋忝當史職披覽國記竊有志
焉愚謂自王業始基庶事草創皇始以降光宅
中土宜依遷固大體令事類相從紀傳區別表
志殊貫如此修綴事可備盡伏惟陛下先天開
物洪宣帝命太皇太后淳曜二儀惠和王度聲
教之所漸洽風譯之所單加固已義振前王矣

矢和以降年未一紀然嘉符禎瑞備臻於往

時洪功茂德事萃於曩世會稽行玉牒之章仙

宗想石記之列而秘府策勳述美未盡將令皇

風大猷或闕而不載功懿績或遺而弗傳著

作郎已下請取有才用者參造國書如得其人

之勳業顯于皇策佐命忠貞之倫納言司直之

三年有成矣然後大明之德功光于帝篇聖后

之勳備著載籍矣高祖從之高祖從容問祐

曰比水旱不調五穀不熟何以止災而致豐稔

【魏傳四十五】 三

祐對曰昔堯湯之運不能去陽九之會陛下道

同前聖其如小旱何但當雄賢佐政敬授民時

則災消穰至矣又問止盜之方祐曰昔宋鈞樹

德生歡不過其鄉卓茂善教蝗蟲不入其境彼

盜賊者人也苟訓之有方寧不易息當須守

貞良則盜止矣祐又上疏云本之選舉不採識治

之優劣專簡年勞之多少斯非盡才之謂宜傅

此薄藝棄彼朽勞唯才是舉則官方斯穆又勳

舊之臣雖年勤可錄而才非撫人者則可加之

以爵賞不宜委之以方任所謂王者可私人以

財不私人以官者也高祖皆善之加給事中冀

州大中正餘如故時李彪專統著作祐為令時

相關豫而已出為持節輔國將軍西兗州刺史

假東光侯鎮滑臺祐以郡國雖有太學縣黨宜

有黌序乃縣立講學黨立小學又令二家之中

自立一碓五家之外共造一井以供行客不聽

婦人寄春取水又設禁賊之方令五五相保若

盜發則連其坐初雖似煩碎後風化大行冠盜

【魏傳四十五】 四

止息轉宋王劉昶傳以昔參定律令之勤賜帛

五百四粟五百石馬一匹昶以其官舊年者雅

相祗重妓妾之屬多以遺之拜光祿大夫傅如

故昶薨後徵為宗正卿而祐留連彭城父而不

赴於是尚書僕射李沖表祐散逸進徐無事稽

命劇刑三歲以贖論詔免卿任還復光祿太和

二十三年卒太常議諡曰煬祐侯詔曰不遵上命

曰靈可謚為靈

子和璧字僧壽有學問中書博士早卒

和璧子顯字門賢學涉有時與譽自司空參軍轉
員外郎龍驤將軍建康子遷符璽郎中出為冀州別
駕未之任屬刺史元愉據州反世宗遣尚書李
平為都督率眾討之平以顯彼州領柚刀引為
錄事參軍仍領統軍軍機取捨多與參決擒愉
之後別黨千餘人皆將伏法顯以為擁逼之徒
前許原免宜為表陳請平從之於是感蒙全濟
事定顯免宜為表陳請時與尋加陵江將軍坐事免
紀務存寬靜其收時與尋加陵江將軍坐事免
州刺史論曰惠
父之除鎮遠將軍還輔國將軍中散大夫轉征
虜將軍仍中散卒時年四十九贈平東將軍滄
子德正龍襄武定中黃門侍郎
顯弟雅字興賢有風度自給筆中稍遷司徒府
錄事參軍定州撫軍府長史卒年三十四天平
中追贈散騎常侍平北將軍冀州刺史
子德乾早有令問任城太守卒
雅弟諒字脩賢少好學多識強記居喪以孝聞

太和末京兆王愉開府辟召高祖妙簡行佐諒
與隴西李仲尚郡李鳳起等同時應選稍遷
太尉主簿國子博士正光中加驍騎將軍為徐
州行臺至彭城國子博士元法僧反叛過諒不
許為法僧所害時年四十一朝廷痛惜之贈左
將軍滄州刺史又下詔以諒臨危授命誠可
重復贈使持節平北將軍幽州刺史贈帛二百
匹優一子出身諡曰忠侯三子長惠勝武定中
司徒外兵參軍諒造親表譜錄四十許卷自五
世巳下內外曲盡覽者服其博記
祐弟欽幼隨從叔諒造使於劉義隆還為中書學
生遷秘書中散年四十餘卒
子法永諸王從事中郎亦早亡
祐從父弟次同未安未撫軍將軍定州刺史
子乾邑末熙中司空公長樂郡開國公
乾邑弟教曹天平中司徒公京兆郡開國公
崔挺字雙根博陵安平人也六世祖贊魏尚書
僕射五世祖洪晉吏部尚書父歟漢陽太守挺

幼居喪盡禮少敦學業多所臨究推人愛士州
閭親附焉每四時與鄉人父老書相存慰辭旨
款備得者榮之三世同居門有禮讓於後頻值
飢年家始分析挺顯弟振推讓田宅舊資惟守
墓田而已家徒壁立兄弟怡然手不釋卷時穀
糴踊貴鄉人或有贍者遺挺辭讓而受仍亦散
之貧困不為畜積故鄉邑更欽歎焉舉秀才射
策高第拜中書博士轉中書侍郎以書受勅
於長安書文明太后父燕宣王碑賜爵泰昌子

轉登聞令遷典屬國下大夫以參議律令賜布
帛八百匹穀八百石馬牛各二尚書李沖甚重
之高祖以挺女為嬪太和十八年大將軍宋王
劉昶南鎮彭城詔假立義將軍為昶府長史以
疾辭免乃以王肅為長史其被寄遇跲後除
昭武將軍光州刺史威恩並著風化大行十九
年車駕幸兗州召挺赴行在所及見引謝優曰
又問挺治邊之略因及文章高祖甚悅謂挺曰
別卿已來倏為二載吾所綴文已成集今當

給卿副本時可觀之又顧謂侍臣曰攘旌者朕悉日
如此吾何憂哉復還州及散騎常侍張彝兼侍
中巡行風俗見挺政化之美謂之名州治舊被城西
察謠訟入境觀政慨清使之名州治舊被城西
比數里有斧山峯嶺高峻北臨滄海南望岱嶽
邦遊觀之地也挺於頂上欲營觀宇故老曰此頂
秋夏之際常有暴雨迅風人神相去何遠之有虬龍
道恐此觀不可立乎父立挺曰人神相去何遠之有虬龍
倏忽豈唯一路乎遂營之數年間果無風雨之異

挺既代即為風雹所毀於後作復蕪壞遂莫能
立衆以為善化所感時以犯罪配邊者多有逃越
遂立重制一人犯罪逼六合門充役挺上書以為
周書父子罪不相及天下善人少惡人多以一人
犯罪延及合門司馬牛受桓魋之罪栁下惠嬰
盜跖之誅豈不哀哉謝其雅切高祖納之先是州
內少鐵器用皆求之他境挺表復鐵官公私有賴
又問挺治邊之略因及文章高祖甚悅謂挺曰
諸州中正本在論人高祖將辨天下氏族仍亦訪
定乃遙授挺本州大中正被縣有人年九十板輿

造州自稱少曾充使林邑得一美玉方尺四寸
甚有光彩藏之海島垂六十歲忻逢明治今
奉之挺曰吾雖德謝古人未能以玉為寶遺
隨取光潤果然竟不肯受仍表送京都世崇即
位累表气還景明初見代老幼洟泣追隨緣昂
贈送挺悉不納散騎常侍趙修得幸世崇挺雖
同州壤未嘗詣門北海王詳為司徒録尚書事
以挺為司馬挺固辭不免世人皆歎其屈而挺
處之夷然於後詳攝選眾人競稱考第以求遷

嘿然挺對曰階級是聖朝大例考課亦國之恆
投一牒當為申請遷伯玉恥獨為君子亦何故
叙挺終獨無言詳曰崔光州考級並未加授宜
以著之詳大相歎自為司馬詳未嘗呼名常
稱州號以示優禮四年卒時年五十九其年冬
典下官雖勲古賢不代之美至於自衒求進竊
贈輔國將軍幽州刺史謚曰景穆光州故吏聞凶
問莫不悲感共鑄八尺銅像於城東廣固寺起
八關齋追奉冥福其遺愛若此初崔光之在貧

賤也挺瞻遺衣食常親敬焉又識邢巒宋弁
童稚之中並謂終當遠致世稱其知人歷官二
十餘年家資不益食不重味室無綺羅閨門之
內雍雍如也舊故多有贈賻諸子推挺素心一
無所受有子六人
長子孝芬字恭梓早有才識博學好文章高祖
召見甚嗟賞之李彪謂挺曰比見賢子謁帝旨
諭殊優今當為羣拜紀挺曰卿自欲善處人父
子之間然斯言吾所不敢聞也司徒彭城王勰

板為行參軍後除著作郎裴父爵尚書令高肇
親寵權盛子植除青州刺史啓孝芬為司馬後
除司徒記室參軍司空屬定州大中正長於剖
判甚有能名府主任城王澄雅重之熙平中澄
表地制八條考所參定也在府久之除龍驤
將軍廷尉少卿孝昌初蕭衍遣將裴邃等寇淮南
詔行臺尚書元略都督河間王琛討之俘師城父
累月不進勅苏持節衔齊庫力催令赴接賊
退而還荆州刺史李神儁為蕭衍道將攻圍詔

加孝芬通直散騎常侍以將軍為荊州刺史兼
尚書南道行臺領軍司率諸將以援神儁因代
焉於時州郡內戍悉已陷沒且路由二鴉賊已
先據孝芬所統旣少不得徑進遂從弘農堰集
山道南入遺弟孝直輕兵在前出賊不意賊便
奔散人還安堵
又孝芬為廷尉之日章武王融以贓貨被劾遣孝
芬按以重法及融為都督北討鮮于脩禮於時
物後以元又之黨與蕭宗嘉勞之弁賚馬及綿絹等

孝芬弟孝演率勒宗從避賊於博陵郡城為賊
攻陷尋為賊所害融乃密啟去孝演入賊為王
遂見收捕冤家逃竄遇赦乃出孝昌三年蕭行
將成景儁率衆通彭城除孝芬窰朔將軍員外
常侍兼尚書右丞為徐州行臺孝芬將發入辭
靈太后謂孝芬曰卿女生本事我兒與卿便是親
舊曾何相負而內頭元又車中稱此老嫗會須
却之孝芬曰臣蒙國厚恩義無斯語假實有此
誰能得聞若有聞知此於元又親密過臣遠矣

气對言者足辨虛實靈太后悵然意解乃有媿
色景儁築柵造堰斷泗水以灌彭城孝芬率
大都督李叔仁此衆集等起戰景儁等力屈退走
除孝芬安南將軍光祿大夫兼尚書為徐兗行
臺建義初山大守羊侃據郡反遠引南賊圍
逼兗州除孝芬散騎常侍大都督金紫光祿
大夫仍兼尚書東道行臺大都督宣馳往救餘
援與行臺千暉接至便圍之侃突圍奔
悉平定永安二年莊帝聞元顥有內侵之計

勒孝芬南赴徐州顥遂潛師向考城擒大都督
濟陰王暉業乘勝徑進遣其後軍都督侯暄守
梁國城以為後援孝芬勒諸將馳往圍暄恐顥
遣援乃急攻之晝夜不息五日暄遂突出擒斬
之俘其卒三千餘人莊帝還宮授西兗州刺史
將軍如故孝芬又倦外役固辭不行乃除太常
卿普泰元年南陽太守趙脩延龔據荊州城四
剌史李琰之招引南寇除孝芬衞將軍荊州剌
史兼尚書南道行臺又除都督三荊諸軍事車

騎將軍假驃騎將軍孝芬已出次晬授散騎常
侍驃騎將軍西兖州刺史太昌初兼殿中尚書
尋除車騎大將軍左光祿大夫仍尚書後加儀
同三司兼吏部尚書出帝入關齊獻武王至洛
與尚書辛雄劉廞等並誅時年五十役其家口
天平中乃免之孝芬博文口辯善談論愛好所
進終日忻然商攉古今閒以嘲謔聽者忘疲所
有文章數十篇有子八人
長子勉字宣祖頗涉史傳有几案才正光初除

三十五　　【魏傳四十五】　　十三　　王玉童

太學博士莊帝之為御史中尉啓除侍御史求
安初除建節將軍尚書右中兵郎中後太尉豫
章王蕭賛啓為諮議參軍郎中妃故以舉人失
東為中尉高道穆奏免其官普泰中兼尚書左
丞勉善附會世論以浮競譏之為尚書令亦朱
世隆所親待而尚書郎魏季景知任
勉與季景內頗不穆季景陰求右丞奪勉所兼
世隆啓用季景勉遂恍怏自失尋除安南將軍
光祿大夫兼國子祭酒典儀注太昌初除散騎

常侍征東將軍金紫光祿大夫定州大中正勑
左右廂出入其家被收之際在外逃免於後乃
出見齊獻武王於晉陽王勞撫之天平末王遣
勉送勳貴妻子赴定州因得還家屬毋李氏喪
亡勉哀號過性遇病卒時年四十七無子弟宣
度以子龍後之
宣猷弟宣猷司徒中郎夫卒於關西
宣度弟宣軌頗有才學尚書考功郎中與弟宣
勉弟宣猷齊王儀同開府司馬

二十三　　【魏傳四十五】　　十四　　徐經

宣度弟宣靜宣略並死於晉陽
質宣靜字敬業少貧雅早著長賢之風起
城王穆之臨定州辟為主簿釋褐冀州安東府
孝芬弟孝暐字敬業少貧雅早著長貴之風起
外兵參軍歷貢外散騎侍郎寧一朝動諸將軍貢外散
騎常侍武泰初蠻首李洪扇動諸蠻詔孝暐持
節為別將隸都督李神軌討平之亦朱榮之害
朝士孝暐與弟孝直擕家避難定陶孝莊初徵
拜通直散騎常侍加征虜將軍尋除趙郡太守
郡經萬榮離亂之後民戶喪亡六畜無遺土粟

方至數練民皆書其兒女夏椹大熟孝時勸民

多收之郡內無牛教其人種招撫遺散先恩後

威〔周〕之後流民大至興立學校親加勸篤百

姓賴之卒於郡時年四十九贈通直散騎常侍

平東將軍瀛州刺史諡曰簡朝議謂爲未申復

贈安北將軍定州刺史

子昂武定中尚書左丞兼度支尚書

安魏魁傑少無宦情沉浮鄉里河間王琛爲定

孝昂弟孝演字則伯出繼伯久性通率美髭鬚

州刺史以爲治中晚除瀛州安西府外兵參軍

因罷歸及鮮于脩禮起逆孝演率宗屬保郡

城爲賊攻陷賊以孝演民望恐移衆心乃害之

時年四十無子弟孝直以子士遊爲後

士遊儀同開府倉曹參軍

孝演弟孝直字叔廉身八尺眉目疎朗早有志

尚起家司空行參軍尋爲員外散騎侍郎宣威

將仍以本官入領直寢兄孝芬除荊州詔孝直假征虜將

府據領直寢兄孝芬除荊州詔孝直假征虜將

軍別將羽林二千騎與孝芬俱行孝直潛師

徑進賊遂破走孝芬入城後蕭衍將曹義宗仍

在馬圈鼓動順陽蠻夷緣邊寇竊孝直率衆禦

之賊皆退散孝直轉直閤將軍通直散騎常侍

朱兆入洛孝直以天下來寧去職歸鄉里勸勤

宗人務行檀義後除安東將軍光祿大夫太昌

中又除衛將軍右光祿大夫金紫辭不赴宗親勸

孝直曰榮華人之所願何故陸沈孝直不荅年

五十八卒於鄉里顧命諸子曰吾才踈效薄於

國無功若朝廷復加贈諡〔宜〕循吾意不得祇受

若致干求則非吾子斂以時服祭勿殺生其子

皆遵行之有四子

長子士順儀同開府行參軍

孝直弟孝政字季讓十歲挺亡號哭不絕見者

爲之悲傷操尚貞立博涉經史雅好辭賦喪紀

之禮特所留情衣服制度手能執造太尉汝南

王悅辟行參軍年四十九卒

子嚴武定中員外常侍孝芬兄弟孝義慈厚第

孝演孝政先亡孝芬等哭泣哀慟絕內疏食容貌
損瘠見者傷之孝瞱等奉孝芬蓋恭順之禮
坐食進退孝芬不命則不敢也雞鳴而起日參
顏色一錢尺帛不入私房吉凶有須聚對分給
諸婦亦相親愛有無共之始挺兄弟同居孝芬
叔振既亡之後孝芬等奉承叔毋李氏若事
生旦夕溫清出入啓覲家事巨細一以諮決每
四時分資李自裁之如此者二十餘歲撫養弟
兄弟出行有獲財物尺寸已上皆內李氏之庫
宣伯子朗如同氣焉

挺弟振字延根少有學行居家孝友爲宗族所
稱目中書學生爲祕書中散在內謹勅爲高祖
所知出爲冀州咸陽王禧驃騎府司馬在任久
之太和二十年遷建威將軍平陽太守不拜轉
高陽內史高祖南討徵兼尚書左丞留京振既
才幹被擢當世以爲榮後改定職令振本資惟
擬五品詔曰振在郡著績宜有褒外除太子庶
子景明初除長兼建尉少卿振有公斷以明察

稱河內太守陸琇與咸陽王禧同謀爲逆禧敗
事發振窮治之時琇內外親黨父當朝貴要咸
爲之言振研覈切至終無縱緩遂斃之於獄其
有政績還朝初除龍驤將軍肆州刺史
奉法如此正始初除河東太守求平中卒於郡時年
五十九贈本將軍河南兗州刺史諡曰定振歷官
四十餘歲本將軍考課恒爲稱職議者善之
長子宣伯早喪
子勁字仲括驃騎參軍

宣伯弟子朗美容貌涉獵經史少溫厚有風尚
以軍功起家襄威將軍員外散騎侍郎普泰中
從兄孝芬爲荊州請爲車騎府司馬孝芬轉西
苑州爲驃騎府司馬太昌初冠軍將軍北徐州
撫軍府長史固辭不獲興和二年中尉高仲
密引爲侍御史尋加平西將軍武定中卒子通
綱

挺從父第元珍釋褐司徒行參軍稍遷司徒主
簿趙郡王幹開府屬景明中荊州長史久之爲

司徒從事中郎有公平稱後遷中散大夫加征

虜將軍正光末山胡作逆除平陽太守假右將

軍爲別將以討之頻破胡賊郡內以安武泰初

改郡爲唐州仍除元珍爲刺史加右將軍以破

胡勳賜爵涼城侯公朱榮之趣洛也遣其都督

樊子鵠取唐州元珍與行臺酈悕拒守不從爲

子鵠所陷被害世咸痛之

子叔恭

挺從父弟瑜之字仲璉少孤有學業太和中釋

褐奉朝請廣陵王羽常侍累歷蕃佐入爲司空

功曹參軍事太尉主簿遷冀州撫軍府長史後

爲揚州平東府長史帶南梁太守蕭衍義州刺

史文僧明來降瑜之迎接有勳賜爵高邑男孝

昌初除鴻臚少卿三年卒年五十六贈平北將

軍瀛州刺史有三子

長子孟舒字長才龍襲父爵累遷平東將軍太中

大夫興和中除廣平太守卒贈中軍將軍殷州

刺史贈平東將軍諡曰康

十九

孟舒弟仲舒武定末鄭縣令

仲舒弟季舒給事黃門侍郎

挺從祖弟脩和州主簿

子儉字元恭雅有器度歷太學博士終於符璽

郎中

儉弟緒字仲穆定州撫軍府法曹參軍

緒小弟忠侍御史秘書郎並有容貌無他才

識

緒子子謙尚書郎

子謙弟子讓與侯景同反子謙坐以凶執遇病

死於晉陽

子讓弟子廉等並伏法

脩和弟敬邕性長者有幹用高祖時自司徒主

簿轉尚書都官郎中所在稱職遷太子步兵校

尉景明初母憂去職後中山王英南討引爲都

督府長史加左中郎將以功賜爵臨淄男遷龍

驤將軍太府少卿以本將軍出除管州刺史庫

莫奚國有馬百匹因風入境敬邕悉令送還於

二十

是夷人感附熙平二年拜征虜將軍太中大夫
神龜中卒年五十七贈左將軍濟州刺史謚曰
蔡

子子盛龍襲爵除奉朝請

脩和從弟接字顯賓容貌魁偉放邁自高不拘
常檢為中書博士樂陵內史雅為任城王澄所
禮待及澄為定州刺史接了無民敬王忻然容
下之後為冀州安東府司馬轉樂陵太守還鄉
而卒

挺族子纂字叔則博學有文才景明中太學博
士轉貟外散騎侍郎襄威將軍旣不為時知乃
著無談子論後為給事中延昌中除梁州征虜
府長史熙平初為寧遠將軍廷尉正每於大獄
多所據明有當官之譽時太原王靜自廷尉監
遷少卿纂延居其下乃與靜書辭氣抑揚無上
下之體又啟求解任乃除左中郎將攜尚書三
公郎中未幾以公事免後為洛陽令正光中卒
年四十五贈司徒左長史凡所製文多行於世

長子史武定末儀同府長流參軍

纂兄穆寬雅有度量州辟主簿卒

子遷武定末度支尚書兼右僕射

纂弟融字脩業奉朝請尚書令高肇出討巴蜀
引為統軍還除貟外散騎侍郎正光中定州別
駕年四十二卒

子鴻䡮郡功曹

纂從祖弟遊字延叔少有風眪釋褐奉朝請稍
遷太尉主簿江州刺史陳伯之啟為司馬還除

奉車都尉大都督中山王英征義陽引為錄事
參軍尋轉司馬及英敗於鍾離遊坐徙秦州久
而得還大將軍高肇西征引為統軍除步兵校
尉遷豫州征虜府長史未幾除征虜將軍北趙
郡太守亦有政績熙平末轉河東太守郡有鹽
戶常供州郡為兵子孫見丁從役遊矜其勞苦
乃表聞請聽更代郡內感之太學舊在城內遊
乃移置城南閑敞之處親目說經當時學者莫
不勸慕號為良守以本將軍遷涼州刺史必母

憂解任正光中起除右將軍南秦州刺史固辭

不免先是州人楊松柏楊洛德兄弟數為反叛

遊至州深加招慰松柏歸款引為主簿稍以辭

色誘之兄弟俱至松柏既州之豪帥感遊恩遇

獎諭羣氏感來歸款且以過在前政不復自疑

遊乃因宴會一時俱斬於是外人以其不信合

境皆反正光五年夏秦州城人殺刺史李彥據

州為逆數日之後遊知必不安謀欲出外尋為

城人韓祖香孫襁攻於州館遊事窘登樓慷慨

悲歎乃推下小女而殺之義不為羣小所辱也

尋為祖香等所執害時年五十二永安中贈散

騎侍郎鎮北將軍定州刺史

子伏護開府參軍

史臣曰高祐學業優通知名前世儒俊之風門

舊不隕諸子經傳之器加有捨生之節崔挺兄

弟風操高亮懷文抱質歷事著稱見重於朝

野繼世承家門族並著蓋所謂彼有人焉

列傳第四十五　　　魏書五十七

楊播

楊播字延慶自云恆農華陰人也高祖結仕慕
容氏卒於中山相曾祖珍太祖時歸國卒於上
谷太守祖真河內清河二郡太守父懿延興末
為廣平太守有稱績高祖南巡吏人頌之加寧
遠將軍賜帛三百正徵為選部給事中有公平
之譽除安南將軍洛州刺史未之任而卒贈以
本官加弘農公諡曰簡播本字元休太和中高
祖賜政為母王氏文明太后之外姑播少脩整奉
養盡禮擢為中散累遷給事中起部曹以外
親優賜巫加前後萬計進北部給事中詔播巡
行北邊高祖親送及戶戒以軍略未幾除龍驤
將軍負外常侍轉衛尉少卿常侍如故與陽平
王頤等出漢北擊蠕蠕大獲而還高祖嘉其勳
賜奴婢十口運武衛將軍復擊蠕蠕至居然山而
還除左將軍尋假前將軍隨車駕南討至鍾離
師回詔播領步卒三千騎五百為眾軍殿時春

三百 ▌魏書傳四十六 宋榇

水初長賊眾大至舟艦塞川播以諸軍渡淮未
訖嚴陳南岸身自居後諸軍渡盡賊眾遂集於
是圍播乃為圓陳以禦之身自搏擊斬殺甚多
相拒再宿軍人食盡賊圍更急高祖在北而望
之既無舟舩不得救援水勢稍減播領精騎三
百歷其舟舩大呼曰今我欲渡能戰者來賊莫
致動遂擁眾而濟高祖甚壯之賜爵華陰子尋
除右衛將軍後從駕討崔慧景蕭衍於鄧城破
之進號平東將軍時車駕耀威沔水上已設宴
高祖與中軍彭城王勰賭射左衛元遙在勰朋
內而播居帝曹遙射侯正中籌限已滿高祖曰
左衛籌足右衛不得不解播對曰仰恃聖恩庶
幾必爭於是賽弓而發其箭正中高祖曰養
由基之妙何復過是遂舉厄酒以賜播曰古人
酒以養病朕今賞卿之能可謂今古之殊也從
到懸瓠除太府卿進爵為伯景明初兼侍中使
恆州贍恤寒乏轉左衛將軍出除安北將軍并
州刺史固辭乃授安西將軍華州刺史至州借

三百二十四 ▌魏書傳四十六 宋榇

民田為御史王基所劾削除官爵延昌二年卒
于家子儁等停柩不葬披訴積年至熈平中乃
贈鎮西將軍雍州刺史并復其爵諡曰壯
儁字士業頗愛琴書尤好讀畫時播一門貴滿
親朋勸其出仕儁苟不交遊公卿罕有識者
無才具耳年三十一襲爵華陰伯釋褐太尉汝
南王悅騎兵參軍楊州刺史蕭衍遣豫
州刺史裴邃治合肥城規相掩襲
密購壽春郭人李苟苻表建等令為內應遂已
募勒兵士有期日矣而廬壽春疑覺遂謬移云
魏始於馬頭置戍如聞復欲修白捺舊城若爾
便稍相侵逼此亦須營歐陽設交境之備令板
卒已集唯聽信還佐寮咸欲必實答之云無有
白捺意而儁曰白捺小城本非形勝遂好小黠
全集兵遣移虛構是言得無有別圖也稚深悟
之乃云錄事可造移報儁移曰彼之募兵想兒
有意何為妄構白捺也他人有心予忖度之勿

謂泰無人也遂得移謂已知覺便兩散兵瓜花
等必期契不會便相告發伏辜者十數家遂後
竟襲壽春入羅城而退遂列營於黎漿梁城日
夕鈔掠乃奏儁為統軍儁叔椿為雍州刺史
又請為其府錄事參軍儁帶長安令史州之務多
所委決及蕭寶夤等軍敗毛洪寶據
郡引寇抄掠渭北儁恪自出討之遂購募戰
士信宿之間得三千餘人衘枚夜進至馮翊郡
西賊見大軍卒至眾情離解洪寶遂通書送質
乞求自效於是擒送宿勤明達兄子賊署南平
王烏過仁後雍州刺史蕭寶夤據州反尚書僕
射長孫稚討之除儁鎮遠將軍諫議大夫為稚
行臺左丞尋轉通直散騎常侍軍次弘農儁白
稚曰昔魏武與韓遂馬超挾關為壘勝負之理
父而無決豈才雄相類算略抗行當以河山險
難用智力令賊守潼關全據形勝縱曹操更
出亦無所騁奇必須北取蒲坂飛棹西岸置兵
死地人有關心華州之圍可不戰而解潼關之

賊必望風潰散諸處既平長安自剋　愚計可錄
請為明公前驅曰薛脩義已圍河東薛鳳賢
又保安邑都督宗正珍孫傅師虞坂久不能進
雖有此計猶用為疑儁曰珍孫本行陳一夫因
緣進達可為人使未可使人一旦受元帥之任
處分三軍精神亂矢儁堪圍河東沿在蒲坂
西帶河湄所部之民多在東境賊河東沿在蒲坂
西圍郡邑父老妻弱尚保舊村若率衆一臨方
寸各亂人人思歸則郡圍自解不戰而勝昭然

在目稚從之令其子彥等領騎與儁於弘農北
渡所領悉是騎士習於野戰未可攻城便據石
雖辟儁乃班告曰今且停軍於此以待步卒兼
觀民情向背然後可行若送降名者各自還
候臺軍舉烽火各亦應之以明降款其無應烽
者即是不降之村理須珍戮賞勞賚軍士民遂轉
相告報未實降者亦許舉烽烽一宿之間火光遍
數百里內圍城之寇不測所以各自散歸脩義
亦即逃遁　長安平儁頗有力建義初除冠軍將

軍東雍州刺史其年州罷除中散大夫為都督
鎮潼關還朝除右將軍岐州刺史屬元顥內逼
詔以本官假撫軍將軍為都督率衆鎮大梁朱
發詔行北中郎將孝莊徙御河北執儁千日朕
傅卿蕃寄後任此為正為今日但卿尊單百口
若隨朕行所累處大鄉可還洛寄之後圖儁曰
此誠陛下曲恩寧可以臣微族頓廢君臣之義
固求陪從至建州叙行從功臣自城陽王徽已
下凡十人並增三階以儁河梁之誠特加四階

儁固辭乞同諸人父乃見許於是除鎮軍將軍
度支尚書兼給事黃門侍郎敕西縣開國公食
邑二千戶及車駕南還顥令蕭衍行將陳慶之守
北中城自據南岸有夏州義士為顥守河中渚
乃密信通款求破橋立效尒朱榮率軍赴之及
橋破應接不果皆為顥所屠滅榮因恨然將為
還計欲更圖後舉儁曰未審明天王發并州之
日已知有夏州義士指來相應為欲廣申經略
寧復帝基乎夫兵散而更合瘡愈而更戰持此

收功自古不少豈可以一圖不全而衆慮頓廢今
事不東乃是兩賊相殺則大王之利矣若今即還
民情失望去就之心何由可保未若召發民村惟
多縳筏開以舟檝汎河廣布令數百里中皆為
渡勢首尾既遠顯復知防何慮一旦得渡坐大
功榮大笑曰黃門即奏行此計於是余朱兆與侃
之顥便南走軍駕入都侃解尚書正黃門將軍加征東將
等遂於馬渚楊南渡破顥子領軍將軍冠受擒
軍金紫光祿大夫以濟河之功進爵濟北郡開國公

增邑五百戶復除其長子師沖為祕書郎時所用
錢人多私鑄稍就薄小乃至風飄水浮米斗幾直
二千侃奏曰昔馬援至隴西嘗上書求復五銖錢
事下三府不許及援入為虎賁中郎親對光武
申釋其趣事始施行臣頃在雍州亦表陳其事聽人
與官並鑄五銖錢使人樂為而俗弊得改旨下尚
書八座不許以今昔即理不殊求取臣前表經
御披析侃乃隨事剖辨若莊從之乃鑄五銖錢如
侃所奏万俟醜奴陷東秦遂圍歧州扇誘巴蜀

大都督余朱天光率衆西代詔侃以本官便持
節兼尚書僕射為關右慰勞大使還朝除侍中
加衛將軍右光祿大夫八姓帝圖余朱榮也侃
與其內第李暉城陽王徽侍中李彧等咸預
謀余朱兆之入洛也侃時休沐遂得潛竄歸於
華陰普泰初天光在關西遣侃子婦父韋義遠
招慰之立盟許侃從兄豈恐為家禍遂
侃出應假其食言不過一人身殺豈糞全百口侃
往赴之秋七月為天光所害太昌初贈車騎將
軍儀同三司幽州刺史
子純陁襲

播弟椿字延壽本字仲考太和中與播以端俱蒙高
祖賜政性寬謹初拜中散典御厩曹以端慎小
心專司醫藥遷內給事與兄播並得禁闥又領
蘭臺行職改授中部曹析訟公正高祖嘉之及
文明太后朋高祖五日不食椿進諫曰陛下至
性孝過有虞居衰五朝水漿不御羣下惶灼莫
知所言陛下荷祖宗之業臨万國之重豈可同

四夫之節以取僵仆且聖人之禮毀不滅性縱

陛下欲自賢於万代其若宗廟何高祖感其言

乃一進粥轉授宮輿曹少卿加給事中出為安

遠將軍豫州刺史高祖自洛向豫幸其州館信

宿賜馬十四縑千四還冠軍將軍濟州刺史高

祖自鍾離趣鄴至磝碻幸其州館又賜馬二匹

縑千五百匹坐為平原太守崔敞所訟廷尉論

輒收市利費用官炭免官後降為靈朔將軍梁

州刺史初武興王楊集始為楊靈珍所破降於

蕭鸞至是率賊万餘自漢中北規復舊土椿

領步騎五千出頓下辨貽書集始開以利害集

始執書對使者曰楊集除我心腹之疾

遂領其部曲千餘人來降尋以母老解還武

都氏楊會反假椿郎冠軍將軍都督西征諸軍

事行梁州刺史與軍司羊祉討破之於後梁州

運糧為羣氏劫奪詔椿兼征虜將軍持郎招

慰尋以氏叛拜光祿大夫假平西將軍督征討

諸軍事以討之還兼太僕卿秦州羌呂苟兒逕

州屠各陳瞻等聚眾反詔椿為別將隸安西將

軍元麗討之賊入隴守跤自固或謀伏兵山徑

斷其出入待糧盡而攻之或云斬除山木縱火

焚之然後進討椿曰此本規盜非有

經略自王師一至無戰不摧所以深寬者正避

死耳今宜勒三軍勿更侵掠賊必謂我見險不

前心輕我軍然後掩其不備可一舉而平矣乃

緩師不進賊果出掠乃以軍中驢馬餌之不加

計逐如是多日陰簡精卒銜枚夜襲斬瞻傳首

入正大僕卿加安東將軍初顯祖世有蠕蠕万

餘戶降附居於高平薄骨律鎮太和之末叛

走略盡唯有一千餘家中大夫王通高平鎮

將郎育等求徙置淮北防其叛走詔許之慮不

從命乃使椿持節往徙焉椿以為徙之無益上

書曰臣以為久人有言商不謀夏夷不亂華荒忽

之人羈縻而已是以先朝居之於荒服之間者

正欲悅近來遠招附殊俗亦以別華戎異內外

也今新附者衆若舊者見徙新者必不安不安

事平北將軍朝州刺史在州為廷尉奏椿前為
太僕卿日招引細人盜種牧田三百四十頃依
律處刑五歲尚書邢巒據正始別格奏椿罪應
除名為庶人洼籍盜門同籍合門不仕世宗以
新律既班不宜雜用舊制詔依寺斷聽從贖論
尋加撫軍將軍除都督尚書監修白溝堤堰
復以本將軍除定州刺史自太祖平中山多置
軍府以相威攝凡有八軍軍各配五五千之兵祿
主帥軍各四十六人自中原稍定八軍之兵漸
割南戍一軍兵統千餘然主帥如故費祿不少

必思土則走叛狐死首立其害方甚又此
族類衣毛食肉樂冬寒南土濕熱往必將盡
進失歸伏之心退非落衛之益徙在中夏而生
後患愚心所見謂為不可時八座議不從遂徙
於濟州緣河居之非異州元愉之難果悉浮河赴
賊所在鈔掠如椿所策求平初徐州城人成景
儁以宿預叛詔椿率眾四萬討之不剋而返久

防禦詔椿以本官加侍中兼尚書右僕射為行
募內外得七千餘人遣兄子錄事參軍倭率以
岐又幽悉已陷賊扶風以西非復國有椿乃鳩
士猶得萬餘由是三輔人心頗得安帖千時涇
使追之不止寶夤後至留於逍遙園內收集將
夤元恓芝諸軍為賊所敗恓芝從渭北東渡椿
雍州刺史又進號車騎大將軍儀同三司蕭寶
衛將軍出除都督雍南豳二州諸軍事本將軍
絹三萬匹募召恓慄朝流民揀充軍士不行尋加

轉左衛將軍又兼尚書右僕射馳詣并肆齊
塞仍停長安轉授岐州復除撫軍將軍衛尉卿
輔國將軍南秦州刺史時南秦州反叛路又阻
使兵力為御史所劾除名為庶人正光五年除
之椿在州因治黑山道餘功代南秦州木私造佛寺又阻
月即應修治不容復勞百姓椿亦表罷朝廷從
畦堰椿以屯兵惟輸此田課更無儲役及至閑
田屯兵八百戶年常發夫三千草三百車修補
椿表罷四軍減其帥百八十四人州有宗子稍

臺節度關西諸將其統內五品已下郡縣須有
補用者即凝授椿遇暴疾頻啓乞解許詔許之
以蕭關寶夤代椿為刺史行臺椿還鄉里遇子昱
將還京師因謂曰當今雍州刺史亦不賢於蕭
寶夤但其上佐朝廷遣心諮重人何得任其
朕用此乃聖朝百慮之一失且寶夤為不藉刺史
為榮吾觀其得州喜悅不少至於賞罰姦不
依常憲恐有異恩關中可惜汝今赴京稱五品此
意以啓二聖天开白宰輔更遣長史司馬防城都
督欲安關中正須三人耳如其不遣必成深憂
顯還面啓肅宗及靈太后益不信納及寶夤遂
害御史中尉酈道元猶上表自理稱為椿父子
所謗詔復除椿都督雍岐南豳三州諸軍事本
將軍開府儀同三司雍州刺史計蜀大都督椿
辭以老病不行建義元年遷司徒公介朱榮東
封葛榮詔椿統眾為後軍榮擒葛榮乃止永安
初進位太保侍中給後部鼓吹元顯入洛椿子
征東將軍昱出鎮滎陽為顯所擒又椿弟順為

冀州刺史順子仲宣正平大守兄子佩弟子道
並從駕河比為顯疑以椿家世顯重恐失人
望未及加罪時人助其憂怖或有勸椿攜家避
禍椿曰吾內外百口何慮逃竄正當坐任運耳
莊帝還宮椿毋辭遜不許上書頻乞歸老詔曰
椿國之老成方所尊尚遽以高年願言致仕頷
懷崔舊德是以未從但告謁頻煩辭理彌固以茲
難奪又所重違令便充其雅志可服侍中朝服
賜服一具衣襲八尺床帳几杖不朝乘安車
駕駟馬給扶傳詔一人仰所在郡縣時以禮存
問安否方乘詢訪艮用憮然椿奉詔於華林園
帝下御座執椿手流淚曰公先帝舊臣實為元
老今四方未寧理須謀訪但高尚其志沈意不
留既難相違深用悽愴椿亦歔欷欲拜莊帝親
執不聽於是賜以絹布給羽林衛送還公百寮
餞於城西張方橋行路觀者莫不稱歎椿臨行
誡子孫曰我家入魏之始即為上客給田宅賜
奴婢馬牛羊遂成富室自爾至今二千生二千

石方伯不絕祿恤其多至於親姻知故吉凶之
際必厚加贈襚來往實賚必以酒肉飲食是故
親姻朋友無憾焉國家初丈夫好服綵色吾雖
不記上谷公翁時事然記清河公翁時服飾恒見公翁
著布衣韋帶常約敕諸父曰汝等後世脫若富
貴於今日者慎勿積金一斤綵帛百匹巳上用
為富也又不聽治生求利又不聽與勢家作婚
姻至吾兄弟不能遵奉今汝等服乘以漸華好
吾旦是以知恭儉之德漸不如上世也又吾兄弟

若在家必同盤而食若有近行不至必待其還
亦有過中不食忍飢相待吾兄弟八人今存者
有三是故不忍別食也又願畢吾兄弟世不異
居異財汝等眼見此又非為虛假如聞汝等兄弟
有別齋獨食者此又不如吾等一世也吾今日
不為貪賤然居住舍宅不作壯麗華飾者正慮
汝等後世不賢不能保守之方為勢家所奪比
都時朝法嚴急太和初吾兄第三人並居內職
兄在高祖左右吾與津在文明太后左右于時

口敕責諸內官十日仰密得一事不列便大瞋
嫌諸人多有依敕密列者亦有太后高祖中間
傳言構問者吾兄弟自相誡曰今于二聖近臣
母子閒其難且深慎之又列人事亦何容易縱
被瞋責慎勿輕言若當時言者非不聞人言正恐不
當時大被嫌責吾旦等非不聞人言正恐不
審仰誤聖聽是以不敢言於後終以不言蒙賞
及二聖閒言語終不敢輒爾傳豫通太和二十一
年吾從瀛州來朝在清徽堂豫讌高祖謂諸王

諸貴曰北京之日太后嚴明吾每得杖左右因
此有是非言語和朕母子者唯楊椿兄弟遂舉
賜四兄及我酒汝等脫若萬一蒙時主知遇宜
深慎言語言語不可輕論人惡也吾自惟文武才藝
門望姻援不勝他人一旦登待中尚書四歷
九卿十為刺史光祿大夫儀同開府司徒太保
津今復為司空者正由忠貞小心謹慎口不嘗
論人過無貴無賤待之以禮以是故至此耳聞
汝等學時俗人力有坐而待客者有驅馳趍門

者有輕論人惡者刃見貴勝則斂重之見貧賤
則慢易之此人行之大失立身之大病也汝家
仕宦魏以來高祖以下乃有七郡太守三十二
州刺史内外顯職時流少比汝等若能存禮節
不為奢淫憍慢假不勝人足免尢誚足成名家
吾今年始七十五自惟氣力尚堪朝覲天子所
以致致求退者正欲使汝等知天下滿足之義
為一門法耳非是苟求千載之名也汝等能記
吾言百年之後終無恨矣椿還華陰踰年普泰
元年七月為尒朱天光所害年七十七時人莫

（三百十五字）【魏傳四十六】 十七 王咸

不冤痛之太昌初贈都督冀定殷相四州諸軍
事太師丞相冀州刺史
子昱字元暴起家廣平王懷左常侍懷好武事
數出遊獵昱每規諫正始中以京兆廣平二王
國臣多有縱恣公行屬請於是詔御史中尉崔
亮窮治之伏法於都市者三十餘人其不死者
悉除名為民唯昱與愽陵崔楷以忠諫得免後
除太學傅士員外散騎侍郎初尚書令王肅除

揚州刺史出頓於洛陽東其朝貴畢集餞諸
王送別昱伯父播同在餞席酒酣之後廣陽王
嘉北海王詳等與播論議競理播不為之屈北
海顏謂昱曰尊伯性剛不伏理大不如尊使君
也昱前對曰尊父道隆則從其隆道洿則從其
洿伯父剛則不吐柔亦不如一坐歎其能言肅
曰非此郎何得申二公之美也世延昌三年以本
官帶詹事丞平時蕭宗在懷抱之中至於出入
左右乳毋而已不令宮寮聞知昱諫曰陛下不

（三百二十四字）【魏傳四十六】 十八 王咸

以臣等凡淺備位宮臣太子動止豈令翼從然
自此以來輕關出入進無二傅輔導之義退闕
臺寮佳侍之式非所謂示民軌儀著君臣之義
陛下若召太子必降手勑令臣下咸知為後世
法於是詔曰自今已後若非朕手勑勿令兒輒
出宮臣在直者從至万歲門父之轉太尉掾兼
中書舍人靈太后宜嘗從谷謂昱曰今帝年幼朕
親万機然自薄德化不能感親姻在外不稱人
心卿有所聞慎勿諱隱昱於是奏揚州刺史李

崇五車載貨恒州刺史楊鈞造銀食器十具並
餉領軍元义靈太后召义夫妻泣而責义之深
恨之昱第六叔舒妻武昌王和之妹和即义之
從祖父舒早喪有一男六女及終喪而元氏頻
請別居昱父椿乃集親姻泣而謂曰我弟不幸
早終全男未婚女未嫁何忽忽便求離居不聽
逐懷憾焉神龜二年瀛州民劉宣明謀及事覺
逃竄义乃使和及元氏誣告昱藏隱宣明云父
定州刺史椿叔華州刺史津並送甲仗三百具
謀圖不逞义又構成其事乃遣左右御仗五百
人夜圍昱宅而收之並無所獲靈太后問其狀
昱具對元氏譖構釁之端言至哀切太后乃解昱
縛和及元氏並死刑而义相左右和直免官
元氏卒亦不坐及元义之廢太后乃出昱為濟
陰內史中山王熙起兵於鄴义遣黃門虜同詣
鄴刑熙并窮黨與同希义旨就郡鑠昱赴鄴訊
百日後乃還任孝昌初除征虜將軍中書侍郎
遷給事黃門侍郎時北鎮降民二十餘萬詔昱

為使分散於北冀定瀛三州就食後賊圍幽州詔
昱兼侍中持節催西北道大都督北海王顥仍
隨軍監察幽州圍解雍州蜀賊張映龍姜神達
知州內空虛謀欲攻掩刺史元脩義懼而請援
一日一夜書移九通都督李叔仁遲疑不赴昱
曰長安關中基本今大軍頓在涇幽與賊相對
若使長安不守大軍自然瓦散此軍雖往有何
益也遂遣與叔仁等俱進於陳斬神達及諸賊四
百許人餘恭奔散詔以昱受旨催督而顥軍稽
緩遂免昱官乃兼侍中催軍事除征虜將軍涇
州刺史未幾昱父椿出為雍州刺史昱還除
吏部郎中武德將軍轉北中郎將加安東將軍
及蕭寶夤等敗於關中以昱兼七兵尚書持節
假撫軍將軍都督防守雍州昱遇賊失利而返
除度支尚書轉撫軍徐州刺史昱尋除鎮東將軍
假車騎將軍東南道都督又加散騎常侍後太
山太守羊侃據郡南叛蕭衍遣將軍王辯率眾
侵寇徐州番郡人續靈珍受衍平北將軍番郡

刺史擁眾一萬玫遙番城昱遣別將劉賊擊破
之臨陳斬靈珍首王辯退走侃兄深時為徐州
行臺府州咸欲禁深昱曰昔叔向不以鮒也見
廢春秋貴之奈何以俶罪深也宜聽朝旨不許
羣議還朝未幾屬元顥侵逼大梁除昱征東將
軍右光祿大夫加散騎常侍使持節假車騎將
軍為南道大都督鎮滎陽顥既擒濟陰王暉業
乘虛徑進大兵集於城下遣其左衛劉業王道
安等招昱令降昱不從顥遂攻之城陷都督元

魏傳四十六　　　　二十一　　王誦

恭太守西河王惊並踰城而走俱被擒執昱與
弟息五人在門樓上須臾顥至執昱下城面責
昱曰楊昱卿今死我否卿自負我非我負卿
也昱答曰分不望生向所以不下樓者正慮亂
兵耳但恨八十老父無人供養負病黃泉求乞
小第一命便死不朽也顥乃拘之明日顥將陳
慶之胡光等三百餘人伏顥帳前請曰陛下渡
江三千里無遺鏃之費昨日一朝殺傷五百餘
人求乞楊昱以快意顥曰我在江東常聞梁主

言初下都曰袁昆為吳郡不降稱其忠節奈何
殺楊昱自此之外任卿等所請於是斬昱下統
帥三十七人皆令囓兵剖腹取心食之顥既入
洛除昱名為民孝莊還宮復贈昱及父椿辭
老請解官從養詔不許尒朱榮之死也昱為東
道行臺率眾拒尒朱仲遠會尒朱兆入洛昱還
京師後歸鄉里亦為天光所害太昌初贈都督
瀛定二州諸軍事驃騎大將軍司空公定州刺
史

魏傳四十六　　　　二十二

子孝邕貟外郎走免匿於蠻中潛結渠帥謀應
齊獻武王以誅尒朱氏微服入洛伺機會為
人所告世隆收付廷尉掠殺之
椿弟穎字惠哲本州別駕
子叔良定中新安太守
穎弟順字延和寬裕謹厚太和中起家奉朝請
累遷直閣將軍北中郎將兼武德將軍太僕卿
預立莊帝之功封三門縣開國公食邑七百戶
出為平北將軍冀州刺史尋進號撫軍將軍罷

諸軍事大尉公錄尚書事相州刺史

子辯字僧達歷通直常侍平東將軍東雍州刺
史

辯弟仲宣有風度少學自奉朝請稍遷太尉掾
中書舍人通直散騎侍郎加鎮遠將軍賜爵弘
農男建義初還通直常侍出為平西將軍正平
太守進爵為伯在郡有能名就加安西將軍還
京之日兄弟與父同遇害辯太昌初贈使持節
大將軍尚書右僕射青州刺史

恒州刺史仲宣贈都督青光二州諸軍事車騎

都督燕恒二州諸軍事車騎大將軍儀同三司
仲宣子女就幼而俊拔收捕時年九歲牽兵
人謂曰欲害諸尊乞先就死兵人以刀斫斷其
臂猶請死不止遂先殺之永熙初贈岐陰太守
仲宣弟測朱衣直閣亦同時見害太昌中贈都
督平營二州諸軍事鎮北將軍吏部尚書平州
刺史

魏傳四十六　二三　蔣業

測弟稚卿太昌中為尚書右丞坐事死

順弟津字羅漢本名延祚高祖賜名焉少端謹
以器度見稱年十一除侍御中散干時高祖沖
幼文明太后臨朝津曾久侍左右忽咳逆失聲
遂吐數升血藏衣袖太后聞聲閱而不見問其故
具以實言遂以敬慎見知賜縑百匹遷符璽郎
中津以身在禁密不外交遊至於宗族姻表罕
相祇候司徒馮誕與津少結交遊而津見其貴
寵每恒退避及相招命多辭疾不往誕以為恨
而津逾遠焉人或謂之曰司徒君之少舊宜蒙
進達何遽自外也津曰為勢家所厚復何容易
但全吾今日亦以足矣轉振威將軍領嘗奏
事今又為直寢遷太子步兵校尉高祖南征以
津為都督征南府長史至懸瓠敕加直閣將軍
後從駕濟淮司徒誕覺高祖以津送枢還都遷
長水校尉仍直閣景明中世宗遊於北邙津時
陪從太尉咸陽王禧謀及世宗馳入華林時直
閣中有同禧謀皆在從限及禧平帝顧謂朝臣

魏傳四十六　二四　周明

三世

曰直閤半爲逆黨非至忠者安能不預此謀因
拜津左中郎將遷驍騎將軍仍直閤出除征虜
將軍歧州刺史津巨細躬親孜孜不倦有武功
民齎絹三匹去城十里爲賊所劫時有使者馳
駟而至被劫不知姓名若有家人可速收視有一
津乃下教云有人著其色衣乘其色馬在城東
老母行出而哭云是己子於是遣騎追收幷絹
俱獲自是闔境畏服至於守令寮佐有瀆貨者
未嘗公言其罪常以私書切責之於是官屬感
厲莫有犯法以母憂去職延昌末起爲右將軍
華州刺史與兄播前後皆牧本州當世榮之先
是受調絹四度尺特長在事因緣共相進退百
姓苦之津乃令依公尺度其輸物尤好者賜以
杯酒而出所輸少劣亦爲受之但無酒以示其
恥於是人競相勸調更受舊日還除北中郎
將軍帶河內太守疑津貳己不欲使其處河
山之要轉平北將軍恆州刺史仍轉幷州刺史

將軍如故徵拜右衞將軍孝昌初加散騎常侍
尋以本官行定州事既而近鎮擾亂侵逼舊京
乃加津安北將軍假撫軍將軍北道大都督右
衞尋轉左衞加撫軍將軍始津受命出擬靈丘
而賊帥鮮于修禮起於博陵定州危急遂迴師
南赴至城下營壘未立而州軍新敗賊必夜
既乘勝士衆勞疲柵壘未安不可擬敵賊必夜
至則萬無一全欲移軍入城更圖後舉刺史元
固稱賊既逼城不可示弱開門不內津揮刀欲
斬門者軍乃得入城賊夜至見柵空而去其
後賊攻州城東面已入羅城刺史元固城東門
中惶擾不敢出戰津欲禦賊長史許被中門不
聽津手劍擊被不中被乃走津開門出戰斬賊
帥一人殺賊數百賊退人心少安詔除衞尉卿
征官如故以津兄衞尉卿椿代爲左衞尋加鎮
軍將軍討虜都督兼吏部尚書北道行臺初津
兄椿得罪此州由鉅鹿人趙略投書所致及津
之至略舉家逃走津乃下教慰喻令其還業於

是闔州愧服遠近稱之時賊帥薛脩禮杜洛周
殘掠州境孤城獨立在兩寇之閒津貯積粟粟
脩理戰具更營雜賊每來攻機械競起又於
城中去城十步掘地至泉廣作地道潛兵涌出
置爐鑄鐵持以灌賊賊遂相語曰不畏利槊堅
城唯畏楊公鐵星津與賊帥元洪業及頭賊中
督將尉靈根程殺鬼潘法顯等書曉喻之弁授
鐵券許以爵位令圖賊帥毛並賢洪業等感悟
復書云與諸人密議欲殺普賢顧公聽之又

賊欲圍城正為取北人耳城中所有北人必須
盡殺公若置之恐縱敵為患矣顧公察之津以
城內北人雖是惡黨然掌握中物未忍便殺但
收內子城防禁而已將吏無不感其仁恕朝廷
初以鐵券二十枚委津分給津隨賊中首領閒
行选之脩禮益賢頗亦由此而死既而杜洛周
圍洲城津盡力捍守詔加衛將軍封開國縣侯
邑二千戶將士有功者任津科賞兵民給復八
年葛榮以司徒說津津大怒斬其使以絕之自

受攻圍經涉三稔朝廷不能拯赴乃遣長子道
突圍而出詣蠕蠕主阿那瓌令其討賊道曰夜
泣論阿那瓌遣其從祖吐豆發率精騎一萬南
出前鋒已達廣昌賊防塞隘口蠕蠕持疑遂還
津長史李裔引賊踰城賊入轉衆津苦戰不敵
遂見拘執洛周脫津衣服置地牢下數日欲將
害之諸賊還相諫止遂得免害津曾與喬寶見
對諸賊帥以大義責之辭淚俱發商大慙曲守

者以相告洛周弗之責也及葛榮吞洛周復為

榮所拘守榮破始得還洛永安初詔除津本將
軍荊州刺史加散騎常侍當州都督津以前在
中山陷寇詣闕固辭竟不之任二年兼吏部尚
書又除軍騎將軍左光禄大夫仍除吏部元顥
內逼莊帝將親出討以津為中軍大都督兼領
軍將軍未行顥入及顥敗津乃入宿殿中掃洒
宮被遣第二子逸封開府庫各令防守及帝入
也津迎於此邙流涕謝罪帝深嘉慰之尋以津
為司空加侍中介朱榮死也以津為都督弁肆

燕恒雲朔顯汾蔚九州諸軍事驃騎大將軍兼
尚書令北道大行臺并州刺史侍中司空如故
委津以討胡經略津馳至鄴手下唯羽林五百
人士馬竇弱始加招募將從李神等議欲與津舉
兆等便已剋洛相州刺史李神等議欲與津舉
城通款津一從以子逸既為光州刺史兄子昱
時為東道行臺鳩率望於濟州渡河而欲東
轉更為方略乃率輕騎部曲在於梁沛津規欲
仲遠已陷東郡所圖不遂乃還京師益泰元年
亦遇害於洛時年六十三太昌初贈都督泰華
雍三州諸軍事大將軍太傅雍州刺史諡曰孝
穆將葬本鄉詔大鴻臚持節監護喪事津有六
子

子
長子道字山于其家貴顯諸子弱冠歷廛王爵
而遁性澹退年近三十方為鎮西府主簿累遷
尚書郎莊帝此巡奉詔慰勞山東車駕入洛除
尚書左丞又為光祿大夫仍左丞承安未父津
受委河北兼黃門郎詔鄴參行省事尋遷征

二十九　王壽

東將軍金紫光祿大夫亦被害於洛時年四十
二太昌初贈車騎大將軍儀同三司幽州刺史
諡曰恭定
逷弟逸字遵道有當世于度起家員外散騎侍
郎以功賜爵陰男轉給事中父津在中山為
賊攻逼逸請使於尒朱榮徵師赴救詔許之建
義初莊帝猶在河陽逸獨往調帝特除給事黃
門侍郎領中書舍人及朝士濫禍帝益憂怖詔
逸書夜陪侍數日之內常寢宿於御床前帝曾
夜中謂逸曰昨來舉目唯見異人賴得卿差以
自慰尋除吏部郎中出為平西將軍南秦州刺
史加散騎常侍時年二十九於時方伯之少未
有先之者仍以路阻不行改除平東將軍光州
刺史逸折節綏撫乃心民務或曰吳不食夜分
不寢至於兵父從役必親自送之或風日之中
雨雪之下人不堪其勞逸曾無倦色又法令嚴
明寬猛相濟於是合境肅然莫敢干犯時災儉
連歲人多餓死逸欲以倉粟賑給而所司懼罪

三十　徐日祖

不敢逸曰國以人為本人以食為命百姓不足
君孰與足假令以此獲戾吾所甘心遂出粟然
後申表求令元羅以下謂公儲難闕亚執不
許尚書令臨淮王彧以為宜貸二万詔聽二万
逸既出粟之後其老小殘疾不能自存活者又
於州門煮粥飯之將死而得濟者以万數帝聞
而善之逸為政愛人九憎豪猾廣設食者雖其兵
吏出使下邑皆自持粮人或為設食者雖在間
室終不進感言楊使君有千里眼那可欺之在
二州諸軍事衛將軍尚書僕射豫州刺史諡曰
州政績尤美及其家禍尒朱仲遠遣使於州害
之時年三十二吏人如喪親戚城邑村落為營
齋供一月之中所在不絕太昌初贈都督豫郢
貞
逸弟謐字遵智辟太尉行參軍歷員外散騎常
侍以功賜爵弘農伯鎮軍將軍金紫光祿大夫
衛將軍在晉陽為尒朱兆所害太昌初贈驃騎
將軍兖州刺史

親傳四十六 三十二 徐市祖

諡曰弟遵彦武定中更部尚書華陰縣開國侯
津弟瞻字延孝性雅厚頗有文學起家奉朝請
稍遷散騎侍郎直閤將軍本州大中正兼武衛
將軍尚食典御孝昌初正武衛將軍加散騎常
侍安南將軍莊帝初遇害於河陰贈衛將軍儀
同三司雍州刺史
子元讓武定末尚書祠部郎中播岡家世純厚並
敬義讓昆季相事有如父子播剛毅椿津恭謙
與人言自稱名字兄弟旦則聚於廳堂閒相
對未嘗入內有一美味不集不食播家世
幛幔隔障為寢息之所時就休偃還共談笑椿
年老曾他處醉歸津扶侍還室仍假寐閤前承
候安否椿津年過六十並登台鼎而津嘗旦暮
參問子姪羅列階下椿不命坐津不敢坐椿每
近出或日斜不至津不先飯椿還然後共食食
則津親授匙箸味皆先嘗椿命食然後食津為
司空於時府主皆引寮佐人就津求官津曰此
事須家兄裁之何為見問初津為肆州椿在京

親傳四十六 三十二

宅每有四時嘉味輒使次附之若或未寄不
先入口椿毋得所寄輒對之下泣兄弟皆有孫
唯椿有曾孫年十五六公矣椿常欲為之早娶望
見女孫目豈已下率多學尚時人莫不欽羨焉
一家之內男女百口緦服同爨庭無間言魏世
以來唯有盧淵兄弟及播昆李當世莫逮焉世
隆等將害椿家譖其為逆奏請收治前廢帝不
許世隆復苦執不得已下詔付有司檢聞世隆
遂遣步騎夜圍其宅天光亦同日收椿於華陰
合家歸葬華陰衆咸觀而悲傷焉
東西兩家無少長皆遇禍籍其家世隆後刀奏
云楊家實反夜拒軍人遂盡格殺廢帝慨悵父
之不言而巳知世隆縱擅無如之何永熙中椿
播族弟鈞祖暉庫部給事稍遷洛州刺史卒贈
弘農公謚曰簡父恩河間太守鈞頗有幹用自
廷尉正為長水校尉中壘將軍洛陽令出除中
山太守入為司徒左長史又除徐州東荊州刺
史還喬為廷尉卿拜恒州刺史轉懷朔鎮將所居

以彊濟稱後為撫軍將軍七兵尚書此道行臺
卒贈使持節散騎常侍車騎大將軍左光祿大
夫華州刺史
長子暄卒於尚書郎
暄弟穆為華州別駕
穆弟儉寧遠將軍頻兵太守建義初除太府少
卿壽為華州中正加左將軍儉與元顥有舊及
顥入洛受其位任莊帝還宮坐免後以本將軍
潁州刺史尋加散騎常侍平南將軍州罷不行
儉弟寬自宗正丞建義初為通直散騎侍郎領
河南尹丞稍遷散騎常侍安東將軍永安三年
除中軍將軍太府卿後為散騎常侍驃騎將軍
本將軍除北雍州刺史仍陷關西
普泰初除征南將軍金紫光祿大夫永熙中以
右光祿大夫澄城縣開國伯太昌初除給事黃
門侍郎尋加驃騎大將軍又除華州大中正監內
典書事坐事去官永熙三年兼武衛將軍又除
黃門郎隨出帝入關西儉寬皆輕薄無行為人

史臣曰楊播兄弟俱以忠毅謙謹荷內外之任
公卿牧守榮赫累朝所謂門生故吏遍於天下
而言色恂恂出於誠至恭德慎行為世師範漢
之刁石家風陳紀門法所不過也諸子秀菁
紫盈庭其積善之慶歟及胡逆擅朝淫刑肆毒
以斯族而遇斯禍報施之理

列傳第四十六

劉昶　蕭正表

劉昶字休道義隆第九子也義陽王
兄駿以為征北將軍徐州刺史開府及駿子子
業立昏狂肆暴害其親屬疑昶有異志昶聞甚
懼遣道典籤虞法生表求入朝以觀其意子業又
慮詰法生義陽謀反汝何故不啟法生懼禍走
歸彭城昶欲襲建康諸郡並不受命和平六年
遂奔妻母攜妻旦天民作丈夫服結義從六十餘
人間行來降在路多叛隨昶至者二十許人昶
雖學不淵洽略覽子史前後表啟皆其自製朝
廷嘉重之尚武邑公主拜侍中征南將軍駙馬
都尉封丹陽王歲餘而公主薨更尚建興長公
主皇興中劉彧遣其員外郎李豐來朝顯祖詔
昶與彧書為兄弟之戒或不荅責昶以母為其
國妻宜如春秋荀罃對楚稱外臣之禮尋敕昶

更與彧書昶表曰臣殖根南僞託體非殊秉旄
作牧職班台位天厭子業夷戮同體本歸朝
事捨親勠力為臣之典雁經棠棣之詠可脩越敬之
義難奪為臣之或廢姪自立彰于業夷懷之
事未允臣若改書事為二敬猶脩往文彼坐不
納伏願聖慈傳臣令荅朝廷從之拜外都坐大
官公主復薨更尚平陽長公主昶好大馬愛武
事入國歷紀猶布衣皂冠同凶素之服然呵晉
童僕音雜夷夏雖在公坐諸王每侮弄之或戾
手齮齧骨至於痛傷笑呼之聲聞于御聽高祖每
優假之不以怪問至於陳泰本國事故語及征
役則能歛容沸泗悲動左右而天性褊躁喜怒
不恒每至威忿楚朴特苦引待南士禮多不足
緣此人懷畏避太和初轉內都坐大官及蕭道
成殺劉淮時遣諸將南伐詔昶曰卿識機體運
先覺而來卿宗廟不復血食朕聞斯問矜忿兼
懷今遣大將軍率南州甲辛以伐逆竪尅蕩兇
醜翦除民害氛穢既清即胙卿江南之土以興

蕃業乃以本將軍與諸將同行路經徐州哭拜
其毋舊堂哀感從者乃遍循故乃處處隕涕左
右亦莫不辛酸及至軍所將欲臨陳四面拜諸
將吉自陳家國滅亡蒙朝廷慈覆辭理切至聲
氣激揚涕泗四橫流三軍咸爲歔欷後昶恐兩水
方降表請還師從之又加儀同三司領軍曹尚
書於時改革朝儀詔昶與蔣少遊專主其事昶
條上舊武略不遺忘高祖引見於宣文堂昶啓
曰臣本國不造私有虐政不能廢昏立德扶定
傾危万里奔波投洿陰皇闕仰賴天慈以存首領
然大恥未雪痛愧纏心屬逢陛下璽校之始願
垂曲恩慮臣邊成招集遺人以雪私恥雖死之
日猶若生年悲泣良久高祖曰卿投誠累紀本
邦運滅王者未能恤難矜災良以爲愧累之
日請別當處分後以昶女爲卿君高祖臨宣文
堂見武興王楊集始既而引集始入宴詔昶曰
集始邊方之酋不足以當諸侯之禮但王者不
遺小國之臣況此蕃垂之主故勞公卿於此昶

對曰陛下道化光被自北而南故巴漢之雄遠
觀天闕臣狠瞻盛禮實忻嘉遇高祖曰武興宕
昌於禮容並不閑備向見集始舉動有賢
於彌承對昶對曰陛下惠洽普天澤流無外武興
甚爾豈不食榛懷音又爲中書監開建五等封
昶啓辭開國公加宋王之號十七年春高祖臨
經武殿大議南代詔又劉蕭篡奪之事昶甚悲
泣不巳因奏曰臣本朝淪喪艱毒備惟冀特國
靈釋臣私恥頓首拜謝高祖亦爲之流涕禮之
彌崇蕭賾遣雍州刺史曹虎之詐降也詔昶以兵
出義陽無功而還十八年除使持節都督吳越
楚彭城諸軍事大將軍固辭詔不許又賜布千
四及發高祖親餞之命百寮賦詩贈昶又以其
文集一部賜昶高祖因以所製文筆示之謂昶
曰時契勝殘事鍾文業雖則不學欲罷不能脫
思一見故以相示雖無足味聊復爲笑耳其重
昶如是自昶之背彭城至是久矣其苦齋宇山
池並尚存立昶更修繕還處其中不能綏邊懷

物撫接義故而閨門喧猥內外姦雜前民舊吏
莫不慨歎焉豫營臺於彭城西南與三公主同
坐而宂發石累之墳崩壓殺十餘人後復移
改為公私費害高祖南討昶候駕於行宮高祖
遺侍中迎勞之昶討蕭業昭司州雖屢破賊軍
城昶至入見昶曰臣奉敕專征剋殄黨醜徒勞
而義陽拒守不剋昶乃班師十九年高祖在彭
士馬久淹歲時有損威靈伏聽斧鉞高祖曰朕
之此行本無攻守之意正欲伐罪弔民宣威布

毛葉龕

德二事既暢不失本圖朕亦無剋而還豈但卿
也十月昶朝于京師高祖臨光極堂大選高祖
曰朝因月旦欲評魏典夫典者為國大綱治民
之柄君能好典則國治不能則國亂我國家昔
在恆代隨時制作非通世之長典故自夏及秋
親議條制或言唯能是寄不必拘門朕以為不
爾何者當今之世仰祖質朴清濁同流混齊一
等君子小人名品無別此殊為不可我今八族
以上士人品第有九九品之外小人之官復有

七等若苟有其人可起家為三公正恐賢才難
得不可止為一人渾我典制故令班鏡九流清
一朝軌使千載之後我得鏡像唐虞卿等依俙
元凱昶對曰陛下光宅中區惟新朝典刊正九
流為不朽之法豈唯鏡像唐虞固以有高三代
高祖曰國家本來有一事可慨可慨者何恒無
公言得失今卿等各盡其心人君患不能納羣
下之諫為臣患不能盡忠於主朕全舉一人如
有不可卿等盡言其失若有才能而朕所不識
者宜各舉所知朕當虛己延納若能如此能舉

毛脩

則受賞不言則有罪及論大將軍高祖曰劉昶
即其人也後給班劒二十八二十一年四月薨
於彭城年六十二高祖為之舉哀京給溫明祕器
錢百萬布五百匹蠟三百斤朝服一具衣一襲
贈假黃鉞太傅領揚州刺史加以殊禮備九錫
給前後部羽葆鼓吹依晉琅邪武王仲故事謚
曰明

昶適子承緒主所生也少　疾尚高祖妹彭

城長公主為駙馬都尉先昶卒葬員外常侍

長子文遠次輝字重昌並甚狂昶深慮不能

守其爵封然輝猶小未多罪過乃以為世子襲

封正始初尚蘭陵長公主世宗第二姊也拜員

外常侍公主頗姊輝嘗私幸主侍婢有身主

笞殺之剖其孕子節解以草裝裹以示

輝輝送忿慨踧蹟薄公主公主姊因入婢腹裸以示

陽王雍廣平王懷奏其不和之狀無可為夫婦

故於靈太后勑清河王懌其事懌與高

之理請離婚削除封位太后從之公主在宮周

歲高陽王及劉騰等皆為言於太后憂其

不改未許之雍等屢請不已聽復舊義太后流

涕送公主更不檢主姑陳留公主共相扇獎

氏女公主誡令謹護正光初輝私姪張陳二

遂與輝復致忿爭輝推主隤床手腳毆蹈主遂

傷胎輝懼罪逃逸靈太后召清河王懌決其事

二家女緦笞付宮兄弟皆坐鞭刑徒配敦煌為

兵公主因傷致薨太后親臨慟哭舉哀太極東

堂出葬城西太后親送數里盡哀而還謂侍中

崔光曰向哭所以過哀者追念公主為輝頓辱

非乃不關言能為隱忍古今寧有此此所以

痛之後執輝於河內之溫縣幽于司州將軍中散

刑會赦得免三年復其官爵遷征虜將軍加死

大夫四年輝卒家遂衰頓無復可紀

文遠歷步兵校尉前將軍景明初為統軍在壽

春坐謀殺刺史王蕭以壽春叛事發伏法有通

直郎劉武英者太和十九年從淮南內附自云

劉裕弟長沙景王道憐之曾孫賜爵建寧子司

徒外兵參軍稍轉步兵校尉游擊將軍卒于河

內太守而昶不以為族親也

蕭寶夤字智亮齊明帝蕭鸞第六子寶卷母弟也鸞之

竊位封寶夤建安王寶卷立以為車騎將軍開

府領石頭戎軍事寶卷悖狂其真後劉靈運等

謀奉寶夤竇密遣報寶夤寶夤許之遂迎寶夤

石頭文武向其宮室城柵數里百姓隨從者數百

人會日暮城門開乃燒三尚及建業城城上射

殺數人眾乃奔散寶寅棄車步走部尉執送之
自列為人所逼寶卷亦不罪責也寶卷弟寶融
憕立以寶寅為衛將軍南徐州刺史改封鄱陽
王蕭衍既克建業殺其兄弟將害寶寅以兵守
之未至嚴急其家閽人顏文智與左右麻拱黃
神密計穿牆夜出寶寅具小舡於江畔
服著烏布襦腰繫千許錢潛赴江畔躡屩徒步
脚無全皮防守者至明追之寶寅假為釣者隨
流上下十餘里追者不疑待散乃度西岸遂委
命投華文榮文榮與其從子天龍惠連等三人
棄家將寶寅遁匿山澗買驢乘之晝伏宵行景
明二年至壽春之東城戍戍主杜元倫推檢知
寶寅華氏子也以禮延待馳告揚州刺史任城王
澄澄以車馬待衛之時年十六徒步憔悴見
者以為掠賣生口也澄率官寮赴弔寶寅居處有禮不
衰之服澄遣人曉示情禮以喪兄乃請喪斬
飲酒食肉輒笑簡言一同柩葬之節壽春多其

故義皆受慰唁唯不見夏侯一族以夏侯同蕭
衍故也改日造澄澄深哭重之景明三年閏四
月詔曰蕭寶寅深識機運歸誠有道宜
投命絳闕微子陳韓亦昌以過也可遣羽林監
領主書劉桃符詣彼迎接其資生所須之物及
衣冠車馬在京邸館付尚書令豫備及至京
師世宗禮之甚重是年冬蕭衍江州刺史陳伯
之與其長史褚緭等自壽春歸降請軍立効世
風大兩終不暫移伏闕下請兵南伐雖遇暴
宗以寶寅誠懇及伯之所陳時不可失四年二
月乃引八座門下入議部分之方四月除使持
節都督東揚南徐兗三州諸軍事鎮東將軍揚
州刺史丹陽郡開國公齊王配兵一萬令且據
東城待秋冬大舉寶寅明當拜命其夜慟哭至
晨備禮策授賜車馬什物給虎賁五百人事從
豐厚猶不及劉昶之優隆也又任其募天下壯
勇得數千人以文智三人等為積弩將軍文榮
等三人為彊弩將軍並為軍主寶寅雖少驍流

而心性雅重過碁飲絕酒肉慘形瘁色蔬食麻麗
衣不嘗嬉笑及被命當南伐貴要多相憑託門
庭賓客若市書記相尋寶夤接對報復不失其
理正始元年三月寶夤行達汝陰東城已陷遂
停壽春之栖賢寺值賊將姜慶真內侵士民響
附圍逼壽春遂據外郭寶夤躬貫甲冑盛寶夤以
之自四更交戰至明日申時賊旅彌盛寶夤以
衆寡無援退入金城又出相國東門率衆力戰
始破走之當寶夤壽春之戰勇冠諸軍聞見者

魏書傳四七　〔十一〕　余彥文

莫不壯之七月還京師改封梁郡開國公食邑
八百戶及中山王英南伐寶夤又表求征乃為
使持節鎮東將軍別將以繼英配羽林虎賁五
百人與英頻破衍軍乘勝遂攻鍾離淮水汎溢
寶夤與英狼狽引退士卒死没者十四五有司
奏寶夤守東橋不固軍敗由之處以極法詔曰
寶夤因難投誠宜加矜貸可恕死免官削爵詔曰
第尋尚南陽長公主賜帛一千匹并給禮具公
主有婦德事寶夤盡蕭雍之禮雖好合積年而

敬軍不替寶夤每入室公主必立以待之相遇
如賓自非太妃疾篤未嘗歸休寶夤器性溫順
自處以禮奉敬公主內外諧穆清河王懌親而
重之承平四年盧昶行胸山戍以琅邪戍
主傅文驥守之衍遣師攻文驥盧昶督衆軍救
之詔寶夤為使持節假安南將軍別將長驅往
赴受盧昶節度賜帛三百四世宗於東堂餞之
詔曰蕭衍行送死連兵再離寒暑卿忠規內挺孝
誠外亮必欲鞭尸吳墓戮行江陰故授卿以總

魏書傳四七　〔十二〕　余彥文

統之任仗卿以克捷之規宜其勉歟寶夤對曰
釁恥未復枕戈俟旦雖無申包之志敢忘伍胥
之心今仰仗神謀俯屬將帥誓必拉彼姦勍
清王略聖澤下臨不勝悲荷因泣涕橫流哽咽
良久於後盧昶軍敗唯寶夤全師而歸延昌初
除安東將軍冀州刺史復其齊王四年遷撫軍
將軍冀州刺史及大乘賊起寶夤遣軍討之頻
為賊破臺軍至乃滅之靈太后臨朝還京師蕭
衍遣其將康絢於浮山堰淮以灌揚徐除寶夤

使持節都督東討諸軍事領東將軍以討之尋復
封梁郡開國公寄食濟州之濮陽熙平初賊壘
既成淮水漲溢將為揚徐之患寶寅於壘上流
燒其竹木營聚將破賊三壘殺獲壯士千人斬其直
劉智文虎威將軍劉延宗率壯士千餘夜渡淮
閤將軍王升明而還火數日不滅衍將垣孟孫
張僧副等水軍三千渡淮比攻統軍呂臣寶寅
遣府司馬元達統軍魏績年等赴擊破之孟孫
等奔退乃授左光祿大夫殿中尚書寶寅又遣
軍王周恭叔率壯士數百夜渡淮南焚賊徐州
刺史張豹子等十一營賊衆驚擾自殺害者甚
衆寶寅還京師又除使持節散騎常侍都督荊
東洛三州諸軍事衛將軍荊州刺史不行復
為殿中尚書寶寅之在淮堰蕭衍手書與寶寅
曰謝齊建安王寶寅亡兄長沙宣武王昔投漢
中值比寇華陽地絕一隅內無素畜外絕繼援
守危疏勒討踰田單卒能全土破敵以弱為彊

使至之日君臣動色左右相賀齊明帝每念此
功未嘗不輟箸咨嗟及至張永崔慧景事大將
覆軍於外小將懷貳於內事危累卯勢過綴旒
亡兄忠勇奮發旋師大峴重圍累日一鼓魚潰
克定慧景功踰桓文亡弟衛尉執禍害心
內外大勳不報翻罹荼酷百口幽害相尋日
朕於齊明帝外有龍敵之力內盡惟惺之誠日
自三省曾無寸祿遠身外亦復不免遂遣劉
山陽輕舟西上來見掩襲時危事迫勢不得已
所以誓衆樊鄧會踰孟津本欲翦除梅蟲蛆茹
法珍等以雪寃酷援濟親屬反身素里屬張樱
王珍國已建大事寔旺子音屢動危機迫樂推
之心應上天之命事不獲已豈其始願所以自
有天下絕棄房室斷除滋味正欲使四海見其
本心耳勿謂今日之位是為可重朕之視此曾
不如一芥雖復崆峒之蹤難追汾陽之志何遠
而今立此堰卿當未達本意朕於昆蟲猶不欲
殺亦何急爭無用之地戰蒸蒸生之命也正為李

繼伯在壽陽侵犯邊境歲月滋甚或攻小城小
戍或掠一村一里若小相訓答終無寧日邊邑
爭桑吳楚連禍所以每抑鎮戍不與校計繼伯
既得如此濫竊彌多令修此堰戍欲以報繼伯
侵盜之役既非大舉所以不復文移於卿繼伯
事雖不克捷亦丈夫也今止河洛以其時矣雖
然為卿計者莫若行率此眾襲據壹城別當遣
軍以相影援得捷之後便遣卿兄子屏侍送卿

十五

國廟井鄉室家又諸婭從若方欲還此更設奇
計恐機事差難重復屢集勿為韓信受困野雞
實領袋送其書陳其於毒之意朝廷為之報答
實寬志存雪復屢請居連禮龍中出為都督徐
南究二州諸軍事車騎將軍徐州刺史乃起學
館於清東朝望引見士姓子弟接以恩顏與論
經義勤於政治吏民愛之凡在三州皆著名稱
正光二年徵為車騎大將軍尚書左僕射善於
吏職甚有聲名四年上表曰臣聞堯典有黜陟

之文周書有考績之法雖其源難得而異然修
流抑亦可知矣大較在于官人用十審於所益
練述校名驗於虛實豈不以藏否得之餘論優
劣著於歷試者平既聲霸於月且品定於黃紙
用效於名輩事彰於臺閣則賞罰之途差有商
競於市里過分亡涯之請馳騖於多門進忘退之儔奔
其聲第慎其與奪器分定於下爵位懸於上不
可妄叨故也今竊見考功之典所懷未喻敢竭
無隱試陳萬一何者竊惟文武之名在人之極

三·六四

地德行之稱為生之最首忠貞之美立朝之譽
仁義之號厲身之端自非職惟九官任當四岳
授曰尒諧讓稱俞往將何以克厭大名允茲令
問自比已來官圖高甲人無貴賤皆飾辭假說
用相褒舉涇渭同波薰猶共器求者不能量其
多少與者不復覈其是非遂使冠履相賀名與
實英謂之考功事同沉陟紛紛漫漫焉可勝言
又在京之官積年一考其中或所事之主遷移

數四或所奉之君身名廢絕或具寮離索或同
事凋零雖當時文簿記其殿最日久月深駁落
都盡人有去留誰復掌其勤隨或傅休積稔或
分隔數千里年之後方求追訪聲迹立其考第
無不苟相悅附共為屑齒飾垢掩疵妄加丹素
中庸已降夫復何論官以求成身以請立上下
趣令得階而已無所顧惜賢達君子未免斯患
輕所責實重然及其考課悉以六載為程既而
相蒙莫斯為甚文勤恤人隱感歸守令厥任非
一階於東西兩省文武閒職公府散佐無事冗
官或數旬方應一直或朔望止於蹔朝及其考
日更得四年為限是則紀之中便登三級彼彼
以實勞劇任而遷貴之路至難此以散位虛名
而升陟之方甚易何以相懸令厚薄之如
是又聞之聖人大寶曰位何以守位曰仁孟子
亦曰仁義忠信天爵也公卿大夫人爵也古之
人脩其天爵而人爵從之故雖文質異時污隆

殊世莫不寶茲名器不以假人是以賞罰之柄
恆自持也至乃周之蒭蕘五叔無官漢之察察
館陶徒請豈不重骨肉私親親誠以賞罰一差
則無以懲勸至公懟替則觀覿相欺故至慎至
惜殺勤若此況乎親非肺腑才珠秀逸或充單
介之使始無汗馬之勞或說與利之規終懃十
一之潤皆虛張無功妄指羸益坐獲數階之官
籍成通顯之貴於是巧詐萌生偽辯鋒出伇万
慮以求榮開百方而逐利握樞秉鈞者亦知其
苦斯但抑之則其流已注引之則有何紀極夫
琴瑟在於必和更張求其適調去者飢不可追
來者猶或宜改按周官太宰之職歲終則令官
府各正所司受其會計聽其致事而詔於王三
歲則大計羣吏之治而誅賞之愚謂令可粗依
其準見居官者每歲終本曹皆明辨在官日月
其數才行能否審其實用而注其上下游辭即止
說無取焉列上尚書覆其合否如有紕繆即正
而罰之不得方復推詰委否容其進退既定

其優劣善惡交分庸短下第黜凡以明法幹務

忠清甄能以記賞懃而奏之俊考功曹

別書於黃紙油帛一通則本曹尚書與令僕印

署留於門下一通則以侍中黃門印署掌在尚

書嚴加緘密不得開視考績之日然後對共裁

量如此則少存實錄薄止敷回其內外考格裁

非庸管乞求博議以為畫一若殊謀異策事關

廢興遐邇所談物無異議者自可臨時斟酌匪

拘怕例至如援流引比之許貪榮求級之請如

觀書傳四十七 十九 陳新 大三百五四

不限以關鍵肆其傍通則蔓草難除洰流遂積

臧我薛音竟玄一典謂宜明加禁斷以全至治

開返本之路杜澆僞之門如斯則吉士盈朝薪

栖載煥矣詔付外博議以為永式竟無所定時

蕭衍弟子西豐侯正德來降寶黃表曰伏見揚

州表蕭正德自云避禍遠投宸掖背父叛君駿

議衆口深心指趣厭情難測臣聞立身行道始

於事親終於事君故君親盡之以怕敬嚴父兼

之以博愛斯人倫之所先王教之盛典三千之

罪莫大於不孝毀則藏姦常刑靡赦所必晉恭

獲謗無所逃死備伇受誣二子繼沒親命匪棄

國執無父況今封豕尚存長虵未滅偷生江表

自安毒酖而正德居猶子之親竊通侯之貴父

榮於國子爵於家履霜弗聞去就先結隔絕山

淮溫清永盡綿基累葉恩復何日以此為心

可知矣皇朝綿化無思不賬貢王帛於丘園標

荒仰澤能言革化無思不賬均四海自比徂南要

忠孝以納賞築蔂街于伊洛集華裔而歸被

觀書傳四十七 二十 朱曾九 三卅

長鑣身之酋屈膝而請更交趾文身之渠款關

而效質至如正德宜甄美義以致貶昔越棲會稽

賴宰嚭以獲立漢彭宋寔丁公而獲免吳項

巳平二臣即法豈不錄其情哉欲明責以示後

況遺君忘父狼子是心既不親親安能親人中

閒變詐或有万等伏惟陛下聖敬自天欽光篡

歷昭德塞違以臨羣后脫苞此凶醜寘之列位

百官是象其何誅焉臣瀝結禍深痛纏肝髓日

暮途遠復報無日豈區區於一豎哉但才雖庸

近職居獻替愚衷寸抱敢不申陳伏願聖慈少
垂察覽訪議槐棘論其是非使秋霜春露施之
有在相鼠攸刺遄死有歸無令伏受笑於苟
存曾閔渝名於盛世正德既至京師朝廷待之
尤薄歲餘還叛五年蕭衍遣其將裴邃虞鴻等
率衆寇揚州詔寶夤為使持節散騎常侍車騎
大將軍都督徐州東道諸軍事率諸將討之既
而揚州刺史長孫稚大破遂軍斬鴻賊遂奔退
初秦州城人薛珍劉慶杜遷等反執刺史本彥

推莫折大提為首自稱秦王大提尋死其第四
子念生竊號天子改年曰天建置立官察以息
阿胡為太子其兄阿倪為西河王弟天生為高
陽王伯珍為東郡王安保為平陽王遣天生率
衆出隴東攻没汧城仍陷岐州執元志裴芬之
等遂寇雍州屯於黑水朝廷甚憂之乃除寶夤
開府西道行臺率所部東行將統為大都督西
征肅宗幸明堂因以餞之寶夤與大都督崔延
伯擊天生大破之斬獲十餘乃追奔至于小隴

軍人採掠遂致稽留不速追討隴路復塞仍進
討高平賊帥万俟醜奴於安定更有貪捷時有
天水人呂伯度兄弟始共念生同逆後與兄衆
保於顯親聚衆討念生戰敗降於胡琛琛以伯
度為大都督秦王資其士馬還征秦州大敗念
生將杜粲於成紀又破其金城王莫折世賢於
永洛城遂至顯親念生率衆身自拒戰又大奔
敗伯度乃背胡琛襲將琛將劉抜破走之遣其兄
子忻和率騎東引國軍念生事迫乃詐降於寶

夤朝廷嘉伯度立義之功授撫軍將軍涇州刺
史平秦郡開國公食邑三千戶而大都督元脩
義高畢停軍隴口久不西進念生復反伯度終
為醜奴所殺故賊勢更甚寶夤不能制孝昌二
年四月除寶夤侍中驃騎大將軍儀同三司假
大將軍尚書令給後部鼓吹增封千戶寶夤初
自黑水終至平涼與賊相對數年攻擊賊亦憚
之關中保全寶夤之力矣三年正月除司空公
出師既久兵將疲弊是月大敗還雍州仍停長

安收聚離散有司虜寶寅死罪詔恕免為民四月
除使持節都督雍涇岐南幽四州諸軍事征西
將軍雍州刺史假車騎大將軍開府西討大都
督自關以西皆受節度九月念生為其常山王
杜粲所殺合門皆盡粲據州請降於寶寅十月
除散騎常侍車騎將軍尚書令復其舊封是時
山東關西寇賊充斥王師屢北人情沮喪寶寅
內不自安朝廷頗亦疑阻乃遣御史中尉酈道

二十三

元為關中大使寶寅謂密欲取已彌以憂懼而
長安輕薄之徒因相說動道元行達陰盤驛寶
寅密遣其將郭子恢等攻而殺之詐收道元尸
表言白賊所害又殺都督南平王仲冏是月遂
及僣舉大號赦其部內稱隆緒元年立百官乃
遣郭子恢東寇潼關行臺張始榮圍華州刺史
崔襲詔尚書僕射行臺長孫稚討寶寅寶寅遣
毛鴻賓與其兄遜斜率鄉義將討寶寅之時北地人
其大將軍盧祖遷等擊遜遇為遜所殺又遣其將

侯終德往攻遜會子恢為官軍所敗長孫稚又
遣子彥破始榮於華州終德因此勢挫還圖
寶寅軍至白門寶寅始覺與終德交戰敗績攜
公主及其少子與部下百餘騎從後門出走渡
渭橋投於寧夷巴張石昌劉興周舍尋奔醜
奴以寶寅為太傅永安三年都督介朱天光
遣賀拔岳等破醜奴於安定之中京師士女聚
共觀視凡經三日吏部尚書李神儁黃門侍郎

二十四

高道穆並與寶寅素舊二人相與左右言於莊
帝云其逆亦事在前朝與得赦免會詔王道
習時自外至莊帝問道習在外所聞道習曰唯
聞陛下欲不殺蕭寶寅寶寅帝逆人云
李尚書高黃門與寶寅周款並居得言之地必
能全之道習因曰若謂寶寅逆在前朝便將恕
之寶寅敗於長安走為醜奴大傳豈非陛下
曆之賊臣不翦法欲安施帝然其言乃於太
僕馳牛署賜死寶寅之將死神儁攜酒就之以

叙舊故因對之下泣而寶夤夷然自持了不憂
懼唯稱推天委命恨不終臣節而已寶夤攜男
女就寶夤訣別慟哭極哀寶夤死色兒不改寶
夤有三子皆公主所生而並凡劣
長子烈復尚肅宗妹建德公主拜駙馬都尉寶
黄反伏法
次子權與少子凱射戲凱矢激中之而死凱仕
至司徒左長史凱妻長孫稚女也輕薄無禮公
主數加罪責凱鶴衡恨妻復感說之天平中凱
遂遣奴害公主乃輾凱於東市妻泉首家遂殄
滅
寶夤兄寶卷字德文本名綜入國寶夤改
焉初蕭衍滅寶卷宮人吳氏始孕匿而不
言衍仍納之生寶以為已子封像章王及長學
涉有才思其母告之以實寶畫則談謔如常夜
則銜悲泣涕結客待士恒有來奔之志為衍諸
子深所猜疾而衍甚愛寵之有濟陰芮文寵安
定梁話寶曲加禮接乃割血自誓布以腹心寵

話等既感其情義敬相然諾值元法僧以彭城
叛入蕭衍衍命綜為南兗徐二州刺史都督江
比諸軍事鎮彭城於時肅宗遣安豐王延明臨
淮王或討之綜便遣使密告誠款與寵話夜出
步投或軍孝昌元年秋屆于洛陽陛見之後就
館舉哀追贈三載寶夤于時在關西遣使觀察
聞其形見歐眉悲感朝廷賞賜渥禮遇隆厚
授司空封高平郡開國公丹陽王食邑七千戶
及寶夤反贊惶怖欲奔白鹿山至河橋為比中
所執朝議明其不相干預仍蒙慰勉建義初隨
尒朱榮赴晉陽莊帝徵贊還洛轉司徒遷太尉
尚帝姊壽陽長公主出為都督齊濟西兗三州
諸軍事驃騎大將軍開府儀同三司齊州刺史
寶夤見擒贊拜表請寶夤命尒朱兆入洛為城
民趙洛周所逐公主被害贊既葉州為沙門潛詣長
陵逼公主守操被害贊還京尒朱世隆欲相
白山未幾趣自鹿山至陽平遇病而卒時年三
十一贊機辯文義頗有可觀而輕薄僄儻猶見

父之風尚普泰末敕迎其喪至洛道黃門郎麗
吳人盜其喪遠江東蕭衍猶以為子村葬蕭氏
墓焉黎江南有子在國無後
蕭正表季子公儀蕭衍弟臨川王宣達子也正表
聞衍以為封山縣開國侯拜給事中歷東宮洗
馬淮南晉安二郡太守轉輕車將軍北徐州刺
長七尺九寸眉目踈朗雖質見豐美而性理短
史鍾鍾離初衍未有子以正表兄正德為子既

魏書傳四七

而封為西豐侯正德私懷忿恨正光三年背衍
奉洛朝廷以其父未甫劣不加禮待尋逃歸衍
不之罪後封正德臨賀王衍末復為散騎常侍
光祿大夫知丹陽尹事侯景之將濟江也知正
德有恨於衍密與交通許推正德以船數
十舫迎之景渡江衍召正表入援正德以船次
廣陵聞正德為侯景所推仍託粮未集衆次
不進景尋以正表為南兗州刺史封南郡王正
表既受文景書遂於歐陽立栅斷衍援軍又欲道

其妻兄韓孚明進攻廣陵衍南兗州刺史南康
王蕭會理遁前廣陵令劉璟亦棄城破之正表狼
狠失據乃率輕騎走還鍾離武定七年正月仍
送子為質接州內屬徐州刺史高歸彥遣長史
劉志榮馳赴之事定正表入朝以勳封蘭陵郡
開國公吳郡王食邑五千戶尋除侍中車騎將
軍特進太子太保開府儀同三司賞賚豐厚其
年冬薨年四十二贈侍中都督徐揚兗豫濟五
州諸軍事驃騎大將軍司空公徐州刺史開國

魏書傳四七

公王並如故謚曰昭烈
子廣壽
史臣曰劉昶猜狠懼禍蕭寶寅破之餘並諧骸
寬影委命上國俱稱
之志粲無鞭墓之誠昶諸子踈衅喪其家業寶
寅背恩志義躁鍰其忿此亦戎夷影校輕薄之
常事也天重其罪兒覆其門至於母子兄弟還
相藏滅抑是積惡之義亦蕭寶夤臨邊脫身晚去
鱗賊寵祿頓臻顛沛旋至信吉凶之相倚也正

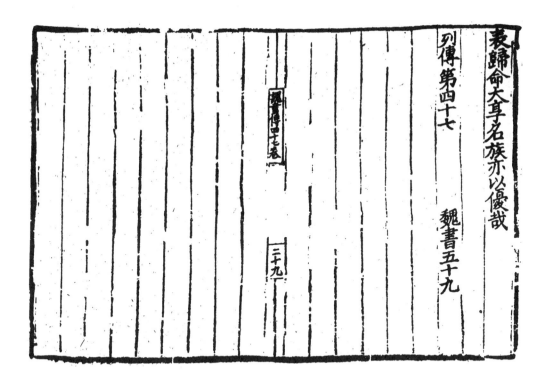

韓麒麟　程駿

韓麒麟昌黎棘城人也自云漢大司馬增之後
父瑚秀容平原二郡太守麒麟幼而好學美姿
容善騎射恭宗監國為東曹主書高宗即位賜
爵魯陽男加伏波將軍父亡在喪有禮邦族稱
之後參征南慕容白曜將軍事進攻升城師人多
傷及城潰白曜將坑之麒麟諫曰今始踐偽境
方圖進取宜寬威厚惠以示賊人此韓信降范
陽之計勗敵在前而便坑其眾恐自此以東將
人各為守城之難剋日久師老外民乘之以生
變故則三森未易圖也白曜從之皆令復業森
人大悅後白曜表麒麟為冠軍將軍與房法壽
對為冀州刺史白曜攻東陽麒麟上義租六十
萬斛并攻戰器械於是軍資無乏及白曜被誅
麒麟亦徵還傳詔滯多年高祖時拜給事黃門侍
郎乘傳招慰傳徐兗叛民歸順者四千餘家尋除
冠軍將軍幷州刺史假魏昌侯麒麟在官寡於

刑罰從事劉普慶說麒麟曰明公仗節方夏而
無所斬戮何以示威麒麟曰刑罰所以止惡蓋
不得已而用之令民不犯法何所戮乎若必須
斬戮以立威名當以卿應之普慶慚懼而退麒
麟以新附之人未階臺宦士人沈抑乃表曰森
土自屬偽方歷載父遠舊州府寮勳有數百自
皇威開被幷職從省守宰關任不聽土人監督
竊惟新人未階朝宦州郡僑任甚少沈塞者多
額言冠冕輕為去就愚謂守宰有關宜推用豪
望增置更貞廣延賢語則華族蒙榮良才獲叙
懷德安土靡或在茲朝議從之太和十一年京
都大饑麒麟表陳時務曰古先哲王經國立治
積儲九稔謂之太平故躬籍千畝以勸百姓用
能衣食滋茂禮教興行逮於中代亦崇斯業入
粟者與斬敵同爵力田者與孝悌均賞實百王
之常軌也京師民廢不田者多遊
食之口三分居二蓋一夫不耕或受其飢況於
今者動以萬計故頃年山東遭水而民有餒終

令秋京都遇旱穀價踊貴實由農人不勤素無
儲積故也伏惟陛下天縱欽明道高三五昧旦
憂勤思恤民獎雖帝虞一日萬幾周文昊不暇
食蔑以為喻上乖覆載之澤下有凍餒之人皆
由有司不為明制長吏不恤其本自承平日久
豐穰積年競相矜夸遂成後俗之家童妾核服
無限喪葬婚娶為費實多貴富之家童妾核服
工商之族玉食錦衣農夫舖糟糠蠶婦乏短褐
故令耕者日少田有荒蕪穀帛罄於府庫寶貨
盈於市里衣食貨於室麗服溢於路飢寒之本
寔在於斯愚謂凡珍玩之物皆宜禁斷吉凶之
禮備為格式令貴賤有別民歸朴素制天下男
女計口受田宰司四時巡行臺使歲一按撿勤
相勸課嚴加賞賜數年之中必有盈贍雖遇災
凶免於流亡往年校比戶貫租賦輕少臣所
統齊州租粟纔可給俸略無入倉雖於民為利
而不可長久脫有戎役或遭天災恐供給之方
無所取濟可減絹布增益穀租年豐多積歲儉

出販所謂私民之穀寄積於官官有宿積則民
無荒年矣十二年春卒於官年五十六遺敕其
子殯以素棺事從儉約麟立性恭慎恒置律
令於坐傍臨終之日唯有俸絹數十匹其清貧
如此贈散騎常侍安東將軍燕郡公謚曰康
長子興宗字茂先好學有文十年十五受道太
學後司空高允奏為秘書郎參著作事中山王
叡貴寵當世闕 　為文遷祕書中散太和十四
年冬卒贈寧遠將軍漁陽太守

子熙字元雍少自修整頗有學識弱冠未能
自通侍中崔光舉子熙為清河王懌常侍遷郎
中令初子熙父以爵讓弟顯宗不受子熙緣父
素懷卒亦不龍父又顯宗卒子熙別蒙賜爵乃以
其先爵讓弟仲穆兄弟友愛如此父亡居喪有
禮子熙為懌所眷遇遂闕位待其畢喪後復用
及元又害懌久不得葬子熙為之憂悴屏居田
野每言王若不得復封以禮遷葬誓以終身不
仕後靈太后返政以元又為尚書令解其領軍

子熙與懌中大夫劉定興學官令傅靈檦實客
張子慎伏闕上書曰竊惟故主大傅清河王職
綜樞衡位居論道盡忠貞以奉公竭心膂以事
國自先皇崩殂陛下沖幼負扆當朝義同分陝
利共結圖謀坐生眉眼諂告國枉以大逆頼
明明在上赫赫臨下泥清自消王質還潔謹案
宋維反常朋妲妣小子性若青蠅汙白點黑讒諂求榮
以元义皇姨之壻權勢攸歸遂相附託規求榮
紛雜恭慎之心逾深逾屬去其本宅移住殿西
豈得全其身命方撫千里王以權在寵家塵謗
大郡刑賞僣差朝野怪愕若非宋維與义為計

龍 ▲魏書傳四八 五 金棻

律文諸告事不實以其罪罪之維遂無罪出為
閤門靜守親賓阻絕于時吏部諮昺劉騰奏其
弟官郡戍兼補及經內呈為王駁退騰由此生
嫌私深怨怒遂乃擅廢太后離隔二宮栲胡
定誣王行毒含齓戴毦莫不悲慨及會公卿議
王之罪莫不俛眉飲氣唯諮是從僕射游肇元
言屬氣發憤成疾為王致死王之忠誠款篤節

義純貞非但蘊藏智襟實形於文翰搜括史
傅撰顯忠錄區目十篇分卷二十既欲彰忠心
於万代豈可為逆亂於一朝乞追遺志足明丹
款义籍寵姻戚特握兵馬無君之心實懷皇白
壇廢太后枉害國王生殺之柄不由陛下賞訓
之詔一出於义名藩重地此其親黨京官要任
必其心腹中山王熙本興义兵不圖神器戮其
大逆合門滅盡遂令元略南奔為國臣患寀庵
生國之猛將盡忠弃市其餘狂被屠戮者不可

師 ▲魏書傳四八 六 丁松年

稱數緣此普天喪氣匝地憤傷致使朝隴猖狂
歷歳為亂荊徐春勳職是之由昔趙高秦令
關東鼎沸令元义執權使四方雲擾自古及今
竹帛所載賊子亂臣莫此為甚開逆之始起自
宋維成禍之末良由騰矣而令凶徒姦黨迭相
樹置高官厚祿任情自取非但臣等痛恨於身
抑為聖朝懷慙負愧以臣赤心懷懷之見宜泉
諸兩觀曝其全屍合斷棺斬骸沈其五族上
謝天人幽隔之憤下報忠臣冤酷之痛方乃崇

亞三事委以樞端所謂虎也更傳其翼朝野切
幽避遘扼腕蔓草難除去之宜盡臣歷觀曠代
絢追振古當斷不斷更生況義情忍更居
衡要臣中宵九歎竊以寒心實宸鑒早為之
所臣等潛伏閭閻於茲六載且號白日夕泣千
古之痛何足相比今幸遇陛下叡親覽万幾
大戶仁明更撫四海臣等敢詣闕披陳乞報冤
毒書奏靈太后義之乃引子熙為中書舍人後
遂卻騰棺賜義死尋修國史加寧朝將軍未幾
除著作郎又兼司州別駕轉輔國將軍鴻臚少
卿建義初兼黃門拿正子熙清白自守不交人
事又少孤為叔顯宗所撫養及顯宗卒顯宗子
伯華又幼子熙發愛等於同生長猶共居車馬
資財隨其費用未嘗見於言色又上書求析階
與伯華於是除伯華東太守及伯華在郡
焦刺史元弼所辱子熙乃泣訴朝廷肅宗詔遣
按撿弼遂大見詰讓介朱榮之擒葛榮也送至

京師莊帝欲誅數之子熙以為榮既元党自
知必死恐或不遜無宜見之介朱榮聞而大怒
請罪子熙加征虜將軍及邢
杲之起逆詔子熙慰勞杲詐降而子熙信之還
恕死免官未幾兼尚書吏部郎普泰初除通直
散騎常侍撫軍將軍光祿大夫尋正吏部郎出
帝初還領著作郎以奉冊之故封歷城縣開國
子食邑五百戶又加衛將軍右光祿大夫天平
初為侍讀又除國子祭酒子熙儉素安貧常好
退靜遷鄴 如百司並給兵力時以祭酒閑務
止給二人或有令其陳請者子熙曰朝廷自不
給祭酒兵元象中加衛大將軍先是子熙與弟驃
騎將軍元象中加韓子熙事也論者高之尋除
王氏為妻姑之女也生二子子熙尚未婚迭相
與寡嬬李氏數合而生三子王李不穆迭相告
言歷年不罷子熙因此慙恨遂以發疾興和中
孝靜欲行釋奠敕子熙為侍講尋卒遺戒不求

贈諡其子不能遵奉遠至千詔武定初贈驃騎
將軍儀同三司幽州刺史
興宗弟顯宗子茂親性剛直能面折庭諍亦有
才學沙門法撫三齊稱其聰悟常與顯宗校試
抄百餘人名各讀一遍隨即覆呼法撫猶有一
二卷謬顯宗了無誤錯法撫歎曰貧道生平以
來唯服郎耳太和初舉秀才對策甲科除著作
佐郎車駕南討兼中書侍郎既定遷都顯宗上
書其一曰竊聞輿駕今夏若不巡三齊當幸中

鱗　魏書傳四十八　九　王遵

山竊以為非計也何者當今徭役宜早息洛京
宜速成省費則徭役可簡并功則洛京易就往
冬興駕停鄴是閞隙之時猶編戶供奉勞費為
劇聖鑒矜愍豈躬勤爵淡高年賽周鮫寡雖
賑普霑令猶恐來夏菜色況三農要時六軍雲
然大駕親臨誰敢寧息往來承奉紛紛道路田
疇墾斲廢則將來無資此國之深憂也且向炎暑
而六軍暴露恐生癘疫此可憂之次也臣願興

駕早還北京以省諸州供帳之費并功專力以
營洛邑則南州免雜徭之煩北都息分析之歎
洛京可以時就遷者僉爾如歸其二曰自古聖
帝必以儉約為美亂主必以奢侈貽患仰惟先
朝皆卑宮室而致力於經略故能基宇開廣業
祚隆泰今洛陽基址魏明帝所營取譏前代伏
願陛下損之又損頃來北都富室競以第宅相
尚今遷徙之宜申禁約令貴賤有檢無得踰制
端廣衢路通利溝渠使寺署有別四民異居永

淡　魏書傳四十八　十　張亨

垂百世不刊之範則天下幸甚其三曰竊聞輿
駕還洛陽輕將數千騎臣甚為陛下不取也夫
千金之子猶不坐垂堂況万乘之尊富有四海
平蹕踶於闐闠之內者豈以為儀容而已蓋以
戒不虞也世清道泰而後行尚恐銜蹶之或失況
涉山河而不加三思哉此愚臣之所以悚息伏
願少垂省察其四曰伏惟陛下耳聽法音目覩
墳典口對百辟心虞万幾器具而食夜分而寢
加以孝思之至隨時而深文章之業日成篇卷

雖虧明所用未足為煩然非所以齊神養性頤
無疆之祚莊周有言形有待而智無涯以有待
之形役無涯之智殆矣此愚臣所不安伏願陛
下垂拱司契委下責成唯晃旒垂纊而天下治
矣高祖頗納之顧宗又上言曰進賢求才百王
之所先也前代取士必先正名故有賢良方正
之稱而朝廷但檢其門望不復彈坐如此則可
令別貢門望以叙士人何假冒秀孝之名也夫

門望者是其父祖之遺烈亦何益於皇家益於
時者賢才而已苟有其才雖屠釣奴虜之賤聖
皇不恥以為臣苟非其才雖三后之胄自墜於
皂隸矣是以大才受大官小才受小官各得其
所以致雍熙議者或云今世等無奇才不若取
士於門此亦失矣矣於門此亦失矣
而不置哉但當校其有寸長銖重者即先氣之
則賢才無遺矣又曰夫帝皇所以居尊以御下
者威也兆庶所以徙惡以從善者法也是以有

國有家必以刑法為治生民之命於是而在有
罪必罰罰必當辜則雖箠撻之刑而人莫敢犯
也有制不行人得僥倖則雖參夷之誅不足以
肅自太和以來多坐盜弄市而遠近肅清由此
言之止姦在於防檢不在麗刑也今州郡牧守
邀當時之名行一切之法臺閣百官亦咸以深
酷為無私仁恕為容盜迸相敦厲成成風俗
陛下居九重之內視人如赤子百司分萬務之
要遇下如仇讎足則堯舜止一人而桀紂以千

百和氣不至蓋由於此書曰與其殺不辜寧失
不經實宜敕示百寮以惠元元之命又曰昔周
王為犬戎所遂東遷河洛鎬京猶稱宗周以存
本也光武雖曰中興實自創革西京尚置京尹
亦不廢舊令陛下光隆先業遷宅中土稽古復
禮於斯為盛豈若周漢出於不得已哉按春秋
之義有宗廟曰都無則謂之邑此不刊之典也
況北代宗廟在焉山陵託焉王業所基聖躬所
載其為神鄉福地實亦遠矣今便同之郡國臣

竊不安愚謂代京宜建鐵置尹一如故事崇本
重舊以光萬葉又曰伏見洛京之制居民以官
位相從不依族類然官位非常有朝榮而夕悴
則衣冠淪於厮隸之邑藏獲騰於青腒之里物
欲其業定而志專業定則不偏志專則不淫故
之顛倒或至於斯古之聖王必令四民異居者
耳目所習不督而就父兄之教不肅而成仰惟
太祖道武皇帝創基撥亂日不暇給然猶分別
士庶不令雜居伎作屠沽各有攸處但不設科
禁賣買任情販貴易賤錯居混雜假令一劇彈
筆吹笛緩舞長歌一劇嚴師苦訓誦詩講禮宣
令童齔任意所從其走赴舞堂者萬數往就學
館者無一此則伎作不可雜居士人不宜異劇
之明驗也故孔父云里仁之美孟母弘三徙之
訓賢聖明誨若此之重令伎作家習士人風
禮則百年難成令士人兒效伎作容態則一
朝可得是以士人同處則禮教易興伎作雜居
則風俗難改朝矸每選舉人士則校其一婚一

官以為升降何其密也至與開伎作官途得與
青渠華望接閻連氍何其略也此愚臣之所感
令稽古建極光宅中區凡所徙君皆是公地分
別伎作在於一言有何為疑而關盛羨又曰自
南偽相承竊有淮北欲擅中華之稱且以招誘
邊民故僑置中州郡縣自皇風南被仍布不改
凡有重名其數甚眾疑惑書記錯亂區宇非所
以疆域物土必也正名之謂也愚以為可依地
理舊名〔皆罄革小者并合大者分置及中州郡〕
縣昔以戶少併省令人口既多亦不可復舊君
人者以天下為家不得有所私也故倉庫儲貯
以俟水旱之災供軍國之用至於有功德者然
後加賜爰及末代乃寵之所隆賜費無限自此
以來亦為太過在朝諸貴受祿不輕土木被錦
綺僮妾厭梁肉而復厚資屢加勤以千計若分
賜鰥寡贍濟實多如不悛革豈周給不繼富之
謂也愚謂事有可賞則明旨褒揚稱事加賜以
勸為善不可以親近之昵很損天府之儲又曰

諸宿衛內直者宜令武官習引矢文官諷書傳
而令給其補博之具以成裝狎之容長矜爭之
心恣誼囂之慢徒損朝儀無益事實如此之類
一宜禁止高祖善之後乃啓乞宋王劉昶府諮
議參軍事欲立劾南境高祖不許高祖曾謂顯
宗又程靈虯自遼關若求之當世文學之能卿
朕自委悉中省之品卿等所聞若欲取況古人
班馬之徒固自遼闊卿復有差降可居下上顯
宗對曰臣才短淺猥聞上天至乃比於崔光實為
等應推崔孝伯又謂顯宗曰見卿所撰燕志及

魏書傳四十八　十五　何澄

在齊詩詠大勝比來之文然著述之功我所不
見當更訪之監令校卿才能可居中第又謂程
靈虯曰卿比顯宗復有差降可居下上顯宗對
曰臣才第短淺猥聞上天至乃比於崔光實為
隆溘然臣竊謂陛下貴古而賤今臣學微才短
誠不敢仰希古人然遭聖明之世覩惟新之禮
深翰勤素實錄時事亦未斬於後人昔揚雄著
太玄經當昞不免覆益之談二百年外則越諸
子今臣之所撰雖未足光述帝載禅暉日月然

万祀之後仰觀祖宗巍巍之功上覩陛下明明
之德亦何謝欽明於唐典徽於虞書高祖曰
假使朕亦何愧於虞舜卿復何如於堯臣顯宗曰
臣聞君不可以獨治故設百官以替務陛下齊
蹤堯舜公卿寧非八元之儔高祖曰卿為著作
僅名奉職未是良史也顯宗曰臣仰遭明時直
筆而無懼又不受金安眠美食此臣優於遷固
也高祖晒之後與員外郎崔逞等參定朝儀高
祖曾詔諸官曰自近代已來高卑出身恒有常

魏書傳四十八　十六　第四

分朕意一以為可復以為不可宜相與量之本
太常卿李沖對曰未審上古已來置官列位為欲為治
見地為欲益治讚時高祖曰俱欲為治沖曰若
欲為治陛下今日何為專崇門品不有拔才之
詔高祖曰苟有殊人之伎不患不知然君子之
門假使無當世之用要自德行純篤朕是以
用之沖曰傅巖呂望豈可以門見舉高祖曰如
此濟世者希曠代有一兩人耳沖謂諸卿士曰
適欲請諸賢救之秘書令李彪曰師旅寡少未

足為援意有所懷不敢盡言於聖旦陛下若專
以門地不審魯之三卿軝若四科高祖旦猶如
向解顯宗進旦陛下光宅洛邑百禮唯新國之
興否指此一選臣既學識浮淺不能援引古今
以證此議且以國事論之不審中祕書監令之
子必為祕書郎頃來為監令者子皆可為不高
祖旦卿何不論當世膏腴為監令者顯宗旦陛
下以物不可類于具儁出者朕亦不拘此例
日若有高明卓爾于貴承貴以賤襲賤高祖
後為本州中正二十一年車駕南代顯宗為右
軍府長史征虜將軍統軍軍次赭陽蕭鸞戍主
成公期遣其軍主胡松高法援等并引蠻賊來
擊軍營顯宗親率拒戰遂斬法援首顯宗至新
野高祖詔旦卿破賊斬帥殊益軍勢方攻堅
城何為不作露布也顯宗旦臣頃聞鎮南將軍
王肅獲賊二三驅馬數匹皆為露布臣在東觀
私每哂之近雖仰憑威靈得摧醜虜兵寡力弱
擒斬不多脫復高曵兵旗虛張功捷九而效之

其罪彌甚臣所以斂毫卷帛解上而巳高祖笑
旦如卿此勳誠合茅社須赭陽平定檢審相酬
新野平以顯宗為鎮南廣陽王嘉諮議參軍顯
宗後上表頗自稱伐訴前征勳詔旦顯宗斐然
成章甚可怪責進退無檢鹵我清風此而不糾
或長獎俗可付尚書推列以聞兼尚書張彝奏
免顯宗官詔旦顯宗雖浮矯致忿才猶可用豈
得永棄之也可以白衣守諮議展其後效但鄙
很之性不足參華可奪見■并禁問訊諸王顯
宗既失意遇信向洛乃為五言詩贈御史中尉
李彪旦賈生謫長沙董儒詣臨江愧無若人跡
忽尋兩賢蹤追昔渠閣游策駑蹇龍如何情
顧奪風驟然獨遠從痛哭去舊國銜淚屆新邦哀
哉無援民煢然失侶鴻彼蒼不我聞千里告志
同二十三年卒顯宗撰馮氏燕志孝友傳各十
卷所作文章頗傳於世景明初追赭陽勳賜爵
章武男
子武華襲除討寇將軍奉朝請太原太守

程駿字驎駒本廣平曲安人也六世祖晉都
水使者坐事流于涼州祖父肇呂光民部尚書
駿少孤貧居喪以孝稱師事劉昞性機敏好學
晝夜無倦昞謂門人曰舉一隅而以三隅反者
此子亞之也駿謂昞曰今世名教之儒咸謂老
莊其言虛誕不切實要弗可以經世駿意以為
不然夫老子著抱一之言莊生申性本之旨若
斯者可謂至順矣若乃棄親背要則煩偽生若老成美哉由是聲
沖真喪昞曰鄉年尚稚言若老成美哉由是聲

魏書傳四十八 〔一九〕 右

譽益播祖渠牧犍擢為東宮侍講太延五年世
祖平涼遷于京師為司徒崔浩所知高宗踐
阼拜著作佐郎未幾遷著作郎為任城王雲郎
中令進藏於王王納而嘉之皇興中除高密太
守尚書進直筆千里之任十室可有請留之數
史才方申真李敷奏曰夫君之使臣必須終效駿實
載以成前籍後授方伯愚以為允書奏從之顯
祖屢引駿與論易老之義顧謂羣臣曰朕與此
人言意甚開暢又問駿曰鄉年幾何對曰臣六

十有一顯祖曰昔太公既老而遭文王卿今遇
朕豈非早也駿曰臣雖才謝呂望幸陛下尊過
西伯覬天假餘年竭六韜之効延興末高麗王
璉求納女於掖庭顯祖許之假駿散騎常侍賜
爵安豐男加伏波將軍持節如高麗迎女賜布
帛百匹駿至平壤城或勸璉曰魏昔與燕婚既
而伐之由行人具其夷險故也今若送女恐不
異於馮氏璉遂謬言女喪駿與璉往復經年責
璉以義方璉不勝其忿遂斷駿從者酒食欲
逼辱之憚而不敢害會顯祖崩乃還拜祕書令
初遷神主于太廟有司奏舊事廟中執事之官
例皆賜爵今宜依舊詔百寮評議羣臣咸以為
宜依舊事駿獨以為不可表曰臣聞名器為帝
王所貴山河為區夏之重是以漢祖有約非功
不侯必當屬有命於大君之展展心力於戰謀
之日然後可以應茅土之錫未見預事於宗廟
而獲賞於疆土徒見晉鄭之后以夾輔為至勳
吳鄧之儔以征伐為重續周漢既無文於遠代

魏書傳四十八 〔二十〕 右

魏晉亦靡記於往年自皇道開符乾業創統務
高三五之規思隆百王之軌罰頗減古賞增
昔時因神主歊祔清廟致肅而授羣司以九品
之命顯執事以五等之名雖復帝王制作弗相
沿襲然當時恩澤豈足為長世芝軌平乖泉之
懲伏待罪譴書奏從之文明太后謂羣臣曰言
事固當正直而準古典可依附暫時舊事乎
賜駿衣一襲帛二百匹駿又表曰春秋有云見
有禮於其君者若孝子之養父母見無禮於其

三世 ◀魏書傳四十八

君者若鷹鸇之逐鳥雀所以勸誡將來垂範万
代昔陳恒殺君宣尼請討雖欲縶逸其得已乎
今廟筭天七州雲動將水蕩鯨觀陸掃凶逆
然戰貴不陳兵家所美宜先遣劉昶招喻淮南
若應聲響慝同心齊舉則長江之險可朝服而
濟道成之首可崇朝而懸苟江南之輕薄背劉
氏之恩義則曲在彼矣何負神明哉揚義橄江
南振旅回旆亦足以示救患之大仁揚義風於
四海且攻難守易則力懸百倍不可不深思不

二十 / 三十一 王

可不熟慮令天下雖謐方外猶虞拾螢燒倖於
西南狂虜伺疊於漠北脫攻心恐兵不卒
解兵不卒解則憂慮逾深夫為社稷之計者莫
不先於守本臣愚以為觀兵江滸振曜皇威宜
特加撫慰秋毫無犯則民知德信民知德信則
禍貧而來彊貧而來則淮北可定淮北可定則
吳寇異圖寇異則禍釁出然後舉所謂守本者
不晚矣請偵諸州之兵待後觀興勢而動則
也伏惟陛下太皇太后英筭神規彌綸百勝之

三世 ◀魏書傳四十八

外應機體變獨悟方寸之中臣影積虞淵昬毫
將及雖思憂國終無云補不從沙門法秀謀及
伏誅駿表曰臣聞詩之作也蓋以言志邇之事
父遠之事君關諸風俗靡不備焉上可以頌美
聖德下可以申厚風化言之者無罪聞之者足
以誡此古人用詩之本意臣以為没之年得逢
盛明之運雖復昬耄將及猶慕廉頗飯之風
伏惟陛下太皇太后道合天地伴日月則天
與唐風斯穆順帝與周道通靈是以狂妖懷逆

二十二 / 二十三

無隱謀之地冥靈潛前翳伏發覺之誅用能七廟
幽賛人神扶助者已臣不勝喜踴謹竭老鈍之
思上慶國頌十六章并序於皇大魏則天承祐
頌曰乾德不言四時迭序甘雨之德焉其
疊聖三宗重明四祖豈伊殷后體治垂仁德從風穆
在上聖敬日新汪汪叡后咸秩百靈紫望山川
教與化津千載昌運道隆茲辰歲惟巡狩應運
遊田省方問苦訪政高年咸秩百靈紫望山川

誰云禮滯遇聖則宣王業初定中山是由臨幸

來蘇忽有狂豎謀逆聖都明靈幽告發覺伏誅
蕩民百憂百憂既蕩與之更初邑邑億兆戶詠
之盛情特綢繆仰歌祖業俯欣春柔大哉肆昔
皇慶道固千祀百靈潛翳姦不遑起姦不遑起
羿況為亂祖龍千紀狂華冬茂有自來矣美哉
罪人得情憲章刑律五秩猶輕於穆二聖仁等
春生除棄周漢遐軌犠庭周漢奚葉忿彼苛刻
犠庭昌軌希仁尚德徽音一振聲敷四塞豈惟
京甸化播萬國誠信幽賛陰陽以調谷風扇夕

其兩降朝嘉生含穎深盛熙苗鱗貧巷詠寡婦
室謠聞諸詩者雲漢賦宣章句迴秀英昭雅篇
翔乃盛明德隆道玄豈唯兩施神徵豐年豐年
盛矣化無不濃有禮有樂政莫不通咨臣延躍
欣詠時邑誰云易遇曠齡一逢上天無親唯德
是在思樂盛明雖疲勿怠差之毫釐千里之倍
顧言勞謙求仁不悔人亦有言聖主慎微五國
連兵踰年歷時鹿車而運廟算失思有司不惠

籩食役煩民不堪命將家逃山宜督厥守威德

是宣威德如何聚眾盈川民之從令寔賴衣食
農桑失本誰耕誰織飢寒切身易子而食靜言
念之實懷歎息昔聞典論非位不謀漆室憂國
遺芳載臭答臣昏老偏蒙恩祐忽志狂瞽敢獻
愚陋文明太后令曰省詩表聞之歌頌宗祖之
功德可示當世之言何其過也所箴下章戢之
不志駿又奏得一頌始於固業終於無為十篇
文多不載文明太后令曰省表并頌十篇聞之
鑒戒既備良用歎息養老乞言其斯之謂又詔

曰程駿歷官清慎言事每愜又門無俠貨之實

室有懷道之士可賜帛六百匹雄

散之親舊性介直不競時榮太和九年正月病

篤乃遺令曰吾存尚儉薄豈可没為奢厚哉昔

王孫臝葬有感而然士安遽篠頗亦矯厲今世

既休明百度循禮彼非吾志也可歛以時服器

皿從古遂卒年七十二初駿病甚高祖文明太

后遣使者更問其疾敕御師徐謇診視賜以湯

藥臨終詔以小子公稱為中散從子靈虬為著

作佐郎及辛高祖文明太后傷惜之賜東園祕

器朝服一稱帛三百匹贈冠軍將軍兖州刺史

曲安侯謚曰憲所製文筆自有集錄駿六子元

繼公達公亮並無官

公義侍御史謁者僕射都水使者武昌王司馬

沛郡太守

公稱王文中散給事中尚書郎並早卒

公禮子織字世伯好學頗有文才荆州府主簿

始駿從祖弟伯達伯達名犯顯祖廟諱與駿同

年亦以文辯

沮渠牧犍時俱選與牧犍世

子參乘出入時論美之伯達早亡

弟子靈虬幼孤頗有文才而久淪末役在吏職

十餘年坐事免會駿臨終啟請得擢為著作佐

郎後坐事免族故致譴免至洛無緦親而高祖知其與駿子公

義為始族故致譴免至洛無緦親而高祖知其與駿為

啟申為羽林監選補徐州梁郡太守以酗酒為

刺史武昌王鑒所劾下梁郡志力少衰

猶時為酒困久去官禄不免飢寒屢諧尚書乞

領任敕令外叙

效舊任僕射高肇領選申為著作郎以崔光

史臣曰韓麒麟以才器識用遂見紀於齊土顯

宗文學立已屢陳時務至於實錄之功所未聞

也子熙清尚自守榮過其器程駿才業未多見

知於世者蓋當時之長策乎

列傳第四十八　　　魏書六十

薛安都　　畢眾敬

沈文秀　　張讜

田益宗　　孟表

薛安都字休達河東汾陰人也父廣司馬德宗
上黨太守安都少驍勇善騎射頗結輕俠諸兄
患之安都乃求以一身分出不取片資兄許之
居於別廨遠近交遊者爭有送遺馬牛衣服什
物充牣其庭真君五年與東雍州刺史沮渠康
謀逆事發奔於劉義隆後自盧氏入寇弘農執
太守李拔等遂逼陝城時秦州刺史杜道生討
安都仍執拔等南逃及世祖臨江拔乃得還安
都在南以武力見叙值劉駿起江州遂以為將
位至左衛率劉昶歸降子業以安都為平北將
軍徐州刺史鎮彭城和平六年劉彧殺其主子
業而自立群情不恊共立子業弟晉安王子勛
安都與沈文秀崔道固常珍奇等舉兵應之彧
遣將張永討安都安都遣使來降請兵救援顯

祖召群臣議之群官咸曰昔世祖常有并義隆
之心故親御六軍遠臨江浦今江南阻亂內外
離心故安都今者求降干載一會機事難遇時不
可逢取亂侮亡於皇平在顯祖納之安都又遣
第四子道次為質并與李數等書給繹相繼乃
遣鎮東大將軍博陵公尉元城陽公孔伯恭等
率騎二萬赴之拜安都使持節散騎常侍都督
徐南兗青冀五州諸軍事鎮南
大將軍徐州刺史賜爵河東公安都以事寇歸
國元等既入彭城安都乃中悔謀圖元等欲還
以城叛會元等已知之遂不果發祖安都因重貨元等
委罪於女壻裴祖隆乃殺祖隆而隱安都謀
皇興二年與畢眾敬朝于京師大見禮重子姪
群從並處上客皆封侯至于門生無不收叙焉
又為起第宅館宇崇麗賚給甚厚三年卒贈本
將軍秦州刺史河東王謚曰康
子道標襲爵太和初出為鎮南將軍平州刺史
治有聲稱轉相州刺史將軍如故復以本將軍

為秦州刺史十三年卒

子達字宗胤龍襲例降為侯及開建五等以安都

著勳先朝封達河東郡開國侯食邑八百戶後

以河東徵甸改封華陰縣侯熙平初拜奉車騎

都尉出為漢陽太守達不樂為郡詔聽解卒

子承華襲爵稍遷司徒從事中郎河東邑中正

卒於安南將軍光祿大夫

子羅漢龍爽齊受禪爵例降

道標弟道異亦以勳爵為第一客早立贈鎮西將

道異弟道次既賀京師拜南中郎將給事中賜

爵安邑侯加安遠將軍出為安西將軍秦州刺

史假河南公太和十五年為光祿大夫卒

子藜龍襲爵降為平溫子尚書郎秦州刺史鎮遠

將軍隴西鎮將帶隴西太守後為滎陽太守遷

平北將軍肆州刺史所在貪穢在州彌甚納賄

於司空劉騰以求美官未得而騰死正光五年

莫折念生反於秦州遣廿六別帥卜胡王慶雲等

叛寇涇州肅宗以戀為持節光祿大夫假安南

將軍西道別將與伊禽生等討之進及平涼郡

東與賊交戰不利藏等退還後為撫軍將軍汧

城大都督鎮北隴孝昌二年春卒於軍贈征西

大將軍雍州刺史子如故

安都兄子碩明隨安都入國賜爵蒲坂侯清河

太守太中大夫

安都從祖弟眞度初與安都南奔及安都為徐

州眞度為長史頗有勇幹為其爪牙從安都來

降為上客太和初賜爵河北侯加安遠將軍為

鎮遠將軍平州刺史假陽平公後降侯為伯除

冠軍將軍隨駕南討假平南將軍久之除護南

蠻校尉平南將軍荊州刺史蕭贍雍州刺史曹

虎之詐降也詔眞度督四將出襄陽無功而還

後征赭陽為房伯玉所敗有司奏免官爵高祖

詔曰眞度之罪誠如所奏但頃與安都送之彭

方開關徐宋外捍流寇道成之師內寧邊境烏

合之眾淮海來服功頗在茲言念厥績每用嘉

美楮陽百敗何足計也宜異群將更申後效可
還其元勳之爵復除荆州刺史自餘徵號削奪
進足彰忠退可明失尋除假節假冠軍將軍東
荆州刺史初遷洛後具度每獻計於高祖勸先
取樊鄧後攻南陽故為高祖所賞賜帛一百匹
又加持節正號冠軍改封臨晉縣開國公食邑
三百戶詔曰獻忠盡心臣人臣令節標善賞功有
國徵範故三言可以興邦片辭可以喪國得無遠

錄前謀以疑厭善具度愛自還京每在戎役汙
北之計恒所與聞知無不言顏見採納及六師
南邁朕欲超據新野群情皆異具度獨與朕同
撫壁窮夷莫有勤績可增邑三百戶轉征虜將
軍豫州刺史景明初豫州大飢眞度表日去歲
不收飢饉十五今又災雪三尺民人萋餒無以
濟之臣輒日別出州倉米五十斛為粥救無以
者詔目自度所表甚有憂濟百姓之意宜在拯
邨陳郡儲栗雖復不多亦可分贍尚書量販以
聞及裴叔葉以壽春內附詔具度率眾赴之尋

邊華州刺史將軍如故未幾轉荆州刺史仍本
將軍入為大司農卿正始初除平南將軍揚州
刺史又以年老聽子懷吉以本官隨行蕭衍豫
州刺史王超宗率步騎擊之超逆來拒戰叔仁擊
李叔仁等率步騎擊之超宗逆來拒戰叔仁擊
破之俘斬三千還朝除金紫光祿大夫加散騎
常侍又改封敷西縣永平中卒年七十四贈帛

四百匹朝服襲贈左光祿大夫常侍如故諡
曰莊有子十二人
嫡子懷徹龑封目太常丞稍遷征虜將軍中散
大夫又除左將軍太中大夫卒於重騎將軍左
光祿大夫初具度有女姊數十人每集賓客輒
命奏之絲竹歌舞不輟於前盡聲色之適庶長
子懷吉居喪過周以父妓十餘人并樂器獻之

世宗納焉
懷吉好勇有膂力雖不善書學亦解達世事自
奉朝請歷直後寢領太官令正始初為驃騎將
軍後試守恒農郡蕭行遣衆寇徐究安東邢

嘗討之詔懷吉以本任為統軍司永平初分梁州壽壽為益州除征虜將軍益州刺史以元愉未平中山王英為征東將軍益州刺史以元愉軍司未發而愉平蕭衍遣將軍寇陷郢州之三關詔英南討懷吉仍為軍司以義陽屢急令懷吉馳馹先赴時豫州城民白早生殺刺史以懸瓠南至于安陸惟義陽城而已懷吉與郢州刺入蕭衍衍將齊苟仁率衆守城於是自懸瓠以史妻悅督屬將士且守且戰卒全義陽與英討

復三關諸戍後鎮東將軍盧昶救朐山與賊相持詔懷吉為昶軍司及昶敗懷吉得不坐延昌中以本將軍除梁州刺史南秦民反攻逼武興懷吉遣長史崔纂等別駕范珣擊平之進號右將軍正光初除後將軍汾州刺史四年卒贈平北將軍幷州刺史懷吉本不屬清郎及為汾州偏有聚納之響自以支庶餽誘勝已共為婚姻多攜親戚悉令同行兼為之彌縫恣其取受而將勞賓客曲盡物情送去迎來不避寒

熱性少言毋有接對怛然而退既指授先期人馬之數左右密已記錄俄而酒饌相尋餚粟繼至進于將別贈以錢縑下及廝傭咸過本望其延納貴賤若此

懷吉弟懷直京兆內史衛大將軍左光祿大夫懷直弟懷朴恒農太守襄陵男懷朴弟懷景征南將軍河東太守安定男卒贈持節都督北徐兗東徐三州諸軍事驃騎大將軍儀同三司徐州刺史

懷景第懷儁撫軍將軍光祿大夫汾陰男世為征南將軍益州刺史天平初代還至梁州與刺史元羅俱為蕭衍將蘭欽所擒送江南衍見懷儁謂之曰卿父先為魏荊州我于時猶在襄陽且州壤連接極相知練卿今至此當能佳乎若欲還者亦以禮相遣顧謂左右至于家在此富貴極不可言懷儁便乞歸衍聽還國興和中卒子湛儒龍表武定中司空水曹參軍襲受禪爵例隆真度諸子既多其毋非一同産相朋因有憎

愛興和中遂致許云以毒藥相害顯在公府
發揚疷麈貴時人耻焉

畢衆敬小名捒東平須人少好弓馬射獵交
結輕果常於疆境盜掠為業劉駿為徐兗剌史
辟為部從事駿既竊號歷其秦山太守冗從僕
射及劉或殺子業而自立遣衆敬出詣兗州募
人到彭城剌史薛安都當召與密謀云計西從乃矯
流之名且孝武第三子當共鄉為時兗州剌史

【魏書傳四十九】 九 丰畫

或命以衆敬行兗州事衆敬從之時兗州剌史
殷孝祖留其妻子率文武二千人赴或使司馬
劉文石守城衆敬率衆取瑕丘殺文石安都與
孝祖先不相協命衆敬誅孝祖諸子衆敬不得
已遂殺之州內悉附唯東平太守申纂擄無鹽
城不與之同及或平子勛授纂兗州剌史會安
都引國授軍經其城下纂閉門城中深恨衆敬
會有人發衆敬父墓遂令其母骸首散落衆敬
發哀行服拷掠近墓細民死者十餘人又疑纂
所為弟衆愛為安都長史亦遣人密至濟陰屈

篡父墓墓以相報咎及安都以城入國衆敬不同
其謀子元實以母并百口悉在彭城恐交致禍
日夜啼泣請求衆敬衆敬猶未從之衆敬先已
遣表謝或授衆敬兗州剌史而以元實有他
罪獨不捨之衆敬拔刀斫柱曰皓首之年唯有
此子今不原貸何用獨全及尉元至遂以城降
元遣將入城事定衆敬悔恚數日不食皇興初
就拜散騎常侍寧南將軍兗州剌史賜爵東平
公與中書侍郎李璨對為剌史慕容白曜攻剋

【魏書傳四十九】 十 丰

無鹽申纂為亂丘所傷走出被擒送於白曜白
曜無殺纂之意而城中火起篡劍重不能避為
火所燒死衆敬聞剋無鹽懼不殺纂乃與白曜
書并表朝廷云家之禍酷皆由於纂聞纂死乃
悅二年與薛安都朝于京師因留之賜甲第一
區後復為兗州剌史將軍如故徵還京味
善自奉養食膳豐華必致他方遠味年已七十
蹟駿皓白而氣力未衰跨鞍馳騁有若少壯篤
於姻類深有國士之風張讜之亡躬往營視有

若至親太和中高祖賓禮舊老眾敬與咸陽公
高允引至方山雖大武奢儉好尚不同然亦與
允甚相愛敬接膝談款有若平生後以篤老乞
還桑梓朝廷許之眾敬臨還獻真珠璫四具銀
裴鉶一口刺虎子一枚仙人文綬一百匹文明
太后高祖引見於皇信堂賜以酒饌車一乘馬
三匹絹二百匹勞遣之十五年十月卒詔於兗
州賜絹二千匹以供葬事

子元賓少而其家俠有武幹涉獵書史為劉駿正
爵須昌侯加平遠將軍後以元賓勳重拜使持
節平南將軍兗州刺史假彭城公父子相代為
本州當世榮之時眾敬以老還鄉常呼元賓為
使君每於元賓聽政之時乘輿出至元賓所先
遣左右敕不聽起觀其斷決忻忻然喜見顏色
眾敬善持家業尤能督課田產大致儲積元賓
為政清平善撫民物百姓愛樂之以父憂解任
喪中遙授長兼殿中尚書其年冬末卒贈撫軍

將軍衛尉卿諡曰平賜帛八百匹元賓入國初
娶東平劉氏有四子祖榮祖暉祖朽祖髦後賜妻
元氏生二子祖榮祖暉祖朽最長祖暉次祖髦
故事前妻雖先有子後賜之妻子皆承嫡所以
劉氏先亡祖暉不服重元氏後卒祖朽等三年
終禮祖榮早卒

子義允襲祖爵東平公例降為侯陵江將軍給
事中卒

子僧安襲

祖朽身長八尺疊帶十圍歷涉經史好為文詠
性寬厚善與人交襲父爵須昌侯例降為伯起
家外兵郎尚書郎治書侍御史寧遠將軍本
州中正正始三年蕭衍將蕭及先率步騎二萬
人寇兗州及先令別帥角念屯于蒙山以祖朽
為統軍假寧朔將軍隸邢巒討之祖朽開誘有
方降者相繼祖朽大破之賊走還柵
祖朽夜又焚擊賊徒潰散追討百餘里斬獲及
赴沂水死者四千餘人斬龍驤將軍矯道儀寧

朔將軍王季秀以功封南城縣開國男食巴二
百戶歷散騎侍郎中書侍郎加龍驤將軍延昌
末安南王志出討荊沔以祖朽爲志軍司兼給
事黃門侍郎尋遷司空長史神龜末除持節東
豫州剌史將軍如故祖朽善撫邊人清平有信
務在安靜百姓稱之遷除前將軍南豫州
尚書比道行臺孝昌初除卽本將軍太尉長史兼
剌史尋授度支尚書行定州未之職改授安東
將軍瀛州剌史爲賊帥鮮于脩禮攻圍積旬拒
守自固病卒於州贈衞將軍吏部尚書兗州剌
史祖朽無子以弟祖歸子義暢爲後龔爵
義暢傾巧無志業善通時要歷尚書郎中侍郎
兗州剌史大中正中軍將軍通直散騎常侍太
昌初車騎將軍尋除散騎常侍天平中坐與比
豫州山賊張儉通伏法
祖髦起家奉朝請兄祖朽別封南城以須昌侯
回授之神龜初累遷揚列將軍東平太守後爲
太州別駕卒於官

子義和襲卒於右將軍太中大夫贈散騎常侍
安東將軍兗州剌史
子仁超
義和第六弟義亮性豪踈歷尚書郎中書舍人
太平中與舍人韋鴻坐泄密賜盡於宅
祖暉早有器幹自奉朝請稍遷鎮遠將軍東軍
將軍直後正始中除龍驤將軍後試守勃海郡熙平中
驍騎將軍加征虜將軍後東郡太守入爲
拜潁川太守神龜初除右將軍幽州剌史入爲

平東將軍光祿大夫正光五年幽州民反招引
隴賊攻逼州城以祖暉前在州日得民情和復
授平西將軍幽州剌史假安西將軍爲別將以
討之祖暉且戰且前突圍入泊孝昌初北海王
顥救至城圍始解以全城之勳封新昌縣開國
子食邑四百戶後值蕭寶夤退敗祖暉乃援城
東趣華州坐免官爵尋假征虜將軍行幽州事
建義中詔復州爵加撫軍將軍永安中祖暉從
大嶺柵規入州城于時賊帥叱干騏騵保太子

壁祖暉擊破之而賊宿勤明達復攻祖暉祖暉
兵少糧竭軍援不至為賊所乘遂歿時年五十
長子義飈襲爵武定中開府中郎齊受禪爵例
降
子義遠武定中平原太守
祖歸官至建寧太守
義飈弟義雲尚書騎兵郎中
義遠弟義顯義儁性並豪率天平已後蕭衍使
人還徑經兗城前後州將以義儁兄弟銜使

軍太中大夫義儁歷司空主簿兗州別駕而卒
鮭膳器物鮮華常兼長史接宴賞客義顯左將
祖旋太尉行參軍鎮遠將軍卒贈都官尚書齊
兗二州刺史
子義員太尉行參軍
銀敬弟銀愛隨兄歸國以勳為第一客賜爵鉅
平俟卒贈冠軍將軍徐州刺史諡曰康
子聞慰字子安有器幹襲爵例降為伯拜泰山
太守入為尚書郎本州中正加威遠將軍出為

徐州平東府長史帶彭城內史永平中遷中散
大夫加龍驤將軍延昌初除清河內史因以疾
辭復為龍驤中散又試守廣平內史正光初相
州刺史中山王熙起兵謀誅元乂聞慰斷其使
以本軍除散騎常侍東道行臺尋為都督安樂
於已遷持節平東將軍滄州刺史甚有政績後
發兵拒之在任寬謹百姓愛附後乂聞慰忠

慰與鑒攻之為法僧所敗奔還京師被劾遇赦
州刺史伯如故諡曰恭
免其年卒年五十七 贈散騎常侍安東將軍兗
子祖彥字脩賢涉獵書傳風度閑雅為時所知
以侍御史為元法僧監軍法僧及過祖彥南入
永安中得還歷中書侍郎襲爵鉅平伯中軍將
軍光祿大夫征東將軍尚書左僕射兗州刺史
二州諸軍事天平四年卒年五十 贈都督兗濟
祖彥弟哲永安末秘書郎諸畢當朝不乏榮貴
但悖薄不修為時所鄙

申纂字者本魏郡人申鐘曾孫也皇始初太祖平
中山纂宗室主南奔家于濟陰及在無鹽劉或用
為兗州刺史顯祖曰申纂既不識機又不量力
進不能歸正朔退不能還江南守孤城於危亡
之地欲建功立節豈可得乎纂既敗於危義入
國太和中為散員士宋王劉昶國侍郎景明初
試守濟陰郡揚州車騎府録事參軍右司馬

常珍奇者汝南人也為劉駿司州刺史亦與薛
安都等推立劉子勛敗遣使馳告長社鎮
中書博士鄭義參右軍事進至上蔡珍奇率文
請降顯祖遣殿中尚書元石為都將率眾赴之
曰臣昔蒙劉氏生成之恩感義一身志陳報否
遂與雍州刺史畢眾敬等共唱大
武來迎義說在令徑入城語在義傳定以珍
奇為持節平南將軍豫州刺史河內公珍奇表

所願天地垂仁必圖南服且道文樵愉以吉凶
使江東之地離心草靡荊雍九州比面請更乞
高臣官名更遣雄將秣馬五千助臣經討并賜
威儀震動江外長江已北必可定矣臣雖不武
乞備前驅進據之旦更在処分敢冒黑款推誠
上聞機運可乘實在兹日珍奇雖有虛表而誠
款未純歲餘徵其子超超不欲超赴京
師密懷南叛時汝徐未平元石自出攻之珍奇
乘虛於懸瓠反叛燒城東門斬三百餘人虜掠

上蔡安城平輿三縣居民屯于灌水石駛往討
擊大破之會日闇放火燒其營珍奇入匹馬逃
免其子超走到苦城為人所殺小子沙彌囚送
京師刑為閹人

沈文秀字仲遠吳興武康人伯父慶之劉駿司
空公文秀初為郡主簿稍遷建威將軍兗州刺
史和平六年劉子業為其叔或所殺文秀遂與
諸州推立劉子勛及子勛敗皇興初文秀與崔
道固俱以州降請師應接顯祖遣平東將軍長

孫陵等率率騎赴之會劉彧遣文秀弟文炳來喻
之文秀復歸於彧或以文秀爲輔國將軍刺史
如故後慕容白曜既赳升城引軍向歷下白曜
復遣陵等率萬餘人長驅至東陽文秀始欲降
以軍人虜掠遂有悔心乃嬰城固守陵乃引師
軍於清西白曜既下歷城乃率大眾并力攻討
長圍數匝自夏至春始剋文秀取所持節衣冠
儼然坐於齋內亂兵入曰文秀何在文秀厲聲
曰身是執而躶送于白曜左右令拜文秀曰各

魏列傳四十九　十九

二國大臣無相拜之禮白曜忿之乃至撾捶後
還其衣爲之設饌遂與長史房天樂司馬沈嵩
等鏁送京師面縛數罪宥死待爲下客給以麤
衣疏食顯祖重其節義稍亦加禮之拜爲外都
下大夫太和三年遷外都大官高祖嘉文秀忠
於其國賜絹綵二百四後爲南征都將臨發賜
以戎服尋除持節平南將軍懷州刺史假吳郡
公是時河南富饒人好奉遺文秀一無所納卒
守清貧然爲政寬緩不能禁止盜賊而大興水

田於公私頗有利益在州數年年六十一卒
子保沖太和中奉朝請大將軍宋王外兵參軍
後爲南徐州冠軍長史二十一年坐援漣口退
敗有司處之死刑高祖詔曰保沖文秀之子可
特原命配洛陽作部終身既而獲免世宗時卒
於下邳太守
房天樂者清河人滑稽多智先爲青州別駕文
秀拔爲長史贅齊郡州府之事一以委之卒于
京師

魏列傳四十九卷　廿　鄭子和

弟子嘉慶漁陽太守
嘉慶從弟瑚璉長廣太守
文秀族弟萬聰敏有筆札文秀卒後以爲司馬甚器
任之隨文秀至懷州文秀卒後依宋王劉昶
遇之無禮憂愧飢寒未幾而卒
文秀族子陵字道通太和十八年高祖南伐陵
攜族孫智度歸降引見於行宮陵姿貌妍偉辭
氣辯暢高祖奇之禮遇亞於王肅授前軍將軍
後監南徐州諸軍事中壘將軍南徐州刺史尋

假即龍驤將軍二十二年秋進持節冠軍將軍

及高祖朋陵陰有叛心長史趙儼密言于朝廷

尚書令王肅深保明之切責儼既而果叛殺數

十人驅掠城中男女百餘口夜走南人智度於

彭城知之從儼走南陵為下邳戍人所射

殺

張讜字處言清河東武城人也六世祖名犯顯

祖諱晉長秋卿父華為慕容超左僕射讜士劉

駿歷給事中泰山太守青冀二州輔國府長史

帶魏郡太守劉彧之立逮援冠軍將軍東徐州

刺史又華冤徐州刺史讜乃歸順於尉元元亦表授冠

軍東徐州刺史遣中書侍郎高閭與讜對為刺

史後至京師禮遇亞於薛畢以勳賜爵平陸侯

加平遠將軍讜性開通篤於撫恤青齊之士雖

踈族末姻咸相敬視李欣等皆敬重之高兄

推懷陳款無所顧避畢眾敬等皆敬重之高兄

之徒亦相器待延興四年卒贈平南將軍青州

劉史謚康侯子敬伯求致父喪出葬冀州清河

舊墓久不被許停柩在家積五六年第四子敬

叔先在徐州初聞父喪不欲奔赴而規南叛為

徐州所勒送至乃自理後得龍襲父爵

敬伯自以隨父歸國之功賜爵曰安侯出為樂

陵太守

彭叔武巴太守父喪得葬舊墓還屬清河初讜

兄弟十人

兄忠字處順在南為合鄉令世祖南征忠歸降

賜爵新昌男拜新興太守卒官贈南冀州刺史初

讜妻皇甫氏被掠賜中官為婢皇甫遂乃詐疑

不能梳沐後讜為劉駿冀州長史因貨千餘匹

購求皇甫高宗性其納財之多也引見之時皇

甫年垂六十矣高宗曰南人奇好能重室家之

義此老母復何所任乃能如此致費也皇甫氏

歸讜令諸妾境上奉迎數年卒後十年而讜

入國

讜兄子安世正始中自梁漢同夏侯道遷歸款

為客積年出為東河間太守卒官

元茂爲信都令遷冀州治中

元茂弟子讓洛州安西府長史都水使者

田益宗光城蠻也身長八尺雄果有將略見狀

舉止有異常蠻世爲四山蠻帥受制於蕭賾太

和十七年遣使張超奉表歸款十九年拜員外

散騎常侍都督光城弋陽汝南新蔡安五郡

諸軍事冠軍將軍南司州刺史光城縣開國伯

食蠻邑二千戶所統守宰任其銓置後以益宗

既渡淮此不可仍爲司州乃於新蔡立東豫州

以益宗爲刺史尋改封安昌縣伯食實邑五百

戶二十二年進號征虜將軍景明初蕭衍遣軍

主吳子陽率衆三關益宗遣光城太守梅興

之步騎四千進至陰山關南八十餘里據長風

城逆擊子陽大破之斬獲千餘級蕭衍建寧太

守黃天賜築城赤亭復遣其將黃公賞屯於溠

城與長風相持益宗命安蠻太守梅景秀爲之

掎角擊討破天賜等斬首數百獲其二城上表

曰臣聞機之所在聖賢弗之疑者弱攻昧前王

莫之捨皆挺身生於湯炭盛武功於方來然霜

葉將淪非勁飈無以速其擇天之所棄非假手

無以殲其人竊惟蕭衍常君臣交爭江外州

鎮中分爲兩東西抗峙巳淹歲時民庶窮於外轉

輸甲兵疲於戰關事救於目前力盡於麾下

乘機電埽廓彼蠻壇恐後之經略未易於此且

壽春雖平三面仍梗鎮守之宜塞須豫設義陽

差近淮源利涉津要朝廷行師必由此道若江

南一平有事淮外須乘夏水汎長列舟長淮師

赴壽春須從義陽之北便是居我喉要在慮彌

深義陽之滅今實騎衆慶彼衆不過須精卒一

萬二千然後行師之法貴張形勢請使兩荊之衆

西擬隨雍揚州之卒頓于建安得捍三關之援

然後二豫之軍直據南關對抗延頭遣一都督

撫諸軍節度季冬進師近于春末弗過十旬剋

之必矣世宗納之遣鎮南元英攻義陽益宗遣

其息曇會生領步騎八千斷賊粮運并栰其鉤城

積聚衍成主趙文舉率衆拒戰魯生破之獲文
舉及小將胡建興古皓莊元仲等斬五千餘級
溺死千五百人倉米運舟焚燒湯盡後賊寧朔
將軍楊僧速率衆二千寇過蒙籠益宗命魯生
與成主奇道顯逆擊破之追奔十里俘斬千餘
進號平南將軍又詔益宗率其部曲并州鎮文
與安假節征虜將軍太僕少卿宇文福綏防變
楚加安南將軍增封一百戶賜帛二千四百匹早
生反於豫州詔益宗曰縣瓠要藩密邇松潁南

疆之重所寄不輕而群小猖狂忽構釁逆殺害
鎮主規成反叛此而可忍執不可容即遣尚書
邢巒忿精騎五萬星馳電驅征南將軍中山王
英統軍馬步七萬絡繹繼發量此蛾賊當逃奔
知將軍志翦犴狼以清邊境節義慷慨良在可
嘉非塞塞之至何以能爾深戰誠款方相委託
故遣中書舍人趙文相具宣朕懷往還之規口
別指授便可善盡籌略隨宜追掩勿令此竪得
有竄逸遲近清蕩更有別旨時自樂口巳南郢

豫二州諸城皆沒於賊唯有義陽而巳蕭衍招
益宗以車騎大將軍開府儀同三司五千戶郡
公當時安危在益宗去就而益宗守節不移郢
豫剗平益宗之力也益宗年稍衰老聚歛無厭
兵民患其侵擾諸子及孫競規賄貨部內苦之
咸言欲叛世宗深亦慮焉乃遣中書舍人劉桃
符宣旨慰喻庶以安之桃符還啓益宗侵掠之
狀世宗詔之曰風聞卿息魯生淮南貪暴擾亂
細民又橫殺梅伏生為爾不巳損卿誠效可令

魯生與使赴闕當加任使如欲外祿便授中豳
一郡魯生久未至延昌中詔曰益宗先朝著艾
服勤邊境不可以地須其人遂令久屈其可使持
節鎮東將軍濟州刺史常侍如故世宗慮其不
受代遣將軍李世哲與桃符率泉襲之出其
不意奄入廣陵益宗子魯生魯賢等奔於關南
招引賊兵襲逐諸戌光城巳南皆為賊所保世
哲討擊破之復置郡戌而以益宗還授征南將
軍金紫光祿大夫加散騎常侍改封曲陽縣開

國伯益宗生長邊地不願內榮雖位秩崇重猶
以為恨上表曰臣昔在南仰餐皇化率部曲
三千餘家棄彼投榮歸土兄弟葉炭豐結
賊朝高祖孝文皇帝錄臣乃誠授以藩任方欲
仰憑國威奠雪冤耻當蒙寵向讎就險危命
昔郢豫紛擾臣躬率義兵擁絕賊路竊謂誠心
仰簡毀說臣恒欲投南暴亂非一乞檢事原以

何為驗復云虐害番兵賣過半如其所言未
審死失之家所訟有幾又云耗官粟帛倉庫傾
盡御史覆檢曾無損折初代之日二子魯生魯
賢從子超秀等並在城中安然無二而桃符密
遣積射將軍鹿永固私將甲士打息魯生僅得
存命唱云我被面勅若能得魯生魯賢首者各
賞本郡士馬為生遶騰城唱殺二息戰怖寒由於
此殘敗居業為生殤然乃復毀發墳墓露泄枯
骸存者罹生離之苦亡魂遭粉骨之痛昔歲朝
廷頻遣桃符數加慰勞而桃符尚姦擅生禍福

云唯我相申致降恩旨及返京師復欺朝廷說
臣父子全無忠誠誣陷貞良感亂朝聽乞攝桃
符與臣並對若臣罪有狀分從憲網如桃符是
謀坐宜有歸詔曰既經大宥不容方更為獄熙
平初益宗又表乞東豫以招二子靈大后令曰
卿誠著二朝勳光南服作藩萬里列土承家前
朝往恩酬叙不淺兼子弟榮隆雋州小祿薄澤故遷
輕重卿所知悉先帝以卿勞舊故

牧華壤爰登顯級于時番兵交換不生猜疑而
卿息魯賢等無事外叛忠孝俱乖釁為我首以
卿誠重不復相計今卧護征南榮以金紫朝廷
處遇又其於先且卿年老方就閒養為得以本
州為念魯賢來否當更啓聞別勅東豫聽卿喻曉
昭亮若審遣信當信遣還來但遣慰納卿相
魯賢二年卒年七十三贈征東大將軍郢州刺
史謚曰莊
少子纂襲封位至征虜將軍中散大夫卒贈左
將軍東豫州刺史

益宗長子隨興冠軍將軍平原太守隨興情貪

邊官不願內地改授弋陽汝南二郡太守

益宗兄興祖太和末亦來歸附景明中假郢州

刺史及義陽置郢州改授征虜將軍江州刺史

詔賜朝服斂焉一具治麻城興祖卒益宗請隨

蕭鸞遣寧州刺史董巒追討之官軍進擊執

興代之世宗不許罷并東豫初益州內附之後

巒并其子景曜送於行宮

纘率仲舒營陽人真君末隨父南叛雖長自江

外言語風氣猶同華夏性跣武不多識文字高

祖引巒於庭問其南事巒怖不能對數顧景曜

景曜進代父咨申叙蕭纘墓襲始終辭理橫出

言非而辯高祖異焉以巒爲越騎校尉景曜爲

貞外即謀欲南叛坐徙朔州及車駕南討虜軍

召巒從軍景曜至洛陽密啟其父必當奔討漢陽

次魯陽礵單騎南走過南陽新野歷告二城以

魏軍當至戒之備防房伯玉劉忌並云無足可

應巒曰不然軍勢甚盛至境首北向哭呼景曜

云吾百口在彼事理須還不得顧汝一子也景

曜鎖詣行在所數而斬之又有陳伯之者下邳

人也以勇力自效仕於江南爲鎮南大將軍江

州刺史豐城縣開國公景明三年伯之遣使密

表請降并遣其子冠軍將軍徐州刺史永昌縣

開國侯虎牙爲質四年以伯之爲持節都督江

郢二州諸軍事平南將軍江州刺史曲江縣開

國公邑二千戶虎牙爲冠軍將軍員外散騎常

侍豫寧縣開國伯邑五百戶正始初蕭衍征虜

將軍趙祖悅築城於水東與潁川接對置兵數

千欲爲攻討之進軍討祖悅大破之乘

勝長驅入城祖悅三劍賊衆大敗進討南城

破賊諸部斬獲數千二年夏除伯之光祿大夫

虎牙遷前軍將軍

孟表字武達濟北蛇丘人也自云本屬北地號

索里諸孟青徐內屬後表因事南渡仕蕭鸞歷

馬頭太守太和十八年表據郡歸誠除輔國將

軍南兗州刺史領馬頭太守賜爵濟縣侯鎮渦

陽後蕭鸞遣其豫州刺史裴叔業攻圍六十餘
日城中食盡唯以朽革及草木皮葉為粮表撫
循將士勠力固守會鎮南將軍王肅解義陽之
圍還以救之叔業乃退初有一南人自云姓邊
字叔珍攜妻息從壽春投表云慕化歸國未及
為內應所攜妻子並亦假安出叔珍於比門
外斬之於是人情乃安高祖嘉其誠績封汝陽
送關便值叔業圍城表後察叔珍所遣規
異即加推覈乃云是叔業姑兒為叔業所遣規
縣開國伯邑五百戶遷征虜將軍濟州刺史為
散騎常侍光祿大夫進號平西將軍世宗末降
平東將軍齊州刺史延昌四年卒年八十一贈
安東將軍兗州刺史諡曰恭
子崇襲官至昌黎濟北二郡太守
史臣曰薛安都一武夫耳雖輕於去就實啟東
南事窘圖竄而竟保寵秩優矣真度一謀見賞
明主衆敬舉地納誠榮曜朝國人位並列無乏
於時文秀不回有死節之氣非但身蒙嘉禮乃

三十一

至于免刑戮在我欲其罵人忠義可不勉也張
讜觀機委質篤恤流離亦仁智矣田益宗蠻夷
荒師齗然效款終懷金帶紫不其美歟孟表之
致名位非徒然也

列傳第四十九　　　魏書六十一

三十二

李彪字道固頓丘衛國人高祖賜名焉家世寒
微少孤貧有大志篤學不倦初受業於長樂監
伯陽伯陽稱美之晚與漁陽高悅北平陽尼等
將隱於名山不果而罷悅兄間博學高才家富
典籍彪遂於悅家手抄口誦不暇寢食既而還
鄉里平原王叡年將弱冠雅有志業聚東徐州
刺史博陵崔鑒女路由冀相間彪名而詣之脩
業焉高閭稱之于朝貴李沖禮之甚厚彪深宗
附高祖初為中書教學博士後假員外散騎常
侍建威將軍銜國子使於蕭賾遷祕書丞素著
作事自儆帝以來至于太和崔浩高允著述國
書編年序錄為春秋之體遺落時事三無一存
彪與祕書令高祐始奏從遷固之體創為紀傳
表志之目焉彪又表曰臣聞昔之哲王莫不置
塵政矜愚納諫言以康黎庶是以訪童問師不

避淵澤詞謀諮善不乘綱罟用能光茂寶貫於竹
素播徽聲於金石臣屬生有道遇無諱之朝敢
脩往式竊撥時宜謹冒死上封事七條狂瞽之
言伏待刑戮其一曰自太和建號蹈于一紀典
刑德政可得而言也立圓丘以昭孝則百神不
乏饗矣舉賢才以酬諮則多士盈朝矣開至誠
以軌物則朝無佞人矣敦六順以教人則四門
樂以協人倫則人神交慶矣深慎罰以明刑則
無凶人矣制冠服以明秩則典式復彰矣雅
庶獄得衷矣薄服味以示約則儉德光昭矣單
宮女以配鰥則人無怨曠矣傾府藏以賑錫則
大賚周渥矣省賦役以育人則編戶歌矣宣
德澤以懷遠邇則華夷暢矣垂至德以暢幽
顯則禎瑞效質矣生生得所事事惟新魏魏乎
猶造物之曲成也然臣愚以為行儉之道猶自
關何者令四人豪富之家習華既久壯制第宅
夫識儉素之易長而行奢靡之難久壯制第宅
美飾車馬僕妾衣綾綺土木被文繡憚度違袁

者衆矣古先哲王之爲制也自天子以至公卿
下及關擊栝其宮室車服各有差品小不得
踰大賤不得踰貴夫然故上下序而人志定令
時浮華相競踰情無常守大爲消功者錦繡彫文是也費
力之事豈不謬哉消功者錦繡彫文是也費力
者廣宅高宇壯制麗飾是也其妨男害女工
者並可勝言哉漢文時賈誼上疏云今之王政
可爲長太息者六此即是也夫上之所好
下必從之故越王好勇而多輕死楚靈好瘠

魏書傳五十　三　王基

而國有飢人今二聖躬行儉素認令勤而百
姓之奢猶未革者豈楚越之人易變如彼大魏
之主難化如此蓋朝制弗宣人未見德使之然
耳臣愚以爲第宅車服自百官以至于庶人宜
爲其尊制使貴賤不踰賤卑不僣高不可以稱其
修意用違經典今或者以爲習俗日久不可卒
革臣謹言古人革之之漸昔子產爲政一年百
姓歌之曰我有田疇子產伍之我有衣冠子產
貯之軌殺子產五其與之及三年乃改歌曰我

有田疇子產殖之我有子弟子產誨之子產若
死其誰繼之然則鄭人之智當豈前昏而後明哉
且從政者須漸受化者難頓成也今若爲制以
差品之始末之情魏士與鄭人同矣既同鄭人
其爲卒有善歌豈可懼其初怨而不爲終善哉
夫尚儉者開福之源好奢者起貧之兆然則意焉
紂以象箸而箕子唏夏禹惡甲宮室而惡衣服此示儉於後王所宜觀其
賢人希進焉故吏夏禹惡甲宮室而惡衣服此示儉於後王所宜觀其
黃屋而乘輅輿此示儉於後王所宜觀其

魏書傳五十一　四　王基

意而取衷也孔子爲魯司寇乘柴車而駕駑
馬晏嬰爲齊正卿冠濯冠而衣裘此示儉於
後臣後臣所宜識其情而消息之也前志云作
法於凉其敝猶貪此言雖略有達治道臣之臀
言儻或可操此以及有成則人務
本人務本則奢費除奢費除則穀帛豐穀帛豐
則人逸樂人逸樂則皇基固矣其三曰易稱主
器者莫若長子傳曰太子奉家嫡之粢盛然則
祭亡主則宗廟無所饗家嫡廢則神器無所傳

聖賢知其如此故垂誥以為長世之法昔姬王
得斯道也故悛崇儒術以訓世嫡於是乎
習成懿德用大協於黎蒸是以世統生人載乎
八百逮嬴氏之君焉於秦也殆棄德政坑焚儒典
弗以義方教厥家子於是習凶德肆虐以臨
黔首是以饗年不永二世而亡之與典其道
成王教以孝悌禮義遂去邪人不使見惡又選
在於師傅師傅之損益可得而言益者周公傅
天下之端士孝博聞有道術行者以為衞翼衞
胡亥敎以刑戮斬劇及夷人族遂去正人不得
翼良成王正周道之所以長外也損者趙高傅
見善士詔佞讒賊者為其左右邪胡亥
秦祚之所以短促也夫皇天輔德者也豈私周
而踈秦哉故由所行之道殊故禍福之途異耳昔
光武議為太子置傅以問其群臣群望意皆
言太子舅執金吾新陽侯陰就可博士張佚正
色曰今立太子為陰氏乎為天下乎即為陰氏
則陰侯可為天下則固宜用天下之賢于光武

稱善曰賢置傅以輔太子也今博士不難正朕況
太子乎即拜佚為太子大傅漢明卒為賢主然
則佚之傅漢明非洒生之漸也尚或有稱而況
洒生訓之以正道其為益也固以大矣故禮曰
太子生因舉以禮使士負之有司齊肅端晃見
于南郊明家嫡之重見乎天也過闕則下過廟
則趨明孝敬之道也然古之太子自為赤子而
敎固以行矣此則遠世之鏡也高宗文成皇帝
慨少時師不勤教嘗謂群臣曰朕始學之日年
尚幼沖情未能專既臨萬機不遑溫習今而思
之當唯子處抑亦師傅之不勤當書本訴免冠
而謝此則近日之可鑒也伏惟太皇太后叡資
高宗訓成顯祖使魏之功邈乎前王陛下幼
蒙鞠誨聖敬之蹟及儲宮誕育復親撫誥以省
月課實勞神慮今誠宜準古立師傅以訓導太
子訓導正則太子正則皇家慶皇家慶
則人幸其矣其三曰臣聞國本黎元資粒食
是以世昔之哲王莫不勤勸稼穡盈廩廥君廥故堯

湯水旱人無菜色者蓋由備之有漸積之有素
暨于漢家以人食少乃設常平以給之魏氏以
兵粮乏制以屯田以供之用能不匱當時軍國取
濟又記云國無三年之儲謂國非其國光武以
一畝不實罪及牧守聖人之憂世重穀殷勤如
彼明君之恤人勸農相切若此頃年山東饑去
歲京師人入就豐既罷營官產疲而
乃達又於國體實有虛積若多積穀安而給
之豈有驅督老弱餬口千里之外以令況古誠
可懼也臣以為宜析州郡常調九分之三京都
度支歲用之餘各立官司年豐糴積於倉時儉
則加私之二糶之於人如此民必力田以買官
絹又務貯財以取官粟年登則常積歲尚則直
給又別立農官取州郡戶十分之一以為屯牛
相水陸之宜料頃畝之數以贍贖雜物餘財市
牛科給令其肆力一夫之田責六十斛彊其
正課并征戍雜役行此二事數年之中則穀積
而人足雖災不為害臣又閭刖代明主皆務懷

遠人禮賢引滯故漢高過趙求樂毅之胄晉武
廓定旌吳蜀之彥臣謂宜於河表七州人中擇
其門才引令赴闕依中州官比隨能序之一可
以廣聖朝均新舊之義二可以懷江漢歸有道
之情其四日昔帝舜命咎繇惟刑之恤周公誥
成王勿誤于庶獄斯皆君臣相誡決之日多從降
今二聖哀矜罪隸小大二情讞決之日多從降
恕時不得已必垂惻隱雖愚臣竊所未安漢制
如斯而已至若行刑犯時愚臣竊所未安漢制
舊斷獄報重常盡冬至孝章帝以十月以
肯三微後歲旱論者以十月斷獄時改盡十月以
二月陽氣上通雉雛雞乳朔以為春十三月陽
氣已至蟄蟲皆震夏以是不稽天意也月令仲
始萌故十一月有射干芸荔之應周以為春十
泄以故致旱事下公卿尚書陳寵議以陽氣
冬之月身欲寧事欲靜以起隆怒不可謂寬以
行大刑不可謂靜章帝善其言卒以十月斷令

京都及四方斷獄報重常音季冬不推三正以

肯三微寬宥之情每過(於昔遭時之憲猶或闕

然當豈所謂助陽發生垂奉微之仁也誠宜速稽

周典近採漢制天下斷獄起自初秋盡於孟冬

不於三統之春行斬絞之刑如此則道協幽顯

仁垂後昆矣其五日古者大臣有坐不廉而廢

者不謂之不廉乃曰簠簋不飾此君之所以禮

貴臣不明言其過也臣有大譴則白冠氂纓盤

水加劒造請室而請死此臣之所以知罪而不

敢逃)刑也聖朝賓遇大臣禮同古典自太和以

降有負罪當陷大辟者多得歸第自盡遺之日

深垂隱愍言發悽淚百官莫不見四海莫不聞

誠足以感將死之心慰戚屬之情然恩發至衷

未著永制此愚臣所以敢陳末見昔漢文時人

有告丞相周勃謀反者逮繫長安獄頓辱之與

皂隸同賈誼乃上書極陳君臣之義不宜如是

夫貴臣者天子為其改容而體貌之吏人為其

俯伏而敬貴之其有罪過廢之可也賜之死可

議之時臣安可陳賫言於朝但玩万世之後繼

德慈惠當孝文行之當時不為永制故耳伏惟聖

獄艮申孝文比隆哉今天下有道庶人不

後大臣有罪皆自殺不受刑至孝武時稍復入

禮矣上不使天子抑而刑之世孝文深納其言是

跪而自裁天子白子大夫自有過耳吾遇子有

非所以令衆庶見也及將刑也臣則北面再拜

之風聲也法尚不虧所以貽厥孫謀也焉得行

恩當時而不著長世之制乎其六曰孝經稱父

子之道天性書云惟孝友于兄弟一經之

旨蓋明一體而同氣可共而不可離者也及其

有罪罪不相及者也若有懼

懼應相連者固自然之恒理也無情之人有若

繫獄子弟逃刑父兄無愧惡

之色宴安榮位遊從自若車馬仍華衣冠猶飾

靈是同體共氣分憂均戚之理也昔素伯以楚

人圍江素服而示懼宋仲子以失舉相謾免冠
而謝罪然則子弟之於父兄父兄之於子弟惟
其情至焉豈與結盟相知者同年語其深淺哉二
聖淳簡風俗孝慈是先臣愚以為父兄有犯宜
令子弟素服肉袒詣闕請罪子弟有坐宜令父
兄露板引咎乞解所司若職任必要不宜許者
矣其露七日禮云子臣有大喪君三年不呼其門此
慰勉留之如此足以敦厲凡薄使人知有所恥
聖人緣情制禮以終孝子之情者也周季陵夷

露　魏書傳五十　十一　顏達

喪禮稍亡是以要經即戎素冠作刺逮于虐秦
殆皆泯矣漢初軍旅屢興未能遵古至宣帝時
民當從軍屯者遭大父母父母死未滿三月皆
弗偃役其朝臣喪制未定有聞至後漢元初中
大臣有重憂始得去官終服暨魏武孫劉之世
日尋干戈前世禮制復廢而不行至晉時鴻臚鄭
默襲親固請終服武帝感其孝誠遂著令以為
常襲魏之初撥亂返正未遑建終喪之制今四
方無虞百姓安逸誠是孝慈道洽禮教興行之

日也然愚臣所懷竊有未盡伏見朝臣丁父憂
者假滿赴職衣錦乘軒從郊廟之祀鳴玉垂綬
同節慶之醼傷人子之道虧天地之經愚謂如
有遭大父母父母喪者皆聽終服若無其人
曠庶官者則優旨慰喻起令視事但綜司出納
可採願付有司別為條制高祖覽而善之尋皆
纂從役雖懲於國之吉慶令無預其軍戎之警皆
敷奏而已國之吉慶令無預其軍戎之警皆
施行彪稍見禮遇加中壘將軍及文明太后崩

結　魏書傳五十　士　蔣含

群臣請高祖公除高祖不許與彪往復語在禮
志高祖詔曰歷觀古事求能非一或承籍微蔭
著德當時或見拔幽陋流名後葉故毛遂起賤
奮誉抗楚之辯苟有才能何必拘族也彪雖宿非
清第本闕然識性嚴聰學博墳籍剛辯
才頗堪時用兼憂更若家載宣朝美若
叙績將何以勸獎勤能可特選秘書令以酬厥
款以眾議律令之勤賜帛五百匹馬一四牛二
頭其年加員外散騎常侍使於蕭賾賾遣其主

客郎劉繪接對并設讌樂彪辭樂及坐彪曰齊
主餞讌樂以勞行人向辭樂者卿或未相體
自喪禮廢替於茲以父我皇孝性自天追慕罔
極故有今者喪除之議去三月晦朝臣始除衰
裳猶以素服從事裴謝在此固應具此我今辭
樂想卿無怪繪苟言辭樂之事向以不異請問
漢之間可謂得禮之變繪復問若欲遵古何為
今聖上追鞠育之深恩感慈訓之厚德執於殷
魏朝喪禮竟何所依彪曰高宗三年孝文踰月
不終三年彪曰万機不可父曠故割至慕倛從
群議服變不異三年而限同一朞可謂亡禮之
禮繪言沐哉叔氏專以禮許人彪曰聖朝自為
万機何慮於曠許人繪言百官總已聽於家宰
曠代之制何關何許人彪曰我聞戴籍五帝之
若君故君親攬其事三王君臣智等故司皆五
務五霸臣過於君故事決於下我朝官司皆五
帝之臣主上親攬蓋遠軌唐彪將還續親謂
曰卿前使還曰賦阮詩云但願長閑暇後歲復

來遊果如今日卿此還也復有來理否彪萁言
使臣請重賦阮詩曰宴衍清都中一去永矣哉
隤惘然曰清都可尒一去何事觀卿此言似成
長閑朕當以殊禮相送隤遂親至琅邪城登山
臨水命群臣賦詩以送別其蓍譯後車駕南征彪前
六度衡命奇其蓍譽
軍將軍東道副將尋假撫將軍著作高祖所寵彪性又剛
御史中尉領著作郎彪既為高祖性常呼
直遂多所劾糺遠近畏之豪右屏氣高祖常呼
彪為李生於是從容謂群臣曰吾之有李生猶
漢之有汲黯汾州胡叛詔彪持節解勞事畢還
京除散騎常侍仍領御史中尉著作事高祖
宴群臣於流化池謂僕射李沖曰崔光之博李
彪之直是我國家得賢之基軍駕南伐彪兼度
支尚書與僕射李沖任城王等參理留臺事彪
素性剛豪與沖等意議乖異遂形於聲色殊無
降下之心自謂身為法官莫能糺劾已者遂多
專恣沖積其前後罪過乃於尚書省嶭示止彪上

表曰臣聞範國匡人光化昇治興服典章理無
暨失故晉文功建九合猶見抑於請隧季氏籍
政三世尚受識於璵璠固知名器之重不可以
妄假先王既憲章於古陛下又經綸於凡品特以才
拔等望清華司文宗觀綱繆恩眷繩直憲臺左
加金璫石珥蟬晃闕　東省耳感恩屬節忠以報
德而竊名禾職身為違傲務勢高九公行僭逸
坐與紱省冒取　官村輒駕乘黃無所憚懼肆志

傲然愚瞽視聽此而可忍誰不可懷臣輒集尚
書已下令史上并治書侍御史臣評其虛實若
於尚書都座以彪所犯罪狀告臣彪鄰道元等
或不知須討部下臣今請以見事免
劾皆彪所知何須復召下臣言事見在目實如所
彪所居職付廷尉治獄沖又表曰臣與彪相識
以來垂二十載彪始南使之時見其色屬辭辯
主優學博臣之愚識謂是拔萃之一人及彪位
官升達參與言燕聞彪評章古今商略人物與

言於侍筵之次啓論於眾英之中賞忠識正發
言懇惻惟直是語辭無隱避雖復諸王之尊近
侍之要至有是非多面抗折酷疾矯詐毒螫非
遠屬色正辭如鷹鸇之逐鳥雀懍懍然實以公
清之操臣雖下才亦尚其梗槩欽其正直微
識其褊急之性而不以為瑕及其初登憲臺始
居司直首復驕唱之儀壁正直繩之體當時識
者僉以為難而赫赫之威振於下國蕭蕭之稱著

劾應弦而倒彪秉志信行不避豪勢其所彈
謂言行相符忠繩之官彪清內發然時有私於臣云其威
自京師天下改自貪人所已必疾風謗之際易生
暴者臣以直繩之官所已必疾風謗之際易生
音諧心不承信往年以河陽事曾與彪在領軍
因徒時有人訴枉者二公及臣少欲聽採語理
未盡彪便振怒東坐挾揮赫口稱賊奴叱吒
左右高聲大呼云南臺中取我木手去搭奴脅
折雖有此言終音不取即言南臺所問唯恐枉

活終無枉死但可依此時諸人以所枉至重有
首實者多文心難彪遂各嘿爾因緣此事臣遂
心疑有濫審加情察知其威虐猶未體其採訪
之由評檢之狀商略而言酷急小罪肅禁宗為大
會而言之猶謂公益多損少故懷寢所疑不以申
徵實失為臣知無宗聞之義及去年大駕南行
以來彪兼尚書日久共事始乃知其言與行舛
是已非人專恣無巳尊身忽物安以身作之過
深劾他人巳方事人好人佞巳聽其言同振古
忠恕之賢校其行是天下佞暴之賊臣與任城
卑躬曲巳若順弟之奉兄其所欲者事雖非
理無不屈從依事求實悉有成驗如臣列得實
宜殛彪於有此以除姦矯之亂政如臣無證宜
投臣於四裔以息青蠅之白黑高祖在懸瓠覽
表歎愕曰何意留京如此也有司處彪大辟高
祖恕之除名而巳彪尋歸本鄉高祖自懸瓠北
幸鄴彪拜迎於鄴南高祖曰朕與卿每以貞
松為志歲寒為心卿應報國盡身為用而近見

彈文殊乖所以卿罹此譴為朕與卿為宰事與
卿為卿自取彪對曰臣慙由巳至罪自身招實貟
非陛下橫與臣罪又非宰事無幸濫臣臣罪既
如此宜伏東皐之下不應遠十屬車之塵但伏
承聖躬不豫臣肝膽塗地是以敢至非謝罪而
來高祖納宋弁言將復採用會留臺表言彪與
御史賈尚往窮庶人恂事理有誣抑奏請收彪
彪自言事枉高祖明彪無此遣左右慰勉之聽
以牛車散載送之洛陽會敕得免高祖崩世宗
踐祚彪自託於王肅又與邢巒詩書往來迭相
稱重因論求復舊職脩史官之事肅等許為左
右彪乃表曰臣聞龍圖出而皇道明龜書見而
帝德昶斯宴冥中之書契也自瑞官文而卑高
陳民師建而賤貴序此乃人間之繩式也是以
唐典篆錄商家之冊虞書銘育徹之篇傳著夏民
之葳詩録商家之頌斯皆國史明乎得失之迹
也逮千周姬鑒乎二代文王開之以兩經公旦
申之以六聯郁乎其文典章大略也故觀雅頌

識文武之不列察歌音辨周公之至孝是以季
札聽風而知始基聽訟盛德至若尼父之
別魯籍丘明之辨孔志可謂婉而成章盡而不
汚者矣自餘乘志之比其亦有趣焉覽史班之
錄乃文窮於秦漢事盡於哀平懲勸兩書華實
兼載文質彬彬冨哉言也令大漢之風美類三
代炎　　崇道冠來事降及華馬陳千咸有放
爲四數贄弗遠不可力致豈虛也哉其餘率見
而書觀事而作者多矣尋其本末可往來焉唯
我皇魏之奄有中華也歲越百齡年幾十紀太
祖以弗違開基武皇以奉時拓業虎嘯域中龍
飛宇外小往大來品物咸亨自茲以降世濟其
光史官叙錄未充其盛加以東觀中圮冊勳有
關美隨日落善因月稀故諛曰一日不書百事
荒無至于太和之二十一年先帝先后遠惟景業綿
綿休烈若不恢史闕錄懼上業茂功始有缺矣
於是召名儒博達之士充麟閣之選于時志臣
衆短采臣片志令臣出納授臣丞職狠屬斯事

三國▪魏書傳五十　　吳志　九

無所與讓高祖時詔臣曰平爾雅志正爾筆端
書而不法後世何觀臣奉以周旋不敢失墜與
著作等鳩集遺文并取前記撰爲國書假有新
進時賢制作於此者恐闔門既異出入生疑弦
柱既易善者或誚之自十五年以來臣使國邊頻
有南轅之事故載筆遂寢簡牘弗張其於書功
錄美不其關歟伏惟孝文皇帝承天地之寶崇
祖宗之業景功未就奄焉殂殞見百辟萌若無
天地賴遇陛下體明睿之真應保合之量恢大
明以燭物履靜恭以安邦天清其氣地樂其靜
不怒不忘率由舊章可謂重明疊聖元首康哉
惟先皇之開創造物經綸浩曠加以魏典流製
藻績垂篇窮理於有象盡性於衆變可謂善
出矣無幽不燭也記曰善流者欲以繼其聲
歌者欲人繼其聲故傳曰文王基之周公成之
又曰無周公之才不得行周公之事今王之親王
可謂當之矣然先皇之茂猷聖達令王之懿美
洞驪金準之前代其聽靡悔也時哉時哉可不光

三國▪魏書傳五十　　子　二千

昭哉合德二儀者先皇之陶鈞也齊明日月者
先皇之洞照也慮周四時者先皇之茂功也合
契鬼神者先皇之玄燭也遷都改邑者先皇之
達也邇是協和者先皇之鑒也思同書軌者先
皇之遠也守在四夷者先皇之略也海外有截
者先皇之威也禮田歧陽者先皇之義也張樂
爽伐南荊者先皇之仁也鑾幸幽漠者先皇之
肅也親慶宗社者先皇之敬也袞實無闕者先

魏書傳五十　二十一　童遇

皇之充也開物成務者先皇之貞也觀乎人文
者先皇之蘊也革歎創新者先皇之志也孝慈
道洽者先皇之衷也先皇有大功二十加以謙
尊而光為而弗有可謂四三皇而六五帝矣誠
宜功書於竹素聲播於金石臣竊謂史官之達
者大則與日月齊明小則與四時並茂其大者
孔子左立是也小者史遷班固是也故能聲流
於無窮義昭於來裔是必金可滅而風流不泯
者其唯載籍乎諺曰相門有相將門有將斯不

唯其性蓋言羽旦之所得也竊謂天文之官太史
之職如有其人宜其世矣故尚書稱羲和世掌
天地之官張衡賦曰國子平舊史氏蓋世傳之
義也若夫良冶之子善知為裘良弓之子善知
為箕物豈有定習貫則知耳所以言及此者
職不修事多淪曠天人之際不可須更闕載也
是以談遷之軌轍後鏡之著龜固世也然前代史官之
不終業者有之皆陵遲之世不能容蓋是以平

魏列傳五十　二十二　吳雄

子去史而成賦伯喈違閣而就志近僭晉之世
有佐郎王隱為著作虞預所毀亡官在家書則
榷新供爨夜則觀文屬綴集晉書存一代之
事司馬紹勅尚書唯給筆札而已國之大籍成
於私家而典謨唯給筆札而已國之大籍成
今大魏之史職則身貴祿則親榮優哉游哉式
穀爾休矣而典謨弗恢者其有以也而故著作
漁陽傳毗比平陽尼何闡邢產廣平宋升昌黎
韓顯宗等並以文才見舉注述是同皆登年不

永弗終茂績前著作程靈虬同時應舉共掌此
務今從他職官非所司唯崔光一人雖不移任
然侍官兩兼故載述致闕臣聞載籍之興由於
大業雅頌垂薦起於德美雖時有文質史有備
略然歷世相仍不改此度也昔史談誠其子遷
曰當世有美而不書沒之罪也是以久而見美
孔明在蜀不以史官留意是以久而受議取之
深衷史談不以賢高遠矣書稱無曠庶官詩有

職思其憂臣雖今非所司然昔泰斯任故不以
草茅自疏敢言及於此語曰患為之者不必知
知之者不得為臣誠不知彌欲為之耳竊尋先
朝賜臣名彪者遠則擬漢史之權度近則準晉
史之紹統推名求義欲罷不能荷恩佩澤死而
後已今求近則暮月可就遠也三年有成正
官給事今盡力以充所須雖不能光啟大錄庶不為
飽食終日耳近則暮月可就遠也三年有成正
本蘊之麟閣副貳藏之名山時司空北海王詳
尚書令王肅以其無祿頗相賑餉遂在祕書省

同王隱故事白衣脩史世宗親政崔光表曰伏
見前御史中尉臣李彪夙懷美意創刊魏典臣
昔為彪所致與之同業積年其志力員彌考述
無惓勸奬群寮雖頃來契闊多所廢
離近蒙收起還綜事老而彌厲屬史才日新若
克復舊職專功不殆必能昭明春秋闡成皇籍
謂宜申以常伯正綰著作俾其外役展其內思
既先帝厚委宿歷高班纖貧微德應從洗馬
研積歲月紀冊必就鴻聲巨迹蔚平有章盛軌

懋詠鑠焉無泯矣世宗不許詔彪兼通直散騎
常侍行汾州事非彪好也固請不行有司場遣
之會遘疾累旬景明二年秋辛於洛陽年五十
八始彪為中尉號為嚴酷以女款難得乃為未
手擊其脅腋氣絕而復屬者時有焉又慰喻汾
州叛胡得其兇渠皆鞭面殺之及彪之病也
上往往瘡潰痛備極詔賜帛一百五十四贈
鎮遠將軍汾州刺史謚曰剛憲彪在祕書歲餘
史業竟未及就然區分書體皆彪之功述春秋

三傳合成十卷，其所著詩頌賦誄章奏雜筆百餘篇，別有集。彪雖與宋弁結管鮑之交，弁為大中正，與高祖私議，猶以寒地處之，殊不欲微相優假。彪亦知之，不以為恨。及弁卒，彪痛之無已，為之哀誄，備盡辛酸。郭祚為吏部，彪為子志求官，祚仍以舊第抑之。彪深用怨怒，形於言色。時論謂祚應以貴遊接之。彪又怨僕射任城王澄，澄與彪先亦不穆，又為雍州刺史……諸澄為志求其府寮，澄釋然，竟為成得列曹行參軍，時辯美之。志字鴻道，博學有才幹，年十餘歲便能屬文，彪甚奇之，謂崔鴻曰：子宜與鴻道為二鴻。於洛陽鴻遂與志交欵往來。彪有女，幼而聰令，彪每奇之，教之書，曰學讀誦經傳，骨鯁，謂所親曰：此當興我家，卿曹容得其力。彪亡後，世宗聞其名，召為婕妤，以禮迎引。婕妤在宮，常教帝妹書，誦經史。志後稍遷符璽郎中、徐州平東府司馬，以軍……

（版心：魏書傳五十　三五　王壽年）

功累轉後軍將軍、中散大夫、輔國將軍。永寧寺典作副將。始彪奇志及婕妤，特加器愛，公私坐集，必自稱詠，由是為高祖所責。及彪亡後，婕妤果入掖庭，世宗之世，世宗崩，為比丘尼。後婕妤通習經義，法座講說，諸僧歎重之。志所在著績。桓權為南荊州刺史，加征虜將軍。建義初，叛入蕭衍。

高道悅，字文欣，遼東新昌人也。曾祖榮，馮跋散騎常侍、新昌侯。祖育，馮文通建德令。值世祖東計，率其所部五百餘家歸命軍門。世祖授以建忠將軍、齊郡建德二郡太守，賜爵肥如子。父玄起，武邑太守，遂居勃海蓚縣。道悅少為中書學士、侍御主文中散。父之轉治書侍御史，加諫議大夫。正色當官，不憚彊禦。車駕南征，徵兵秦雍，大期秋卒閱集洛陽。道悅以使者治書御史薛聰、侍御主文中散元志等稽違期會，奏舉其罪。又奏兼左僕射、吏部尚書、任城王澄位總朝右……

（版心：魏書傳五十　二六　庞淳年　姜）

任屬戎機兵使會否曾不檢奏尚書左丞公孫

良職維樞轄蒙冒其棄請以見事免良等所居

官時道悅兄觀為外兵郎中而澄奏道悅有黨

兄之負高祖詔責然以事經身再居法樹平肅之

詔曰道悅資性忠篤稟操身再居法樹平肅之

規慮諫著必犯之節王公憚其風魦朕實嘉其

一至謇諤之誠何愧顏鮪也其以為主爵下大

夫諫議如故車駕將幸鄴又兼御史中尉留守

洛京時宮極初基廟庫未構車駕將水路幸鄴

已詔都水回營構之材以造舟撤道悅表諫曰

臣聞博納興言君上之崇務規箴匡正臣下之

誠節是以置鼓設謗愛自襄目虛襟博聽義屬

今辰臣既踈魯濫蒙榮貫司兼獻弼職當然否

佩遇恩華願陳聞見竊以都作營構之材部別

科擬素有定所工治已訖付都水用造舟艫

關求固居宇之功作暫時遊嬉之用損耗殊倍

終為棄物且子來之誠本期營起今乃脩繕舟

概更為非務公私回惶僉深怪愕又欲御泛龍

舟經由石濟其沿河挽道久以荒蕪舟概之人

素不便牽目若欲委棹正流深薄之危古今共慎

若欲挽牽之月踝形水陸恐乖視人

若子之義且鄴洛相望陸路平直時乘沃若往

來匪難更乃捨周道之安即涉川之殆此乃愚

智寡慮將妻戻俱惑進退伏思不見其可又從駕

群寮聽將妻戻舟概之間更無限備士女雜亂

內外不分當今景御休明惟新式度裁禮調風

軌物寰宇竊惟斯舉或損洪獸深失博天順則

之堅又氏胡犯順未恭西道偏戎旗曹仍襲南

寇對接近畿甿民踈戾每造不軌關覷閒隙或

生慮外愚謂應妙選懿親撫寧後事今姦回息

覬覦之堅冒昧以聞詔曰省所上事深具

無隱區區丹志半非矣當須陳非以示謀稱

乃心但卿之立言半非矣當須陳非以示謀之不

是以彰然後所以而不不用有由而為之不

爾則未相體耳回村都水斬概營嬉遊終為棄物

脩繕非務舟概無鄉士女雜亂此則鄉之失辭

矣深薄之危撫後之重斯則卿之得言也於是

高祖遂從陸路轉道悦太子中庶子正色立朝

儼然難犯官官上下咸畏懼之太和二十年秋

車駕辛中岳詔太子恂入居金墉而恂潛謀還

代忿道悦前後規諫遂於禁中殺之高祖甚加

悲惜贈散騎常侍帶管州刺史賜帛五百匹并

遣王人慰其妻子又詔使者監護喪事兼于舊

坐謚曰貞侯世宗又追錄忠躲拜長子顯族

事中

顯族亦以忠厚見稱卒於右軍將軍

顯族弟敬猷有風度員外散騎侍郎殿中侍御

史進給事中輕車將軍奉車都尉蕭寶寅西征

引為驃騎司馬及寶寅謀逆敬猷與行臺郎中

封偉伯等潛圖義舉謀泄見殺贈冠軍將軍滄

州刺史聽一子出身

道悦長兄蒿字岷崙魏郡太守

子良賢長水校尉

良賢弟侯險薄爲劫盜冀部患之

萬弟雙清河太守濁貨將刑在市遇赦免時北

海王詳爲錄尚書雙多納金寶除司空長史未

幾遷太尉長史微出爲征虜將軍涼州刺史專

肆貪暴以罪免後貨高肇復起爲幽州刺史又

以貪穢被劾罪未判遇赦復任未幾而卒

子景龢幽州司馬

雙弟觀尚書左外兵郎中城陽王鸞司馬西征

赭陽先驅而殁贈通直散騎侍郎謚曰閑

史臣曰李彪生自微族才志確然業藝風成見

擢太和之世輶軒驟指聲駁江南秉筆立言足

爲良史逮於直繩在手屬氣明目持堅無術未

路蹉跎行百里者半於九十宣彪之謂也高道

悦臣直之風見憚於世醜正貽禍有可悲乎

列傳第五十　魏書六二

列傳第五十一　　王肅　宋弁　　魏書六十三

王肅字恭懿琅邪臨沂人司馬衍丞相導之後
也父奐蕭賾尚書左僕射肅少而聰辯涉獵經
史頗有大志仕蕭賾歷著作郎太子舍人司徒
主簿祕書丞肅自謂禮易為長亦未能通其大
義也父奐及兄弟並為蕭賾所殺肅自建業來
奔是歲太和十七年也高祖幸鄴聞肅至虛襟
待之引見問故肅辭義敏切而有禮高祖甚

魏書肅傳五十一　（一）　三月三

哀惻之遂語及為國之道肅陳說治亂音韻雅
暢深會帝旨高祖嗟納之促席移景不覺坐之
疲淹也因言蕭氏危滅之兆可乘之機勸高祖
大舉於是圖南之規轉銳器重禮遇日有加焉
親貴舊臣莫能間也或屏左右相對談說至夜
分不罷肅亦盡忠輸誠無所隱避自謂君臣之
際猶玄德之遇孔明也尋除輔國將軍大將軍
長史賜爵開陽伯肅固辭伯爵許之詔肅討蕭
鸞義陽聽招募壯勇以為爪牙其募士有功賞

加常募一等其從蕭行者六品已下聽先擬用
然後表聞若授化之人聽五品已下先即優授
於是假肅節行平南將軍肅至義陽頻破賊軍
降者萬餘高祖遣散騎侍郎勞之以功進號平
南將軍賜駿馬一匹除持節都督豫
州諸軍事本將軍豫州刺史揚州大中正肅善
於撫接治有聲稱尋徵肅入朝高祖手詔曰不
見君子中心如醉一日三歲我勞如何飾館華
林拂席相待卿欲以何日發汝墳也故復此勅

魏書傳五十一　（二）　三百廿四

又詔曰肅丁茶蓼世志等伍胥自拔吳州膺求
魏縣躬操忘禮之本而同無數之喪誓雪怨恥
方展申復窮諭再昔疏緦不改誠季世之高風
末代之芳節也但聖人制禮必均愚智先王作
則理齊盈虛過之者俯而就之不及者企而行
之曾參居罰寧其哀終吳貪嬴酷豈聞四載夫
三年者天下之達喪古今之所一其雖欲過禮朕
得不制之以禮乎有司可依禮諭之為裁練禫
之制二十年七月高祖以久旱不兩輟膳三旦

云奏詣闕引在中書省高祖在崇虛樓遣舍人
問曰朕知卿等至不獲相見卿何為而來書而對
曰伏承陛下輟膳已經三旦群臣焦怖不敢自
寧臣聞堯湯旱自然之數須聖人以濟世不
由聖以致災是以國儲九年以禦九年之變臣
又聞至於八月不雨然後君不舉膳昨四郊之
外已蒙滂澍唯京城之內微為少澤蒸民未闕
一餐陛下輟膳三日臣庶惶惶無復情地高祖
遣舍人答曰昔堯水湯旱賴聖人以濟民朕雖
居群黎之上道謝前王今日之旱無以救恤應
待五秋克躬自省但此月十日已來炎熱焦酷
人物同悴而連雲數日高風蕭條雖不食數朝
猶自無感朕誠心未至之所致也蕭曰臣聞聖
人與凡同者五常異者神明昔姑射之神不食
五穀臣常謂矯今見陛下始知其驗且陛下自
輟膳以來若天全無應臣亦謂上天無知陛下
無感一昨之前外有滂澤此有密雲臣即謂天
有知陛下有感矣高祖遣舍人答曰昨內外貴

賤咸云四郊有雨朕恐此輩皆勉勸之辭三覆
之慎必欲使信而有徵比當遣人往行若果雨
也便命大官欲然進膳豈可以近郊之內而慷
慨要天乎若其無也朕之無感安用朕身以破
民庶朕志確然死而後已是夜澍雨大降以破
蕭纂將裴叔業切進號鎮南將軍加都督豫南
宛東荊豫四州諸軍事封汝陽縣開國子食
邑三百戶持節中正刺史如故蕭頻表固讓不
許詔加鼓吹一部二十二年餞平漢陽詔曰
夫知己貴義君臣務恩不能矜災卹禍義為
措卿情同伍貟懷酷歸朕然未能窮一隴人鹹
彼凶帥何嘗不興言憤歎吳間而長息比獲
付微望紓泄使吾見卿之日差得緩懷初憤之
蕭纂輔國將軍黃瑤起乃知是卿怨也尋當相
高祖之伐淮北令蕭討義陽未冠而蕭纂遣將
收蕭父奐也司馬黃瑤起攻奐殺之故詔云然
裴叔業寇渦陽劉藻等救之為叔業所敗蕭表
求更遣軍援渦陽詔曰得表覽之憮然觀卿意

非專在水當是以藻等銳兵新敗於前事佳勢
難故也朕若分兵遣之非多會無所制多遣則
禁旅難闕令日之計唯當作必剋之舉不可為
孤疑之師徒失南究也卿便息意停彼以圖義
陽之寇宜止則止還取義陽宜下則下鎮軍淮
比深量二途勿致重奔若孟表糧盡軍不及至
致失渦陽卿之過也蕭乃坐劉藻等敗黜為平南
陽叔業乃引師而退蕭乃解義陽之圍以赴渦
將軍中正刺史如故高祖崩遺詔以蕭為尚書

今與咸陽王禧等同為宰輔徵蕭會駕魯陽蕭
至遂與禧等參同謀謨自會陽至於京洛行途
廷以王蕭加我上尚可從叔廣陵宗室尊宿歷
往內外云何一朝令蕭居其右也蕭聞其言恒
喪紀委蕭參畫愛勤經綜有過舊戚禧兄弟並
敬而昵之上下稱為和輯唯任城王澄以其起
自驅遠一旦在己之上以為感焉每謂人曰朝
降而避之尋為登所奏劾稱蕭謀叛言尋申釋
詔蕭尚陳留長公主本劉昶子婦彭城公主也

賜錢二十萬帛三千匹蕭奏考以顯能陟由績
著昇明退聞於是乎在自百寮察四稚于效
請依舊員式考撿能否從之裴叔業以壽春內附
拜蕭使持節都督江西諸軍事車騎將軍與驃
騎大將軍彭城王勰率步騎十萬以赴之蕭蜜
史本子叔獻屯合肥將圖壽春懿遣將軍胡松李居
古等領眾萬餘屯據虎蕭進師討擊大破之
擒其將橋珉等斬首數千進討合肥生擒叔獻
卷豫州刺史蕭懿合肥生擒叔獻

蕭懿棄小峴南走蕭還京師世宗臨東堂引見
勞之又問江左有何息耗蕭曰如聞崔慧景已
死寶卷所仗非邪即佞天殆以此資陛下廓定
之期勢將不久以蕭淮南東西捷賞帛四千七百
五十四匹進位開府儀同三司封昌國縣開國侯
食邑八百戶餘如故尋以蕭為散騎常侍都督
淮南諸軍事揚州刺史持節餘官如故蕭頻在
邊悉心撫接遠近歸懷附者若市以誠綏納咸
得其心清身好施簡絕聲色終始廉約家無餘

慰然性微輕佻頗以功名自許謢立此稱伐山所
推下高祖每以此為舉哀詔曰景明三年薨於壽春年
三十八世宗為舉哀詔曰肅奮至不救痛悼兼
懷可遣中書侍郎賈思伯兼通直散騎常侍撫
慰弥孤給東園秘器朝服一襲襚錢三十萬帛一
千匹布五百四蠟三百斤并問其上遷遠近專
遣往可御史一人監護喪事務令優厚又詔曰
生動靜甲高有域勝達所居存亡崇故杜預
之殁變於首陽司空本寸沖覆舟是託顧瞻斯所
二世英惠符於李杜平生本意願終京陵既有
宿心宜遂先志其令葬於沖預兩墳之間使之
神遊相得也贈侍中司空公夲官如故有司奏
以肅忠心大度宜諡匡公諡宣簡肅宗初詔
為肅建碑銘子紹龔
紹字二歸歷官太子洗馬員外常侍中書侍郎
辛贈輔國將軍徐州刺史
子遷龍驤武定中通直常侍齊受禪爵隨例降

史
誦字國章肅長兄融之子學涉有文才神氣清
雋風流甚美目貝外郎司徒主簿轉司徒屬司
空諮議通直常侍汝南王友遷司徒諮議加前
軍散騎常侍光祿大夫出為左將軍幽州刺史
未幾徵為長兼秘書監徒給事黃門侍郎肅宗
崩靈太后之立切主也於時大赦誦宣讀詔書
音制抑揚風神踈秀百寮傾屬莫不歎美孝莊
初於河陰遇害年三十七贈驃騎大將軍尚書
左僕射司空公徐州刺史諡曰文宣
子孝康武定中尚書郎中卒
孝康弟雋康性清雅頗有文才齊文襄王中外

紹禪碑武定末著作佐郎紹
肅前妻安謝生也肅臨薨謝始攜二女及紹至壽
春世宗納其次女為夫人肅宗又納紹女為嬪
肅弟秉字文篤涉獵書史微有兄風世宗
兄子誦衍等六人拜中書郎遷司徒諮議出
為輔國將軍幽州刺史卒贈征虜將軍徐州刺

府祭酒卒贈征虜將軍太府少卿

勇衍字文舒名行器藝亞於誦自著作佐郎

稍遷尚書郎員外常侍司空諮議光祿大夫廷

尉揚州大中正度支尚書郎仍轉七兵從太常卿

未幾屬尒朱仲遠稱兵內向州既路衝為其攻

逼衍不能守為仲遠所擒以其名望不害也令

其騎牛從軍父乃見釋還洛除車騎將軍左光

祿大夫孝靜初轉侍中將軍如故天平三年卒

【魏書傳五十二】 九 宋金

年五十二勑給東園秘器贈物三百段贈使持

節都督青徐兗三州諸軍事驃騎大將軍尚書

令司徒公徐州刺史諡曰文獻衍篤於交舊有

置之於家累年贍恤世人稱其敦厚

故人竺號於西兗為仲遠所害其妻子飢寒衍

翊字世遊歷次兄琛子也風神秀立好學有文

才歷司空主簿清河王友中書侍郎頗銳於榮

利結婚於元乂超拜左將軍濟州刺史尋加平

東將軍清靜愛民有政治之稱入為散騎常侍

孝莊初遷鎮南將軍金紫光祿大夫領國子祭

酒永安元年冬卒年三十七贈侍中衛將軍司

空公徐州刺史

子淵武定中儀同開府記室參軍

宋弁字義和廣平列人也祖惜與從叔宣博

陵崔建俱知名世祖時歷位中書博士員外散

騎常侍使江南賜爵列人子還拜廣平太守興

安五年卒贈安遠將軍相州刺史諡曰惠長子

顯襲爵弁伯父世顯無子養弁為後弁父叔珍

【魏書傳五十二】 十 宋金

李敷妹夫因敷事而死弁才學儁贍少有美名

高祖初曾至京師見尚書李沖因言論移日沖

竦然異之退而言曰此人一日千里王佐才也

顯卒弁襲爵與李彪州里迭相祗好彪為秘

書丞弁自中散彪請為著作佐郎尋除尚書殿

中郎中高祖曾因朝會之次歷訪治道弁年少

官微自下而對聲姿清亮進止可觀高祖稱善

者又之因是大被知遇賜名為弁意取弁和璧

王楚王不知寶之也遷中書侍郎兼員外常侍

使於蕭賾賾司徒蕭子良祕書丞王融等皆稱
羡之以為志氣塞烈不遜李彪而體韻和雅舉
止周遂過之轉散騎侍郎時散騎位在中書之
右高祖曾論江左事因問弁曰鄉比南行入其
隅陬彼政道云何興亡之數可得知不弁對曰
蕭氏父子無大功於天下既以逆取不能順守
德政不理徭役滋劇内無股肱之助外有怨叛
之民以臣觀之必不能貼厥孫謀保有南海若
物憚其威身免為幸後車駕南征以弁為司徒
司馬曜武將軍東道副將軍人有盜馬鞭者斬
而徇之於是三軍振懼莫敢犯法黃門郎崔光
薦弁自代高祖不許然亦賞光知人未幾以弁
兼黃門尋即正兼司徒左長史時大選內外群
官并定四海士族弁專參銓量之任事多稱言
然好言人之陰短高門大族意所不便者弁因
毀之至於舊族淪滯人非可忌者又申達之弁
又為本州大中正姓族多所降抑頗為時人所
怨從駕南討詔弁於豫州都督所部及東荊領

葉皆減成士營曲辰水陸兼作選散騎常侍尋遷
右衛將軍領黃門弁屢自陳讓高祖曰吾為相
知者鄉亦不可有辭豈得專守一官不助朕為
治具常侍者黃門之屬冗領軍者二衛之假攝
不足空存推讓以棄大委其被知遇如此始高
祖北都之選也李沖多所參豫頗抑宋氏弁有
恨於沖而與李彪交結雅相知重及沖之抗沖
沖謂彪曰爾如狗耳為人所嗾及沖劾彪不至
大罪弁之力也彪除名為民弁大相嗟慨密圖
申復高祖在汝南不豫大漸旬有餘日不見侍
臣左右雍彭城王勰等數人而已小瘳乃引見
門下及宗室長幼諸人入者未能知致悲泣弁
獨進及御床歔欷流涕曰臣不謂陛下聖顏毀
瘠乃爾由是益重之車駕征馬圈留弁以本官
兼祠部尚書攝七兵事及行執其手曰國之大
事在祠與戎故令鄉綰攝二曹可不自勉弁頓
首辭謝弁勗勞王事夙夜在公恩遇之甚輩流
莫及名重朝野亞於李沖高祖每稱弁可為吏

郡尚書及崩遺詔以弁爲之與咸陽王禧等六人輔政而弁已先卒年四十八詔賜錢十萬布三百四贈安東將軍瀛州刺史諡曰貞順弁性好矜伐自許膏腴高祖以郭祚晉魏名門從容謂弁曰卿固應推郭祚之門也弁笑曰臣家未肯推祚高祖曰自漢魏以來餓無高官又儁秀何得不推弁曰人身良自不惡乃復欲以門戶自矜殊爲可恠

親書傳五十 十三 宋金

臣出後高祖謂彭城王勰曰臣清素自立要爾不推侍長子維字伯緒維弟紀字仲烈維少襲父爵自貞外郎遷給事中坐論事高肇出爲益州龍驤府長史辭疾不行太尉清河王懌輔政以維名臣之子屬爲通直郎辟其弟紀行參軍靈太后臨政委任元乂又寵勢日隆便至乾沒乃告司涤都尉斷又甚忿惧思以害懌遂與維爲計以富貴許之維見又父子欲謀逆立懌坐被錄禁中尐尉韓文殊父子懼而逃遁遂鞠無反狀以文殊亡走懸熱大

辟懌於宮西別館禁兵守之維應反坐又言於太后欲開將來告之路乃黜爲燕州昌平郡守紀爲秦州大羌令維及紀顏涉經史而浮薄無行懌親尊懿望朝野屬維受懌眷賞而無狀構間天下人士莫不恠而賤薄之及又殺懌專斷朝政以維兄弟前者告懌徵紀爲散騎侍郎維爲太學博士領侍御史紀超遷遷通直常侍又除冠軍將軍洛州刺史紀識

魏書傳五十二 十四 宋金

慧不足終必敗吾業也世景以爲不爾至是果然聞者以爲知子莫若父尚書令李崇尚書左僕射郭祚右僕射游肇每云伯緒黨踈終敗宋氏辛得殺身耳論者以爲有徵後除名遷營州刺史仍本將軍靈太后反政以又黨踈除名遂還鄉里尋追其前誣告清河王事於鄴卿子春卿早二弟紀以次子欽仁繼欽仁武定末爲太尉祭酒紀蕭宗末爲北道行臺卒於晉陽

10-841

子欽道武定末冀州別駕

弁弟機本州治中

子寶積卒於中散大夫

弁族弟穎字文賢自奉朝請稍遷尚書郎魏郡
太守納花員劉騰騰言之於元乂以穎為冠軍將
軍涼州刺史穎前妻鄧氏亡後十五年穎夢見
之向穎拜曰新婦今被處分為高崇妻故來辭
君泫然流涕穎旦而見崇言之崇後數日而卒
穎族弟燮子崇和廣平王懷郎中令員外常侍

為征北李平司馬比殁元愉顧有贊謀之功
燮族弟鴻貴為定州平北府參軍送兵於荊州
坐聚兵絹四百四兵欲告之乃斬十人又踈凡
不達律令見律有梟首之罪乃生斷兵手以水
澆之然後斬決尋坐伏法時人哀兵之苦笑鴻
貴之愚

史臣曰古人有云才未半古功以過之非徒語
也王蕭流寓之人見知一面雖器業自致抑亦
逢時榮任赫然寄同舊列美矣誦翊繼軌不殞

光風宋弁以才度見知述參顧命拔萃出類其
有以哉無子之歎豈徒羊舌宗祀之不亡幸矣

列傳第五十一　　魏書六十三

【魏書列傳五十二】　一

郭祚字季祐太原晉陽人魏車騎郭淮弟亮後
也祖逸州別駕前後以二女妻司徒崔浩二女
妻浩弟子黃門郎時浩親寵用事拜逸
徐州刺史假榆次侯終贈光祿大夫父洪之坐
浩事誅祚亡竄得免少而孤貧姿兒不偉鄉人
莫之識也有女巫相祚後當富貴祚涉歷經史
習崔浩之書尺牘文章見稱於世弱冠州主簿

刺史孫小妻之書記又太原王希者逸妻之姪
共相關恤得以饒振高祖初舉秀才對策上第
拜中書博士轉中書侍郎遷尚書左丞長兼給
事黃門侍郎祚清勤在公夙夜匪懈高祖甚知
賞之從高祖南征及還正黃門車駕幸長安行
經渭橋過郭淮廟問祚曰是卿祖宗所承也祚
對曰昔臣先人以通儒英博唯事魏文微臣
虛薄遭奉明聖自惟幸甚乃因勅以太牢祭淮廟

日是臣七世伯祖高祖曰先賢後哲頓在一門

【魏書列傳五十二】　二

令祚自撰祭文以讚遷洛之規賜爵東光子高
祖曾幸華林園因觀故景陽山祚曰山以仁靜
水以智流願陛下修之高祖曰魏明以奢失於
前朕何為襲之於後祚曰高山仰止高祖曰得
非景行之謂之乎遷散騎常侍仍領黃門是時高
祖銳意典禮兼銓鏡九流又遷都草創征討不息
內外規略號為多事祚與黃門宋弁參謀帷幄
隨其才用各有委寄祚承稟注疏特成勤劇嘗
以立馮昭儀百官又欲清徽後園高祖舉觴賜

祚及崔光曰郭祚憂勞庶事獨不欺我崔光溫
良博物朝之儒秀不勤此兩人當勤誰也其見
知若此初高祖以李彪為散騎常侍祚因入見
高祖謂祚曰朕昨誤授一人官祚對曰陛下下
鑑照臨論才授職進退可否黜陟幽明品物鹹
彰人倫有序當是容聖詔一行而有差異高祖
吟曰此自應有讓因讓朕欲別授一官須史彪
有啟乞伯石辭卿子產所惡臣欲之已又不敢
辭讓高祖歎謂祚曰卿之忠諫李彪正辭使朕

運固不能復決遂不換彰官也乘輿南討祚以
兼侍中從拜尚書進爵為伯高祖崩咸陽王禧
等奏祚兼吏部尚書尋除長兼吏部尚書并州
大中正世宗詔以祚奏吏逃刑縣配遠若永避
不出兄弟代之祚奏曰慎獄審刑道煥先古垂
憲設禁義慕惟是以先王泑物之情為之軌
法故八刑備於昔典姦律炳於來制貲所以謀
其始迹訪厥成罪敦風厲俗永資世範者也伏
惟皇義愽遠理絕近情既懷愚異不容不述誠

三十四　魏書傳五十二　三　吳志

以敗法之原起於姦吏姦雖微敗法實其伏
尋詔旨信亦斷其通逃之路為治之要實在於
斯然法貴止姦不在過酷立制施禁為可傳之
於後若法猛而姦不息禁不可永傳將何以
載之刑書垂之百代若以姦吏逃寬從其兄弟
罪人妻子復應從之此則一人之罪禍傾二室
愚謂罪人既逃止徙妻子走者一人之身懸名永配
於肯不免姦途目塞詔從之尋正吏部祚持身
潔清重惜官位至於銓授假令得人必徘徊久

之然後下筆即下筆即去此人便以貴矣由是事
頗稱滯當時每招怨讟然所拔用者皆量才稱
職時又以此歸之出為使持節鎮北將軍瀛州
刺史及太極殿成祚朝於京師轉鎮東將軍青
州刺史祚值歲不稔闊境飢歉給傷愛下多所
賑恤雖斷決淹留號為煩緩然士女懷其德澤
于今思之入為侍中金紫光祿大夫并州大中
正遷尚書右僕射時議定新令詔祚與侍中黃
門參議刊正故事令僕射丞騶唱而入宮門至

三十四　魏書傳五十二　四　蒭辛

於馬道及祚為僕射以為非盡敬之宜言於世
宗帝納之下詔御在太極騶唱至止車門御在
朝堂至司馬門騶唱不入宮自此始也詔祚本
官領太子少師祚曾從世宗幸東宮肅宗幼弱
祚懷一黃甀出奉肅宗甀深為世宗所信祚私
御史中尉王顯送相唇齒祚深為世宗所信祚私
事之時人謗祚者號為桃弓僕射黃甀少師祚
奏曰謹案刑後考格雖班天下如臣愚短猶有
未悟今須定職人遷轉由狀超越階級者即須

且罡折景明初考格五年者得階半正中故
尚書中山王英奏考格被旨但可正滿三周為
限不得計殘年之勤又去年中以前二制不同
奏諸裁決旨云黜陟之體自依舊來之旨為從
審從舊來之旨為從景明之斷為從正始為限
景明考法東西省文武閑官采為三等考同任
事而前尚書盧昶奏上第之人三年轉半階今
之考格復分為九等前後不同參差無准詔曰
考在中者得況以前有六年以上遷一階三
年以上遷半階殘年乘除考在上下者得況以
前六年以上遷半階不滿者除其得況以後考
在上下者三年遷一階散官從盧昶所奏又
奏言考察令公清獨著德績超倫而無負殿者
為上下一殿為上中二殿為上下累計八殿品
降至九未審令諸曹府寺凡考在事公盡清然才
非獨著績行稱務而德非超倫幹能粗可而守
平堪任式或人用小劣處官滫事并全無負殿之
徒為依何第景明三年以來至今十有二載准

五　徐

限而判三應昇退今既通考未審為十年之中
通其三殿最積以為第隨前後年斷各自除其善
惡而為昇降且注之章數成殿為差此條以
實愆為最多戾為殿取何行是身愆何坐以
為多戾結累品即次復有幾等諸文案失東應杖
十者為一負罪依律次過隨負記十年之中三
史所彈案驗未周遇赦復任者未審記殿得除
以不詔曰獨著超倫及才備貳及皆謂文武兼
經肆告赦前之罪不問輕重此曰蒙有免或為御
令文已具其積負累殿及守平得濟旨含在其
中何容別疑也所云通考者據物多年之言至
於黜陟之體自依舊旨來年斷何足復請其罰贖
已決之殿固非免限遇赦免罪惟記其殿除之
上之之極言耳自此以降猶有八等隨才為次
尋加散騎常侍時詔營明堂國子祔奏曰本雲
羅西舉開納岷蜀戎旗東指鎮靖淮荆漢沔之
間復須防捍徵兵發眾所在防廣邊郊外豐烽
驛未息不可於師旅之際興板築之功且廣歲

六　徐

云既豆東作將始臣愚量謂且待豐靖之年因子
來之力可不時而就從之世宗末年每引祚入
東宮密受賞賚多至百餘万雜以錦繡又特賜
以翎杖恩寵甚深遷左僕射先是蕭衍遣將康
絢遏淮將灌揚徐祚表曰蕭衍狂悖擅斷川瀆
役苦民勞危亡已兆然古謨有之敵不可縱夫
以一酌之水或為不測之淵如不時滅恐同原
草宜命一重將率統軍三十人領羽林一万五
千人并科京東七州虎旅九万長驅電邁遄令
撲討擒斬之勳一如常制賊資雜物悉入軍人
如此則鯨鯢之首可不日而懸誠知農桑之時
非發衆之日苟事理宜然亦不得不爾昔韋顧
跋扈殷后起昆吾之師儼犹孔熾周王典六月
之伐臣職忝樞衡獻納是主心之所懷寧敢自
嘿并冝勑揚州選一猛將遣當州之兵令赴浮
山表裏夾攻朝議從之出除使持節散騎常侍
都督雍岐華三州諸軍事征西將軍雍州刺史
太和以前朝法尤峻貴臣蹉跌便致誅夷李沖

之用事也欽祚識幹薦為左丞又兼黃門意便
滿足每以孤門往經崔氏之禍常慮危亡苦自
陳抑辭色懇然發於誠至冲謂之曰人生有運
非可避也但當明白當官何所顧畏自是積二
十餘年位秩隆重而進趣之心更復不息又以東
宮師傅之資列辭尚書志在封侯儀同之位
尚書令任城王澄為之奏聞及為征西雍州雖
喜於撫尚以府號不優心望加大執政者頗
怪之於時領軍于忠恃寵驕恣崔光之徒曲躬承
奉祚心惡之乃遣子太尉從事中郎景尚說高
陽王雍令出忠為州忠聞而大怒矯詔殺祚時
年六十七祚達於政事凡所經履咸為稱職每
有斷決多為故事名品既重時望亦為深朝
非罪見害遠近莫不惋惜靈太后臨朝遣使弔
慰追復伯爵正光中贈使持節車騎將軍儀同
三司雍州刺史諡文貞公初高祖之置中正從
容謂祚曰并州中正卿家應推王瓊也祚退
謂密友曰瓊真偽今自未辨我家何為減之然

主上直信李沖吹噓之說耳祚死後三歲而于

忠死咸以祚為崇

祚長子思恭弱冠州辟為主簿早卒思恭弟慶

禮以弟二子延伯繼

延伯襲祖爵東光伯武定中驃騎大將軍將作

大匠齊受禪爵例降

思恭弟景尚字思和涉歷書傳曉星歷占候言

事頗驗初為彭城王中軍府參軍遷貟外郎司

徒主簿太尉從事中郎公彊當世善事權寵世

號之曰郭尖蕭宗時遷輔國將軍中散大夫轉

中書侍郎未拜而卒年五十一

子季方武定中膠州驃騎府長史

景尚弟慶禮字叔為祚所愛著作佐郎通直郎

卒贈征虜將軍瀛州刺史

子元貞字慶定末武定州驃騎府長史

張舜字慶賔清河東武城人曾祖嘉之賜爵平陸侯拜

平遠將軍青州刺史祖淮之莊桀又為東青州刺

牟太守後率戶歸國世祖嘉之賜爵平陸侯拜

九

史父靈真早卒舜性公彊有風氣歷覽經史高

祖初襲祖侯爵與盧淵李安民等結為親友往

來朝會常相追隨淵為主客令安民與舜並為

散令舜少而豪放出入殿庭步眄高上無所顧

忌文明太后雅尚恭謹因會次見其如此遂召

集百寮責之令其修悔而猶無悔改善於督

察每東西馳使有所巡檢舜恒充其選清慎嚴

猛所至人皆畏伏傳類亦以此高之遷主客令

例降侯為伯轉太中大夫仍行主客曹事尋為

黄門後從駕南征母憂解任舜居喪過禮送葬

自平城達家千里徒步不乘車馬顔見毀瘠當

世稱之高祖幸冀州遣使弔慰詔以驍騎將軍

起之還復本位以參定遷都之勳進爵為侯轉

太常少卿遷散騎常侍兼侍中持節慰察陝東

河南十二州甚有聲稱使還以從征之勤遷尚

書坐舉元昭為兼郎中黜為守尚書世宗初除

正尚書兼侍中尋正侍中世宗親政罷六輔舜

與兼尚書邢巒諮閱庶分非常出京奔走為御史

十

10-847

中尉甄琛所彈云非虎非兕曠野詔書切
責之尋除安西將軍秦州刺史彝務尚典式考
訪故事及臨隴右彌加討習於是出入直衞方
伯威儀赫然可觀羌夏畏憚其威整一方肅
靜號為良牧其年冬太極初就彝與郭祚等俱
以勤舊被徵及還州進號撫軍將軍彝表解州
任詔不許彝敷政隴右多所制立宣布新風革
其舊俗民庶愛仰之為國造佛寺名曰興皇諸
有罪咎者隨其輕重謫為土木之功無復鞭杖

之罰時陳留公主寡居彝意顧尚主主亦許之
僕射高肇亦望尚主主意不可肇怒譖彝於世
宗稱彝擅立刑法勞役百姓詔遣直後萬貳興
馳驛撿察貳興彝所親愛必欲致彝深罪彝清
身奉法求其愆過遂無所得見代還洛猶傅廢
數年因得偏風手脚不便然志性不移善自將
攝稍能朝拜又之除光祿大夫加金章紫綬彝
愛好知己輕忽下流非其意者視之蔑爾雖疹
疾家庭而志氣彌亮上表曰臣聞元天高朗尚

假列星以助明洞庭淵湛籍蔽流以增大莫
不以孤照不詣其幽獨深未盡其廣先聖識其
若此必取物以自誡故堯則天設謗木以晚
未明舜稱盡善懸諫鼓以規政闕虞人獻箴規
之旨盤盂著之銘庶見善而思齊聞惡
以自改眷眷於悔徃之衢致致於不逮之路用
能聲高百王卓絕十氏而不渝歷二千

之才開滋函夏顯祖以溫明之德潤伏九區高
祖大聖臨朝經營云始未明求衣日昃忘食開
翦荊棘徙御神縣更新風軌冠帶朝流海東雜
種之渠衡南異服之帥沙西疆頭之戎漠北辮
髮之虜重譯納貢請吏稱藩積德懿於夏殷富
仁盛於周漢澤教既周武功亦西猶且發明詔
思求直士信是蒼生薦言之秋祝史陳辭之日
況臣家自奉國八十餘年紆金鏘玉及臣四世
過以小才籍蔭出仕學慙專門武闕方略早荷
先帝眷伏之恩未蒙陛下不遺之施待則出入

兩都官歷納言常伯乘牧秦藩號兼安撫實思
碎首膏原仰酬二朝之惠輕塵碎石遠增嵩岱
之高輒私訪舊書竊觀圖史其帝皇興起之元
配天隆家之業修造益民之奇龍麟雲鳳之瑞
甲宮愛物之仁釋綱改祝之澤前歌後舞之應
圖圄叔寒之美可為輝風景行者輒謹編丹青
禽羅罹震雷暴酷夏桀淫亂南巢有非命之誅劓
紂昏酣牧野有倒戈之陳周厲逐獸減不旋踵

魏書傳五十二　十三　八王

幽王遇惑死亦相尋暨於漢成失御亡新簒奪
桓靈不綱魏武遷鼎晉惠闇弱晉閔相屠終使
聰曜鴟視并州勒虎狼據燕趙如此之輩固不
畢載起元庖犧終於晉末凡十六代百二十八
帝歷三千二百七年雜事五百八十九合成五
卷名曰歷帝圖亦謗木諫鼓虞人盤盂之類脫
蒙置御坐之側時復披覽冀或起予左右上補
未萌伏願陛下遠惟宗廟之憂近存黎民之念
取其實君棄其惡主則微臣雖沈淪地下無異

乘雲登天公矢世宗善之彝又表曰竊惟皇王統
天必以窮荒為美盡理作聖亦假廣採成明故
詢於芻蕘著之周什輿人獻箴流於夏典不然
則美刺無以得彰善惡有時不達逮於兩漢魏
晉雖道有隆汚而被繡傳機未始闕也及惠帝
失御中夏崩離為劉衍符專據秦西燕趙獨制關左
姚夏繼起五涼競立致使九服搖搖民無定主
禮儀典制此焉堙滅暨大魏應歷撥亂登皇前
被鯨鯢龍靖神縣數紀之間天下寧一傳輝七

魏書傳五十二　十四　宋

帝積聖如神高祖遷鼎成周永茲八百偃武修
文憲章斯改實所謂加五帝登三王民無德而
名焉猶且慮獨見之不明欲廣訪於得失乃命
四使觀察風謠巡時泰常伯充一使之列遂得
仗節揮金宣恩東夏周歷於齊魯之間遍馳於
梁宋之域詢採詩頌研撿獄情實庶片言之不
遺美刺之俱顯而才輕任重多不遂心所採之
詩益申目而值鑒興南討閩罪宛鄧臣復奉
行軍樞機是務及輦駕之返膳御未和續以大

諝奮臻四海崩慕遂爾推遷不及聞徹未幾敗
牧秦蕃達離關一繼以譴疾相纏邇十八歲常
恐所採之詩永淪丘壑是臣夙夜所懷以爲深
憂者也陛下垂日月之明行雲雨之施察臣往
罪之濫矜臣貧病之切既蒙崇以祿養復得拜
掃丘墳明目友朋無所負愧且臣一二年來所
患不劇尋省本書粗有鬚歸凡有七卷今寫上
呈伏願昭覽勑付有司使魏代所採之詩不埋
於丘井臣之願也肅宗初待中崔光表曰彝及
李韶朝列之中唯此二人出身官次本在臣右
器能幹世又並爲多近來參差便成替後計其
階途雖應遷陟然班秩猶未賜等昔衛之公
叔引下同舉晉之士皿推長伯游古人所高當
時見許敢緣斯義气降臣位一階授彼汎級齊
行聖庭帖選叙詔加征西將軍冀州大中正
雖年向六十加之風疾而自彊人事孜孜無怠
公私法集衣冠從事延請道俗修營齋講好善
欽賢愛獎人物南北新舊莫不及之大起第宅

微號華俊願倍其煉崇舊戚不甚存紀時有愁
憾焉榮官之聞未能止足屢表在秦州預有開
援漢中之勳希加賞報年不已朝廷患之第
二子仲璲上封事求銓別選格抑武人不使
預在清品由是眾口喧囂謗讟盈路立榜大巷
剋期會集屠害其家彝殊無畏避之意父子安
然神龜二年二月羽林虎貫將千人相率至
尚書省詬罵求其長子尚書郎始均不獲以瓦
石擊打公門上下畏懼莫敢討抑遂便持火虜
掠道中薪蒿以杖石爲兵器直造其第曳彝堂
下捶辱極意唱呼嗸嗸炎其屋宇始均仲璲當
時蹜地垣而走始均回救其父拜伏群小以請
父命羽林等就加歐擊生投之於烟火之中及
得尸骸不復可識唯璲以舌傷仲璲傷
重走免彝僅有餘命沙門寺與其比隣興致於
寺遠近聞見莫不悲駭彝臨終口占左右上啓
曰臣自奉國及孫六世尸祿素餐負恩唯覬徒
思竭智盡誠終然靡効臣第二息仲璲所上之

事益滋甚既曰有益寧容默爾通呈有日未
簡神聽豈圖衆忿乃至於此臣不能禍防未萌
慮絕殃兆致令軍衆橫賈攻焚臣宅息始均仲
瑪等叩請流血乞代臣死均即陷塗炭仲瑪
經宿方蘇臣年已六十宿被焚榮遇垂暮之秋忽
見此苦顧瞻時推漏就盡頃刻待 臣傷至重殘氣假
延望景顧瞻時推漏就盡頃刻待 臣之命也知
復何言若所上之書少爲益國臣便是生以理
全死與義合不負二帝於地下臣無餘恨矣一

歸泉壤長離紫庭戀仰天顏誠痛無已不勝眷
卷力端奉辭伏願二聖加御珍膳覆露黔草壽
保南嶽德與日昇臣夙被卹荼先後銜恩欲報
之期吳天罔極亡塊有知不忘結草舜遂卒時
年五十九官爲收掩羽林凶彊者八人斬之不
能窮誅群豎即爲大赦以安衆心有識者知國
紀之將墜矣喪還所枚宅與始均東西分斂於
小屋仲瑪遂以創重避居榮陽至五月創得漸
瘳始本於喪詔賜賻布帛千四靈太后以其累朝

大臣特垂矜惻數月猶追言泣下謂諸侍臣曰
吾爲張彝飲食不御乃至首髮微有虧落悲痛
之苦以至於此初尋舜曾祖幸所招引河東民爲
州裁千餘家後相依合至於罷入冀州積三十
年析別有數萬戶故高祖比校天下民戶最爲
大州舜爲黃門每侍坐以爲舜追高祖往旨跡
乞本州朝議未許舜云後靈太后尋舜屢言冀
州吾欲用之有人違我此意若從其請或不至
當以舜爲刺史先世誠效爲舜追高祖屢言冀
是悔之無及乃贈使持節衛將軍冀州刺史諡

文侯

始均字子衡端潔好學有文才司徒行參軍遷
著作佐郎世宗以舜先朝勤舊貫不幸夾廢特除
始均長兼左民郎中遷員外常侍仍領郎始均
于幹有美於父改陳壽魏志爲編年之體廣益
異聞爲三十卷又著冠帶錄及諸賦數十篇今
並亡失初大乘賊起於冀瀛之閒道都督元遙
討平之多所殺戮積尸數萬始均以郎中爲行

臺忿軍士重以首級爲功乃令槐集人首數千

一時焚爇至於灰燼用息燒倖見者莫不傷心
及始均之死也推咎焉始未在於烟炭之間有燋爛之

痛論者或亦推咎焉贈樂陵太守謚曰孝

子昌龔襲相爵武定中開府主簿襲受禪爵例降
昌弟晏子〈武定中儀同開府中兵參軍

仲瑀司空祭酒給事中

子臼儀同開府府參軍事

仲瑀弟珉著作佐郎

【魏書傳五十二】　　　　一九　　　宋全

史臣曰郭祚才幹敏實有世務之長高祖經綸
之始獨在勤勞之地居官任事動靜稱述張彝
風力褰舉有王臣之氣衝命擁旄風聲猶在並
魏氏器能之臣平遭隨有命俱嬰世禍悲哉始
均才志未申惜也

列傳第五十二　　　　　　魏書六十四

邢巒

李平

邢巒字洪賓河間鄚人也五世祖顥石勒頻徵
不至曆無子巒高祖蓋自旁宗入後蓋孫顥字
宗故以才學知名世祖時與范陽盧玄勃海高
允等同時被徵後拜中書侍郎假通直常侍寧
朔將軍平城子衡命使於劉義隆後以病還鄉
里又之世祖訪穎於羣臣曰往憶邢穎長者有
學義宜侍講東宮今其人安在司徒崔浩對曰

〔魏書傳五十三〕　　一

穎臥疾在家世祖遣太醫馳就療卒贈冠軍
將軍定州刺史謚曰康子偉年即巒父也州主
簿巒少而好學負帙尋師家貧屬節遂博覽書
傳有文才幹略美兒甚偉州表貢拜
中書博士遷負外散騎侍郎為高祖所知賞兼
員外散騎常侍使於蕭賾還遇常參座席高祖因行藥至司空
侍郎甚見顧遇還拜通直郎轉中書
府南見巒宅遣使謂巒曰朝行藥至此見卿宅
乃住東望德館情有依然巒對曰陛下移構中

〔魏傳五十三〕　　二

京方建無窮之業臣意在與魏昇降寧容不務
永年之宅高祖謂司空穆亮僕射李沖曰巒之
此言其意不小有司奏策秀孝詔曰秀孝殊問
經權異策邢巒才清可令策秀後兼黃門郎從
征漢北巒在新野後至高祖曰伯玉天迷其心
既惑其慮守危邦固逆主乃至如此巒曰新野
鬼惑眾城悉潰唯有伯玉不識危機平珍之辰
事在旦夕高祖曰至此以來雖未擒滅城隍已
崩想在不遠所以緩攻者正待中書為露布耳

尋除正黃門兼御史中尉瀛州大中正遷散騎
常侍兼尚書世宗初巒奏曰臣聞昔者明王之
以德治天下莫不重粟帛輕金寶然粟帛安國
育民之方金玉是虛華損德之物故先皇深觀
古今去諸奢侈御尚質不貴雕鏤為繢展銅鐵為
朝廷以節儉示百姓以憂務日夜孜孜小大必
慎輕賤珠璣示其無設府藏之金裁給而已更
不買積以費國資速景明之初有外平之業四

疆清晏遠邇同於是蕃貢繼路商賈交入諸
所獻賀多於常雖加以節約猶歲損萬計珍
貨常有餘國用恒不足若不裁其分限便恐無
以支歲自今非為要須者請皆不受世宗從之
尋正尚書常侍如故蕭衍梁秦二州行事夏侯
道遷以漢中內附詔加蘗使持節都督征梁漢
諸軍事假鎮西將軍進退蘗順蘗遣當遠將軍
蘗至漢中白馬已西猶未歸順蘗得以便宜從事
楊馨統軍楊眾愛汜洪雅等領卒六千討之軍
鋒所臨賊皆款附唯補谷戍主何法靜據城拒
守懸等進師討之法靜奔潰乘勝追奔至關城
之下蕭衍龍驤將軍關城流雜疑李侍叔逆以
城降蕭衍輔國將軍任僧幼等三十餘將率
安廣長東洛大寒武始除口平溪桶谷諸郡之
民七千餘戶相繼而至蕭衍平西將軍李天賜
晉壽太守主崇偵等擁眾七千屯據石亭統軍
韓多寶等率眾擊之破天賜前軍趙脯擒斬一
千三百遣統軍本子義珍討晉壽景偵道遂平

三　周

之詔曰蘗至彼須有板官以懷初附高下品第
可依征義陽都督之格也拜蘗使持節安西將
軍梁秦二州刺史蕭衍巴西太守龐景民特遠
不降蘗遣巴州刺史嚴玄思往攻之斬景民巴
西悉平蕭衍遣其冠軍將軍孔陵等率眾二萬
屯據深坑冠軍將軍曾方達固南安冠軍將軍
任僧褻輔國將軍李畋戍石同蘗統軍李
在擊破之梟衍輔國將軍樂保明寧朔將軍李
伯度龍驤蕭軍李思賢賊遂保回車柵足又進

擊衍輔國將軍范峻自餘斬獲殂將萬數孔陵
等收集伯度遺眾奔保梓蘗足又破之斬衍輔國將
軍符伯度其殺傷投溺者萬有餘人開地定民
東西七百南北千里獲郡十四二部護軍及諸
縣戍遂逼涪城蘗表曰揚州成都相去萬里陸
途既絕唯資水路蕭衍兄子淵藻去年四月十
三日發揚州今歲四月四日至蜀水軍西上非
周年不達外無軍援一可圖也益州頃經劉季
連反叛鄧元起攻圍資儲散盡倉庫空竭今猶

四　周

未復兼民人喪膽無復固守之意二可圖也蕭
淵藻是羣劇少年未洽治務及至益州便戮鄧
元超曹亮宗臨我斬將則是駕馭失方范國惠
津渠退敗鏤執在獄今之所任並非宿將重名
皆是左右少年而已既不厭民望多行殘暴民
心離解三可圖也蜀之所恃唯劍閣今既剋南
安已奪其險據彼界內三分巳一從南安向涪
方軏任意前軍累破後衆喪魂四可圖也昔劉
禪據一國之地姜維爲佐鄧艾既出綿竹彼即

魏書傳五十三　　五　　蕭方等

投降及苻堅之世楊安朱彤三月取漢中四月
至涪城兵未及州仲孫逃命栢溫西征不旬月
而平蜀地昔來恒多不守況淵藻是蕭衍兄子
骨肉至親若其出闘庸蜀之卒
唯便刀稍弓箭至少假有遙射弗至傷人五可
藻復何宜城中坐而受困若其出闘庸蜀之卒
圖也臣聞乘機而動武之善經攻昧悔亡春秋
明義未有捨干戚而康時不征伐而混一伏惟
陛下纂武文之業當必世之期跨中州之饒兼

甲兵之盛清蕩天區在於今矣是以踐極之初
壽春馳款命將義陽剋關淮外謐以風清
荊沔於焉肅晏方欲僵甲息兵候機而動而天
贊休明時來斯速雖欲靖戎理不獲巳至使道
遷歸誠漢境佇拔臣以不才屬當戎寄內省文
吏不以軍謀自許指臨漢中惟規保疆守界事
屬艱途東西寇竊上憑國威下仗將士邊師用
命頻有薄捷藉勢乘威經度大剋既剋南安撫
彼要險前軍長邁巳至梓橦新化之民翕然懷

魏書五十三列傳　　六　　薛孝曰

惠瞻望涪益旦夕可屠正以兵少糧匱未宜前
出爲爾稽緩懼失民心則更爲冠今若不取後
圖便難輒率愚管庶幾殄剋如其無功分受憲
坐且益州殷實戶餘十萬比壽春義陽三倍非
四可秉可利實在于茲若朝廷志存保民未欲
經略臣之在此便爲無事乞歸侍養展鳥鳥
詔曰若賊敢關關觀機朗撲如其無也則安民
保境以悅邊心子蜀之舉更聽後救方將席卷
岷蜀電掃西南何得辭以戀親中途告退宜勗

令圖務申高略戀又表曰昔鄧艾鍾會率十八
萬衆傾中國資給裁得平蜀所以然者關實力
故也況臣才絕古人智勇又關復何宜請二萬
之報而希平蜀所以敢者正以擄得要險士民
慕義此性則易彼來則難任力而行理有可剋
今王足前進已逼涪城脫得涪城則益州便是
成擒之物但得之有早晚耳且榨橦已附民戶
數萬朝廷宣得不守之也若守也直保境之兵
則巳一萬臣今請二萬伍千所增無幾又劍閣
天險古來所稱張載銘云世亂則逆世清斯順
此之一言良可惜矣臣誠知征戎危事不易可
為自軍度劍閣以來臂鬢中白憂慮戰慄寧可
一日為心所以勉強者既得此地而自退不守
恐辜先皇之恩遇陛下之爵祿是以孜孜頻
有陳請且臣之意箄正欲先圖涪城以漸而進
若剋涪城便是中分益州之地斷水陸之衝彼
外無援軍孤城自守復何能持久哉臣今欲使
軍軍相次聲勢連接先作萬全之計然後圖彼

得之則大剋不得則自全又巴西南鄭相離一
千四百去州迢遞恒多生動昔在南之日以其
統綰勢難故增立巴州鎮靜夷獠藉利因
而表罷彼土民望嚴蒲何楊非唯五三族落雖
在山居而多有豪右文學篋啟往往可觀冠帶
風流亦為不少但以去州既遠不能仕進至於
州綱無由廁迹巴境民豪便是無梁州之分是
以戀怏多生動靜比建議之始嚴玄思自號巴
州刺史剋城以來仍使行事巴西廣袤一千戶
餘四萬若彼立州鎮攝華獠則大帖民情從墊
江已還不復勞征自為國有世宗不從又王足
於涪城輒還遂不定蜀戀既剋巴西遣軍主李
惑之散費兵儲專心酒色公事諮承無能見者
仲遷守之仲遷得蕭衍將張法養女有美色甚
惑之切齒仲遷懼謀叛城人斬其首以城降
衍將譙希遠巴西遂没武興氏楊集起等反叛
戀遣統軍傳豎眼討平之語在豎眼傳戀之
至漢中從容風雅接豪右以禮撫細民以惠歲

餘之後頗因百姓去就誅滅齊民籍為奴婢者
二百餘口兼商販聚歛清論鄙之徵授度支尚
書時蕭衍遣兵侵軼徐兗緣邊鎮戍相繼陷沒
朝廷憂之乃以顗為使持節都督東討諸軍事
安東將軍尚書如故世宗勞遣讌於東堂曰蕭
衍冦邊旬朔滋甚諸軍卒互規致連戍陷沒宋
曾之民尤罹湯炭誠知將軍旋京未久滕下難
遠然東南之寄非將軍莫可將軍其勉建殊績
以稱朕懷自古忠臣亦非無孝也顗對曰賊錐
送死連城犬羊衆盛然逆順理殊滅當無遠況
臣仗陛下之神筭奉律以摧之平殄之期可指
辰而待願陛下勿以東南為慮世宗曰漢祖有
云金吾擊鄧吾無憂矣今將軍董戎朕何慮哉
先是蕭衍輔國將軍蕭及先率衆二萬冦固固
城冠軍將軍魯顯文驤騎將軍相文王等率衆
一萬屯於孤山衍將角念等率衆一萬擾亂龜
蒙土民從逆十室而五衍遣統軍樊曾討文王
別將元恒攻固城統軍畢祖朽討角念樊曾大

〔九〕　〔魏傳五十三〕　朱玉文

破文王等追奔八十餘里斬首四千餘級元恒
又破固城畢祖朽復破念等於兗州悉平蠻破賊
將藍懷恭於睢口進圍宿豫而懷恭等復於淮
南造城規斷水陸之路礙身率諸軍自水南而
進遣平南將軍楊大眼從逼之統軍劉思祖
等夾水造筏燒其船舫衆軍齊進拔柵填塹登
其城火起中流四面俱聲仍陷賊城俘斬數萬
在陳別斬懷恭擒其列將直閣直後三十
餘人俘斬一萬宿豫既平蕭昞亦於淮陽退走

二戍獲米四十餘萬石世宗賜璽書曰知大
龍醜虜威振賊庭淮外霧披徐方卷壤王略遠
恢混一維始公私慶泰何快如之賊衍此舉實
為傾國比者宿豫陷沒陽嬰城凶狡俯張規
抗王旅將軍忠規恊著火烈霜摧電動岱陰風
掃沂嶧遂令連誅之冦一朝殲夷元鯨大憝千
里折首殊勳茂捷自古莫二但揚區未安餘燼
宜蕩乘勝揃角勢不可遺便可率屬三軍因時
經略申威東南清彼江介志此仍勞用圖永逸

〔十〕　〔魏傳五十三〕　朱玉文

進退規度委之高等又詔巒曰淮陽宿豫雖已
清復梁城之賊猶敢聚結軍宜乘勝幷勢摧殄
可率二萬之衆渡淮與征南掎角以圖進取之
計又梁城賊走中山王英乘勝攻鍾離又詔巒
帥衆會之巒表曰奉被詔旨令臣濟淮與征南
掎角乘機長驅實是其會但愚懷所量竊有未
盡夫圖南因於積風代國在於資給用兵治戎
須先計校非可抑為必　幸其無能若欲掠地
誅民必應萬勝如欲攻城取邑未見其果得之
[則]所益未幾不獲則虧損必大蕭衍傾竭江東
為今歲之舉疲兵喪衆大敗而還君臣失計取
笑天下雖野戰非人敵守城足有餘今雖攻之
未易可尅又廣陵懸遠去江四十里鍾離淮陰
介在淮外假其歸順而來猶恐無糧艱守況加
改討勞兵士乎且征南軍士從戎二時疲獘死
病量可知已雖有乘勝之資懼無遠用之力若
臣之愚見謂宜修復舊成守實邊方息養中州
擬之後與夫江東之釁不患父無玄力待機謂

為勝計詔曰濟淮掎角事如前勅何容猶爾盤
桓力有此請可速進軍經略之宜聽征南至要
巒又表曰蕭衍侵境父勞王師今者奔走實除
邊患斯由靈贊皇魏天敗寇暨非臣等弱劣所
能尅勝若臣之愚見令正宜修復邊鎮侯之後
動且蕭衍尚在凶身未除螳螂之志何能自息
唯應廣備以待其來實亡宜勞師遠入自取疲
困令中山進軍鍾離實入其內地出其不備或
計不顧萬全直龍袤廣陵入其內者未得失之
計未可知正欲屯兵蕭密餘軍猶自在彼欲言無
粮運舡復至而欲以八十日粮圖城者臣未之
前聞且廣陵任城可為前戒豈容今者復欲同
非可填塞空坐至春則百獘苦遣臣赴彼粮
何以致夏來之兵不齎冬服脫遇冰雪取濟何
方臣竊荷朝貴所具若有內應則所不知如其
鍾離天險荷怤懦不進之責不受敗損空行之罪
無也必無尅狀若其不復其辱如何若信臣言

也願賜臣傳若謂臣難行求田臣所領兵統悉
付中山任其廝分臣求單騎逐東西且俗諺
云耕則問田奴絹則問婢臣雖不武忝備征
將前宜可否頗實知之臣既謂難何容強遣語
曰安東頻請罷軍遲回未徙阻異戎規殊乘至
望士馬旣殺無容停積宜務神速東西喬契乘
敗退時人伏其識略初侍中盧昶與戀之黨也
勝掃殄以赴機會穟累表求還世宗許之英果
與元暉俱世宗所罷御史中尉崔亮昶之黨也

昶暉令亮糾戀事成許言於世宗以亮爲侍中
亮於是奏劾戀在漢中掠良人爲奴婢戀懼爲
化生等二十餘口與暉化生等數人奇色也暉
大悅乃皆昶方爲此獄也世宗云戀新有大功已
經赦宥之效而爲昶等所排助戀申釋故得不
有剋敵之效而爲昶等所排助戀申釋故得不
坐豫州城民白早生殺刺史司馬悅以城南入
蕭衍道其冠軍將軍齊苟仁率衆入據懸瓠

詔戀持節率羽林精騎以討之封平舒縣開國
伯食邑五百戶賞宿豫之功也世宗臨東堂勞
遣戀曰司馬悅不愼重門之戒智不足以謀身
匪直喪元隸賢乃大虧王略懸瓠邇近畿東
南藩捍兼云　公在彼憂慮尤深早生理不獨
烈朝之南仲故令卿星言電邁出其不意卿言
早生走也守也何時可以平之戀對曰早生非
有深謀大智能構成此也但因司馬悅虐於百
姓乘衆怒而爲之民爲凶威所懾不得已而苟
附假蕭衍軍入應水路不通糧運不繼亦成擒
耳不能爲害也早生得衍軍之接溺於利欲之
情必不能守而不走今王師若臨士民必翻然歸順
圖之窮城奔走路絕不度此年必傳首京師願
陛下不足垂慮世宗笑曰卿言何其壯哉深會
朕遣卿之意知卿親老頻勞於外然忠孝不俱
才宜救世不得辭也戀率騎八百倍道兼
行五日次於鮑口賊遣大將軍胡孝智率衆之

千吉城二百逆來拒戰巒擊破孝智乘勝長驅
至於懸瓠賊出城逆戰又大破之因即渡汝既
而大兵繼至遂長圍之詔加巒使持節鎮南
將軍都督南討諸軍事征南將軍中山王英南
討三關亦次於懸瓠以後軍未至前寇稍多憚
二十一人開門出降即斬早生等同惡數十人
豫州平巒振旅還京師世宗臨東堂勞之曰卿
役不踰時剋清妖醜鴻勳碩美可謂無愧古人
巒對曰此自陛下聖略威靈英等將士之力臣
何功之有世宗笑曰卿匪直一月三捷所足稱
奇乃存士伯欲功成而不處巒自宿豫大捷及
平懸瓠志行修正不復以財賄為懷戎資軍實
絲毫無犯遷殿中尚書兼文武朝野瞻望上下
悼惜之詔賻帛四百匹朝服一襲贈車騎大將
軍瀛州刺史初世宗欲贈冀州黃門甄琛以巒
前曾劾己乃云瀛州巒之本邦人情所欲乃從

之及琛為之詔乃云優贈車騎將軍瀛州刺史議
者笑琛淺薄諡曰文定
子遜字子言見雖陋頗有風氣解褐司徒行
參軍襲爵後遷國子博士本州中正因謁靈太
后自陳功名之子久抱沉屈臣父屢為慈父靈
臣身無軍功階級臣父唯為忠臣不為慈父靈
太后慨然以遜為長兼吏部郎中出為安遠將
軍平州刺史時北蕃多難稽留不進免孝莊初
除輔國將軍通直散騎常侍東道軍司討逆賊

劉舉於濮陽不剋還除散騎常侍加前將軍承
安二年坐受任元顯除名尋除撫軍將軍金紫
光祿大夫出帝時轉衛將軍右光祿大夫孝靜
初以本官領當藥典御加車騎將軍父之除大
司農卿與少卿馬慶哲至相紛訟遜銳於財利
議者鄙之武定四年卒年五十六贈本將軍光
祿勳鄉幽州刺史
子祖微開府祭酒父喪未終謀反伏法

巒弟儒瀛州鎮遠府長史給事中

儒弟偉尚書郎中卒贈博陵太守子昕在文

苑傳

偉弟季彥

李彥弟晏字幼平美風儀博涉經史善談釋
老雅好文詠起家太學博士司徒東閤祭酒
世宗初為與廣平王懷遊宴左遷鄭縣令未之
官除給事中遷司空主簿本州中正汝南王文
學稍遷輔國將軍司空長史兼吏部郎中以本
將軍出為南兗州刺史徵為太中大夫兼丞相

[魏書傳五十三] 　七　末

高陽王右長史尋以本將軍除滄州刺史為政
清靜吏民安之孝昌中卒時年五十一贈征北
將軍尚書左僕射瀛州刺史謚曰文員子晏篤於
義讓子子愼年甫十二而其子已弱冠矣後為
孤弟子昕為南兗州刺史例得一子解褐乃啓其
津州復啓孤兄子昕為府主簿而其子並未
從官世入以此多之

子測武定末太子洗馬

測弟元字子高頗有文學釋褐司空行參軍遷

廣平王開府從事中郎兼通直散騎常侍使於
蕭衍時年二十八還除平東將軍齊文襄王大
將軍府屬又轉中外府屬武定七年坐事死於
晉陽年三十四

鸞叔祖祐字宗祐少有學尚知名於時徵除著
作郎領樂浪王傅後假員外散騎常侍使於劉
或以將命之勤除建威將軍平原太守賜爵城
平男政刑肅百姓安之卒年七十三

[魏書傳五十三] 　十八　全

子產字神寶好學善屬文少時作孤蓬賦為時
所稱舉秀才除著作佐郎假員外常侍鄭縣子
使於蕭賾產仍世將命時人美之後遷中書侍
郎代遷太子中庶子卒年四十六朝廷差惜焉

贈建威將軍平州刺史樂城子謚曰定
祐從子虬字神虎少為三禮鄭氏學明經有文
思舉秀才十七第為中書議郎尚書殿中郎高祖
因公事與語問朝觀宴饗之禮虬以經對大合
上旨轉司徒屬國子博士高祖朋尚書令王肅
多用新儀虬往往折以五經正禮轉尚書右丞

徒左丞多所糾正臺閣肅然時鷹門人有害母
者八座奏轜之而潛其室宥其二子虬駁奏云
君親無將而必誅今謀逆者戮及罪親親害親
者今不及子既逆甚梟鏡之釁豈之不若而使隉
祀不絕遺育永傳非所以勸忠孝之道存三綱
之義若聖教急容不加矜戮使父子罪不相及
惡止於其身不則旦投之四裔勅所在不聽配
匹盤庚言無令易種於新邑漢法五月食梟羹
皆欲絕其類也奏入世宗從之尋除司徒右長
史遷龍驤將軍光祿少卿虬母在鄉遇患請假
歸值秋水暴長河梁破絕虬得一小舩而渡溺
而不沒時人異之母喪哀毀過禮為時所稱年
四十九卒贈征虜將軍幽州刺史諡曰威虬善
與人交清河崔亮頓丘本子平並與親善所作碑
頌雜筆三十餘篇有二子
長子藏在文苑傳
藏弟子才武定末太常卿
虬從子策亦有才學卒於齊王儀同開府主簿

李平字曇定頓丘人也彭城王嶷之長子少有
大度及長涉獵羣書好禮易頗有文才太和初
拜通直散騎侍郎高祖禮之甚重頻經大憂居
喪以孝稱後以例降龍驤爵彭城公拜太子中舍
人遷散騎侍郎舍人如故遷太子中庶子平因
侍從容請自效一郡高祖曰卿復欲以吏事自
試也拜長樂太守政務清靜吏民懷之遷南
代以平兼冀州儀同開府長史其甚著聲稱仍除
正長史太守如故未幾遂行河南尹豪右權貴
懼之世宗即位除黃門郎遷司徒左長史行尹
如故尋以稱職正尹長史如故車駕幸鄴平
上表諫曰伏見已丑詔書壹云軒鑾輅行幸有期
幽顯同忻人靈共悅臣之愚管竊有惑焉何者
馳驎驟於綠竹之區騁騄驥於漳滏之壤斯誠
鳳服龍驂剋駕近日將欲講武淇陽大閱鄴魏
嵩京剏構洛邑儲資產罄於遷移牛畜斃於
民至洛始欲向盡雖年跨十稔根基未就代
運陵太行之險越長津之難辛勤備經得達京

闕富者猶摜太半貧者可以意知兼歷歲從我
不遑啓處自景明已來差得休息事農者未積
二年之儲築室者裁有數間之屋莫不肆力伊
瀍人急其務寔宜安靜新人勸其稼穡令國有
九年之粮家有水旱之備若乘之以鞞紲則所
廢多矣夫從役舉家失業今復秋稼盈田禾
萩遍野耀武崧原禮射伊洛士馬無跋涉之勞
招四海
兆民有康哉之詠可不美歟不從詔以本官行
相州事世宗至鄴親幸平第見其諸子尋導正刺
史加征虜將軍平勸課農〈栞修飾太學簡試
通〈儒以充博士選五郡聰敏者以教之圖孔子
及七十二子於堂親為立讚前來臺使頗好侵
取平力畫履虎踐尾踐薄水於客館注頌其以
示誡焉加御史中尉東將軍徵拜長兼度支尚書尋正
尚書領御史中尉冀州刺史京兆王愉反於信
都必平為使持節都督北討諸軍事鎮比將軍
行冀州事以討之世宗臨式乾殿勞遣平日愉

朕之元弟居不疑之地豺狼之心不意而發欲
上傾社稷下殘万姓大義滅親夫豈獲止周公
行之於古朕亦當行之於今委卿以專征之任
必令應期摧殄務盡經略之規勿虧推轂之寄
也何圖今日言及斯事因歔欷流涕平對曰臣
愉天迷其心構此梟悖陛下不以臣不武委以
捴督之任今大宥既敷便應有征無戰脫以
不悟者當仰憑天威抑屬將士鼓行而進
微露巨海之蕩熒燭天時人事滅在昭然如其
稽顙軍門則送之大理若不悛待戮則鳴鼓興
鍾非陛下之事平進次經縣諸軍大集夜有蠻
兵數千斫平前壘矢及平帳平堅臥不動俄而
乃定遂至冀州城南十六里賊攻圍濟州軍拔
柵填塹未滿者數尺諸將合戰無利而還懼於
更進平親入行間勸以重賞士卒乃前大破逆
衆愉時墜馬乃有一人下馬授愉止而鬬死乘
勝遂比至於城門斬首數万級遂圍城燒門愉
與百餘騎突門出走遣統軍叔孫頭追之去信

都十里擒　冀州平世宗遣兼監事黃門侍
郎祕書丞元梵宣旨慰勞徵還京師以本官領
相州大中正平先爲尚書令高肇侍御史王顯
所恨後顯代平爲中尉平加散騎常侍除平名延
在冀州隱截官口肇又抶成其狀奏平加散騎常
昌初詔復官爵除其定襄之勳前來良賤之訟
多有積年不決平奏不問眞僞以景明年前
爲限於是諍訟止息武川鎮民飢鎮將任款請
貸未許擅開倉賑恤有司繩以費散之條免其

──魏書傳五十三── 二十三 史忠

官爵平奏欵意在濟人心無不善世宗原之遷
中書令尚書如故肅宗初轉吏部尚書加撫軍
將軍平高明彊濟所在有聲但以性急爲累尚
書令任城王澄奏理平定冀之勳請酬以山河
之賞靈太后乃封武邑郡開國公食邑二千五
百戶兼二千五百匹先是蕭衍遣其左游擊將
軍趙祖悅偷據西硤石衆至數萬以逼壽春鎮
南崔亮攻之未尅又與本子崇乖貳詔平以本官
使持節鎮軍大將軍兼尚書右僕射爲行臺節

度諸軍東西州將一以稟之如有乖異以軍法
從事詔平長子獎以通直郎從賜平縑帛百段
紫納金裝衫甲一領賜獎縑布六十段絳衲襖
一領父子重列拜受家庭觀者榮之於是率步
騎二千以赴壽春平巡視硤石內外知其盈虛
之所嚴勒崇亮令水陸兼備尅期齊舉崇亮懼
之無敢乖互頻日交戰屢破賊軍安南將軍崔
延伯立橋於下蔡以拒賊之援祖悅守死窮城
昌義之等不得進救祖悅守死窮城平乃部分

──魏書傳五十三── 二十四 史忠

攻之令崔亮督陸卒攻其城西本子崇勒水軍擊
其東面然後鼓譟南北俱上賊衆周章東西赴
戰屠賊外城賊之將士相率歸附祖悅率其餘
衆固保南城通夜攻守至明乃降斬祖悅送首
於洛俘獲甚衆以功遷尚書右僕射加散騎常
侍將軍如故平還京師靈太后見於宣光殿賜
以金裝刀杖一口時南徐州表云蕭衍堰淮水
爲患詔公卿議之平以爲不假兵力終自毀壤
及淮堰破靈太后大悅引群臣入宣女勅平前鳴

蕭管肅宗手賜縑布百段熙平元年冬卒遺令
薄葬詔給東園祕器朝服一襲帛七百
四靈太右為舉哀於東堂贈侍中驃騎大將軍
儀同三司冀州刺史諡文烈公平自在度支至
於端副鳳夜在公役致匪懈兄處機密十有餘
年有獻替□之稱所製詩賦箴諫頌別有集錄
平長子獎字遵穆襲容貌魁偉有當世才度自
太尉參軍事稍遷通直郎中書侍郎直閤將軍
吏部郎中征虜將軍遷安東將軍光祿大夫仍

二十五　史

吏部郎中又以本官兼尚書出為撫軍將軍相
州刺史初元乂擅朝獎為其親待頻居顯要靈
太后及政削除官嘗尉孝莊初為散騎常侍東
將軍河南尹獎兼尚書右僕射慰勞徐州羽林及
入洛顯以獎兼尚書前後所歷皆以明濟著稱元顯
城人不承顯旦晝獎傳首洛陽出帝時獎故吏
通直散騎常侍宋遊道上書理獎曰臣聞賞善
罰惡謂之二機有道存焉所貴不濫是以子胥
無罪吳人痛之都死不幸國言未息故河南尹

李獎門居戚里世擅名家有此良才是兼周用
自少及長忠孝為心入朝出牧清明流譽襟懷
放暢風神奕發寔廊廟之瑚璉社稷之楨幹往
歲北海竊據貟尿當朝王公卿士僶眉從事而
獎閉門百口同居京洛旣被羈縶自拔無由託
表啟相望遲速唯命及皇輿返正神器復輕
蒲之徒共生僥倖詭言要賞曲道求通濫及善
未敗之日徐州刺史元乂為其純臣莫之敢距

二十六　冰

使東南情存避難當時物論謂其得所然北海
天下共當此責于時朝旨唯命免官亦旣經恩
方加酷濫伊昔具臣比肩賊所身臨河上日尋
人稱為己力若以獎受命賊朝語跡成罪便與
千戈時逢寬政任遇不改一介使人獨嬰斯戮
凡在有心孰不嗟悼前朝所以論功者見其邊
人且相慰悅其猶郭默生亂劉叢懸首事乃權
宜蓋非實錄昔鄧艾下世叚灼理其冤馬援物
故朱勃申其屈臣雖小人趣事君子有懷舊恩
義兼人故見其若此久欲陳辭含言未吐遂至

今日幽泉已閉蓬樹成行內手捫心顧懷愧慨

幸逢興聖理運唯新難日算歲戎事同創革頻有

大恩被於率土之官失爵者非蒙追復而莫雜

木猶存牛車未改士感知已懷此無忘輕率皆

言干犯慈董載伏願天鑒賜垂矜覽加其贈秩慰

此幽魂詔贈衛將軍冀州刺史

獎弟諧字虔和風流閒雅博學有文舞當時子

構弟訓太尉默曹參軍 二十七 全

子構龔武定末太子中舍人齊受禪爵例降

俊咸相欽賞受父前爵彭城侯自太尉參軍歷

尚書郎徐州北海王顥撫軍府司馬入為長兼

中書侍郎崔光引為兼著作郎諧在史職無所

紫光祿大夫加衛將軍元顥入洛以為給事黃

歷意加輔國將軍相州大中正光祿大夫除金

門侍郎顥敗除名乃為述身賦曰夫休咎相躡

禍福相生龜筮迷其兆聖達蔽其萌覽成敗於

前迹料趣捨於人情感爭途以走利罕外己以

逃名連從車之載禍多厭馬以取刑豈柴一以

介獨往乃千乘所不能傾伊薄躬之悟容無性

命之淑靈藉休庸於祖武仰餘烈於家聲徒從

師以下學之遊道於上京洎力年之四五實始

笲之弱齡羌釋巾而從吏謬邀寵於時明彼

之赫赫乃陋周而同漢帝文篤其成功我武

治其末亂掩四奧而同軌穆三辰而首觀威北

暢而武戢南鼎遷而文煥異人相趣於絳關鴻

生接武於儒館摠群雅而同歸果方負而殊貫

伊溫吹之所從初霜服於宰旅奉盛王之高義

遊兔園而容與綴鴻路焉之末行連英鬒之茂序

及伯旦男之西伐赫靈旗之東舉復奉役於前轄

仍執鞲於後距迫玄冬之暮歲歷關山之遐阻

風激沙而破石雪浮河而漫野樂在志其無端

悲涉物而多緒俄宮車之晏駕改乘轅而歸子

屬讓恩之在今目徬枝而禔福觌獻以命宗

叩微躬於侯服禮空文於覬饗賦無征於湯沐

思守位而踵慙每屏居而自肅忽希命於建

禮遊丹綺之重複信茲選之為難乃上應於列

二八 末

宿陽源猶且自免何稱仲治與太叔　余生之
蕭散本寓名而為仕好不存於吏法才實踈於
政理竟火爛之不事徒博亦其賢已竊自託於
諸生頗馳騁於文史通人假其餘論士林察於
理乃妄涉於風流遂飾輩於士子且以自託

雖邇僕塵浮而賞許雲霞栖開虛以
築館背城關而為家帶二學之高宇遠三市之
狹邪事雖儉而未陋製有度而不奢山隱勢於
複石水回流於激沙樹先春而動色草迎歲而
發花座有清談之客門交好事之車或林嬉於
月夜或水宴於景斜肆雕章之腴旨咀文藝之
英華盡綠艾與丹藕薦朱本及甘瓜雖懸洛水
之名致有類金谷之誼譁聊自足於所好豈留
連於或虓獻讚崇庵戒於華奧豈千乘之使東
耶之相勞竟不留於三月因病滿而休告彼東
后之淵獻讚崇庵於載筆蔡一去而貽恨張再
觀之清華乃往隆於載筆蔡一去而貽恨張再
還而有述忽牽短而瀒官司博史於藏室懃班

魏書傳五十三　二九　毛文

子之繁麗馬生之簡實復通籍而延籠陪帝
局之華密信儀鳳之所栖乃絲文之自出歷五
載而徘徊猶官命之不改謝能飛於無翼故同
滯於有待晚加秩於戎章乃　號之斯在屬運
道之將季諒冠屢之無身奮昇御於鼎湖忽流
哀於四海昔漢命之中微皇統於是三絕暨孝

昌之陵陂亦繼　而禍結將小雅之詩廢復三
綱之道滅思蹈踖於時昏獨沉吟於運閉遂退
處於窮里不外交於人世及數及於中興驅時
雄而電逝既籍取亂之權方乘轉圓之勢俄隙
開而守廢遂　冠晃之毀裂彼高昌原而野嗟
衛肝與稅血何古今之一揆毋治少而亂多盧
遁身於東掖荀窘莟於南羅時獲逃於
竄宿於嚴阿首丘急於明發東路長其如何遽
登冊而鼓柂乃汎洛而汎河鶩寸陰於不測競
征鳥之巨獝若封豕與大風肆吞噬於山東何
信都之巨獝若封豕與大風肆吞噬於山東何
邑燼而野空徑黎陽之寇聚迫崖壘之飆隆躁

魏書傳五十三　三十　宋本

通川而鼎沸矢交射於舟中備百姓惟於茲日諒
陳蔡之非窮乘虎口而獲濟陵陽侯而迅往
得投髆於濮陽實陶儒之舊壤襄鄉村而佇立
曾不遙於河廣聞虎旅馬之夕嘶見胡塵之晝上
王略恢而廟勝車徒發而雷響扇風師之猛氣
張天畢之曾綱裁鼓而冰銷俄氣褫之廓蕩
昔邊生之出奔親亡街於亂政及李子之來反
乃君立而位定伊吾人之最爾本無僕於襄盛
忭草茅而偃伏且優遊於宸慶復推斥於官流

延光華於顏墜命甫聞內侍之秀復奉優加之令
何金紫之陸離樹鬱貂玉之相映時權定之云初
尚民心之易擾何建武之明傑茂雄姿於天表
忽靈命之有歸藉親均而爭紹師出楚而感發
葹陵江而雲矯翠華蔚之峰嶸端晃旅於億兆
神龍逝以流越苟命幷而戮違
雖功深而柞天時難忽然已及網羅周其四張
秭五三之親曜罕狗節於漢陽彼百睿之冠帶
咸北面於西王狷思疎而任遠齊身存而義已

及宸居之反正振天綱於頹綱甄大義以明罰
虛半列於周行乃褫帶而來反驅下澤以邀合
探宿志以內求撫身而自計不詭遇以邀合
豈釣名以干世獨瞯然而任已同虛舟之不繫
既未識其所以來亦當知其所以逝於是得喪
同遣忘懷自深遇物栖息觸地山林雖因西浮
之迹何異東都之心願自託於魚鳥永得性於
飛沉庶保此以獲没不再罪於當今孝靜初遭
毋憂還鄉里銜為魏尹將軍如故以禪制未終

表辭朝議亦以為優仍許其諫蕭衍求通和好
朝廷盛選行人以諧兼散騎常侍為聘使主諧
至石頭蕭衍遣其主客郎范晉當接諧問晉曰
主客在郎官幾時晉荅曰我本訓曹虎門通復
今任諧言國子博士不應左轉為郎晉荅曰特
為應接遠賓故權兼耳諧言屈已濟務誠得事
宜由我一介行人令卿左轉晉荅曰自顧菲薄
不足對揚盛美豈敢言屈晉問曰今稍尚暖北
間當小寒於此諧荅曰地居陰陽之正寒暑適

時不知多少胥曰所訪鄴下豈是測影之地諧
苔曰皆是皇居帝里相去不遠可得統而言之
胥曰洛陽既稱盛美何事遷鄴諧苔曰不常厥
邑于茲五邦王者無外所在關河復何所怵胥
曰殷人否危故相時而動何必俟於隆替胥曰
人藏柱知來相時而動何必俟於隆替諧答曰金
陵王氣兆於先代黃旗紫蓋本出東南君臨萬
隆紫蓋黃旗終於入洛無乃自害也有口之說
邦故宣在此諧苔曰帝王符命豈得與中國比
乃是俳諧亦何足道蕭行親問諧曰魏朝人士
德行四科之徒九有幾人諧對曰本朝多士義
等如林文武賢才布在列位四科之美非無其
人庸短造次無以備啓衍曰武王有亂臣十人
魏雖人物之盛豈得頓如卿言諧曰愚謂周稱
十人本舉佐命至於濟濟多士實是文王之詩
皇朝廊廟之才足與周人有競衍曰爾文足
標異武有冠絕者便可指陳諧曰大丞相勃海
王秉文經武左右皇極畫一九州懸衡四海錄

尚書汝陽王元叔昭尚書令元世儁宗室之秀
綰政朝端左僕射司馬子如右僕射高隆之並
時譽朝英勳力匡輔侍中高岳侍中孫騰勳賢
忠亮宣讚王猷自餘才美不可具悉衍曰故宜
輔弼幼主永固基業深不可言江南稱其才辯
使還除大司農卿加驃騎將軍轉祕書監遇偏
風殿頓武定二年卒年四十九時人悼惜之贈
驃騎大將軍衛尉卿齊州刺史所著文集別有
集錄行於世
長子獄武定末司徒祭酒
嶽弟庶尚書南主客郎
諧弟邑字修穆幼而儁爽有逸才著作佐郎高
陽王雍友凡所交遊皆倍年儁秀才藻之美爲
時所稱年二十五卒贈鎮遠將軍洛州刺史諡曰文
史臣曰邢巒以文武才榮當軍國之佳參機
樉外寄折衝其緯世之器興李平以高明幹略
効智於時出入當官功名克著蓋徵賢務英也
列傳第五十三

魏書六五

魏書列五十四

一

李崇字繼長小名繼伯頓丘人也文成元皇
后第二兄誕之子年十四召拜主文中散襲
爵陳留公鎮西大將軍高祖初爲大使巡
察冀州尋以本官行梁州刺史時巴氏擾動
詔崇以本將軍爲荊州刺史鎮上洛勒發陝
秦二州兵送崇至治崇辭曰邊人失和本怨
刺史奉詔代之自然易帖俱須一宣詔旨而
已不勞發兵自防使懷懼也高祖從之乃輕
將數十騎馳到上洛宣詔綏慰當即帖然尋
勒邊戍掠得蕭賾人者悉令還之南人感德
仍送荊州之口二百許人兩境交和無復烽燧
之警在治四年甚有稱績召還京師賞賜
隆厚以本將軍除兗州刺史兗土舊多劫盜
崇乃村置一樓樓懸一鼓盜發之處雙槌
亂擊四面諸村始聞者搥鼓一通次復聞者
以二爲節次後聞者以三爲節各擊數千槌

諸村聞鼓皆守險要路是以盜發俄頃之間聲布
百里之內其中險要路悉有伏人盜竊始發便爾
擒送諸州置樓懸鼓自崇始也後例皆降爲候改
授安東將軍車駕南征驃騎大將軍咸陽王禧爲
都督左翼諸軍事詔崇以本官副爲徐州降人
郭陸聚黨作逆人多應之擾亂南北崇遣高平
人上冀州詐稱犯罪逃亡歸陸納之以爲謀
主數月冀州斬陸送之賊徒潰散入爲河南尹
後車駕南討漢陽崇行梁州刺史氏楊靈珍道
弟婆羅與子雙頒步騎萬餘龍襲破武興與蕭鸞
相結詔崇爲使持節都督隴右諸軍事率衆數
萬討之崇樓山分進出其不意表裏以襲群氏
珍又遣從弟建率五千人屯龍門之比數十里代樹塞路
皆弃靈珍散歸靈珍衆減太半崇進據赤土靈
珍據鷩碗龍門之比數十里代樹塞路就驚碗
之口積大木聚礧石臨崖下之以拒官軍崇乃
命統軍慕容拒率衆五千從他路夜襲龍門破
之崇乃自攻靈珍靈珍連戰敗走俘其妻子崇

多設疑兵龍驤剋武興與蕭纘梁州刺史陰廣宗遣

衆軍鄭猷王思考率衆援靈珍崇大破之并斬

婆羅首殺千餘人俘獲猷等靈珍走奔漢中高

祖在南陽覽表大悅曰使朕無西顧之憂者李

崇之功也以崇為都督梁秦二州諸軍事本將

軍梁州刺史高祖手詔曰今仇隴剋清鎮捍以

德文人威惠既宣寔允遠寄故勅授梁州用寧

邊服便可善思經略去其可育公私

所惠悉令荽夷及靈珍偷摞白水崇擊破之靈

珍逵迪世宗初徵為右衛將軍兼七兵尚書尋

加撫軍將軍正尚書轉左衛將軍相州大中正

魯陽蠻柳北喜魯比燕等聚衆反叛諸蠻悉應

之圍逼湖陽游擊將軍李暉先鎮此城盡力捍

禦賊勢甚盛詔以崇為使持節都督征蠻諸軍

事以討之蠻飛數萬屯據形要以拒官軍崇累

戰破之斬比燕等徙萬餘戶於幽并諸州世宗

追賞平氏之功封魏昌開國伯邑五百戶東

荆州蠻樊安聚衆於龍山僭稱大號蕭衍共為

（魏書傳五十四　三）

脣齒遣兵應之諸將擊討不利乃以崇為使持

節散騎常侍都督征蠻諸軍事進號鎮南將軍

率步騎以討之崇分遣諸將攻擊賊壘連戰剋

捷生擒樊安進討西荆諸蠻悉降詔以崇為使

持節兼侍中東道大使黜陟能否著賞罰之稱

轉中護軍出除散騎常侍征南將軍揚州刺史

詔曰應敵制變籌非一途救狡衍狡詐或生詭劫宜

今胷山蟻寇久結未珍賊衍狡詐或生詭劫宜

遣銳兵備其不意崇可都督淮南諸軍事坐敦

（魏書傳五十四　四）

威重遙運聲籌延昌初加侍中車騎將軍都督

江西諸軍事刺史如故先是壽春縣人苟泰有

子三歲遇賊亡失數年不知所在後見在同縣

人趙奉伯家泰以狀告各言己子並有隣證郡

縣不能斷崇曰此易知耳令二父與兒各在別

處禁經數旬然後遣人告之曰君兒遇患向已

暴死有教解禁可出奔哀也苟泰聞即號咷悲

不自勝奉伯咨嗟而已殊無痛意崇察知之乃

以見還泰詰奉伯詐狀奉伯乃款引云先亡一

10-871

子故妄認之又定州流人解慶賓兄弟坐事俱
徙揚州弟思安背役亡歸慶賓懼後役追責規
絕名貫乃認城外死尸詐稱其弟為人所殺迎
歸殯葬頗類思安見者莫辨又有女巫陽氏自
云見鬼說思安被害之苦飢渴之意慶賓又誣
疑同軍兵蘇顯甫李蓋等所殺經州訟之之密
遣二人非州內所識者為從外來詣慶賓告曰
不勝楚毒各自款引獄將決音崇疑而停之
僕住在此州去此三百比有一人見過寄宿夜
中共語疑其有異便即詰問迹其由緒乃云是
流兵背役逃走姓解字思安時欲送官苦見求
及稱有兄慶賓今住揚州相國城內婣姓徐君
脫矜愍為往報告見申丞曲家兄聞此必重相
報所有資財當不受惜今見質若往不獲送
官何晚是故相造指申此意君欲見雇幾何當
放賢弟若其不信可見隨看之慶賓悵然失色
求其少停當備財物此人具以報崇攝慶賓問
曰爾弟逃亡何故妄認他尸慶賓伏引更問蓋

等乃云自誣數目之間思安亦為人縛送崇召
女巫視之鞭笞一百崇斷獄精審皆此類也時
有泉水湧於公山頂壽春城中有魚無數從
地湧出野鴨群飛入城與鵲爭巢五月大霖雨
十有三日大水入城屋宇皆沒崇與兵泊於城
上未增未已乃乘舸附於女牆城不沒者二板
而巳州府勸崇棄城壽春保北山崇曰吾忝國重
恩忝守藩岳德薄招災致此大水淮南萬里繫
于吾身一旦動脚百姓瓦解揚州之地恐非國
物昔王尊慷慨義感黃河五豈愛一軀取愧千
載但憐茲士庶無辜同死可桴筏隨高人規自
脫吾必守死此城幸諸君勿言時州人裴絢等
受蕭衍假豫州刺史因乘大水謀欲為亂崇皆
擊滅之崇以洪水為災請罪解任詔勞卿居藩
累年威懷兼暢資儲豐溢定制勅冠然夏雨汎
濫斯非人力何得以此辭解今水涸路通公私
復業便可繕甲積粮修復城雉勞恤士庶務盡
綏懷之略也崇又表請解州認報不聽是時非

崇則淮南不守矣崇沉深有將略寬厚善御眾
在州凡經十年常養壯士數千人寇賊侵邊所
向摧破號曰臥虎賊甚憚之蕭衍惡其久在淮
南屢設反間無所不至世宗雅相委重衍無以
措其姦謀乃授崇車騎大將軍開府儀同三
司刀尸郡公諸子皆為縣侯欲以構崇崇表言
其狀世宗屢賜璽書慰勉之賞賜珍異歲至五
三親待無與為比衍每歎息服崇之能任崇
也蕭宗踐祚襄賜衣馬及蕭衍遣其游擊將軍
趙祖悅龍據西硤石更築外城遍従緣淮之人
於城內又遣二將義之王神念率水軍泝淮
而上規取壽春田道龍寇邊城路長平寇五門
胡興茂寇開霍揚州諸戍皆被寇遍崇分遣諸
將與之相持密裝舼艦二百餘艘救之水戰以
待臺軍蕭衍霍州司馬甲休笠率眾寇建安崇
遣統軍李神軌擊走之又命邊城戍主邵申賢要
其走路破之於濡水俘斬三千餘人靈太后引衍
書勞勉許昌縣令兼紹麻戍主陳平玉南引衍

軍以戍歸之崇自秋請援表至十餘詔遣鎮南
將軍崔亮救硤石鎮東將軍蕭寶黃於行堰上
流決淮東注朝廷以諸將乖角不相順赴乃以
尚書本平兼右僕射持節度之崇遣李神乘
水軍剋其東北外城祖悅乃屈其儀同三司
朝廷嘉之進號驃騎將軍傳
如故衍淮堰未破水勢日增崇乃於硤石戍間
編舟為橋比更立船樓十各高三丈十步置一
籬至兩岸蕃板裝治四箱解合賊至舉用不戰
解下又於樓舩之比連覆大舩東西竟水防賊
火栿又於八公山之東南更起一城以備大水
州人號曰魏昌城崇界表解州前後十餘蕭
宗乃以元士代之尋除都督冀定瀛三州軍
事驃騎大將軍冀州刺史儀同如故不行崇上
表曰臣聞世室明堂顯於周夏二漢兩學盛自
虞殷所以宗配上帝以著莫天之嚴宣布下土
以彰則天之軌養黃骏以詢格言育書襟盈數

10-873

典式用能享國之長風徽万祀者也故孔子稱
巍巍乎其有成功郁郁乎其有文章此其盛矣
爰暨亡秦政失其道坑儒滅學以蔽黔首國無
黌序之風野有非時之役故九服分崩祚終二
世炎漢勃興更修儒術文景已降禮樂復彰化
致昇平治幾莫不措之中學校不絕遺文燦然方軌
三本之盛莫不紛綸掩謝響流無已遠自魏晉
撥亂相因兵革之中學校不絕遺文燦然方軌
前代仰惟高祖孝文皇帝稟聖百天道鏡今古
以新即制列教序於鄉黨敦詩書於郡國便指
徙駕嵩河宅函洛模唐虞以革軌儀規周漢
讓之禮橫被於岐嶇歌詠之音聲溢於丒陋但
經始事殷軒駕未遑多就弓鈛弗追世宗
統曆事遇先緒永平之中大興板築繽以水旱
戎馬生郊雖逮旋偃一匱稿惟皇遷中縣
垂三十祀而明堂禮樂之本乃蔚惟荊棘之林膠
序德羨矣基空盈之跡城惶嚴固之重關
塼石之工堞埤顯望之要少樓榭之飾加以風

雨稍侵漸致虧墜又府寺初營頗亦壯美然一
造至今更不修繕宇凋朽牆壇頹壞皆非所
謂追隆堂搆儀形万國者也伏聞朝議以高祖
大造區夏道佯姬文擬祀明堂式配上帝今若
基宇不修仍自丘畎即使高皇神享闕於國陽
宗事之典有聲無實方授能所以任事事既任
以失望也臣又聞官方授能所以任事事既任
矣酬之以禄如上無曠官之譏下絕尸素之
謗全國子雖有學官之名而無教授之實何異
免絲燕麥南箕北斗哉昔劉向有言至者宜興
辟雍陳禮樂以風化天下夫禮樂所以養人刑
法所以殺人而有司勤勤請定刑法至於禮樂
則曰未敢是則敢於殺人不敢於養人也臣以
為當今四海清平九服寧晏經國要重理應先
營脫復稽延則劉向之言徵矣但事不兩興須
有進退以臣愚量宜罷尚方雕靡之作頗省永
寧窟王未之功并減瑤光村尼之方兼分石窟鐫
琢之勞及諸事役非急者三時農隙修此數條

使辟雍之禮蔚爾而復興諷誦之音煥然而更
作美榭高墉嚴壯於外槐宮棘宇顯麗於中道
發明令重遵鄉飲敦進郡學精課經業妃則
元凱可得之於上序游夏可致之於下國豈不
休歟誠知佛理淵妙含識所宗然比之於治要容
可小緩苟使魏道肅緝元首唯康爾乃營饗
為晚也靈太后令只省表具悉體國之誠配饗
表晏崇平年和歲稔當務有司別議綖婦除中書
監驃騎大將軍儀同故又授右光祿大夫出
為使持節侍中都督定幽燕瀛四州諸軍事本
將軍定州刺史儀同如故徵拜尚書左僕射加
散騎常侍驃騎儀同如故遷尚書令加侍中崇
在官和厚明於決斷受納辭訟理在可推始
為下筆不徒爾收領也然性好財貨販肆聚斂
家資巨万營求不息子世哲為相州刺史亦無
清白狀鄴洛市廛收擅其利為時論所鄙蠟蠟
主阿那環率眾犯塞詔崇以本官都督北討諸

軍事以討之崇辭於顯陽殿我服武韔志氣甚奮
揚時年六十九幹力如少畫圖宗目而壯之朝廷
莫不稱善崇遂出塞三千餘里不及賊而還後
扺鎮破落汗拔陵及叛所在響應徵北將軍臨
淮王或大敗於五原安北將軍本叔仁尋敗於
白道賊眾曰甚詔引丞相令僕尚書侍中黃門
於顯陽殿詔曰朕比以鎮人攜逆遣都督臨
淮王彧時除前軍屆五原前鋒失利一將須奇
兵士挫衄又武川乘防復陷凶宄恐賊勢復淫
冠連恒朔金陵在彼夙夜憂惕諒人耳陳貞榮
以副朕懷吏部尚書元脩義曰疆寇充斥事須
得討臣謂須得重貴忠鎮壓恒朔揚彼師旅備衞
金陵詔曰去歲阿那環叛逆遣李崇令比征崇
遂長驅塞北返施榆關此亦一時之盛崇乃上
表求改鎮為州罷削舊貫朕于時以舊典難革
不許其諳尋本崇此表開諸鎮非異
今日之事但既往難追為復略論此耳朕以李
崇國戚望重器識英斷意欲還遣崇行總三

軍揚旌恒朝除彼羣盜諸人謂可爾以不僕射

蕭寶黃等曰陛下以舊都在北憂慮金陵臣等

實懷悚息云崇德位隆重社稷之臣陛下此遣

實合羣望崇啓曰臣實無用猥蒙殊寵位妨賢

路遂充北代徒勞將士無勳而還慙負聖朝於

今莫已臣以六鎮幽並賊接對鳴桁聲弦弗

離旬朝州名差重於鎮謂實可悅彼徙使聲敕

曰揚微塵去塞豈敢道此凶源開生賊意之

悠負死有餘責屬陛下慈實賜全要領今更遣

臣此行正是報恩改過所不敢辭但臣年七十

自惟老疾不堪敵場更願英賢收功盛目於是

詔崇以本官加使持節開府比討大都督撫軍

將軍崔暹鎮軍將軍廣陵王淵皆受崇節慶

詔崇子光祿大夫神軌假平北將軍隨崇比討

崇至五原崔暹大敗于白道之北賊遂并力攻

崇崇與廣陵王淵力戰累破賊眾相持至亥乃

引還平城淵表崇長史祖瑩詐增功級盜沒軍

資崇不坐免官爵徵還以後事付淵後徐州刺史

元法僧以彭城南叛時除安樂王鑒為徐州刺

史以討法僧為法僧所敗單馬奔歸乃詔復崇

官爵為徐州大都督節度諸軍事會崇疾篤乃

以衛將軍安豐王延明之改除開府相州刺

史侍中將軍儀同並如故孝昌元年薨於位時

年七十一贈侍中驃騎大將軍司徒公雍州刺

史論曰武康後重贈太尉公增邑一千戶餘如

故

長子世哲性輕率供奉豪侈少經征役頗在將

用自司徒中兵參軍趙為征虜將軍驍騎將軍

尋遷後將軍為三關別將討羣蠻大破之斬蕭

衍龍驤將軍文思之等還拜鴻臚少卿性傾巧

善事人亦以貨賂自達高肇劉騰之處勢也皆

與親善故世號為李錐蕭宗末邊宗正卿加平

南將軍轉大司農卿仍本將軍文改授太僕卿

加鎮東將軍尋出為相州刺史

至州斥逐細人遷徙佛寺過買其地廣興第宅

百姓患之崇比征之後徵兼太常卿御史高道

穆毀發其宅表其罪過後除鎮西將軍涇州刺
史賜爵衛國子正光五年七月卒贈帛五百四
朝服一襲贈散騎常侍衛將軍吏部尚書冀州
刺史子如故
昌中為靈太后寵遇勢傾朝野時云見幸帷幄
與鄭儼為雙時人莫能明也頻遷征東將軍武
衛將軍給事黃門侍郎常領中書舍人時相州
世哲弟神軌受父爵陳留侯自給事中稍遷員
外常侍光祿大夫累出征討頗有將領之氣孝
刺史安樂王鑒據州反詔神軌與都督源子邕
等討平之武泰初繼師本洪扇動諸落伊闕已
東至於鞏縣多被燒劫詔神軌為都督破之
尒朱榮之向洛也復為大都督率衆御之出至
河橋值北中不守遂便退還尋與百官候駕於
河陰仍遇害初贈侍中驃騎大將軍司
空公相州刺史諡曰烈
崔亮字敬儒清河東武城人也父元孫劉駿尚
書郎劉彧之僭立也或青州刺史沈文秀阻兵

叛之或使元孫討文秀為文秀所害再亮與房氏
攜亮依冀州刺史崔道固於歷城道固即亮之
叔祖也及慕容白曜之平三齊內徙桑乾為平
齊民時年十歲常依季父幼孫居家貧傭書
亮時龍西李沖當朝任事亮從兄光往依之謂
亮曰安能久事筆硯而不往託李氏也彼家饒
書因可得學亮曰弟妹飢寒豈可獨飽自可觀
書於市安能看人眉睫乎光言之於沖沖召亮
與語因謂亮曰比見卿先人相命論使人胸中
無復怵迫之念令遂亡本卿能記之不亮即為
誦之涕淚交零聲韻不異沖甚奇之迎為館客
沖謂其兄子彥曰大崔生寬和篤雅汝宜友之
小崔生峭整清徹汝宜敬之二人終將大至沖
薦之為中書博士轉議郎尋遷尚書二千石郎
高祖在洛欲創革舊制選置百官謂群臣曰與
朕舉一吏部郎必使才望兼允者給卿三日假
又一日高祖曰朕已得之不煩卿輩也馳驛徵
亮兼吏部郎俄為太子中舍人遷中書侍郎兼

尚書左丞亮雖歷顯任其妻不免親事舂簸高
祖聞之嘉其清貧詔帶野王令世宗親政遷給
事黃門侍郎仍兼吏部郎領青州大中正亮自
參選事垂將十年廉慎明決為尚書郎租所委
每云非崔郎中選事不辦桑除散騎常侍仍為
黃門遷度支尚書領御史中尉亮在度支別立條
格歲省億計又議修汴蔡二渠以通邊運公私
賴焉侍中廣平王懷以母弟之親左右不導憲
略四方又營洛邑費用甚廣亮自遷都之後經

法劾亮推治世宗禁懷不通賓客者久之後因
宴集亮懷恃親使忿欲陵突亮乃正色責之即
起於世宗前脫冠請罪遂拜辭欲出世宗曰廣
平廳跣向來又醉卿之所悉何乃如此也遂詔
亮復坐令懷謝焉亮外雖方正內亦承候時情
宣傳左右郭神安頗被世宗識遇以弟託亮亮
引為御史又神安敗後因集禁中世宗令兼侍
中盧昶宣旨責亮曰在法官何故受左右囑請
亮拜謝而已無以上對轉都官尚書又轉七兵

領廷尉卿加散騎常侍中正如故徐州刺史元
昞撫御失和詔亮馳馹安撫亮至昞處以大
辟勞賚綏慰百姓怗然除安西將軍雍州刺史
城址渭水淺不通船行人難阻亮謂寮佐曰昔
杜預乃造河橋吾徐此有異長河且魏晉之日亦
自有橋吾本決欲營之咸曰水淺不可為浮橋
咸陽橫橋渡渭以像閣道此即以柱為橋今唯
沉長無恒又不可施柱恐難成立亮曰昔秦居
慮長柱不可得耳會天大雨山水暴至浮出長

木數百根籍此為用橋遂成立百姓利之至今
猶名崔公橋亮性公清敏于斷決所在並號稱
職三輔服其德政世宗嘉之詔賜衣馬被褥後
納其女為九嬪徵為太常卿攝吏部事肅宗初
出為撫軍將軍定州刺史蕭衍行左游擊將軍趙
祖悅率眾偷據硤石詔亮假鎮南將軍都督王蕭
寶寅鎮東將軍章武王融安南將軍並使持節
都督諸軍事亮以討之靈太后勞道亮等賜戎服
雜物亮至硤石祖悅出城逆戰大破之賊復於

城外置二柵欲拒官軍亮縱擊破之殺三千餘
人亮與李崇為水陸之期日日進攻而崇不至
及李平至崇力進軍共平砍石語在平傳靈太
后賜亮璽書曰砍石既平大勢全舉淮堰孤危
自將奔遁君仍敢遊魂此當易以丘計擒翦蟻
徒應在旦夕將軍推載所憑親對其事慮分
略宜共協亦必令得掃蕩之理盡彼遺燼也隨
便守禦及分渡掠截扼其咽喉防塞走路期之
全獲無令漏逸若畏威降首者自加鐉宥以仁

三苗　親傳五十四　十九　陳浩

為本任之雅筭并二往使別宣以功進號鎮北
將軍李平部分諸軍將水陸兼進以討堰賊亮
違平節度以疾請還隨表而發平表曰以蕭
遵尚任梁城令都督崔亮權據下蔡別將義之
衍將湛僧珍田道龍遊魂境內猶未收跡蔡
神念尚任梁城令都督崔亮接勢以防橋道臣發引向堰
生即往東岸與亮接勢以防橋道臣發引向堰
舍人曹道至奉勅更有處分而亮已輒還京接
亮愛付東南推轂是託誠應憂國忘家致命為
限而始庸汝陰樂若桓不進暨到寇所俘淹八旬

所營山攻道並不克就損費粮力坐延歲序
賴天威遠被士平憤激東北騰上垂至北門而
亮遲回仍不肯上臣逼以白刃乃登陟及平
砍石宜聽處分方更肆其專恣輕輒還歸此而
不糾法將焉寄按律臨軍征討而改留不赴者
死又云軍還為乘而反失乘勝之機關水陸之
亮被符令偉既死上議靈太后
會緣情據理恣深故罷令處亮死上議靈太后
令曰亮為臣不忠去留自擅既損威稜達我經

親傳五十四　二十　沈文

略雖有小捷豈免大咎但吾攝御萬幾庶荒惡
殺可特聽以功補過及平至亮與爭功於禁中
形於聲色尋除殿中尚書遷吏部尚書時羽林
新害張彝尋之後靈太后令武官得依資入選官
貞既少應選者多前常書皋詔循常權人百姓
大為嗟怨亮乃奏為格制不問士之賢愚專以
停解日月為斷雖復官須此人停日後者終於
不得庸才下品年月久者灼然先用沈滯者皆
稱其能亮外甥司空諮議劉景安書規亮曰殷

周以鄉黨貢士兩漢由州郡薦才魏晉因循又
置中正諦觀在昔莫不審舉雖未盡美足應十
收六七而朝廷貢才止求其文不取其人才行業
廉唯論章句不及治道立中正不考人才行業
空辨氏姓高下至於取士之途不溥沙汰之理
未精而舅屬當銓衡宜須改張易調如之何反
為偉年格以限之天下士子誰復修調名行哉
吏部尚書當其壯也高不如人況今朽老而居
亮答書曰汝所言乃有深致吾乘時邀幸得為
帝難之任常思同昇舉直以報明主之恩盡忠
竭力不為貼厭之累昨為此格有由而然今已
為汝所惜千載之後誰知我哉可靜念吾言當
為汝論之吾兼正六為吏部郎三為尚書銓衡
所宜頗知之矣但古今不同時宜須異何者昔
有中正品其才第上之尚書擄狀量人授
職此乃與天下羣賢共爵人也吾謂當爾之時
無遺才無濫舉矣而汝猶五十收六七況今日
之選專歸尚書以一人之鑒照察天下劉毅所

云吏部兩郎中而欲究竟人物何異以管闚
天而求其博哉今動人甚多又羽林入選武夫
崛起不解書計唯可彊弩指蹤捕噬而已
忽令垂組乘軒求其毛鮮之效未曾操刀而使
專割又武人至多官員至少不可周溥設令千
人共官猶無官可授況一人望一官何由可
厚其祿旣不見從是以權立此格限以俟年昔
不怨哉吾近面執不宜使武人入選請賜其爵
子產鑄刑書以救弊叔向譏之以正法何異汝
以古禮難權宜哉仲尼云德我者亦春秋罪我
者亦春秋吾之此指其由是也但令當來君子
知吾意焉後甄琛元脩義城陽王徽相繼為吏
部尚書利其便已踵而行之自是賢愚同貫涇
渭無別魏之失才從亮始也轉侍中太常卿奏
遷左光祿大夫尚書右僕射時劉騰擅權赫有
妻劉氏傾身事之故頻年之中名位隆赫尋
者議之轉尚書僕射加散騎常侍正光二年秋
疽發於背肅宗遣舍人問疾亮上表乞解僕射

送所賚荷及印綬詔不許矣卒詔給東園祕器
朝服襲賵賜物七百段蠟三百斤贈使持節散
騎常侍車騎大將軍儀同三司冀州刺史諡曰
貞烈亮在雍州讀杜預傳見為僕射奏於張方橋東堰
穀水造水碾磨數十區其利十倍國用便之亮
時用遂教民為碾及為僕射奏於八歷其有濟
有三子士安並彊幹善於當世
士安歷尚書比部郎卒於諫議大夫贈左將軍
光州刺史無子弟士和以子乾耳繼

李澄

乾耳武定中尚書都兵郎中
士和歷司空主簿通直郎從亮征硤石以軍勳
拜冠軍將軍中散大夫西道行臺元脩義委
行涇州事蕭寶寅之在關中高選寮佐以為督
府長史時莫折念生遣使詐降鐘寶寅表士和兼
度支尚書為隴右行臺尋令入秦撫慰為念生所
害
士泰歷給事中司空從事中郎諫議大夫大司空
司馬蕭宗末荊疆復斥以士泰為龍驤將軍征

鹽別將事平以功賜爵五等男建義初遇害於
河陰贈都督青兗二州諸軍事鎮東將軍青州
刺史諡曰文蕭
子璧師龍襲爵武定末中書舍人
亮弟敬默奉朝請卒於征虜長史贈南陽太守
子思詔從亮征硤石以軍功賜爵武城子繼翼
州別駕
荀默弟隱劇為青州都其以其賤出殊不經紀
論者譏焉

朱言

亮從父八弟光伯聞事親以孝聞初除奉朝請光詔
與弟光伯雙生操業相仿友愛遂經吏部
尚書李沖譜官於光伯辭色懇至沖為奏聞高
祖嘉而許之太和二十年以光詔為司空行參
軍復請讓從叔和曰臣誠微賤未登高祖善之
唐朝恥無謙退辭而不當高祖善之
遂以和為廣陵王國常侍尋勑光詔兼祕書郎
掌校華林御書蕭宗初除青州治中後為司空
騎兵參軍文兼司徒戶曹出為濟州輔國府司

馬刺史高植甚知之政事多委訪焉遷青州平
東府長史府解勅知州事光韶清直明斷民史
畏愛之入為司空從事中郎以毋老解官歸養
賦詩展意朝士屬和者數十人父之徵為司徒
諮議固辭不拜光韶性嚴毅聲韻抗烈與人平
談常若震厲至於兄弟議論外聞謂為忿怒然
孔懷雍睦人少逮之孝莊初河間邢杲率河北
流民十餘萬眾攻逼州郡刺史元儁憂不自安
州人乞光韶為長史以鎮之時陽平路回寓居

【魏書傳五十四】 二十五

齊土與杲潛相影響引賊入郭光韶臨機處分
在難礭然賊退之後刺史表光韶忠毅朝廷嘉
之發使慰勞焉尋為東道軍司及元顥入洛自
河以南莫不風靡而刺史廣陵王欣集文武以
議所從欲獻曰北海長樂俱是同堂兄弟今宗祏
不移我欲受救諸君意各何如在坐之人莫不
失色光韶獨抗言曰元顥受制梁國稱兵本朝
扳本塞源以資讎敵賊臣亂子曠代少儔何但
大王家事所宜切惡等荷朝眷未敢仰從長史

崔景茂前瀛州刺史張烈前鄴州刺史房叔祖
徵士張僧皓咸云軍司議是欣乃斬顥使尋徵
輔國將軍廷尉少卿未至除太尉長史史加左將
軍俄遷廷尉卿時秘書監祖瑩以贓罪被劾光
韶必欲致之重法太尉陽城王徽尚書令臨淮
王彧吏部尚書李神儁侍中李彧並朝望當時
皆為瑩求寬光韶正色曰朝賢執事於舜之功
未聞有一如何反為罪人言乎其執意不回如
此永安末擾亂之際遂還鄉里光韶博學彊辯

【魏書傳五十四】 二十六 尚炚評

尤好理論至於人倫名教得失之間搉而論之
不以一毫假物家足於財而性儉客衣弊馬瘦
食味麤薄始光韶在都同里人王蔓於夜遇盜
害其二子孝莊詔黃門高道穆加檢捕一坊
之內家別搜索至光韶宅綾絹錢布匱充積
議者譏其矯晉其家資產皆光伯所營後選還之
悉焚其契河間邢子才曾貸錢數萬後遂還
光韶曰此亡弟相貸僕不知也竟不納刺史元
弭前妻是光韶之繼室兄女而弭貪愀多諸不

法光韶以親情逼相責弼衡之時耿翔反於
州界弼誣光韶子通與賊連結四其合家考掠
非理而光韶與之辯爭辭色不屈會樊子鵠為
東道大使知其見枉理出之時人勸令諸樊陳
謝光韶曰羊大夫吾已有成事何勞往也子鵠
責以謀略光韶曰凡起兵者須有名義使君令
為不軌令數百騎夜入南郭劫光韶以兵惜之
亦歎尚之後刺史侯淵代下疑懼停軍益都謀
起光韶以世道此遭屯朝廷屢變閉門却掃吉凶
敬而不敢害尋除征東將軍金紫光祿大夫不

日舉動直是作賊耳父老知復何計淵雖恨之
斷絕識子孫曰吾自謂立身無愧古烈但以祿
命有限無容希取進在官以來不冒一級官
雖不達經為九卿且吾平生素業兄以遺汝官
闕亦何足言也既運薄便經三娶而汝之兄
弟各不同生合葬并非古吾百年之後合也
然贈諡之及出自君恩豈容子孫自求之也勿
須求贈若違吾志如有神靈不享汝祀吾兄弟

自劾及老衣服飲食未曾一片不同至於見女
官婚榮利之事未嘗不先以推弟頃橫禍權
作松襯亦可為吾作松棺使吾見之卒年七十
一孝靜初侍中賈思同申啟稱述光韶贈散騎
常侍驃騎將軍青州刺史
光韶弟光伯尚書郎青州別駕後以族弟休臨
州逐申牒求解尚書奏按禮始封之君不臣諸
父昆弟封君之子臣見弟不臣諸父封君之孫
得盡臣計始封之君即是世繼之祖尚不得臣

況今之刺史既非世繼而得行臣吏之節軌筭
稱名者乎檢光伯請解率禮不惬請宜許遂以
明道教靈太后令從之尋除北海太守有司以
其更滿依例奏代蕭宗詔曰光伯自蒞海沂清
風遠著兼其兄光韶復能辭榮侍養兄弟忠孝
宜有甄錄可更申三年以厲風化後歷太傅諮
議參軍前廢帝時崔祖螭張僧皓起逆攻東陽
旬日之間衆十餘萬刺史東萊王貴平欲令光
伯出城慰勞兄光韶曰城民陵纔為日巳久人

人恨之其怒甚盛古人有言衆怒如水火焉以

此觀之今日非可慰諭止也貴平彊之光詔曰

使君受委一方董攝萬里而經略大事不與國

士圖之所共腹心皆趨走輩小飢不能緩過以

杜其萌又不能坐觀待其衰挫感迫小弟從為

無名之行若單騎獨往或見拘執紊若以衆臨之

勢必相拒敵縣見無益也貴平逼之不得已光

伯遂出城數里城民以光伯兄弟羣情所繫不虞

人劫留防備者衆外人疑其欲戰未及曉論為

飛矢所中卒贈征東將軍青州刺史

子滔武定末殷州別駕

史臣曰李崇以風鑒英重毅然秀兀任當將相

望高朝野美矣崔亮既明達後事動有名迹於

斷年之選失之逾遠救斃未聞終為國蠹無所

苟而已其若是乎光詔居雅伏正有國士之風

矣

崔光本名孝伯字長仁高祖賜名焉東清河鄃
人也祖曠從慕容德南渡河居青州〇時水慕
容氏滅仕劉義隆為樂陵太守父靈延劉駿龍
驤將軍長廣太守與劉彧冀州刺史崔道固共
拒國軍慕容白曜之平三齊光年十七隨父徙
代家貧好學晝耕夜誦備書以養父母太和六
年拜中書博士轉著作郎與秘書丞本彪參撰

▆魏傳五十五　一　　〇余

國書遷中書侍郎給事黃門侍郎其為高祖所
知待常曰孝伯之才浩浩如黃河東注固今日
之文宗也以參贊遷都之謀賜爵朝陽子拜散
騎常侍黃門著作如故又兼太子少傅尋以本
官兼侍中使持節為陝西大使巡方察所經
述叙古事因而賦詩三十八篇還仍兼侍中以
謀謨之功進爵為伯光少有大度喜怒不見於
色有毀惡之者必善言以報之雖見誣謗終不
自申曲直皇與初有同郡二人並被掠為奴婢

後詣光求哀光乃以二口贖免高祖聞而喜之
雖處機近曾不留心文桜唯從容論議參大
政〇巴高祖每對羣臣曰以崔光之高才大量
若無意外咎謫二十年後當作司空其見重如
是又從駕破陳顯達世宗即位正除侍中光雖
與本彪共撰國書太和之末彪解著作事以史
事任光彪尋以罪廢世宗居諒闇彪上表求成
魏書詔許許之彪意在專功表解侍中著作以讓彪
領史官以彪意在專功表解侍中著作以成

▆鬼傳五十五　二

世宗不許遷太常卿領齊州大中正正始元年
夏有典事史元顯獻四足四翼雞詔散騎侍郎
趙邑以問光光表荅曰臣謹按漢書五行志宣
帝黃龍元年未央殿路軑中雌雞化為雄毛變
而不鳴不將無距元帝初元中丞相府史家雌
雞伏子漸化為雄冠距鳴將永光中有獻雄雞
生角劉向以為雞者小畜主司時起居小臣執
事為政之象也言小臣將乘君之威害政事
猶石顯也音寧元年石顯伏辜此其效也靈帝

光和元年南宮寺䧏雖欲化爲雄一身毛皆似
雄但頭冠尚未變詔以問議郎蔡邕邕對曰貌
之不恭則有雖禍臣竊推之頭爲元首人君之
象也今雞一身已變未至於頭而上知之是將
有其事而不遂成爲患滋大是後張角作亂稱黃巾
改頭冠或成爲患滋大是若應之不精政無所
賊遂破壞四方疲於賦役民多叛者上不改政
觀之而懼乃能招福闇主視之彌慢所用致禍
遂至天下大亂今之雞狀雖與漢不同而其應
頗相類矣向營並博達之士考物驗事信而有
證誠可畏也臣以邕言推之翅足眾多亦羣下
相扇助之象雖而未大脚羽差小亦其勢尚微
易制御也臣聞災異之見皆所以示吉凶明君
詩書春秋秦漢之事多矣此陛下所觀者也今
或有自賤而貴關預政事殆亦前代君房之匹
此者南境死亡千計白骨橫野存有酷恨之痛
殁爲怨傷之魂義陽屯師盛夏未返荊蠻狡猾
征人淹次東州轉輸往多無還百姓困窮絞縊

以殞北方霜降蠶婦輟事羣生憔悴莫甚於今
此亦賈誼哭歎谷求切諫之時司寇行戮君爲
之不舉陛下爲民父母所宜矜恤國重戎用
兵猶火內外然弊易以亂離陛下縱欲忽天下
豈不仰念太祖取之艱難先帝經營勤勞也誠
願陛下留聰明之鑒警天地之意禮處左右節
又貴越往者鄧通董賢之盛愛之正所以害之
其躬饗加罕宴宗或關時應親蕭郊廟延敬諸
父檢訪四方務加休息爰發慈旨撫賑資療簡
費山池減撤聲飲畫存政道夜以安身博采芻
蕘進賢黜佞則兆庶幸甚妖弭慶集矣
世宗覽之大悅後數日而茹皓等並以罪失伏
法於是禮光愈重加撫軍將軍二年八月勑以
曰去二十八日有物出于太極之西序勑以示
菌不然晦朔雛門周所稱磨蕭斧而伐朝菌皆
指言燕氣蓊鬱長非有根種柔脆之質凋殞速易
不延旬月無擬斧斤又多生墟落穢濕之地空

起殿堂高華之所令極宇崇麗牆築土密糞朽
弗加沾濡不及而茲菌欻構猒狀扶踈誠足異
也夫野木生朝野鳥入廟古人以為敗亡之象
然懼以修德者咸致休慶所謂家利而恠先國
興而妖豫是故桑榖拱庭大戊以昌雊雉集鼎
武丁用熙自比鴟鵒巢于廟殿梟鵬鳴於宮寢
菌生寔階軒坐之正淮諸往記信可為誡且南
西未靜兵革不息郊甸之內大旱跨時民勞物悴
莫此之甚承天子育者所且矜恤伏願陛下追
殷宗感變之意側躬脅誠惟新聖道節夜飲
之忔彊御之膳養方富之年保金玉之性則
魏祚可以永隆皇壽等於山岳四年秋除中書
令進號鎮東將軍永平元年秋將刑元愉為詔
氏羣官無敢言者勅光逡巡不作奏曰
伏聞當刑元愉妾李加之屠割妖惑扇亂誠合
此罪但外人竊云太子令懷姙例待分產且臣尋之
諸舊典兼推近事戮至刳胎謂之虐刑桀紂
主乃行斯事君舉必書義無隱昧酷而乖法何

以示後陛下春秋巳長未有儲體皇子禍祿至
有天失臣之愚誡知無不言己偉李獄以俟育
孕世宗納之延昌元年春遷中書監侍中如故
二年世宗幸東宮召光與黃門甄琛廣陽王淵
等並賜坐詔光曰卿是朕西臺大臣今當為太
子師傅光起拜因辭詔不許即命肅宗出從者
十餘人勅以光為傅之意令肅宗拜光光又拜
辭不當受太子拜復不蒙許肅宗遂南面再拜
詹事王顯啟請從太子拜於是宮臣畢拜光比
綵一百匹琛淵等各有差尋授太子少傅三年
面立不敢苔拜唯西面拜謝而出於是賜光繡
遷右光祿大夫侍中領軍如故四年正月世宗夜
崩光與侍中領軍將軍于忠迎肅宗於東宮安
撫內外光有力焉帝崩後二日廣平王懷扶疾
入臨以母弟之親徑至太極西廡哀慟禁內呼
侍中黃門領軍二衛至身欲上殿哭大行須
入見主上諸人皆愕然相視無敢抗對者光獨
攘袂振杖引漢光武初崩太尉趙憙橫劍當階

推下親王故事辭色其厲聞者莫不稱善壯光
理義有據懷聲淚俱止云侍中以古事裁我我
不敢不服於是遂還頻遣左右致謝初永平四
年以黃門郎孫惠蔚代光領著作惠蔚首尾五
載無所厝意至是三月當書令任城王澄表光
宜還史任於是詔光還領著作四月遷特進五
月以奉迎書領國子祭酒八月詔光博平縣開國公食邑
雲龍門出入乘遷車騎大將軍儀同三司靈太
二十戶七月領國子祭酒

后臨朝之後光累表遜位于忠擅權光依附之
及忠靈太后優答不許有司奏于忠及光封
餘上靈太后優答不許有司奏于忠及光封十
邑熙平元年二月太師高陽王雍等奏舉光授
書肅宗經初光有德於靈太后語在于忠傳四月
更封光平縣開國侯食邑二千戶以朝陽伯
轉授第二子勵其月勅賜羊車一乘時靈太后
臨朝每於後園親執弓矢光乃表上中古婦人
文章因以致諫曰孔子去志於道據於德依

於仁遊於藝謂禮樂書數射御明前聖業文
夫婦人所同修者若射御唯主男子事不及女
古之賢妃列媛毋儀家國垂訓四海宣教九宗
可秉道懷　率遵仁禮是以漢后馬鄧術邁祖
考羞嬪蔡氏具體伯咺伏惟皇太后含聖履仁
臨朝闡化肅雍愷悌齊穆芳祀通於神明
和風溢于區宇因時暇豫清暑林園遠麘貌射
卷言體雙弦矢所發少中正鵠威靈遐暢義震
上下文武懼心左右悅目吾王不遊吾何以休

不窺重閈安見富美天情沖謙動容祕愧以為
舉非蠶織事存無功豈謂應乾順民裁成輔相
者哉臣不勝慶幸謹上婦人文章錄一帙其集
具在內伏願以時披覽仰裨神翰未聞見鸞挾二勞
納闓拱之泰頤精養壽栖神翰林是秋靈太后
頻幸王公第宅光表諫曰禮記云諸侯非問疾
弔喪而入諸臣之家是謂君臣為謔不言王后
夫人明無適臣家之義夫人父母在有時歸寧
親沒使卿大夫聘春秋紀陳宋齊之女並為周

王后無適本國之事是制深於士大夫許嫁言兄又義不得衛女思歸以禮自抑載馳竿所為作也漢上官皇后將廢昌邑霍光外祖也親之大節輔后猶御武帷以接羣臣示男女之別國流傳皆緝集以垂來詠昨軒駕頻出幸馮翊君任城王第雖漸中秋餘熱尚蒸衡蓋往還速聖躬煩佬豐厨嘉醴鑿鑿時羞上壽弗限觸方安甘踰百品旦及日斜接對不惓非謂順時而遊

奉養有度縱雲蒸輦崇涼御筵安暢左右僕侍衆過千百扶衛跋涉袍鉀在身蒙曝塵日渙汗流離致時飢渴餐飯不贍佳貢馬假乘交賣錢昂者人稱陛下其樂臣等至苦惑其事也伏惟皇太后月靈炳曜坤儀挺茂誕育帝躬維興魏道德踰文毋仁邁和熹親以天至遠異莫閒愛由真固非侯虛隆紆屈鑾駕降臨閭里榮光帝京士女藻悅白首之老至欣遇犧年青裕之童慶屬唐

日千載之所難一朝之為易非至明超 古志驕

釋名執能若斯者哉魏元巳來莫正斯美興居出入自當壇然豈同往嫌曲有矯避但帝族方衍動貴增遷邇祗請送多將伐羣式陛下遵蹈前王貽厥後矩天下為必億兆巳任專薦為更郊廟止汶大政輔養神和簡息遊幸以德為更以樂為御考仁聖之風晉治國之道則率土屬含生仰悅矣至聖恩榮所知必盡嘿嘿唯愚稿末敢輕陳狂瞽分貽憲坐神龜元年夏興普

詩稱薇蔕甘棠勿前羽勿伐邵伯所茇又云雖無寶臣張訓說安世記蔡於汾南伯山抱卷於河右元始哲之寶充漢帝之坐孟皇片字懸魏王之其道不恤其人是以書始稽古易本以火觀於老成人尚有典刑傳曰思其人猶愛其樹況用天文以察時變觀於人文以化成天下孟子帳前哲之寶重墳籍珍愛分篆猶若此之王也短遇聖典馮經炳軫金石名理為國楷義成家範迹實世模事則人軌千載之格言百王之盛烈

而今焚荒汙勦積榛棘而弗掃爲雕鷫之所栖

宿童賢之所登躋者哉誠可為痛心疾首拊膺

扼腕伏惟皇帝陛下孝敬日休自天縱睿惡心

初學儒業方熙皇太后欽明慈淑臨制化崇

道重教留神翰林將披雲臺而闢禮拂麟閣以

招賢誠宜速開闕里清彼孔堂而使近在城闉

面接宮廟舊冑校為墟子衿永替豈其所謂建國君

民教學為先京邑翼翼四方是則也尋石經之

作起自炎劉繼以曹民典論初乃三百餘載計

末向二千紀矣昔來雖屢經戎亂猶未大崩侵

如聞往者刺史臨州多構圖寺道俗諸用稍有

發掘基蹠泥灰或出於此皇都始遷尚可補復

軍國務殷遂不存檢官私顯隱漸加剝撤播麥

納菽秋春相因　生苗高杞時致火燎由是經石

彌減文字增缺職忝胄教參掌經訓不能繕修

頹墜興復生業俛深慙恥今求遣國子博士一

人堪任幹事者專主周視驅禁田牧制其踐穢

料闕碑牒所失次第量厥補綴詔曰此乃學者

之根源不朽之永格垂範將來憲章之本便可

一依公表光乃令國子博士李郁與助教韓神

固劉懷等勘校石經其殘闕者計料石功并字

多少欲補治之於後靈太后幸永寧寺躬登九層佛圖光表諫曰伏

見親昇上級仔踟躕表剎之下祇心圖構誠為福

善聖躬玉趾非所踐陟臣庶惶惶竊謂未可按

禮記為人子者不登高不臨深古賢有言策畫

失於廟堂大人歷於中野漢書上欲西馳下峻

坂爰盎攬轡停曰臣聞千金之子不垂堂百

金之子不倚衡如有車敗馬驚本其高廟太后何

又云上酎祭廟出欲御樓舩薛廣德免冠頓首

曰宜從橋陛下不聽臣以血汙車輪樂正子

春曾參弟子亦稱至孝固自謹慎堂其不過一

尺猶有傷足之愧永寧累級閣道回隘以柔懦

之寶體乘至峻之重峭萬一差跌千悔何追禮

將祭宗廟必散齋七日致齋三日然後入祀神

明可得而通今雖容像未建已為神明之宅方

加雕繢飾麗丹青人心所祇銳觀滋其登者既

衆異懷若面縱一人之身恆盡誠豈左右
妾各竭虔仰不可獨昇必有扈侍懼或忘慎非
飲酒如葷而巳昨風霾暴興紅塵四塞白日晝
昏特可驚駭長春秋宋衞陳鄭同日而災伯姬待
姆致焚如之禍中青州七級亦號崇壯
夜為上火所焚雖梓愼裡竈之明尚不能逆剋
端兆哀廟杜預備不虞天道幽遠自昔深誡
壠墓必哀廟社致敬望縈懷懈入門輦懍適臺
不登隴未有昇陟之事傳云公既視朔遂登觀

魏傳五十五

臺其下無天地先祖之神故可得而乘也內經
寶塔高華堪室千萬唯盛言香花禮拜豈有登
上之義獨稱三寶階從上而下人天交接兩得
相見超世奇絕莫可而擬恭敬跪拜悉在下級
遠存矚眺周見山河因其所盼增發嬉笑未能
級級加虔步步崇愼徒使京邑士女公私湊集
上行下從理勢以然近於無窮豈　長世競慕
一登而可抑斷哉蓋心信為本形敬乃末重實
輕根靖宴躁君恭巳正南面者豈月乘峻極旬

十三

劉孫引

御層階今經始既就子來自勸基構巳興雕飾
漸起紫山華臺即其宮也伏願恩躬親之勞廣
清寂下竭蕭穆之誠上展瞻仰之敬勿踐勿履
風靡之化因立制防班之條限以過豈汙永歸
顯固億齡融教闡悟不其博歟九月靈太后幸
嵩高光上表諫曰伏聞明誠足為善雖漸農隙
累宿棲畝飢貧之家指為珠玉遺秉雖漸不
所獲纔遊近旬存省民物誠足為善滯穢莫不
寶惜步騎萬餘來去經踐賀輦雜課競駕交馳

魏傳五十五

縱加禁護猶有侵耗士女老幼微足傷心秋末
久旱塵壤委深風霾一起紅埃四塞轅關峭嶠
山路危狹聖駕清道當務安乘履澗嵾蒙
霜露出入半旬途越數百飄曝日仰觳和豫
七廟上靈容或未許螻蟻之類且藏
轂轃轔遠昆蟲布列螻蟻之類垂未測誠恐悠悠
蹈必有類殺慈矜好生之德
議將謂為福興罪斯役困於有檐爪牙窘於資
乘供頓候迎公私擾費廚兵幕士衣履殿穿畫

廿四

劉孫引

瞑夜凄困乃所覆藉監帥驅捶泣呼相望霜旱爲
災所在不稔飢饉荐臻方成儉歉爲民父母所
宜存恤靖以撫之猶懼離散乃於收斂初辰致
此行舉自近及遠交興怨嗟伏願遠臨覽虞寰
已無爲近遵老易不出戶牖罷勞形之遊息傷
財之駕動循典防納諸軌儀委司責成寄之耳
目人神幸甚朝野抃悅靈太后不從正光元年
冬賜光几杖衣服二年春肅宗親釋奠國學光
執經南面百寮陪列司徒京北王繼頻上表以

位讓光此即詩所謂有鶖在梁解云禿鶖也貪
惡之鳥野澤所育不應入殿庭昔魏氏黃初中
有鶖鵬集于靈芝池文帝下詔以曹恭公遠君
著作如故光表固辭歷年終不肯受月獲禿
鶖鳥於宮內詔以示光表曰蒙示十四日所
得大鳥此即詩所謂有鶖在梁解云禿鶖也貪
惡之鳥野澤所育不應入殿庭昔魏氏黃初中
有鶖鵬集于靈芝池文帝下詔以曹恭公遠君
子近小人博求賢俊太尉華歆由此遜位而讓
管寧者也臣聞野物入舍古人以爲不善王肅以
張掖惡鶖賈誼忌鵩鵩鶋暫集而去前王猶爲

至誠況今親入宮禁爲人所獲方彼玄甲養晏然
不以爲懼準諸往義信有殊矣且饕餮之禽
必資魚肉救麥稻梁時或餐啄之費容過庁
鎰全春夏陽旱穀糶貴窮窘之家時有來
色性下爲民父母撫之如傷豈可棄人養鳥留意
於醜形惡聲哉衛侯好鶴曹伯愛鵰身死國滅
可爲寒心陛下學通春秋親覽前事何得自詠
其言行違其道誠願遠師殷宗近法魏祖修德
延賢消災集慶放無用之物委之川澤取樂琴
書顧養神性肅宗覽表大悅即棄之池澤詔召
光與安豐王延明議定服章三年六月詔光乘
步挽至東西上閤九月進位太保光又固辭光
年者多務疾病稍增而自彊不已常在著作
篤不歸四年十月肅宗親臨省疾詔斷賓客
便相望爲止聲樂罷諸遊眺拜長子勵爲涼州
刺史十一月詔子姪等曰諦聽吾言聞吾
子有云之將死其言也善啓子手啓子足而
今而後吾知免夫吾荷先帝厚恩位至於此史

功不成歿有遺恨汝等以吾之故並得名位勉
之勉之以死報國倘短公即世夫復何言速可送
我還宅氣力雖微神明不亂王第而薨年七十
三肅宗聞而悲泣中使相尋詔給東園溫明祕
器朝服一具衣襲錢六十萬布一千四端四
百斤大鴻臚監護喪事車駕親臨撫屍慟哭御
輦還宮流涕於路爲減常膳言則追傷每至光
坐講讀之處未曾不改容悽悼五年正月贈太
傅領尚書令驃騎大將軍開府冀州刺史侍中
如故又勑加後部鼓吹班劍依太保廣陽王故
事謚文宣公書蘭宗祖喪建春門外望輀及感儒
者榮之初太和中依官商角徵羽本音而爲
五韻詩以贈本彪彪爲十二次詩以報光光又
爲百三郡國詩以詠之國別爲卷爲百三卷爲
光寬和慈善旦不逆於物進退沈浮自得而已常
軍干忠以光崔目德其信重焉每事籌決光亦傾
莫恭胡廣黃瓊之爲人故爲氣既冕者所不重始領
身事之元父於光亦深宗敬及郭祚裴植見殺

清河王懌遇禍光隨時俛仰竟不臣救於是天
下譏之自從貴達罕所申薦曾啟其女壻彭城
劉敬徽爲敬徽爲荊州五隴戍主女隨夫行常
慮寇抄南北分張氣爲徐州長史兼別駕暫集
京師肅宗許之時人比之張禹初爲黃門則
爲少傅讓元暉穆紹甄琛爲國子祭酒讓清河
王懌任城王澄爲車騎儀同讓江陽王繼又讓
靈太后父胡國珍比日顧望時情議者以爲矯飾
崇信佛法禮拜讀誦老而逾甚終日怡怡未曾
恚忿曾於門下省晝讀經有鴿飛集膝前遂
入於懷緣臂上肩父之乃去道俗贊詠詩頌者
數十人每爲沙門朝貴請講維摩十地經聽者
常數百人即爲二經義疏三十餘卷後坐
疎略以貴重爲後坐　於講次凡所爲詩賦銘
贊詠頌表啟數百篇五十餘卷別有集光十一
子勵助勱勗勉勤勖　勉
勵字彥德器學才行最有父風舉秀才中軍彭

城王參軍祕書郎中以父光爲著作固辭不拜

歷員外郎騎侍郎太尉記室散騎侍郎以繼母

憂去職神龜中除司空從事中郎正光二年拜

中書侍郎領軍將軍齊州刺史元乂爲明堂大將以勵爲

長史與從兄鴻俱知名於世四年十月父光疾

甚詔拜征虜將軍齊州刺史以父寢疾衣不解

帶及光薨蕭宗每加存慰五年春光葬於本鄉

又詔遣主書張文伯宣弔焉孝昌元年十二月

詔除太尉長史仍爲齊州大中正龔父爵建義

初遇害河陰時年四十八贈侍中衛將軍儀同

三司青州刺史

子挺襲武定末太尉屬齊受禪例降

挺弟損義同開府主簿

勖武定末征虜將軍安州刺史朝陽伯齊受禪

例降

勔字彥儒亦有父風司空記室通直散騎侍郎

寧遠將軍清河太守帶槃陽鎮將爲逆賊崔景

安所害贈征虜將軍齊州刺史

子權太尉參軍事

劼武定中中書郎

光弟敬友本州治中頗有受納御史案之乃與

守者俱逃後除梁郡太守會遭所生母憂不拜

敬友精心佛道晝夜誦經免喪之後遂茶食終

世恭寬接下修身厲節自景明已降頻歲不登

飢寒請正者皆取足而去支置逆旅於蕭然山

南大路之北設食以供行者延昌三年二月卒

年五十九

子鴻子彥鸞少好讀書博綜經史太和二十年

拜彭城王國左常侍景明三年遷員外郎兼尚

書虞曹郎中勅撰起居注遷給事中兼祠部郎

轉堂書都兵郎中詔太師彭城王勰以下公卿

朝士儒學才明者三十人議定律令於尚書上

省鴻與光俱在其中時論榮之永平初豫州城

人白早生殺刺史司馬悅據懸瓠版詔鎮南將

軍邢巒討之以鴻爲行臺鎮南長史徙三公郎

中加輕車將軍遷員外散騎常侍領郎中延昌

二年將大考百寮鴻以考令於體例不通乃建
議曰竊惟王者為官求才使人以器黜陟幽明
揚清激濁故績效能官才必稱位者朝昇夕進
年歲數遷豈拘一階半級閡以寮等位者哉
二漢以降太和以前苟必官須此人人稱此職
或超騰昇陟數歲而至公卿或長兼試守稱允
而遷進者披卷則人人而是舉目則朝貴皆然
故能時收多士之譽國號豐賢之美竊見景明
以來考格三年成一考一考轉一階貴賤內外

萬有餘人自非犯罪不問賢愚莫不上中才與
不肖比肩同轉雖有善政如黃龍美儁學如王鄭
史才如班馬文章如張蔡得一分一寸必為常
流所攀選曹亦抑為一槩不曾甄別琴瑟不調
改而更張雖明旨已行猶宜消息世宗不從三
年鴻以父憂解任甘露降其廬前樹十一月世
宗以本官徵鴻四年後有甘露降其京兆宅之
庭樹復加中堅將軍常侍領郎中其年為司徒長史正光
夫高陽王友仍領郎中其年為司徒長史正光

元年加前將軍修高祖世宗起居注光撰魏史
徒有卷目初未考正闕略尤多每云此史會非
我世所成但須記錄時事以待後人臨薨言鴻
於蕭宗五年正月詔鴻以本官修緝國史孝昌
初拜給事黃門侍郎尋卒贈鎮東將軍度
正鴻在史甫爾未有所就
支尚書青州刺史鴻弱冠便有著述之志見
魏前史皆成一家無所措意以劉淵石勒慕容
儁符健慕容垂姚長慕容德赫連屈子張軌李

雄呂光乞伏國仁禿髮烏孤李暠沮渠蒙遜馮
跋等並因世故跨僭一方各有國書未有統一
鴻乃撰為十六國春秋成百卷因其舊記時
有增損褒貶焉二世仕江左故不錄僭晉劉
蕭之書又恐識者責之未敢出行於外世宗聞
其撰錄遣散騎常侍趙邕詔鴻曰聞卿撰定諸
史甚有條貫便可隨成者送呈朕聞當於機事之
眠覽之鴻以其書有與國初相涉言多失體且
既未記迄不奏聞鴻後典起居乃妄載其表曰臣

聞帝王之興世雖誕應圖籙然必有驅除蓋所
以翦彼厭政成此樂推故戰國紛紜年過十紀
而漢祖夷殄羣凶家開四百之業歷支景之懷柔
蠻夏世宗之奮揚威武始得涼朔同文牟越一
軌於是談遷感漢德之盛痛諸史彼天絕乃鈴括
舊書著之成大史所謂緝茲人事光彼天時之義
也昔晉惠不競華戎亂起三帝受制於姦臣二
皇晏駕焉於非所五都蕭條鞭為煙爐趙燕既為
長她遼海緬成殊域窮兵銳進以力相雄中原

三丕　魏書傳五十五　二十三　朱祥

無主八十餘年遺晉僻遠勢略孤微民殘兵革
靡所歸控皇魏龍潛代世篤公劉內修德政
外抗諸偽齐此民懷寶之上禄負而至者日
月相尋雖邠岐之赴太王謳歌之歸西伯之姿可
同年而語矢太祖道武皇帝以神武之姿接金
行之運應天順民龍飛受命大宗必世重光業
隆立默世祖雄才叡略闡曜威靈農戰兼修掃
清氣分穢歲垂四紀而寰宇一同儋耳之長
卉服斷髮之酋莫不請朔率職重譯來庭隱恐

鴻濟之澤三樂擊壤之歌百姓始得陶然蘇息
欣於堯舜之世自晉永寧以後雖所在稱兵競
自尊樹而能建邦命氏成為戰國者十有六家
善惡興滅之形用兵乖會之勢亦足以垂之將
來昭明勸戒但諸文殘跋體例不全編綠紛謬
繁略失所宜審正不同足為書伏惟高祖以
大聖應期欽明御運合德乾坤同光月建格
以青陽繼統歉武承天應符屈已則道高三五

三丕　魏書傳五五　二十四　朱祥

天之功制不世之法開鑿生民惟新大造隆下
頤神至於境則洞彼玄宗判百家斟酌六籍速
邁石渠美深白虎至一如道禮革俗之風昭文變
性之化固以感彼禽魚穉茲寒暑而況愚臣沐
浴太和之心哉誠知敬謝允南于非承華祚然國志
木石之性正始而可不免疆難革之性砥礪
史考之美竊亦輒所庶幾始自景明之初搜集
諸國舊史屬遷京甫爾率多分散求之公私驅
馳數歲又臣家貧祿薄唯住孤力至於紙盡書
寫所資每不周接暨正始元年寫乃向備謹於

吏按之暇草搆此書區分時事各繫本錄破彼
異同凡為一體約損煩文補其不足三家五門
之類一事異年之流皆稽以長曆考諸舊志刪
正差謬定為實錄商校大略著春秋百篇至三
年之末草成九十五卷唯常璩所撰李雄父子
據蜀時書尋訪不獲所以未及繕成輟筆私求
七載于今此書本江南撰錄恐中國所無非臣
私力所能終得其起兵僭號事之始末乃亦頗
有但不得此書懼簡略不成冀思陳奏乞勅緣
邊求採但愚賤無因不敢輕輒散騎常侍太常
少卿荊州大中正臣趙邕忽宣明旨勅臣送呈
不悟九皐微志乃得上聞奉勅欣惶慶懼兼至
今謹以所託者附臣邕呈奏臣又別作序例一
卷年表一卷仰表皇朝統括大義俯明愚臣著
錄微體徒竊慕古人立言美意文致踈鄙無一
可觀簡御之日伏深慙悚鴻意如此然自正光
以前不敢顯行其書自後以其伯光貴重當朝
知時人未能發明其事乃頗相傳讀亦以光故

執事者遂不論之鴻經綜既廣多有違謬至如
太祖天興二年姚興改號鴻以為改在元年太
宗永興二年慕容超擒於廣固鴻又以為事在
元年太常二年姚泓敗於長安而鴻又以為滅
在元年如此之失多不考正
考故散騎常侍給事黃門侍郎前將軍冀州大
子子元祕書郎後永安中刀秦其父書曰臣亡
中正鴻不須家風式纘世業古學克明在新必
鏡多識前載博極群書史牟富洽號稱籍甚年
止壯立便斐然懷著述意正始之末住屬記言
撰緝餘暇乃刊著趙燕秦夏涼蜀等遺載為之
贊序璟歎評論先朝之日草構未了唯有李雄
蜀書搜索未獲關茲一國遲留未成去正光三
年購訪始得討論適訖而先臣棄世凡十六國
名為春秋一百二卷近代之事最為佹悉或淺
奏上弗敢宣流今繕寫一本敢以仰呈儻恭未曾
陋不回卷賞乞藏祕閣以廣異家子元後謀反
事發逃竄會赦免尋為其叔鴟所殺

光從祖弟長文字景翰少亦從於代都聰敏有
學識太和中除奉朝請遷洛拜司空參軍事營
構華林園後兼員外散騎常侍為宕昌使主還
授給事中本國中正尚書庫部郎正始中大修
器械為諸州造仗都使齊州太原太守雍州撫
軍府長史以廉慎稱遷輔國將軍中散大夫轉
太府少卿丞相高陽王雍諮議參軍太中大夫
永安中以老拜征虜將軍平州刺史還家專讀
佛經不關世事年七十九天平初卒贈使持節
征東將軍齊州刺史諡曰貞
子慈懋字德林永熙初征虜將軍徐州征東府
長史
長文從弟庠字文序有幹用初除侍御史員外
散騎侍郎給事中頻使高麗轉步兵校尉又轉
司空掾領左右直長出除相州長史還拜河陰
洛陽令以疆直稱遷東郡太守元顥寇通郡界
庠拒不從命棄郡走還鄉里孝莊還宮賜爵平
原伯拜潁川太守二年五月為城民王卓蘭賢

二十七

吳萊二

等所害後贈驃騎將軍吏部尚書齊州刺史
子空襲爵齊受禪例降
光族弟榮先字隆祖涉歷經史州辟主簿
子鐸有文才冠軍將軍中散大夫
鐸弟觀寧遠將軍羽林監
史臣曰崔光風素虛遠學業淵長高祖歸其才
博許其大至明主固知臣也歷事三朝師訓二
不出宮省坐致台傅斯亦近世之所希有但顧
懷大雅記迹中庸其於容身之譏斯乃胡廣所
不免也鴻博綜古今立言為事亦才志之士乎

頁六七

魏書傳五十五

二六八

豪十一

甄琛字思伯中山毋極人漢太保甄邯後也世仕
涼州主簿琛少敏悟閨門之內兄弟戲狎不以
禮法自居頗學經史稱有刀筆而形貌短陋
風儀舉秀才入都積歲頗以亦升基乘日王刃通
父母仕官京師琛為讀書執燭奴不敢辭罪乃
夜不止手下蒼頭常令秉燭或時睡頓大加其
杖如此非一奴後不勝楚痛乃白琛曰郎君辭

【魏書傳五十六】　一　章午

以圍其禁曰夜不息宣是向京之意而賜加杖罰
不亦非理琛惕然慙感遂從許叡李彪假書研
習聞見益優太和初拜中書博士遷諫議大夫
時有所陳亦為高祖知賞轉通直散騎侍郎出
為本州征北府長史後為本州陽平王頤衛軍
府長史母宗踐祚以為中散大夫兼御史中
尉轉通直散騎常侍仍兼中尉琛表曰王者道
同天壤施齊造化漉時挺物為民父母故年穀
不登為民祈祀乾坤所惠天子順之山川秘利

天子通之苟益生民損躬無吝如或所聚唯為
賑恤是以月令稱山林藪澤有能取蔬食禽獸
者皆野虞教道之其送相侵奪者罪之無救此
明導民而弗禁通有無以相濟也周禮雖有川
澤之禁正所以防其殘盡必令取之有時斯所
謂鄣護雖在公更所以為民守之耳且一家之
長惠及子孫運之一君澤周天下皆所以厚其
所養必為國家之富未有尊居父母而蘊蓄是
吝富有萬品而一物是規今者天為黔首生鹽

【魏書傳五十六】　二

國與黔首鄣護假獲其利是猶富專口斷不及
四體也且天下夫婦歲貢粟帛四海之有備奉
一人軍國之資取給百姓天子亦何患乎貧而
苟禁一池也古之王者世有其民或水火以濟
其用或巢宇以誨其居或教農以去其飢或訓
衣以除其勦故周詩稱教之誨之飲之食之皆
所以無復導養為之求利者也臣性昧知理識
無遠尚毋觀上古愛民之迹時讀中葉驟稅之
書未嘗不歎彼遠大惟此近狹今僞敝相承仍

崇關鄽之稅大魏恢博唯受穀帛之輸是使遠
方聞者固不歌德昔宣父以藥寶得民碩鼠以
受財失衆君王之義宜其高矣魏之簡稅惠實
遠矣語稱出內之吝有司之福施惠之難人君
之禍夫以府藏之物猶以不施而為災況府外
之利而可各之於黔首且善藏者藏於民不善
藏者藏於府藏於民者國怨則示化有虧民貧
國怨而民貧國怨則君富藏於府者君無所
取願弛茲鹽禁使沛然遠及依周禮置川衡之

三

法使之監道而已詔曰民利在斯深如所陳付
八座議可否以聞司徒錄尚書彭城王勰兼尚
書邢巒等奏琛之所列富乎有言首尾大備或
無可貶但恐坐談則理高行之則事闕是用遲
回未謂為可竊惟古之善為治者莫不昭其用
途悟其遠理及於救世升降稱時欲令豐無過
溢儉不致斃役養消息備在厥中節約取足成
其性命如不爾者焉用君為若任其生產隨其
琢食便是蜀狗万物不相自矣自大道既往恩

惠生為下奉上施卑高理睽然因惠既交思拯
之術廣恓恐財不贍國澤不厚民故多方以達
其情立法以行其志至乃取貨貝山川輕在民之
貢立稅關市禁十一之儲收此與彼彼非利已也
回彼就此非為身也所謂集天地之產惠天地
之民籍造物之富賑造物之貧徹商賈給戎戰
賦四民贍軍國取平用乎各有義已禁此淵池
不專大官之御斂此匹帛且為後宮之資既潤

四

不在已彼我理一猶積而散之將焉所吝且稅
之本意事有可求固以希濟生民非為富賄藏
貨不爾者昔之君子何為然哉其以後來經圖

未之或改故先朝商校小大以情降鑒之流
魚復鹽禁然自行以來典司多岔出入之間事
不如法遂令細民怨嗟商販輕議此乃用之者
無方非與之者有謬至使朝廷明識聽瑩其間
今而罷之懼失前旨一行一政法若易茶參論
理要宜依前式詔曰司鹽之稅乃自古通典然
興制利民亦代或不同苟可以富埏益化唯理

所在甄琛之表實所謂助政毗治者也可從其
前計使公私並宜川利無擁尚書嚴為禁豪彊
之制也詔琛參八座議事尋正中尉常侍如故
還侍中領中尉琛悒眉畏避不能繩糾貴遊凡
所劾治率多下吏於時趙脩盛寵琛傾身事之
琛父疑為中散大夫第僧林為本州別駕皆託
脩申達至脩姦詐事露明當收考今日乃與其
罪及監決脩鞭猶隱惻然告人曰此非之脩死之明
昔如主牛殊耐鞭杖有識必告人曰此非之脩死之明

日琛與黃門郎李憑以朋黨被召詣尚書兼尚
書元英邢巒窮其阿附之狀琛曾拜官諸賓悉
集礭乃晚至琛謂礭曰卿何處放粗來令晚始
顧雖以戲言隱褻色衒忿及此大相推窮司徒
公錄尚書北海王詳等奏曰臣聞當人為患自
古所疾政之所忌雖寵必誅皆所以存天下之
至公保靈基於永業者也伏惟陛下篡紊前暉
淵鑒幽贗恩斷近習憲軌唯新大政莳以增光
鴻猷欶於為永泰謹案侍中領御史中尉甄琛身

居貞法糺摘是司風邪響贖顯宜劾斜況趙脩
奢暴聲著內外侵公害私朝野切齒而琛曾不
陳奏方更往來綢繆結納以為朋黨中外影響
致其談謔言令布衣之交超登正四之官七品之
弟越陟三階之祿虧先皇之選典塵聖明之官
人又與武衛將軍黃門郎李憑相為表裏憑兄
囚封知而不言及脩豐勢彰力加彈奏生則附其
形勢死則就地排之竊天之功以為已力仰欺
朝廷俯罔百司其為鄙詐於茲甚矣不實不忠

寒兮骯骯謹讓依律科徒請以職除其父中散實
為叩越皇族帝孫未有此例既得不以倫請
下收奪李憑朋附趙脩是親是使交遊之道不
依怛度或晨昏從就或吉凶往來乃身拜其
親妻見其子每有家事必先請託緹黶皇風塵
鄙正化此而不糾將何以肅整阿諛獎屬忠謇
請免所居官以厲風軌奏可琛以父年老常
右相連死黜者三十餘人始琛以父母年老常
求解官扶侍故高祖授以本州長史及貴達不

復請歸至是乃還供養數年遭母憂母鉅鹿曹

氏有孝性夫氏去家路踰百里每得魚肉菜果

珍美口實者必令僮僕走奉其母乃後食焉琛

母服未闋復喪父琛於塋北之內手種松栢隆

冬之月負掘水土鄉老哀之咸助加力十餘年

中墳成木茂與弟僧林哲誓以同居沒齒專事產

業躬親農圃時以鷹犬馳逐自娛常侍領給事黃門

猶上表陳情乆之復除散騎常侍領給事黃門

侍郎定州大中正大見親寵委以門下庶事出

參掌書入廁帷幄琛高祖時兼主客郎迎送蕭

頤使彭城劉纘琛欽其器貌常歎詠之纘子晰

為胸山戍主晰死家屬入洛有女年未二十琛

巳六十餘矣乃納晰女為妻婚日詔給厨費琛

深所好悅世宗時調戲之盧昶敗於胸山詔琛

馳驛檢按遷河南尹加平南將軍黃門中正如

故琛表曰詩稱京邑翼翼四方是則者京邑是

四方之本安危所在不可不清是以國家居代

患多盜竊世祖太武皇帝親自發憤廣置主司

里宰皆以下代令長及五等散男有經略者乃

得為之又多置吏士為其羽翼崇而重之始得

禁止今遷都已來天下轉廣四遠赴會事過代

都五方雜沓難可備簡寇盜公行劫害不絕此

由諸坊混雜罜比不精主司闇弱不甚檢察故

也凡使人攻堅木者必為之擇良器今河南郡

是陛下之堅木盤根錯節植其中六部

里尉即攻堅之利器非貞剛精銳無以治之今

擇尹既非南金里尉鈆刀而割欲望清肅都邑

不可得也里正乃流外四品職輕任碎多是下

才人懷苟且不能督察故使盜得容姦百賦失

理邊外小縣所領不過一百戶而令長皆以將軍

居之京邑諸坊大者或千戶五百戶其中皆王

公卿尹貴勢姻戚豪猾僕隸蔭養姦徒高門遂

宇不可干問又有州郡俠客蔭結貴遊附黨連

羣陰為市劫比之邊縣難易不同今難彼易此

實為未愜王者立法隨時從宜改弦易調明主

所急先朝立品不必即定施而觀之不便則改

今闕官靜任猶聽長兼況劇要務不得簡能
下領請取武官中八品將軍已下幹用貞濟者
以本官俸恤領里尉之任各食其祿高者領六
部尉中者領經途尉下者領里正不爾請少高
里尉之品選下品中應遷之者進而為之則督
責有所轝轂可清詔曰里正可進至于勳品經途
從九品六部尉正九品諸職中簡取何必須武
人也琛又奏以羽林為遊軍於諸坊巷司察盜
賊於是京邑清靜至今踵焉轉太子少保黃門
復參朝政出為營州刺史加安北將軍歲餘以
光祿大夫李思穆代之時年六十五矣遂停中
山乂之乃赴洛除鎮西將軍涼州刺史猶以琛
高氏之昵也不欲麚之於內尋徵拜太常卿仍
以本將軍出為徐州刺史及入辭蕭宗琛辭以
老詔除吏部尚書將軍如故未幾除征北將軍

定州刺史衣錦晝遊大為稱滿治體嚴細甚無
聲譽與崔光辭司徒之授也光書外相抑揚
內實會也光亦揣其意復書褒美以悅之徵
為車騎將軍特進又拜侍中以其養老詔賜御
府杖朝直杖以出入正光五年冬卒詔給東園
祕器朝服一具衣一襲錢十萬物七百段蠟三
百斤贈司徒公尚書左僕射加後部鼓吹太常
議諡文穆吏部郎袁翻奏曰案禮諡者行之迹
也號者功之表也車服者位之章也是以大行
受大名細行受細名行生於已名生於人故閭
棺然後定諡皆累其生時美惡所以為將來勸
戒身雖死使名常存也凡薨亡者屬所即言大
鴻臚移本郡大中正條其行迹功過承中正移
言公府下太常部博士評議為諡列上諡不應
法者博士坐如選舉不以實論若行狀失實中
正坐如博士古帝王莫不毅勤重慎以為褒
貶之實也今之行無復相是非之事臣子之欲光揚
言君父之行今之行狀皆出其家任其臣子之自

君父但苦迹之不高行之不美是以極辭肆意
無復限量觀其狀也則周孔聯鑣伊顏接袵論
其謚也雖窮文盡武罄或加焉然公之博士與
古不同唯知依其行狀又先問其家人之意臣
子所求便為議上都不復斟酌與奪商量是非
致號謚之加與沉階莫專以極美為稱無復
貶降之名禮官之失一至於此案甄司徒行狀
至德與聖人齊蹤鴻名共大賢比跡文穆之謚
何足加焉但比來贈謚於例普重如甄琛之流

■ 魏書傳五十六　　十一　　余政

無不復謚謂且依謚法慈惠愛民曰孝宜謚曰
孝穆公自今已後明勒太常司徒有行狀如此
言辭流宕無復節限者悉請裁量不聽為受必
準人立謚不得甚加優越復仍踵前來之失者
付法司科罪從之琛祖載蕭宗親送降車就輿
弔服哭之遣舍人慰其諸子琛性輕簡好朝謔
故少風望然明解有幹具在官沔曰自高祖世
宗咸相知待蕭宗以師傅之義而加禮焉所著
文章鄙碎無大體時有理詣碌四聲姓族廢興

行於世
琛長子侃字道正郡功曹釋褐袐書郎性險薄
多與盜劫交通隨琛在京以酒色夜宿洛水亭
舍歐擊主人為司州所勃淹在州獄琛大以慙
慨廣平王懷為牧與琛先不協欲具案窮推琛
託左右以聞世宗遣白衣吳仲安勞懷寬放琛
固執治之父乃特旨出之侃自此沉廢卒於家
侃弟楷字德方粗有文學頗習吏事太平中上

■ 魏傳五十六　　十二　　宋帝

高祖頌十二篇文多不載優詔報之琛啟除袐
書郎世宗崩未葬楷與河南尹丞張普惠等飲
戲免官任城王澄為司徒引為公曹參軍稍遷
尚書儀曹郎有當官之稱蕭宗末定州刺史廣
陽王淵被徵還朝時楷丁憂在鄉淵臨發召楷不
兼長史委以州任尋值鮮于脩禮普賢等率
北鎮流民反於州城之內先有燕恒雲三州避難之戶
向州城州城之左人城屠村掠野引
皆依傍市鄽草廬攢住脩禮等聲云欲收此輩

共為掠動既外寇將過恐有內應楷見人情不
安慮有變起乃收州人中廳豪者昏殺之以威
外賊固城民之心及州刺史中大都督揚津等
至楷乃還家後脩禮笔充楷屠書北人遂掘其
父墓載棺巡城示相報復孝莊時徵為中書侍
郎尒朱榮之死帝以其堪率鄉義除試守常山
太守賜絹二百匹出帝初除征東將軍金紫光
祿大夫遷衛將軍右光祿大夫齊文襄王取為
儀同府諮議參軍天平四年卒年四十六贈驃
騎將軍秘書監滄州刺史

楷弟寬字仁規自員外散騎侍郎　本州別駕
稍遷太尉從事中郎治書侍御史武定　初謝病
還鄉卒於家

僧林終於鄉里

琛從父弟密字叔雍清謹少晤顏涉書史太
和中奉朝請密疾世俗貪競乾沒榮寵曾作風
賦以見意後參中山王英軍事英鐘離敗退鄉
人蘇良没於賊手密盡私財以贖之良既歸傾

資報密一皆不受謂良曰濟君之日本不求
化負豈相贖之意也歷太尉鎧曹遷國子博士肅
宗末通直散騎常侍冠軍將軍時賊帥葛榮侵
擾河北裴行源子邑敗没人情不安詔密為相
州行臺撫守鄴城莊帝以密全鄴之勳賞安市
縣開國子食邑三百戶遷平東將軍金紫光祿大夫
領直尉少卿尋轉征東將軍金紫光祿大夫孝
靜初軍騎將軍廷尉卿在官有平直之譽出為
北徐州刺史將軍如故興和四年卒贈驃騎將
軍儀同三司瀛州刺史諡曰靖

長子儇字元恭官至前將軍太中大夫卒

儇弟贖有才學亦早卒

琛同郡張普惠字洪賑墓容寶慶慶
尚書郡太張算本子伯業祖珍字文表......
君元年關右慰勞大使二年拜使持節鎮西將
軍涼州刺史卒贈征東將軍燕州刺史諡曰穆
首然頗涉經史雅有氣尚交結勝流太和中釋褐
奉朝請稍遷伏波將軍任城王澄鎮北府騎兵

參軍帶魏昌縣令吏民安之後爲北中府司馬

久之除樂陵太守在郡多所受納聞御史至兼

郡逃走於是除名乃卒天平初贈使持節都督

冀定二州諸軍事驃騎將軍定州刺史

纂叔感字崇仁有器業不應州郡之命

子宣軌少孤事母以孝聞歷郡功曹州主簿延

昌中釋褐奉朝請起冀州征東府長流參軍轉相

州中軍府錄事參軍定州別駕後除鎮遠將軍

員外散騎常侍出爲相州撫軍府司馬宣軌性

通率輕財好施屬葛榮圍城與刺史李神有固

守之効永安中以功賜爵中山公中興初坐事

死於鄴

子子瑜

纂從弟元賓太和十六年出身奉朝請遷員外

郎給事中正光中除中堅將軍射聲校尉永安

三年卒永熙中外生高敖曹貴達啟贈持節撫

軍將軍瀛州刺史

子㧑天平中司徒行參軍

高聰字僧智本渤海脩人曾祖軌隨慕容德徙

青州因居北海之劇縣父法即劉駿車騎將軍

王玄謨甥也少隨立謨征伐以軍功至員外郎

早卒聰生而喪母王撫育之大軍攻剋東

陽聰徙入平城與蔣少遊爲雲中兵戶窘困無

所不至族祖先視之若孫大加賙給聰涉獵經

史頗有文才允嘉之數稱其美言之朝廷拜青

州主簿少遊與從孫僧智雖爲孤弱然皆有文情

由是與少遊同拜中書博士積十年轉侍郎以

本官爲高陽王雍友稍爲高祖知賞太和十七

年兼員外散騎常侍使於蕭賾業高祖定都洛

陽追詔聰等曰比於河陽勅卿仍屆瀍洛視

舊業依然有懷固欲先之營之後乃蒲伐且以

蹟襄用爾使通在昔乘危君子弗取是用

輟茲前圖遠期來會爰息六師三川是宅將底

居成周永恢皇宇今更造國書以代往詔比所

勅授隨宜褒之善助皇華無替指意使還邊通

直散騎常侍兼大府少卿轉兼太子左率聰微

習弓馬乃以將用自許高祖銳意南討專訪王
肅以軍事聰託肅顧以偏裨自效肅言之於高
祖故假聰輔國將軍統兵二千與劉藻傳永成道
益任莫問俱受肅節度同援渦陽而聰躁怯少
威重所經淫掠無禮及與賊交望風退敗與
藻等同囚於懸瓠高祖恕死徙平州為民行屆
瀛州屬刺史王質獲白兔獻託聰為表高祖
見表顧謂王肅曰此高聰白在下那得復有此才而令朕
不知也肅曰此高聰比徙此文或其所製高祖

魏書列五十六　十七　禄

悟曰必應然也何應更有此輩世宗初聰復竊
還京師六輔之廢聰之謀也世宗親政除給事
黃門侍郎加輔國將軍遷散騎常侍黃門如故
世宗幸鄴還於河內懷界帝親射矢一里五十
餘步侍中高顯等奏伏見親御弧矢臨原弋遠
弦動羽馳　鏃所逮三百五十餘步臣等伏惟
陛下聖武自天神藝夙茂巧會驍虜庶幾節妙盡
覆圍之儀威稜畋疊魁兇懾氣震勁懃
弭心足以肅截九區赫服八宇矣盛事奇迹必

宜表述請勒銘射宮永彰聖藝詔曰此乃弓弧
小藝何足以示後葉而喉脣近侍苟以為然亦
豈容有異便可如請遂刊銘於射所聰為之詞
趙脩壁寵聰深朋附及詔追贈脩父聰為碑文
出入同載觀視碑石聰每見脩迎送盡禮聰又
為脩作表陳富時便宜教其自安之術由是送
相脩狎脩死甄琛李憑皆被黜落聰亦深用危
慮而聰先以踈宗之情曲事高肇竟獲自免肇
之力也脩之任勢聰傾身事之及脩之死言必

魏書列五十六　十八　禄

毀惡茹皓之寵聰又媚附每相招命言笑攜撫
公私託仗無所不至每楙牀才識明敏非趙脩
之儔乃因皓啟請青州鎮下治中公廨以為私
宅又气水田數十頃皆被遂許及皓見戮聰以
為死之晚也其薄於情義類皆如此侍中高顯
出授護軍聰轉兼其廟於時顯見言弟疑聰間構
而求之聰居兼十餘旬出入機要之音聞於遐邇
盧籍貴因權眈於聲色賄納之音聞於遐邇中
尉崔亮知肇微恨遂面陳聰罪世宗乃出聰為

10-907

平北將軍并州刺史聰善於去就知肇嬖之側
身承奉肇逐待之如舊聰在并州數歲多不率
法又與太原太守王椿有隙再爲大使御史舉
奏肇每以宗私相援事得寢緩世宗末拜散騎
常侍平北將軍肅宗踐祚以其素附高肇出爲
幽州刺史崔憲氣之爲中尉元匡所彈靈太
后并特原之聰遂停廢于家斷絕人事唯修營
園果以聲色自娛父之拜光祿大夫加安北將
軍聰心望中書令然後出作青州願竟不果正
光元年夏卒年六十九靈太后聞其病道主書
閒之聰對使者獻欷慟泣及聞其亡嗟悼良久
言朕既無福大臣殯喪且其與朕父南征契闊
戎旅特可感念賜布帛三百匹水一車贈撫軍
將軍青州刺史謚曰獻聰有效十餘人有子無
子皆注籍爲妾以悅其情及病不欲他人得之
並令燒指吞炭出家爲尼聰所作文筆二十卷
別有集

子長雲字彥鴻起家祕書郎太尉主簿稍遷輔
國將軍中散大夫建義初於河陰遇害贈安東
將軍兗州刺史
雲長弟叔山宇彥甫司徒行參軍稍遷靈朝將
軍越騎校尉辛彥贈太常少卿
史臣曰甄琛以學尚刀筆早樹聲名受遇三朝
終至崇重高聰才尚見知名位顯著而異軌同
奔咸經於危覆之轍惜乎

列傳第五十六

魏書六十八

崔休　裴延儁

魏書六十九

崔休字惠盛清河人御史中丞逞之玄孫也祖
靈和仕劉義隆為員外散騎侍郎父宗伯世宗
初追贈清河太守休少孤貧矯然自立舉秀才
父京師與中書郎宋弁通直郎邢巒相知友
尚書王肅欽其人望為長子娉休姊瞻以貲財
由是少振高祖納休妹為嬪以為尚書主客郎
轉通直正員郎兼給事黃門侍郎休好學涉歷
書史公事參高祖侍席禮遇次于宋郭之輩高祖
後來常參高祖待席禮遇次于宋郭之輩高祖
南伐以北海王為尚書僕射統留臺事以休為
尚書左丞高祖詔休曰比海年少未閑政績百
揆之務便以相委轉長史兼給事黃門侍郎後
從駕南行及車駕還幸彭城泝舟泗水詔在侍
莚觀者榮之世宗初休以第亡祖父未葬固求
渤海於是除之性嚴明雅長治體下車先誅豪

獷數人廣布耳目所在姦盜莫不擒翦百姓畏
之寇盜止息清身率下渤海大治時大儒張吾
貴有盛名於山東四方學士咸相宗慕弟子自
遠而至者恒千餘人生徒既衆所在多不見容
休乃為設俎豆招延禮接使建業而還儒者稱
為口實人為吏部郎中遷散騎常侍權銓選任
休愛好士多所抜擢廣平王懷數引談宴世
宗責其頗諸王交遊後除龍驤將軍洛州
刺史在州數年以母老辭州許之尋行幽州事
衡拜司徒右長史休聰明彊濟雅善斷決帳府
多事辭訟盈几剖判若流殊無疑滯加之公平
清潔甚得時譽復除吏部郎中加征虜將軍冀
州大中正遷光祿大夫行河南尹蕭宗初即真
加平東將軍尋除平北將軍青州刺史青州九郡民單
北將軍邊安東將軍青州刺史進號安
擐本伯徽劉通等二千人上書訟休德政靈太
后善之休在幽青州五六年皆清白愛民其著
聲績二州懷其德澤百姓追思之徵為安南將

軍度支尚書尋進號撫軍將軍七兵尚書又轉
殿中尚書休久在臺閣明習典禮每朝廷疑議
咸取正焉諸公咸相謂曰崔尚書下意處我不
能異也正光四年卒年五十二贈帛五百四贈
車騎將軍尚書僕射異州刺史諡文貞侯休少
而謙退事母孝謹及為尚書子仲文納丞相雍
特二家志氣微改內有自得之心外則陵籍同
第二女女妻領軍元叉長庶子祕書郎稚舒俠
妻其外孫邢氏休不欲乃違其母情以妻叉子
議者非之休有九子

列尚書令李崇左僕射蕭寶寅右僕射元欽皆
以維叉之故每懼下之始休母房氏欲以休女
長子悛字長儒武定中七兵尚書武城縣開國
公
悛弟仲文散騎常侍
仲文弟叔仁性輕俠重袴期歷通直散騎侍郎
司徒司馬散騎常侍出為驃騎將軍潁州刺史
以貪汙為御史所劾與和中賜死於宅臨刑賦

詩與諸弟訣別而不及其兄以其不甚營救故
也
叔仁弟義孝莊時為尚書庫部郎坐兄悛鑄
錢事發呂家逃逸數日叔義遂見執獲時城陽
王徽為司州牧臨淮王彧以非其身罪驟為致
言徽不從乃殺之
叔義弟侃以竊級為中書郎為尚書左丞和
子岳彈糾失官後兼通直常侍使於蕭衍還路
病卒

子侃弟子聿武定末東莞太守卒
子聿弟子約開府祭酒
休弟篤字敬禮太子舍人早卒贈樂安太守妻
安樂王長女晉寧主也貞烈有德行
子長謙好學修立少有令名仕歷給事中仍還
鄉里久之刺史尉景取為開府諮議參軍事晚
頗以酒為損天平中被徵兼主客郎接蕭衍使
張皐等後兼散騎常侍使蕭行還卒於宿豫時
人歎惜之以死王事贈驃騎將軍南青州刺史

裴延儁字平子河東聞喜人魏冀州刺史徽之

世孫曾祖天明諸議參軍并州別駕祖雅虎河

東太守卒贈平遠將軍雍州刺史諡曰順父松

州主簿行平陽郡事必平蜀賊丁亚功贈東雍

州刺史延儁少偏孤事後母以孝聞涉獵墳史

頗有才筆與秀才射策高第除著作佐郎遷尚

書儀曹郎轉殿中郎太子洗馬又領本邑中正

及太子友太子恂廢以宮官例免頃之除太尉

撰兼太子中舍人世宗初為散騎侍郎尋除雍

州平西府長史加建威將軍入為中書侍郎時

世宗專心釋典不事墳籍延儁上疏諫曰臣聞

有羲文思欽明稽古嬀舜體道慎典作聖漢光

神叡軍中讀書魏武英規馬上翫籍先帝天縱

多能克文克武營遷謀伐手不釋卷良史經史

義深補益處廣雖則勤勞不可斬曷斯乃前王

之美大寶後王之水鏡善足以遵惡足以誡也

下詔悟自深淵鑒獨得異法座於宸闈稱覺善

於旨宇凡在聽矚靡蔽俱開然五經治世之模

六籍軌俗之本蓋以訓物有漸應時匪妙必須

麤後精乘近即遠伏願經書夕覽孔釋兼存

則內外俱周真俗斯暢後除司州別駕加鎮遠

將軍及詔立明堂群官博議延儁獨著一堂之

論太傅清河王懌時典眾議讀而笑曰子欲

遠僕射也兼太子中庶子即正別駕如故

加冠軍將軍肅宗初遷散騎常侍轉平北將軍

前將軍又加平西將軍除廷尉卿尋即加

幽州刺史范陽郡有舊督几渠徑五十里漁陽

燕郡有故戾陵諸堰廣袤三十里皆廢毀多時

莫能修復時水旱不調民多飢餒延儁謂疏通

舊跡勢必可成乃表求營造遂躬自履行相度

水形隨力分督未幾而就溉田百萬餘敏為利

十倍百姓至今賴之延儁之文命主簿酈惲修起學校

禮教大行民歌謠之在州五年考績為天下最

延儁繼母隨延儁在薊時遇重患延儁啟求侍

母還京療治至都未幾拜太常卿時汾州山胡

恃險寇竊正平平陽二郡尤被其害以延儁兼

尚書為西北道行臺節度討胡諸軍尋遇疾勑
還三鴟群竊寇掠不已車駕欲親征之延儁乃
於病中上疏諫諍尋除七兵尚書安南將軍徙
殿中尚書加中軍將軍轉散騎常侍中書令御
史中尉又以本官兼侍中吏部尚書延儁在臺
閣守職而巳不能有所裁斷直繩也莊帝初於
河陰遇害贈都督雍岐豳三州諸軍事儀同三
司本將軍雍州刺史
子元直尚書郎中　七
雍外孫超贈尚書僕射
延儁從叔桃弓亦見稱於鄉里
時遇害元直贈光州刺史敬猷妻丞相高陽王
元直弟敬猷負外常侍兄弟並有學尚與父同
〈鬼傳五十七〉
子鳳字寶興沉雅有器識儀望甚偉高祖見而
異〈自司空王澄有知人鑑每歎美鳳以遠大許
尚書任城王澄轉尚書左主客郎中時吏部
之高祖南代為行臺吏部郎仍除征北大將軍
穆亮從事中郎轉為河北太守以忠恕接下百

姓感之卒於郡年四十三
長子軌字宗模早卒
軌子凝字長儒卒於武平鎮將
軌弟昇之鑒武定末昇之太尉掾鑒司徒右長
史
延儁從祖弟良字元賓起家為羽林中府
長史參軍世宗初南絳縣令稍遷并州安北府
功曹〈入為中散大夫領尚書考功郎中時汾州
吐京群胡薛羽等作逆以良兼尚書左丞為西
〈魏書傳五十七〉二百九十
北道行臺值別將李德龍為羽所破良入汾州
刺史汝陰王景和及德龍率兵數千憑城自
守賊併力攻遍詔遣行臺裴延儁大都督章武
王融都督賀宗正珍孫等赴援時有五城郡山胡
宜都督賀悅回成等以妖妄惑衆假稱帝號服
素衣持白傘白幡率諸逆衆於雲臺郊抗拒王
師融等與戰賊乘勝圍城良率將士出戰
大破之於陣斬回成後誘道守諸胡令斬送宜都
首又山胡劉蠡升自云聖術胡人信之咸相影

旬日之間逆徒還振德

德龍等乃止景和薨以民爲汾州刺史加輔國

將軍行臺如故都督高防來援敗於百里候

先是官粟貸民未及收聚仍值寇亂至是城民

大飢人相食賊知倉庫空虛攻圍日甚死者十

三四良以飢窘因與城人奔赴西河汾州之治

西河自良始也時南絳蜀陳雙熾等聚衆自

號建始王與大都督長孫稚宗正珍孫等相持

不下詔良解州爲慰勞使轉太中大夫本郡中

■魏書列五十七 九

正孝莊末除光祿大夫尒朱榮死榮從子天光

擁衆關西乃詔良持節假安西將軍渾關都督

又兼尚書爲河東恒農河北宜陽行臺以備之

前廢帝時除征東將軍金紫光祿大夫尋轉衛

將軍又加散騎常侍車騎將軍右光祿大夫孝

靜初衛大將軍太府卿天平二年秋卒時年六

驃騎將軍左光祿大夫出帝末除汲郡太守孝

十一贈使持節都督雍華二州諸軍事吏部尚

書本將軍雍州刺史謚曰貞又重贈侍中驃騎

大將軍尚書僕射餘如故

子叔祖武定末太子洗馬

良從父兄子慶孫字紹遠少孤性倜儻重然諾

釋褐員外散騎侍郎正光末汾州吐京群胡薛

悉公馬牒騰並自立爲王聚黨侵逆衆至數萬

詔慶孫爲募人別將招率鄉豪得戰士數千人

以討之胡賊屢來逆戰慶孫身先士卒每摧其

鋒遂深入至雲臺郊諸賊更相連結大戰郊西

自旦及夕慶孫身自突陳賊王闕郭康兒賊衆

■魏書五十七

大潰勅徵赴都除直後於後賊復鳩集北連蓋

外南通絳蜀叛徒轉盛復以慶孫爲別將從軹

關入討至齊子嶺東賊帥范多范安族等率衆

來拒慶孫與戰復斬多首乃深入二百餘里至

陽胡城朝廷與此地被山帶河裕要之所蕭宗

末遂立邵郡因以慶孫爲太守假節輔國將軍

當郡都督民經賊亂之後率多逃竄慶孫務安

緝之咸來歸業永安中還朝除太中大夫尒朱

榮之死也世隆擁衆北渡詔慶孫爲大都督與

行臺源子恭率眾追擊軍次太行而慶孫與世
隆密通事泄遽還河內而斬之時年三十六慶
孫任俠有氣鄉曲壯士及好事者多相依附撫
養咸有恩紀在郡之日值歲飢凶四方遊客常
有百餘慶孫自以家粮贍之性雖麁懭武愛好文
流與諸才學之士咸相交結輕財重義座客常
滿是以為時所稱

子子瑩永安中太尉行參軍

延儁從祖弟仲規少好經史頗有志節起家奉
朝請領侍御史咸陽王禧為司州牧辟為主簿仍
表行建興郡事車駕自代還洛次於郡境仲規
備供帳朝於路側高祖詔仲規曰朕開置神畿
郡墅　重鄉既首應司隸美舉復賞我名邦何
能自致也仲規對曰陛下窮神盡聖應天順民
藥彼立壤來宅紫縣臣力躍馬吳會冀
功銘帝籍勳書王府豈一郡而已高祖笑曰冀
鄉必副此言車駕達河梁見咸陽王謂曰昨得
汝主簿為南道主人六軍豐贍元弟之寄殊副

所望尋除司徒主簿仲規父在鄉疾病棄官奔
赴以違制免父之中山王英征義陽引為統軍
秦復本資於陳戰歿時年四十八贈河東太守
諡曰貞無子弟叔義以第二子伯茂為之後伯
茂在文苑傳

叔義亦有學行高祖末除兗州安東府外兵參
軍累遷太山太守為政清靜吏民安之遷司空
從事中郎正光五年夏卒時年五十七贈征虜
將軍東秦州刺史諡曰宣

子景融字孔明篤學好屬文正光初舉秀才射
策高第除太學博士永安中秘書監李凱以景
融才學啟除著作佐郎稍遷輔國將軍諫議大
夫仍領著作出帝時議孝莊諡事遂施行時詔
撰四部要略令景融專典貢無所成元象中儀
同高岳以為錄事參軍事景顏被劾廷尉獄景
融人選吏部擬郡為御史中丞崔暹所彈云其
貪昧苟進遂坐免官武定四年冬病卒年五十
三景融早退廉謹無競於時雖才不稱學而緝

錄又造鄴都晉都賦云

景顏頗有學尚起家汝南王開府行參軍孝莊

刺史鄭先護據州起義事賜爵保城子以軍

初為廣州防蠻別將行廣漢郡事元顥入洛與

功稍遷太尉從事中郎轉諮議參軍孝莊初徙

司空長史在官貪穢武定二年為中尉崔暹所

劾事下廷尉遇疾死於獄年四十五

仲規弟子伯珍歷襄威將軍員外散騎郎河西

（魏書傳五七）【十三】【趙】

太守孝靜初為平東將軍榮陽太守卒官時年

三十二贈本將軍雍州刺史

延儁族子禮和解褐員外散騎侍郎遷謁者僕

射身長九尺要帶十圍於群眾之中魁然有異

出為陳留太守卒於金紫光祿大夫

延儁族兄韋字外興以操尚自立為高祖所知

自著作郎出為北中府長史時高祖以韋與

中書侍郎崔亮並清貧欲以幹祿優之乃以亮

帶野王縣韋帶溫縣時人榮之轉尚書郎遷太

尉諮議參軍出為平秦太守卒贈冠軍將軍洛

州刺史

子子袖殁關西

延儁族人璦字珍寶太和中析屬河北郡少孤

貧而清苦自立為中兵參軍璦夙夜恭勤為悅

將軍征義陽引為中正悅召為別

所知將軍還除奉朝請轉給事中汝南王悅郎中

令悅散費無常每國俸初入一日之中分賜極

意璦每隨例恆解多受少伺悅虛竭還來奉貢

（魏書傳五七）【十四】【趙】

悅雖性理不恒然亦相賞愛悅遷大尉請為從

事中郎轉驃騎將軍蕭宗末出為安南太守不

行轉大原太守屬蕭宗崩尒朱榮初謀赴洛璦

豫其事封五原縣開國子邑三百戶尋行并州

事轉平北將軍肹州刺史孝靜初除衛將軍東

雍州刺史興和元年卒年七十三

子夷吾武定末徐州驃騎府長流參軍

袞魏字景翔陳郡項人也父宣有才筆為劉或

青州刺史沈文秀府主簿皇興中東陽州平隨

文秀入國而大將軍劉昶每提引之言是其外
祖淑之近親令與其府諮議參軍袁濟為宗宣
時孤寒其相依附及翻兄弟官顯與濟子洗演
遂各凌競洗等乃經公府以相排斥翻少以才
學擅美一時初為奉朝請景明初李彪在東觀
翻為徐紇所薦彪引兼著作郎以參史事及
紇被徙尋解後遷司徒祭酒揚烈將軍尚書
中郎正始初詔尚書門下於金墉中書外省考
論律令紇與門下錄事常景孫紹廷尉監張虎
律博士侯堅固治書侍御史高綽前軍將軍邢
萬奉車都尉程靈虬羽林監王元龜尚書郎祖
瑩宋世景貞外郎李琰之太樂令公孫崇等並
在議限又詔太師彭城王勰司州牧高陽王雍
中書監京兆王愉前青州刺史劉芳左衛將軍
元麗兼將作大匠李韶國子祭酒鄭道昭廷尉
少卿王顯等入預其事後除豫州中正是時修
明堂辟雍翻議曰謹案明堂之義今古諸儒論
之備矣異端競構莫適所歸故不復遠引經傳

傍採紀籍以為之證且論意之所同以訓詔
耳蓋唐虞已上事難該悉夏殷已降校可知之
謂典章之極莫如三代郁郁之盛從周斯美制
禮作樂典刑在焉遺風餘烈垂之不朽案周官
考工所記皆記其時事具論夏殷名制豈其紕
繆是知明堂五室三代同焉配帝象行義則明
矣及淮南呂氏與月令同文雖布政班時有堂
个之別然則無九室之證既而世襄
禮壞法度淆弛正義殘隱妄說斐然明堂九室
著自戴禮探求源周知所出而漢氏因之自
欲為一代之法故鄭玄云周人明堂五室是帝
一室也合於五行之數周禮依數以為之室德
行於今雖有不同時說晌然本制著存而言
無明文欲復何責本制著存是周五室也於今
不同是猶漢異周也漢為九室略可知矣但就其
此制猶有慊焉何者張衡東京賦云乃營三
宮布教頒常複廟重屋八達九房此乃明堂之
文也而薛綜注云房室也謂堂後有九室堂後

個不能令各處其辰就使其像可圖莫能通其
居用之禮此為設虛器也其知漢世徒欲削滅
周典指棄舊章改物創制故不復拘於載籍且
鄭玄之詁訓三禮及釋五經異義並盡思窮神
著明確乎難奪諒足以狀微闡幽不墜周公之
故得之遠矣覽其明堂圖義甚有悟人意察察
舊法也伯喈損益漢制章句繁雜既違古背新
又不能易之妙矣魏晉書紀亦有明堂祀五
帝之文而不記其經始之制又無坦然可準觀
夫今之基址猶或長高卑廣狹頗與戴禮不
同何得以意抑必便謂九室可明且三雍異所
復垂盧蔡之義進退亡據何用通晉朝亦以
穿鑿難明故有一屋之論並非經典正義皆以
意安作茲為曲學家常談不足以範時軌世皇
代既乘乾統曆得一駮辰自宜稽古則天憲章
文武追蹤周孔述而不作彼三代使百世可
知豈容虛追子氏放篇之浮說徒損經紀雅誥

之遺訓而欲以支離橫議指畫妄圖儀刑宇宙
而貽來葉者也又北京制置未甚怙繕修草
創以意良多事移禮變所存者無幾理苟宜革
何必仍舊且遷都之始日不遑給先朝規度每
事循古是以數年之中悛換非一良以永法為
難數改為易何為宮室府庫多因故迹而明堂
辟雍獨遵此制建立之辰復未可知矣既俔班
訪逮輒率臂言明堂五室請同周制識偏學踈
雍求依故所庶有會經誥無失典刑識偏學踈
於西北魏晉備在東南是以鎮邊守塞必寄威
退懲謬浪後議選邊戍事翻議曰臣聞兩漢警
重伐叛柔服宴賴溫良故田叔魏尚聲高於沙
漢當陽鉅平績流於江漢紀籍用為美談令古
以為盛德自皇上以勳明墓御風凝化遠威厲
秋霜惠露春露故能使淮海輸誠華陽郎序連
城請面比屋歸仁懸車劒閣豈伊襄載鼓謠金
陵復在茲日然荊揚之牧宜盡一時才望梁郢
之君尤須當令秀異自比緣邊州郡官至便登

壇場統戎階當即用或值稊德凡人或遇貪家
惡子不識字民溫恤之方惟知重役殘忍之法
廣開戎邏多置帥領或用其左右姻親或受人
貨財請屬皆無防寇禦賊之心惟有通商聚斂
之意其勇力之兵驅令抄掠若值彊敵即為奴
虜如有執獲奪為己富其羸弱老小之輩微解
金鐵之工少關草木之作無不搜營窮壘苦役
百端自餘或伐木深山或耘草平陸販貿往還
相望道路此等祿既不多貲亦有限比月收其實

魏書傳五十七

十九

絹給其虛栗窮其方薄其衣用其工節其食編
冬歷夏加之疾苦死於溝瀆者常十七八焉是
以吳楚閒伺審此虛實皆云粮匱兵疲易可乘
擾故驅率犬羊屢犯壇場頻年已來甲冑生蟣
十万在郊千金日費為嬖之深一至於此皆由
邊任不得其人故延若斯之患賈生所以痛哭
良有以也夫潔其流源理其末者正其
本既失之在始庸可止平愚謂自今已後荊揚
徐豫梁益諸蕃及所統郡縣府佐統軍至于戍

主皆令朝臣王公已下各舉所知必選其才不
拘階級若能統御有方清高獨著威足臨戎信
能懷遠撫循將士得其忻心不營私潤專修公
利者則就加爵賞使久於其任以時褒賞厲其
忠款所舉之人亦垂優獎其得上嘉其誠節
若不能一心奉公才非捍禦貪狯日富經略無
所舉之人隨事免降責其謬薦罰其偽薄如此
則舉人不得挾其私受任不得孤其舉善惡既
聞人不見德兵厭其勞者即加顯戮用彰其罪

魏書傳五十七

二十

審沮勸亦明庶邊患永消議攸息矣遭母憂
去職熙平初除冠軍將軍廷尉少卿尋加征虜
將軍後出為平陽太守飜為廷尉頗有不平之
論及之郡甚不自得遂作思歸賦曰日色黯兮
高山之岑月逢霞而未皎霞值月而成陰望他
鄉之阡陌非舊國之池林山有木而蔽虧禁於
梁而復深悵浮雲之弗限何此恨之難禁於足
雜石為峯諸煙共色秀出無窮煙起不極錯翻
花而似繡網遊絲其如織蝶兩戲以相追燕雙

詹世榮

飛而鼓翼異怨驅馬之悠悠歎征夫之未息尒乃
臨峻壑坐層阿此眺羊腸詰屈南望龍門嵯峨
疊千重以崔嵬翠橫萬里而揚波遠獾魑與麞麚
走鯤鰭及龜黿彼曖然兮輦洛此邈矣兮關河
心攀援兮徒傷思搖搖兮空滿兮人兮不見
神翩覆兮魂斷斷兮如亂憂來兮不散術鏡
兮白水水流兮漫漫異色兮縱橫奇光兮爛爛
下對兮碧沙上觀兮青岸岸上兮氤氳駭霞兮
絳氣風搖枝而為弄日照兮水以成文行復行兮
川之畔望復望兮埠夫君君之門兮九重門余
之別兮千里分願一見兮道寸我意我不見兮君
不聞魄悄悅兮知何語氣繚戾兮獨縈緼彼鳥
馬之無知尚有情於南北雖吾人之固鄙當豈忘
懷於上國去上國之美人對下邦之兒蚊形既
同於魍魎心匪殊於蛮賊欲修之而難化何不
殘之去覓知進退之非可徒終朝以黙黙願生
還於洛濱荷天地之厚德神龜末遠冠軍將軍
涼州剌史時蠕蠕主阿那瓖後主婆羅門並以

四海爰在北京仍梗疆場自卜惟洛食寘𨜞伊
得夫利害相伴故呼韓來朝入侍史籍
謂之盛事千載以為美談至于皇代勃興威馭
勞止或修文德以來之或興干戈以伐之而一
則叛灵灵以方叔召虎不遑自息衛青去病勤亦
來久矣雖隆周盛漢莫能障服襄弱則降富彊
羅門等處所遠近利害之宜竊惟匈奴為患其
才忝荷邊任偎垂訪速安置蠕蠕主阿那瓖婆
國亂來降朝廷問釁離安置之所離表曰謬以非
遏高車蠕蠕迭相天啖始則蠕蠕裘微高車彊
盛蠕蠕則自救靡暇高車則僻遠西北及蠕蠕
復振反破高車圭喪民離不絕如綖而高車今
能終雪其恥復摧蠕蠕者正由種類繁多不苟
頓滅故也然關此兩敵即卜莊之筭得使境上
無塵數十年中者抑此之由也今蠕蠕為高
車所討滅外憑大國之威靈兩主投身[插]脊而
至百姓歸誠萬里相屬進希朝廷哀矜別復宗
柱退望庇身有道保其畫[插]兒雖乃遠東荒蛛不

識信順終無純固之節必有孤貟之心然興亡
繼絕列聖同規撫降郵附綿經共軌若棄而不
受則觀我大德若納而禮待則摜我資儲來者
既多全徙內地非直其情不願迎送艱難然夷
不亂華穀鑒無遠覆車在於劉石毀轍固不可
齎上國若蠕蠕尚存則高車猶有內顧之憂未暇窺
尋且蠕蠕雖主奔於上民散於下而餘黨寔繁
部落猶衆勵勵碁布以望今主耳高車亦未能

〈二十三〉付善可

一時并兼盡令率附又高車士馬雖衆主甚愚
弱上不制下不奉上唯以掠盜為資陵奪為
業河西捍禦彊敵唯涼州敦煌而已涼州土廣
民希粮仗素關燉煌酒泉空虛尤甚若蠕蠕
復堅立令高車獨擅北垂則西顧之憂匪旦
夕愚謂蠕蠕二主皆宜存之居阿那瓌於東偏
處婆羅門於西裔分其屬蠕蠕各有所屬婆羅門請
所非所經見其中事勢不敢輒陳其攸屬那瓌住
修西海故城以安蠕之西海郡本屬涼州今在

酒泉直北張掖西北千二百里去高車所住金
山一千餘里正是北虜往來之衝要漢家行軍
之舊道土地沃衍大宜耕殖非但令蠕婆羅門
於事為便即可永為重戍鎮防西北宜遣一良
將加以配衣糧仍令監護婆羅門凡諸州鎮應
徙之兵隨宜割配且田且戍雖外為蠕蠕之
內實防高車之第二年後足食足兵斯固
安邊保塞之長計也若婆羅門能自克厲使餘
舉內實防高車之
爐歸心收離聚散復興其國者乃漸令北轉徙

〈二十四〉付善可

渡流沙即是我之外蕃高車勍敵西北之虞可
無過應如其姦回返覆孤恩背德者此不過為
通逃之冦於我何損今不早圖戎心一啓脫先
據西海奪我險要則酒泉張掖自然孤危長河
以西終非國有不圖厥始而憂其終噬臍之恨
悔將何及愚見如兒乞遣大使往涼州燉煌及
於西海躬行山谷要害之所親閱亭障遠近之
宜商量士馬校練粮仗部分見定處置得所入
春西海之間即令播種至秋收一年之食使不

復勞轉輸之功也且西海北垂即是大磧野獸
所聚千百為群正是蠕蠕射獵之處殖田以自
供籍獸以自給彼此相資足以自固今令射狼之
微似小損歲終大計其利實多高車射狼之豫度
何可專信假令稱臣致款正可外加優納而復
內備彌深所謂先人有奪人之心者也管窺所
陳懼多孟浪時朝議是之還拜吏部郎中加平
南將軍光祿大夫以本將軍出為齊州刺史無
多政績芳昌中除安南將軍中書令領給事黃
門侍郎與徐紇俱在門下並掌文翰紇既才學
名重又善附會亦為靈太后所信待是時蠻賊
充斥六軍親討之紇乃上表諫止後蕭寶寅
大敗於關西紇上表請為西軍死亡將士舉哀
存而還者并加賑賚後拜度支尚書轉都官
紇表曰臣往忝門下翼侍帳幄同時流輩皆以
出離左右蒙數階之陟唯臣奉辭非但直去黃
門今為尚書後更在中書令下於臣庸朽誠為
叨濫準之倫匹或有未盡竊惟安南之與金紫

雖是異品之間實有牟階之校加以尚書清要
位遇通顯準秩論資似加少進語望比官人不
願易臣自揆自顧力極求此伏願天地成造有
始有終矜臣疲病乞臣骸骨願以安南尚書換
一金紫時天下多事紇雖表讓軍肅宗靈太
后曾紇於華林園舉觴謂群臣曰朕之侍座莫
杜預欲以此杯敬屬元凱今為紇之侍座者莫
不美仰紇名位俱重當時賢達咸推與之然獨

之建義初遇害於河陰年五十三所著文筆百
餘篇行於世贈使持節侍中車騎將軍儀同三
司青州刺史

文苑傳

嫡子寶首寶首武定中司徒記室參軍
寶首兄叔德武定末太子中舍人紇弟躍語在
文苑傳
躍弟颺本州治中別駕豫州冠軍府司馬而卒
颺弟昇太學博士司徒記室尚書儀曹郎中正

貞郎通直常侍颺死後昇通其妻䴰勣憲爲之
發病昇終不止時人鄙穢之亦於河陰見害贈
左將軍齊州刺史

史臣曰崔休立身有本當官著聞朝之良也裴
儁器業位望有可稱乎袤䴰文高價重其當時
之才秀歟

魏書列傳五十七　　二十七

列傳第五十八

劉藻　傅永

傅豎眼　李神

魏書七十

劉藻字彥先廣平易陽人也六世祖遐從司馬
叡南渡父宗之劉裕盧江太守藻涉獵群籍美
談笑善與人交飲酒至一石不亂永安中與姊
夫李嶷俱來歸國賜爵易陽子擢拜南部主書
號為稱職時北地諸羌數萬家恃險作亂前後
牧守不能制姦暴之徒並無名實朝廷患之以
藻為比地太守藻推誠布信諸羌咸來歸附藻
書其名籍收其賦稅朝廷嘉之遷龍驤將軍雍〔二〕
藻代之至鎮擒獲成黑等斬之以徇羣氏震懼
雍州人王叔保等三百人表乞藻為駛奴戍主
詔曰選曹已用人藻有惠政自宜他叙在任八
年遷離城鎮將太和中改鎮為岐州以茲藻為岐
州刺史轉秦州刺史秦人悍嶮率多應釁暴或拒
課輸或害長吏自前守宰率皆依州遞領不入

郡縣就藻開示恩信誅戮豪橫羌氏憚之守宰於
是始得居其舊所遇車駕南代以茲藻為東道都
督秦人紛擾詔藻還州人情乃定仍與安南將
軍元英征漢中頻破賊軍長驅至南鄭垂平梁
州奉詔還軍督統軍高聰等四軍為東道別將辭於〔二〕
洛水之南高祖與卿石頭相見藻對曰臣雖才
非古人庶亦不留賊虜而遺陛下輒當釃曲
阿之酒以待百官高祖大笑曰今未至曲阿且
以河東數石賜卿後與高聰等戰敗俱從平州
子紹珍無他才用善附會好飲酒結託劉騰
啟為其國郎中令襲子爵稍遷本州別駕平州
屬以事免官建義初詔復尋除太中大夫永安
二年除安西將軍河北太守還父之拜車騎
將軍左光祿大夫出為黎陽太守所在無政績
天平中坐子尚書郎洪業入於關中率眾侵擾

伏法

傅永字脩期清河人也幼隨叔父洪仲與張幸
自青州入國尋復南奔有氣幹拳勇過人能手
執鞍橋倒立馳騁年二十餘有友人與之書而
不能答請於洪仲洪仲深讓之而不為報永乃
發憤讀書涉獵經史兼有才筆自東陽禁防為
母並老飢寒十數年賴其禮於人事勤力僮巧
得以存立晚乃被召兼治禮郎詣長安拜文明
崔道固城局參軍與道固俱降入為平齊民父

太后父燕宣王廟令賜爵貝丘男加伏波將軍
未幾除中書博士又改為議郎轉尚書考功郎
中為大司馬從事中郎尋轉都督任城王澄長
史兼尚書左丞王肅之為豫州以永為建武將
軍平南長史咸陽王禧慮肅難信言於高祖高
祖曰已選傅脩期為其長史雖威儀不足而文
武有餘矣肅以永宿士禮之甚厚永亦以肅為
高祖眷遇盡心事之情義至穆甚關懃遣將魯康
祚趙公政眾號一萬侵豫州之太倉口肅令永

勒甲士三千擊之時康祚等軍於淮南永合淮
北十有餘里永量吳楚之兵好以斫營為事即
夜分兵二部出於營外又以賊若夜來必應於
渡淮之所以火記其淺處又既設伏乃密令人
以瓠盛火渡淮南岸當深處置之教之去若有
火起即亦然之其夜康祚公政等奔趨淮水火
既競起不能記其本濟遂望永所置之火而爭
渡焉水深溺死斬首者數千級生擒公政康祚
研永營東西二伏俠擊之康祚之眾親率領來

人馬墜淮曉而獲其屍斬首并公政送京師公
政岐州刺史超宗之從兄也時裴叔業率王茂
先李定等來侵楚王戌永遹還州蕭鸞復令大討
之永將心腹一人馳詣楚王戌至即令填塞外
塹一夜伏戰士一千人於城外曉而叔業等至江
於城東列陳將置長圍永所伏兵於左道擊其
後軍破之永令將佐守所列之陳自率精
甲數千救之永上門樓觀叔業南行五六里許
便開門入舊擊遂摧破之叔業進退失圖於是奔

走左右欲追之永曰弱卒不滿三千彼精甲猶
盛非力屈而敗吾計中耳旣不測我之虛
實足喪其膽俸此足矣何假逐之獲叔業傘扇
鼓幕甲仗萬餘兩之中遂獻再捷高祖嘉之
遣謁者就豫州策拜永安遠將軍鎮南府長史
汝南太守貝丘縣開國男食邑二百戶高祖每
歡曰上馬能擊賊下馬作露布唯傅脩期耳裴
叔業又圍渦陽時高祖在豫州遣永為統軍與
高聰劉藻成道益任莫問等往救之軍將逼賊
求曰先深溝固壘然後圖之聰等不從裁營輒
重便擊之一戰而敗聰等棄甲徑奔懸求獨
收散卒徐遠賊追至又設伏擊之挫其鋒銳四
軍之兵多賴之以免永至又懸孤高祖俱鎖之聰
期在後少有擒殺可揚武將軍汝陰鎮將帶汝
陰太守景明初裝叔業將以壽春歸國密通於
求求具表聞及將迎納詔求為統軍與楊大眼
奚康生等諸軍俱入壽春同日而求在後故康

生大眼二人並賞列士求唯清河男蕭寶夤將
陳伯之侵逼壽春沿淮為寇時司徒彭城王總
廣陵侯元衍同鎮壽春以九江初附人情未洽
兼臺援不至深以為憂詔遣求為統軍領汝陰
汝南岸軍以水牛挽之直南趨淮下舡便渡適上
淮水口伯之防之甚固求去二十餘里牽舡上
之兵三千人先援之求摠勒士卒水陸俱下而
南岸賊軍亦及會時已夜求乃潛進曉達壽春

城下摠衍聞外有軍共上門樓觀望然不意求
至求免冑乃信之遂引求上摠謂求曰比望以
久恐洛陽難復可見不意卿能至也摠令求引
軍入城求曰執兵被甲固敵是求若如教旨便
共殿下同被圍守豈是救援之意遂中山王英之征
義陽求為寧朔將軍統軍當長圍遏其南門蕭
衍將馬仙琕連營稍進規解城圍求謂英曰凶
豎冢突意在決戰雅山形要宜早據之英沉吟
未決求曰機者如神難遇易失今日不往明朝

必為賊有雖悔無

及英乃分兵通夜築城於山

上遣統軍張懷等列陳於山下以防之至曉仙

理果至懷等戰敗築城者悉皆奔退仙理棄勝

直趨長圍義陽城人復出挑戰永乃分兵逆仙理乘長

史賈魚祖令守營壘自將馬步千人南逆之長

擐甲揮戈單騎先入陣壘有軍主蔡三虎副之

箭復入遂大破之斬仙理子仙理燒營席卷而

遁英於陳謂永曰公傷矣且還營永曰昔漢祖

人無有及者突陳橫過賊射永洞其左股永拔

捫足不欲人知下官雖微國家一帥柰何使虜

有傷將之名遂與諸軍追之極夜而返時年七

十餘矣三軍莫不壯之義陽既平英使司馬陸

希道為之改陳板意謂不可令永改之永亦不增文

彩直與之改陳列軍儀處置形要而已而英深

賞之歎曰觀此經籌雖有金城湯池亦不能守

矣還京復封永先有男爵至是以品不累加賜

帛二千四除太中大夫行秦梁二州事代邢巒

鎮漢中後還京師於路除恆農太守非心所樂

時英東征鍾離連表請永求以為將朝廷不聽

永每言曰文淵充國音何人哉吾獨自首見拘

此郡深用扼腕然於治民非其所長故在任無

多聲稱未幾解郡還為太中大夫行南青州事

遷左將軍南兗州刺史猶能馳射盤馬奮稍時

年踰八十常謂三老每自稱六十九還京拜平

東將軍光祿大夫正始元年卒年八十三贈平

東將軍齊州刺史永嘗登北邙處舊墓稍

躍馬盤旋瞻望者有終焉之志遂築墓預近好李

沖王蕭欲葬附其墓遂買左右地數頃遺勑子

叔偉曰此吾之永宅也永妻賈民留於本鄉永

至代都娶妾馮氏生叔偉及數女賈後歸平城

無男唯一女馮恃子事賈無禮叔偉亦奉賈不

順賈常忿之馮先永亡及永之卒叔偉稱父命

欲葬北邙賈疑叔偉將以馮合葬賈遂求歸葬

永於所封貝丘縣事經司徒胡國珍本與

永同經征役感其所慕許叔偉葬馮馬賈乃邀訴

靈太后靈太后遂從賈意事經朝堂國珍理不

能得乃葬於東淸河又永昔營宅兆葬父母於
舊鄉賈於此彊從之與永同劇永宗親不能抑
葬已數十年矣棺為聚棄根所遶東去地尺餘
甚為周固以斧斬斫出之於坎時人咸怪未三
年而叔偉亡

正光中叔偉子豐生龍孪封

叔偉九歲為州主簿及長膂力過人彎弓三百
斤左右馳射父能立馬上與人角騁見者以為
得永之武而不得永文也

傳賢眼本淸河人七世祖佃佃子遘石虎太常
祖父融南徙渡河家于般陽為鄉閭所重性豪
爽有三子靈慶靈根靈越並有才力融以此自
負謂兄為一時之雄嘗謂人曰吾昨夜夢有一
駿馬無堪乘者人曰何由得人乘之有一人對
曰唯有傳靈慶堪乘此馬又有弓一張亦無人
堪引人曰唯有傳靈根可以彎此弓又有數紙
文書人皆讀不能解人曰唯傳靈越可解此文
融意謂其三子文武才幹堪以駕馭當世常密

謂鄉人曰汝聞之不蚩之子有三靈此圖讖
之文也好事者然之故高家勇之亥多相歸附劉
駿將蕭斌王玄謨寇硜磑時融始死玄謨彊引
靈慶為軍主將攻城東車為城內所燒靈慶懼
軍法詐去傷重令左右舉之還營遂與壯士數
之玄謀乃止靈慶至家遂與一弟匿於山澤

徒皆一當數十人援不虛發不可遍也不如緩
並有雄才兼其部曲多是壯勇如彭超戶生之
十騎遁還斌玄謀命追之左右諫曰靈慶兄弟

間時靈慶從叔乾愛為斌法曹參軍斌遣乾愛
誘呼之以腰刀為信密令壯健者隨之而乾愛
不知斌之欲圖靈慶也既至靈慶間對坐未久
斌所遣壯士執靈慶殺之靈慶將死與母崔訣
言法曹殺人不可忘也靈慶將靈越奔河北靈越
至京師高宗見而奇之靈越拜因說齊民慕化青
州可平高宗大悅拜靈越鎮遠將軍青州刺史
貝丘子鎮羊蘭城靈根為臨齊副將鎮明潛酗
靈越北入之後母崔氏遇赦免劉駿恐靈越在

邊擾動三齊乃以靈越叔父琰為冀州治中乾
愛父為樂陵太守樂陵與羊蘭隔河相對命乾遣
其門生與靈越娉詐為夫婦投化以招之靈越
與母分離思逐與靈根相要南走靈越與羊
蘭奮兵相擊乾愛遣舫迎之得免靈根與不
得俱渡臨齊人覺乾愛道舫見而斬殺之乾愛出郡迎靈
越問靈根衍期之狀而靈越殊不須乾愛云汝當
知而已乾愛不以為惡劾左右出匣中烏皮袴
褶令靈越代所常服靈越言不須乾愛云汝當

〔魏書傳五八〕 〔十一〕 〔仲〕

可著體上表見垣公也畔垣護之為剌史靈
越奮聲言垣公也畔垣公著此當門兄南方國主壹垣
公也竟不止丹陽劉駿見而禮之拜貝
外郎兗州司馬無魯郡而乾愛亦遷青冀司馬
帶魏郡後二人俱還建康靈越意恒欲為兄復
讎而乾愛初不疑防知乾愛嗜雞肉麥菜食乃
為作之下以毒藥乾愛飽雞而卒後數年而靈
越為太原太守升城後舉兵同劉駿子子勛
為作靈越為前軍將軍子勛敗靈越軍眾散
子勛

亡為劉彧將王廣之軍人所擒厲聲曰我為靈
越也汝得賊何不即殺之廣之生送詣彧輔國府
司馬劉勛勛躬自慰勞詰其叛逆對曰九州唱
義豈獨在我勳又問四方阻逆無戰不擒乃逃
皆加以大恩即其才用卿何不早歸天闕乃逃
命草間乎靈越荅曰薛公舉兵淮北威震天下
不能專任智勇委付子姪致敗之申實在於此
然事之始末備皆參預人生有死且當
求活動壯其意送詣建康劉彧或欲加原宥靈越
辭對如一終不回改乃殺之賢眼即靈越子也

〔魏書傳五八〕 〔十二〕 〔仲〕

沉毅壯烈少有父風入國鎮南王肅見而異之
且奇其父節傾心禮敬表為參軍從肅征代累
有戰功稍遷給事中步兵校尉左中郎將常為
統軍東西征代世宗時為建武將軍揚州賊
破之仍鎮於合肥蕭衍遣賢眼討之集義眾逆戰頻
興氏楊集義反叛椎其兄子紹先為主攻圍關
城梁州剌史邢巒遣賢眼計之集義眾逆戰頻
破走之乘勝追北仍剋武興還洛詔假節行南

兗州事豎眼善於綏撫南人多歸之轉昭武將
軍益州刺史以州初置境逼巴獠給羽林虎賁
三百人進號冠軍將軍及高肇伐蜀假豎眼征
虜將軍持節領步兵三萬先討比巴蕭衍聞大
軍西代遣其寧州刺史任太洪從陰平偷路入
益州比境欲擾動氐蜀以絕運路乘國譚班師
軍繼至氐蜀信之翕然從逆太洪率氐蜀數千
遂扇誘土民奄破東洛除口二戍因此詐言南
圍逼關城豎眼遣寧朔將軍成興孫討之軍次
氐蜀眼又遣統軍姜喜李元度從東嶺潛入回
死豎眼又攻過與孫柵興孫力戰為流矢所中
統隨便掩擊皆破之太洪又遣軍主趙昭諸
邀險拒戰在虎徑南山連置三營與孫分遣諸
白護太洪遣其輔國將軍任碩比等率眾一千
太洪前部王隆護首於是太洪又關城五柵一
出西門邀賊之後表裏合擊大破之斬昭又
時逃散豎眼性既清素不營產業衣食之外俸
禄粟帛皆以饗賜東首賑恤士卒撫蜀人以恩

信為本保境安民不以小利侵竊有掠蜀民入
境者皆移送還本主轅勒部下宰蕭然遠近雜
吏相率款謁仰其德化思為魏民矣是以蜀民
請軍者旬月相繼世宗甚嘉之蕭衍屢請解
州乃以元法僧代之益州民追隨戀泣者數百
里至洛拜征虜將軍太中大夫蕭衍初屢請解
悅入屯硤石以過壽春鎮南將軍崔亮討(以
豎眼為持節鎮南軍司法僧既至大失民和蕭
衍遣其信武將軍衡州刺史張齊因民之怨以
行遣其信武將軍衡州刺史張齊給銅
入寇晉壽頻陷殘萌小卹諸戍進圍州城朝廷
以西南為憂乃加豎眼於淮南平西將軍假右
將軍益州刺史征都督率步騎三千以討張齊
西將軍征都督率步騎三千以討張齊
印千餘頒有假職者聽六品已下板之豎眼既
出梁州衍冠軍將軍勾道侍梁州刺史王太洪
等十餘將所在拒塞豎眼三日之中轉戰二百
餘里甲不去身頻致九捷土民統軍席廣度等
勢勢邀擊斬太洪又衍征虜將軍楊伏錫等首

史人人喜悅迎於路者日有百數賢眼至州白水巴東民皆窓寧婁先是蕭衍義將軍都統白水諸軍事楊興起征廣將軍李子光宗襲據白水舊城賢眼遣虎威將軍強虬與陰平王楊太赤率眾千餘夜渡白水旦而交戰大敗賊軍斬興起首虬復舊城入遣統軍傅曇表等大破衍寧胡將軍光昭於陰平王張齊仍岨白水屯寇葭萌賢眼分遣諸將統軍胡小虎四面攻之三柵俱潰張齊親率驍勇三万餘人與費忻督步騎二千逆來拒戰賢眼軍主陳洪起力戰破之乘勝追奔遂臨夾谷三柵統軍胡小虎四諸軍交戰賢眼命諸統帥同時奮擊軍主許暢斬衍雄信將軍車平興祖軍主孔領周射齊中足於是大破賊軍斬獲甚眾齊乃遣討之令崇葉賊帥任令崇屯據西郡賢眼復遣討之令崇被重眾夜遁乃進討齊破其二柵斬首万餘人齊被重劃奔竄鼠而退小劍大劍賊亦捐城西走孟州平

張齊引兵西退遂奔葭萌蜀民聞賢眼復為刺

魏太傳五十八　十五

靈太后璽書慰勞賜驊騮馬一匹寶劍一口璧眼表求解州不許復轉安西將軍岐州刺史常侍如故仍轉梁州刺史賢眼將軍如故梁州之人既得賢眼為牧人咸自賀而賢眼遇患不堪綜理其子敬紹險暴不仁聚貨耽色甚為民害遠近怨望焉尋假鎮軍將軍都督梁西益巴三州諸軍事蕭衍遣其北梁州長史錫休儒入寇直城賢眼遣敬紹總眾赴之倍道而進至直城而賊龍襲據直口敬紹以賊斷歸路敦軍軍高徹吳和等與賊大戰大破之橋斬三千餘人休儒等走還魏興敬紹頗覽書傳微有膽力而奢淫佷僞爲殘害又見天下多事陰懷異圖欲杜絕四方擅據南鄭令其妾兒唐嶗崘扇攬於外聚眾圍城敬紹謀爲內應賊圍既合其事洩露在城兵武執敬紹白賢眼而殺之賢眼恥恚發疾遂卒永安中贈征東將軍吏部尚書齊州刺史出帝初重贈散騎常侍車騎將軍司

魏太傳五十八　十六

空公相州刺史開國如故

長子敬和敬和弟敬仲並好酒薄行傾側勢家
敬和歷青州鎮遠府長史孝莊時復爲益州刺
史朝廷以其父有遺惠故也至州聚斂無已好
酒嗜色遠近失望仍爲蕭衍將樊文熾攻圍敬
和以城降送於江南後衍以耽酒爲土賊擒龍驤棄城走徵詣廷尉
廣令敬和還國以甲和通之意父之燮棄武王威德日
刺史復以耽酒爲土賊擒龍驤棄城走徵詣廷尉
遇恩遂廢棄卒於家

貝丘子

乾愛子三寶與房法壽等同效　盤陽賜爵

魏書列五十八　十七　李正

三寶弟法獻高祖初南叛爲蕭鸞爲右中郎將宜
閤將軍從崔慧景至鄧城爲官軍所殺

琰曾孫文驎勇果有將領之才隨賢眼征伐累
有軍功目彊弩將軍出爲琅邪戍主胸山內附
徐州刺史盧昶遣文驎守胸山樵米旣竭而昶
軍不進文驎遂棄母妻以城降蕭衍後夫以南
貨賂光州刺史羅衡衡爲渡其母妻

李神恓農人父洪之秦益二州刺史神少有膽
略以氣尚爲名早從征役其兄崇深所知賞
累遷威遠將軍新蔡太守領建安戍主轉寧遠
將軍陳留太守領狄丘戍主頗有軍功封長樂
縣開國男食邑二百戶遷征虜將軍驍騎將軍
直閤將軍蕭衍將趙悅率眾攻破石剋之進別
將率揚州水軍受刺史李崇節度與都督崔
行臺僕射李平等攻破石剋之進平北將軍太
中大夫孝昌中行相州事尋正加撫軍將軍假

魏書傳五十八　十八　元　三七四

鎮東將軍大都督建義初除衛將軍時葛榮充
斥民多逃散先是州將元鑒反叛引賊後都督
源子邕裴衍戰敗被害朝野憂懼人不自保而
神志氣自若撫勞士民小大用命旣而葛榮盡
銳攻之父不能剋會个朱榮擒葛榮於鄴西事
平除車騎將軍以功進爵爲公增邑八百通前
一千戶元顥入洛莊帝比巡以神爲侍中又除
殿中尚書仍行相州事車駕還宮改封安康郡
開國公加封五百戶普太元年進驃騎大將軍

儀同三司相州大中正永熙中薨天平元年賜
使持節侍中驃騎大將軍司徒公冀州刺史
子士約襲齊受禪爵例降

史臣曰劉藻傳永豎眼文武器幹知名於時豎
眼加以撫邊導俗風化尤美方之二子固以優
乎抑又魏世之良牧李神據危城當大難其氣
槩亦足稱焉

列傳卷第五十八　魏書七十

列傳第五十九

裴叔業

李元護　　　席法友

王世弼　　　江悅之

淳于誕　　　李苗

　　　　　　侯道遷

魏傳五十九　一

裴叔業河東聞喜人也魏冀州刺史邕之後也

五代祖苞晉泰州刺史邑自河東居于襄陽

父順宗兄叔寶仕蕭道成並有名位叔業少有

氣幹頗以將略自許仕蕭賾歷右軍將軍東中

郎將諮議參軍蕭鸞見叔業而奇之謂之曰卿

有如是志相何慮不大富貴深宜勉之蕭鸞篡

州引為司馬帶陳留太守蕭輔政叔業常伏壯

士數百人於建業及蕭鸞廢昭文叔業率眾赴之

鸞之自立也以叔業為給事黃門侍郎封武昌

縣開國伯食邑五百戶高祖南巡車駕次鍾離

鸞拜叔業持節冠軍將軍徐州刺史以水軍入

淮去王師數十里高祖令尚書郎中裴聿往與

之語叔業藏飾左右服號以夸聿曰我在南富

貴正如此豈若卿彼之儉陋也聿云伯父儀服

誠為美麗但恨不盡遊耳徙輔國將軍豫州刺

史屯壽陽鸞死子寶卷自立遣叔業本將軍南

兗州刺史屯壽陽會陳顯達圍建鄴叔業遣司馬李元

護率軍赴寶其寶應顯達也顯達敗而還叔

業慮內難未已不願為南兗以其去建鄴近受

制於人寶卷嬰人茹法珍王咺之等疑其有異

去來者並云叔業北入叔業兄子植颺粲等棄

母奔壽陽法珍以其既在壇場急則引魏力

魏書五十九　二

不能制且欲羈縻之白寶卷遣中書舍人裴長

穆慰誘之許不復回換叔業雖云得停而憂懼

不已遣親人馬文範以自安之計訪之於寶卷

雍州刺史蕭衍曰天下之事大勢可知恐無復

自立理雍州若能堅據襄陽輒當勸勉自保若

不爾回面向此不失作河南公衍遣文範報曰

輩小用事豈能及遠多遣人相代力所不辦少

遣人又於事不足等計回惑自無所成唯應送

家還都以安慰之自然無重患若意外相通當勤

馬步二万直出橫江以斷其後剝天下之事一
舉可定也若欲北向彼必遣人相代以河北一
地相慮河南公宜復可得如此則南歸之望絕
矣叔業沈疑未決遣信詣豫州刺史醉具度具
訪入國可否之宜真度答書盛陳朝廷風化惟
新之美知卿非無欵心自不能早決捨南耳但
恐臨迫而來便不獲多賞叔業遲遲數及具度
亦遣使與相報復乃遣子芬之及兄女夫韋伯

昕奉表内附景明元年正月世宗詔曰叔業明
敬秀發英欵早悟馳表送誠忠高振古宜加褒
授以彰先覺可使持節散騎常侍都督豫雍兖
徐司五州諸軍事征南將軍豫州刺史封蘭陵
郡開國公食邑三千戶又賜叔業鼓吹一部一
使返有勅想卿具一二寶卷昏狂日月滋甚虐
遍宰輔暴加戚屬濫刑旣逞朝無子遺國有瓦
解之形家無自安之計卿兼茲智勇深具稠萌
翩然高舉去彼危亂朕興居在念深嘉乃動前
即勅豫州緣邊諸鎮兵馬行往赴援楊大眼奚

康生鐵騎五千星言即路彭城王勰尚書令蕭
精卒十萬絡繹繼發將以長驅淮海電擊衡巫
卿其并心勠力同斯大舉殊勳茂績爾之由
崇名厚秩非卿孰賞並有勅與軍佐吏及彼土
人士其有微功片効必加襃異軍未渡淮叔業
病卒年六十三本年元護席法友等推叔業兄子
植監州事乃贈開府儀同三司餘如故諡忠武
公給東園溫明祕器朝服一襲錢三十万絹一
千四百布五百匹蠟三百斤

子諶紹封

子諶字文聰仕蕭衍為隨郡王左常侍先卒
譚虒險好殺所乘牛馬為小驚逸乎自殺之然
孝事諸叔盡於子道國祿歲入每以分贍世以
此稱之世宗以譚及高皇后外弟員外常侍選
為太子洗馬蕭宗踐祚輔員外常侍選輔國將
軍中散大夫卒贈平南將軍豫州刺史諡曰敬
子測字伯源襲歷通直散騎侍郎天平中走於

儁之弟芬之字文馥長者好施篤愛諸弟仕蕭

齊麻岦位羽林監入國以父勳授通直散騎常侍

上蔡縣開國伯食邑七百戶除廣平內史固辭

不拜轉輔國將軍東泰州刺史在州有清靜之

稱入為征虜將軍

後將軍岐州刺史正光末元志西討隴賊軍敗

退守岐州為賊所圍城陷志與芬之並為賊擒

送於上邽為莫折念生所害贈平東將軍青州

刺史

〔魏書五十九〕　五　馬

英之弟譖之字幼重性輕率好琴書其內弟柳

芬之弟簡之英之並早卒

子僑屋龍叅武定中貟外羽林監齊受禪辭例降

子涉字仲昇襲卒

諧善鼓琴譖之師諧而微不及也歷通直散騎

侍郎平東將軍安廣汝陽二郡太守卒

叔葉長兄子彥先少有志尚叔葉以壽春入國

彥先景明二年逃遁歸魏朝廷嘉之除通直散

騎常侍封雍丘縣開國子食邑三百戶出為趙

郡太守為政舉大綱而已正始中轉渤海相屬

元愉作逆徵兵郡縣彥先不從為愉拘執踰獄

得免仍為沙門潛行至洛愉平勳還郡延昌中

卒時年六十一熙平中贈持節左將軍南青州

刺史諡曰惠恭

子約字元儁性頗剛鯁起家貟外郎轉給事中

永平中丹楊太守後襲爵冀州大乘賊起勳為

別將行勃海郡事後州軍為賊所敗遂圍郡城

城陷見害年三十六神龜中贈平原太守出帝

〔魏傳五十九〕　六　會

時復贈前將軍揚州刺史

二贈鴻臚少卿

長子英起武定末洛州刺史

英起弟威起卒於齊王開府中兵叅軍年三十

彥先弟絢武定中時揚州霖雨水入州城刺

史李崇居於城上繫舫憑絢率城南民數千

家況舟南走避水高原謂崇衍自號豫州刺史行

祖起等送子十四人於蕭衍絢聞絢反未測虛實乃遣

將馬仙琕埋道軍赴之崇聞絢反未測虛實乃遣

10-935

國侍郎韓方興舸召之綯聞崇在悵然驚恨
報崇曰比因大水隤踧不免羣情所逼推爲盟
首今大計已爾勢不可追崇遣從弟窗胡將軍神丹
吏願早行無犯將士崇遣從弟窗胡將軍神等
陽太守謝靈賓勒水軍討綯綯率衆逆戰神丹
湖綯曰吾爲人吏反而見擒有何面目得視公
也投水而死并鄭祖起等皆斬之

大破之斬其將十餘人綯衆奔營神乘勝尅
柵衆皆潰散綯匹馬逃爲村民所擒至尉升
植字文遠叔業克叔寶子也少而好學覽綜經
史尤長釋典善談理義仕蕭寶卷必童動至長
水校尉隨叔業在壽春叔業卒寮佐同謀者多
推司馬李元護監州一二日謀不決定唯席法
友柳玄達楊令寶等數人慮元護非其鄉曲恐
有異志共舉植臨州祕叔業喪問教命處分皆
出於植於是開門納國軍城庫管籥米付康生
詔以植爲征虜將軍充州刺史世宗義縣開國侯
食邑千戶尋進號平東將軍入爲大鴻臚卿後

以長子昕南叛有司處之大辟詔曰植閶門歸
欵子昕愚昧爲人誘陷雖書有常理宜矜恤
可特恕其罪以表勳誠尋除揚州大中正出除
安東將軍瀛州刺史罷州復除大鴻臚卿遷度
支尚書加金紫光祿大夫植性非柱石所爲無
朝廷處之不高及爲尚書志意頗滿欲以政事
爲已任謂人曰非我須尚書尚書亦須我辭氣

激揚見於言色入參議論時對衆官面有譏毀
又表毀征南將軍田益宗言華夷異類不應在
百世衣冠之上率多侵侮此類也侍中干忠
欲謀發黜尚書又奏羊祉告植姑子皇甫仲達
云受植旨詐稱被詔率合部曲圖領軍干忠
黃門元昭尚書之切齒寢而不奏而皆此類侍
臣等部衆不滿百人以下身猶尚斬況仲達公然
卒部衆不滿百人以下身猶尚斬況仲達公然
在京稱詔聚衆誼惑都邑駭動人情量其本意

不可測度按詐偽律詐稱制者死今依衆證處
仲達入死金紫光祿大夫尚書宗義縣開國侯
裴植身居納言之任爲禁司大臣仲達又稱其
姓名募集人衆雖名仲達爲植切讓無忿懼之心衆
證雖不見植皆言仲達爲植所使召仲達責問
而不告列推論情狀不同之理不可分明不得
親率城衆附從王化依律上議唯恩裁處詔曰植
凶謀既爾罪不合恕雖有歸化之誠無容上議

亦不須待秋分也時干忠專擅朝權既構成其
禍又矯爲此詔朝野怨之臨終神志自若遺令
子弟命盡之後前落鬚髮被以法服以沙門禮
葬于萬高之陰年五十初植與僕射郭祚都水
使者韋儁等同時見害於後祚儁事亦加贈而
植追復封爵而已植故吏渤海刀沖上疏訟之
於是贈植征南將軍尚書僕射揚州刺史乃改
葬植母夏侯道遷之姊也性甚剛峻於諸子皆
如嚴君長成之後非衣帛不見小有罪過必束

帶伏閤經五三日乃引見之督以嚴訓唯少子
衍得以常服見之旦又溫清植在瀛州也其母
年踰七十以身爲婢自施三寶希衣麻菲手執
箕箒於沙門寺洒掃植弟瑜粲衍並亦奴僕之
服泣涕而從有感道俗諸子各以布帛數百贖
免其母於是出家爲比丘尼入嵩高積歲乃還
家植雖自州送祿本母及贍諸弟而各別資財
同居異爨一門數竈蓋亦滁江南之俗也植母
既老身又長嫡其臨州也妻子隨去分遣數歲

論者譏焉
子愻字道則襲爵
植弟颺壯果有謀略常隨叔業征伐以軍功爲
寶卷驍騎將軍叔業之歸誠也遣颺率軍於外
外以討蠻襲爲名內實備寶卷之衆景明初以
颺爲輔國將軍南司州刺史擬戍義陽封安
縣開國伯邑千戶詔命未至以賊所殺贈冠軍
將軍進爵縣侯餘如故世宗以颺勳効未立而
卒其子烱不得襲封蕭宗初烱行貨於執事乃

封城平縣開國伯食邑八百戶

烱字休光小字黃頭頗有文學善事權門領軍
元又納其金帛除鎮遠將軍散騎侍郎楊州大
中正進伯爲侯改封高城縣增邑二千戶尋兼
尚書右丞出爲東郡太守孝昌三年爲城民所
害贈散騎常侍鎮東將軍青州刺史開國如故
諡曰簡

子斌襲武定中廣州長流參軍齊受禪爵例降

鷗弟瑜字文琬初拜通直散騎常侍封下密縣
開國子食邑三百戶尋試守滎陽郡坐虎暴殺
人免官後徙封灌津子卒於勃海太守年四十
五贈平南將軍豫州刺史諡曰定

子堪字靈淵襲爵歷尚書郎興和中坐事死
爵除

瑜弟粲字文亮景明初賜爵舒縣子沈重善風
儀頗以憍豪爲失歷正平恒農二郡太守高陽
王雍會以事屬粲粲不從雍甚爲恨後因九日
馬射勅繖內太守皆赴京師雍時爲州牧粲往

脩謁雍情舍怒待之粲神情閑邁舉止抑揚雍目
之不覺解顏及坐定謂粲曰相愛舉動可更爲
一行粲便下席爲行從容而出坐事免官後世
宗聞粲善自摽置欲觀其風度忽令傳詔就家
急召之須臾之間相屬含家惶懼不測所
以粲更恬然神色不變世宗歎異之時僕射高
肇以外戚之貴勢傾一時朝士見者咸望塵拜
謁粲候肇惟長揖而已及選家人尤責之粲曰
何可自同凡俗也又嘗詣清河王懌下車始進
便屬暴雨粲容步舒雅不以霑濡改節懌刀令
人持蓋覆之歎謂左右曰何代無奇人性好釋
學親升講座雖持義未精而風韻可重但不涉
經史終爲知音所輕世宗末除前將軍太中大
夫揚州大中正遷安南將軍中書令肅宗釋奠
以爲侍講轉金紫光祿大夫後元顥入洛以粲
爲西兗州刺史尋爲瀍陽太守崔巨倫所逐棄
州入高高山前廢帝初徵爲驃騎將軍左光祿
大夫復爲中書令後正月晦帝出臨洛濱粲起

於御前再拜曰今年還節美聖駕出遊臣幸參
陪從豫奉醼樂不勝忻戴敢上壽酒帝曰昔歲
北海入朝甞竊神器具聞兩日卿戒之以酒今
欲使我飲何異於往情粲曰比海志在沉酒故
諫其所失陛下齊聖溫克臣敢獻誠帝曰實
乃寡德甚愧來舉仍為命酌出為驃騎
大將軍兼州刺史屬時六旱士民勸令禱於海
神粲懼違衆心乃為祈請直擲胡床舉杯
曰僕白君左右云前後例皆拜謁粲曰五嶽視

【魏書傳五十九】　十叁

三公四瀆視諸侯安有方伯而致禮海神也卒
不肯拜時青州叛賊耿翔受蕭衍假署寇亂三
齊粲唯高談虛論不事防禦之術翔乘其無備
掩襲州城左右白言賊至粲云耿王可引上聽事自
又言已入州門粲乃徐云耿王可豈有此理左右
餘部衆且付城外其不達時變如此羣為翔所
害送首蕭衍時年六十五
子舍字文若貞外散騎侍郎
粲弟衍字文辭學識優於諸兄才行亦過之事

親以孝聞兼有將略仕蕭寶卷至陰平太守景
明二年乃得歸國授通直郎衍欲辭朝命請隱
嵩高乃上表曰臣幸乘昌運已榮盛化沐藉炎
風餐佩唐德於生運已溢已榮但攝性乖和
恒苦虛弱比風露增加精形侵耗小人思懷有
願闕養伏見嵩岳極天苞育名草惟生救疾多
遊此岫臣質無靈分性乖山水非敢追蹤舉
蝀歸高蹤誠希藥此沉痾全養稟氣庶裁營已
微莝庶偶影風雲永歌至德荷衣葛屨裁營已

【魏書傳五十九】　十四

整搖策納履便陟山途謹附陳聞乞垂昭許詔
曰知欲養痾中岳練石嵩嶺栖素雲根餌芝清
歊騰跡之操深用嘉焉但治鈌古風有愧山客
耳既志往難裁豈容有抑便從來請世宗之末
衍稍以出山干祿執事肅宗除散騎侍郎行河
內郡事尋除建興太守轉河內太守加征虜將
軍遭母憂解任衍歷二郡廉貞寡欲善撫百姓
民吏追思之孝昌初蕭衍遣將曹敬宗寇荊州
山蠻應之大路斷絶都督崔遊率數萬少眾般若

桓魯陽不能前討荊州危急朝廷憂之詔衍爲

別將假前將軍與怕農太守王羆率軍一萬出

武關以救荊州賊逆戰於淅陽衍大破之賊遂

退走荊州圍解除使持節散騎常侍平東將軍

假安東將軍北道都督鎮鄴西之武城封安陽

縣開國子食邑三百戶時相州刺史安樂王鑒

潛圖叛逆宗馳驛告變乃詔衍與都督源子邕李

神軌等討鑒平之除撫軍將軍相州刺史假鎮 ［魏傳五十九］［三四］

北將軍北道大都督進封臨汝縣開國公增邑

千二百戶常侍如故仍詔衍與子邕北討葛榮

軍次陽平之東北漳曲賊來拒戰衍軍敗見害

朝野人情莫不駭惋贈使持節車騎大將軍司

空相州刺史

子菖襲武定中河內太守齋受禪爵倒降又天

水冀人尹挺仕蕭鸞以軍勳至陳郡太守遂

與叔葉參謀歸誠景明初除輔國將軍南司州

刺史擬戍義陽亦封宋縣開國伯食邑六百戶

轉冠軍將軍東郡太守未拜而卒賜布帛一百

匹贈本將軍涇州刺史

子循歷□太原太守

循弟彖饒安令遼西太守兄弟皆有政事才時

河東解人柳玄達頗涉經史仕蕭鸞歷諸

王參軍與叔葉姻婭周旋叔葉之鎮壽春委以其

管記及表啓皆玄達之詞景明初除輔國將軍

司徒諮議參軍封南頓縣開國子邑二百二 ［魏傳五十九］［三六］

年秋卒時年四十三後改封頁陽縣邑戶如先

玄達曾者大夫論備陳叔葉背逆歸順契闊危

難之旨又著喪服論約而易尋文多不錄

子絛襲武定中東太原太守齋受禪爵倒降絛

弟遠字季雲性麤踈無拘撿時人武謂之柳蹎

好彈琴耽酒時有文詠爲蕭宗挽郎出帝初除

儀同開府參軍事放情琴酒之間每出返家人

或問有何消息荅云無所聞縱聞亦不解元象

二年客遊項城遇患卒時年四十

玄達弟玄瑜景明初除正貟郎轉鎮南大將軍

開府從事中郎帶沒陰太守延昌二年卒年五

十五·

子諧頗有文學善鼓琴以新聲手勢京師士子

翕然從學除著作佐郎建義初於河陰遇害時

年二十六又武都人楊令實有膂力善射仕蕭

鷥數為小將征戰著效至譙郡太守遂參叔業

歸誠之謀景明初除輔國將軍南兗州刺史擬

戎准陰封審陵縣開國子食邑五百戶在准南

征戰累著劳捷徵拜冠軍將軍試守京兆内史

卒追封邵陵縣開國子邑二百戶賜帛三百四

例降

贈征虜將軍華州刺史

子彤驃騎尉未熙中征虜將軍中散大夫齊受禪

令寶弟令仁亦隨令寶立效前將軍沒南内史

又京兆杜陵人辈伯昕學尚有壯氣自以才智

優於裴植常輕之植疾之如雠即産先之妹壻

也叔業以其有大志故遣送子芬之為質景明

初封雲陵縣開國男食邑二百戶拜南陽太守

數歲坐事免父之拜貟外散騎常侍加中壘將

軍延昌末告尚書裴植謀為殺黜植坐死後百

餘日伯昕亦病卒臨亡見

死不獨見因何以見怒也其叔葉爪牙心膂所

寄者裴智淵左中郎將封後儀縣王昊左軍將

軍封南沒陰縣趙革右中郎將封西宋縣並開

國男食邑各二百戶李道真右軍將軍封剛陽

開國子食邑各五百戶胡文盛右軍將軍封剛陽

縣魏承祖右軍將軍封平春縣並開國子食邑

各三百戶

承祖廣陵寒人也依隨叔葉為趙走左右壯健

善事人叔葉待之甚厚及出為州以為統軍

撫士卒兼有將用自景明以後常為統軍南北

征伐累有戰功歷太原太守先禄大夫安南

將軍蕭衍遣將圍義陽士民應之三關既陷州

城時其縣急以承祖持節行撫軍將軍率師討

之大破賊眾解義陽之圍還復三關遂為名將

終於,開州刺史衣冠之士預叔業勳者安定皇
甫光北地梁祐清河崔高容天水閻慶胤河東
柳僧習等

光義頵歸善言笑仕蕭鸞汲軍勳至右軍將軍
八國為輔國將軍假南兖州刺史光未入朝而椿齡先卒
司徒諮議歧州刺史光卒於渤海
太守
兄椿齡薛安都壻也隨安都於彭城內附歷位
椿齡子璋鄉郡相

璋弱為司徒胡國珍所拔自太尉記室超遷
吏部郎性貪婪多所受納贓賄書官皆有定價
後以丞相高陽王雍之壻超拜持節冠軍將軍
豫州刺史光祿大夫太昌初卒年五
病久之除安南將軍尚書左僕射雍州刺史
十八贈衛大將軍司州
子長鄉司州主簿秘書郎中太尉司馬
祐叔葉之從姑子也好學便弓馬隨叔葉征伐
身被五十餘創景明初拜右軍將軍賜爵山桑

子出為北地太守清身率下甚有沿耕歷曉騎
將軍太中大夫右將軍從容風雅好為詩詠常
與朝廷名賢況舟洛水以詩酒自娛遷光祿大
夫加平北將軍端然養志不歷權門出為平西
將軍京兆內史當世歎其抑屈卒官贈本將軍
慶胤父汪家薛安都平比將軍事安都入國府

高容博學善文札美風流景明初拜散騎侍郎
出為楊州開府掾帶陳留太守卒官
涇州刺史
覺忘疲景明初為輔國府司馬卒於數
汪還南慶胤博識洽聞善於談論聽其言說不
城太守
僧習善隸書敏於當世景明初為裴植征虜府
司馬稍遷此地太守為政寬平氏羌悅愛蕭宗
時至太中大夫加前將軍出為潁川太守卒官
夏侯道遷譙國人少有志操年十七父母為結
婚喜氏道遷云欲懷四方之志不願取婦家人
咸謂戲言及至婚日來覓不知所在於後訪問

乃云逃入益州仕蕭寶夤為以軍勳稍遷〈至前軍將
軍輔國將軍隨裴叔業至壽春為南譙太守兩
家雖為姻好而親情不愜遂單騎歸國拜驍騎
將軍隨王肅至壽春道遷守合肥肅薨道遷
棄戈南叛會蕭衍以莊丘黑為征虜將軍圖
二州刺史鎮南鄭黑請道遷為長史帶漢中
會黑死衍以仇池鎮將揚靈珍阻兵反叛戰敗南
歸順先是仇池鎮將揚靈珍為征虜將軍梁素
奔衍以靈珍為征虜將軍假武都王助成圖

▲魏書傳五十九　　二十一　　李諒

有部曲六百餘人道遷憚之衍時又遣其左右
吳公之等十餘人使南鄭道遷乃偽會使者請
靈珍父子靈珍疑而不赴道遷乃殺使者五人
馳擊靈珍斬其父并送軍將軍梁秦二州江
悅之等推道遷為持節冠軍將軍梁秦二州刺
史道遷表曰臣聞知機其神趨利如響臣雖不
武敢忘機利伏惟陛下澤被區宇德洽蒼生入
表同忻品物咸賴臣頃亡蟻賊匹馬歸闕自斯
搏噬聲竭丹款但中於壽陽橫為葦籟所謗理

之曲直並是楊集朗王秉所悉臣實愚短豈能
自安便逃竄江吳苟存視息蕭衍梁州刺史莊
丘黑與臣早舊蕭黑亡歿專住天
時素願機會在茲遇武興私署侍郎鄭洛生來
此臣即披露誠款與其共契機要報武興王楊
紹先并其中叔集起來請臣以為腹背申
遣左天長由寒山路馳啟復會通直散騎常侍
臣集朗遣還至武興臣聞其至知事必剋集朗果
遣鄭右留使至臣間密參機舉會有蕭衍使人

▲魏書傳五十九　　二十二　　李正

吳公之至知臣懷誠將歸大化遂與府司馬嚴
思藏恭典籤吳宗蕭王勝等共揚靈珍父子密
相構結期當取臣臣幸先覺悉得戮恩恭等臣
即遣鄭獼猴馳告集朗急來軍援而武興軍未到
之間蕭衍白馬戍王尹天寶不識天命固執愚
迷乃率部曲驅掠民丁敢為不遜臣即遣軍主王
江悅之率諸軍主席靈坦龐樹等領義勇應時
相撲而樹銳氣難裁違悅之節度輕進失脫天
討寶因此直到南鄭重圍州城梁秦士庶僉云危

棘以義過臣勸為刺史須藉此威鎮內外臣
赤誠奉國苟取濟事輒捐小跡且從權宜假當
州位重遣皇甫選由斜谷道以事啟聞臣即親
率士卒四日三夜交鋒苦戰武興之軍乘虛躡
後天寶光徒因宵鳥散進既摧破退失巢穴潛
捨軍眾依山傍險突入白馬集朗與二弟躬擐
甲冑率其所領登即擒斬凶狡時殄公私慶快
非但梁秦竭力寔關集朗赴接之機臣前已遣

軍主杜法先還洵陽構合徒黨誘結鄉邑今晉
壽士豪主僧承王文粲等遠至西關共興大義
當今庸蜀虛弱楚鄧懸危開拓九區掃清六合
形要之利在於此時進趣之略願速歸分臣以
愚陋狠當推舉事定之後便即束身馳歸天闕
但物情草創猶有參差蕭衍魏與太守范珣安
康太守范泌共前巴西太守姜脩屯聚川東尚
規舉父登遣討襲具於別啟集朗兄弟並議曰
臣性日歸誠誓盡心力超蒙榮獎仄殞匪報但

此在壽春遭葦纘之酷申控無所致此猖狂是
段之來希酬昔遇勳恩微心顏世宗曰
卿建為山之功一簣之玷何足謝也道遷以賞
報為微邊遷不拜詔曰道遷至止既淹未恭州
封可勑吏部速令召拜道遷拜日詔給百五十
人供尋改封濮陽縣開國侯邑戶如先歲餘頻
表解州許之除南兗州大中正不拜道遷
雖學不淵洽而歷覽書史閑習禮制珍善周
其有意理好言宴務口實京師珍善周不畢有

於京城之西水次之地大起園池殖列疏果延
致秀彥時往遊適妓妾十餘常自娛與國秩歲
入三千餘四專供酒饌不營家產每誦孔融詩
曰坐上客恒滿樽中酒不空餘非吾事也識者
多之出為散騎常侍平西將軍華州刺史轉安
東將軍瀛州刺史常侍如故為政清嚴善禁盜
賊熙平年病卒年六十九贈撫軍將軍雍州刺
史贈帛五百匹諡曰明侯初道遷以授漢留臣
權相綏獎須得撲滅珣等便即首路伏願聖慈

特垂鑒照謹遣兼長史臣張天亮奉表略聞詔
曰得表聞之將軍前識機運已投誠款而中逢
猜間致有播越復翻然風返建茲殊效忠貫古
烈義動退通漢鄭既開勢翦庸蜀混同之署
方自斯始擒凶掃惡何快如之想餘黨素平西
南清盡經籌淹朝當有勳勞所請軍宜別剋一
豹變翻然改圖獎率同心萬里投順遠舉漢中
夙挺期委自昔中有事因以致乖升知能乘機
二又賜道邊疆書曰得表具誠節之懷卿忠義

【魏書傳五十九】 二十五　吳業三

為開罵之始洪規戎略深有嘉焉今授卿持節
散騎常侍平南將軍豫州刺史豐縣開國侯食
邑二千戶并同義諸人尋有別授王師數道絡
繹電邁道使持節散騎常侍都督征梁漢諸軍
事鎮西將軍尚書邢巒指授節度鄉其善建殊
效稱朕意叔業馬道遷表受平南常侍而辭豫州豐
縣侯引裴叔業爲例世宗不許道遷自南
鄭來朝京師引見於太極東堂免冠徒跣謝歸
誠本由王頴興之計求分邑戶五百封之世宗

不許靈太后臨朝道遷重求分封　太后大奇其
意議欲更以三百戶封頴興曾卒遂寢道遷不
娉正室唯有庶子數人
長子夫字元廷歷位前軍將軍鎮遠將軍南兗
州大中正夫性好酒居喪不感醇醪肥鮮不離
於口沽買酒多所費用父時田園貨賣略盡
人閒債負數猶千餘四穀食至常不足弟妹未
亡前忽夢見征虜將軍房世賢來至其家直上
免飢寒初道遷知史好酒不欲傳授國封史未

【魏書傳五十九】 二十六

應軍與其父坐屏人密言史心驚懼謂人曰世
寶至官閒必擊我也尋有人至云官呼郎隨召
即去遣左右杖之二百不勝楚痛大叫良久乃
見其衣濕謂史曰卿昨夕嘗大歡溺衣如此史
乃具陳所夢先是旬餘祕書監鄭道昭暴病卒
史閒謂卓曰人生何常唯當縱飲其於是民酣
史閒慶後二日不能言針之乃得語而猶虛劣
遂其夢後先先不能言針之乃得語而猶虛劣
其從兄奐等並營視之皆言厄而獲振俄而心

閒旅轉而死爲洸浴者視其尸體大有杖劇青
赤隱起二百下許贈鉅鹿太守初史與南人辛
諶庾道江文遙等終日遊聚酣飲之際恒相謂
曰人生局促何殊朝露坐上相看先後之閒耳
脫有先亡者當於良辰美景靈前飲宴儻或有
知庶共歡饗乃史亡後三月上巳諸人相率至
史靈前酌飲時日晚天陰室中微闇咸見史在
坐衣服形容不異平昔時執杯酒似若獻酬但
無語耳時史家客雍僧明心有畏恐披簾欲出
便即僵仆狀若被歐史從兄欣宗云今是節日
諸人憶弟疇昔之言故來共飲僧明何罪而被
瞋責僧明便籍而欣宗鬼語如史平生幷怒妻
人皆得其罪又毆摘陰私籍盜咸有次緒史妻
裴植女也與道遷諸妾不穆訟閱徹于公庭
子籍年十餘歲龍祖封已數年而史弟脊等言
其肕目繝疾不任承繼自以與史同庶已應紹
龍裘尚書奏籍承封元象中平東將軍太中大夫
齊受禪例降

桑道遷兄子也位至咸陽太守
李元護遼東襄平人八世祖龐晉司徒廣陸侯
胤子順播及孫沈志皆有名官沈孫根居青州
中書監根子後智等隨慕容德南渡河居青州
數世無名位三齊豪門多輕之元護以國家平
齊後隨父懷慶南奔本身長八尺美鬚髯少有武
力仕蕭道成歷官馬頭太守後軍將軍龍驤將
軍雖以將用自達然亦頗賢文史胃於簡牘高
惠休奉使詣軍高祖見而善之後爲裴叔業司
馬帶汝陰太守叔業蕩順元護恭貢同其謀及叔
業疾病外內阻貳元護督率以元護爲輔國
春魁定元護頗有力焉景明初以元護爲輔國
將軍齊州刺史廣饒縣開國伯食邑一千戶便
道述職其六年入朝尋以州民柳世明圖爲不軌
元護馳還歷城至即擒珍誅戮所加微爲濫酷
值州內飢儉民人困斃志存隱恤表請賑貸蠲
其賦役但多有部曲時爲侵擾城邑苦之故不

得為良刺史也三年夏卒年五十一病前月餘

京師無故傳其凶問又城外送客亭桂有人書

曰李齊州死綱佐餞別者見而拭之後復如此

元護妾姬十餘聲色自縱情慾旣其支骨消削

顏長二尺一時落盡贈平東將軍青州刺史元

護爲齊州經拜舊墓巡省故宅饗賜村老莫不

欣暢及將亡謂左右曰吾當以方伯簿伍至貝

州士女屬目若要過東陽不可不好設儀衞哭

泣盡哀令觀者改容也家人遵其誡

子會龔正始中降爵爲子邑五百戶延昌中除

宣威將軍給事中會頑黠好酒其妻南陽太守

清河房伯玉女也其有姿色會不荅之房乃通

於其弟機因會欲醉殺之

子景當襲天平中除給事中齊受禪例降機與

房遂如夫婦積十餘年房氏色衰乃更婚娶

元護弟靜景明初以歸誠勳拜前將軍性甚貪

忍兄云未斂便剝脫諸妓服玩及餘財物歷齊

州內史天水太守

靜子鉉羽林監

元護從叔恤卒於東代郡太守

子曠之

席法友安定人也祖父南奔法友仕蕭鸞以贅

力自効軍勳稍遷至安豐新蔡二郡太守建安

成主蕭寶卷遣胡景略代之法友遂留壽春與

叔業同謀歸國景明初拜冠軍將軍豫州刺史

邑信縣開國伯食邑千戶始叔業卒後法友與

裴植追成叔業志淮南剋定法友有力焉尋轉

冠軍將軍華州刺史未拜改授并州刺史歲餘

代還蕭衍遣將楊公則寇揚州假法友征虜將

軍必討之法友未至而公則敗走後假法友前

將軍持節爲別將出淮南欲解胸山之圍法友

始渡淮而胸山敗没遂傳散十年恬靜自處不

競勢利世宗末以本將軍除濟州刺史在州廉

和著稱又從封乘氏縣宗初拜光祿大夫熙平

二年卒贈平西將軍秦州刺史贈帛三百四諡

襄侯

子景通襲喜事元叉兼以位賂叉父繼繼為司
空引景通為掾後加右軍將軍鎮軍將軍卒官
贈輔國將軍衛尉少卿
子鷗襲永安末尚書郎走關西
王世弼京兆霸城人也劉裕滅姚泓其祖父從
裕南遷世弼身長七尺八寸魁岸有壯氣善草

戰傳五十九　三十二　宋

隸書好愛壽曲仕蕭衍以軍勳至游擊將軍為
軍主助戲善遂與叔業同謀歸誠景明初除
冠軍將軍南徐州刺史擬戲鍾離縣封鄲縣開
國伯食邑七百戶後以本將軍除東徐州刺史
治任於刑為民所怨有受納之聲崇餘為御史
中尉李平所彈會赦免久之拜太中大夫加征
虜將軍氣以本將軍出為河北太守治有清稱
轉勃海相遷中山內史加平北將軍直間元
羅領軍又弟也曾行過中山謂世弼曰二州刺
史艤復為郡亦當恨恨耳世弼曰儀同之號起
自鄧臨平北為郡始在下官正光元年卒官贈
本將軍豫州刺史謚曰康

長子會汝陽太守
次子由字茂道好學有文才尤善草隸性方厚
有名士之風又工摹畫為時人所服歷給事中
尚書郎東萊太守罷郡後寓居潁川天平初元
洪威構逆大軍攻討為亂兵所害時年四十三
名流悼惜之
之並為劉裕所誅悅之少孤仕劉駿歷諸王參

魏傳五十九　三十二　宋

騎常侍劉淵石勒之亂南徙渡江祖興之父龕
江悅之字彥和濟陽考城人也七世祖統晉散
軍好丘書有將略善待士有部曲數百人蕭道
成初以悅之為荊州征西府中兵參軍軍軍
主遷屯騎校尉轉後軍將軍蕭衍行初劉李
人蕭穎達戲漢中就遷輔國將軍軍蕭衍行初
以功進號冠軍將軍武興氐破白馬進圖南鄭
連據蜀及叛悅之率部曲及梁秦之眾討滅之
悅之率軍拒戰大破氐眾還復白馬衍泰眾二
州刺史莊五黑死夏侯道遷與悅之及龐樹軍
主李忻榮張元亮士孫天與等謀以梁州內附

既殺蕭衍衍遣使者又楊靈珍衍誰陽太守尹天寶
率衆向州城悅之與樹忻榮勤衆逆戰爲天寶
所敗遂圍南鄭戰經四日衆心危沮懷離貳
悅之盡以家財散賞士卒身當矢刃晝夜督戰
會武興軍至天寶敗走道遷之克全勳歉悅之
實有力焉正始二年夏與道遷俱至洛陽尋卒
年六十一贈輔國將軍梁州刺史追封安平縣
開國子食邑三百戶諡曰莊悅之三子文遙文

遠

文遙少有大度輕財好士多歸之道遷之圖
楊靈珍也文遙奮鉤訓行遂手斬靈珍正始二
年除步兵校尉遭父憂解官永平初襲封拜前
軍出爲咸陽太守勤於禮接終日坐廳事至者
見之假以恩顏屏人密問於是民所疾苦大盜
姓名姦猾更長無不知悉郡中震肅姦劫息止
治爲雍州諸郡之最徵拜驍騎將軍輔國將軍
進號征虜將軍蕭宗初拜平原太守在郡六年
政理如在咸陽遷後將軍安州刺史文遙善於

綏納甚得物情時洛周葛榮等相繼叛逆自
幽燕已南來悉皆淪陷唯文遙介在羣賊之外孤
城獨守鳩集荒餘且耕且戰百姓皆樂爲用建
義元年七月遘疾卒於州年五十五長史許思
祖等以文遙遺愛在民復推其子果行州事既
攝州任乃遣使奉表莊帝嘉之除果通直散騎
侍郎假節龍驤將軍行安州事當州都督既而
賊勢轉盛臺援不接果以阻隔寇內徙無由
乃攜諸弟并率城民東奔高麗太平中詔高麗

遣果等元象中乃得還朝
果弟昂武定三年襲爵齊受禪倒降
文遠善騎射勇於攻戰以軍勳致效自給事中
稍遷中散大夫龍驤將軍
龐樹南安人世宗追錄謀勳封其子景宣襄邑
縣開國男食邑三百戶
李忻榮漢中人與樹俱擊天寶同時戰役封其
子建爲清水縣開國子食邑二百戶
張元亮漢中人便弓馬善戰鬭以勳封撫夷縣

開國子食邑二百戶拜東萊太守入為平遠將
軍左中郎將遷中散大夫加龍驤將軍卒贈左
將軍巴州刺史

士孫天與扶風人以勳封莫西縣開國男食邑
二百戶拜武功太守又襄陽羅道珍北海王安
世穎川辛諶漢中姜永等皆參其勳末

道珍除齊州東平原相有治稱卒於鎮遠將軍
屯騎校尉

安世苻堅丞相王猛之玄孫也歷涉書傳敏於
人間自羽林監稍遷安西將軍北華州刺史卒
贈本將軍梁州刺史

諶魏衛尉辛毗之後有文學歷步兵校尉濮陽
上黨二郡太守卒贈征虜將軍梁州刺史

子儒之濟州司馬

永善彌琴有文學員外郎梁州別駕漢中太守

永弟漾亦善士性亦至孝為漢中所歎服元羅
之陷世永入於建鄴遂死焉時有穎川庾導者
亦與道遷俱入國雖不參謀亦為奇士歷覽史

傳善草隸書輕財重義仕蕭衍右中郎將助
戍漢中及至洛陽環堵蕭然廬多與僑秀交往
積二十餘歲殊無官情正光中乃除幽州左
將軍府主簿饒安令罷縣後仍客遊齊魯之
間天平中卒於青州時有皇甫徽字子玄安
定朝那人仕蕭衍歷諸王參軍郡守及道
遷之入國也徵亦因地內屬徵妻即道遷之
兄女道遷列上勳書欲以徵為元謀徵曰創
謀之始本不關預雖貪榮賞實內愧於心
遂拒而不許後刺史羊祉表授征虜府司馬

卒官

子和武定末司空司馬

和弟亮儀曹郎中

淳于誕字靈遠其先太山博人後世居於蜀漢
或家安國之桓陵縣父興宗蕭衍南安太守誕
年十二隨父向揚州父於路為群盜所害誕雖
童稚而哀感奮發傾資結客旬朔之內遂得復
讎由是州里歎異之贈益州刺史劉悛召為主

京師陳伐蜀之計世宗嘉納之延昌末王師大
舉除驍騎將軍假冠軍將軍都督別部司馬領
鄉導統軍誕不願先受榮爵乃固讓實官止參
戎號及奉辭之日詔遣主書趙桃弓宣旨勞勉
若尅成都即以益州許之師次晉壽蜀人大震
屬世宗晏駕不果而還後以客例起家除羽林
監蕭衍遣將張齊攻圍益州詔誕為統軍與刺
史傅豎眼赴援事寧還朝正光中秦隴反叛詔

魏書傳五十九

三十七

誕為西南道軍司假冠軍將軍別將從子午南
出斜谷趣建安與行臺魏子建共參經略時衍
益州刺史蕭淵猷遣將樊文熾等率衆
數萬圍小劍戍益州刺史邢虯令子建拒之因
轉營為文熾所掩統軍胡小虎雀珍寶並見停
執子建遣誕助討之誕勒兵馳赴相對月餘未
能推珍文熾軍行之谷東筈名龍頭山置栅其
上以防歸路誕以賊衆難可角力乃密募壯士
二百餘人令夜登山攻其栅及時火赴煙焰漲

天賊以還途不守連營震怖誕率諸軍鳴鼓攻
擊文熾大敗俘斬万計擒世澄等十一人文熾
為元帥先走獲免孝昌初子建以誕行華陽郡
帶白馬戍二年復以誕行巴州刺史三年朝議
以梁州安康郡阻帶江山要害之所分置東梁
州仍以誕為鎮遠將軍梁州刺史永安二年四
月卒時年六十贈安西將軍益州刺史諡曰莊
長子六

魏書傳五十九

三十八

元弟膺字　館武定末梁州驃騎府司馬

李苗字子宣梓潼涪人父膺蕭衍尚書郎太僕
卿苗出後叔父略略為蕭衍寧州刺史大著威
名王足伐蜀也衍命略拒足於涪許其益州及
苗年十五有報雪之心延昌中逡歸闕仍陳圖
蜀之計於是大將軍高肇西代詔假苗龍驤將
軍鄉導統軍次晉壽世宗晏駕班師後以客
例除員外散騎侍郎加襄威將軍苗有文武才
幹以大功不就家恥未雪常懷慷慨乃上書曰

昔晉室數否，華戎鼎沸，三燕兩秦，咆勃中夏，九服分崩，五方坦裂，皇祚承廢，自此而南誅滅蕪雄，定鼎河洛，唯偏荊揚，尚阻聲教，令德廣被，於江漢，威風遠振於吳楚，國富兵彊，家給人足，以九居八之形，有兼弱攻昧之勢，而欲逸豫遺疾子孫，違高祖之本圖，非社稷之深慮，誠宜商庚東西戍防輕重之要，量壃場險易安危之理，探測南人攻守窺覦之情，籌算芟卒乘輿器械征討之備，然後去我所短，避彼所長，釋其至難攻 其易，奮其險要，割其膏壤，數年之内，荊揚可并，若捨舟檝即平原，斂後踈前，則江淮之所短，棄車馬游飛浪乘流馳逐，非中國之所不敢入，平陸而爭衡，猶我不能越巨川而趣利，若俱去其長，各恃其長，則東南未見可滅之，淮沔方有相持之勢，且夫滿吳相傾，陰陽恒理，威衰遞龍長，五德常運，令以至彊攻至弱，必見吞并之理，如以至弱禦至彊，焉有全濟之術，故明王聖主皆欲及時立功，為萬世之業，去高而就

下百川以之常流，取易而避難，兵家以之恒勝，今巴蜀孤懸，去建鄴遼遠，偏兵獨戍，沂流十千，牧中無良，專行劫剝，官由財進，獄以貨成，士民思化，十室而九，延頸北望日觀，王師若命一偏將，弔民代罪，風塵不接，可傳檄而定，守白帝之阨，擾上流之險，循士治之迹，蕩建鄴之通狹，然後 蕭宗幼沖，無遠略之意，竟不能納，正光末二秦反叛，倦及三輔，時承平既久，民不習戰，苗以龍兵彊悍，且羣聚無資，乃上書曰，臣聞食少兵精，利於速戰，糧多卒衆，事宜持久，今隴賊猖狂，非有素蓄，雖援兩城，本無德義，其勢在於疾攻，日有降納，遲則人情離阻，坐受崩潰，夫飆至風起，逆者求萬一之功，高壁深壘，王師有全制之策，但天下久泰，人不曉兵，奢習以憍，顧將無法令，士非教習，將御相隨，卒不思長久之計，務奇正之通，必有莫敖輕敵之志，恐無充國持重之規，如令隴東不守，汧軍敗散，則二

10-952

秦遂彊三輔危弱國之右臂於斯廢矣今且宜
勒大將深溝高壘堅守勿戰別命偏師精兵數
千出麥積崖以襲其後則汧岐之下羣妖自散
於是詔苗為橋統軍與別將淳于誕俱出梁益隸
行臺魏子建子建以苗為郎中仍領軍深見知
待孝昌中還朝除鎮遠將軍步兵校尉俄兼尚
書右丞為西北道行臺除司徒司馬轉太府少卿加
汾絳蜀賊平之還朝除司徒司馬轉太府少卿加
龍驤將軍於時蕭衍在巴西民何難尉等豪姓相

魏傳五十九　四十一　家宗

率請討巴蜀之間詔苗為通直散騎常侍冠軍
將軍西南道慰勞大使未發會殺尓朱榮榮從
弟世隆擁榮部曲屯據河橋還逼都邑孝莊親
幸大夏門集羣臣博議百官怵懼計無所出苗
獨奮衣而起曰今小賊突如此朝廷有不測
之危正是忠臣烈士效節之日臣雖不武竊所
庶幾請以一旅之眾為陛下徑斷河梁城陽王
徽中尉高道穆讚成其計莊帝壯而許焉苗乃
募人於馬渚上流以舟師夜下去橋數里便放

火船河流既駛倏忽而至賊於南岸望火下
相蹴而爭橋俄然絕沒水死者甚眾苗身率士
卒百許人泊於小渚以待南援既而官軍不至
賊乃涉水與苗死闘衆寡不敵左右死盡苗浮
河而沒時年四十六帝聞苗死悼惜久之曰苗
若不死當應更立奇功贈使持節都督梁州
東梁四州諸軍事車騎大將軍儀同三司梁州
刺史河陽縣開國侯邑一千戶賵帛五百匹苗
五百石謚忠烈侯苗少有節操志尚每讀

魏傳五十九　四十二　家宗

蜀書見魏延請出長安諸葛不許常歎息謂亮
無奇計及覽周瑜傳未曾不咨嗟絕倒太保城
陽王徽司徒臨淮王或重之二王顧或不穆苗
每諫之及徽寵勢隆極猜忌彌甚苗謂人曰城
陽蜂目先見豺聲今轉彰矣解鼓琴好文詠尺
牘之敏當世罕及死之日朝野悲壯之及莊帝
遺崩世隆入洛主罕及死之日朝野悲壯之及莊帝
幽崩世隆入洛主罕者追苗贈封以白世隆世
曰吾爾時羣議更一二日便欲大縱兵士焚燒
都邑任其採掠賴苗京師獲全天下之善一也

不宜追之

子昌龑襲爵武定末冀州儀同府刑獄參軍齊受

禪爵例降

史臣曰壽春形勝南鄭要險乃建鄴之肩髀成

都之喉嗌裴叔業夏侯道遷體運知機翻然鶼

起舉地而來功誠兩茂其所以大啟茅賦兼列

旆頒固其宜矣植不恡其德器小志大斯所以

顛覆也衎才行將略不遂其終惜哉李庶王江

雖復因人成事亦為果決之士淳于誕好立功

名有志者竟能遂也李苗以文武斡局沉斷過

人臨難慨然奮其大節踣忠履義歿而後已仁

必有勇其斯人之謂乎

魏書傳五十九　四十三　吳六

列傳第五十九　　魏書百七十一

陽尼　　賈思伯

李叔虎　　路恃慶

房亮　　曹世表

潘永基　　朱元旭

魏書列傳六十卷

陽尼字景文比平無終人少好學博通羣籍與
上谷侯天護頓丘李彪同志齊名幽州刺史胡
泥以尼學藝文雅乃表薦之徵拜秘書著作郎
奏佛道耳在史錄後改中書學爲國子學時中
書監高閭侍中李冲等以尼碩學博識舉爲國
子祭酒高祖嘗親在菀堂講諸經典詔尼侍聽
賜帛百匹尼後兼幽州中正出爲幽州平北府
長史帶漁陽太守未拜坐爲中正時受鄉人財
貨免官尼每自傷曰吾昔未仕不曾羡人令日
失官與本何異然非吾宿志命也如何旣而還
鄉遂卒於冀年六十一有書數千卷所造字
釋數十篇未就而卒其從孫太學博士承慶遂
撰爲字統二十卷行於世

子介字天佐奉朝請冀州默曹參軍早卒
尼從子鳴鵠
鳴鵠弟季智俱有名於時前後並爲幽州司馬
李智子璠通直散騎常侍
季智從弟荊范陽太守有吏能卒贈平西將軍
東益州刺史
季智從子伯慶汝南太守
伯慶從父弟藻字景德少孤有雅志涉獵經史
太和初舉秀才射策高第以母疾還徵拜中書
博士詔兼禮官拜燕宣王廟於長安還授寧遠
將軍賜爵魏昌男選爲廷尉正轉考功郎中除
建德太守以清貧賜帛六十四尋假寧遠將軍
領統軍外防內撫甚得居邊之稱解任還家久
之除兗州左將軍府長史又拜瀛州安東府長
史加揚烈將軍藻以年老歸家闔門不關世事
孝昌中在鄉爲賊帥杜洛周所因發病卒永熙
中贈征虜將軍幽州刺史
子貞字世幹早卒

貞弟弼字世輔長於吏事本州別駕加輕車將
軍屬洛周陷城遂率宗親南渡河居於青州
值邢杲起逆青州城民疑河北人爲杲內應遂
害弼時年四十八

子攜龍祖爵

弼弟裴武定末尚書右丞

藻從弟令鮮京兆王愉郎中令坐同愉及逃竄
免會赦除名

子世和武定末齊州驃騎司馬

藻從弟延興南幽州刺史

延興從弟固字敬安性俶儻不拘小節少任俠
好劍客弗事生產年二十六始折節好學遂博
覽篇籍有文才太和中從大將軍宋王劉昶征
義陽板府法曹行參軍假陵江將軍昶嚴暴治
軍甚急三軍戰慄無敢言者固啓諫并面陳事
宜昶大怒欲斬之使監當攻道固在軍勇史志
意閑雅了無懼色昶甚奇之軍還言之高祖年
三十餘始辟大將軍府參軍事署城局仍從昶

鎮彭城板兼長史俄以憂去任裴叔業以淮南
內附世宗詔平南將軍廣陵侯元行與司徒彭
城王勰同鎮壽春勅固爲行司馬還除太尉西
閤祭酒兼廷尉評上政定律令議除給事中出
爲試守北平太守甚有惠政久之以公事免後
除給事中領侍御史轉治書勅奏廣平王懷汝
南王悅南陽長公主及使懷荒鎮將萬貳壹風
逃走劾恆農太守裴粲免官時世宗廣訪得失
固上讜言表曰臣聞爲治不在多方在於力行

而巳當今之務宜早正東儲立師傅以保護立
官司以防衛以係蒼生之心攬權親宗室彊
幹弱枝以立万世之計舉賢良黜不肖使野無
遺才朝無素餐孜孜萬幾躬勤庶務使民無謗
讟之響省徭役薄賦斂修舊章遵使民貴農
桑賤工賈絕談虛窮微之論簡上合昊天之心
以存元元之民以救飢寒之苦上合昊天之心
下悅億兆之望然後備器械修甲兵習水戰誡
其會撮封禪之禮襲軒唐之軌同彼七十二君

之徽號協定鼎嵩河之心副高祖殷勤之寄上
與三皇比隆下與五帝齊美豈不茂哉臣位甲
識昧言不及義屬聖明廣訪敢獻瞽言伏願陛
下留神少垂究察初世宗委任羣下不甚親覽
好桑門之法尚書令高肇以外戚權寵專決朝
事又咸陽王禧等並有釁累故宗室大臣相見疎
薄而王畿民庶勞獎益甚固乃作南北二都賦
稱恒代田漁聲樂侈靡之事節以中京禮儀之

五

武因以諷諫辭多不載世宗末中尉王顯起宅
既成集索屬饗宴酒酣問固曰此宅何如固對
曰妛嬰湫隘流稱于今豐屋生災著於周易此
蓋同傳舍耳唯有德能卒願公勉之顯嘿然他
日又謂固曰吾作太府卿庫藏充實卿以為何
如固對曰公收百官之祿四分之一州郡職贖
悉入京藏以此充府未足為多且有聚斂之臣
寧有盜臣豈不戒哉顯大不悅以此銜固又有
人間固於顯顯因奏固剩請米麥免固官既無
事役逐闔門自守著演賾賦以明幽微通塞之

事其詞曰紹有周之遺軌兮初錫世於河陽建
旬侯而列爵兮與王室而並昌遭李彝之紛亂
兮仍矯迹於良鄉粟侯衛之檳彌兮乃殖根於
幽方自祖考而輝列兮逮余躬而翳微堂構
之穨撓兮恐崩毀其洪基心惴惴而慄慄兮若
臨深而履薄登喬木而長吟兮抗幽谷而麋託
何身輕而任重兮懼顛墜於峻堂憑神明之扶
助兮雖幽微而獲存賴先臣之醇德兮乃保護
其遺孫伊日月之屢遷兮何四時之相逼知年

六

命之有期兮慨幹流之不息傷艱蹟之相承兮
悲屯蹇而日臻心惻愴而不懌兮乃有懷於古
人或垂綸於渭濱兮有定皮於傅巖飫飲餗兮
赴兆於庶邦兮作殷周之元鑒孔栖栖而不容兮
黜於魯兮亦舉世而不息兮終
繼孫而爭國兮有讓位而採薇兮躍馬而赴會
今有棲遲以俟時兮曹納辛而衰亡兮哀裁田而
曹盛鮑拔州而得時兮韓棄葉牧而失性趙堯門而
而誕聖兮終天隱而不繁衞泯軀於世難兮啟

洪業於宣元釋皇縣之法憲兮見蓼六之先亡

練疑枉於怨獄兮寧于公之獨昌明禍福之同

門兮知休咎之異途尋伺伏之無源兮或先詁

而後舒賜憑軒而策駟兮撫清琴而自娛憲服

樊於陋巷兮蘊六藝於蓬廬勃計行而致位兮禍

錯謀合而身傾蕭功成而福集兮韓勳立而禍

并紛回平而綿結兮亮未識其幽情有積毀而

恩眤兮有積譽而寵衰或形珉而意合兮或身

密而志離情與貌而紛競兮體與識而交馳旦

〈魏書傳六十〉 七 朱繇

流言而見疑先緣謗而益信樂食子而中跂兮

巳放麑而日進或舉世而稱賢兮偶不合於主

心或居鄉而三黜兮獨為時之所欽或負菲而

干主兮或杖策於幽林或望旗而色阻兮或臨

危而撫琴道有大而由小兮義有顯而必微

貴在於得要兮事終成於會機每一日而三省

兮亦有念而九思孰有是而可是兮孰有非而

可非石育子而啓夏兮亂遺卵而孕殻鳥藉冰

而存棄兮虎乳棄以字文發身舟而魚躍兮季

潛軀而覆雲或揮戈而爭帝兮或洗耳而辭君

道曲成而不二兮神參差而異兆茲聖達之未

明兮宣前脩之克了迷白日之近遇兮方有闕

於天表且臨海而觀瀾兮何津源之杳杳文遷

繹身俱兮景宇節而災移湯祝而革命兮自

靈投策而詭龜圍擴胎而為巨兮友發文而自

由人兮信吉凶之在巳或勤憂以減齡兮亦安

相風吹鶵而襄墜兮神紐平王被嬴縮之

樂而復祉弟成師而害見兮父純臣而亨子識

〈魏傳六十〉 八 何昇

同命於三君兮兆先見於商姒始樓棼棼發輝

兮終龍變於巳庸鏡開閶門而結慶兮轖蟬蛻於

三江水浩浩而襄陵兮竊息壞而瘠之鯀殛死

於羽山兮禹宣力而營嘗鑿龍門以通河兮跂

九江而入海總九州以攸同兮甄五都之所在

雖父子之同氣兮屠比干之殘軀兮使諫爲獲安兮愚蹇爲

之見屠以舉士而受賞兮悼史遷之廬刑以

福兮痛比干之殘軀兮使諫爲

爲無益兮見鄂秋之專城以仁義爲桎梏兮信

揖讓之勞疲以放曠為懸解兮傷六親之乖離
哀越種之被戮兮嘉汜氿之脫羈欽四皓之高
尚兮歎伊周之涉危望仗鉞而先鋒兮光安重
而弗顧求封賞於寸心兮夢台室於遠慮或悤
賢而獨立或慕君以自樹既思匡於名揚兮亦
求清而反汗見身兮而準常儀變化之無方亦
心嘗嘗蓍而樱攬兮乃採衷而冀靈端坐於獎
延兮始拂龜而整策冀靈翼鑒之祈余兮顧告余
以忠益龜發兆以施靈兮利去華而守約著市

列而成卦兮保龍潛而勿躍踵嘉遯之玄蹤兮
追考盤於嚴聲登名山以辭朝市之紛
若奉貞吉於占繇兮翻夕驚而晨裝揖許公於
箕頴兮諮夷齊於首陽瞻嵩華之崇峻兮
碣之磽碻陵江湖之琚璐浮滄波而尚羊乘
玄虯之亦奔兮鳴王鑾之璆鏘間兮眺恂
兮入三山而解裳謂伯禹之訪二妃於途山兮諮三苗於
於荊芊兮問洛宓於馮夷陵回飈而上讓兮窮

深谷而下馳沿扶水而遠矚兮見虞淵之威微
乘閒風之峻坂兮覿王母於峗崼昇瑤臺而奏
歌兮坐瓊室而賦詩託赤水以寄命兮附光風
以傳辭出琨岫之岪嶸兮入汜林之杳鬱採鐘
山之玉瑛兮收珠澤之珂珬攜羽民而遠遊兮
探長生之妙術騰雲霧之窈窕兮窮域中之穢
質望玄闕之寂寥兮過寒門而懷悲揖若士於
霄際兮求霧塵於海湄憑帝臺而歷眺兮歷層
冰而風馳越弱水之滉瀁兮踰不周之崟嶬眉

瓊蘂以為粻兮斟玉液以為漿結秋蘭以為珮
兮攬白蜺以為裳奏寶聲景雲而上征兮撫閶闔而
啟扉蕭百神而警策兮奏中皇於紫微聆鈞天
而九變兮耽廣樂而忘歸忽心移而志駭兮戀
舊京而依依握招搖以為旌兮巡天漢而下遊
建雲旗之逶迤兮御回風之瀏瀏策王良以敏
彎弓兮命風伯以挾轄符屏翳以清路兮告河鼓
以具舟聊右次於析木兮通回駕於青丘訪古
人以首陽兮亦問道於鵝鳩觀三韓之累累兮

見卉服之悠悠瞻雜常之鬱鬱兮貢稽矢之啾
啾心怊怊而惕惕兮志懨懨而綿綿伊五嶽之三
塊心兮何四海之消消瞻九何其如帶兮觀三
紅其沈然夫五都之揔揔兮尚何足以遊盤彼
八方之局促兮殊無可以達觀方吞霞而棄粒
兮亦屑王而鍊丹漱醴泉以養氣兮吸沉瀣以
當餐蔭建木之長柯兮援木禾之脩莖咀玉髓
而充渴嚼正陽以長生參松喬而撫翰兮侶浮
立而上征嗟域中之默默兮詎摅寫其深情情

親青傳六十　士　王信

盤桓而猶豫兮狐疑而未決久放蕩而不還
兮心惆悵而不悅憶慈親於故鄉兮戀先君於
立墓回遊駕而改轅兮縱歸轡而緩御僕眷眷
於短衢兮馬依依於跬步還故園而解羈兮入
茅宇而返素耕東皋之沃壤兮釣北湖之深潭
養慈顏於婦子兮競獻壽而薦甘朝樂酣於濁
酒兮夕寄忻於素琴誦風雅以導志兮蘊六籍
於匈襟敦儒墨之大教兮崇逸民之遠心播仁
聲於絲竹兮流不朽之徽音進不求於聞達兮

退不營於榮利泛若不繫走舟兮湛若不用之
器不潔其身兮不屑於位不拘小節兮不求曲
備資靈運以託己兮任性命之遭隨旣聽天而
委化兮無形志之兩疲除紛競而靖默兮弗知亂
寂以無為寄後賢以籍賞兮寧怨時之弗知體
曰稟元承命人兮最靈兮夫壽否泰本天成兮
源窮道歸聖哲兮隨化委節兮顯親揚
名德之上兮保家全身亦厚量兮趣達世浮動違
性命兮鑒始窮終同水鏡兮志願不合思遠遊

魏列傳六十卷　十二　吳六

兮陵虛騁志從所求兮周歷四極騰八表兮形
勞志沮未衷道兮反我遊駕養慈親兮躬耕練
藝齋至人兮又作刺謏疾辟幸詩二首曰巧
佞使讒言與兮營營習習似青蠅佞兮以自為
巧佞在汝口兮汝非蝘蜓毒習習似青蠅佞一
黑在汝口兮汝非蝘蜓毒何厚兮巧佞兮以白為
何工矣司聞司恣言必從矣朋黨黑噂嗒自相同
矣浸潤之譖傾人墉矣成人之美殺身行焉改
人之惡君子恥焉汝何人斯譖毀日繁孑實無
罪騁汝詭言番緝緝讒言側入君子好讒如

或弗及天疾讒說泆其至矣無妾之禍行將及
矢泛泛遊鳧弗制弗拘行藏之徒或智或愚維
予小人未明茲理毀與行俱言與豐炭起我其懲
矢我其悔矣言求人兮忠恕在巳彼諧諫兮人
之蠹兮刺促昔粟罔顧聰辱以來媚兮邪干側
入如恐弗及以自容兮志行褊小好習不道朝
挾其車夕承其輿或騎或徒載奔載趨或言或
矢曲言其朋其黨其徒宜矣繁有詭其行有姦其
知話言其朋其要正路不由邪徑是蹈不識大猷不
音邊陳戚施邪媚是欽既詭且妬以逞其心是
信是任敗其以多不始不慎末如之何習習宰
詥譽營營無根梁女冤智王鮒淺識伊戾息矣異
世同力江充趙高甘言似直豎刀上官擅生羽
翼乃如之人偕爽其德豈徒喪邦又亦覆國嗟
兩中下其親其昵不謂其非不覺其失好之有
年寵之有日我思古人心焉為君疾几百君子宜
其慎矣覆車之鑒近可信矣言既備矣事既至
矣友是不思維塵及矢肅宗即任除尚書考功

郎奏諸秀茂中第者聽敘目固始大軍征碌石
勅為僕射李平行臺七兵郎平奇固勇敢軍中
大事悉與謀之又命固節度水軍固設奇計先
期乘賊獲其外城軍罷太傅清河王懌舉固除
步兵校尉領汝南王悅郎中令尋加寧遠將軍
時悅年少行多不法屑近小人固上疏切諫并
畫陳佳代諸王賢惠之分以感動悅悅甚敬憚
之懌大悅以為舉得其人熙平二年除洛陽令
將軍懌故在縣甚有威風丁母憂號慕毀病杖
而能起練禫之後猶酒肉不進時固年踰五十
而喪過於哀鄉黨親族咸歎服焉神龜末清河
王懌領太尉辟固從事中郎屬懌被害元乂秉
政朝野震悚懌諸子及門生吏春莫不廑禍隱
避不出素為懌所厚者彌不自安固以嘗被辟
命遂獨詣喪所盡哀慟哭良久乃還僕射游肇
聞而歎曰雖變布王偁何以尚多也君子哉若人
及汝南王悅為太尉選舉多非其人又輕肆
捷固以前為元鄉雖離國猶上疏切諫事在悅

傳悅辟固為從事中郎不就正光二年京兆王
繼為司徒高選官寮辟固從事中郎加鎮遠將
軍府解除前軍將軍鎮遠如故又典科揚州勳
賞初破石之役固有先登之功而朝賞未及至
是與尚書令李崇訟勳更表崇貴盛固據理
不撓談者稱焉四年九月卒時年五十七贈輔
國將軍太常少卿諡曰文固剛直雅正不畏彊
禦居官清潔家無餘財終歿之日室徒四壁亡無
以供喪親故為其棺歛焉初固辟司徒行參軍
休之弟詮之字子衡少著才名

長休之武定末黃門郎
早為門生所害時人悼惜之
賈思伯字士休齊郡益都人也世父元壽高祖
時中書侍郎有學行見稱於時思伯釋褐奉朝
請太子步兵校尉中書舍人轉中書侍郎頗為
高祖所知常從征伐及世宗即位以侍從之勤
轉輔國將軍任城王澄之圍鍾離也以思伯持

節為其軍司及澄失利思伯為後殿澄以思伯
儒者謂之必死及至大喜曰仁者必有勇常謂
虛談今於軍司見之矣思伯託以失道不伐其
功時論稱其長者後為河內太守不拜尋除鴻
臚少卿以母憂免服闋徵為滎陽太守有政績
遷征虜將軍南青州刺史初思伯與弟思同師
事北海陰鳳授業無資酬之鳳遂質其衣物及
思伯之部送縑百匹遺鳳因具車馬迎之鳳慚
不往時人稱嘆焉尋以父憂免後除征虜將軍
光祿少卿仍拜左將軍兗州刺史肅宗時徵為
給事黃門侍郎因請拜掃還鄉里未拜以風聞
免尋除右將軍涼州刺史思伯以州邊遠不樂
外出辭以男女未婚靈太后不許舍人徐紇言
之得改授太尉長史又除安東將軍廷尉卿思
伯自以儒素為業不好法律希言事俄轉衛尉
卿于時議建明堂多有同異思伯上議曰按周
禮考工記云夏后氏世室殷重屋周明堂皆五
室鄭注云此三者或舉宗廟或舉王寢或舉明

堂互言之以明其制同也若然則夏殷之世已
有明堂矣唐虞以前其事未聞戴德禮記云明
堂凡九室十二堂蔡邕云明堂者天子太廟饗
功養老教學選士皆於其中九室十二堂其於戴
德撰記世所不行且九室十二堂其於規制恐
難得厥衷周禮營國左祖右社明堂在國之陽
則非天子太廟明矣然則禮記月令四堂及太
室皆謂之廟者當以天子暫配享五帝故耳又
王制云周人養國老於東膠鄭注云東膠即辟

雍在王宮之東又詩大雅云□□在宮肅肅往
廟鄭注云宮謂辟雍宮也所以助王養老則尚
和助祭則尚敬又不在明堂之驗矣按孟子云
齊宣王謂孟子曰吾欲毀明堂若明堂是廟則
不應有毀之問且蔡邕論明堂之制云堂方一
百四十尺象坤之策屋圓徑二百一十六尺象
乾之策方六丈徑九丈象陽陰九六之數九室
以象九州屋高八十一尺象黃鍾九九之數二
十八柱以象宿外廣二十四丈以象氣按此皆

以天地陰陽氣數為法而室獨象九州何也若
立五室以象五行豈不快也如此蔡氏之論非
為通典九室以象五行之言或未可從竊尋考工記之
補闕之書相承已久諸儒注述無言非者方之
後作不亦優乎且孝經接神契五經要義舊禮
圖皆作五室及徐劉之論同考工者多矣朝廷
若獨絕今古自為一代制作者則所願也若猶
祖述舊章規摹前事不應捨殷周成法襲近代
妻作且損益之極模於三王後來疑議難可准

信鄭玄云周人明堂五室是帝各有一室也合
於五行之數以為之室施行于今雖
有不同時說然耳尋鄭此論非為無當按月令
亦無九室之文原其制置不乘五室其里門陽是
个即玄堂左个明堂左个總章左个如此則
个即明堂右个即總章右
个即玄堂右个即青陽左个
室猶是五而布政十二五室之言謂為可安其
方圓高廣自依時具異戴氏九室之言及蔡子廟學
之議子幹靈臺之說裴逸屋之論及諸家紛紜

並無取焉為學者善且識又遷太常卿兼度支尚
書轉亡都官時太保崔光疾甚表薦思伯為侍
講中書舍人馮元興為侍讀思伯遂入授蕭宗
杜氏春秋思伯少雖明經從官廢業至是更延
儒生夜講書授性謙和傾身禮士雖在街途停
車下馬接誘恂恂曾無倦色客有謂思伯曰公
今貴重盡能不憍思伯曰衰至便憍何常之有
當世以為雅談為元乂所寵論者識其趣勢焉
昌元年卒贈鎮東將軍青州刺史又贈尚書右

僕射諡曰文貞

子彥始武定中淮陽太守

思伯弟思同字士明少厲志行雅好經史釋褐
彭城王國侍郎五遷尚書考功郎青州別駕久
之遷鎮遠將軍中散大夫試守滎陽太守尋即
真後除平南將軍襄州刺史雖無明察之譽而
姓安之及元顥之亂思同與廣州刺史鄭先
護並不降莊帝還宮封營陵縣開國男邑三百
戶除撫軍將軍給事黃門侍郎青州大中正又

為鎮東金紫光祿大夫仍兼黃門尋加車騎大
將軍左光祿大夫遷鄴後除黃門侍郎兼為侍
河南慰勞大使仍與國子祭酒韓子熙並為侍
講授靜帝杜氏春秋又加散騎常侍兼七兵尚
書尋拜侍中興和二年卒贈使持節都督青徐
光青州諸軍事驃騎大將軍尚書右僕射司徒
公青州刺史諡曰文獻思同之為別駕也清
河崔光韶先為治中自恃資地恥居其下聞思
同還鄉遂便去職州里人物為思同恨之及光

詔之亡遺誡子姪不聽求贈思同遂上表訟光
詔操業登時蒙贈諡論者歎尚焉思同之侍講
也國子博士遼西衛冀隆為服氏之學上書難
杜氏春秋六十三事思同復駁冀隆乃錯綜考
一條互相是非積成十卷詔下國學集諸儒考
之事未竟而思同卒卒後魏郡姚文安樂陵秦
道靜復述思同意冀隆亦尋物故浮陽劉休和
又持冀隆說至今未能裁正焉

李叔虎勃海脩人也從祖金世祖神麚中與高

允俱被徵位至征南從事中郎叔虎好學博聞

有識慶爲鄉閭所稱太和中拜中書博士與清

河崔光河間邢巒並相親友轉議郎久之遷太

尉從事中郎轉國子博士本國中正攝樂陵中

正性清直甚有公平之稱後兼散騎侍郎太極

都將事訖除高陽太守固辭不拜尋除顯武將

軍太尉高陽王雍諮議參軍事雍以其器操重

之尋除假節行華州事爲吏民所稱永平四年

卒年五十四贈冠軍將軍南青州刺史諡曰穆

兄叔寶州舉秀才拜頓丘公國郎中令遷太常

丞延昌末叔寶爲弟臺戶及從弟歸伯同沙門

法慶反陷破郡縣叔寶當坐遇病死於洛陽獄

子伯冑光祿大夫

叔寶從弟鳳歷尚書郎中國子博士坐弟同京

兆王愉逆除名

第拜中書博士轉中書侍郎累遷平南將軍沛

鳳從子長仁字景安頗有學涉舉秀才射策高

郡太守仍爲彭城太守又從尉元討定南境賜

爵延陵男徵拜員外散騎常侍使於劉准千行還

以疾卒武定中贈安南將軍七兵尚書冀州刺

之尋除北海内史詔賜醫藥凡在三郡吏民安

史男如故

長仁從弟諶字道興有學識州舉秀才拜太常

博士使詣長安冊祭燕宣王廟還除尚書儀曹

郎賜爵循縣男稍遷達興太守卒

子象字孟則清簡有風旣涉博渉畫劾襲爵爲

徐州平東府功曹參軍遷冀州治中有勤績久

之拜散騎侍郎加寧朔將軍尋轉中書侍郎出

爲青州太傅開府諮議參軍行北徐州事本將

軍光祿大夫齊文襄王引爲開府諮議參軍加

征東將軍驃騎大將軍儀同三司冀州刺史諡曰

年卒贈驃騎大將軍興和二年兼散騎常侍於蕭衍行三

文簡以子子貞義之勤也

子貞歷司空長史武邑太守司徒右長史陽平

太守入爲吏部郎中出爲驃騎將軍兗州刺史

坐貪汙賜死

恃慶字伯瑞陽平清淵人也祖綽陽平太守
恃慶有幹用與廣平宋翻俱知名為鄉閭所稱
相州刺史李安世雅表薦之太和中除奉朝請
恃慶以從兄文舉有才望因推讓之高祖遂正
拜焉稍遷尚書儀曹郎轉左民郎行潁川郡出
為華州安定王征慶府長史尋以母憂去職仍
轉定州河間王琛長史琛貪暴肆意恃慶每進
苦言年四十八卒贈左將軍安州刺史諡曰襄

子祖璧給事中

恃慶弟仲信亦好學為太尉參軍稍遷本車都
尉開府掾章武王融之討葛榮也仲信為其都
督府長史融敗歿仲信遂亦免棄

仲信弟思略字叔約有識尚冀州安東府騎軍
參軍

思略弟思令字季儁初為廣陽王司空參軍轉
司空城局參軍司徒威速將軍尚書左民
郎轉右民時天下多事思令乃上疏曰臣聞國

之大事唯祀與我戎之有功在於將帥三代不
必別民取治不等五霸不必異兵各能剋定有
湯武之賢猶須伊望之佐堯舜之聖尚有稷契
之輔得其人也六合唾掌可清失其人也三河
以來戰地何者動之其易靖之至難竊以此年
方為將師多是寵貴子孫軍懼統領亦皆義
託附貴戚子弟未經戎役至於銜杯躍馬志逸
氣浮軒眉攘腕便以攻戰自許及臨大敵怖懼
交懷雄圖銳氣一朝頓盡乃令羸弱在前以當

銳彊壯居後以安身兼復器械不精進止不集
任羊質之將驅不練之兵當負險之眾敵數戰
之虜欲令不敗豈有得哉是以兵知必敗始集
而先逃將又怖敵遷延而不進國家便謂官號
未滿重爵屢加復疑賞眷之輕金帛日賜常藏
空虛民財彈盡致使職徒更增膽氣益盛生民
損耗荼毒無聊主歡臣哀何心寢食臣雖位微
竊不遑舍臣聞孝行出於忠身節義率多果決
德可感義夫恩可勸死士今若捨上所輕求下

甲密弩彊弓調矢勁謀夫旣設辯士先陳曉以
安危示其禍福如其不悛以我義順之師討茲
勃逆之賢豈異屬蕭斧而伐朝菌鼓洪爐而燎
毛髮雖愚者知其不旋踵矣敢以愚短昧死陳
誠尋拜假節征虜將軍陽平太守又割冀州之
平清河相州之陽平齊州之原以為南冀州仍
以思令為左將軍南冀州刺史假平東將軍都
督時葛榮遣其清河太守據李虎高唐城以招

【魏書傳六十】　二十五

叛民思令乃命麾下并率鄉曲潛軍夜往出其
不意遂大破之徐乃收眾南還又詔思令并領
冀州流民及葛榮滅還鎮平原後除征東將軍
金紫光祿大夫轉衛將軍右光祿大夫天平三
年三月卒時年五十一贈驃騎將軍定州刺史
侍慶從叔景略起家中書博士太和中尚書郎
本郡中正出為齊州魏郡平原二郡太守卒
景略弟雄字仲略容貌偉異以軍功為給事中
高祖曾對羣臣云路仲略好尚書郎才僕射李

沖云其人宜為武職遂停轉太尉咸陽王錄事
參軍遷伏波將軍卒贈頓丘太守
景略從祖弟法延而惇立為郡功曹早卒儀
同李神儁與之有舊每云諸路輩中有路法
常足為名士謂必遠至而竟無年天下事誠難
知也

房亮字景高清河人也父法延譙郡太守亮好
學有節操太和中舉秀才為奉朝請拜祕書郎
又兼員外散騎侍郎副中書侍郎宋弁使於蕭

三〇九　【魏書列傳六十】　外　二十六　▼

賾還除尚書二千石郎中濟州中正兼員外常
侍使高麗高麗王託疾不拜以亮屏命坐白衣
守郎中後除濟北太守轉平原太守以清嚴稱
時冀州刺史京兆王愉據州反平原界在河北
與愉接境愉乃遣人說亮喻以榮利亮即斬其
使人發兵防捍愉怒遣其大將張靈和率眾攻
亮亮督屬兵民喻以逆順出城拒擊大破之尋
遭憂解任服終除左將軍汲郡太守遷前將軍
東荊州刺史亮留心撫納夷夏安之時邊州刺

史例得一子出身亮不言其子而啟弟子超為
奉朝請議者稱之轉平東將軍滄州刺史入為
光祿大夫加安東將軍永安二年卒年七十一
贈撫軍將軍齊州刺史
子東字元約卒於光祿大夫
亮弟詮字鳳舉尚書郎本州中正卒贈撫軍將
軍齊州刺史
平東府中兵參軍加宣威將軍遷高陽太守轉
詮弟悅字季欣解褐廣平王懷國常侍轉青州
廣川太守加鎮遠將軍普泰中濟州刺史張瓊
表所部置南清河郡仍請悅為太守朝廷從之
凡歷三郡民吏安之遷平東將軍太中大夫興
和二年卒年七十贈征東將軍齊州刺史
長子超字伯頴武定末司徒錄事參軍濟州大
中正
超弟昭淮州驃騎大將軍府長史
曹世表字景昇東魏郡魏人也魏大司馬休九世
孫祖謨父慶並有學名世表少喪父舉止有禮

度性雅正工尺牘涉獵羣書太和二十三年尚
書僕射任城王澄奏世表為國子助教頗失意
後轉司徒記室與武威賈思伯范陽盧同隴西
辛雄等並相友善侍中崔光鄉里貴達每稱美
之遇患歸鄉永平中除清河太守府司馬非
其所願復以病解
約百姓安之正光中拜前將軍通直散騎省
大將軍京兆王繼西征以為從事中郎柵中水
兵事自當煩劇論者皆稱其能還都拜司空長
史孝昌中青齊頻年反亂詔世表持節慰喻還
都轉尚書右丞後加征虜將軍出行豫州刺史
值蕭衍將湛僧珍陷東豫州州民劉獲鄭辯反
於州界為之內應朝廷以源子恭代世表為州
以世表為東南道行臺率元安平元顯伯皇甫
鄧林等討之於時賊衆彊斷小殽關驛使不通
諸將以士馬單少皆敗散之餘不敢復戰咸欲
保城自固世表時患背腫乃興病出外呼統軍
云寶謂之曰湛僧珍所以敢深入為寇者必獲辯

皆州民之望為之內應尚有驛至知劉獲移軍
欲迎僧珍去此八十里今出其不意一戰可破
獲破則僧珍自走東南清服卿之功也乃簡選
兵馬付寶討之促令發軍日暮出城比曉兵合
退走唯鄭辯與子恭親舊二匪子恭所世表行
賊不意官軍卒至一戰破獲諸賊悉平淇僧珍
諸將吏責子恭辯斬之傳首京師勑遣中
使宣旨慰諭賜馬二匹二衣襆被復以世表行
徐州事行臺如故還朝加左將軍兼尚書東道

行臺汎河分立鎮戍以備島榮行達青州遇惠
卒時年五十四永熙中贈平東將軍齊州刺史
潘永基字紹業長樂廣宗人也父靈虬中書侍
郎永基性通率輕財好施為冀州鎮東府法曹
行參軍遷威烈將軍揚州曲陽戍主轉揚州車
騎府主簿累遷虎賁中郎將直寢前將軍出為
戎主治陳留南梁二郡事頗有威惠
持節平北將軍冀州防城都督長樂大守于
時葛榮攻信都長圍過水以灌州城永基興刺

史元孚同心勤力晝夜防拒外無軍後內乏糧
儲從春至冬力窮糧陷榮欲害孚永基請以身
代孚死永安二年除穎川太守遷鎮東將軍東
徐州刺史時蕭衍將曹世宗馬洪武等率衆來
寇永基出討之永熙中為征東將軍金紫光
祿大夫遷軍騎將軍左光祿大夫尋加衞大將
軍復除東徐州刺史前後在州為吏民所樂代
還京師元象初卒年五十六贈散騎常侍都督
冀瀛洲三州諸軍事驃騎大將軍尚書右僕射

司徒公冀州刺史
長子子禮主簿
子禮弟子智武定中太尉士曹參軍
朱元旭字君昇本樂陵人也祖霸顧渉子史開
投劉義隆逐居青州之樂陵元旭顧渉子史開
解几案起家清河王國常侍大學博士員外散
郎選不精大加沙汰元旭與隴西辛雄范陽祖
瑩堂泰山羊深西平源子恭並以才用見留尋加

鎮遠將軍兼尚書右丞仍郎中本州中正時關

西都督蕭寶夤啓云所統十萬食唯一月於是

肅宗大怒召問所由錄令以下皆推罪於元旭

元旭入見於御座前屈指校計寶夤兵粮乃踰

一年事乃得釋除通直散騎常侍永安初加平

東將軍尚書左丞光祿大夫後轉司農少卿遷

衛將軍左光祿大夫天平中復拜尚書左丞既

無風操僶俛隨俗性多機數自容而已於時朝

廷分汲郡河內二界挾河之地以立義州安置

幽州刺史

刺史武定三年夏卒於州年六十七贈本將軍

關西歸款之户除元旭使持節驃騎將軍義州

子敬道武定中司徒長流參軍

史臣曰陽尼學義之述世不之人固遠氣正情

文學兼致賈思伯門有舊業經明行脩唯兄及

弟並摽儒素李路器尚所及俱可觀者象風彩

詞涉亦當年之俊民房亮曹世表潘永基朱元

旭拔萃從宦咸享名器各有由也

列傳六十終　魏書　七十二

奚康生河南洛陽人其先代人也世爲部落大
人祖直平遠將軍柔玄鎮將入爲鎮北大將軍
內外三都大官賜爵長進侯卒贈幽州刺史諡
曰簡父普憐不仕而卒太和十一年蠕蠕頻來
寇邊柔玄鎮都將李峨討擊之康生性驍勇有
武藝弓力十石矢異常箭爲當時所服從峨爲

前驅軍主頻戰陷陳壯氣有聞由是爲宗子隊
主從駕征鍾離駕旋濟淮五將未渡蕭鸞遣
將率衆據渚邀斷津路高祖勑曰能破中渚賊
者以爲直閤將軍康生時爲軍主謂友人曰如
其尅也得暢名績脫若不捷命也在天丈夫今
日何爲不決遂便應募縛筏積柴因風放火燒
其松艦依烟直進飛刀亂斫投河溺死者甚衆
乃假康生直閤將軍後以勳除中堅將軍太子
三校西臺直後吐京胡反自號辛支王康生爲

截康生率五百人拒戰破之追至石羊城斬首
三十級彬甲辛七千與胡對戰康生分爲五軍四軍
俱敗康生軍獨全遷爲統軍率精騎一千追胡
至車突谷詐爲墜馬胡皆謂死爭欲取之康生
騰騎奮矛殺傷數十人胡遂奔比辛支輕騎退
走去康生百餘步彎弓射之應弦而死因俘其
牛羊駝馬以萬數蕭鸞置義陽招誘邊民康
生復爲統軍從王肅討之進圍其城鸞將張

伏護自昇城樓言辭不遜肅令康生射之以彊
弓大箭望樓射窗櫺開即入應前而斃彼民見
箭皆云狂弩以殺伏護賞帛一千匹又頻戰再
退其軍賞三階帛五百匹蕭寶卷將裴叔業四
率衆圍渦陽欲解義陽之急詔遣高聰等
軍往援之後遣都督廣陵侯元衍並皆敗時
刺史孟表頻啓告高祖勑蕭遣康生馳往赴援
一戰大破之賞二階帛一千四及壽春來降也
遣康生領羽林一千人給龍廄馬兩匹馳赴壽

春既入其城命集城內舊老宣詔撫養俄而
蕭寶卷將桓和頓軍梁城陳伯之據峽石民
心駭動頗有異謀康生乃防禦內外音信不通
固城一月援軍乃至康生出擊桓和伯之等二
軍並破走之拔梁城合肥洛口三戍以功遷康
虜將軍封安武縣開國男食邑二百戶為南
青州刺史後蕭衍郁洲道軍主徐濟寇邊康
生率將出討破之生擒濟賞帛千匹時蕭衍聞
康生能引彊弓力至十餘石故特作大弓兩張
送與康生康生得弓便會集文武乃用平射猶
有餘力其弓長八尺把中圍尺二寸箭麤殆如
今之長笛觀者以為希世絕倫弓即表送置之
武庫又蕭衍遣將宋黑率眾寇攝影城時康
生遭母憂詔起為別將持節假平南將軍領
南青州諸軍擊走之後衍復遣都督臨川王蕭
宏副將張惠紹勒甲十萬規寇徐州又假宋黑
授康生武衛將軍持節假平南將軍為別將

領羽林三千人騎步甲士隨便割配康生二戰
敗之還京召見宴會賞帛千匹賜驊騮御胡
馬一匹出為平西將軍華州刺史頗有聲績轉
涇州刺史仍本將軍以輒用官歲瓦為御史所
劾削除官爵尋百復之蕭衍直閤將軍徐玄
明戍於郁洲殺其刺史張稷以城內附詔遣康
生迎接賜細御銀纏槊一張并東奈果畫奴
果者果如朕心裏者早遂朕意未發之閒郁洲
復叛時揚州別駕裴絢謀反除康生平東將軍
為別將領羽林四千討之會事平未行遭父憂
起為平西將軍領西中郎將是歲太舉征蜀遣康
生安西將軍領步騎三萬邪趣綿竹至隴右世
宗崩班師除衛尉卿出為撫軍將軍相州刺史
在州以天旱令人鞭石虎畫像復就西門豹祠
祈雨不穫令吏取豹舌未幾二兒暴喪身亦遇
疾巫以為虎豹之崇徵拜光祿卿領右衛將軍
與元乂同謀廢靈太后遷撫軍大將軍河南尹
仍右衛領左右與子難婁左衛將軍侯剛女即

元乂妹夫也乂以其通姻深相委託三人率多
俱宿禁內時或選出乂以康生子難為千牛備
身康生性麤武言氣高下乂稍憚之見于顏色
康生亦微懼廳武正光二年三月肅宗朝靈太
右于西林園文武侍坐酒酣送舞次至康生康
生乃為力士舞及於折旋每顧視太后舉手蹈
足瞋目頷首為殺縛之勢太后解其意而不敢
言曰暮太后欲攜肅宗宿宣光殿侯剛曰至尊
巳朝訖嬪御在南何勞留宿康生曰至尊陛下
兒隨陛下將東西更復訪問誰羣臣莫敢應
靈太后自起援肅宗臂下堂而去康生大呼唱
万歲於後近侍皆唱万歲肅宗引前入閤左右
競相排閤不得開康生奪其子難千牛刀斫直
後元思輔乃得定肅宗既上殿康生時有酒勢
將出處分遂為乂所執鏁於門下至曉乂不出
令侍中黃門僕射尚書等十餘人就康生所訊
其事勳康生斬刑難勳絞刑乂與剛並在內矯
詔決之康生如秦難恕死從流難哭拜辭父康

生忿子免死又亦慷慨了不悲泣語其子云我
不反死汝何為哭也乂有司驅逼走赴市時巳
昏聞行刑人注刀數下不死於地剮截咸言巳
乂意旨過至苦痛嘗食典御羹混與康生同執
刀入內亦就市絞刑康生又為將及臨州尹多
所殺戮而乃信向佛道數捨其居宅以立寺塔
几歷四州皆有建置死時年五十四
子難年十八以侯剛子壻得停百日竟徙安州
後尚書盧同為行臺又令殺之康生於南山立
佛圖三層先死忽夢出朋壞沙門有為解云檀越
當不吉利無人供養佛圖故出朋耳康生稱然竟
及禍靈太后反政贈都督冀瀛滄三州諸軍事
驃騎大將軍司空公益冀州刺史又追封壽張縣
開國侯食邑二千戶
子剛龔武定中青州開府主簿齊受禪爵例降
剛弟定國龔康生安武縣開國男
楊大眼武都氏難當之孫也少有膽氣跳走如
飛然側出不為其宗親顧待頗有飢寒之切太

和中起家奉朝請時高祖自代將南伐令尚書
李沖典選官大眼往求焉沖弗許大眼曰尚
書不見知聽下官出一技便出長繩三丈許繫
髻而走繩直如矢馬馳不及見者莫不驚歎沖
曰自千載以來未有逸材若此者也遂用為軍
主大眼顧謂同寮曰吾之今日所謂蛟龍得水
之秋自此一舉終不復與諸君齊列矣未幾遷
為統軍從高祖征宛葉穰鄧九江鍾離之間所
經戰陳莫不勇冠六軍世宗初裴叔業以壽春

▋魏傳六十一　七

内附大眼與奚康生等率眾先入以功封安成
縣開國子食邑三百戶除直閤將軍尋加輔國
將軍游擊將軍出為征虜將軍東荊州刺史時
蠻酉樊秀安等反詔大眼為別將隸都督崇
討平之大眼妻潘氏善騎射自詣軍省大眼至
於攻陳遊獵之際大眼令妻潘戎裝或齊鑣戰
場或並驅林壑及至還營同坐幕下對諸寮佐
言笑自得時指之謂人曰此潘將軍也蕭衍遣
其前江州刺史王茂先率眾數萬次于樊雅招

誘蠻夏規立宛州又令其所署宛州刺史雷豹
狼軍主曹仲宗等領眾二萬偷據河南城世宗
以大眼為武衛將軍假平南將軍持節都督統
軍曹敬邴虯樊魯等諸軍討平申天化俘馘七
斬衍輔國將軍王花龍驤將軍申天化大破之
千有餘衍又遣其舅張惠紹摠率眾軍寇據
宿豫又假大眼平東將軍與都督邢巒
討破之遂乘勝長驅與中山王英同圍鍾離大
眼軍城東守淮橋東西二道屬水汍長大眼所

▋魏列六十一　八

縮統軍劉神符公孫祉兩軍夜中爭橋奔退犬
眼不能禁相尋而走坐徙為營州兵永平中世
宗追其前勳起為試守中山內史時高肇征蜀
世宗慮蕭衍侵軼徐揚乃徵大眼為太尉長史
持節假平南將軍東征別將隸都督元遙過
禦淮肥大眼至京師人思其雄勇喜其更用
臺省閭巷觀者如市大眼次譙南世宗崩時蕭
衍遣將康絢於浮山過淮規浸壽春詔加大眼
光祿大夫率諸軍鎮荊山復其封邑後與蕭寶

負俱征淮堰不能剋遂於堰上流鑿渠決水而
還加平東將軍大眼善騎乘裝束雄竦摧甲折
旐見稱當世撫巡士卒呼為兒子及見傷痍為之
泣自為將帥恒身先兵士衝突堅陳出入不疑
當其鋒者莫不摧拉南賊前後所遣督將軍未
渡江預皆畏懾傳言淮泗荊沔之間有童見啼
者恐之云楊大眼至無不即止王肅弟子秉之
初歸國也謂大眼曰在南聞君之名以為眼如
車輪及見乃不異人大眼曰旗鼓相望瞋眸奮

發足使君目不能視何必大如車輪當世推其
驍果皆以為關張弗之過也然征淮堰之役其
怒無常捶撻過度軍士頗憾焉識者以為性喜
所致又以本將軍出為荊州刺史常縛蒿為人
衣以青布而射之召諸蠻渠指示之曰卿等若
作賊吾政如此相殺也又北清郡常有虎害大
眼搏而獲之斬其頭懸於穰市自是荊蠻相謂
曰楊公惡人常作我蠻形以射之又深山之虎
尚所不免遂不敢復為寇盜在州二年而卒大

眼雖不學恒遣人讀書坐而聽之悉皆記識令
作露布皆口授之而竟不多識字也有三子長
甑生次領軍次征南皆潘氏所生氣幹咸有父
風初大眼側徙營州潘在洛陽頗有失行及為
幽潘而殺之後娶繼室元氏大眼之死也甑
等問即絞所在時元始懷孕自指其腹謂甑生
生等曰開國當我見龍長之波等婢子勿有所望甑生
生深以為恨及大眼喪將還京出城東七里營

車而宿夜二更甑生等開大眼棺延寶怪而問
之征南射殺之元怖走入水征南又彎弓射之
甑生曰天下豈有害母之人乃止遂取大眼屍
令人馬上抱之左右扶挾以叛荊人畏甑生等
驍勇不敢苦追奔於襄陽遂歸蕭衍
崔延伯博陵人也祖壽於彭城陷入江南延伯
有氣力少以勇壯聞仕蕭賾為緣淮遊軍帶
濠口戍主太和中入國高祖深嘉之常為統師
膽氣絕人兼有謀略所在征討咸立戰功積勞

稍進除征虜將軍荊州刺史賜爵延陵男荊州
土險邊左為寇每有聚結延伯輒自討之莫不
摧殄由是穰土帖然無敢為患永平中轉後將
軍幽州刺史蕭寶夤遣其左遊擊將軍趙祖悅率
眾偷據峽石詔延伯為別將與都督崔亮討之
亮令延伯守下蔡延伯與別將伊甕生挾淮為
營延伯遂取車輪去輞削銳其輻兩兩接對揉
竹為絙貫連相屬並十餘道橫水為橋兩頭施
大轆轤出沒任情不可燒斫既斷祖悅等走路
又令舟舸不通由是衍軍不能赴救祖悅合軍
咸見俘虜於軍拜平南將軍光祿大夫延伯與
楊大眼等至自淮陽靈太后幸西林園引見延
伯等太后曰卿等志尚雄猛皆國之名將比平
峽石公私慶快此乃卿等親共量筭各出一圖以為
宜湏豫謀故引卿等之功也但淮堰仍在
後計大眼對曰臣今輒難大眼既對聖顏孜旨
無不冠延伯曰目臣輒謂水陸二道一時俱下往
宜實水南水北各有溝瀆陸地之計如何可前

愚臣短見願聖心愍水兵之勤苦給復一年專
習水戰脫有不虞召便可用往無不獲靈太后
曰卿之所言深是宜要當勅如請二年除安北
將軍并州刺史在州貪汙聞於遠近還為金紫
光祿大夫出為鎮南將軍行岐州刺史假征西
將軍賜驊騮馬一匹正光五年秋以往在揚州
建淮橋之勳封當利縣開國男食邑二百戶尋
增邑二百戶改封新豐進爵為子時莫折念生
兄天生下龍東寇征西將軍元志為天生所擒
賊眾甚盛進屯黑水詔延伯為使持節征西將
軍西道都督與行臺蕭寶夤討之寶夤與
延伯結壘馬嵬南比相去百餘步寶夤集督
將論討賊方略延伯每去賊新制勝難與爭鋒
寶夤正色責之曰君荷國寵靈揚威出討便
是安危所繫每去賊不可討以示怯憚損威挫
氣乃明公之罪延伯明晨詭寶夤自謝仍去今當
仰為明公襲賊勇怯延伯選精兵數千下渡黑
水列陳西進以向賊營寶夤亦眾於水東尋原

連接延伯徑至賊壘揚威悄之徐而還退賊以
延伯衆少開營競追衆過十倍臨水遍慶寶黄
親觀之懼有虧損延伯不與其戰身自殿後抽
衆東渡轉運如神湏史盡毒畢徐乃自渡賊徒奪
氣相率還營寶黄大悅謂官屬曰崔公之之關
張也今年何患不制賊延伯馳見寶黄曰此賊
非老奴敵公但坐看後日延伯勒衆而出寶黄
為後拒天生惡衆來戰延伯申令將士身先士

三九四　魏傳六十一　十三

卒陷其前鋒於是男銳競進大破之俘斬十餘
萬追奔又於小隴秦賊勁彊諸將所憚朝延初
議遣將咸云非延伯無以定之果能剋敵授右
衞將軍於時万俟醜奴宿勤明達等寇掠涇川
先是盧祖遷從六陌道將取高平志敗仍傅涇
始同時發雍從伊苨生數將皆以元志前行之
部延伯既破秦賊乃與寶黄率衆會於安定
甲卒十二万鐵馬八千匹軍威甚盛醜奴置營
涇州西北七十里當原城時或輕騎斬來挑戰

大兵未交便示奔比延伯矜功負勝遂唱議先
驅代木別造大排內為鐵柱教習彊兵負而趨
走號為排城戰士在外輜重居中自涇州緣原
比上衆軍將出討賊未戰之閒有賊數百騎詐
持文書云是降簿俄而宿勤明達率衆自東北而至
突陳賊勢摧挫便爾遂比徑造其營賊本輕騎
乞降之賊從西竞諸軍前後受敵延伯上馬

三九四　魏傳六十一　十四

實遂巡比閣而宿勤明達率衆自東北
延伯軍兼步卒兵力疲怠賊乃乘閒得入排城
寶黄獨出龍襄賊大破之俄項閒平其數柵賊皆
逃遁見兵人採掠散亂不整還來衝突遂大奔
進去賊彭抗谷柵七里結營賊耻前挫辱不報
保涇州延伯脩繕器械購募驍勇復從涇川西
延伯軍遂大敗死傷者將有二万寶黄斂軍退
敗延伯為賊所害時士卒死者万餘人延
延伯善將撫能得衆心與康生天眼為諸將之冠
伯末路功名尤重時大冠未平而延伯死朝
野歎懼焉為贈使持節車騎大將軍儀同三司定

州刺史謚曰武烈又有王足者驍果多策略
隸邢巒伐蜀所在剋捷詔行益州刺史遂圍
涪城蜀人大震世宗復以羊祉為益州足聞
而引退後遂奔蕭衍次有王神念足之流也
後自潁川太守奔江南又冀州人李叔仁叔
仁弟龍驤以勇壯為將統叔仁位至車騎大
將軍儀同三司陳郡開國公後為梁州刺史
歿於關西龍驤正光中北征戰死白道其平
州刺史王買奴南秦州刺史曹敬南兗州刺

魏傳六十一　十五　廣明

史樊魯益州刺史邴虬玄州刺史邢豹及屈
祖嚴思達呂叵崔襲柴慶宗正珍孫盧
祖遷高智方俱為將帥並有攻討之名而
事迹不存無以編錄然未若康生大眼延伯
尤著也
史臣曰人主聞鞞鼓之響則思將帥之臣何則
夷難平暴折衝禦侮為國之所繫也康生等
俱以熊虎之姿奮征伐之氣亦一時之驍猛壯
士之功名也

十四字　魏書六三　十六

爾朱榮

爾朱榮字天寶比秀容[人]也其先居於爾朱[川]

因為民焉常領部落世為酋帥高祖羽健登國
初為領民酋長率契胡武士七千七百人從駕平
晉陽定中山論功拜散騎常侍以居秀容
川原沃衍欲令居之羽健曰臣家世奉國給侍
左右比秀容既在刻內羞近京師豈以沃埌更

魏書傳六十二　　一

遷遠地太祖許之所居之處曾有狗舐地因而
穿之得甘泉焉至今名狗舐泉羽健世祖時卒
曾祖鬱德祖代勤繼為領民酋長代勤世祖敬
哀皇后之舅以外親兼數征代有功給復百年
除立義將軍曾圍山而獵部民射獸誤中其髀
代勤仍令挾箭竟不推問曰此既過誤何忍加
罪部內聞之咸感其意高宗末假寧南將軍除
肆州刺史高祖賜爵梁郡公以老致仕歲賜帛
百匹以為常年九十一卒賜帛五百匹布二百

匹贈鎮南將軍并州刺史諡曰莊孝莊父榮有
翼戴之勳追贈太師司徒公錄尚書事新興
太和中繼為酋長家世豪擅財貨豐嬴買行馬
羣見一白蛇頭有兩角遊於馬前新興異之謂
曰爾若有神令我畜蕃息自是之後日覺滋
盛牛羊駝馬色別為羣谷量而已朝廷每有征
討輒獻私馬兼備資糧助裨軍用高祖嘉之除
右將軍光祿大夫及遷洛後特聽冬朝京師夏
歸部落每入朝諸王公朝貴競以珍翫遺之新

魏書傳六十二　　二

興亦報以名馬轉散騎常侍平北將軍秀容第
一領民酋長新興每春秋二時怡與妻子閱畜
牧於川澤樂生忻然自娛蕭宗世以年老啟求閑
於榮朝廷許之正光中卒年七十四贈散騎常
侍平北將軍恆州刺史諡曰簡孝莊初贈散騎
侍中太師相國西河郡王榮絜曰美容皃幼
而神機明決及長好射獵每設圍輒言衆便為
軍陳之法號令嚴肅衆莫敢犯秀容界有池三
所在高山之上清深不測相傳曰祁連池魏言

天池世父新興曾與榮遊池上忽聞簫鼓之音
新興謂榮曰古老相傳凡聞此聲皆至公輔吾
今年巳衰暮富為汝耳汝其勉之榮襲爵後除
直寢游擊將軍正光中四方兵起榮襲爵內招
合義勇給其衣馬蠕蠕主阿那瓌寇掠肆鄙詔
假榮節冠軍將軍別將隷都督李子崇比征榮率
其新部四千人追擊度磧不及而還秀容內附
胡民乞扶莫干破郡殺太守南秀容牧子萬子
乞真反叛殺太僕卿陸延并州牧子素和婆崙

嶺作逆榮並前後討平之遷直閤將軍冠軍將
軍仍別將內附叛胡乞步落堅胡劉阿如等作
亂瓜肆勒勤比列步若反於沃陽榮並滅之以
功封安平縣開國侯食邑二千戶尋加通直散
騎常侍勑勤解律洛陽作逆桑乾西顯賁也頭
牧子迭相掎角榮率騎破洛陽於深井逐牧子
於河西進號平北將軍光祿大夫假安北將軍
為北道都督尋除武衛將軍俄加使持節安北
將軍都督恒朔討虜諸軍假撫軍將軍進封博

陵郡公增邑五百戶其迎父郡前盗財聽賜第三子
時榮率衆至肆州刺史尉慶賓畏惡之閉城
不納榮怒攻拔之乃署其從叔羽生為刺史執
慶賓於秀容自是榮兵威漸盛朝廷亦不能罪
責也尋除鎮北將軍右衛將軍假車騎將軍都
督并肆汾廣恒雲六州諸軍事進為大都督加
金紫光祿大夫時杜洛周陷中山於時車駕還聲

將比討以榮為左軍不行及葛榮吞洛周凶勢
轉盛榮恐其南逼鄴城表求遣騎三千東援相
州肅宗不許又遷車騎將軍右光祿大夫尋進
位儀同三司榮以山東賊盛慮其西逸乃遣兵
固守滏口以防之復上書曰臣前以二州頻反
大軍喪敗河北無援實慮南侵故令精騎三千
出援相州京師影響斷其南望賊聞此衆當亦
息圖便使還奉勑去念生梟寶員黃受擒醜奴明
達並送誠款三輔告謐關隴載寧曹穆虎旅尖
前躬妖孽壁兩絳狂蜀漸巳稽顙賴又承北海王顥率

衆二万出鎭相州北海皇孫名位崇重鎭撫鄰
城實副羣望惟願廣其配衣及機早遣關西
雖平兵未可役山南隣賊理無發召王師雖衆
頻被摧北人情危怯實謂難用若不更思方略
無以万全如臣愚量蠕蠕主阿那瓌荷國厚恩
未應忘報求乞一使慰喩郍即遣發立東引
相部嚴加警備以當其前臣庶下雖少輙盡力
命自并陘以北臨口以西分防險要攻其肘腋

五

葛榮雖并洛周威恩未著人類差異形勢可分
於是榮遂嚴勒部曲廣召義勇比捍馬邑東
塞并陘尋屬肅宗崩事出倉卒榮聞之天怒謂
鄭儼徐紇為之與元天穆等密議稱兵入匡朝
廷討定之乃抗表曰伏承大行皇帝背棄万方
奉諱號踊五內摧剝仰尋詔旨實用驚惋今海
內草草異口一言皆云大行皇帝鴆毒致禍臣
等外聽訟言內自追測去月二十五日聖體康
念至於二十六日奄忽昇遐即事觀望實有所

惑且天子寢疾侍臣不離左右親貴名醫瞻仰
患狀百奉音旨親承顧託豈容初不召醫
崩棄曾無親奉欲使天下不爲怪愕四海不爲
喪氣豈可得乎復皇后女生稱爲儲兩疑惑朝
野虛行慶宥宗廟之靈見欺兆民之望巳失
欲指影以行權假形而弁認此則掩眼捕雀塞
耳盜鍾今秦隴塵飛趙魏霧合寶名廣醜奴勢
使七百危於累卵社稷墜於一朝方選君嬰孩
之中寄治乳抱之日使姦豎專朝賊臣亂紀惟

六

逼幽雍葛榮就德憑陵河海楚立其卒密邇在
郊古人有言邦之不臧隣之福也一旦聞此誰
不關闕竊惟大行皇帝聖德駿宇繼體正君猶
邊烽迭舉妖寇不滅況今從使臣之計隨親戚
之談舉藩嬪之女以誑百姓未豈之兒而臨
四海欲使海內安文愚臣所未聞世伏願留聖
善之慈回須更之慮照臣忠誠錄臣至欵聽臣
赴闕預參天議問侍臣帝崩之由訪禁旅不知
之狀以徐鄭之徒付之司敢雪同天之恥謝遠

近之怨然後更召宗親推其年德聲副邈通改
承寶柞則四海更蘇百姓甚於是遂勤所統
將赴京師靈太后甚懼詔以李神軌爲大都督
將於大行杜防榮抗表之始遣從子天光密
笑毅及倉頭入洛與從弟世隆密議靡自立
天光乃見莊帝具論榮心帝許之天光還北
榮發晉陽猶疑所立者當奉爲主惟莊帝與咸陽王
禧等六王子孫像成者當奉爲主惟莊帝與彭城王
師次河內重遣王相密來奉迎帝與兄彭城王
弱弟始平王子正於高渚潛渡以赴之榮軍將
士咸稱万歲於時武泰元年四月九日也十一
日榮奉帝爲主詔以榮爲使持節侍中都督中
外諸軍事大將軍開府兼尚書令領軍將軍領
左右太原王食邑二万戶十二日百官皆朝於
行宮十三日榮感武衛將軍費穆之說乃引迎
駕百官於行宮西北云欲祭天朝士既集列騎
圍遶責天下喪亂明帝卒崩之由云皆緣此等
貪虐不相匡弼所致因縱兵亂害王公卿士皆

歛手就戮死者千三百餘人皇弟皇兄並亦見
害靈太后少主其日暴崩榮遂有太上令御史
趙元則造禪文遣數十人遷帝於河橋至夜四
更中復奉帝還營幕帝甚憤無計憂屬蜀運四
喻旨於榮曰帝王迭襲盛衰無常既屬帝運
方瓦解將將義而起前無橫陳此乃天意非
人力也我本相投規所請其今爾運已移天
希直是將軍見遍權順命帝王重位豈敢妄
命有在耳時即尊號將軍必若推而不居存魏
社稷亦任更擇親賢共相輔戴榮既有異圖遂
鑄金爲己像數四不成時幽州人劉靈助善卜
占爲榮所信言天時人事必不可爾榮亦精神
恍惚不自支持父而方慚悔於是獻武
王榮外兵參軍司馬子如等切諫陳不可之理
榮曰衍誤若是惟當以死謝朝廷今日安危之
機計將何出獻武王等曰未若還奉長樂以安
天下於是還奉莊帝十四日輿駕入宮于時或
右榮欲遷都晉陽或云欲肆兵大掠迷迷相驚恐

人情駭震京邑士子不一存率皆逃竄無敢出
者直衞空虛官守廢曠榮聞之上書曰臣世荷
蕃寄征討累年奉忠王室志存效死直以太后
淫亂孝明暴崩遂率義兵扶立社稷陛下登祚
之始人情未安大兵交際難可齊一諸王朝貴
橫死者眾臣今粉軀不足塞責以謝亡者然
追榮者慮帝號諸王刺史乞贈三司其位班三
品請贈令僕五品之官各贈方伯六品已下及
白民贈以鎮●●諸死者無後聽繼即授封爵均
其高下節級別科使恩洽存亡有慰生死詔曰
覽表不勝鯁塞朕德行無感致茲酷濫尋徙
事貫切於懷可如所表自茲已後贈終叩濫庸
人賤品動至大官爲識者所不貴武定中齊文
襄王始革其失追襄有典焉榮啟帝遣使循城
慰問於是人情遂安朝士逃亡者亦稍來歸闕榮
又奏請蕃直朝望之日引見三公令僕尚書九
鄉又司州牧河南尹洛陽河陰執事之官參論

國沿經綸王道以爲常式五月榮還晉陽七月
詔曰乾坤統物星象贊其功皇王御運股肱匡
其業是以周道中缺齊晉立之忠殷祚或
虧彭章振救時之節自前朝失御厄運荐臻太
原王榮爰戴朕躬推臨萬國勳蹤伊霍功格二
儀王室不壞伊人是賴可柱國大將軍兼錄尚
書事餘如故時葛榮將向京師眾號百萬相州
刺史李神軌閉門自守賊鋒已過汲郡所在村
塢悉被殘略榮啟求討之九月乃率精騎七千
馬皆有副悟道兼行東出滏口葛榮爲賊既父
橫行河北時眾寡非敵議者謂無制賊之理葛
榮聞之喜見於色乃令其眾曰此易與耳諸人
俱辦長繩至便縛取葛榮自鄴以北列陳數十
里箕張而進榮潛軍山谷爲奇兵分督將令
三人爲一處處有數百騎令所在揚塵鼓譟使
賊才不測多少又以人馬逼戰刀不如棒一枚
士馬上各齎神棒一枚置於馬側至於戰時不
聽斬級以棒棒之而已慮廢騰逐也乃分命壯

勇所當衝突號令嚴明戰士同奮榮身自陷陳
出於賊後當其合擊大破之於陳擒葛榮餘眾
悉降榮以賊徒既眾若即分割恐其疑懼或更
結聚乃普告勒各從所樂親屬相隨任所居止
於是羣情喜悅登即四散數十万眾一朝散盡
待出百里之外乃始分道押領隨便安置時人服
其處分機速乃檻車送葛榮趣闕詔曰功格天
其臣攉其渠帥量力授用新附者咸安時人服
地錫命之位必崇道濟生民襃賞之名宜大是

必有華贊亳不次之號爰歸渭叟翼周殊世之
班載集況導源積石龍構嶇山門踴英猷成
鴻業抗高天之攉柱振厚地之絕維德冠五侯
勳高九伯者哉太原王榮代荷蕃寵世載忠烈
入臣頹運出勤元兇使積年之霧倏焉滌蕩數
載之塵一朝清謐燕恒既泰趙魏還蘇比績況
功古今莫二若不式稽舊典增是禮數將何以
昭德報功遠明國軌可大丞相都督河北畿外
諸軍事增邑二万戶通前三万及餘官悉如故初

榮之將討葛榮也軍次襄垣遂令軍士列圍大
獵有雙兔起於馬前榮乃躍馬彎弓而誓之
曰中之則當擒葛榮不中則否既而並應弦雙
三軍咸悅及破賊之夜夢一人從葛榮索千牛刀
葛榮初不肯與此人手持授榮既寤每喜自
知必勝又詔曰我皇魏道契神元德光靈範源

先二象化穆五才玉歷與日月惟休金鼎共乾
坤俱永而正光之末皇運時屯百揆咸亂九宮
失叙朝野撫膺士女嗟怨遂使四海土崩九區
瓦解逆賊杜周虔劉燕代妖寇葛榮假鑒魏
趙常山易水戎皷夜驚冰井叢臺胡塵晝合
朝南兇巳丘墟河北殆成灰燼宗廟懷匪安之
慮社稷急不測之憂殳天丞相太原王榮道鏡域
中德光區外神昭藏往思實知來義踵先勳忠
資裏烈遂能太建義謀收集忠勇能罷競逐
虎豹爭先軒蓋羽南溟搏風北極氣震休原勢

勳山岳弔民伐罪殲此鯨鯢卒多於長平積
器高於熊耳秦晉聞聲而喪膽齊莒側聽而
鼉息中興之業是乎再隆太平之基茲焉更始
雖復伊霍宣翼之功桓文崇贊之道何足以髣
髴鴻蹤比勳盛烈道格普天仁沾率土振古以
來未有其比若不廣錫山河大開土宇何以表
大義之崇高標盛德之廣遠可以冀州之長樂
相州之南趙定州之博陵滄州之浮陽平州之
遼西燕州之上谷幽州之漁陽等七郡各萬戶
通前滿十萬戶為太原國邑又進位太師餘如
故建義初北海王元顥南奔蕭衍衍乃立為魏
主資以兵將時邢杲寇亂三齊與顥應接朝廷
以顥孤弱不以為慮永安三年春詔大將軍元
穆先平齊地然後回師征顥顥以大軍未還乘
虛倏進既陷梁國鼓行而西滎陽虎牢並皆不
守五月車駕出幸河北事出不虞天下改望滎
聞之即時馳傳朝行宮於上黨禁之長子行其部
分與駕於是南轅滎為前驅旬日之間兵馬大

集資糧器伏繼踵而至天穆既平邢杲亦渡河
以會車駕顥都督宗正珍孫河內太守元襲固
守不降滎攻而剋之斬珍孫元襲以徇帝幸河
內城滎與顥相持於河上顥令都督安豐王延
明緣河據守顥既未有舟船不得即渡議欲還
北更圖後舉黃門郎楊侃高道穆等並謂大軍
若還失天下之望固執以為不可語在侃等傳
屬馬渚諸楊去有小船數艘求為鄉導顥子
都督介朱兆等率精騎夜濟登岸奮擊顥子
領軍將軍冠受率馬步五千拒戰兆大破之臨
陳擒冠受延明聞冠受見擒遂自逃散顥便率
麾下南奔事在其傳車駕渡河入居華林園詔
曰周武奉時藉十亂以纂曆漢祖先天資三傑
以除暴理民濟治斯道未爽使持節桂國大將
軍大丞相太原王滎蘊伏風煙抱含日月摠奇
正以成術兼文武而為資昔處亂朝韜光戢翼
秣馬異比厲兵晉陽佇龍顏而振腕想日角以
歡息忠勇奮發虎士如林義功始立所向風靡

故能芟夷羣惡振此頹綱俾朕寡昧獲承鴻
緒雖大位克正而衆盜未息葛榮跋扈仍亂中
原建旗伐罪授首殲元顥凶頑構成巨釁阻
弄吳楚汙社朕徒御此徂勛勞鞍甲王聞
難星奔一舉大定下洽民和上臣王室鴻巨
績書契所未紀飲至策勳事絕於比況非常
之功必有非常之實可天柱大將軍此官雖訪
古無聞今員未有太祖已前增置此號式遵典
故用錫殊禮又宜開土宇可增封十萬通前二

十萬加前後部羽葆鼓吹如故榮尋還晉陽
先是葛榮枝黨韓婁仍據幽平二州榮遣都督
侯淵討斬之時賊師万俟醜奴寶夤擁衆逕
兗勢日盛榮遣其從子天光為雍州刺史令率
都督賀拔岳侯莫陳悅等揔衆入關討之天光
既至雍州以衆少不敵遂巡未集榮大怒遣其
大懼乃進討連破之擒醜奴寶夤並檻車送闕
騎兵參軍劉貴馳驛詣軍加天光杖罰天光等
天光又擒王慶雲万俟道樂關西悉平於是天

下大難便以盡矢榮性好獵不舍寒暑至於
列圍而進必須齊一雖遇阻險不得回避虎豹
逸圍者而坐死其下其苦之太宰元天穆從容謂
榮曰大王動濟天下四方無事惟宜調政養民
順時蒐狩何必盛夏馳逐傷犯和氣榮便攘肘
謂之曰太后女主不能自正推奉天子者此
是人臣常節葛榮之徒本今日便言動也如
能開拓境土混一海內何且

自署假譬如奴走擒獲便休頃來受國大寵未
聞朝士猶自寬縱今秋欲共兄戎勒士馬校獵
嵩高原令貪汙朝貴又圍搏虎仍出魯陽歷三
荊悉擁生蠻比填六鎮回軍之際因平汾胡明
年簡練精騎分出江淮蕭關若降乞万戶侯如
其不降徑渡數千騎便往縛取待六合寧一八
表無塵然後共兄奉天子巡四方觀風俗布政
敦如此也乃可稱其今若止獵兵士懈怠安可
復用也榮身雖居外恒遙制朝廷廣布親戚列
為左右伺察動靜小大必知或有僥倖求官者

皆詣榮承候得其啓請無不遂之曾關補定
州曲陽縣令更部尚書李神儁以階懸不奉別
更擬人榮聞大怒即遣其所補者往奪其住榮
使入京雖復微蔑朝貴見之莫不傾靡及至闕
既有大功若請普代天下官屬恐陛下亦不得
為河南諸州莊帝未許天穆入見面啓曰天柱
遣之如何啓數人為州便停不用帝正色曰天
柱若不為人臣亦須代如其猶存臣節無代
天下百官理此事復何足論榮聞所啓不允大
為恚恨曰天子由誰得立今乃不用我語莊帝
外迫於榮恆怏怏不悦兼徽慫河陰之事恐
難保又城陽王徽侍中李彧等欲擅威權懼榮
書之復相閒構曰滋甚於是莊帝密有圖
榮之意三年九月榮啓將入朝朝士虞其有變
莊帝又畏惡之榮從弟七隆與榮書勸其不
來榮妻北鄉郡長公主亦勸不行榮並不從帝
既圖榮榮至入見即欲害之以天穆在并恐

為後患故隱忍未發榮之入洛有人告榮云帝
欲圖之榮即具奏帝曰外人告云亦言王欲
害我我豈信之於是榮不自疑每入謁帝從人
不過數十又皆挺身不持兵仗及天穆至帝伏
兵於明光殿東廊引榮及榮長子菩提天穆等
俱入坐定光祿少卿魯安典御李侃晞等抽刀
而至榮窘迫起投御坐帝先横刀膝下以手
之安等亂斫榮與天穆菩提同時俱死榮時年
三十八於是內外喜叫聲滿京城既而大赦
前廢帝初世隆等得志乃詔曰故使持節侍中
都督河北諸軍事天柱大將軍大丞相太師領
左右兼錄尚書北道大行臺太原王榮功濟區
夏誠貫幽明天不慭遺奄從物化追贈疑績列
代通謨紀德銘勳前王令範可贈假黃鉞相國
錄尚書事司州牧使持節侍中將軍王如故又
詔曰故假黃鉞持節侍中相國錄尚書都督中
外諸軍事天柱大將軍司州牧太原王榮惟岳
降靈應期作輔功侔伊霍德契桓文方籍棟

梁永康國命道長運短震悼兼深前已襄贈
用彰厥美然禮數弗窮文物有關遠近之望
猶或未盡宜循舊典更加殊錫可追號爲晉王
加九錫給九旒鑾輅虎賁班劍三百人輼輬車
淮晉太宰安平獻王故事諡曰武詔曰武泰之
末乾樞中圮不基邦國再造區夏俾我頹綱
於斯復振雖勳銘王府德被管絃而從祀之禮
於茲尚闕非所以酬懋實於當時騰殊績於不朽
宜遵舊典配享高祖廟庭

菩提弟蕭宗末拜羽林監尋轉直閤將軍孝莊
初以榮翼戴之勳超授散騎常侍平北將軍
中書令轉太常遷驃騎大將軍開府儀同三
司加侍中特進死時年十四前廢帝初贈侍中
驃騎大將軍司徒公冀州刺史諡曰惠

菩提弟文羅孝莊初除散騎常侍武衞將軍
初龍襲梁郡公又進爵爲王尋卒贈侍中車騎
將軍司空公又雍州刺史

義羅弟文殊建義初封平昌郡開國公進爵
爲王孝靜初轉襲榮爵太原王薨於晉陽時
年九歲

文殊弟文暢初封昌樂郡開國公食邑二千戶
以榮破葛賊之勳進爵爲王增邑千戶超授散
騎常侍撫軍將軍後除肆州刺史仍本將軍加
開府儀同三司武定三年春坐與前東郡太守

文暢弟文略襲爵梁郡王武定末撫軍將軍光
祿大夫

史臣曰太祖撫運乘時奮開王業世祖以武功
一海內高祖以文德革天下世宗之後政道頗
觀及明皇幼沖女主南面始則于忠專恣繼以
元又權重握賞罰之柄檀生殺之威榮悴在親
疏貴賤由離合附會者結之以子女進趨者要
之以金帛且佞諛用事功勳不賞居官肆其聚
歛乘勢極其陵暴於是四海囂然已有群飛之
漸矣逮於靈后反政宣淫於朝鄭儼手運天

機口吐王制本李軌徐紇刺促以求先元略元徽
喔咽以競入私利畢舉公道盡三遷通怨憤天
下鼎沸傾覆之徵於此至兵介朱榮綠將帥之列
藉部眾之用屬肅宗景崩民怨神怒遂有
臣頹拯獎之志援主逐一惡之圖蓋天啟之也於
時上下離心文武解體感企忠義之聲俱聽桓
文之舉勞不汗馬朝野靡然扶翼懿親宗祐
有主祀魏配天不殞舊物及夫擒葛榮誅元
顥戮邢杲翦韓蔓醜奴竇泰梟馬市此諸

魁者或據象魏或僭號令人謂秉皇符身各
之致力剗夷大難則不知幾人稱帝幾人稱王
也然則榮之功烈亦已茂乎而始則希覬非望
眄睞宸極終乃靈后少帝沈流不反河陰之下
謀帝業非徒鼠竊狗盜一城一聚而已苟非榮
夜冠塗地此其所以得罪人神而終於夷戮也
向使榮無姦忍之失修德義之風則彭韋伊霍
夫何足數至於末迹見猜地逼貽弊斯則蒯通
致說於韓王也

尒朱兆　尒朱度律　尒朱彥伯
　　　　尒朱度律　尒朱天光

尒朱兆字萬仁榮從子也少驍猛善騎射手
格猛獸矯捷過人數從榮遊獵嘗至於窮巖絶
澗人所不能升降者兆先之榮以此特加賞愛
任為爪牙榮嘗送臺使見二鹿乃命兆前止授
二箭曰可取此鹿供今食也遂停馬構火必待

尒朱列六十三　一

盡取杖之五十後以軍功除平遠將軍步兵校
尉榮之入洛兆兼前鋒都督及孝莊即阼特除
中軍將軍金紫光祿大夫又假驍騎將軍建興
太守尋除使持節車騎將軍武衛將軍左光
祿大夫都督潁川郡開國公食邑千二百戶從
後上黨王天穆討平邢杲及元顥之屯於河橋
榮遣兆與賀拔勝等自馬渚西夜渡數百騎
龍驤轂手顥子冠受擒之文進破安豐王延明顥於
是退走莊帝還宮論功除散騎常侍車騎大

將軍儀同三司增邑八百戶為汾州刺史復增
邑二千戶尋加侍中驃騎大將軍又增邑五百
戶及尒朱榮死也兆自汾州率騎據晉陽元暉
立授兆大將軍爵為王兆與世隆等定謀攻洛
兆遂率衆開闔降璽降南出進達太行大都督源子恭下都
督史仵龍開闔降璽降先是河邊人作疆波津令彎縮
河梁西涉度津令彎縮
已曰尒朱家欲掩襲京邑先是河邊人夢神謂
水脉月餘夢者死及兆至有行人自言知水淺

尒朱列六十三　二

劾以草往表捕而道焉忽失其所在兆
遂策馬涉渡是日暴風鼓怒黃塵漲天騎卒
宮門宿衛乃覺纂弓欲射袍撥弓矢不得
發一時散走雲龍門外為兆騎所執
於永寧佛寺兆撲殺皇子汙辱妃嬪繼兵虜
掠俘洛監閱財貨遂害帝於晉陽兆後於
河梁監閱財貨遂害帝於晉陽兆後向
洛也遣使招齊獻武王欲與同舉王時為晉州
刺史謂長史孫騰曰臣而代君其逆已甚我今

中路王時率騎東轉聞帝已渡於是西還仍與

兆書陳其福禍不宜害天子受惡名兆怒不納

帝遂暴崩初熒惑死莊帝詔河西人紇豆陵

步蕃等令龍秀容兆入洛後步蕃兵勢甚

盛南通晉陽兆所以不暇留守馬

驍果本無榮略為步蕃所敗於是部勒士馬

謀出山東令人頻徵獻武王於晉州乃分三州

六鎮之人令王統領既分共別營乃引兵南出

以避步蕃之銳步蕃至於樂平郡王與兆還討

破之斬步蕃於秀容之石鼓山其眾退走兆將

數十騎詣王通夜宴飲後還營招王王知兆難

信未能顯示將欲詣之臨上馬長史孫騰牽衣

而止兆乃隔水責罵騰等於是各去王還自襄

垣東出兆歸晉陽及前廢帝立授兆使持節

侍中都督中外諸軍事柱國大將軍領軍將

軍領左右并州刺史兼錄尚書事大行臺文

以兆為天柱大將軍兆謂人曰此是叔父終官

我何敢受遂固辭不拜尋加都督十州諸軍

不往彼必致恨卿可往申吾意但云山蜀未平

今方攻討不可委之而去致有後憂定蜀之日

當隔河為掎角之勢如此報之以觀其趣騰乃

詣兆及之於并州大谷具申王言兆殊不悅且

曰還白高兄有吉夢吾比夢吾亡父父登一高

騰問王夢如何兆答曰吾比夢吾亡父父登一高

堆堆旁之地悉皆耕熟唯有馬蘭草株往往

猶在吾父問言何故不拔之吾手所至無不盡出以此而

父顧我我令下拔之吾手所至無不盡出以此而

言往必有利騰還具報王曰兆等猖狂舉兵犯

上吾今不同猜忌成矣勢不可及事余朱令公也

南行天子列兵河上兆進不能渡退不得還吾

乘山東下出其不意此徒可以一舉而擒俄而

兆剋京師孝莊幽縶都督尉景從兆南行以

書報王王得書大驚召騰示之曰卿可馳詣

地示必謁賀密觀天子今在何處為隨兆軍府

為別送晉陽脫其送并卿宜馳報吾當於路

邀迎唱大義於天下騰晨夜驅馳已遇帝於

事世襲并州刺史齊獻武王之剗殷州也兆與仲遠度律共討之仲遠次於陽平兆出井陘屯於廣阿衆號十萬王廣縱反間或云世隆兄弟謀欲害兆復言兆與王同圖仲遠等於是兩不相信各致猜疑徘徊不進仲遠等頻使蕭凝望深疑仲遠等有變遂趨出馳還仲遠同坐幕下兆性麤獷意色不平手舞馬鞭長斛斯椿賀拔勝往喻之兆輕騎三百來就仲遠遣椿勝等追而曉譬兆遂拘縛將還經日放遣

仲遠等於是奔退王乃進擊兆兆軍大敗兆與仲遠度律遂相疑阻久而不和世隆請前廢帝納兆女為后乃大喜世隆厚禮喻兆赴洛深示甲下隨其所為無敢違者兆與天光度律更自信約然後大會於韓陵山戰敗復奔晉陽遂大掠并州城内獻武王自鄴討之兆遂走於秀容王又追擊度兆窘於窮山殺所乘馬自縊於樹王收而葬之兆果於戰闘每有征伐常居鋒首當時諸將伏其材

力而麤脱少智無將領之能榮雖奇其膽決然每去兆不過將三千騎多則亂矣兆弟智虎前廢帝封為安定王驃騎大將軍肆州刺史開府儀同三司與兆俱走獻武王擒之於梁郡斬岢嵐南山赦之後死於晉陽余朱彥伯榮從弟也祖候具高祖時光安二州刺史彥伯性和厚釋褐奉朝請累遷朱車都尉為榮府長史元曄立以為侍中前廢帝潛默龍花佛寺彥伯敦喻往來尤有勤欵

廢帝既立余朱兆以已不預謀大為尒朱焘將攻世隆詔令華山王鷙兼尚書僕射北道大使尉喻兆兆猶不釋世隆復遣彥伯自往喻之兆乃止及還帝釂彥伯於顯陽殿時侍中源子恭黃門郎竇瑗並侍坐彥伯曰源侍中此為尒朱與臣相持於河内當介之時彥伯曰旗鼓相望抄如天隔寧期同事陛下今日之歡也子恭曰諺通有言犬吠非其主他日之事永安猶今日之事陛下

耳帝目源侍中可謂有射鉤之心也遂令二人

極醉而罷尋除使持節驃騎大將軍右光祿大

夫馬場大都督封博陵郡開國公後進爵為王

又遷司徒于時炎旱有勸彥伯解司徒者乃上

表遜位詔許之俄除儀同三司侍中彥伯於兄

弟之中差無過患天光等敗於韓陵彥伯欲領

兵屯河橋以為聲勢世隆不從及張勸等掩襲

世隆彥伯時在禁直從長孫稚等於神虎門啓

首於齊獻武王先是洛中謠曰三月末四月初

陳齊獻武王義功既振將除尒朱廢帝令舍人

郭崇報彥伯知彥伯狼狽出走為人所執尋與

世隆同斬於閶闔門外懸首於斛斯椿門樹傳

楊灰簸土有見真珠又曰頭去項脚根齊上樹

不須梯至是並驗

彥伯弟仲遠頗知書計肅宗末年尒朱榮兵威

稍盛諸有啓調率多見從而仲遠募寫榮書又

刻榮印與尚書令史通為姦詐造榮啓表請人

為官大得財貨以資酒色落魄無行及孝莊即

乍除直寢寧遠將軍步兵校尉尋特除平北

將軍建興太守頓丘立縣開國侯邑五百戶後加散

騎常侍及改郡立州遷使持節車騎將軍建州

刺史加侍中進爵為公增邑五百戶尋改封清

河郡又加車騎大將軍左光祿大夫轉使持節

本將軍徐州刺史兼尚書左僕射二徐州大行

臺尋進督二徐州諸軍事餘如故仲遠上言曰

將統參佐人數不足事須在道更僕以充其貧

竊見比來行臺採募者皆得權立中正在軍

定第斟酌授官令求兼置權濟軍要詔從之

於是隨情補授肆意聚斂尒朱榮死仲遠勤

眾來向京師攻陷西兗州將逼東郡莊帝詔諸

督將駱驛進討並為仲遠所敗又詔都督鄭先

護及右衞將軍賀拔勝共討之勝戰不利仍降

仲遠尋尒朱兆入洛先護眾散而走前廢帝立

除使持節侍中都督三徐二兗諸軍事驃騎大

將軍開府儀同三司徐州刺史東道大都督大

行臺進爵彭城王尋加大將軍又兼尚書令竟

不之州遂鎮於大梁仲遠遣使請准朝式在軍

鳴騶帝覽啟笑而許之其情如此復進督東

道諸軍本將軍宛州刺史餘如故仲遠天性貪

暴大宗富族誣之以及殺其家口簿籍財物皆

以已夫夫死者投之河流如此者不可勝數諸

將婦有美色者莫不被其淫亂自榮陽以

東輸稅悉入其軍不送京師時天光控關右仲

遠在大梁兆據并州世隆居京邑各自專恣

權彊莫比為所在並以貪虐為事於是四方

解體又加世隆最為無禮大行臺仲遠專恣元劇方

之彥伯世隆為惡南牧守下至民俗

比之豺狼特為後殺屯東郡率衆與度

律等拒酈獻武王尒朱兆領騎數千自晉陽

來會軍次陽平主縱以聞說仲遠等迭相猜

疑狼狽道走後與天光等於韓陵戰敗南走

東郡仍奔蕭衍行死於江南

仲遠弟世隆字榮宗蕭宗末為直齋轉直寢

後兼直閤加前將軍尒朱榮表請之朝靈太后惡

六本世隆詣晉陽慰喻榮榮因欲留之世隆曰

朝廷疑兄故令世隆來今遂住便有內備非

討善者榮乃遣之榮舉兵南出世隆遂逃走

會榮於上黨建義初除給事黃門侍郎莊帝

即位乃特除侍中領軍將軍左衛將軍領左右肆

州大中正封樂平郡開國公食邑二千二百戶又

除車騎將軍都督鎮虎牢世隆不關世事無將帥

書右僕射尋即真元顥逼大梁詔假儀同三

司前軍都督鎮行臺陽曰世隆懼而道還

之略顥飢尚行臺右僕射都督相州諸軍事相州

莊帝倉卒北巡世隆之罪也駕在河內假驃騎

大將軍行臺右僕射都督相州諸軍事相州

剌史當州都督及車駕還宮除驃騎大將軍

尚書左僕射攝選左右廂出入又詔加散騎常侍莊

顏為狼滯所攝選待中詔加散騎常侍

帝之將圖尒朱榮也或有牓世隆門以陳其狀

者世隆封以呈榮勸其不入榮自恃威彊不以

為意遂手毀密書唾地曰世隆無膽誰敢生

心及榮死世隆奉榮妻燒西陽門率眾夜走
北攻河橋殺武衛將軍奚毅率眾戰大夏
門外朝野震懼憂在不測莊帝遣前華陽太
守段育慰喻世隆斬之以徇會李苗燒河
梁世隆乃北遁建州刺史陸希質開城拒守世
隆攻剋之盡殺城人以肆其忿及至長子與度
律等共推長廣王曄為主曄以世隆為開府儀
同三司尚書令樂平郡王加太傅行司州牧增
邑五千戶先赴京師會兆於河陽兆既平京邑

自以為功讓世隆曰叔父在朝多時耳目應廣
如何不知不聞令天柱受禍按劍瞋目聲色甚
厲世隆遜辭拜謝然後得已世隆深恨之時仲
遠亦自滑臺入京世隆與兄弟密謀以元曄踈
遠欲推立前廢帝而尒朱度律意在寶炬乃
曰廣陵不言何以主天下世隆兄彥伯密相敦
喻乃與度律等同往龍花佛寺觀之後知能語遂
行廢立初世隆之為僕射自憂不了乃取尚書
文簿在家省閱性聰解積十餘日然後視事

又畏尒朱榮威深自克勉留心几案傍接賓客
遂有解了之名榮死之後無所顧憚及為尚書
令常使尚書郎宋遊道邢昕在其宅聽視事東
西別坐受納訴訟稱命施行其專恣如此既惣
朝政生殺自由公行澇佚無復畏避信任羣小
隨其與奪又欲收軍人之意加汎除授皆以將
軍而兼散職督將吏無慮號者自此五等大
夫遂致猥濫又無貲限天下賤之武定中齊文
襄奏皆罷於是始革其獘世隆兄弟羣從各擁

彊兵割剝四海極其暴虐姦詭姐酷多見信用
溫良名士罕預腹心於是天下之人莫不厭毒
世隆尋讓太傅改授太保又固辭前廢帝特置
儀同三師之官次上公之下以世隆為之贈其
父賈珍使持節侍中相國錄尚書事都督定相
青齊濟五州諸軍事大司馬定州刺史及齊獻
武王起義兵仲遠度律等愚顓特彊不以為慮
而世隆獨深憂恐及天光戰敗世隆請出牧兵
前廢帝不許世隆令其外兵參軍陽叔淵單騎

馳赴北中簡閱敗歿以次内之而斛斯椿未得
入城詭說叔淵曰天光部下皆是西人聞其欲
掠邑遷都長安宜先内我以爲其備叔淵信
而内之椿既至橋盡殺世隆黨附令行臺長孫
稚詣闕奏狀別使都督賈智勸率騎掩執世
隆與兄彥伯俱斬之時年三十三初世隆曾與
吏部尚書元世儁握槊忽聞局上歘然有聲一
局之子盡皆倒立世隆甚惡之世隆又曾畫寢
其妻奚氏忽見有一人持世隆首去奚氏驚怖
就視而世隆寢如故也既覺謂妻曰向夢人斷
我頭去意殊不適又此年正月晦日令僕並不
上省西門不開忽有河内太守田怙家奴告省
門亭長云旦爲令王借車牛一乘終日於洛
濱遊觀至晚王還省將軍出東掖門始覺車
無褥請爲記識時世隆封王故呼爲令王亭長
以令僕不上西門不開無車入省兼無車跡此
奴固陳不已公文列訴尚書都令史謝遠疑謂
妄有假借白世隆付曹推檢時都官郎穆子容

窮究之奴言初來時至司空府西欲向省令王
嫌遲遣二防閤提儀刀催車車入到省西門王
嫌牛小繫於關下槐樹更將一青牛駕車令王
著白紗高頂帽短黑色儐從皆裙襦袴褶握板
不似常時服章遂遣一吏將奴送入省中聽事
東閤内東廂第一屋中其屋先常閉篇子容以
西門不開忽言從此入此屋常閉奴言在中詰其
虛囷奴云此屋若閞求得開看屋中有一板牀
牀上無席大有塵土兼有一甖米奴拂牀而坐
兼畫地戲弄甖中之米亦握之定其閉者應
無事驗子容與謝遠自入看之戶閉極久全無
開跡及入拂牀畫地蹤緒歷然米亦符同方知
不謬其以此對世隆悵然意以爲惡未幾見誅
世隆弟世承爲寧朔將軍金紫光祿大夫
城縣開國伯又特除撫軍將軍步兵校尉斛
左衛將軍尋加侍中領御史中尉世承人才猥
劣備貞而已及元顥内逼詔世承守輦轅世隆
棄虎牢不暇追告尋爲元顥所擒斕殺之莊帝

還宮贈使持節都督冀州諸軍事驃騎大將軍
司徒冀州刺史追封趙郡公
世承弟彌字輔伯初為散騎常侍左衞
將軍封朝陽縣開國伯又除車騎將軍左光祿
大夫領左右改封河間郡公尋為驃騎大將軍
開府儀同三司青州刺史天光等之赴韓陵也
世隆以其府長史房謨兼尚書為齊州行臺召
募士馬以趣四瀆關彌揔東陽之衆亦赴亂城毀揚
聲此渡以為掎角之勢及天光等敗彌乃還州
世隆既擒彌欲奔蕭衍數與左右割臂為約彌
帳下都督馮紹隆為彌信待乃說彌曰今方同
契闊須更約盟宜可當心瀝血示衆以信彌乃
從之遂大集部下彌袒行令紹隆持刀披
心紹隆因推刃殺之傳首京師
尒朱度律榮從父弟也鄙朴少言為統軍從榮
征伐莊帝初除安西將軍光祿大夫封樂鄉縣
開國伯尋轉安北將軍朔州刺史復除軍州刺
史後加散騎常侍右衞將軍又除衞將軍左光

禄大夫兼京畿大都督榮死與世隆赴晉陽元
曄之立以度律為太尉公四面大都督封常山
王與尒朱兆入洛兆還晉陽留度律鎮京師前
廢帝時為使持節中大將軍太尉兼尚書令
東北道大行臺與仲遠出拒義旗齊獻武王
間之與尒朱兆遂相疑貳自敗所至之處
軍戎聚斂無厭所至之處為百姓患毒其毋山
民聞度律敗遂恚憤而發病及度律至母責
之曰汝既荷國恩無狀反叛我何忍見他屠
戮汝也言終而卒時人怪異之後大行臺揔
隸長孫稚戰於韓陵敗還解斯椿先據河梁
度律欲攻之會大雨晝夜不止士馬疲頓弓矢
不得施用遂西走於澶波津為人擒執椿四之
送於齊獻武王王送於洛斬之都市
尒朱天光榮從祖兄子少勇決善弓馬榮親愛
之每有軍戎事要常預謀策孝昌末榮將擁
衆南轉與天光密議既據并肆仍以天光為都將
揔統肆州兵馬蕭宗崩榮向京師以天光攝行

肆州委以後事建義初特除撫軍將軍肆州刺
史長安縣開國公食邑一千戶榮留討葛榮留
天光在州鎮其根本謂之曰我身不得至處非
汝無以稱我心永安中加侍中金紫光祿大夫
北秀容第一酋長尋轉衛將軍大將軍元天穆
東征邢杲詔天光以本官為使持節假鎮東將
軍都督隸天穆討破之元顥入洛天光與天穆
會榮於河內榮發之後并肆不安詔天光以本
官兼尚書僕射為并肆雲怕朔燕蔚顯汾九州
行臺仍行并州委以安靜之天光至并州部分
約勒所在寧輯顥破尋還京師遷驃騎將軍加
散騎常侍改封廣宗郡公增邑一千戶仍為左
衛將軍建義元年夏万俟醜奴僭大號朝廷憂
之乃除天光使持節都督雍岐二州諸軍事驃
騎大將軍雍州刺史率大都督武衛將軍賀拔
岳大都督侯莫陳悅等以討醜奴天光初行唯
配軍士二千人詔發京城巳西路次民馬以給之
時東雍赤水蜀賊斷路詔侍中楊侃先行曉慰

并徵其馬倜雖入慰勞而蜀持疑不下天光遂入
關擊破之簡取壯健以充軍士悉收其馬至雍
又稅民馬合得萬餘匹以軍人寡少停留未進
榮遣責之杖天光一百榮復遣軍士二千人以
赴天光令賀拔岳率千騎先驅至岐州界長城
西與醜奴行臺尉遲菩薩相遇遂破擒之獲騎
士三千步卒萬餘醜奴棄岐州走還安定置柵
於平亭天光發雍至岐與岳合勢於汧渭之間
停軍牧馬宣言遠近曰今時將熱非可征討
待至秋涼別量進止醜奴每遣窺覘有執送
者天光寬而問之仍便放遣免者傳其待秋之
言醜奴謂以為實分遣諸軍散營農稼在岐州
之北百里涇川使其太尉侯伏侯元進領兵五
千據險立柵且耕且守在其左右千人巳下為一
柵者乃復數處天光知其勢分遂密嚴備脯時
潛遣輕騎先行斷路以防賊知於後諸軍盡發
昧旦攻圍元進大柵拔之諸所停柵並皆放散
須臾之間左右諸柵悉來歸款前去涇州百

貴縶仍以城降醜奴棄平亭旱而走欲趨高平天
光遣岳輕騎急追明日及醜奴於平涼長平坑
「戰」擒之天光明便共逼高平城內執送蕭寶
夤而降賊行臺万俟道洛率衆六千人入山不
下時高平大旱天光以馬乏草乃退於城東五
十許里息衆牧馬於是涇醲二夏北至靈州賊
黨結聚之類並來歸降天光遣都督長孫邪利
率二百人行原州事以鎮之道洛招誘城人來

〔魏書六三〕　十九

掩襲殺邪利并其所部天光與岳悅等馳赴之
道洛出城拒戰斬暫交便退追殺千餘人道洛還
走入山城復降附天光遣慰喻道洛不從乃率
衆西依牽屯山據險自守榮責天光失邪利
復道洛復遣使杖之二百詔降爲散騎常侍撫
軍將軍雍州刺史削爵爲侯天光與岳悅等復
司牽屯討之天光身討道洛戰敗牽數千
騎而走追之不及遂得入龍投略陽賊帥王慶
雲慶雲以道洛驍果絕倫得之甚喜便謂六事

可圖乃自稱皇帝以道洛爲大將軍天光欲討
之而莊帝頻勑榮復有書以隴中險遂兼天盛
暑令待冬月而天光知其可制乃率諸軍入隴
至慶雲所居永洛城慶雲道洛出城拒戰天光
復射中道洛臂失弓還走破其東城賊遂併趨
西城城中無水衆聚熱渴有人走降若未敢決當聽
洛欲突出死戰天光恐失賊帥爐礬茱已乃遣
謂慶雲曰力屈如此可以早降言慶雲
諸人今夜共議明晨早報而慶雲等異得小緩

〔魏書六三〕　二十

待夜突出報天光云請待明日天光因謂曰相
知須臾水今爲小退任取河飲賊衆安悅無復走
心天光密使軍人多作木槍各長七尺至黃昏
時布立人馬爲防衛之勢周匝立槍要路加厚
又伏人槍中備其衝突兼令密縛長梯於城北
其夜慶雲道洛果便突出馳馬先進不覺至槍
遇槍而止城北城士登梯上城賊徒路窮乞降
馬各傷倒伏兵便起同時擒獲餘衆皆出城南
至明盡獲其仗天光岳悅等議悉坑之死者万

於是三秦、河、渭、瓜、涼、鄯善咸來款順。天光頓軍略陽。詔復以天光前官爵，尋加侍中、儀同三司，增邑至三千戶。秦州城民謀殺刺史駱超，超覺走歸天光，天光復與岳悅等討平之。南秦滑城人謀害刺史辛琛顯，琛顯走赴天光，天光遣師臨之，往皆剋定。初，戎帥夏州人宿勤明達降天光於平涼，後復北走，收聚部類，謀為逆，攻天光於平涼。天光遣岳討之，未至，明達走於東夏，岳……麒麟欲并其眾，麒麟請救於天光，天光遣岳……

七千人，分其家口。

聞榮死，故不追之，仍還涇州，以待天光。天光亦下隴，與岳圖入洛之策，進至雍州北，破叛已。疑詔遣侍中朱瑞詣天光尉喻，天光與岳謀，欲令帝意奔別，更推立。乃頻啟云：臣實無異心，惟仰奉天顏，以申宗門之罪。又其下寮屬啟去天光密有異圖，願思勝筭以防微意。既而莊帝進天光爵為廣宗王，元曄又以為隴西王。及聞尒朱兆已入京師，天光乃輕騎向都，見世隆等，尋便還雍。世隆等議廢元曄，更舉親賢，遣使告於天光，天光

與定策立前廢帝，又加開府儀同三司，兼尚書令、關西大行臺。天光北出夏州，遣將討宿勤明達，擒之送洛。時費也頭帥紇豆陵伊利乃……受洛干等，都據有河西，未有所附。天光以齊獻武王起兵信都，內懷憂恐，不復北事伊利等，但微遣備之而已。又除大司馬。於時齊獻武王義軍轉盛，尒朱兆、仲遠等既經敗退，世隆累使徵天光，天光不從。後令斛斯椿苦要天光云：非王無以能定，豈可坐看宗家之滅也。天光不得已而東下，與仲遠等既敗於韓陵，斛斯椿等先還，於河梁拒之。天光既敗不得渡，西走，遇雨不可前進，乃執獲之。與度律送於齊獻武王，致於洛，斬於都市，年三十七。尒朱專恣，分裂天下，各據一方。天光有定關西之功，差不酷暴，比之兆與仲遠為不同矣。

史臣曰：尒朱兆之在晉陽，天光之據隴右，仲遠鎮捍東南，世隆兄弟秉朝政。于時立君廢主，易於反掌。慶賞威刑，咸出於己。若使布德行義，寬公忘私，脣齒相依，同心協力，則盤石之固，未可圖

列傳第六十三　　魏書七十五

而不和難以濟矣

絨豈不哀哉傳稱師克在和詩云貪人敗類貪

阿之役藥落冰離韓陵之戰土崩瓦解一旦殄

令勍敵得容覘閒心腹內阻形影外合是必廣

色譬諸溪壑有其狼狽天下失望人懷怨憤遂

也然是庸才志識無遠所爭唯權勢所好惟財

盧同字叔倫范陽涿人盧玄之族孫父輔字顯
元本州別駕同身八尺容皃魁偉善於處世
太和中起家北海王詳國常侍稍遷司空祭酒
昌黎太守尋爲營州長史仍帶郡人除河南尹
丞遷太尉屬會豫州城民白早生反都督中山
王英尚書邢巒等討之詔同爲軍司事平除冀
州鎮東府長史遭父憂解任後除司空諮議參

魏書傳六十四　[一]

軍兼司馬爲營橋東宮都將延昌中秦州民反
詔同兼通直常侍持節慰諭之多所降下還轉
尚書右丞進號輔國將軍以父諱時相州刺史奚
康生徵民歲調皆七十尺以邀奉公之譽
驤熙平初轉左丞加征虜將軍乃舉按康生度
外徵調書奏詔科康生之罪褒同在公之績
肅宗世朝政稍衰人多寬怠軍功同閱吏部勳
書因加檢覆覈得竊階者三百餘人同乃表言

竊見吏部勳簿多皆改換乃校中兵奏按並復
乖姦臣聊爾揀練已得三百餘人明知隱而未
露者動有千數愚謂罪雖恩免猶須列定請遣
一都令史與令僕省事各一人惣集吏部中兵
二局勳簿對勾奏按若名級相應者即於黃素
楷書大字具件階級數令本曹尚書以朱印印
之明造兩通一關吏部一留本局爲案設令奸
進則防擬洗之僞退關則無改易之理從前以來

魏書六十四　[二]

動書上省唯列姓名不載本屬致令竊濫之徒
輕爲苟且今請征職白民具列本州郡縣三長
之所其實官正職者亦列名貫別錄歷階仰本
軍印記其上然後印縫各上所司統將都督並
皆印記然後列上行臺關太尉太尉檢練
精實然後印關付吏部項來非但偷階冒名改換
黃素朱印關始關付吏部頃來或易名受級凡如此者
動簿而已或一階再取或易名受級凡如此者
其人不少良由吏部無簿防塞失方何者吏郡
加階之後簿不注記此之故易生僥倖自今

敘階之後名簿具注加補日月當畫印記然後

付曹郎中別作抄自印記一如尚書郎中自掌

遞代相付此制一行差止姦因詔從之同又奏

曰臣頃奏以黃素為勳具注官名屬屬吏部

換勳之法事且三條上姦偽然在軍虛詐猶未可盡請自

簿政可麤麤止姦偽止姦偽猶未可盡請自

今在軍閱勳簿之日行臺軍司監軍都督各明立

紙之上當中大書起行臺統軍位號勳人甲乙

丈按處處記之斬首成一階已上即令給券一

斬三賊及被傷成階已上亦具書於券各盡一

行當行豎裂其券前後皆起年號日月破其處

陳其官其勳印記為驗又付勳人一支付行

臺記至京即送門下別函守錄又自遷都以來

戎車屢捷所以征勳轉多敘不可盡者良由歲

久生姦積年長僞巧吏階緣偷增遂生其請今

為始諸有勳簿已經奏賞者即廣下遠近云其

處勳判咸令知聞立格酬敘以三年為斷其職

人及出身限內悉令銓除實官及外號隨才加

授庶使酬勳者速申立功者勳事不經久偉倖

易息或遭窮難州無中正者不在此限又勳簿

之法征還之日即應申送頃來行臺督將至京

始造或一年二歲力上勳書姦偽之原實自由

復依行元又之廢靈太后也相州刺史中山王

熙起兵於鄴熙敗以同為持節兼黃門侍郎慰

勞使乃就州刑熙還授平東將軍正黃門營明

堂副將尋加撫軍將軍光祿大夫本州大中正

同善事在位為父所親戮熙之日深窮黨與以

希又旨論者非之又給同羽林二十人以自防

衞同兄琭少多大言常云公侯可致至此始為

都水使者同啟求回身二階以加琭遂除同

州刺史論者稱之譽州城民就德興謀反除同

度支尚書黃門如故持節使譽州慰勞聽便

宜從事同頻遣使人皆為賊害當乃遣賊家口三

十人并免家奴為良齎書諭德興乃降安

輯其民而還德興復反詔同以本將軍為幽州

刺史兼尚書行臺慰勞之同慮德興難信勒衆
而往為德興所擊大敗而還靈太后反政以同
又當黨除名孝昌三年除左將軍太中大夫兼左
丞為齊兗二州行臺節度大都督李叔仁關莊
帝踐祚詔復本秩除都官尚書復兼七兵以同
前慰勞啟乞德興之功封章武縣開國伯邑四百戶
從務啟乞德興之功為黃門也與前廢帝俱
中進號驃騎將軍左光祿大夫同時久病彊率
正除七兵尋轉殿中加征南將軍普泰初除侍
之除儀同三司餘官如故永熙初薨年五十六
贈侍中都督冀滄瀛三州諸軍事驃騎大將軍
司空公冀州刺史開國伯如故賜帛四百匹諡
曰孝穆三年復加贈尚書右僕射有四子
長子斐武定中文襄王大將軍府掾
斐又弟筠青州治中
同兄靜太常丞
靜子景裕在儒林傳

張烈字徽仙清河東武城人也高祖賜名曰烈
仍以本名為字焉高祖悌為慕容德南渡因居齊郡
射曾祖恂散騎常侍隨慕容德有氣幹時青州有
之臨淄烈少孤貧沙獵經史有令譽時人號曰三徽
崔徽伯房徽叔與烈並有
高祖時入官代都歷侍御主文中散遷洛除尚
書儀曹郎彭城王功曹史太子步兵校尉蕭寶
卷將陳顯達治兵漢南謀將入寇時順陽太守
王青石世官江南荊州刺史廣陽王嘉慮其有
異表請代之高祖詔侍臣各舉所知乞有申薦
者高祖詔曰此郡今當必爭之地須得堪濟之才
何容泛舉也太子步兵張烈每論軍國之事時
有會人意處朕欲用之何如彭城王勰稱贊之
遂敕除陵江將軍順陽太守烈到郡二日便為
寶卷將崔慧景攻圍七十餘日烈撫厲將士甚
得軍人之和會車駕南討慧景遁走高祖親勞
烈曰卿定可遂能不負所寄烈拜謝曰若不負
靈輿親駕臣將不免困於大羊自是墜下不負

臣非臣能不負陛下高祖善其對世宗即位追
錄先勳封清河縣開國子邑二百戶尋以毋老
歸養積千餘年頻值凶儉烈爲粥以食飢人蒙
濟者其衆鄉黨以此稱之肅宗初除龍驤將軍
司徒右長史又轉征虜將軍司空長史先是元
义江陽王繼曾爲青州刺史及又當權烈託
故义之懷遂相誣附除前將軍給事黃門侍郎
尋加平南將軍光祿大夫後靈太后反政以烈
又黨出爲鎮東將軍青州刺史于時議者以烈
家產畜殖僮客其多應其怨望不宜出爲本州
改授安北將軍瀛州刺史爲政清靜吏民安之
更滿還朝因解老還鄉里兄弟同居恰恰然爲
親頻所慕元象元年卒於家時年七十七列先
爲家誡千餘言并自叙行及所歷之官臨終
勅子姪不聽求贈但勅家誡立碣而已其子質
奉行焉
　質博學多才蓺解褐奉朝請員外郎龍驤將軍
　諫議大夫未龒襲爵興和中卒於家

魏書傳六十四　〔七〕

質弟登州主簿

烈弟僧皓字山客歷涉羣書工於談說有名於
當世熙平初徵爲諫議大夫正光五年以國子
博士徵之孝昌二年徵爲散騎侍郎並不赴世
號爲徵君焉好營產業孜孜不已藏鏹巨萬他
資亦稱是兄弟自供儉約車馬瘦弊身服布裳
而婢妾紈綺僧皓好蒲弈戲不擇人是以獲
譏於世前廢帝時崔祖螭舉兵攻東陽城僧皓
與同事敗死於獄籍沒家產出帝初許復業

子軌州主簿

史臣曰盧同質器洪厚卷舒兼濟張烈草撫其
輩氣尚見知趣捨深沈俱至顯達雅道正路其
殆病諸

列傳第六十四　　魏書七十六

魏書六十四　〔八〕　章〓

宋翻　辛雄

　羊深　楊機

　高崇

宋翻字飛烏廣平列人也吏部尚書弁族弟
少有操尚世人以剛斷許之世宗初起家奉朝
請本州治中廣平王郎中令尋拜河陰令翻第
道璵先為冀州京兆王愉法曹行參軍愉反遍
道璵為官翻與第世景俱囚廷尉道璵後棄愉

歸罪京師猶坐身死翻世景除名久之拜翻治
書待御史洛陽令中散大夫相州大中正猶領
書又遷左將軍南兗州刺史時蕭衍遣將先
據荊山規將寇竊屬蜀壽春綰陷賊遂乘勢徑趨
項城翻遣將成僧達攜軍討襲頻戰破之自是
南尹初翻為河陰令順陽公主家奴為劫攝而
不送翻將兵圍主宅執主壻馮穆步驅向縣時
正炎暑者立之日中流汗霑地縣舊石乃大枷時人

王華

號曰彌尾青及翻為縣主吏請焚之翻曰且置
南牆下以待豪家未線有内監楊小駒詣縣請
事辭色不遜命取尾青以鎮之既免翻昊自陳狀
宗世宗大怒勅河南尹推治其罪翻昊自陳狀
詔曰卿故違朝法豈不欲作威以買名者對
者非臣欲買名者亦耳於是威振京
百姓欲待兔暴之徒如小駒者留於非敢施於
師及為洛陽迄於減損永安三年卒於位贈侍中
當世之名大致減損永安三年卒於位贈侍中

衛將軍相州刺史出帝初重贈驃騎大將軍儀
同三司尚書左僕射雍州刺史諡曰身烈

子思遠卒於司空從事中郎

翻第毓字道和敦篤有志行平西將軍太中大
夫

子世軌齊文襄王大將軍府祭酒

蔴第世景在良吏傳

世景第叔集亦有學子行征東裴衍之討葛榮也
袁為員外散騎侍郎引同戎役及衍敗同時遇

叔集弟道璵少而敏儁世宗初以才學被召與
祕書丞孫惠蔚典校羣書考正同異自太學博
士轉京兆王愉法曹行參軍臨死作詩及挽詞
詞寄之親朋以見怨痛道璵又曾贈著作佐郎
張始均詩其未章云予深懷壁壘夏余有當門病
道璵既不免難始均亦遇世禍時咸怪之無子
兄毓以第三子子叔繼

辛雄字世賓隴西狄道人父暢字幼達大將軍

諮議參軍汝南鄉郡二郡太守太和中本郡
正雄有孝性頗涉書史好刑名廉謹雅素不妄
交友喜怒不形於色釋褐奉朝請父於郡遇惠
雄自免歸晨夜扶抱及父喪居憂殆不可識為
世所稱正始初除給事中十年不遷職乃以病
免清河王懌為司空辟戶曹日參軍攝甲曹懌
遷司徒仍隨授戶曹參軍並當煩劇諍訟填委
雄用心平直加以閑明政事經其斷割莫不悅
服懌重之每謂人曰必也無訟乎辛雄其有焉

由是名顯懌遷太尉又為記室參軍神龜中除
尚書駕部郎中轉三公郎其年沙汰郎官唯雄
與羊深等八人見留餘悉罷遣更授李琰等先
是御史中尉東平王元匡復欲興棺諫尚書
令任城王澄劾匡大不敬詔恕死為民雄奏理
匡曰竊惟匡歷奉三朝每蒙寵遇褰帷
之性簡自帝心鷹鸇之志形於在昔故高祖錫
之以匡名陛下任之以彈糾至若苑陷昇輦匡
斤宜下之言高肇當政匡陳擅權之表剛毅忠

款墓臣莫及骨鯁之跡朝野共知當昌朝之時
臣造棺致諫主聖臣直卒以無咎假欲重造先
帝已容之於前陛下亦宜寛之於後況其元列
由緒與罪按不同也脫終嘿默不在朝廷恐杜
忠臣之口塞諫者之心琅琊琴瑟之至和違監梅
之相濟祁奚云叔向之賢可及十世而匡不免
其身實可嗟惜未幾匡除龍驤將軍平州刺史
右僕射元欽謂左僕射蕭寶寅曰至如辛郎中
才用省中諸人莫出其右賢寅曰吾聞游僕射

古得如雄者四五人共治省事足矣今日之賞
何其晚哉初廷尉少卿表醜以犯罪之人經恩
競訴枉直難明遂奏曹深風聞者不問曲直推
為獄成恐不斷理詔令門下尚書廷尉議之雄
議曰春秋之義不幸而失寧僭不濫僭則失罪
人濫乃害善人今議者不忍罪妖更使出入縱
情令君子小人薰猶不別豈所謂賞善罰惡殺
勤隱恤者也仰尋周公不減流言之懲俯惟釋
之不加驚馬之辟所以小大用情貴在得所失

魏列六五

之千里差在毫釐雄火執懵載見疑訟職掌
三千願言者六一曰御史所糺有注其逃走者
及其出訴或為公使本曹給過所有指如不推
檢文按灼然者雪之二曰御史赦前注獲見贓
不辨行賕主名檢無賂以置直之主宜應洗復
三曰經栲不引傍無三證比以獄按既成因即
除削或有據令奏復者與本奪不同未獲審通例
又須定何如得為證人若必須三人對見受財
然後成證則於理太寬若傳聞即為證則於理

太急今請以行賕後三人俱見物及證狀顯著
準以為驗四曰赦前斷事或引律乖錯使除復
失東雖按成經赦宜追從律五曰經赦除名之
後或邀駕訴枉被旨重究或許省稱究竟奏更
檢事付有司未被研究遇恩宥如此之徒謂
證占而雪則違正格如除其名罪濫潔士以為

魏書傳六五

證占分明理合清雪未及受斷下檢反覆使鞫獄
之流請不追奪前按為定若不合栲反告按
不得異於常格依前按六日或告按忽逢恩赦從
罪須按成雪以占定若栲未畢格及要證一人
不集者不得為占定古人雖患察獄之不精未
聞知寬者不得為占定若陳賈士師之深疑朝夕
之急務願垂察獄令之所陳每有疑議雄
與公卿駁難事多見從於是公能之名其盛又
為祿養論稱仲尼陳五孝自天子至庶人無致
仕之文禮記八十一子不從政九十家不從政
鄭玄注云復除之然則止復庶民非公卿大夫
士之謂以為宜聽祿養不約其年書奏蘭宗納

之以毋憂去任卒哭右僕射元欽奏雄起復為
郎俄兼司州別駕加前軍將軍孝昌元年徐州
刺史元法僧以城南叛蕭衍遣蕭綜求據彭城
時遣大都督安豐王延明督臨淮王彧討之磐
桓不進乃詔雄副大常少卿元誨為使給齊庫
刀持節乘駅催軍有違即令斬決肅宗謂雄曰
誨朕家諸子摽以親懿籌策機計仗卿取勝耳
到軍勤令並進徐州綜送降款此異州刺史侯剛
啓為長史書關宗以雄長於世務惜不許之更除

司空長史於時諸公皆慕其名欲屈為佐莫能
得也時諸方賊盛而南寇侵境山蠻作逆肅宗
欲親討以荊州為行臺左丞與前軍
詔雄為先詔雄為行臺左丞與前軍
臨淮王彧東趣葉城別將裴衍西通鴉路衍稽
留未進或師已次汝濱北溝求救或以勳分
道別不欲應之雄曰今裝行未至士衆已集
疆左唐突撓亂近畿梁汝之間民不安業若不
時撲誡更為深害王秉麾闔外唯利是從見可
而進何必守道苟安社稷理可專裁所謂臣率

義而行不待命者也或恐後有得失之責要雄
符下雄以駅將親伐蠻夷必懷震動棄彼離心
無往不破遂符或軍令速赴擊賊聞之果自走
散在軍上䟽曰凡人所以臨陣陳而忘身觸白
刃而不憚者一則求榮名二則貪重賞三則畏
刑罰四則避禍難非此數事雖聖王不能勸其
臣慈父不能屬其子明主深知其情故賞行
罰必信使親疎貴賤勇怯賢愚聞鐘鼓之聲見
旌旗之列莫不奮競赴敵場豈獻生而樂

早死也利害懸於前欲罷不能耳自秦隴逆節
將歷數年蠻左亂常稍已多載凡在戎役數
万人三方師衆敗多勝少跡其所由不明賞罰
故也陛下欲天下之早平恕征夫之勤悴乃降
明詔賞不移時然兵將之勳歷稔不決亡軍之
卒晏然在家致令節士無所勸慕庸人無所
懼進而擊賊死交而賞絛退而逃散身全而無
罪此其所以望敵奔沮不肯進力者矣若重發
明詔更宣重賞罰則軍威必張賊難可強臣聞必

不得已去食就信以此推之信不可斯須廢也
賞罰詞陛下之所易尚不能全而行之攻敵士之
所難欲其必死寧可得也臣既庸弱忝當戎使
職司所見輒敢上聞惟陛下審其可否會右丞
闕蕭宗詔僕射城陽王徽舉人徽選舉仍除
輔國將軍尚書右丞尋轉吏部郎中遷平東將
軍光祿大夫郎中如故上一疏曰帝王之道莫尚
於安民安民之本莫加於禮律禮律既設擇賢
而行之天下雍熙無非任賢之功也故虞舜之
盛穆穆標美文王五父命濟濟以康高祖孝文皇
帝天縱大聖開復典謨選三代之異禮採三漢
之典法端拱而四方安刑措而兆民治世宗重
光繼軌每念聿修官人有道萬里清謐陛下
勞日吳躬親庶政求漠恤民無時暫憩而黔首
紛然兵車不息以臣愚見可得而言曰自神龜末
來專以停年為選士無善惡歲父先敘職無劇
易名以簡用老舊為平直且庸劣之人莫
衡之人以簡用執按之吏以差次日月為功能銓

不貪鄙委業管以共治之重託碩鼠以百里之
命皆化負賄是求肆縱意禁制雖煩不勝其欲
致令徭役不均發調違謀箕斂盈門囚執滿道
二聖明詔寢而不遵畫一之法懸而不用自此
夷夏之民相將為亂豈有餘憾哉蓋由官授不
得其人百姓不堪其命故也當今天下黔黎文
經寇賊父死兄亡子弟淪陷流離艱危十室而
九白骨不收孤煢靡財殫力盡無以卒歲宜
及此時早加慰撫蓋助陛下治天下者惟在守
令最須簡置以康國道但郡縣選舉由來共輕
貴遊儁才莫肯居此宜改其獎以定官方請上
等郡縣為第一清中等為第二清下等為第三
清選補之法妙盡才望如不可並後地先才不
得拘以停年竟無銓革三載黜陟有稱者補在
京名官如前代故事不歷郡縣不得為內職則
人思自勉上下同心枉屈可申彊暴自息刑政
日平民俗化矣復何憂於不治何恤於逆徒
也竊見今之守令清慎奉治則政平訟理有非

其才則綱維荒穢伏願陛下載量留天心校其利
害則臣言可驗不待終朝昔杜畿寬惠河東無
警蘇則分糧金城剋復觀今古風俗遷訛固
不任賢以相化革朝任夕治功可立待若遵常
習故不明選典欲以靜民便恐無日書奏會蕭
宗朋初蕭寶寅在雍州起逆城人侯衆德等討
逐之多蒙尉賞武泰中詔雄兼常書爲關西賞
勳大使未行之間會爾朱榮入洛及河陰之難
人情未安雄潛竄不出莊帝欲以雄爲尚書門

下奏曰辛雄不出存亡未分莊帝曰當失亡而
用之不可失存而不用也遂除度支尚書加安南
將軍元顥入洛北中郎將楊侃從駕北出莊
帝以侃爲度支尚書及乘輿反洛復召雄上雄
面辭曰臣不能死事俛眉從賊乃是朝廷重臣
縱陛下不賜誅罰而比來尚書勳高義重臣宜
避賢路莊帝曰卿且還本司朕當別有處分遂
解侃尚書未幾詔雄以本官兼侍中關西慰勞
大使將發請事五條一言通縣租調宜悉不徵

二言簡儉罷非時徭役以紓民命三言課調之際
使豐儉有殊令州郡量撿不得均一四言共起
歷年死亡者衆或父或子辛酸未歇見存者老
請假板職悅生者之意慰死者之魂五言喪亂
既父禮儀寡習如有閨門和穆孝悌卓然者宜
表其門閭仍啓曰臣聞王者愛民之道有六一
曰利之二曰成之三曰生之四曰與之五曰樂
之六曰喜之使民不失其時則成之世省刑
罰則生之也薄賦斂則與之也無多徭役則樂

之也吏靜不苛則喜之也伏惟陛下道邁前王
功超往代敷春風而鼓俗雄至德以調民生之
養之正當茲日悅近來遠亦是令時臣旣悉將
命宣揚聖澤前件六事謂所宜行若不除煩扰
疾惠孤恤寡便是徒乘官駟謹率愚管敢以陳
費於郵亭皇覽許莊帝從之因詔民年七十者授縣
聞気垂覽許莊帝從之因詔民年七十者授縣
八十者授郡九十加四品將軍百歲從三品將
軍三年遷鎮南將軍都官尚書行河南君普泰

時為鎮軍將軍殿中尚書又加衛將軍右光祿
大夫秦州大中正太昌中又除車騎大將軍左光祿大夫仍尚書
部尚書尋除車騎大將軍左光祿大夫仍尚書
永熙二年三月又兼吏部尚書於時近習專恣
請託不已雄懼其讒匿不能確然守正論者頗
譏之出帝入關右衛兼左僕射劉欽楊機等曰為
兼侍中帝入狩南狩兼尚書崔孝芬至洛於永寧寺集
朝士責讓雄及尚書崔孝芬至洛於永寧寺集
臣奉主扶危救亂若處不諫諍出不暗隨緩

則眈寵忌便竄避臣即安在諸人默然不能對
雄對曰當主上信狎近臣雄等不與謀議及萊
與西遷若即奔隨便恐跡同使黨留待大全便
以不從蒙責雄等進退如此不能自委溝壑實
為懃負王復責雄曰卿等守備位納言當以身報國
不能盡忠依附詭使未聞卿等諫諍言使國
家之事勿忽至於此罪欲何歸也乃誅之時年五
十沒其家口二子士璨士貞逃入關中
雄從父兄纂字伯將學涉文史溫良雅正初為

兗州安東府主簿與祕書丞同郡安東郡主李伯尚有舊
伯尚與咸陽王禧同逆逃竄投纂坐事覺坐免官
積十餘年除奉朝請稍轉太尉騎兵參軍每為
府主清河王懌所賞及欲定考懌曰辛騎兵有
學有才宜為上第轉越騎校尉尚書令李崇北
崇有稱啓為長史及廣陽王淵北伐又可為長
史尋拜諫議大夫臨淮王彧或所稱數屬在朝達
伐蠕蠕引為錄事參軍臨淮王彧北征以纂隨
舉之蕭衍遣曹義宗攻新野詔纂持節兼尚

書左丞南道行臺率眾赴接至便破之義宗等
以其勁速不敢復進於時海內多虞京師更無
繼援惟以二千餘兵捍禦疆場又詔纂為荊州
司除驍騎將軍加輔國將軍纂善撫將士多
用命問纂曰安危在人豈關是也遂發喪號哭三
凶問纂甚憚之會肅宗崩諱至咸以對敵欲祕
軍縞素還入州城申以明約尋為義宗所圍相
率固守莊帝即位除通直散騎常侍征虜將軍
兼尚書仍行臺後大都督費穆擊義宗擒之入

城因舉酒屬密纂曰微辛行臺之在斯吾亦無由
建此功也入朝言於莊帝稱纂固節危城宜蒙
爵賞以勸將來帝乃下詔慰勉之尋除持節平
東將軍中郎將賜絹五十四金裝刀一口永安
二年元顥乘勝卒至城下尒朱世隆狼狽退還
城內空虛遂為顥擒及莊帝稱纂謝不守之
罪帝曰於時朕亦巡東軍不守豈卿之過還
鎮虎牢俄轉中軍將軍滎陽太守民有姜洮生
康乞得者舊是太守鄭仲明左右豪猾偷竊境

〈魏傳六十五〉　十五　▼

內為患纂同捕擒獲梟於郡市百姓忻然加鎮
東將軍太昌中除左光祿大夫纂僑寓洛陽乃
為河南邑中正永熙三年除使持節河內太守
燕獻武王赴洛兵集城下纂出城謁王曰纂受
詔於此本有禦防大王忠貞王室扶獎顥廢纂
敢不匍匐王曰吾志去奸佞以康國道河內此
言深得王臣之節因命前侍中司馬子如曰吾
行途疲弊樊宜代吾執河內手也便入洛九月行
西荊州事兼尚書南道行臺尋正刺史時蠻酋

樊五能破析陽郡應宇文黑獺纂議欲出軍討
之纂行臺郎中李廣諫曰析陽四面無民唯一
城之地耳山路深險表裏羣蠻若少遣軍則
力不能制賊多遣則減徹防衛根本虛弱脆不
如意便大挫威名人情一去州城難保纂曰豈
得縱賊不討令其為患日深廣曰今日之事唯
須萬全且慮在心腹何暇臺軍已破洪
威計不久應至公但約勤屬城使各修完壁壘
善撫百姓以待救兵雖失析陽如棄雞肋纂曰

〈魏書六十五〉　十六　孫

卿言自是一途我意以為不爾遂遣兵玫之不
剋而敗諸將因己不返城人又密招西賊黑獺
遣都督獨孤如願率軍潛至突入州城遂至廳
閻纂都督定殺二州諸軍事驃騎大將軍尚書
之贈纂左惟五六人短兵接戰為賊所擒遂害
左僕射司徒公定州刺史
子子炎武定中博陵太守
雄從祖曇護以謹厚見稱卒於并州州都
子熾武定中儒將軍右光祿大夫

雄族祖琛字僧貴父敬宗延興中代郡太守琛

少孤曾過友人見其父母兄弟卷無恙垂涕久

之釋褐奉朝請滎陽郡丞太守元麗性頗使酒

琛每諫之麗後醉輒令閤閤曰委使丞入也高

景明中為伏波將軍濟州輔國府長史轉奉車

祖南征麗從興駕詔琛曰委卿郡事如太守也

都尉出為揚州征南府長史李崇多事產

業琛每諍折崇不從遂相糾舉詔並不聞後加

龍驤將軍帶南梁太守崇因置酒謂琛曰長史

〔魏書傳六十五〕　三十七　　十七

後必為刺史但不知得上佐何如人耳琛對曰

若萬一叨忝得一方正長史朝夕聞過是所願

也崇有愧色卒於官琛寬雅有度量涉獵經史

喜慍不形於色當官奉法在所有稱

長子悠字元壽早有器業為侍御史監揚軍

賊平錄勳書時崇猶為刺史欲寄人名悠不許

崇曰我昔值其父令復逢其子早卒

悠弟俊字叔義有文才東益州征虜府外兵參

軍府主魏子建為山南行臺以為郎中有軍國

機斷還京於滎陽為人劫害贈征虜將軍東

秦州刺史

俊弟術字武定末散騎常侍

術弟休字季令

琛族子珍之少有氣力太尉鎧曹行參軍稍遷

休弟憒字季緒俱有學尚亦早卒時人傷惜之

中堅將軍司徒錄事參軍廣州大中正丁憂去

任尋起為汝北太守永安中司空諮議參軍通

直常侍永熙中襄城太守天平初洛州以南人

〔魏書傳六十五〕　二百八十八　　十八

情駭懼勅為大使持節慰諭廣洛二州三年除

征東將軍行陽平郡事郡民路黑奴起逆攻郡

為黑奴所執諸賊勸殺之黑奴曰成敗未可知

何為先殺太守也乃將珍之自隨待遇以禮右

衞將軍郭瓊討平黑奴乃得免興和中為衞將

軍司徒司馬武定三年除驃騎將軍比海太守

還為儀同開府長史兼光祿少卿未幾詔珍之

持節為廣洛北荊揚雍襄六州慰勞大使比荊

鎮城行廣州事招納有稱齊文襄王遺書慰勉

賜以衣帛尋勑行平州卒於官贈驃騎大將軍

洛州刺史諡曰恭

子謐武定末開府鎧曹參軍

羊深字文淵太山平陽人梁州刺史祉第二子

也早有風尚學涉經史好文章兼長少與

隴西李神儁同志相友自司空府記室參軍轉

輕車將軍尚書駕騎兵郎尋轉駕部加右軍將軍

于時沙汰郎官務精才實深以才堪見留在公

明斷尚書僕射崔亮吏部尚書甄琛咸敬重之

肅宗行釋奠之禮講孝經宿輩軍之中獨蒙引聽

時論美之正光末北地人車金雀等帥羌胡反

叛高平賊宿勤明達寇亂夏諸州北海王顥為

都督行臺討之以深為持節通直散騎常侍行

臺左丞加平東將軍光祿大夫蕭寶寅為

州王平薛鳳賢等聚眾作逆勑深兼給事黃門

侍郎與大行臺僕射長孫稚共會潼關規模進

止事平以功賜爵新泰男靈太后曾幸邙山集

僧居寺會公卿盡在座會太后引見深

欣然勞問之深謝曰臣蒙國厚恩世荷榮遇深

難未平是臣憂責而隆私忽被大馬知歸太后

顧謂左右曰羊深貞忠臣也畢坐傾心孝昌末

徐方多事以深為東道慰勞使即為二兗行臺

莊帝踐祚除安東將軍太府卿又為二兗行臺

深處分軍國損益隨機亦有時譽初介朱榮將

害朝士深第七弟侃為太山太守性廳廳武遂卒

鄉人外託蕭衍行深在彭城忽得偽書招深同逆

深慨然流涕斬偽使人并書表聞莊帝為下詔

曰羊侃作逆霧起瑕丘擁集不逞肆擾場傾

宗之禍侃乃自貽累世之節（朝毀汙羊深血）

誠奉國秉操閟貳聞弟狷勃自効請罪此之丹

款羊戩干懷且权向復伍春秋稱美深之慷慨

氣同古人忠列遠彰赤心已著可令還朝面受

委勑乃歸京師除以深兼黃門郎頛平免官後

祿大夫元顥入洛除名兼黃門郎領平東金紫光

拜大鴻臚卿普泰初遷散騎常侍衞將軍右光

禄大夫監起居注自天下多事東西二省官員
委積前廢帝勅深與常侍廬道庚元晏元法壽
選人補定自奉朝請以上各有沙汰尋兼侍中
廢帝甚親待之是時膠序廢替名教陵遲深乃
上疏曰臣聞崇禮建學列代之所修尊經重道
百王所不易是以均塾洞啓昭明之頌載揚膠
序大闡都穆之詠斯顯伏惟大魏乘乾統物欽
若奉時撲唐軌虞率由前訓重以高祖繼聖垂
衣儒風載蔚得才之盛如彼薪楢固以追隆周
而並驅駕炎漢而獨邁宣皇下武式遵舊章用
能揄揚盛烈摹美自茲巳降世極道消風
猷稍迄渒薄方競退讓寂寞馳競靡節進必更
能外非學藝是使刀筆小用計日而期榮專經
大才甘心於陋巷然治之為本所貴得賢奇值
其人豈拘常檢三代兩漢異世間出或釋褐中
林蔡登卿尹或投竿釣渚徑外公相事炳丹青
義在往策彼哉邈乎不可勝紀竄以今之所用
弗修前矩至如當世通儒冠時盛德見徵不過

四門登庸不越九品以此取士求之濟治譬猶
却行以及前之燕而同楚積習之不可者其所
由來漸矣昔魯與洙宮頌聲爰發鄭廢學校國
風以譏將以納民軌物莫始於經禮替門教育才
義光於篇什自兵亂以來垂將十載王戎曰陳
惟新方隅稍康實惟文德但禮賢崇讓之科汲
殆盡世之陵夷可為歎息陛下中興纂曆理運
俎豆斯闕四海荒涼民物凋敝名教頓虧風流
世未備還淳反樸之化起言斯緝夫先黃老而
退六經史遷終其成盡貴乏虛而賤儒術應氏
所以九言臣雖不敏敢忘前載且觀武在戎尚
修學校宣尼確論造次必儒臣愚以為宜重修
國學廣延胄子使由文之教日聞釋奠之禮不
闕并詔天下郡國興立儒教考課之程咸依舊
典苟經明行修宜擢以不次抑斗筲之才
進大雅汪汪之德博收鴻生以光顧問縶維奇
異共精得失使區寰之內競務仁義之風荒散
之餘漸知禮樂之用豈不美哉臣誠闇短敢慕

前訓用稽古義上塵聽覽願陛下垂就日之
監齊非煙之化儻以臣言可採乞特施行廢帝
善之出帝初拜中書令頃之轉車騎大將軍左
光祿大夫永熙三年六月以深兼御史中尉東
道軍司及出帝入關深與樊子鵠等同逆於兗
州子鵠著深為齊州刺史於太山博縣商王村
結壘招引山齊之民天平二年正月大軍討破
之於陳斬深

子蕭武定末儀同開府東閣祭酒

楊機字顯略天水冀人祖伏恩郡功曹赫連屈
丐時將家奔洛陽因以家焉機少有志節為
流所稱河南尹李平元暉並召署功曹暉尤委
以郡事或謂暉曰弗躬弗親庶人弗信何得委
事於機高臥而已暉曰吾聞君子勞於求士逸
於任賢故前代有坐嘯之人主諾之守吾既委
得其才何為不可由是聲名更著著福奉朝請
於時皇子國官多非其人認選清直之士機見
舉為京兆王愉國中尉愉甚敬憚之遷給事中

伏波將軍廷尉評延昌中行河陰縣事機當官
正色不避權勢明達政事斷獄以情甚有聲譽
平東將軍荊州刺史楊大眼啟為其府長史熙
平中為涇州平西府長史尋授河陰令轉洛陽
令京輦伏其威風希有千犯凡訴訟者一經其
前後皆識其名姓开記事理世咸異之遷鎮軍
將軍司州治中轉別駕荊州蠻叛兼當書左丞
南道行臺討之還除中散大夫復為別駕州牧
高陽王雍行臺事多委機出除清河內史轉左將軍

河北太守並有能名建義初拜平南將軍光祿
大夫兼廷尉卿又除安南將軍司州別駕未幾
行河南尹轉廷尉卿徙衛尉卿出除安西將軍
華州刺史永熙中衛將軍右光祿大夫尋除度
支尚書機方直之心父而彌厲膺奉公正己為時
所稱家貧無馬多乘小犢車時論許其清白與
辛雄等並誅年五十九
子毗羅解褐開府參軍事卒於鎮遠將軍
機兄順字元信梁郡太守

順子僧靜武定中太中大夫

機兄子虬少有公幹頻爲司州記室戶曹從事
早卒

高崇字積善勃海蓨人四世祖撫晉永嘉中與
兄顧避難奔於高麗父潛顯祖初歸國賜爵開
陽男居遼東詔以祖渠牧犍女賜潛爲妻封武
威公主拜駙馬都尉加寧遠將軍卒崇少聰敏
以端謹見稱徵爲中散稍遷尚書三公郎家資
富厚僮僕千餘而崇志尚儉素車馬衣服充事

魏書傳六五　　二十五

而已自修潔與物無競初崇舅氏坐事誅公主
痛本生絕資逐以崇繼牧犍後改姓沮渠景明
中詔復本姓襲爵遷領軍長史伏波將軍洛陽
令爲政清斷吏民畏其威風每有發摘不避彊
禦縣內肅然朝廷方有遷擢會病卒年三十七
贈漁陽太守永安二年復贈征虜將軍滄州刺
史諡曰成初崇謂友人曰仲尼四科德行爲首
人能立身約已不忘典訓斯亦足矣故吾諸子

子謙之字道讓少事後母李必孝聞李亦撫育
過於已生人莫能辨其兄弟所出同異論者兩
重之及長屏絕人事專意經史天文筭曆圖緯
之書多所該涉日誦數千言好文章留意老易
龔賾釋褐奉朝請加宣威將軍轉奉車都尉廷
尉丞正光中當畫見左永元子慰勞蠕蠕反被拘
留及蠕蠕大掠而還置孚歸國事下廷尉卿及
監以下謂子無坐惟謙之以孚辱命以流罪
尚書同鄉執詔可謙之奏孝昌初行河陰縣令

魏書傳六五　　二十六　　朱通

先是有人囊盛瓦礫指作錢物詐市人馬因逃
去詔令追捕必得以聞謙之乃僞枷一囚立於
馬市宣言是前詐市馬賊今欲刑之密遣腹
察市中私議者有二人相見忻然曰無復憂矣
執送按問具伏盜馬徒當異悉獲并出前後盜竊
之贓貨資多遠年失物之家各來得其本物
具以狀表奏纍詔除密遠將軍弟道穆爲御史
年以損益治體多爲故事弟道穆爲御史在公亦
有能名世美其父子兄弟並著當官之稱舊制

二縣令得面陳得失時使幸之輩惡其有所發
聞途共奏罷謙之乃上疏曰臣以無庸謬宰神
邑實思奉法不撓稱是官方酬朝廷無貲之恩
盡人臣守器之節但真家家屬戚里親媾綿絀
所又舉目多是皆有盜憎之色咸起怨上之心
縣令輕弱何能克濟先帝昔發明詔得使面陳
非所以朝貴斂手無敢干政近今二聖遠邊舜
寢致使神宰感輕下情不達令二聖遠邊堯舜
深會朕意付外量聞謙之又上疏曰臣聞夏德
中微少康成克復之主周道將廢宣王立中興
之功則知國無常安世無恆敝唯在明主所以
變之有方化之有道耳自正光已來邊城屢擾
命將出師相繼於路軍費戎資安輸不絕至如
弓格賞募咸有出身槊刺斬首又蒙階級故四
方壯士願征者多各各為已公私兩利若使軍

典更明往制庶姦家知禁頗自屏心詔曰此啓
憲章高祖愚臣望策其駑騫少立功名尤新舊

（二十七）　　朱通

帥必得其人賞勳不失其實則何賊不平何征
不捷也諸守帥或非其才多遣親者妄稱募奴
別倩他人引弓格虛受征官身不赴陳惟遣奴
客充數而已對寇臨敵曾不彎弓則是王爵虛
加征夫多關賊虜何可勝陳忠自何以勸誠也
且近冒待臣戚屬朝士請託官曹擅作威福如
有清貞奉法不為回者咸共謗毀壞政使讒詔
朝顧望誰肯申聞藏上擁下虧風壞政使讒詔
其心忠謹息義況且頻年以來多有懲發民不
堪命動致流離苟保妻子競逃王役不復顧其
桑井憚比刑書正由還有必困之理歸無自安
之路若聽歸其本業徙役微甄則還者必安堪
田增關數年之後大獲課民今不務以理還之
但欲嚴符切勒恐數年之後走者更多安業無
幾故有國有家者不患民不我歸唯患政之不
立不恃敵不我攻唯恃吾不可侮此乃千載共
遵百王一致且琴瑟必不韻知音改弦更張離騊
未調善御執轡成組謠去迷而知反得道不遠

（三十八）

此言雖小可以諭大陛下一日萬機事難周覽
元凱結舌莫肯明言臣雖庸短世受榮祿竊慕
前賢罷躬之義不避犯鱗之誅以希三言之益
伏願少垂覽察略加推採使朝章重舉軍威更
振海內起惟新之歌天下見復禹之績則臣奏
之後寵要者申足疾之乃啟太后得其疏以貴左右近侍
諸寵要者申足疾之乃啟太后六謙之有學藝
宜在國學以訓胄子詔從之除國子博士謙之
與袁翻常景鄘道元溫子昇之徒咸申款舊好
於贍恂恂諸無慍居家僮隸對其見不撻其交
毋生三子便免其一世無髡黥奴婢常稱俱稟
人體如何殘害以父男氏沮渠蒙遜曾據涼土
國書編闕以為論敘之因稱佛是九流之一家當世
事佛道為論敘之乃修涼書十卷行於世涼國盛
名士競以佛理來難謙之還以佛義對之竟不
能屈以時所行歷及未盡善乃更改元修撰為
一家之法雖未行於世議者歎其多能於時朝
議鑄錢以謙之為鑄錢都將史乃上表求鑄

三銖錢曰蓋錢貨之立本以通有無便交易故
錢之輕重世代不同太公為周置九府圜法至
景王時更鑄大錢秦兼海內錢重半兩漢興以
秦錢重改鑄大錢至文帝五年後為四銖孝
武時悉復銷壞更鑄
又造赤仄之錢以一當五王莽攝政錢有六等
次一銖重文帝罷五銖錢至明帝復立孫權江
大錢重十二銖次九銖次七銖次五銖次三銖
左鑄大錢魏文帝罷五銖錢赤烏年復鑄大錢一當
千輕重大小莫不隨時而變竊以食貨之要八
政為首聚財之貴詒訓典文是以昔之帝王乘
天地之饒御海內之富莫不腐紅粟於太倉藏
朽貫於泉府儲畜既盈民無困斃可以寧謐四
極如身使臂者矣昔漢之孝武地廣財豐外事
四戎遂虛國用於是草萊之臣出財助國興利
之計遂納稅廟堂市列權酒之官邑有告緡之令
鹽鐵既興錢幣屢改少府遂豐上林饒積外關
百壁內不增賦者皆計利之由也令羣妖未息

四郊多壘徵稅既煩千金日費資儲漸耗財用
將竭誠楊氏獻說之秋桑兒言利之日夫以西
京之盛錢猶屢改並行小大子母相權況今寇
難未除州郡淪敗民物凋零軍國用少別鑄小
錢可以富益何損於政何妨於人也且政興不
以錢大政衰不以錢小惟貴公私得所政化無
虧既行之於古亦宜效之於今矣昔禹遭大水
以歷山之金鑄錢救民之困湯遭大旱以莊山
之金鑄錢贖民之賣子者今百姓窮悴甚於湯

■魏書列傳六十五 三十一

日欽明之主豈得垂拱而觀之哉臣今此鑄以
濟交乏五銖之錢任使並用行之無損於國得其
益穆公之言於斯驗矣臣雖術愧計然識非心
筭暫充錢官頗觀其理苟有所益不得不言脫
以為疑求下公卿博議如謂允即乞施行詔
將從之事未就會卒初謙之弟道穆正光中為
御史糾相州刺史李世哲事大相挫辱其家恒
以為憾至是世哲弟神軌為靈太后深所寵任
直謙之家僮訴良神軌左右之入諷尚書判禁

謙之於廷尉時將赦神軌乃啟靈太后發詔於
獄賜死時年四十二朝士莫不哀之所著文章
百餘篇別有集錄永安中贈征虜將軍營州刺
史諡曰康文除一子出身以明寬屈謙之妻中
山張氏明識婦人也教勸諸子從師受業常誡
之曰自我為汝家婦未見汝父一日不讀書汝

■魏書傳六十五 三十二

等宜各修勤勿替先業
駕北巡子儒後蹕河至行宮莊帝見之且訪洛
謙之長子儒字孝禮元顥入洛其叔道穆從
中事意子儒非真備陳元顥敗在旦夕帝謂道穆曰
卿初來日何故不與子儒俱行對曰臣家百口
在洛酒酒其經營且欲其今日之來知京師後事
帝曰子儒非真合卿本懷亦大慰朕意仍授秘
書郎中轉通直郎後除安東將軍光祿大夫司
徒中兵參軍兼奈酒襲爵興和初除兼殿中侍
御史時四方多有流民子儒為梁州北豫西兗
三州檢戶使所獲甚多後以公事去官武定六
年卒時年四十一

子儒弟緒字叔宗明悟好學謙之常謂人曰興
吾門者當是此兒及長涉獵書傳好文詠司空
行參軍轉長流參軍除鎮遠將軍裴冀州儀同
府中兵參軍爲府主封隆之所賞隆之行梁州濟
州引自隨恆令摠攝數郡武定三年卒年三十

二

緒弟孝貞武定中司徒士曹參軍

孝貞弟孝幹司空東閤祭酒

謙之弟恭之字道穆行字於世學涉經史非名
〔魏書傳六十五〕 〔三十三〕 〔周〕

流儁士不與交結幼孤事兄如父母每謂人曰
人生厲心立行貴於見知當便夕脫羊裘朝佩
珠玉者若時不我知便須退迹江海自來其志
御史中尉元匡高選御史道穆奏記於匡曰道
穆生自蓬篳言長於陋巷頗獵羣書無純碩之德
尚好章詠之毗捴之工雖欲厠影麇徒班名俊
伍其可得哉然凝明獨斷之主雄才不世之君
無藉朽株之資求人屑鈎之下不牽闇投之誚
取士商歌之中是以聞英風而慷慨望雲路而

低個者天下皆是也若得身隷繡衣名充直指
雖謝周生騎上之敏實有茅氏就鑊之心匡大
喜曰吾久知其人適欲召之遂引爲御史其所
糾摘不避權豪臺中事物多爲匡所顧問道穆
曾進說於匡曰古人有言訓一人當取千萬人
懼豺狼當道不問狐狸明公私徇國重寄宜使天
下知法匡深然之正光中出使相州刺史李世
哲即尚書令崇之正光中出使相州刺史李世
民宅廣興屋宇皆置鴟尾又於馬埒槷上爲木
〔魏書六十五〕 〔三十四〕 〔孫〕

人執節道穆繩糾悉毀丟之并發其贓貨員以
表聞又余朱榮計蠕蠕道穆監其軍事榮甚憚
之還除奉朝請俄除太尉鎧曹參軍蕭寶黃西
征以道穆爲行臺郎中軍機之事多以委之大
都督崔延伯後賊勢轉彊屢請益兵不乘
許寶寅謂道穆曰非卿一行兵無益理遂令乘
傳赴洛靈太后親問賊勢卿何獨云其彊也道
怒曰比來使人皆言賊弱卿何獨云其彊也道
穆曰前使不實者當旦是此異陛下恩顏望雲宜爵賞

臣既忝使人不敢虛妄願令近臣親檢足知虛
實事訖當反遇病不行後屬兄謙之被害情不
自安遂託身於莊帝帝時為侍中特相欽重引
居第中深相保護俄而帝以兄事見出道穆懼
禍乃攜家趣濟陰變易姓名往來於東平畢氏
以避時難莊帝即位徵為尚書三公郎中加寧
朝將軍尋兼吏部郎中與薛曇尚書令晉陽
授尒朱榮職賜爵龍城侯九月除太尉長史領
中書舍人遭母憂去職帝令中書舍尒溫子昇
就宅弔慰詔攝本任表醉不許三年加前軍將
軍及元顥逼虎牢城或勸帝赴關西者帝以問
道穆道穆對曰關中今日殘荒何由可往臣謂
元顥兵衆不多乘虛深入者由國家將師征捍
不得其人耳陛下若親率宿衛高募重賞甚城
一戰臣等竭其股肱之力破顥孤軍必不疑矣
如恐成敗難測非万乘所履便且車駕北渡循
河東下徵大將軍天穆合於滎陽向虎牢別徵
尒朱王軍令赴河內以掎角之旬月之間何往

不剋臣竊謂万全之計不過於此帝曰高舍人
語是其夜到河內郡比未有城守可依帝命道
穆秉燭作詔書數十紙布告遠近於旦夜四方知
乘輿所在除中軍將軍給事黃門侍郎安喜縣
開國公食邑千戶於時尒朱榮欲回師待秋道
穆謂榮曰元顥以尒爾輕兵奄據京洛使乘輿
飄露人神恨憤主憂臣辱良在於今大王擁百
万之衆輔天子而令諸侯自可分兵河畔縛筏
造船處處遣渡堰擒羣賊復主宮闕此桓文之
舉也且一日縱敵數世之患今若還師令顥重
完然守具徵兵天下所謂養虺成蛇悔無及矣榮
深然之曰楊黃門儻已陳此計當更議決耳及
莊帝反政因宴次謂尒朱榮曰前若不用高黃
門計則社稷不安可謂朕勸其酒令醉榮對曰
臣本北征蠕蠕高黃門與臣作監軍臨事能決
實可任用除征南將軍金紫光祿大夫兼御史
中尉尋即具仍兼黃門道穆外乘直繩內參機
密凡是益國利民之事必以奏聞諫諍極言無

所顧憚選用御史皆當世名輩李希宗李繪陽
休之陽斐封君義邢子明蘇淑宋世良等四十
人於時用錢稍薄道穆表曰四民之業錢貨為
本故敝改鑄王政所先自頃以私鑄薄濫官司
糾繩挂網非一在市銅價八十一文得銅一斤
私造薄錢斤餘二百既示之以深利又隨之以
重刑罹罪者雖多姦鑄者彌眾令錢徒有五銖
之文而無五銖之實薄甚榆莢上貫便破置之
水上始欲不沈此乃因循有漸科防不切朝廷
之愍彼復何罪昔漢文帝以五分錢小改鑄四
銖至武帝復改三銖為半兩此皆以大易小以
重代輕也論令據古且改鑄大錢文載年號以
記其始則一斤所成止七十六文銅價至賤五
十有餘其中人功料錫炭鉛沙縱復私營
能自潤直置無利自應息心況復嚴刑廣設也
以臣測之必當錢貨永通公私獲允後遂用楊
佩計鑄永安五銖錢僕射尒朱世隆當朝權盛
因內見衣冠失儀道穆便即彈糾帝姊壽陽公

魏書傳六十五　三廿　三十七　楊津　三廿八

主行犯清路歘赤棒卒呵之不止道穆令卒棒
破其車公主深以為恨泣以訴帝帝謂公主曰
高中尉清直之人彼所行者公事豈可私恨責
之也道穆後見帝帝曰一日家姊行路相犯極
以為愧道穆免冠謝曰臣蒙陛下恩守陛下法
不敢獨於公主瞿朝違典章以負陛下帝曰朕
朕以愧卿卿反謝朕尋勑監儀注又詔曰秘書
圖籍所在典　書又加繕寫紬素委積蓋有
年載出內繁蕪多致零落可令御史中尉兼給
事黃門侍郎道穆惣集帳目并牒儒學之士編
此次第道穆又上疏曰臣聞舜命臯陶姦宄是
託禹泣辜人堯心為念所以舉直措枉事切廷
賢明德愼罰議行先典高祖太和之初置廷尉
司直論刑辟是非雖事非古始交濟時要所謂
禮樂互興刑不相沿襲者矣臣以無庸忝當今任
所思報效未忘寢興但識謝令業慙稽古未
能進一言以利國說一策以興邦索米長安豈
不知愧至於職司其憂猶望値儉竊見御史出

魏書六十五　三廿九　三十八　張成

使悉受風聞雖時獲罪人亦不無枉濫何者得
堯之罰不能不怨守令為政容有愛憎姦猾之
徒恆思報惡多有妄造無名共相誣謗御史一
經檢究聽於不成杖木之下以虛為實無罪不
能自雪者豈可勝道哉臣雖愚短守不假器繡
衣所指異以清肅若仍踵前失或傷善人則尸
祿之責無所逃罪所以夙夜為憂思有悛革如
臣鄙見請依太和故事還置司直十人名隸廷尉
秩以五品選歷官有稱心平性正者為之御史

三百十四　■魏書六十五　　　三十九

若出糾劾即移廷尉令知人數廷尉遣司直與
御史俱發所到州郡分居別館御史檢了移付
司直覆問事訖與御史俱還中尉彈聞廷尉科
一如舊式庶使獄成罪定無復稽寬悉為惡
敗不得稱枉若御史司直糾劾失實悉依所斷
獄罪之聽以所檢选相糾發如二使阿曲有不
盡理聽罪家詣門下通訴別加按檢如此則肺
石之傍怨訟可息叢棘之下受罪吞聲者矣詔
從之復置司直及尒朱榮之死也帝召道穆付

敕書令宣於外因謂之曰自今已後當得精選
御史矣先是榮等常欲以其親黨為御史故有
此詔及尒朱世隆等率其部類戰於大夏門比
道穆受詔督又賛成太府卿李苗斷橋之計北
督兼尚書右僕射南道大行臺又除車騎將軍
世隆等於是北道加衛將軍假車騎將軍大都
餘官如故時雖加衛而帝恐北軍不利欲
為南巡之計未發會尒朱北入洛道穆慮禍及
巳託病去官世隆以道穆忠於前朝遂害之時

三百十五　■魏書六十五　　　四十

年四十二太昌中贈使持節都督雍秦二州諸
軍事車騎大將軍儀同三司雍州刺史
子士鏡襲爵為北豫州刺史高仲密擁入關
道穆弟謹之繼沮渠氏後卒於滄州平東府主
簿年三十五贈通直郎無子
謹之弟愼之字道密好學有諸兄風年二十三
卒無子以兄謙之第二子緒繼焉
史臣曰宋翻剛鯁自立猛而斷務辛雄以吏能
歷職任智效官羊深以才幹從事聲迹可紀楊

機清斷在公高宗明濟爲用謙之兄弟咸政事
之敏飾學有聞列于朝廷豈徒然也深失之晚
節至於顚覆惜乎

孫紹　張普惠

孫紹字世慶昌黎人世仕慕容氏祖志入國卒
於濟陽太守父協字文和上黨太守紹少好學
通涉經史頗有文才陰陽術數多所貫涉初為
校書郎稍遷給事中自長兼羽林監為門下錄
事朝廷大事好言得失遂為世知曾著釋典論
雖不具美時有可存與常景等共脩律令延昌
中紹表曰臣聞建國有計雖危必安施化能和
雖寡必盛治乖人理雖合必離作用失機雖成
必敗此乃古今同然百王之定法也伏惟大魏
應天明命兆啓南北二中復關固守長安鄴
號京門下無嚴城上黨腹皆所憑四軍五校之
城股肱之寄穰分事之式徵兵儲粟之要舟車水陸之
軌領護分事之式徵兵儲粟之要舟車水陸之
資山河要害之權緩急去來之用持平赴救之
方節用應時之法特宜脩置以固堂堂之基持
盈之體何得而忽居安之辰故應惄惄懼矣且法

三〇四　魏書六十六　一

許成

開清濁而清濁不平申滯理望而單寒亦免士
庶同悲真偽混淆知而不糾得者不欣失者倍
怨使門齊身等而淫渭奄殊類應同役而苦樂
懸異主人居職不以為榮兵士役苦心不忘亂
故有競棄本出飄藏他土或詭名託養散在人
間或亡命山藪漁獵為命或投仗彊豪寄命
食又應還之戶逐樂諸州應留之徒避寒歸暖
兼職人子弟隨逐浮遊南北東西上居莫定關
禁不脩任意取適如此之徒不可勝數不牙不
復為用百千為事棄其業混一之計事實關知考
課之方責辦無日流浪之徒沒須精校今彊敵
窺時邊黎伺隙內民不平久戍懷怨戰國之勢
竊謂危矣造禍源者北邊鎮戍之人也若夫
一統之年持平用之者大道之計也亂離之期
縱橫作之者行權用之勢也故道之計不可以亂世道
以換情權不可恆隨漆隆收物文質應世
形自安洚隆復衰權勢亦濟然則王者計法之

三〇五　魏書六十六　二

趣化物之規圓方務得其境人物不失其土地又
先帝時律令並議律尋施行令獨不出十餘年
矣臣以令之為體即帝王之身也夕厲百揆之
儀安置九服之節經緯三于之倫包羅六卿之
職措置風化之門作用賞罰之要刁是有為之
樞機世法之大本也然悕令之人亦皆博古依
古撰置大體可觀比之前令精麤有在但主議
之家太用古制若全依古高祖之法復須昇降
誰敢措意有是非哉以是爭故久廢不理然律
令相須不可偏用今律班令止於軍甚滯若令
不班是無典法臣下執事何依而行臣等悕律
非無勤止署下之曰臣乃無名是謂農夫盡力
他食其秋功名之所實懷於悒未幾出除濟陰
太守還歷司徒功曹參軍步兵長水校尉正光
初兼中書侍郎使高麗還為鎮遠將軍平方軍將
軍又之為徐兗和釋使還用治道以之緝熙不
報紹又表曰臣聞文質互用治道以之緝熙不
隆得時人物以之通濟故能事恢三靈仁洽九

服伏惟陛下應靈踐阼沖明照物宰輔忠純伊
霍均美旣致昇平之基應成無為之業而漢北
叛命隴右構逆中州驚擾民庶竊議其故何哉
皆由上法不通下情怨塞故也臣雖愚短具鑒
始末往在代都武質而治安中京以來文華而
政亂故臣昔於太和極陳得失具論四方華夷
心能高祖垂納文應可尋延昌正光奏跡頻上
主者收錄不蒙報問即日事勢乃至於此盡微
臣豫陳之驗今東南有竊號之豎西北有逆命
之寇豈得怨天實九人矣臣今不憂荒外正慮
中繼急須改張以寧其意若仍持疑變亂盡作
肘腋一乖大事去矣然臣奉國四世欣戚是同
但職在冗散不關樞密寧濟之計欲陳無所可
謂經緯甚多正當今之危攝足之急臣備肉食
難傾一傾難正當今願垂採察若得言桑如生大馬
痛心無已泣血上陳願垂採察若得言桑如生大馬
獻可替否寇獲除社稷稱慶雖如生大馬
情畢紹性抗直每上封事常至懇切不憚犯忤

但天性踈脫言乍高下時人輕之不見採納紹
兄世元早卒世元善彈箏紹後聞箏聲便涕洄
嗚咽捨之而去世以此尚之除驍騎將軍使吐
谷渾還為太府少卿曾因朝見靈太后謂曰卿
年稍老矣紹曰臣年雖老臣節乃少太后笑之
遷右將軍太中大夫紹於百寮赴朝東掖未
開守門候旦紹引吏部郎中辛雄於衆
享富貴雄甚駭愕不測所以朱幾有河陰之難
外竊謂之曰此中諸人今尋當死盡唯吾與卿猶
太府卿以前參議正光壬子曆賜爵新昌子太
尉少卿將軍如故轉金紫光祿大夫永安中拜
紹善推祿命事驗其多知者異之建義初除衞
昌初遷左衞將軍右光祿大夫永熙二年卒時
年六十九贈都督冀瀛滄三州諸軍事驃騎大
將軍尚書左僕射冀州刺史諡曰宣
子伯元襲齊受禪例降
伯元弟叔利右將軍太中大夫
紹從父弟瑜濟州長史

〔魏書傳六十六〕　五　沈茂

瑜弟彝彝字鳳倫太和中舉秀才稍遷步兵校尉
卒於武邑太守贈征虜將軍營州刺史
子伯鮒鮒出繼瑜後武定末　　太守
伯鮒嫡弟子寬開府田曹參軍
張普惠字洪賑常山九門人身長八尺容貌魁
偉父曄為齊州中水縣令隨父之縣受業齊土
專心墳典剋厲不息及還鄉里就程玄講習精
於三禮兼善春秋百家之說多所窺覽諸儒稱
之太和十九年為主書帶制局監與劉桃符石
榮劉道斌同貟共直頗為高祖所知轉尚書都
令史任城王澄重其學業為其聲價僕射李沖
曾至澄廨見普惠言論亦善之世宗初轉積射
將軍澄為安西將軍雍州刺史啟普惠為府錄
事參軍尋行馮翊郡事澄功羨在身欲於七月
七日集會文武此園馬射普惠奏記於澄曰竊
聞三殺九親別踈昵之叙五服六術等衰麻之
心皆因事飾情不易之道者也然則莫大之痛
深於終身之外書策之衰除於喪紀之內外者

〔魏書六十六〕　六　德慈

不可無節故斷之以三年內者不可遂除故敢

之月禮大練之日鼓素琴蓋推以即吉也小

功以上非虞祔練除不沐浴此拘之以制也曾

子問曰相識有喪服可以與於祭乎孔子曰緦

不祭喪何助於人祭既不與於宴食之道又

曰廢喪服可以與於饋奠之事乎子曰脫衰與

奠非禮也注云為其志疾愚謂除喪之始不

與饋奠小功之內其可觀射乎雜記云大功以

下既葬適人人食之其黨也食之非黨也不食

食猶擇人於射為惑伏見明敕立射會之限將

以二七令辰集城中文武肄武藝於北園行揖

讓於中否時非大閱之秋景涉妨農之節國家

縞禪甫除殿下功衰仍襲釋而為樂以訓百姓

便是易先王之典敕志哀戚之情恐非所以昭

令德視子孫者也按射儀射者以禮樂為本志

而從事不可謂禮鍾鼓弗設不可謂樂捨此二

者何用射為又七日之戲令制無之班勞所施

慮違事體庫府空虛宜待新調二三之趣停之

為便乞至九月備飾行然後奏狸首之章宣

夔相之令聲軒懸建雲鉦神民忻暢於斯時也

伏惟慈明遠被万民是望舉動所書發言唯則

願更廣訪賜垂曲採昭其管見之心恕其讜言

之責則芻蕘無遺歌與人有獻誦矣澄意納其

言託辭自罷乃荅曰文武之道自昔成規明耻

教戰振古常軌本雖非公制而此州乘前已有

斯武既不勞民損公任其私射復何失也且篡

乎比適欲依前州府相率王務之暇肄藝良展

亦未言費用庫物也禮兄弟內除明哀已殺小

功客至主不絕樂聽樂則可觀武豈傷直自事

緣須罷先以令停方獲此請深具來意澄轉楊

州啟普惠以羽林監領鎮南大將軍開府主簿

尋加威惠遠將軍普惠既為澄所知歷佐二藩甚

有聲譽還京之日裝束藍縷澄贈貲絹二十四以

充行資還朝仍羽林監又澄遭太妃憂臣寮為

立碑頌題碑欲去康正元妃之婢澄訪於普惠

谷曰謹尋朝典但有王妃而無元字魯夫人孟
子稱元妃有欲下與繼室聲子相對今烈懿太
妃作配先王更無聲子仲子之嫌竊謂不假元
字以別名位且以氏配姓以為在生之稱故
春秋夫人姜氏至自齊既葬以諡配姓故注書
葬我小君文姜氏又曰來歸夫人成風之祿皆以
諡配姓古者婦人從諡今烈懿太妃德冠一世
故特蒙襄錫乃万代之高事豈容於定名之重
而不稱烈懿平澄從之及王師大舉重征鍾離

普惠為安樂王詮別將長史班師除揚烈將軍
相州安北府司馬遷步兵校尉後以本官領河
南尹丞世宗崩坐與甄楷等飲酒游從免官驍
騎將軍刀整家有舊訓將營儉葬普惠以為矯
時太甚與整書論之事在刀雍傳故事免官者
三載之後降一階而叙若才優擢授不拘此限
熙平中吏部尚書李韶奏普惠有文學依才優
之例宜特顯叙勅除寧遠將軍司空倉曹參軍
朝議以不降階為榮時任城王澄為司空表議

書記多出普惠廣陵王恭北海王顥疑為所生
祖母服朞與三年博士執意不同詔群寮會議
普惠議曰謹按二王祖母皆受命先朝為二國
太妃可謂受命於天子為始封之母矣喪服慈
母如母在三年章傳曰貴父命也鄭注云大夫
之妾子在為母大功則士之妾子為母所慈猶
卒則皆得申此大功況天子命其妾子為列國
曰貴父命為之三年天子命其子為母練冠
命其所生母為國太妃反自同公子為母
之與大功平輕重顛倒不可之甚者也傳曰始
封之君不臣諸父昆弟則當服其親服苍魯衛
列國相為服朞斬無疑矣何以明之喪服君為
姑姊妹女子嫁於國君者傳曰何以大功尊同
也朞不同則得服其親服諸侯之子稱公子公子
不得禰先君然則兄第一體位列諸侯自必尊
同得相為服不可還進公子大夫遠厭天王故降有
四品君大夫以尊降公子大夫之妾子以父命慈已
例不同何可亂也禮大夫之妾子以父命慈已

申其三年太妃既受命先帝光昭一國二王胙
土茅社顯錫大邦舍尊同之高據附不禰之公
子雖許蔡為其皇姑公子雖厭妻尚獲申況廣
公子之妻為其皇姑公子雖厭妻尚獲申況廣
陵比海論封則命妃之孫承
妃等尊重遠別先皇更以先后之正統厭之所生
之祖嫡方之皇姑不以遙乎今既許其申服而
復限之以昔比之慈母不亦爽歟經曰為君之
祖父母母妻長子傳曰何以昔父母長子君之
服斬妻則小君父卒然後為祖後者服斬令祖
乃獻文皇帝諸侯不得以祖之母為太妃蓋二王
三年之證議者近背正經以附其類差之毫毛
所失或遠且天子服其親乎記曰從服者所
之為國母而不聽子服其黨服則為其母之
從亡則已又曰不為君母之黨服為其所生
黨服令所從既亡不以親服服其所生則屬從
之服於何所施君以諸王入為公卿便同大夫
者則當令之議皆不須以國為言也今之諸王

自同列國雖不之國別置臣寮玉食一方不得
以諸侯言之敢據周禮輒同三年當時議者亦
有同異國子博士李郁於議罷之後書難普惠
普惠據以禮還苔鄭重三返郁議得喜諫議大
夫澄謂並曰不喜君得諫議喜諫議得君
時靈太后父司徒胡國珍薨贈相國太上秦公
普惠以前世后父無太上之號詣闕上疏陳其
不可左右畏憚莫敢為通會聞胡家窆壙下壇
有磐石乃密表曰臣聞優名寶位王者之所光
錫尊君愛親臣子所以惧終必使動績相侔號
秩相可然後能顯揚當時傳徽萬代者矣竊見
故侍中司徒胡公懷道含靈實誕聖后育至
尊母儀四海近樞克九之寄居槐體論道之
明故以功餘九錫襃假鑾毒縣深聖上之加隆極
慈后之至愛何者易稱天尊地卑乾坤定矣故曰
竊謂未衷何者易稱天尊地卑乾坤定矣故曰
大哉乾元又曰土無二王當補郊社尊無二上
記曰天無二日土無二王當補郊社尊無二上

明君臣不可並上伏見詔書以司徒為太上秦
公夫人為太上秦君夫人蒙號於前司徒繫之
於後尊光之美太上皇矢竊惟高祖受禪於獻文皇
帝故御尊尊為太上皇此因上上而生名也皇太
后稱令以繫勑下蓋取三從之道遠同文母列
於十亂則司徒之為太上恐乖繫勑之意春秋
傳曰葬稱公臣子辭明不可復加上也書列
予大饗于先王尒祖稱太上以為臣以事太上皇
重必當配饗先朝稱太上皇此
□潛之於天子司徒三公也其可同號於帝平
曰昭靈后乃帝者之事晉有小子侯尚
孔子曰必也正名名不正則言不順言不順則
事不成事不成則禮樂不興禮樂不興則刑討
不中刑罰不中則民無所措手足易曰有大者
不可以盈故受之以謙謙尊而光卑而不可踰
天道虧盈而益謙地道變盈而流謙鬼神害盈
而福謙人道惡盈而好謙又曰困于上者必反

恐非司徒翼翼之心漢祖創有天下算父曰太

於下故受之以井比剋吉定兆而以淺改卜群
心悲悅亦或天地神靈所以垂至戒啟聖情伏
願聖后回日月之明察微臣之請俾司徒逼同
之號從卑下不踰之稱畏罪上之臨遇謙光之
福則天下幸甚臣聞見災變成善此太
戊所以興殷桑穀以之自滅況卜遷方始當
脩革之會愚以為無上之名不可假之脫議於
千載恐貽不言之咎且君之於臣也雖子尊不加於
禮也司徒誠為后實人臣也
父乃天下母以義斷恩不可途在室之意故曰
女子有行遠父母兄弟況乃應坤之載承天之
重而朝望於司徒之殯晨昏於郊墓之間雖聖
思蒸蒸其不虞且戒離辰極之嚴居疲雲蹕於
道路此亦億非著生瞻仰失圖伏願尋載馳之
不歸存靜方之光大則草木可繁人靈斯穆臣
職忝諫司敢獻狂瞽謹冒上聞不敢宣露乞垂
省覽見昭臣微款脫得奉謁聖顏曲盡愚衷者死
且不朽太后覽表親至國珍宅召集王公八座

卿尹及五品已上博議其事遣使召普惠與相
問答又令侍中元匡侍中賈璨監觀得失任
城王澄問普惠曰漢高作帝尊父為太上皇
聖母臨朝贈父太上公求之故實非為無準且
君舉作則何必循舊對曰天子稱詔非四澄
故不稱耳何得以詔令之別而廢嚴太后稱令
曰前代太后亦有稱詔聖母自欲存謙之義
故周臣十亂文母預焉仰思所難竊謂非四澄
曰后父太上自普未有前代毋后豈不欲尊崇
其親王何以不遠謨古義而近順今旨未審太
后何故有稱詔而不謙於太上竊願聖后終
其謙光太傅清河王懌曰昔在僣晉褚氏臨朝
殷浩遺褚裒書曰足下今之太上皇也況太上
公而致疑對曰褚裒以女輔政辭不入朝淵源
譏其不恭故有太上之刺本稱其非不記其是
不謂殷下以此賜難侍中崔光曰張生表中引
晉有小子侯出自鄭注非為正經對曰雖非正
經之文然述正經之旨公好古習禮復固斯難

御史中尉元匡因謂崔光曰張表云晉之小子
侯以號同稱僭今者太上公名同太上皇比晉
小子義似相類但不學今不敢辨其是非普惠對
曰中丞既疑其是不正其非豈所望於三獨尚
書崔亮曰諫議所見正以太上之號不應施於
人臣然有太公尚父亦兼二名人臣尊重之
稱固知非始今日普惠對曰尚父者有德可尚
太上者中之上名義異此非此非並亮曰
古有文王武王亦有文子武子然則太上太
上公亦何嫌其同也普惠對曰文武者德行之
迹故迹同則謚同太上者尊極之位豈得通施
於臣下廷尉少卿袁翻曰周官上公九命上大
夫四命數雖殊同為上何必上者皆是極尊
普惠屬聲訶翻曰卿士不得非極雕
公但令所行以太加上二名豈卿所及翻甚有
蟲小藝微或相許至於此處豈卿所及翻所
慙色默不復言任城王澄曰諫諍之體各言所
見至於用捨固在應時卿向答袁氏聲何太厲

普惠對曰所言若是宜見採用所言若非懼有
罪及是非須辨非為苟競澄曰朝廷方開不諱
之門以廣忠言之路卿今意在句義何乃慮
罪訶議者咸以太后當朝志相崇順遂奏曰張
晉惠辭雖不屈然非臣等所同渙汗已流請依
前詔太后復遣元文賈璨宣令調晉惠向
召卿與群臣對議往復既終皆不同卿表朕之
所行孝子之志卿之所見勿得難言普
成議卿不得苦奪朕懷後有所見勿得難言普

惠於是拜令辭還初普惠被召傳詔馳驛騶馬
來甚迅速佇立催去普惠諸子憂怖涕泣普惠
謂曰我當休明之朝掌諫議之職若不言所難
言諫所難諫便是唯唯曠官尸禄人生有死死
得其所夫復何恨然朝廷有道汝輩勿憂及議
罷旨勞還宅親故賀其幸甚時中山莊弘遺書
普惠曰明侯淵儒頗學身負大才秉此公方來
居諫職謇謇如也諤諤如也一昨承胡司徒第
當面折庭諍雖問難鋒至而應對響出宋城之

帶始縈紆門之析裁懿言終使群后逡巡庶寮拱
默雖不見用於一時固已傳美於百代聞風快
然敬裁此白普惠美其此書每為口實普惠恐
以天下民調幅度長廣尚書計奏復徵綿麻之
其勞民不堪命上疏曰伏聞尚書奏集何者聞復
調算先皇之軌鳳宵性忻戰交集何者聞復綿麻之
高祖舊典所以忻惟新俱可復而不復所以戰
違法仰惟高祖廢大斗去長尺改重秤所以愛
万姓從役薄賦知軍國須綿麻之用故去幅度之

閭億兆應有綿麻之利故絹上稅綿八兩布上
稅麻十五斤万姓得廢大斗去長尺改重秤荷
輕賦之饒不適於綿麻而已故歌舞以供其賦
奔走以役其勤天子信於上億兆樂於下故
曰悅以使民民忘其勞此之謂也自茲以降漸
漸長闊百姓嗟怨聞於朝野伏惟皇太后臨天
朝之前陛下居諒闇之日宰輔不尋其本知天
下之怨綿麻不察其輻廣度長秤重斗大革其
所弊失存其可存而特放綿麻之調以悅天下之

魏書六十六

心此所謂悅之不以道愚臣所以未悅者也尚
書既知國少綿麻不惟法度之［］易民言之可
畏便欲去天下之大信已行之詔追前之
非遂後之失奏求還復綿麻以冤國用不思庫
中大有綿麻而群官共竊之愚臣以為於理未
盡何者今宮人請調度造衣物必度忖秤量綢
布匹有尺丈之盈一猶不計其廣絲綿升兼百銖
之剩未聞依律罪州郡若一匹之濫一斤之惡
則鞭戶主連三長此所以教民以貪者也今百
官請俸人樂長闊并欲厚重無復準極得長闊
厚重者便云其州能調絹布精闊且長橫發美
譽以亂視聽不聞嫌長惡廣求計還官者此百
司所以仰負聖明也今若必復綿麻者謂宜先
令四海知其所由明立嚴禁復本幅度新綿麻
之典依大和之稅其在庫絹布并及絲綿不依
典制者請遣尚書與太府卿左右藏令依今
官度官秤計其斤兩廣長折給請俸之人惣之
俸之數千俸所出以布綿麻亦應其一歲之用

三百三二　十九　徐明

魏書六十六

使天下知二聖之心愛民惜法如此則高祖之
軌中興於神龜明明慈信照布於無窮則孰不
畏甚伏願亮臣悾悾之至下慰蒼生之心普惠
又表乞朝直之日時聽奉見自此之後月一陛
見又以肅宗不親視朝過崇佛法郊廟之事多
委有司上疏曰臣聞明德郊祀成湯光六百之
祚嚴父配天孔子稱周公其人也故能馨香上
聞福傳遐世伏惟陛下重暉纂統欽明文思天
地屬心百神佇望故宜敦崇祀禮咸秩無文而
告朔朝廟不親於明堂禘郊社多委於有司
觀射遊死躍馬騁中危而非典當清蹕之意殖
不思之冥業損巨費於生民減祿削力近供無
事之僧崇飾雲殿遐邇遊於內怨禮忤時人靈未
首於外玄寂之眾邀遊於內怨禮忤時人靈未
穆愚謂從朝夕之因求祇劫之果未若先万國
之忱心以事其親使天下和平災害不生者也
伏願淑慎威儀萬邦作式躬致郊廟之虔親紵
朔望之禮釋奠成均竭心千畝明發不寐絜誠

三百三三　二十　徐明

禮祼孝悌可以通神明德教可以光四海則一
人有喜兆民賴之然後精進三寶信心如來道
由禮深故諸漏可盡法隨禮積故彼山斫可登量
撤僧寺不急之華還復百官久折之秩已興之
構務從簡成將來之造權令停息仍舊事亦可
必改作庶節用愛人法俗俱賴臣學不經遠言
多孟浪泰職其憂不敢默爾尋別勅付外議釋
奠之禮時史官剋日蝕豫勅罷朝普惠以逆廢
非禮上跪陳之又表論時政得失一曰審法度

平斗尺租調‧輕賦役務省二曰聽興言察怨
訟先皇舊事有不便於政者請悉追改三曰進
忠靈退不肖任賢勿貳去邪勿疑四曰興滅國
繼絕世勳親之胄所宜收叙書奏肅宗靈太后
引普惠於宣光殿隨事難詰延對移時令寧
有先皇之詔二龝改普惠傾俛不言令曰卿
似欲致諫故以左右有人不肯苦言朕為卿屏
左右卿其盡陳之對曰聖人之養庶物愛之如
傷況今二聖纂承洪緒妻承夫子承父夫父之

不可安然仍行當豈先帝傳委之本意仰惟先帝
行事或有司謀或權時所行在後以為不可
者皆追而正之聖上忘先帝之自新不問理之
伸屈一皆抑之當蒼生黎庶所仰望於聖德太
后曰小小細務二龝動更成煩擾豈普惠曰聖
上之養庶物若慈母之養赤子今赤子幾臨危
壑將赴水火以煩勞而不救豈赤子所望於慈
母太后曰天下蒼生寧有如此苦豈普惠曰天
下之親懿莫重於太師彭城王然遂不免枉死

微細之苦何可得無太后曰彭城之苦吾已封
其三子何足復言普惠曰聖后封彭城之三子
天下莫不忻至德知慈母之在上臣所以重陳
者凡如此枉乞垂聖察太后曰卿去興滅國繼
絕世滅國絕世竟復誰是普惠曰昔淮南逆終
漢文封其四子蓋骨肉之不可棄親親故也竊
見故太尉咸陽王冀州刺史京兆王乃皇子皇
孫德之虧自貽悔戾沈淪幽壤緬焉弗收豈
是興滅繼絕之意乞收葬二王封其子孫愚臣

之願太后曰卿言有理朕深戢之當命公卿博
議此事及任城王澄薨普惠以吏民之義又荷
其恩待朔望奔赴至於禪除雖寒暑風雨無不
必至初澄嘉賞普惠臨薨啓從之詔行之後尚書右丞靈太
后既深悼澄覽啓居管轄相與為約並欲不復
普惠心地寒不應便居管轄相與為約並欲不復
上省紛紜多日乃息正光二年詔遣楊鈞送蠕
蠕主阿那瓌還國普惠謂遣之將貽後患上疏
曰臣聞乾元以利貞為大非義則不動皇王以
博施為功非類則不從故能始萬物而化天下
者也伏惟陛下叡哲欽明道光虞舜八表宅心
九服清晏蠕蠕相害於朔垂妖師扇亂於江外
此乃封豕長虵不識王度天將悔其罪所以奉
皇魏故荼毒之辛苦之令知至道之可樂也宜
安民以悅其志恭己以懷其心而先自勞擾艱
難下民興師郊甸之內遠投荒塞之外救累世
之勍敵可謂無名之師諺曰唯亂門之無過愚情
未見其可當是邊將窺竊一時之功不思兵為

凶器不得已而用之者也夫白登之役漢祖親
困之樊噲欲以十万眾橫行匈奴中本布以為
不可請斬之千載以為美況今旱酷異常聖慈
降膳乃以万五千人使楊鈞為將而欲定蠕蠕
忤時而動其可濟乎阿那瓌投命皇朝撫之可
也豈容困疲我北民以資天喪之虜昔莊公納
子糾以致困疲楊鈞之肉其可食乎高車蠕蠕
恥今蠕蠕時亂主繼立雖去散亡姦虞難抑
脱有井陘之慮楊鈞之肉其可食乎高車蠕蠕
連兵積年飢饉相仍須其自斃小亡大傷然後
一舉而并之此卜氏之高略所以獲兩虎不可
不圖之今土山告難簡書相續蓋亦無能為也
正與今舉相會天其或者欲以告戒人不欲使
南北兩疆並興大眾脫狂狡構間於其間而復
事連中國何以寧之今宰輔專欲好小名不圖
安危大計此微臣所以寒心者也那瓌之不還
負何信義此機之際比師宜停臣言不及義文
書所經過不敢不陳兵猶火也不戢將自焚三

虜自滅之形可以為殷鑒伏願輯和万國以靜
四疆混一之期坐而自至矣目愚昧多達必無
可採匹夫之智願以呈獻表奏詔荅曰夫窮鳥
歸人尚或興惻況那瓌嬰禍流離來依庇在
情在國何容弗矜且納亡興喪有國大義皇魏
堂堂寧廢斯德後主亂筭巳徒卿深誠厚庶
想無拒戰但此段機略不獲相從後不逮勿憚
用嘉戢
匡言時蕭衍義我州刺史文僧明舉城歸順揚州

魏書傳六十六　二十五

刺史長孫稚遣別駕封壽入城固守衍將裴遂
湛僧率衆攻逼詔普惠為持節東道行臺攝軍
廷頗事當迎普惠上疏請赴揚州移還關氏不
從俄而正德果逃還涼州刺史石士基行臺元
司赴援之軍始渡淮而封壽巳棄城單馬而退
軍龍遷朝蕭衍衍弟子西豐縣侯正德詐稱降款朝
洪超並贓貨被繩以普惠為右將軍涼州刺史
即為西行臺以病辭免除光祿大夫右丞如故
先是仇池武興群氏數反西垂郡戍租運久絕

詔普惠以本官為持節西道行臺給秦岐涇華
雍豳東秦七州兵武三万人任其分召發送南秦
東益二州兵武祖分付諸戍其所部將統悉於關
西牧守之中隨機召遣軍資板印之屬悉以自
隨普惠至至南秦傅歧涇華雍幽東秦六州兵武
召普惠荅慰喻南秦氐豪吳富聚合兒類所在
接柵相繼而進運租車驢隨機輸轉別遣中散
大夫封荅慰喻南秦氐豪吳富聚合兒類所在
益民於時南秦氐豪吳富聚合兒類所在

魏書傳六十六　二十六

劫公熙旣至東益州刺史魏子建密與普惠書
言公熙舊是蕃國之甥而諸氐與相見者必有
自說鄉里紛動群氏託云與崔南秦有隙拒而
不赴租達平落吳富等東悄車營實公熙所潛
陰私言且加圖防普惠乃符攝公熙赴南秦妻
公熙果巳密遣其從兄山虎與吳富同逆又妄
遣也後吳富雖為左右所殺而徒黨寔猶盛秦
所綰武都武階租頗得達東益群氏先款順故
廣業仇鳩河池三城粟便得入其應入東益十

万石租皆稽留貴盡升斗不至鎮戍兵武遂致
飢虛咸恨普惠經略不廣事訖普惠拜表按劾
公熙還朝賜絹布一百段時詔訪寬屈普惠上
疏曰詩稱文王孫子本枝百世易曰大君有命
開國承家皆所以明德睦親維城作翰漢祖封
爵之誓曰使黄河如帶太山如礪國以永存爰
及苗裔又申之以丹書之信重之以白馬之盟
其以彊大分王罪犯慶邑者蓋有之矣未聞以
基子構世載忠賢一死一削用為恒典者也故

三〇二十

尚書令臣肇末能遠稽古義近究成旨以初封
之詔有親王二千戶始蕃一千戶二蕃五百戶
三蕃三百戶謂是親踈世減之法又以開國五
等有所減之言以為世減之趣遂立格奏奪稱
是高祖本意仍被旨可差謀之來亦已甚矣臣
使勳親懷屈幽顯同寬紛訟彌年莫之能息臣
輙遠研討格深窮其事世襲減奪今古無據又
尋詔書稱昔未可永今始列壁〔疑〕當豈得混一內分
天近也故樂良安同蕃異封廣陽安豐屬別

戶等安定之嫡邑齊親王河間咸近更從蕃食
是乃太和降旨初封之倫級勳親兼樹非世減
之大驗者也博陵襲爵亦在太和之年時不世
減以父嘗全食戶充之外足之始封減從今式
如此則減者減其所足者是其所減之
内減足之旨乃為所貢所食耳欲使諸王開國
弗專其民賦役之差貴賤有等蓋準擬周禮公
侯伯子男貢稅之法王食其半公食三分之一
侯伯四分之一子男五分之一是以新典得足

三〇廿

充本清淵吏多減戶故始封承襲俱稱所減謂
減之以貢食調食之於國斯實高祖霈然之詔
減實之理聖明自釋求之史帛猶有未盡時尚
書臣琇疑減足之參差旨又判之以開訓所減
之旨可以不疑於世減矣而臣肇弗稽往事白
五等有所減之謂是代削之條妄解成旨雷同
踈之等謂是代削之條妄解成旨雷同世減之法以王封有親
此毒天下民其從平故太傅佳城文宣王臣澄
樞弼累朝識洞今古為當書之曰殷勤執請敕

孜於重議被旨不許於此論總傳又律罪例減及
先帝之總麻令給親恤止當世之有服律令相
達威澤異品使七廟曾玄不紿未嫡封則爵
祿無窮枝庶則屬內聚絕儀刑作受億兆何觀
夫一人吁嗟尚自鞠治今諸王五等各稱其寃
七廟之孫並其苦恐非先王所以省曹朝言
巷議咸云其並苦非先王所以建萬國親諸侯
格謂無世減之理請近遵高祖減食之謨遠循
睊九族之義也臣恐今任於茲五年推尋旨
百代象賢之誥退由九代進從九儀則刑罰有
倫封不虛黜斯乃文王所以克慎不敢侮於鰥
寡而況於公侯伯子男乎今旨訪寃滯愚以此
為大者求尋光錫之詔井諸條格所奪所謂軍
事窮審諸王開國非犯罪削奪者並求還復其
昔嘗全食戶充本減從令式者從前則力多
於親懿全奪則減足之格不行愚謂祿力並應
依所　　之食之若是則力少蕃王粟帛仍
本戶邑雖盈之減兩秦既有全食足戶之異故

不得同於新封之力耳親恤所衰請依律斷伏
惟親親尊賢位必功五奪賢以司民可不慎乎
親親以牧族其可棄乎如脫蒙允求以旨判為
始其前來更秩有一德殷湯所以革夏故能
文王所以造周咸有一德殷湯所以革夏故能
上令下從風動草偃如天之無不覆地之如明神
無不載遷都之構庶方子來況澤所沾降及陪
是以天子家天下綏萬國若雷電敬之如明神
皁寧有岳牧二千石縣令丞尉治中別駕及諸
軍幢受命於朝廷而可不預平此之班駁雲兩
之不平謂是當時有司出納之未允何以明之
仰尋世宗詔書百官普進一級中有朝臣刺史
登時襄授則內外貴賤莫不同澤又覆奏稱要
又陪皁明無不逮自後人率其心紛綸盈庭嫌
少誤惑視聽限以況前更爲年斷六年三年之
考以意折之況前六年上之歲隔而絕之遂使如
綸之旨頓於一朝況前況後之歲隔而絕之況
三年上第者蒙平階而已況前況後合考者隔

絕而不得無考者無折而全況前況後有考無
考並蒙全況與否乖違勤屈善若毫釐
謬以千里其此之謂乎易曰言行君子之所以動
天下可不慎歟言之不從無以抑之遂奏傳牧
守外祿全不與況散官改為四年之考況前者
在茲致使邀駕擊鼓者無理以加其罪誹謗公
聽者無辭以抑其言嚚嗜所由生慢勃所由起
夫琴瑟不調而更張善人國之本也其可棄
八年一階政令不一冤訟惟甚與而復奮其本
呂刑曰何擇非人周官曰官弗必備惟其人亡
緣曰無曠庶官天工人其代之詩云人各
邦國殄悴又患不均如此則官必擇人況則宜薄請
遠遵正始元旨近準聖明二況內外百官悉同
一階不以況前折考不以熟任增年則同雲共
渫四海均洽如謂未可宜以權理折之易曰聖
人之大寶曰位何以守位曰仁春秋傳曰一曰
乎詩云樂只君子邦家之基堯典曰克明俊德

擇人如此則乃可無況不可無考守宰之況既
以追奪則百官之況不應獨露溥澤既收復誰
敢怨夫三載之考興於太和再周之陟通於景
明闕劇居祿力自有加減陪臣以事省降而考則
三年朝官既祿等平曹更四周乃陟考祿僉差
各稱其枉且一日從軍征戍若於煩任終年專
使決斷則重於陪臣恒上若通為三載之考無況
隔折則各盈其分亦足以近塞群口遠綏四方
日昳求賢猶有所失況不遵擇人之訓唯以傅
父而進乎自今已後考熟願以三宅革心選進
願以三儁居德書曰舉能其官惟爾之能稱非
其人惟爾弗任斯周道所以佑辟康民敢不敬
守臣忝官樞副毗察寃訟寀寀省謂宜追正
愚固所陳方無可採出除左將軍東豫州刺史
淮南九戍十三郡猶因蕭衍前弊別郡異縣之
民錯雜居止普惠乃依次括比省減郡縣上表
陳狀詔許之宰守因此縮攝有方姦盜不起以
以為便蕭衍遣將胡廣來寇安陽軍主陳明祖

等憒白沙鹿城二戍衍又遣定州刺史田超秀
由僧達等竊陷石頭戍徑據安陵城鄭州新塘
之賊近在州西數十里普惠前後命將拒戰立
破之普惠不營財業好有進舉敢於故舊毘異
州人侯堅固少時與其遊學早終其子長瑜普
惠每於四時請祿無不減贍給之其衣食又為豫
州啓長瑜解褐攜其合門拯給之孝昌元年三
月在州卒時年五十八贈平北將軍幽州刺史
謚曰宣恭

長子榮儁武定末齊王相府屬

榮儁弟龍子揚州驃騎府長史

史臣曰孫紹關右之士又能指論世務亦其志
也張普惠明達典故彊直從官儻然不撓其有
王臣之風矣

列傳第六十六　　魏書七十八

成淹　　　范紹

劉桃符　　劉道斌

董紹　　　馮元興

鹿悆　　　張燿

成淹字季文上谷居庸人也自言晉侍中粲之

六世孫祖昇家於北海父洪字犯顯祖廟諱仕

劉義隆為撫軍府中兵參軍皇辛淹好文學有

氣尚劉子業輔國府刑獄參軍事劉彧以為貞

外郎假龍驤將軍領軍主令攘東陽歷城皇興

中降慕容白曜赴闕授兼著作郎時顯祖於仲

冬之月欲巡漠比朝臣以寒甚固諫並不納淹

上接興釋遊論顯覽之詔尚書李訢曰卿等

諸人不如成淹論通釋人意乃勅得行太和中

文明太后朋蕭賾遣其散騎常侍裴昭明散騎

侍郎謝峻等来弔欲以朝服行事主客執之云

弔有常武何得以朱求入山庭昭明等言本奉

朝命不容改易勿如此者數四執志不移高祖勅

尚書李沖令選一學識者更與論執沖奏遣淹

昭明言未解魏朝不聽朝服行禮義出何典淹

言吉凶不同禮有成數玄冠不弔童孺共稱之

李孫將行請遭喪之禮千載之下猶共不弔卿

遠自江南奉慰不能式遵成事方謂議出何典

不素服齊朝亦不以為疑那得苦見要遍淹言

北皆湏齊髙帝崩魏遣李彪通弔於時初

行人得失何其異哉昭明言二國交和既久南

彪通弔之日朝命以弔服自隨而彼不遵高宗

彪行弔之時齊之君臣

皆已鳴王盈庭貂璫曜日百寮內外朱服煥然

追遠之慕乃踰月即吉彪行弔之時齊之君臣

以此方彼也昭明乃撫膝而言若如来談卿以

安知得失所歸淹言遂相顧而笑曰非孝者宣尼有成

伴於有虞魔誤闇以来百官聽於家宰卿宣得

冠之中來責雖高未敢聞命我皇帝仁孝之性

為非也昭明

責行人亦弗敢言希主人裁以弔服使人唯齋

袴褶比既戎服不可以弔幸借緇衣帽以申
命今為魏朝所逼違負指授還南之日必得罪
本朝淹言彼有君子也卿將命折中還南之日
應有高賞若無君子也但令有光國之譽雖復
非理見罪亦復何嫌南史董狐自當直筆既而
高祖遣李沖問淹昭明所言淹以狀對高祖詔
沖曰我所用得人仍勅送衣帽給昭明等賜淹
果食明旦引昭明等入皆令文武盡宴後正侍
郎高祖以淹清貧賜絹百四十六年蕭嶷遣其
散騎常侍庾蓽散騎侍郎何憲主書邢宗慶朝
貢值朝廷有事明堂因登靈臺以觀雲物高祖
勅淹引蓽等館南矚望行禮事畢還外館賜酒
食宗慶語淹言南北連和既久而比棄信絕好
為利而動當是大國善隣之義淹言夫為王者
不拘小節中原有菽正採者獲多豈春秋守尾
生之信且齊先主歷事宋朝荷恩世當應便
爾欺奪宗慶庾蓽及行者皆相顧失色何憲知
淹音從南入而以手掩目曰卿何為不作于禁

而作魯肅淹言我捨危効順欲追蹤陳韓何干
禁之有憲亦不對王肅歸國也高祖以淹曾官
江表認觀是非乃造肅與語還奏言實時議紛
紜猶謂未審高祖曰明日引入我與語若有古跡
之及靈興行幸肅多屈從勅淹將引若有古跡
皆使知之行到朝歌蕭問此是何城淹言此晉
朝歌城蕭言故應有殷之頑民也淹言晉武王
滅紂悉居河洛中因劉石亂華仍隨司馬東渡
蕭知淹寓於青州乃笑而謂淹曰青州間何必
無其餘種淹以肅本隸徐州言青州本非其地
徐州間今日重來非所知也蕭遂伏馬上掩口
而笑顧謂侍御史張思寧曰向者聊因戲言遂
致辭溺思寧馳馬奏聞高祖大悅謂彭城王勰
曰淹此段足為制勝興駕至洛蕭因侍宴高祖
戲肅曰近者行次朝歌聞成淹共卿殊有往復
卿試重叙之肅言臣前朝歌為淹所困不謂此
事仰聞聽覽覽臣爾曰失言一之已甚豈宜再說
遂皆大笑高祖又謂蕭曰淹能制卿其才亦不

困肅言淹才詞便爲難有聖朝宜應叙進高祖

言若因此推淹恐厚卿轉甚肅言臣屈己達人

正可顧臣之美高祖曰卿旣爲人所屈欲求屈
己之名復於卿太優肅言臣淹旣羞進臣得屈

伸人此所謂陛下惠而不費遂詔笑而止乃賜

淹龍廏上馬一匹并鞍勒宛具朝服一襲轉調

者僕射時遷都高祖以淹家無行資勅給事力

送至洛陽并賜假日與家累相隨行次靈丘屬

蕭懸驀遣使勅驛焉徵淹車駕濟淮淹於路左請

見高祖竚駕而進之淹曰蕭關疆悍幽明同棄

陛下俯應人神按劒江澳然敵不可小蜂蠆有

毒而況國乎深願聖明保万全之策詔曰此前

者解官奪職恐非卿淹曰伏聞發洛巳來諸有諫

車之轍得不惕乎淹曰昔文王詢於芻蕘

我命耳卿不得爲千爾鈹淹甲賤敢同匹夫高祖

羌晉文聽輿人之誦臣雖甲賤敢同匹夫高祖

優而容之詔賜絹百匹高祖幸徐州勅淹與聞

龍駒等主舟檝沉四入河济流還洛軍次碻

碻淹以黃河浚急慮有傾危乃上疏陳諫高祖

勅淹曰朕以恒代無運漕之路故京邑民貧今

移都伊洛欲通運四方而黃河浚人皆難涉

我因有此行必須乘流所以開百姓之心知卿

至誠而今者不得相納勅賜驊騮馬一匹衣冠

納之意欲榮淹於衆朝旦受朝百官在位乃賜

一襲除羽林監領主客令加威遠將軍千時宮

殿初構經始務廣兵民運材日有万計伊洛流

澌苦於万涉淹遂啓求勅都水造浮航高祖賞

納淹啓初授給淹小心畏法典

帛百匹知左右二都水事世宗初司徒彭城王

懸曰先帝本有成旨淹有歸國之誠兼歷官著

稱宜加優陟高祖雖崩詔猶在耳乃相聞選曹

加淹右軍領左右都水主客令復授驍騎將

軍加輔國將軍都水主客如故淹小心畏法典

客十年四方貢聘皆有私遺毫釐不納乃至衣

食不充遂啓乞外祿景明三年出除平陽太守

將軍如故還朝病卒贈本將軍光州刺史謚曰

定

子霄字景鸞亦學涉好為文詠但詞彩不倫率
多鄙俗與河東姜質等明遊相好詩賦閑起知
音之士共所唉笑閭巷淺識頗諷成羣乃至大
行於世歷治書侍御史而卒

范紹字始孫敦煌龍勒人少而聰敏年十二父
命就學師事崔光以父憂廢業毋又誡之曰汝
父卒日令汝遠就崔生希有成立今已過蕃宜
遵成命紹還赴學太和初充太學生轉筭生顏
涉經史十六年高祖選為門下通事令史遷錄
事令掌奏文案高祖善之又為侍中李沖黃門
崔光所知出內文奏多以委之高祖曾謂近臣
曰崔光從容范紹之力稍遷彊弩將軍積弩將
軍公車令加給事中遷羽林監揚州刺史任城
王澄請征鍾離勑紹詣壽春共量進止澄至城
兵十萬往還百日渦陽鍾離廣陵廬江欲數道
俱進但糧仗軍資須朝廷速遣紹曰計十萬之
眾往還百日頒糧難至有兵無糧何以剋敵願王
兵仗可集恐糧難至有兵無糧何以剋敵願王

善思為社稷深慮澄沈思良久曰實如卿言使
還具以狀聞後澄遂征鍾離無功而返毋憂除長
兼奉車都尉轉右都水使者錄事如故丁毋憂
去職之計發河北數州田兵二萬五千人通緣
府長由帶義陽初復起紹除寧遠將軍鄆州龍驤
南討之計發河北數州田兵二萬五千人通緣
淮戍兵合五萬餘人廣開屯田八座奏紹為西
道六州營田大使加步兵校尉紹勤於勸課頻
歲大獲又詔紹詣鍾離與都督中山王英論攻
鍾離形勢英固言必剋紹觀其城隍防守恐不
可陷師英不從紹還具以狀聞俄而英
敗詔以徐豫二境民稀土曠令紹量度處所更
立二州紹以譙城形要之所置州為便遂立南
兗入為主衣都統加中堅將軍前軍將軍追
賞譽田之勤拜游擊將軍遷龍驤將軍太府少
卿都統如故轉長兼太府卿紹量功節用甄煩
就簡凡有賜給千四以上皆別覆奏然後出之
靈太后嘉其用心勑紹每月入見諸有益國利

民之事皆令面陳出除安比將軍并州刺史清
慎守法頗得民和值山胡來寇不能擊以此損
其聲望復入爲太府卿莊帝初遇害河陰
劉桃符中山盧奴人生不識父九歲喪毋性恭
謹好學舉孝廉射策甲科歷碎職景明中羽林
監領主書蕭寶夤寅之降也桃符受詔迎接歷奉
車都尉長水校尉游擊將軍正始中除征虜將
軍中書舍人爲黃門頓歷三世卿居此任始十年

日揚子雲爲黃門頓歷三世卿居此任始十年
不足辭也東豫州刺史田益宗居邊貪穢世宗
頻詔桃符爲使慰喻之桃符還具稱益宗既老
耄而諸子非理處物世宗後欲代之恐其背叛
拜領桃符征虜將軍豫州刺史與後軍將軍李世
哲領衆襲益宗語在益宗傳桃符善恤蠻左爲
民吏所懷久之徵還病卒年五十一贈後將軍
洛州刺史
子景均殿中侍御史
劉道斌武邑灌津人自云中山靖王勝之後也

幼而好學有器幹及長襲帶十圍頤鬚甚美舉
孝廉入京拜校書郎轉主書頗爲高祖所知從
征南陽還加積射將軍給事中高祖謂黃門侍
郎邢巒曰道斌是段之舉便異儕流矣世宗即
位遷謁者僕射轉步兵校尉元愉新經元愉逆亂之
舍人出爲武邑太守時冀州新經元愉逆亂之
後加以連年災儉道斌頻爲表請鐲其租賦百
姓賴之罷郡還除右將軍太中大夫又以本將
軍出爲恒農太守遷岐州刺史所在有清治之

稱正光四年卒於州贈平東將軍滄州刺史改
贈瀛州諡曰康道斌在恒農修立學館建孔子
廟堂圖畫形像去郡之後民故追思之乃復畫
道斌形於孔子像之西而拜謁焉
子士長武定中碭郡太守卒
董紹字興遠新蔡鲖陽人也少好學頗有文義
起家四門博士歷殿中侍御史國子助教積射
將軍兼中書舍人辯於對問爲世宗所賞豫州
城人白早生以城南叛詔紹慰勞至上蔡爲賊

所襲因送江東仍被鏁禁蕭衍領軍將軍呂僧
珍慰與紹言便相器重衍聞之遣使勞紹云忠
臣孝子不可無人今當聽卿還國紹對曰老母
在洛無復方寸既奉恩貸實若更生衍又遣主
書霍靈超謂紹曰今放卿還令卿通好兩家之
彼此息民豈不善也對曰通好息民乃兩國之
事既蒙命及輒當聞奏本朝衍賜紹衣物引入
見之令其舍人周捨慰勞并稱戰爭多年民物
塗炭是以不恥先言與魏朝通好此亦有書都
無報旨卿宜備申此意故遣傳詔周靈秀送卿
至國遲有嘉問又令謂紹曰卿知所以得不死
不今者獲卿乃天意也夫千人之聚不散則亂
故須立君以治天下不以天下養一人凡在民
十人欲以換紹事在司馬悅傳及紹還世宗愍
漢中見歸先是詔有司以所獲衍將齊苟兒等
上胡不思此若欲通好今以宿豫還彼彼當以
之永平中除給事中仍兼舍人紹雖陳說和計
朝廷不許久之加輕車將軍正舍人又除步兵

校尉蕭宗初紹上御天馬頌帝賞其解賜帛八
十匹又除龍驤將軍中散大夫舍人如故加冠
軍將軍出除右將軍洛州刺史紹好行小惠頗
得民情蕭衍將軍曹義宗王玄真等寇荊州據
順陽馬圈裴衍王羆討之既復順陽進圍馬圈
城堅裴王糧少紹上書言其必敗未幾裴衍等
果失利順陽復為義宗所據紹有氣病啟求解
州詔不許蕭寶夤反於長安也紹上書求擊之
云臣當出瞻巴三千生噉蜀子蕭宗謂黄門徐
紇曰此巴真瞻巴也紇曰此是紹之壯辭云巴人
勁勇見敵無所畏懼非實瞻也帝大笑敕紹速
行又加平西將軍以拒寶夤之功賞新蔡縣開
國男食邑二戶永安中代還於是除安西將軍
梁州刺史假撫軍將軍兼尚書為山南行臺顏
有清稱前廢帝以元孚代之紹至長安時尒朱
天光為關右大行臺啟紹為大行臺從事兼更
部尚書又除征西將軍金紫光祿大夫天光赴
洛留紹於後天光敗賀拔嶽復請紹為其開府

諧議參軍永熙中加車騎將軍嶽後攜紹於高
平牧馬紹悲而賦詩曰走馬山之阿馬渴飲黃
河寧謂胡關下復聞楚客歌後爲宇文黑獺所
殺

子敏永安中爲太尉西閤祭酒

馮元興字子盛東魏郡肥鄉人也其世父僧集
官至東清河西平原二郡太守贈濟州刺史元
興少有操尚隨僧集在平原因就中山張吾貴
常山房虬學通禮傳頗有文才年二十三還鄉
教授常數百人領寮孝廉對策高第又舉秀才
時御史中尉王顯有權寵元興奏記於顯召爲
檢校御史尋轉殿中除奉朝請三使高麗江陽
王繼爲司徒元興爲記室參軍遂爲元乂所知
乂東朝政引元興爲尚書殿中郎領中書舍人
仍御史元興居其腹心預聞時事甲身剋巳人
無恨爲家素貧約食客恆數十人同其飢飽
無吝色時人歎尚之及太保崔光臨薨薦元興
爲侍讀尚書晉思伯爲侍講授蕭宗杜氏春秋

於式乾殿元興常爲擿句儒者榮之及乂欲解
領軍以訪元興元興曰未知公意如何耳乂欲
鄉謂吾欲反也元興不敢言因勸之乂旣賜死
元興亦被廢乃爲浮萍詩以自喻曰有草生碧
池無根綠水上脆弱惡風波危微苦驚浪丞相
高湯王雍召爲兼屬未幾去任還鄉僕射元羅
爲東道大使以元興爲本郡太守尋徵赴闕以
母憂還家頻值鄉亂數爲監軍元興多所賞罰
鄉黨頗以此憚焉上黨王天穆之討邢杲引爲
諧議參軍加征虜將軍莊帝還宮天穆以爲太宰
祿大夫領中書舍人莊帝初安東將軍光祿
大夫領中書舍人太昌初卒於家贈征東將軍
齊州刺史文集百餘篇元興世寒因元乂之勢
託其交道相用爲州主簿論者以爲非倫高
祖時有譙郡曹道頗涉經史有幹用舉孝廉
太和中東宮主書門下錄事景明中尚書都
令史領主書後轉中書舍人行使每稱旨出

除東郡太守卒贈儀同三司又有北海曹昇亦
以學識清立見知歷治書侍御史永安中黃
門郎散騎常侍出帝世國子祭酒不營家產至
以餒卒於鄴時人傷歎之又齊郡曹昂有學識
舉秀才永安中太學博士兼尚書郎而常徒步
上省以示清貧忽遇盜大失綾縑時人鄙其
矯詐

鹿念字永吉濟陰人父生在良吏傳念好兵書
陰陽釋氏之學太師彭城王勰召為館客甞詣
徐州馬疫附船而至大梁夜睡從者上岸竊禾
四束以飼其馬船行數里念覺問得禾之麨從
者以告念即停船上岸至取禾麨以縑三
丈置禾束下而返初為真定公元子直國中尉
恆勸以忠廉之節甞賦五言詩曰嶧山萬丈樹
雕鏤作琵琶由此村高遠弦響藹中華又曰援
琴起何調幽蘭與白雪絲管未成莫使弦響
絕子直少有令問念欲其善終故以諷焉母憂
去職服闋仍卒任子直出鎮梁州念隨之州州

有兵糧和糴和糴者罪不潤屋念獨不取子直
彊之終不從命莊帝為御史中尉念兼殿中侍
御史監臨淮王或軍時蕭行遣其豫章王綜據
徐州綜密信通或云欲歸欵綜時念為蕭行愛子
眾議咸謂不然或募人入報驗其虛實念遂請
行曰若綜有誠心與之盟約如其詐也豈惜一
人命也時徐州始陷彊兵內外嚴固念遂單馬間出徑
胡龍牙並摠彊方騷擾綜部將成景雋
趣彭城未至之間為綜軍主程兵潤所止問其
來狀念苔曰兵交使在自昔通言我為臨淮王
所使湏念有交易兵潤遂先遣人白龍牙等綜既
有誠心聞念被執語景雋等曰我毎疑元略規
欲叛城將驗其虛實且遣左右為元略使入魏
軍中喚彼一人其使果至可令人詐作略身在
一深室詭為患狀呼使戶外令人傳語時略始
被衍追還綜又遣腹心梁話迎念密語音狀令
善酬苔引念入城詣龍牙所時日已暮龍牙列
伏舉火引念曰元中山甚欲相見故令喚卿又

曰安曹且臨淮將少弱軍規復此城容可得乎念
曰彭城魏之東鄙勢在必爭得不在天非人所
測龍牙曰當如卿言詣景雋住所僞念在外
門久而未入時夜已久星月甚明有綜軍主姜
桃來與念語曰君年已長又充今使長有所
達元法僧魏之微子拔城歸梁梁主待君有道
乃舉手上指曰今歲星在斗斗吳之分野君何爲
不歸梁國我今君畫員念答曰君徒知其一未
知其二法僧者莒僕之流而梁納之無乃有愧

於李孫也今月建鶉首斗牛受破歲星木也逆
而剋之君吳國敗喪不久且衣錦夜遊有識不
許言未及盡引入見景雋曰元中山雖曰
相喚不懼而來何也答曰昔甚楚伐吳天遣由
勞師今者此行略同於彼又曰遊歷多年與卿
先經相識仍叙由緣景雋便記引念同坐謂念
曰卿不爲刺客也答曰今爲使欲返命本朝
相刺之事更上後圖爲設飯食雜果念飲多
食向敵數人微自奉矜諸人相謂曰壯士哉乃

十七　方中

引向元略所一人引入戶內指床令坐一人別
在室中出謂念曰中山有教與君相聞念遂起
立使人謂念曰君但坐我昔有以向南曰子豈有坐
聽教命使曰頓首君我昔有以向南曰遣相
喚欲聞鄉事晚來患動不獲相見念曰奉音
旨冒險祗赴不得瞻見內懷反側遂辭而退湏
朝士馬多少念云秦隴既平三方靜安本有高
車白眼羌蜀五十方齊王　陳留崔延伯李叔
更天曉綜軍主范助景雋司馬楊暐等競問此

仁等分爲三道徑趣江西安樂王鑒李神軌翼
相齊淪青光羽林十萬直向琅邪南出諸人相
謂曰詎非華辭也念曰可驗崇朝何之有日
晏令還景雋送念上戲馬臺北望城壘曰何此
城之固良還軍於路與梁諜哲言盟契約既固未旬
師政計念曰金墉湯池衝甲彌巧貴守以人何
論險害降軍於路與梁諜哲言盟契約既固未旬
綜果降詔曰日者法僧父子頑固自天長惡不
已竊城外叛職此亂階遂使彭宋名藩飜爲賊

十八　徐

有雖宗臣名將揮戈於四濱虎士雄卒鍊劒於
沛渚然高埤峻堞非可易登廣淡深隍實為難
踐是用日具志食中宵慷慨者也而行都督豫
章王蕭綜體運知機欲歸有道潛遣密信送款
於都督臨淮王于時事同夜光能不按劒殿中
侍御史監軍鹿念不憚虎口視險若夷便能占
募入驗虛實念言盟既固所圖遂果返地復城息
我兵甲亦是念之力焉若不酬以榮祿何以勸
厲將來可封定陶縣開國子食邑三百戶除貝
外散騎常侍俄出為青州彭城王劭府長兼司
遣念臨州軍討之戰於商山頗有所捷將統皆
劭左右擅增首級妄訴賞帛念高執不與劭家
從念勃然作色曰竭志立言為王為國豈念家
事不懈而出劭追而謝焉竊勳者放言嘖嘖欲
加私害念聞而笑之不以介意先是蕭衍遣將
彭羣王辯率衆七萬圍逼琅邪自春及秋官軍
不至而兩青士馬裁可万餘師次郎城久而未

進劭乃遣念南向青州刺史胡平遣長史劉仁之
竝監劭諸將徑赴賊壘大破之斬羣首俘馘二
千餘級肅宗嘉之璽書勞問永安中入為左將
軍給事黃門侍郎又以前賞念入徐之功未盡
增邑二百戶進爵為侯雖任居通顯志在謙退
迎送親賓暑而自無宅常假賃居止
布衣糲食襄暑不變莊帝嘉其清素時復賜以
錢帛及東徐城民呂文欣殺刺史元大賓南引
賊衆屯柵曲術詔念使持節散騎常侍安東將
軍為六州大使與行臺樊子鵠討破之文欣送首魁
帥同死者十二人詔書慰還拜鎮東將軍金
紫光祿大夫尋詔為使持節兼尚書左僕射東
南道三徐行臺至東郡值介朱仲遠軍敗遂向
滑臺詔與都督賀拔勝等拒仲遠軍敗遂晉
泰中加征東將軍轉衛將軍右光祿大夫兼度
支尚書河北五州和糴大使天平中除梁州刺
史時滎陽民鄭榮業等聚衆反圍逼州城念不

轉營構左都將興和初衛大將軍宮殿成以本
將軍除東徐州刺史三年卒於州時年六十贈
驃騎大將軍司空公兗州刺史諡曰懿
子孝直武定末司空公諮騎兵參軍
史臣曰成淹等身遭際會俱得効其所能以至
於顯達苟曰非才亦何可以致

能固守遂以城降榮業送念於關西
張熠字景世自云南陽西鄂人漢侍中衡是其
十世祖熠自奉朝請為揚州車騎府錄事參軍
入除步兵校尉中寺塔大興經營務廣靈
太后曾幸作所凡有顧問熠敷陳指畫無所遺
關西都督以功封長平縣開國男食邑二百戶
永安初除平西將軍岐州刺史假安西將軍尋
別將隨長孫稚西征轉平西將軍太中大夫為
關太后善之久之除冠軍將軍中散大夫後為

加撫軍將軍矜恤貧弱為民所愛代還值元顥
入洛仍令復州熠遂私還莊帝還宮出除鎮南
將軍東荊州刺史尋加散騎常侍征蠻大都督
軍東荊州刺史值尒朱兆入洛不行普泰中衛將
轉荊州刺史尋加散騎常侍征蠻大都督
軍金紫光祿大夫天平初遷鄴草創右僕射高
隆之吏部尚書元世儁奏曰南京官殿毀撤送
都連筏竟河首尾大至自非賢明一人專委受
納則恐材木耗損有關經構熠清貞素著有稱
一時臣等輒舉為大將詔從之熠勤於其事尋

列傳第六十七

朱瑞　　叱列延慶
斛斯椿　　賈顯度
樊子鵠　　賀拔勝
侯莫陳悅　侯淵

魏書傳六十八

朱瑞字元龍代郡桑乾人祖就字祖成卒於沛
縣令父惠字僧生行太原太守卒永安中瑞貴
達就贈平東將軍齊州刺史惠贈使持節冠軍
將軍恒州刺史瑞長厚質直敬愛人士孝昌末
尒朱榮引為其府戶曹參軍又為大行臺郎中
甚為榮所親任建義初除黃門侍郎仍中書
舍人榮恐朝廷意有所不知故居之門下為
腹心之寄錄前後勳封陽邑縣開國公食邑二千
戶未幾又除散騎常侍安南將軍黃門如故丁
父憂去官詔起復任除青州大中正及元顥內
逼瑞啟勸北幸乃從駕於河陽除侍中征南將
軍兼吏部尚書改封北海郡開國公增邑二千
戶莊帝還洛加衛將軍左光祿大夫又改封樂

陵郡開國公仍侍中瑞雖為尒朱榮所委而善
處朝廷之間莊帝亦賞遇之嘗謂侍臣曰為人
臣當須忠實至如朱元龍者朕待之亦不異餘
人瑞啟乞三從之內並屬滄州樂陵郡詔許之
仍轉滄州大中正又以青州樂陵亦有朱氏意
欲歸之故求為青州中正瑞始以青州樂陵有
朱氏而恐好河北遂乞移屬焉尋加車騎將軍
尒朱榮死瑞與世隆俱比走既而以莊帝待之
素厚且見世隆等並無雄才終當敗喪於路乃

魏書六十八

還帝大悅執其手曰社稷忠臣當如此尒朱
天光擁眾關右帝欲招納之乃以瑞兼尚書左
僕射為西道大行臺以慰勞焉既達長安會
尒朱北入洛復遣京師都督斛斯椿先與瑞有
隙數譖之於世隆世隆性多忌且以前日乖異
忿恨更甚普泰元年七月遂誅之時年四十
九太昌初贈使持節驃騎大將軍開府儀同
三司青州刺史謚曰恭穆
子孟儼龑封齊受禪例降

瑞弟珍字多寶太尉上黨王天穆錄事參軍卒

弟騰字神龍建義初為龍驤將軍大都督司
馬又封涇陽縣開國男食邑二百戶累遷中軍
將軍光祿大夫與端瑞同遇害太昌初贈滄州刺
史

騰弟慶賓卒於光祿大夫
子清武定末齊王開府中兵參軍
祖末從駕至瓜步賜爵臨江伯父億龑襲祖爵

叱列延慶代西部人也世為酋帥曾祖鍮石世
高祖時越騎校尉延慶少便弓馬有膽力正光
末除直後隸大都督李崇北伐後隨介朱榮入
洛仍從榮討葛榮於相州延慶世隆姊壻也榮
親遇之葛榮既擒除使持節撫軍將軍光祿大
夫假鎮東將軍都督西部第一領民酋長封永
寧縣開國伯食邑五百戶永安二年以本將軍
除恒州刺史普泰初世隆得志特見委重遷散
騎常侍車騎將軍儀同三司又進驃騎大將軍
開府餘如故尋除都督恒雲燕朔四州諸軍事

大都督兼尚書左僕射山東行臺北海郡開國
公邑五百戶時幽州刺史劉靈助以莊帝幽崩
遂舉兵唱義諸州豪右咸相結附靈助進屯於
定州之安固世隆百前廢帝以延慶與大都督
侯淵於定州相會以討靈助淵謂延慶曰靈助
善於卜占百姓信惑所在嚮應未易可圖若
一戰有利鈍則大事去矣未若還師西入據關
拒險以待其變延慶曰劉靈助庸人也天道深
遠豈其所識大兵一臨彼皆恃其妖術坐看符
厭寧肯戮力致死與吾爭勝負哉如吾計者政
欲出營城外詭言西歸靈助聞之必信而自寬
潛軍徃襲可一徃而擒淵從之乃出頓城西聲
言將還簡精騎一千夜發左僕射為恒
城北遂破擒之仍兼尚書左僕射恒雲燕朔定
四州行臺又除使持節侍中都督恒雲燕朔定
五州諸軍事定州刺史餘如故與介朱兆等拒
義旗於韓陵戰敗延慶與介朱仲遠走渡石濟
仲遠南竄延慶北降齊獻武王王與之入洛仍

從王於并州後赴洛出帝以為中軍大都督延
慶旣尒朱親昵又黨於權俟出帝之西齊獻武
王入洛以罪誅之
延慶兄子平武定末儀同三司右衛將軍慶陶
縣開國侯

斛斯椿字法壽廣牧富昌人也父敦蕭宗時為
左牧令時河西賊起牧民不安椿乃將家投尒
朱榮榮以椿兼其都督府鎧曹參軍從榮征伐
有功表授厲威將軍稍遷中散大夫署外兵事
宗崩椿從榮入洛莊帝初封陽曲縣開國公食
邑千戶遷散騎常侍平北將軍司馬尋除尒朱
榮大將軍府司馬從平葛榮以功除上黨太守
及元顥入洛椿隨榮奉迎莊帝遂從攻顥顥敗
遷安北將軍建州刺史改封深澤縣轉鎮東將
軍徐州刺史又轉征東將軍徐州刺史及尒
朱榮死椿甚憂懼時蕭衍以汝南縣王悅為魏主
資其士馬次於境上椿聞大喜遂率所部棄州

歸悅悅授椿使持節侍中大將軍領軍將軍領
左右尚書左僕射司空公封靈丘郡開國公邑
萬戶又為大行臺前驅都督會尒朱兆入洛椿
復率所部背悅歸北尒朱兆立前廢帝也
椿參其謀以定策功拜侍中驃騎大將軍儀同
三司京畿北面大都督改封城陽郡開國公增
邑五百戶并前二千五百戶尋加開府時椿父
敦先在秀容忽有傳敦死問請減已階以贈
之自襄城將軍超贈車騎將軍恒州刺史尋知
其父猶在詔復椿官仍除其父為車騎將軍揚
州刺史世隆之厚椿也如此椿與尒朱兆與度律
遠等比拒齊獻武王次陽平會尒朱兆與度律
等相疑遁還語在兆傳椿後復與度律等同拒
義旗敗於韓陵椿謂都督賈顯智等曰若不先
執尒朱死無類矣遂與顯智等夜於桑下
盟約倍道兼行椿入北中城收尒朱部曲盡殺
之令長孫稚賈顯智等率數百騎龍驤尒朱世隆
彥伯兄弟斬於閶闔門外椿入洛縣世隆兄弟

首於其門樹椿父出見謂椿曰汝與尒朱約為
兄弟今何忍懸其頭於家門寧不愧負天地乎
椿乃傳世隆等首并囚度律天光送於齊獻武
王出帝拜椿侍中儀同開府初獻武王之入洛
頓於邙山尒朱仲遠等曰汝事仲遠自徐為逆汝為
滑臺而至獻武王賁竇等曰汝事仲遠擅其榮自
利盟契曰仲遠南走汝復背之於臣節則不忠論
戎首令仲遠南走汝復死前仲遠自徐為逆汝為
事人則無信大馬尚識恩養汝今犬馬之不如

遂斬之椿自以數為反覆見竇等之死意常不
安遂密榫間勸出帝置閣內都督部曲又增武
真人數自直閣已下貝別數百皆選天下輕剽
者以充之又說帝數出遊幸號令部曲別為行
陳椿自約勒指麾其間從此以後軍謀朝政一
決於椿又勸帝徵兵詭稱南討將以伐齊獻武
王帝從之遂陳兵城西比接邙山南至洛水帝
諸戎說既行因此遂相恐動出帝勒兵河橋
之椿

今椿為前軍營於邙山比尋遺椿率步騎數千
鎮虎牢椿第豫州刺史元壽與都督賈顯智守
滑臺獻武王令相州刺史竇泰擊破之椿懼已
不免復啓出帝假說遊聲以刜憚帝信之遂入
關椿亦西走長安椿狡猾多事好亂樂禍干時
敗國朝野莫不嫉之

元壽尋為部下所殺

賈顯度中山無極人父道監沃野鎮長史顯度
形貌偉壯有志氣初為別將防守溥骨律鎮正
光末壯鎮擾亂為賊攻圍顯度拒守多時以賊
勢轉熾不可久立乃率鎮民浮河而下旣達秀
容為尒朱榮所留尋表授直閣將軍左中郎將
建義初除撫軍將軍光祿大夫都督隨尒朱榮破
葛榮又除撫軍將軍光祿大夫都督封石安縣
開國公邑二千戶從上黨王天穆破邢杲值元
顯入洛仍與天穆渡河赴行宮於河內顯平以
本將軍除廣州刺史假鎮南將軍轉南兗州刺
史尒朱榮之死也顯度情不自安南奔蕭衍衍

厚待之普泰初還朝授衞大將軍儀同三司左
光祿大夫又行瀛州事復介朱度律等比拒
義旗敗於韓陵與斛斯椿及弟顯智等率眾先
據河橋誅介朱氏出帝初除尚書左僕射尋加
驃騎大將軍開府儀同三司定州大中正未幾
以本官行徐州刺史西道大行臺東道大行臺
月轉雍州刺史西道大行臺歿於關中
太后嘉之除伏波將軍冗從僕射領直齋蕭衍
弟智字顯智少有膽決孝昌中告毛謐等逆靈

將夏侯夔攻郢州以智為龍驤將軍別將討之
至則巋退智仍入城及刺史元顯達以城降於
蕭衍智勒眾入城不欲叛者與顯達交戰相率歸
闕後為都督隸太宰上黨王天穆征邢杲臨陳
流矢中胷仍戰不已元顥入洛仍隨天穆渡河
朝莊帝於河內與介朱兆同先渡河破顥軍以
勳除征南將軍金紫光祿大夫封義陽縣
呂文欣於東徐州平之加侍中驃騎大將軍增

三百五十五 魏書傳六十八 九 人間菜

邑三百戶尋行東中郎將加散騎常侍及介朱
仲遠為徐州刺史隸仲遠赴彭城介朱榮之
死也仲遠舉兵向洛智不從之遂擁部下出清
水東招勒州民與相拒擊莊帝聞而善之除右
光祿大夫武衞將軍進爵為侯增邑三百戶通
前千二百鎮徐州普泰初還洛仲遠忿其乖背
議欲殺之智以顯度先為世隆所厚世隆為解
喻得全時趙脩延起逆荆州蕭衍遣兵接援世
隆欲令智以功自效遣智討之除使持節散騎

常侍車騎大將軍左光祿大夫假驃騎大將軍
荆州大都督進爵為公將發會荆州斬送脩巡
首不行又從介朱度律比拒義旗合介朱兆於
陽平兆與度律等自相疑阻退還除驃騎大將軍
後隨度律等敗於韓陵智與兄顯度律比中
誅介朱氏椿顯智等據守比中令智等入京
隆兄弟出帝初除散騎常侍本將軍開府儀同
三司瀛州刺史在州貪縱甚為民害出帝徵還
京師尋加授侍中以本將軍除濟州刺史率眾

三百五十三 魏書傳六十八 十 人間菜

達東郡仍停不進於長壽津為相州刺史竇泰
所破還洛天平初赴晉陽智去就多端後坐事
死時年四十五
子羅俟祕書郎
樊子鵠代郡平城人其先荊州蠻酉被遷於代
父興平城鎮長史歸義俟普泰中子鵠貴顯乃
贈征虜將軍荊州刺史子鵠值葛榮擾亂南至
并州介朱榮引為都督府倉曹參軍孝昌三年
冬榮使子鵠詣京師靈太后見之問榮兵勢乃子

鵠應對稱旨太后嘉之除直齋封南和縣開國
子邑三百戶令還赴榮榮以為行臺郎中行上
黨郡及榮向洛以為假節平南將軍都督河
東正平軍事行唐州事刺史崔元珍開門拒守
子鵠攻尅之建義初拜平北將軍晉州刺史封
永安縣開國伯食邑千戶又兼尚書行臺治有
威信山胡率服元顥入洛薛脩義及降蜀陳雙
熾等受顥處分率衆攻州城子鵠出與戰大破
之又破脩義等於土門以功拜撫軍將軍尋徵

授都官尚書西荊州大中正後兼右僕射為行
臺督賈智等討呂文欣於東徐州平之還除車
騎將軍左光祿大夫進封南陽郡開國公增戶
六百尚書如故仍假驃騎大將軍率所部為都
督時介朱榮在晉陽京師之事子鵠頗預委寄
故在臺閣率性不解後出除散騎常侍本將軍
殷州刺史屬徵發歲旱儉恐民流亡乃勸人牛
易力多種二麥州內之家分代貸貧者并遣
以此獲安又介朱榮之死世隆等遣書招子鵠

欲與同趣京師子鵠不從以母在晉陽啟求移
鎮河南莊帝嘉之除車騎大將軍豫州刺史假
驃騎大將軍都督二豫郢四州諸軍事兼尚書
右僕射二豫郢潁四州行臺子鵠到相州又勅
資絹五百匹行達汲郡聞介朱兆入洛乃渡河
見仲遠之意奪其部衆將還晉陽及紇豆陵步
藩起以子鵠為都督徵發粮仗元曄以為侍中
御史中尉中軍大都督隨瞱向洛普泰初仍除

舊任及趙脩延叛於荊州詔子鵠通三郢道而
還遭毋憂去職前廢帝聞其在洛無宅凶費不
周賚絹四百匹粟五百石以本官起之太昌初
兼尚書左僕射東南道大行臺摠大都督杜德
等追討尒朱仲遠仲遠已奔蕭衍收其兵馬甲
仗時蕭衍遣元樹入寇陷據譙城詔子鵠與德
討之樹屯兵梁國欲來逆戰見子鵠軍盛夜退
還譙子鵠引兵追躡樹又背城為陳子鵠勒兵
直趣城下縱騎衝突樹衆大敗奔入城門城門

摧刪遂不敢出自守而巳子鵠恐蕭衍遣救乃
收鎧仗遂圍城加儀同三司勒兵出戰輒被
臨塞多自殺害於是斬千餘級獲馬數百匹天
分兵擊衍苟州然州宕州大澗蒙縣等五城並
望風迸散樹既無外援計無所出子鵠又令人
說之樹遂請率衆歸南以地還國子鵠等許之
共結盟約及樹衆半出子鵠中擊破之擒樹及
衍誰州刺史朱文開俘馘其多班師出帝賚馬
匹遷吏部尚書轉尚書右僕射尋加驃騎大

將軍開府典選初青州人耿翔聚衆反已奔蕭
衍衍資其兵偷據膠州除子鵠使持節侍中青
膠大使督濟州刺史蔡儁討之師達青州刺史
城奔走在軍遇病詔遣醫給藥仍除兗州刺史
餘官如故便道之州遇之州子鵠先遣腹心緣歷民間
採察得失及填太山太守彭穆參候失儀大
鵠責讓穆并數其罪狀穆皆引伏於是州內震
悚及出帝入關子鵠據城為逆南青州刺史大
野拔徐州人劉粹各率衆就子鵠天平初遣儀

同三司婁詣等率衆討之子鵠先使前膠州刺
史嚴思達鎮東平郡昭攻陷之仍引兵圍子
城久不拔昭以水灌城靜帝欲招慰下之遣散
騎常侍陸琛兼黃門郎張景徵齎璽書勞子
鵠而大野拔因與相見左右斬子鵠以降
賀拔勝宇破胡神武尖山人祖亻逗選充北防
家於武川以窺覦蠕蠕兼有戰功顯祖賜爵龍
城男為本鎮軍主父度拔龔爵正光末沃野人
破落汗拔陵聚衆反度拔與三子鄉中豪勇援

懷朔鎮殺賊王衛可瓌度尋為賊所害孝昌
中追贈安遠將軍肆州刺史度拔之死也勝與
兄弟俱奔恒州刺史廣陽王淵勝便弓馬有武
幹淵厚待之表為彊督將軍充帳內軍主恒州
陷歸尒朱榮轉積射將軍為別將又兼都督及
榮入洛以預義之勳封易陽縣開國伯邑四百
戶除直閤將軍尋加通直散騎常侍平南將軍
光祿大夫進號安南將軍尋除撫軍將軍為大
都督出井陘鎮中山元顥入洛勝從東路率騎
三百赴行宮於河梁榮命勝與尒朱兆先渡破
擒顥息冠受及顥大都督陳思保莊帝還宮以
功增邑六百戶復加通直散騎常侍征北將軍
金紫光祿大夫改封真定縣開國公
尋除衛將軍加散騎常侍尒朱榮之死也勝與
田怙等奔走榮第於時宮殿之門未加嚴防怙
等議即攻門勝止之曰天子既行大事少當更
有奇謀吾等衆旅不多何可輕尒但得出城更
為他計怙乃止及世隆夜走勝遂不從莊帝其

嘉之仲遠遍東郡詔勝以本官假驃騎大將軍
為東征都督率衆會鄭先護以討之為先護所
疑置之營外人馬未得休息俄而仲
遠與交戰不利乃降之普泰初除右衛將軍進號
車騎大將軍右光祿大夫儀同三司共尒朱仲
遠度律北拒義旗相與奔退事在尒朱兆傳後
俱敗於韓陵勝因降齊獻武王太昌初拜領軍
將軍餘官如故又除侍中出帝既納斛斯椿等
譖間之說將謀齊獻武王以勝弟岳擁衆關西
仍欲廣為勢援除勝使持節侍中都督三荊二
郢南襄南雍七州諸軍事驃騎大將軍開府儀
同三荊州刺史勝將圖襄陽攻蕭衍下迮戍剋
之擒其戍主尹道玩戍副庫狄義衍又使人誘動蠻
王問道期道期為道期率種起義衍雍州刺史蕭衍續遣
軍擊道期為道期所敗漢南大駭勝又遣軍攻
均口擒衍將莊思延又攻馮翊安定沔陽鄀陽
城並平之續遣將柳仲禮於穀城拒守勝攻之
不剋乃班師沔北盪為丘墟矣衍書勅續云賀

拔勝此間驍將汝宜慎之勿與爭鋒其見憚如
此進爵琅邪郡公出帝末詔勝統衆北赴京師
軍次汝水出帝入關勝率所部欲從武關趣長
安行至析陽城人閉門不納時獻武王已遣行
臺侯景大都督高敖曹討之勝戰敗爲流矢所
中乃率左右五百餘騎本蕭衍明年從間道投
寶炬勝好行小數志大膽薄周章南北終無所
成致殘於賊中

【魏傳六十八】

勝兄可泥永熙中太尉公封燕郡王

勝弟岳字阿斗泥初爲太學生長以弓馬爲
與父兄赴援懷朔賊王衛可瓌在城西二百餘
步岳乘城射之箭中瓌臂賊衆大駭後歸事
廣陽王淵以爲帳內軍主表爲彊弩將軍州陷
投尒朱榮榮以爲別將進爲都督永安初除安
北將軍光祿大夫武衛將軍賜爵樊城鄉男坐
事失官爵二年詔並復之尋除使持節假衛將
軍西道都督隸尒朱天光爲左廂大都督討万

俟醜奴天光先知岳喜得同行每事論訪尋加
衛將軍假車騎將軍餘如故岳屆長安榮遣岳
續至時万俟醜奴遣其大行臺尉遲菩薩向武
功南渡渭水攻圍趣岳天光遣岳率騎二千馳
往赴救菩薩攻栅已剋栅還向岐州岳以輕騎八
百比渡渭水擒賊令殺掠其民以挑菩薩菩薩
果率步騎二万餘人至渭水北岳以輕騎數十
與菩薩隔水交言菩薩言岳稱揚國威菩薩自言彊盛

【魏傳六十八】

往復數返菩薩乃自憍令省事傳語岳怒曰我
與菩薩言卿是何人與我對語省事特水應荅
不遜岳舉弓射之應弦而倒時已逼暮於此各
還岳密於渭南傍水分置精騎四十五十以爲
一所隨地形便駱置之明日自將百餘騎隱
水與賊相見並且東行岳漸前進先所置駱騎
隨岳而集騎旣漸增賊不復測其多少行二十
里許便至淺可濟岳便馳馬東出以示奔遁賊
謂岳走乃棄步兵南渡渭水輕騎追岳岳東行
十餘里依橫崗伏兵以待之賊以路險不得前進

前後繼至平慶岡東岳乃回戰身先士卒急
擊之賊便退走岳號令所部賊下馬者皆不聽
釈賊顧見之便悉投馬俄而虜獲三千人馬亦
無遺遂渡渭北收其輜重其有土
民皆勞遣醜奴尋秉岐州北走安定其後破
侯伏侯元進降侯機長貴擒醜奴寅王慶
雲万侯道洛走宿勤明達事在尒朱天傳天
光雖為元帥而岳功效居多加車騎將軍增邑
二千戶進封樊城縣開國伯加詔岳都督涇北

幽二夏四州諸軍事本將軍涇州刺史進爵為
公改封清水郡公天光入洛使岳行雍州事元
曄立除驃騎大將軍增邑五百戶餘如故普泰
初都督二岐東秦三州諸軍事儀同三司岐州
刺史尋加侍中給後部鼓吹仍詔開府儀同尚
書左僕射臺右行臺仍停高平後以隴中猶有
士民不順岳助俟莫陳悅所在討平二年加岳
西行臺餘如故及尒朱天光率眾赴洛將抗齊
都督三雍三秦二岐二華諸軍事雍州刺史關

獻武王岳與俟莫陳悅下隴赴雍以應旗求
熙初仍開府兼僕射大行臺雍州刺史增邑千
戶二年詔岳都督雍北比華東雍二岐幽四梁
二益巴二夏蔚寧南益涇二十州諸軍事大都
督岳自請比境安置部趣涇州平涼西
界布營數十里使諸軍士田殖涇州身將壯男
託以牧馬於原州比招万侯涇身詣岳軍請代岳
州鎮聚結者靈州刺史曹涇民不促擊破
以前洛州刺史元季海為州彼民不促擊破季

海部下獨聽季海關三年正月岳召侯莫陳悅
會於高平將討之令悅前驅比趣靈州聞渴波
臨中河水未解將往趣之岳既惣大眾據制關
右憑圖之悅素服威略既承密旨便潛為計時
令悅先行悅乃通夜東進達明晦日岳行軍
岳遣悅相見悅誘岳入營坐論兵惠悅詐云腹
痛起而徐行悅女夫元洪景抽刀斬岳後岳部
下收岳尸葬於雍州比石安原六月贈大將軍

侯莫陳悅代郡人也父婆羅門為駈牛都尉故
悅長於河西好田獵便騎射會饭子逆亂遂歸
介朱榮榮引為都督府長流參軍稍遷大將軍
莊帝初除征西將軍金紫光祿大夫封栢人縣
開國侯邑五百戶介朱天光之討關西榮以悅
為天光右廂大都督本官如故西代剋獲皆與
天光賀拔岳略同勞效以本將軍除鄯州刺史
餘如故介朱榮死後亦隨天光下隴除元曄立除

▊魏書傳六八　二十一　黄鎮

車騎大將軍渭州刺史進爵為公改封白水郡
增邑五百戶及天光向洛使悅行華州事普泰
中除驃騎大將軍儀同三司秦州刺史天光之
東出將抗義旗悅與岳下隴以應齊獻武王至
雍州會介朱覆敗永熙初加開府都督隴右諸
軍事仍秦州刺史永熙三年正月岳召悅共討
靈州悅誘岳斬之岳左右奔散悅遣人安慰云
我別㝵意旨止在一人諸君勿怖衆皆畏服無
敢拒違悅心猶豫不即撫納乃還入隴止永洛

城岳之所部聚於平涼規還圖悅遣追夏州刺
史宇文黑獺黑獺至惣岳部衆并家口入高
平城以自安固乃勒衆入隴征悅聞之棄城
南據山水之險乃設陳候戰黑獺至遂望見悅棄其夜
待明日決關悅先召南秦州刺史李景和乃勒其
所部使上驢駞景和復紿悅帳下云欲還
賊令軍人嚴備景和有教始欲還秦州守以拒
景和遣人詣黑獺云儀同復紿悅帳下云欲還
秦州沒等何不裝辦衆謂為實以次相驚人情

▊魏書傳六八　二十二　沈忠

惶惑不可復止皆散走而趣秦州景和先驅至
城據門以慰輯之悅部衆離散猶畏傍人不聽
左右近已與其二弟并見及謀殺岳者八九人
棄軍迸走數日之中盤回往來不知所趣左右
勸向靈州而悅不决言下隴之後恐有人所見
乃於山中令從者悉步自乘一騾欲向靈州中
路追騎將及望見之遂縱死野中第昌下悉
見擒殺唯先謀殺岳者悅中兵參軍豆盧光走
至靈州後奔晉陽悅自殺岳後神情恍惚不復

如常恒言我僅睡即夢見岳語我兄欲何處去
隨我不相置因此彌不自安而致敗滅

侯淵神武尖山人也機警有膽略肅宗末年六
鎮飢亂淵隨杜洛周南寇後與妻兄念賢背洛
周歸尒朱榮路中遇寇身披苦褐榮賜其衣帽
厚待之以淵為中軍副都督常從征伐屢有戰
功孝莊即位除領左右封厭次縣開國子邑四
百戶後從榮討葛榮於滏口戰功尤多榮啟淵
為驃騎將軍燕州刺史時葛榮別帥韓婁等

有衆數萬屯據薊城尒朱榮令淵與賀拔勝討
之會元顥入洛榮徵勝南赴大軍留淵獨鎮中
山及莊帝還宮榮令淵進討韓婁配卒其少或
以為言榮曰侯淵臨機設變是其所長若摠大
衆未必能用今擊此賊故當不足定也止給騎
七百淵遂廣張軍聲多設供具親率數百騎深
入樓境欲執行人以間虛實去薊百餘里值賊
帥陳周馬步萬餘淵遂潛伏以乘其背大破之
虜其卒五千餘人尋還其馬仗縱令入城左右

諫曰既獲賊衆何為復資遣之也淵曰我兵既
少不可力戰事須為計以離間之淵度其已至
遂率騎夜集昧旦即叩其城門韓婁疑降卒八
淵內應遂連走追擒之以勳進爵為侯增邑八
百戶尋詔淵以本將軍為平州刺史大都督仍
鎮范陽及尒朱榮之死也范陽太守盧文偉誘
淵出獵閉門拒之淵率部曲屯於郡南為大
哀勒兵南向莊帝使東萊王貴平為大使慰勞
燕薊淵乃詐降貴平信之遂執貴平自隨進至

中山行臺僕射魏蘭根邀擊之為淵所敗會元
曄立淵欲歸之常山太守甄楷屯據井陘淵又
擊破之曄乃授淵驃騎大將軍儀同三司定州
刺史左軍大都督漁陽郡開國公邑二千戶前
廢帝立仍加開府餘如故幽州刺史劉靈助舉
義兵屯於安國城淵既叱列延慶等破擒之後
隨尒朱兆拒義旗於廣阿兆敗走淵擒隆齊
獻武王後從王破尒朱於韓陵永熙初除齊州刺
史餘如故出帝末淵與兗州刺史樊子鵠圭州

刺史東萊王貴平密信往來以相連結受遣間
使通誠於獻武王及出帝入關復懷顧望汝陽
王遲既除齊州刺史次於城西淵擁部據城不
時迎納民劉桃符等潛引遲入據所虜行達廣里
不剋率騎出奔妻兒部曲為遲所虜行達唯利
會承制以淵行青州事齊獻武王及遺淵書
曰卿勿以部曲輕少難於東邁齊人澆薄能迎
是從齊州城民尚能迎汝陽王青州之人豈不
能開門待卿也但當勉之淵乃復還遲始歸其
部曲而貴平自以斛斯椿黨亦不受代淵進襲
高陽郡剋之置部曲家累於城中身率輕騎遊
掠於外貴平使其長子率衆攻高陽南青州刺
史苑懷朗遣兵助之時青州城人餓者首尾
相繼淵親率騎夜趣青州詐餽粮人旦臺軍已
至殺戮都盡我身世子下人令已走還城汝何
為復去也人信其言乘粮奔走比曉復謂行人
曰言臺軍昨夜已至高陽我是先鋒令始到此
知侯公竟在何處城人兇懼遂執貴平出降淵

自惟反覆慮不獲安遂斬貴平傳首京師欲明
不同於斛斯椿也及子鵷平詔以封延之為青
州刺史淵餼不獲州任情又恐懼行達廣川遂劫
兗州庫兵反鵷詣平原執前膠州刺史賈璠
夜襲青州南郭劫前延尉卿崔光韶以惑人情
攻掠郡縣其部下督帥叛拒之淵率騎奔蕭衍
途中亡散行達南青州南境為賣餅者斬之傳
首京師家口配没
史臣曰朱瑞以背本向義責不見原延慶黨羽

違順常刑所及斛斯椿姦佞為心讒忒自口取
譬蒼蠅交亂四國投於豺虎天實棄之賈智俊
淵反覆取斃破胡器小謀大終於顛蹶子鵷述
機寡算竟以殲殄岳旓力無謀制以一劍悅果
行應淺死不旋足觀其亡滅自取之也

列傳第六十八　魏書八十

蔡儁　山偉

綦母懷文　劉仁之　宇文忠之

蔡儁字擢顯河南洛陽人也其先代人祖辰并
州刺史儁莊帝時仕累遷為滄州刺史甚為吏
人畏悅儁尋除太僕卿及介朱世隆等誅齊獻武
王赴洛止於邙山上召文武百司下及士庶令
之曰介朱显弄虐矯弄天常孤起義信都罪人斯
前今將罪戮親賢以昌魏曆誰主社稷允愜天

人申令煩煩甚不有應者儁乃避席曰人主之體
必須度量深遠明詰仁恕廣陵王遇世艱難不
言淹載以父謀祭之雖爲介朱扶戴當今之聖
王也獻武王欣然是之時黃門侍郎崔悛作色
而前謂儁曰廣陵王爲主不能紹宣魏網布德
天下爲君如此何聖之有若言其聖應待大王
時高乾已魏蘭根等固執懷言遂立出帝及出
帝失德齊獻武王深思儁言常以爲恨尋除御
史中尉於路與僕射賈顯度相逢顯度恃勳貴

排儁騶列倒儁閂忿見於色自入奏之尋加散
騎常侍驃騎大將軍左光祿大夫儀同三司儁
使巧能候當塗斛斯椿賀拔勝皆與友善斛斯
椿之攜闕也出帝令儁奉詔晉陽齊獻武王集
文武與儁闕申釋儁辭屈而退性多詐賀拔勝出
鎮荊州過儁別因辭儁復爲滄州刺史徵還
遺之錢物後兼吏部尚書復爲滄州刺史徵還
兼中尉章武縣伯尋除殷州刺史薨於州贈司
空公諡曰文貞

子洪冕字巨正位尚書左右郎魏郡巴中正嗜
酒好色無行檢卒官

山偉字仲才河南洛陽人也其先代人祖強美容
貌身長八尺五寸工騎射彎弓五石爲奏事
中散從顯祖獵方山有兩狐起於御前詔射
之百步內二狐俱獲位內行長父稚之營陵令

偉隨父之縣遂師事縣人王惠渉獵文史稚之
位金明太守肅宗初元匡爲御史中尉以偉兼
侍御史入臺五日便遇正會偉司神武門其妻

從叔為羽林隊主過直長偉即劾奏匡
善之俄然奏進仕路難代遷之人多不霑預及
時天下無事進帖遞領軍元乂又欲用代來寒人
六鎮隴西二方起逆領軍元乂又欲用代來寒人
為傳詔以慰悅之而牧守子孫投狀求者百餘
人又欲杜之因奏立勳附隊令各依資出身自
是北人悉被收叙偉遂奏記贊又德羡素不
識偉訪侍中安豐王延明黃門即元順順等因
是稱薦之又令僕射元欽引偉兼尚書二千石
郎後正名士郎修起居注僕射元順領選表薦
為諫議大夫余朱榮之害朝士偉時守直故免
禍及莊帝入宮仍除偉給事黃門侍郎先是偉
與儀曹郎袁昇之田郎李延孝外兵郎李奧三
公郎王延業方駕而行偉少居路逄一尼望
之歎曰此輩緣業同日而死謂偉曰君方近天
子當作好官而昇等四人皆於河陰遇害果如
其言俄領著作初尒朱兆之入洛官守奔散國史典
監仍著作初尒朱兆之入洛官守奔散國史典

書高法顯密埋史書故不遺落偉自以為功訴
求爵賞偉挾附世隆遂封東阿縣伯而法顯止
獲男爵偉尋進侍中孝靜初除衛大將軍中書
令監起居後復領著作卒官贈驃騎大
將軍開府儀同三司都督幽州刺史諡曰文貞
公國史自鄧淵撰崔琛崔浩高允李彪崔光以還
諸人相繼撰錄基舊及偉等
及尒朱世隆以偉為國書正應代人修緝不宜委
之餘人是必儁偉等更主大籍守舊而已初無
述著故自崔鴻死後迄終偉身二十許載時事
蕩然萬不記一後人執筆無所憑據史之遺闕偉
之由也外示沈厚內實矯競與慕儁少甚相得
晚以名位之間遂若水火與宇文忠之之徒代
人為黨時賢畏惡之而愛尚文史老而彌篤其
弟少亡偉撫寡訓孤同居二十餘載恩義甚篤
不營產業身亡之後賣宅營葬妻子不免飄泊
士支歎愍之
長子邛襲爵

劉仁之字山靜河南洛陽人其先代人徙于洛
父仙頭在外感傳仁之少有操尚粗涉書史具
草書迹頗號工便御史中尉元昭引為御史前
廢帝時兼黃門侍郎深為尒朱世隆所信用出
帝初為著作郎兼中書令既非其才在史未嘗
執筆出除衛將軍西兗州刺史在州有當時之
譽武定二年卒贈衛將軍吏部尚書臺門刺剌
破林斃席鷹爾飯冷菜衣服故敗乃過逼下善候
史諡曰敬仁之外示長者內懷矯詐其對賓客
當途能為詭激毋於稱人廣衆之中或撾一女
吏或縱一孤負大言自眩示已高明矜物無知
淺識皆稱其美公能之譽動過其實性又醋虐
在晉陽曾營城雉仁之統監作役以小稽緩遂
杖前殷州刺史裴瓚并州刺史王緯盍獻武王
大加譴責性好文字吏書失體便加鞭撻言韻
微訛亦見捶楚吏民苦之而愛好文史敬重人
流與燕帥馮元興交歓元興死後積年仁之營
視其家常出隆厚時人以此尚之

字文忠之河南洛陽人也其先南單于之遠屬
世據東部後入居代郡祖河生安南將軍巴西
公父伉卒於治書侍御史之獵涉文史頗有
筆札釋褐太學博士天平初除中書郎裴伯
茂與之同省常悔忽之以忠之色黑呼為黑字
後勅修國史元象初兼通直散騎常侍副鄭伯
獻使蕭衍行武定初為安南將軍尚書右丞仍脩
史未幾以事除名忠之好榮利自為中書郎六
七年矣遇尚書省選右丞預選者皆射策之
入試焉既獲丞職大為忻滿志氣驕然有驕物
之色識者笑之既失官爵怏怏發病卒
子君山
史臣曰其墓僑閭遭逢聖職山偉位行頗爽仁之雖
內懷矯詐而交情自篤忠之雖文史足用而雅
道蔑聞謂全德者其難矣哉

李琰之　祖瑩

常景

李琰之字景珍，小字默蠡，隴西狄道人，司空韶之族弟。早有盛名。時人號曰神童。從父司空沖雅所歎異，每曰：與吾宗者其此兒乎。恆資給所須。愛同己子。弱冠舉秀才，不行。曾遊河內北山，便欲有隱遁意。會彭城王勰辟為行臺參軍，苦相敦引。尋為侍中李彪啟兼著作郎，修國史。

稍遷國子博士，領尚書儀曹郎中，轉中書侍郎，司農少卿，黃門郎，修國史。遷國子祭酒，轉秘書監，兼七兵尚書。遷太常卿，孝莊初，為中尉，元天穆北討葛榮，仍兼太常，出為儔將軍，荊州刺史。除征東將軍，荊州刺史，尋加散騎常侍。琰之雖以儒素自業，而每語人言：吾家世將種，自云猶有關西風氣。及至州後，大好射獵以示威武。介朱兆入洛，南陽太守趙脩延以

琰之莊帝外戚，誣琰之規奔蕭衍，襲州城，塚被囚。執脩延，仍自行州事。城內人斬脩延，還推琰之。之釐州任出帝初，徵兼侍中車騎大將軍左光祿大夫，儀同三司。永熙二年薨。贈侍中驃騎大將軍，司徒公，雍州刺史。諡曰文簡。琰之少機警，善談經史，百家無所不覽。朝廷疑事多所訪質。每云：崔彪博而不精，劉芳精而不博。學兼二者，崔光、劉芳也。論者許其精博。當時物議，感共宗之。又自誇文章，從姨兄常景每謂人曰：五百年後，更生此人。見異聞心之所願。是以好讀書，不求身後之名。但異昔謂人曰：吾所以好讀書，不求身後之名。笑而不許。每休閒之際，恆閉門讀書，不交人事。居史職無所編緝，安豐王延明博聞多識，每有疑滯，恆就琰之辨析，自以為不及也。

二子綱、惠，並從出帝入關。

祖瑩字元珍，范陽遒人也，曾祖敏，仕慕容垂為平原太守，太祖定中山，賜爵安固子，拜尚書左

丞卒贈幷州刺史祖嶷字元達以從征平原功
進爵為侯位馮翊太守贈幽州刺史父季真歷
識前言往行位中書侍郎卒於安遠將軍鉅鹿
太守瑩年八歲能誦詩書十二為中書學生好
學瑩書以晝繼夜父母恐其成疾禁之不能止
常密於灰中藏火驅逐僮僕父母寢睡之後燃
火讀書以衣被敝窗戶恐漏光明為家人所
覺由是聲譽甚著後親屬

屬文中書監高允每歎曰此子才器非諸生所

及終當遠至時中書博士張天龍講尚書選為
都講生徒悉集甚逢其至讀書勞倦不覺天曉催

講既切遽誤持同房生趙郡李孝怡曲禮卷上座
博士嚴毅不敢還取乃置禮於前誦尚書三篇

不遺一字講罷孝怡異之向博士說舉學盡驚

後高祖聞之召入令誦五經章句并陳大義於幽

嗟賞之瑩出後高祖戲盧昶曰昔流共工於幽

州比喬之地那得忽有此子昶對曰當是才為

世生以才名拜太學博士徵署司徒彭城王勰

法曹行參軍高祖顧謂勰曰蕭賾以王元長為
子良法曹今為汝用祖瑩豈非倫四也勅令掌
勰書記瑩與陳郡袁翻齊名秀出時人為之語
曰京師楚楚袁與祖洛中翩翩祖與袁
書三公郎中尚書令王肅曾於省中詠悲平城詩
云悲平城驅馬入雲中陰山常晦雪荒松無罷
風彭城王勰甚嗟美欲使肅更詠乃詠悲彭城詩
王公吟詠情性聲律殊佳可便為誦悲彭城詩
蕭因戲勰云何意悲平城為悲彭城也勰有慙

色瑩在座即云所有悲彭城詩
云可為誦之瑩之瑩應聲云悲彭城王公自未見耳蕭
積石梁亭血流雎水裏蕭其嗟賞之勰亦大悅
退謂瑩曰即定是神只今日若不得卿幾為吳
子所屈瑩東謂瑩以忙賄賂事發除名

後侍中崔光舉為國子博士仍領尚書左戶部
本崇為都督北討引瑩為長吏坐截沒軍資除
名未幾為散騎侍郎孝昌中於廣平王第掘得
古玉印勅召瑩與黃門侍郎李琰之令辨何世

之物瑩去此是干寶真國王晉太康中所獻乃以
墨塗字觀之果如瑩言時人稱為博物累遷國
子祭酒領給事黃門侍郎幽州大中正監起居
事又監議事元顥入洛以瑩為殿中尚書莊帝
還宮坐為顥作詔罪狀尒朱榮免官後除秘書
監中正如故以參議律曆賜爵容城縣子坐帝
繫於廷尉前發喪瑩樂署鍾石管弦略無存者敕

三百册

瑩與錄尚書事長孫稚侍中元孚典造金石雅

魏書傳七十　五　售昌

樂三載乃就事在樂志遷車騎大將軍及出帝
登祚瑩以太常行禮封文安縣子天平初遷
鄴齊獻武王因召瑩議之以功遷儀同三司進
爵為伯薨贈尚書左僕射司徒公冀州刺史
以文學見重常語人六文章須自出機杼成一
家風骨何能共人同生活也蓋譏世人好偷竊
他文以為己用而瑩之筆札亦無乏天才但不
能均調王石兼有制裁之體減於表常為性爽
俠有節氣士有窮厄以命歸之必見存拯時亦

以此多之其文集行於世
子琰字孝徵襲
常景字永昌河內人也父文通天水太守景少
聰敏初讀論語毛詩一受便覽及長有才思雅
好文章廷尉公孫良舉為律博士高祖親得其
名既而用之後為門下錄事太常博士正始初
詔尚書門下於金墉中書外省考論律令勅景

參議世宗季舅護軍將軍高顯卒其兄右僕射

三百三年

肇私託景及尚書邢巒齊兗州刺史高聰通直郎

魏書傳七十一　六　售昌

徐紇各作碑銘並呈御世宗悉付侍中崔光
簡之光以景所造為最乃奏曰常景名位乃處
諸人之下文出諸人之上遂以景文列石肇尚
平陽公主未幾主薨蔡肇欲使公主家令居廬制
服付學官議正施行尚書又以訪景景以婦人
無軍國之理家令不得有純臣之義乃執議曰
喪紀之本實稱物以立情輕重所因亦緣情以
制禮雖理關盛衰事經今古而制作之本降殺
之宜其會貝一焉是故臣之為君所以資敬而崇

重為君母妻所以從服而制義然而諸侯大夫之為君者謂其有地土有吏屬無服文者言其非世爵也今王姬降適雖加爵命事非君邑理異列土何者諸王開國備立臣吏生有趨奉之禮而公主家令者蓋以主之勤死盡致喪之禮而公主家令者蓋以主之內已下命之屬官既無接事之儀實唯有一人其丞原夫公主之貴所以立家令者蓋以主之內事脫須闕外理無自達必也因人然則家令通內外之職及典主家之事耳無關君臣之理名義之分也由是推之家令不得為純臣公主不

可為正君明矣且女人之為君男子之為臣古禮所不載先朝所未議而四門博士裴道廣孫榮等以公主為之君以家令為之臣制服以斬乗縗彌其又張虛景吾難羈等不推君臣之分不尋致服之情猶同其議準毋制齊求之名實理未為允竊謂公主之晉既非食萊之君家令之官又無純臣之式若附如毋則情義罔施若進小君則從服無據案如經禮事無戚文即

景階次不及除錄事參軍襄威將軍帶長安
令其有惠政民吏稱之先是太常劉芳與景等
撰朝令未及班行別典儀注多所草創未成芳
卒景纂成其事及世宗崩召景赴京續修儀
注拜謁者僕射加寧遠將軍又以本官兼中書
舍人後授步兵校尉仍舍人又勑撰太和之後
朝儀已施行者凡五十餘卷時靈太后詔依漢
世陰鄧二后故事親奉廟祀與帝交獻景乃
據正光初除龍驤將軍
儀注朝廷是之正光初除龍驤將軍

中散大夫舍人如故時蕭宗以講學之禮於國
子寺司徒崔光執經勑景與董紹張徹馮元
興王延業鄭伯猷等俱為錄義事畢又行釋
奠之禮並詔百官作釋奠詩時以景作為美是
年九月蠕蠕主阿那瓌歸闕朝廷疑其位次高
陽王雍訪景景曰昔咸寧中南單于來朝晉
世處之王公特進之下今日為班宜在蕃王儀同
三司之間雍從之朝廷典章疑而不決則時訪
景而行初平齊之後光祿大夫高聰徙於北京

中書監高允為之娉妻繪其資宅聰後為允立
碑毎云吾以此文報德足矣豫州刺史常綽以
未盡其美景尚允才器先為遺德頌受詔議定
光聞而觀之壽味良久乃云高光祿平旦毎矜
其文自許美也景尚允之德今見常生此頌不得
獨擅其美侍中崔光安豐王延明受詔議定
服章勑景參脩其事尋進號冠軍將軍阿那
瓌之還國也境上遷延仍陳竇之遣尚書左丞
元孚奉詔振恤阿那瓌執孚過柔玄奔于漠北
遺尚書令李崇御史中尉兼右僕射元纂討
不及乃令景出塞經涉山臨瀚海宣勑勒眾而
返景經涉山水悵然懷古乃擬劉琨扶風歌十
二首進景經虜將軍太府少卿仍舍人固辭少卿
郎尋除左將軍太府少卿仍舍人固辭少卿不
拜改授散騎常侍將軍如故徐州刺史元法僧
叛入蕭衍衍遣其豫章王蕭綜入據彭城時
安豐王延明為大都督大行臺卒臨淮王彧等
眾軍討之既而蕭綜降附徐州清復遣景兼

尚書持節馳與行臺都督觀機部分景經洛
汭乃作銘焉是時尚書令蕭寶寅都督崔延
伯都督北海王顥都督車騎將軍元恒芝等並
各出討詔景詣軍宣旨勞問還以景兼尚書為
徐州刺史詔景平北將軍元譚以禦之景授
行臺與幽州都督杜洛周反於燕州仍以景為
表求勒兵隨宜置戍以為防過又以頃來斗
權發兵夫之三長皆是豪門多丁為之令求
不盡彊壯之之三長皆是豪門多丁為之令求

【魏傳七十】 十一 刊

權發為兵蕭宗皆從之進號平北將軍別勑
譚西至軍都關北從盧龍塞據此二巇以杜
賊出入之路又詔景山中巇路之處來令掉塞
景遣府錄事參軍裴智成發范陽三長之
兵以戍白㮋都督元譚據居庸下口俄而安州
石離冗城斛臨三戍兵反結洛周又有眾二萬餘
落自松岍赴賊譚勒別將崔仲哲等截軍
都關以待之仲哲戰没洛周又自外應之腹
背受敵譚遂大敗諸軍夜散詔以景所部別

將李琚為都督代譚征下口降景為後將軍
解州任仍詔景為幽安玄
南出鈔掠薊城景命統軍梁仲禮率兵士邀
擊破之獲賊將禦夷鎮軍主孫念恒都督李
琚為賊所攻薊城之北軍敗而死率屬城人禦
之賊不敢過洛周還據其都督王曹紀員
祿大夫行臺率眾薊南以掠人穀乃遇連兩賊
馬吒厅等率眾薊南以掠人穀乃遇連兩賊
疲勞景與都督于榮刺史王延年賈兵粟國

【魏書傳七十】 十二 三五五

邀其走路大敗之斬曹紀員洛周眾南趙
范陽景與延年及榮復破之又道別將重破之
於州西虎眼泉橋斬及湄死者其眾眾洛周南
圍范陽城人翻降執刺史文入榮破景送於洛周
洛周尋為葛榮所吞旦景入榮破景得還
朝求安初詔復本官兼黃門侍郎又攝著作
固辭不就二年除中軍將軍正黃門先是參議
正光壬子歷至是賜尉高陽子元顥內通莊帝
比巡景與待中大司馬安豐王延明在禁中召

諸親賓安慰京師顥入洛景仍居本位莊帝
還宮解黃門普泰初除車騎將軍右光祿大夫
祕書監以預詔命之勤封濮陽縣子後以例追
永熙二年監議事京自少及老恒居事任清儉
自守不營產業至於衣食取濟而已耽好經史
愛翫文詞右太常方餞於栢谷耳遂與衛將
買不問價之貴賤必以得為期友人刀整毋請
曰卿清德自居不事家業雖儉約可尚將何以
自濟也吾恐執手太常方餞新異〈書殷勤求訪或復質

【魏書傳七十】 十三

軍羊深稱其所乏乃率刀雙司馬彥邑本諸
畢祖彥畢義顯等各出錢千文而為買馬焉
天平初遷鄴暨京馬從駕是時詔下二月戶四
十万狼狽就道收百官馬尚書丞郎已下非陪
從者盡乘驢旅衆儀同三司仍本將
四乘妻孥千万得達後除儀同三司仍本將
軍武定六年以老疾去官詔曰几杖為禮安車
致養敬齒尚賢其來尚矣京藝業該通文
史淵洽歷事三朝年口五紀朝章二言歸祿俸

無餘家徒壁立宜從哀恤以盡元老可特給右
光祿事力終其身八年夢星景善與人交然短者
一其遊處者皆服其深遠之度未曾見其矜
吝之心好飲酒濟於榮利自得懷抱不事權
門性和厚恭慎每讀書見章弦之述
之危乃圖古昔可以鑒戒指事為象薄
之曰周雅云謂大夫監戒斯文乃懼自
敢不睹有朝性
夫道喪則性傾利重則身輕是故乘和體遜

【魏書傳七十】 十四

武銘方冊防微慎獨載象丹青信戒辭人之賦
文晦而理明仰瞻高天聽軍視軍諦術測厚地岳
峽川淳誰其戴之不私不畏誰其踐之不陷不隨
故善惡是徵物困同異論八昆人人咸敬已嗟
平唯地厚矣尚兢兢浩浩尸名位執識其視視
之弗得聆之〈無聞故有戒於顯而忽乎微好爵
是貪贈本者是其身口陷於祿利
求欲而未厭或知足而不辭其故位高而勢愈
迫正立而邪愈欺安有位極而危不萃邪榮

而正不凋故悔多於地厚禍甚於天焉夫悔
未結誰肯曲躬夫禍未加誰肯累足固機發
而後思圖車雨復於驎易觸君子則不然禮舒則
穴思之在後故逆驎易觸君子則不然禮舒則
懷卷視溺則思濟厚夫人之度邈於無階入天
勢位之危深於不測思成懼爵厚而躬不競爵降則
心不係守善於已飼厚而躬不競爵盈而戒
通而慮溺以知命為設齡以樂天為大惠以戢
而從時以懷愚而遊世曲躬焉累足焉苟行之

畫已決矣猶夜則思其計誦之口亦明矣故心
嘗貢其契故能不同不誘而弭謗於羣小無毀
無興害而貽信於上帝託身與金石俱堅立名與
天壤相敝寶蠱競無侵優優遊獨逝夫如是故綺
關金門可安其宅錦衣玉食可頤其形柳下三
黜不慍其色巳子文三陟不喜其情然則居
高可以持勢欲乘高以據榮見直道可以修
巳欲專道以邀聲夫去聲然後聲可固豈假道之
之所宜慮危然後安可固豈假道之所全是以

君子臨悻道不可以流聲故去聲而懷道臨鑒
專道不可以守勢故去勢以崇道何若顧道雖
高不得無亢求聲雖道不得無悔然則聲奢勢
則實僉周功業進則身迹絕乎榮勢
僑後自親情與道絕事與勢隣方欲役思以持
勢乘勢以求津故利欲誘其情禍難嬰其身
利欲交則幽明爭利爵故利欲誘其情禍難構則
若欲者雖歷帝扃而榮未究而崇之雖邪之徑
皇庭焉得而榮之故身道未得而崇之雖邪之徑

巳形成功未立而脩正之術巳生福禄交寒於
人事屯難頓篆於時情忠介剖心於白日耿節
沉骨於幽靈因斯愚智之所機偶伏之所係全
亡之所依其在遜順而巳哉嗚呼臨鑒全
之景所著數百篇見行於世刪正晉司空
張華博物志又撰儒林列女傳名數十篇六
長子昶少學識有文才早卒
昶弟彪之永安中司空行參軍
史臣曰琰之好學博聞機鬱為邦彦祖瑩幹能

藝用寶曰時良常景以文義見宗著美當代覽其遺藁可稱尚哉

列傳第七十　　魏書八十二

魏收書列傳七十

賀訥　劉羅辰
姚黃眉　杜超
賀迷　閭毗
馮熙　李峻
李惠

夫右賢左戚尚德尊功有國者所以治天下也
殷肇封頑王基不籍華氏為佐周成大業未聞姒姓
為輔及於漢世外戚木重殺身傾族相繼於兩
京乃至移其鼎塸亂其邦國魏文深以為誡明
帝尚封頑駮晉之楊駿尋至夷宗居上不以至
公任物在下徒用私寵要榮蘭犢引大車弱質
任厚棟所謂愛之所以害之矢天太祖初賀訥有
部眾之業翼成皇柞其餘或以勞勤或緣恩澤
咸序其迹舉外親之盛裳云爾

賀訥代人太祖之元舅獻明后之兄也其先世
為君長四方附國者數十部祖紇始有勳於國
尚平文女父野干尚昭成女遼西公主昭成崩

二百二七　魏書七十一上　一

諸部乖亂獻明后與太祖及衛秦二王依訥會
苻堅使劉庫仁分攝國事於是太祖還居獨孤
部訥揔攝東部為大人遷居大寧行其恩信眾
之歸之犇於庫仁苻堅假訥鷹揚將軍後劉顯
之謀逆太祖聞之輕騎北歸訥見太祖驚喜
拜曰官家復國之後當念老臣訥大祖笑荅曰誠
如舅言要不忘也訥中弟染干慮太祖得眾
圖為逆毋為皇姑遼西公主擁護故染干不得
肆其禍於是諸部大人請訥訥兄弟求舉太祖
繼統勳波尚異議旦是臣節遂與諸人勸進太
祖登代王位于牛川及太祖討吐突隣部訥
弟遂懷異圖率諸部救之帝擊之大漬訥西遁
衛辰遺子直力鞮征訥告急請降太祖簡精
騎二十萬救之遂徒訥部落及諸弟處之東界
訥及通於慕容垂垂以訥為歸善王染干謀殺
訥而代立訥遂與染干相攻垂遺子麟討之敗

三○十　魏書列主上　二

深干於牛都破訥於赤城太祖遣師救訥麟乃
引退訥從太祖平中原拜安遠將軍其後離散
諸部分土定居不聽遷從其君長大人皆以編
戶訥以元舅甚見尊重然無統領以害時終於家
訥弟盧亦從太祖平中原以功賜爵遼西公太祖遣
亦引歸太祖以盧為廣川太守盧性雄豪恥居
盧會衛王儀伐鄴而盧自以太祖之季舅不肯
受儀節度太祖遣使責之盧遂忿恨與儀司馬
丁建構成其嫌彌猛忌會太祖勑儀去鄴盧
州刺史廣甯王廣固敗盧亦沒
冀州刺史王輔下龍襲殺輔奔慕容德德以為并

大業出於誠至太祖嘉之甚見寵待後平中原
訥唯悅舉部隨從又密為太祖祈禱天神請成
附唯悅弟眷初太祖之居賀蘭部下人情未甚
子泥襲爵後降為肥如侯太祖崩京師草草泥
以功賜爵鉅鹿侯進爵比新卒
出舉烽於安陽城北賀蘭部人皆往赴之太宗
即位乃罷詔泥與元渾等八人拾遺左右與比

新侯安同持節行并定二州勃奏并州刺史元
六頭等皆伏罪後從世祖征赫連昌
以功進爵琅邪公軍國大議每參預焉久征
蠕蠕為別道將軍逐賊不進詐增虜斬購為
庶人父之拜光祿勳為外都大官復本爵卒於
官
子醜建龍襲
劉羅辰代人宣穆皇后之兄也父眷為北部大
人師部落歸國羅辰有智謀謂眷曰從兄顯忍

人也願早圖之卷不以為意後庫仁子顯殺眷
而代立又謀迎及太祖即位計顯于馬邑追至
彌澤大破之後奔慕容麟從之中山羅辰率先
騎奔太祖顯恃部眾之彊每謀為逆羅辰輒先
聞奏以此特蒙寵念尋拜南部大人從平中原
以前後動賜爵永安公以軍功除征東將軍定
州刺史龍襲爵位并州刺史卒
子殊暉龍襲爵位并州刺史卒諡曰敬
子求引位武衛將軍卒諡曰貞

子企頭位魏昌嬰陶二縣令贈鉅鹿太守子仁
之自有傳
姚黃眉姚興之子太宗昭哀皇后之弟也姚泓
滅黃眉間來歸太宗厚禮待之賜爵隴西公尚
陽習公主拜駙馬都尉賜隸戶二百世祖即位
遷內都大官後拜太常卿卒贈雍州刺史隴西
王謚曰獻陪葬金陵黃眉寬和溫厚希言得失
世祖悼惜之故贈有加禮
杜超字祖仁魏郡鄴人密皇后之兄也少有節操

（三二九十　魏傳七十一上）　五

泰常中為相州別駕奉使京師時以超為陽平
與后通問始光中世祖思念舅氏以超為陽平
公尚南安長公主拜駙馬都尉大鴻臚卿車
駕數幸其第賞賜巨萬神麚三年以超行征南
大將軍陽平王母曰鉅鹿惠君真君五年超
大將軍太宰進爵為王鎮鄴追加超父豹鎮東
為帳下所害世祖臨其喪哀慟者父之謚曰威
王
長子道生賜爵城陽侯後為秦州刺史進爵河

東公
道生弟鳳皇龑超爵加侍中特進世祖追思超
不已欲以鳳皇為定州刺史鳳皇不願違離闕
庭乃止
鳳皇弟道儁賜爵發干侯鎮枋頭除兗州刺史
超兝薨死復授超從弟遺侍中安南將軍開府相
州刺史入為內都大官進爵廣平王遺性忠厚
頻歷州郡所在著稱薨贈太傅謚曰宣王
長子元寶位司空元寶弟偁太傅謚校尉元寶

（三九十　魏傳七十一上）　六

又進爵京兆王及歸而父遺喪明當入謝元寶
欲以表聞高宗未知遺薨死怪其遲召之元寶
入時人止之曰宜以家憂自辭元寶欲見其寵
不從遂冒哀而入未幾以謀反伏誅親從皆斬
唯元寶子世衡逃免時朝議欲追削超爵位中
書令高允上表理之後兗州故吏汲宗等以道
儁遺愛在人前從坐受誅者女骸土壤求得收葬
書奏詔義而聽之贈散騎常侍安南將軍南康
公謚曰昭

世衡龍襄遺公爵

賀迷代人從兄女世祖敬哀皇后皇后生恭宗
初后少孤無父兄近親唯迷以從父故蒙賜爵
長鄉子卒贈光祿大夫五原公

間迷代人本蠕蠕人世祖時自其國來降迷即
恭皇后之兄也皇后生高宗太安二年以
賜爵零陵公其年並加侍中進爵為寧北將軍
將軍評尚書事紀征西將軍中都大官自餘子

第賜爵為王者二人公五人侯六人子三人同
時受拜所以隆宗舅氏當世榮之和平二年追
論后祖父延襄康公父辰定襄懿王迷薨迷

妻河東王妃

子惠龍紀薨贈司空

子豆後賜名莊太和中初立三長以莊為定戶
籍大使甚有時譽十六年例降爵後為七兵尚
書卒

紀弟淥伍外都大官冀州刺史江夏公卒先

是高宗以乳母常氏有保護功既即位尊為
保太后後尊為皇太后興安二年太后兄英字
世華自肥如令超為散騎常侍鎮軍大將軍賜
爵遼西公弟喜鎮東大將軍儀同三司遼東公
追贈英祖父符堅扶風太守亥為鎮西將軍次子
三妹皆封縣君妹夫王睹為平州刺史遼西
西蘭公勃海太守澄為侍中征東大將軍太宰
遼西獻王英母許氏於遼西樹碑立廟置守家百
世持節改葬英獻王於遼西樹碑立廟置守家

家太安初英為侍中征東大將軍太宰進爵為
王喜左光祿大夫改封燕郡從兄泰為安東將
軍朝鮮侯許子伯夫散騎常侍選部尚書次子
貞金部尚書甚于振太子庶子常侍選部尚書三年
評尚書事內都大官伏寶泰等州刺史英年詔
以太后母宋氏為遼西王太妃和平元年喜為
洛州刺史初英事宋不能謹而睹奉宋甚至就
食於和龍無軍牛宋疲不進貞宋於笈至是
宋於英等薄不如睹之篤謂太后曰何不王睹

而黠英太后曰英為長兄門戶主也家內小小
不順何足追討睹雖盡力故是他姓奈何在英
上本州郡公亦足報耳天安中英為平州刺史
訴為幽州郡公及伯夫維一爵范陽公英黷貨徒嶽
煌諸常自興公及至是皆以親跡受爵賜田
宅時為隆盛後伯夫為洛州刺史以贓汙欺安
王始英之徵也也夢日墮其所居黃山下水中村
徵斷於京師承明元年徵英復官兗諡遼西平
人以車牛挽致不能出英獨抱載而歸聞者異

魏書傳七十三　　九

之後貞與伯夫子僉鍋可共為飛書誣謗朝政事
發有司執憲刑及五族高祖以昭太后故止
一門訴年老赦免歸家恕其孫一人扶養之給
奴婢田宅其家僮八者百人金錦布帛數萬計
賜尚書以下宿衛以上其女婿及親從在朝皆
免官歸本鄉十一年高祖文明太后以昭太后
故飛出其家前後沒入婦女以喜子振試守正
平郡卒
馮熙字晉昌長樂信都人文明太后之兄也祖

文通語在海夷傳世祖平遼海熙父朗內徙官
至秦雍二州刺史遼西郡公坐事誅文明太后
臨朝追贈假黃鉞太宰燕宣王立廟長安熙生
於長安為姚氏魏母所養以叔父樂陵公遜因
戰入蠕蠕魏母攜熙逃避至氐羌中撫育年十
二好引馬有勇幹羌皆歸附之魏母見其如
此陰引兵法及長游華陰河東二郡間性沉愛
好陰陽兵法始就博陵許宗之受孝經論語
不拘小節人無士庶來則納之熙姑先入掖庭

魏傳七十上　　十

為世祖左昭儀妹為高宗文成帝后即文明太
后也使人外訪知熙所在徵赴京師拜冠軍將
軍賜爵肥如侯尚恭宗女博陵長公主拜駙馬
都尉拜內都大官高祖即位文明太后臨朝
太傳累拜內都大官高祖即位文明太后臨朝
王公貴人登進者眾高祖乃承旨皇太后以熙
為侍中太師中書監領祕書事熙以頻履師傅
又中宮之寵為羣情所駭心不自安乞轉外任
文明太后亦以為然於是除車騎大將軍開府

都督洛州刺史侍中太師如故洛陽雖經破亂

而舊三字石經宛然猶在至熙與常伯夫相繼

為州廢毀分用大至頹熙為政不能仁厚而

信佛法自出家財在諸州鎮建佛圖精舍合七

十二處寫一十六部一切經延致名德沙門

寺多在高山秀阜傷殺人牛有沙門勸止之熙

日成就後人唯見佛圖焉為知殺人牛也其北邙

與講論精勤不倦所費亦不貲而在諸州營塔

寺碑文中書侍郎賈元壽之詞高祖頻登比邙

寺親讀碑文稱為佳作熙為州因事取人子女

為奴婢有容色者幸之為妾有子女數十人號

為貪縱後求入朝授內都大官太師如故熙事

魏母孝謹如事所生魏母卒乃散髮徒跣水漿

不入口三日詔以

祖以熙情難奪聽服衰期後以例降改封京

兆郡公高祖納其女為后曰白虎通云王所不

臣數有三焉妻之父母抑言其一此所謂供承

宗廟不欲奪私心然吾季著於春秋無臣證於

往牒既許通體之一用開至尊之敬比長秋配

極陰政既敷未聞有司陳奏斯式可詔太師輟

臣從禮又勒儀書造儀付外高祖前後納熙三

女二為后一為左昭儀由是馮氏寵貴益隆賞

賜累巨萬熙於後遇疾綿寢四載詔遣醫問道

路相望車駕亦數臨幸焉高祖臨終遺詔以熙

別見其困篤歔欷流涕密勅宅昌公王遇曰太

師萬一即可監護喪事十九年薨於代車駕在

淮南留臺表聞還至徐州乃舉哀為制總服詔

有司豫辨凶儀弁開魏京之墓令公主之柩俱

向伊洛凡所營送皆公家為備又勅代給綵帛

前後六千四以供凶用皇后詣代哭太子

恒亦赴代哭弔將葬贈假黃鉞侍中都督十州

諸軍事大司馬太尉冀州刺史加黃屋左纛備

九錫前後部羽葆鼓吹皆依晉太宰安平獻王

故事有司奏諡詔曰可以威彊恢遠曰武奉諡

於公柩至洛七里澗高祖服衰往迎叩靈悲慟

而拜焉葬日送臨墓所親作誌銘主生二子誕

誕字思政脩字寶業皆姿質妍麗年纔六餘歲
文明太后俱引入禁中以教誠然不能習讀
經史故兄弟並無學術徒整飾容儀寬雅恭謹
酉誕與高祖同歲幼侍書學仍蒙親待尚帝
妹樂安長公主拜駙馬都尉尚書中征西大將軍
南平王脩侍中鎮北大將軍尚書東平公誕為侍中
誕儀曲曰尚書知殿中事及罷庶姓王誕為侍中

三百卅三　魏傳七十二　十三　婁正

降為侯誕與脩雖並長宮禁而性趣乖別誕性
淳篤脩乃浮競誕亦未能誨督其過然時言於
太后高祖嚴責之至於楚極由是陰懷毒恨遂
結左右有憾於誕者求藥欲因食害誕事覺高
祖自詰之具得其意不致於法撻之百餘黜為
都督中外諸軍事中軍將軍特進改封長樂郡
公誕拜官高祖立於庭遙受其拜既訖還室脩
以誕父老又重其意不致於法求離婚請免官
平城百姓脩妻司空穆亮女也求離婚請免官

高祖引管蔡事比之不許高祖寵誕每與誕同輿
而載同案而食同席坐臥彭城王勰北海王詳
雖直禁中然親近不及十六年以誕為司徒高
祖既深愛誕除官日親為制三讓表并啟將拜
又為其章謝尋加車騎大將軍誕深責每責從駕
年高祖謂其無師傅獎道子風誕深自每責從駕日
南伐十九年至鍾離誕遇疾不能侍從高祖日
省問醫藥備加時高祖銳意臨江乃命六軍發
鍾離南轅與誕泣訣左右皆入無不掩涕時誕

魏書傳七十三　十四　中

已憮然彊坐視高祖悲而淚下言夢太后
來呼臣高祖鳴咽執手而出遂行是日去鍾離
五十里許昬時告誕薨問高祖哀不自勝時崔
慧景裴叔業軍在中淮去所次不過一百里高祖
乃輕駕西還從者數千人夜至誕薨所撫屍哀
慟若喪至戚達旦聲淚不絕從者亦送舉音明
告蕭鸞鍾離戍主蕭惠休遣其大守奉
慰詔求棺於城中及斂送舉高祖以所服衣帽充
襚親自臨視撤樂去膳宣勑六軍止臨江之駕

高祖親北度慟哭極哀詔侍臣一人兼大鴻臚
送柩至京禮物轀輬儀仗徐州備造陵兆葬畢下
洛候設喪至洛陽軷駕猶在鍾離詔留守賜賻
物布帛五千匹穀五千斛以供葬事贈假黃鉞
使持節大司馬領司徒侍中都督太師駙馬公
如故加以殊禮備錫九命依賈大司馬齊王收
故事有司奏謚詔曰案謚法善行仁德曰元彔
克有光曰懿昔貞惠兼茨受三謚之榮忠武
雙徽錫兩號之茂式準前迹宜契具瞻既自

三•古 ▌親書傳七十上 十五 方堅

少綢繆知之惟朕案行定名謚曰元懿帝又親
為作碑文及挽歌詞皆窮羙盡哀事過其
車駕還京詔曰馮大司馬已就墳塋永潛幽室
宿草之哭何能忘之遂親臨誕墓停車而哭使
彭城王勰詔羣官脫朱衣服單衣介幘陪與司
徒貴者示以朋友微之如寮佐公主貞厚有
禮度產二男長子穆

穆字孝和龔熙爵避皇子愉封改扶風郡公尚
高祖女順陽長公主拜駙馬都尉歷員外通直

散騎常侍穆與叔輔興不和輔興二贈相州刺
史載在庭而穆方高車良馬恭受職命言宴
滿堂忻笑自若為御史中尉贈東平王臣所劾後
位金紫光祿大夫遇害河陰贈司空雍州刺史
子同字景昭龔爵昌黎王尋以庶姓罷王仍襲
扶風郡公
子峭字子漢齊受禪例降
穆弟顯龔父誕長樂郡公
惰弟聿字寶興龔后同產兄也位黃門郎信都

伯後坐妹廢免為長樂百姓世崇時卒於河南
尹

聿同產弟風幼養於宮文明太后特加愛念數
歲賜爵至北平王拜太子中庶子出入禁闥寵
俸二兄高祖親政後恩寵稍衰降爵為侯幽
后立乃復敘用后死亦冗散卒贈青州刺史崔
光之兼黃門也與聿俱直光每謂之曰君家富
貴太盛終必衰敗聿云我家何負四海乃呪我
也光云以古推之不可不慎時熙為大保誕司

三三 ▌親傳七十上 十六 丁之才

徒太子太傅脩侍中尚書畢黃門廢后在位禮
愛未弛是後歲餘脩以罪棄熙誕襄亡后廢事
退時人以爲盛必衰也

李峻字珍之梁國蒙縣人元皇后兄也父方叔
劉義隆濟陰太守高宗遣閹使諭之峻與五弟
誕凝雅白永等前後歸京師拜峻鎮西將軍涇
州刺史頓丘五公雅凝誕等皆封公位顯後進峻
爵爲王徵爲太宰薨

十七　蘇

李惠中山人思皇后之父也父蓋少知名歷位
殿中都官二尚書左將軍南郡公初世祖妹武
威長公主故涼王沮渠牧犍之妻世祖平涼定
殿中都官尚書左僕射官贈征南大將軍定
蓋妻與氏以是而出是後蓋加侍中駙馬都尉
頗以公主通密計助之故寵遇差隆詔蓋尚焉
王韓頹女生三女長即后也惠歷位散騎常侍
侍中征西大將軍秦益二州刺史進爵爲王轉
雍州刺史征南大將軍加長安鎮大將軍惠長於

思察雍州廳事有燕爭巢鬭已累日惠令人掩
獲試命綱紀斷之並辭曰此乃上智所測非下
惠所知惠乃使卒以弱竹彈兩燕既而一去一
留惠笑謂吏屬曰此留者自計其聰察人有負
者飢經楚痛理無留心羣下伏其聰察彼去
鹽貿薪者同釋重檐息於樹陰二人將行爭一
羊皮各言爲己之物惠遣爭者出顧謂州綱紀
曰此羊皮可拷知主平羣下以爲戲言咸無答
者惠令人置羊皮席上以杖擊之見少鹽屑曰

十八　鮑勛遵

得其實矣使擔者視之負薪者乃伏而就罪凡
所察究多如此類由是吏民莫敢欺犯後爲開
府儀同三司青州刺史王如故歷政有美績惠
素爲文明太后所忌誣惠將南叛誅之惠二弟
初樂與惠諸子同戮後妻梁氏亦死青州盡沒
其家財惠本無釁故天下冤惜焉

惠從弟鳳爲定州刺史安樂王長樂主簿後長
樂以罪賜死時卜筮者河間邢摠辭引鳳云長
樂不軌鳳爲謀主伏誅惟鳳弟道念與鳳子又

兄弟之子皆逃免後遇赦乃出太和十二年高
祖將爵舅氏詔訪存者而惠諸從以冊權妾敷
難於應命唯道念敢先詣闕乃申后妹及鳳兄
弟子女之存者於是賜鳳子屯爵拍人侯安祖
浮陽侯興祖安喜侯道真定侯從弟寄生高
邑子皆加將軍十五年安祖昆第四人以外戚
蒙見詔謂曰卿之先世內外有犯得罪於時然
官必用才以親非興邦之選外氏之寵超於末
葉從今已後自非奇才不得復外戚謬班抽舉

十九

既無殊能今且可還後例降爵安祖等政爲
伯並去軍號高祖奉馮氏過厚於李氏過薄舅
家了無叙用朝野人士所以竊議太常高閭顯
言于禁中及世宗寵隆外家並居顯位乃惟高
祖舅氏存已不霑恩澤景明末特詔興祖爲中
山太守正始初詔追崇惠爲使持節驃騎將軍
開府儀同三司定州刺史中山公太興祖自中
言案諡法武而不遂曰莊論曰莊公與祖考行上
山遷燕州刺史交十以兄安祖子侃睎爲後襲先

封南郡王後以庶姓罷王改爲博陵郡公侃睎
爲莊帝所親幸拜散騎常侍賞食典御帝之圖
余朱榮侃睎與魯安等持刀於禁內殺榮及莊
帝蒙塵侃睎奔蕭衍

高肇　于勁

胡國珍　李延寔

高肇字首文文昭皇太后之兄也自云本勃海
蓨人五世祖顧晉永嘉中避亂入高麗父颺字
法脩高祖初顧與弟乘信及其鄉人韓內萁等
入國拜厲威將軍河閒子乘信明威將軍俱待
以客禮賜奴婢牛馬綵帛遂納颺女是爲文昭
皇后生世宗颺卒景明初世宗追思舅氏徵肇

魏書傳七十一下　一

兄弟等錄尚書事北海王詳等奏颺宜贈左光
祿大夫賜爵勃海公謚曰敬其妻蓋氏宜追封
清河郡君詔可又詔颺嫡孫猛襲勃海公爵封
肇平原郡公肇弟顯澄城郡公三人同日受封
始世宗未與舅氏相接將拜爵乃賜衣幘引見
肇顯于華林都亭皆甚惶懼舉動失儀數日之
閒富貴赫弈是年咸陽王禧誅財物珍寶奴婢
田宅多入高氏未幾肇爲尚書左僕射領吏部
冀州大中正尚世宗姑高平公主遷高書令

肇出自夷土時望輕之及在位居要留心百揆
孜孜無倦世咸謂之爲能世宗初六輔專政後
以咸陽王禧逆由是遂委信肇肇既無
親族頗結朋黨附之者旬月超昇背之又陷以
大罪以比海王詳位居順皇后暴崩世議言肇
防衞諸王殞同四禁時帝失於醫療承肇意旨
爲之皇子昌愛斂謂王顯失於醫療承肇意旨
及京兆王愉出爲冀州刺史王懟由是朝野側目咸畏惡

魏書傳七十一下　二

軌肇又譖殺彭城王勰
之因此專權與奪任已又嘗與清河王懌於雲
龍門外廡下忽忿諍大至紛紜太尉高陽王雍
和止之高后既立愈見寵信肇既當衡軸每事
任已本無學識動違禮度好改先朝舊制出情
妄作減削封秩雖貴登台鼎猶以去要快快形乎
昌初遷司徒雖貴登台鼎猶以去要快快形乎
辭色眾嗤笑之肇不自臨赴唯遣其兄子猛改
年乃詔令遷葬肇父兄封贈雖久竟不改瘞三
服詣代遷葬於鄉時人以肇無識哂而不責

也其年大舉征蜀以肇為都督諸軍為
之節度與都督甄琛等二十餘人俱面辭世宗
於東堂親奉規略是日肇所乘駿馬停於神虎
門外無故驚倒轉卧渠中鞍具死解眾咸怪異
肇出惡焉四年世宗崩赦罷征軍肅宗與肇及
征南將軍元遙等書稱諱言以告凶問肇承變
哀愕非唯仰慕亦私憂家人夜迎省之皆不相視
悴將至宿瀍澗驛亭昇太極殿奉喪盡哀太尉
直至闕下袞服號哭

高陽王先居西柏堂專決庶事與領軍于忠密
欲除之潛備壯士直寢邢豹伊瓮生等十餘人
於舍人省下肇哭梓宮訖於百官前引入西廊
清河王懌任城王澄及諸王等皆竊言之肇
書未及便至自盡自餘親黨悉無追問削除職
入省壯士搤而拉殺之下詔暴其罪惡又云刑
爵葬以士禮及昏乃於廁門出從者皆以為不獲吉
西征行至函谷車軸中折
還也靈太后臨朝令特贈營州刺史永熙二年

出帝贈使持節侍中中外諸軍事太師大丞相
太尉公錄尚書事冀州刺史
肇子植自中書侍郎為濟州刺史率州軍討破
元愉別將有功當蒙封賞不受云家荷重恩為
國致效是其常節何足以應進陟之報懇惻發
於至誠歷青相朔恒四州刺史卒植頻徙五州
皆清能著稱當時號為良刺史贈安北將軍冀
州刺史
肇長兄琨早卒襲爵封勃海郡公贈都督五州
諸軍事鎮東大將軍冀州刺史詔其子猛嗣
猛字豹兒兄尚長樂公主即世宗同母妹也拜駙
馬都尉歷位中書令出為雍州刺史出帝時復贈
為殿中尚書贈司空冀州刺史贈司空冀州刺史贈
太師大丞相錄尚書事公主無子猛先在外有
男不敢令主知臨終方言之年幾三十矣乃名
為喪主尋卒無後
琨弟偃字仲游太和十年卒正始中贈安東將
軍都督青州刺史文謚曰莊侯景明四年世宗納

其女為貴嬪及于順皇后崩永平元年立為皇
后二年八坐奏封后母王氏為武邑郡君
偓弟壽早卒壽弟即肇也
肇弟顯待中高麗國大中卒
于勁字鍾葵太尉賜爵富昌子拜征虜將
又以功績位沃野鎮將賜爵富昌子拜征虜將
軍世宗納其女為后封太原郡公妻劉氏為章
武郡君後拜征北將軍定州刺史卒贈司空諡
曰恭莊公自栗碑至勁累世貴盛一皇后四贈

公三領軍二尚書令三開國公勁雖以后父但
以順后早崩竟不居公輔
子暉字宣明后母弟也少有氣幹襲爵位汾州
刺史暉善事人為介朱榮所親以女妻其子長
孺歷侍中河南君後兼尚書僕射東南道行臺
與釋獻武王討平羊侃於兗州元顯入洛害之
勁弟夫恩位內行長遼西太守卒贈平東將軍
燕州刺史
天恩子仁生位太中大夫

仁生子安定平原郡太守高平郡都將卒
胡國珍字世玉安定臨涇人也祖略姚興勃海
公姚達平北府諮議參軍父淵赫連屈丐給事
黃門侍郎世祖克統万淵以功賜爵武
始侯後拜河州刺史國珍少好學雅尚清儉太
和十五年襲爵例降為伯女以選入掖庭生肅
宗即靈太后也肅宗踐祚以國珍給光祿大夫
靈太后臨朝加侍中封安定郡公給妻皇甫氏
布綿穀奴婢車馬半其甚厚追崇國珍
為京兆郡君置守家十戶尚書令任城王澄奏
安定公屬尊望重親賢星賜宜出入禁中參諮
大務詔可乃令入決万幾壽進位中書監儀同
三司侍中如故賞賜累万又賜絹歲八百匹妻
梁四百四男女姊妹兄弟各有差比皆極豐國
珍與太師高陽王雍太傅清河王懌太保廣平
王懷入居門下同釐庶政詔依漢車千秋晉安
平王故事給挽一乘自掖門至于宣光殿得
以出入并備几杖後與侍中崔光俱授帝經侍

直禁中國珍尋上表陳刑政之宜詔皆施行延
和初加國珍使持節都督雍州刺史驃騎大將
軍開府靈太后以國珍年老不欲令其在外且
欲示以方面之榮竟不行遷司徒公侍中如故
就宅拜之靈太后為秦太上君太上君景明
三年薨於洛陽於此十六年矣太后以太上君
歡又追贈靈
墳塋甲局更增廣為起塋域門闕碑表侍
光等奏寑漢高祖母始諡曰昭靈夫人後為昭

靈后薄太后母曰靈文夫人皆置園邑三百家
秦君名宜上終稱兼設掃衛以慰情典請上尊
諡曰孝穆權置園邑三十戶立長丞奉守太后
從之封國珍繼室梁氏為趙平郡君元又妻拜
為女侍中封新平郡君又徙封馮翊君國珍
祥妻長安縣公主即清河王懌女也國珍年雖
篤老而雅敬佛法時事齋潔自彊禮拜至於出
入侍從猶能跨馬據鞍神龜元年四月七日步

從所建佛像發至閣闔門四五里八日又立觀
儀晚乃肯坐勞熱增甚因遂寑疾靈太后親
侍藥膳十二日薨年八十給東園溫明祕器五
時朝服一襲贈布五十四錢一百萬
蠟千斤大鴻臚持節監護喪事太后還宮成服
於九龍殿遂居九龍寢室肅宗服小功服舉哀
於太極東堂又詔自始薨至七七皆為設千僧
齋令七人出家百日設萬人齋二七人出家先

是巫覡言將有凶勸令為厭勝之法國珍拒而
不從云吉凶有定分唯修德以禳之臨死與太
后訣云母子善治天下以萬人之心勿視大臣
面也殷勤至於再三又其子祥云我唯有一子
死後勿如此來威抑之靈太后以其好戲時加
威訓國珍故以為言始國珍欲就祖父西皸舊
鄉後緣前世諸胡多在洛葬欲就祖之心安
光甞對太后前問國珍言當陪葬天子山陵及
厲為歸長安國珍言當陪葬天子山陵及病
危太后請以後事竟言還安定語遂僑忽太后

問清河王懌與崔光等議去留懌等皆以病亂
請從先言太后猶記崔光昔與國珍言營吳墓
於洛陽太后雖外從眾議而深追臨終之語云
我公之遠慕也二親亦吾之思父毋也追崇假黃
鉞使持節侍中相國都督中外諸軍事太師領
太尉公司州牧號太上秦公加九錫葬以殊禮
給九旒鑾輅虎賁班劍百人前後部羽葆鼓吹
輬轀車謚文宣公賜物三千段粟一千五百石
又詔贈國珍祖父兄父兄下逮從子皆有封職
持節就安定監護喪事靈太后迎太上君神柩
還第與國珍俱葬贈祿一與國珍神
主入廟詔太常權給以軒懸之樂六佾之舞初
國珍無男養兄眞子僧洗為後後納趙平君生
子祥
祥字元吉龍襲封故事世襲例皆減邑唯祥獨得
全封趙平君薨給東園祕器蕭宗服小功服舉
哀于東堂靈太后服齊衰其葬升於太上君墓左
不得祔合祥歷位殿中尚書中書監侍中改封

東平郡公翌贈開府儀同三司雍州刺史謚曰
孝景
僧洗字湛輝封爰德縣公位中書監侍中改封
濮陽郡公僧洗自永安後廢棄不預朝政天平
四年薨詔給東園祕器贈太師太尉公錄尚書
事雍州刺史謚曰孝眞
長子寧字惠歸襲國珍先爵改為臨涇伯後進
為公歷政涇二州刺史辛謚曰孝穆女為清河
王豐妃生孝靜皇帝武定初贈太師太尉公錄
尚書事謚曰孝昭
子虔字僧敬元叉之廢靈太后時為千牛備
身與備身張車渠等謀殺叉事發叉殺車渠等
虔坐遠徙靈太后反政徵為吏部郎中太后好
以家人禮臨宴戲虔常致諫由是後宴謔
多不預焉出為涇州刺史封安陽縣侯興和三
年以帝元舅超遷司空公薨贈大傅大尉公尚
書僕射徐州刺史謚曰宣葬曰百官會葬乘
輿送於郭外

子長粲

李延寔字禧龍西人尚書僕射沖之長子性溫
良少為太子舍人世宗初龍襲父爵清泉縣侯累
遷左將軍光州刺史莊帝即位以元舅之尊超
授侍中太保封濮陽郡王延寔以太保犯祖諱
又以王爵非庶姓所宜抗表固辭徙封濮陽郡
公叚授太傅壽轉司徒公出為使持節侍中太
傅錄尚書事青州刺史尒朱兆入洛乘輿幽繫
以延宴外戚見害於州館出帝初歸葬洛陽贈

使持節侍中太師太尉公錄尚書事都督雍州
刺史謚曰孝懿

長子或字子文莊帝姊豐亭公主封東平郡
公位侍中左光禄大夫中書監驃騎大將軍開
府儀同三司廣州刺史或任俠交遊輕薄無行
介朱榮之死也武毅之士皆或所進孝靜初以
罪棄市

史臣曰三五哲王深防遠慮舅甥之國罕執鈞
衡毋后之家無聞傾敗妾及後世顛覆繼軌蓋
由進不以禮故其斃亦速其間或不斃泯舊基
弗虧先構者蓋處之以道遠權之所致也

列傳外戚第七十二下　　　魏書八十三下

魏收書外戚傳下亡史臣論全用隋書外戚傳

梁越　　盧醜
張偉　　梁祚
平恒　　陳奇
常爽　　劉獻之
孫惠蔚　張吾貴
董徵　　劉蘭
盧景裕　徐遵明
　　　　刁沖
　　　　李同軌

■ 魏傳七十二

李業興　　一

自晉永嘉之後，運鍾喪亂，宇內分崩，群兇肆禍，生民不見俎豆之容，黔首唯觀戎馬之跡，禮樂文章掃地將盡，而契之所感，斯道猶存，豈伊川有德之流，自彊蓬蓽，鴻生碩儒之輩抱器晦已。太祖初定中原，雖日不暇給，始建都邑，便以經術為先，立太學，置五經博士生員千有餘人。天興二年春，增國子太學生員至三千，宜不以天下可馬上取之，不可以馬上治之，為國之道文武

■ 魏傳七十二

兼用，戎才成務，意在玆乎，聖達經猷，蓋為遠矣。四年春，命樂師入學習舞，釋菜于先聖先師。令宗世殷動入學，立教授博士。世祖始光三年春，別起太學于城東，後徵盧玄、高允等而令州郡各舉才學，於是人多砥尚儒林轉興。顯祖大安初，詔立鄉學，郡置博士二人，助教二人，學生六十人。後詔大郡立博士二人，助教四人，學生一百人；次郡立博士二人，助教二人，學生八十人；中郡立博士一人，助教二人，學生六十人；下郡立博士一人，助教一人，學生四十人。太和中，改中書學為國子學，立明堂辟雍，尊三老五更，又開皇子之學。及遷都洛邑，詔立國子太學、四門小學。高祖欽明稽古，篤好墳典，坐輿據鞍，不忘講道，劉芳、李彪諸人以經書進，崔光、邢巒之徒以文史達。其餘涉獵典章，關歷詞翰，莫不廢以好爵，動貽賞眷，於是斯文鬱然，比隆周漢。世宗時，復詔營國學，樹小學於四門，大選儒生以為小學博士員四十人，雖黌宇未立而經

術彌顯時天下承平學業大盛故燕齊趙魏之
閒橫經著錄不可勝數大者千餘人小者猶數
百州舉茂異郡貢孝廉對揚王庭每年逾衆神
龜中將立國學詔以三品已上及五品清官之
子以充生選未及簡置仍復傳寢正光二年乃
釋奠於國學命祭酒崔光講孝經始置國子生
四十六人暨孝昌之後海內淆亂四方校學所
存無幾永熙中復釋奠於國學又於顯陽殿詔
祭酒劉廞講孝經黃門李郁說禮記中書含人
盧景宣講大戴禮夏小正篇復置生七十二人
及遷都於鄴國子置生三十六人至於興和武
定之世寇難既平儒業復光矣漢世鄭玄並為
衆經注解服虔何休各有所說玄易書詩禮論
語孝經庚虔左氏春秋公羊傳大行於河北王
肅易亦閒行焉晉世杜預注左氏預玄孫坦坦
弟驥於劉義隆世並為青州刺史傳其家業故
齊地多習之自梁越以下傳受講說者甚衆今
舉其知名者附列於後云

三

梁越字玄覽新興人也少而好學博綜經傳無
何不通性純和篤信行無擇善國初為禮經博
士太祖以其謹厚舉動可則拜上大夫命授諸
皇子經書太宗即祚以師傅之恩賜爵祝阿侯
後出為鴈門太守獲白雀以獻拜光祿大夫卒
子弼早卒
弼子恭襲降為雲中子無子爵除
盧醜昌黎徒何人襄城王魯元之族也世祖之
為監國醜以篤學博聞入授世祖經後以師傅

舊恩賜爵濟陰公除鎮軍將軍拜尚書加散騎
常侍出為河內太守延和二年冬卒闕初中山
襲爵太和中以老疾自免
子升頭襲爵後例降
張偉字仲業小名翠螭太原中都人也高祖敏
晉祕書監偉學通諸經講授鄉里受業者常數
百人儒謹沉納勤於教訓雖有頑固不曉問至
數十偉告喻殷勤曾無慍色常依附經典教以
孝悌門人感其仁化事之如父性恬平不以夷

峻易操清雅篤慎非法不言世祖時與高允等
俱被辟命拜中書博士轉侍郎大將軍樂安王
範從事中郎馮翊太守還仍為中書侍郎本國
大中正使酒泉慰勞沮渠無諱還遷散騎侍郎
聘劉義隆還拜給事中建威將軍賜爵成皋
子仲慮隆太和初假給事中高麗副使尋假散騎
常侍高麗使後出為章武太守加寧遠將軍

■魏傳七十二　　　五

出為平東將軍并州刺史進爵建安公卒贈征
南將軍并州刺史諡曰康在州郡以仁德為先
不任刑罰清身率下宰守不敢為非
官至侍御史父徙西裔道死
仲慮弟仲繼學尚有父風善倉雅林說太和中
梁祚地泥陽人父劭皇始二年歸國拜史部
郎出為濟陽太守至柞居趙郡祗篤志好學歷
治諸經尤善公羊春秋鄭氏易常以教授有儒
者風而無當世之才與幽州別駕平恒有舊又
姊先適范陽李氏遂攜家人僑居於薊積十餘
年雖羈旅貧窘而著述不倦恒時相請屈與

論經史辟書中散稍遷祕書令為李訢所排
擯退為中書博士後出為統萬鎮司馬徵為散
令撰并陳壽司三國志名曰國統父作代都賦頗
行於世清貧守素不交埶刀貴年八十七太和十
二年卒

子元吉有父風

少子重歷碎職後為相州鎮比府參軍事
平恒字繼叔燕國薊人祖視父儒並仕慕容為
通官恒耽勤讀誦研綜經籍鉤深致遠多所博

■魏傳七十三　　　六一

聞自周以降暨於魏世帝王傳代之由貴臣昇
降之緒皆撰錄品第商略是非號曰略註合百
餘篇好事者瞻見之咸以為善焉安貧樂道不
駕廉貞寡欲不營資產衣食至常不足妻子
以屢空改操勿欲不營資產衣食至常不足妻子
不免飢寒後拜著作佐郎遷祕書丞時高允為
監河間邢祐比平陽敡河東裴定廣平程駿金
城趙元順等為著作佐郎雖才學互有短長然
俱為稱職並號長者允每稱博通經籍無過恒

也恒即劉彧將軍王玄謨舅子恒三子並不率
父業好酒自棄恒常忿其世襲植杖巡舍側岡
而哭不為營事婚官任意娶故仕聘濁碎不
得及其門流恒婦弟鄧宗慶及外生孫玄明等
每以為言恒曰此輩會是襄頓何煩勞我乃別
構精廬弁置經籍於其中一奴自給妻子莫得
而往酒食良亦不與同時有珍美呼時老東安公
刀雜等共飲噉之家人無得嘗焉太和十年以
恒為祕書令而恒固請為郡未授而卒時年七
十六贈平東將軍幽州刺史都昌侯諡曰康
子壽昌太和初祕書令史稍遷荊州征虜府錄
事參軍

陳奇字脩奇河北人也自云晉涼州刺史驤之
八世孫昌刀仕慕容垂奇少孤家貧而奉毋至
孝齠齔聰識有風威之美性氣剛亮與俗不群
愛翫經典博通墳籍常非馬融鄭玄解經失旨
志在著述五經始注孝經論語頗傳於世為措
紳所稱與河間邢祐同召赴京時祕書監游雅

素聞其名始頗好之引入祕省欲授以史職後
與奇論典誥及詩書雅贊扶馬鄭至於易曰封
天與水違行雅曰自葱嶺以東耳奇曰易理綿廣
而言易之所及自葱嶺以西豈東向望允
哉奇執義非雅每如此類終不茍從雅性護短
包含宇宙若如公言自葱嶺以西豈理綿短
因以為嫌嘗眾辱奇或爾汝之或指為小人奇
曰公身為君子奇身且小人耳雅曰君言身且
小人君祖父是何人也奇曰祖燕燕東部侯鼇雅
侍長竟何職也由是雅深憾之遂不復叙用焉奇
革則官異時易則禮變之先是勅以奇付
同哉故昔有雲師火正鳥師之以斯而言世
賀奇曰侯鼇何官也奇曰三皇不傳禮豈官名豈
雅令銓補祕書雅既惡之遂不復叙用焉奇
散數年高允與奇讎溫古籍嘉其遠致稱奇通
識非凡學所窺允微勸雅曰君朝望具瞻何為
與野儒辨簡牘章句雅謂允有私於奇曰君寧
黨小人也乃取奇所注論語孝經焚於坑內奇

曰公貴人不乏誰能刈何乃燃奇論語雅愈怒因
告京師後生不聽傳授而奇無降志亦評雅之
失雅制裴昭旦天后碑文論后名字之美比論前
魏之甄后奇剌發其非遂聞於上詔下司徒檢
對碑史事乃郭后雅有屈焉聞於上詔下司徒檢
時之言頗稱奇不得志雅有屈焉有人爲謗書言
奇不遂當是奇假人爲之如依律文造謗書者
皆及奸宄戮遂抵奇罪時司徒平原王陸麗知奇
見柾惜其才學故得遷延經年冀有寬宥但
執以獄成竟致大戮遂及其家奇於易尤長在
獄嘗自筮卦未及成乃嘆曰吾不慮來長在
年冬及奇受害如其所占奇初被召夜夢星
墜腳壓明而告人曰星則好風星則好雨夢星
墜腳必無善徵但時命峻切不敢不起耳奇陳
適常氏有子曰矯之仕歷郡守神龜中上書陳
時政所宜有言頗忠至清河王懌稱美之奇所注
論語矯之傳掌未能行於世其義多異鄭玄
往往與司徒崔浩同

常爽字仕明河內溫人魏太常卿林六世孫也
祖珍符堅南安太守因世亂遂居涼州父坦乞
伏世鎮遠將軍大夏鎮將顯美侯爽少而聰敏
嚴正有志懍然雖家人僮隸未嘗見其寬駕之
容篤志好學博聞彊識明習緯候五經百家多
所研綜州郡禮命皆不就世祖西征涼土爽與
兄仕國歸款軍門世祖嘉之賜仕國爵五品顯
美男爽爲六品拜宣威將軍是時戎車屢駕
征伐爲事貴遊子弟未遑學術爽置館溫水之
右教授門徒七百餘人京師學業翕然復興爽
立訓甚有勸罰之科第子之若嚴君焉常曰嚴
左僕射元贊平原太守司馬眞安著作郎程靈
虬皆是爽教所就崔浩高允稱爽之嚴教獎
屬有方允文翁柔勝先生剛克立教雖殊成
人一也其爲通識歎服如此因教授之暇述六
經略注以廣制作甚有條貫其序曰傳稱立天
之道曰陰與陽立地之道曰柔與剛立人之道
曰仁與義然則仁義者人之性也經典者身之

文也皆以陶鑄神情啓悟耳目未有不由學
而能成其器不由習而能利其業是故季路勇
士也服道以成忠烈之躭宵越庸未也講藝以
全高尚之節蓋所由者習也所因者本也本立
而道生身文而德備焉昔者先王之訓天下也
莫不道守以詩書教深於禮樂移其風俗和其民
故恭莊敬而不煩者教深於禮也廣博易良
而不奢者教深於樂也溫柔敦厚而不愚者教
深於詩也疏通知遠而不誣者教深於書也潔

靜精微而不賊者教深於易也屬辭比事而不
亂者教深於春秋也夫樂以和神詩以正言禮
以明體書以廣聽春秋以斷事五者蓋五常之
道相須而備而易為之源故曰易不可見則乾
坤其幾乎息矣由是言之六經者先王之遺烈
聖人之盛事也安可不遊心寓目習性文身哉
項因暇日屬意藝林略撰所聞討論其本名
曰六經略注以訓門徒焉其略注行於世奕不
事王侯獨守閑靜講肆經典二十餘年時人號

為儒林先生年六十三卒於家
子文通歷官至鎮西司馬南天水太守西翼校
尉文通子景別有傳
劉獻之博陵饒陽人也少而孤貧雅好詩傳曾
受業於勃海程玄後遂博觀衆籍見名法之言
掩卷而歎曰若使楊墨之流不為此書千載誰
知其小也曾謂其所親曰觀屈原離騷之作自
有異人之迹啁噍嘲醸有同物之志二孔子曰

我則異於是無可無不可誠哉斯言實獲我心
時人有從獻之學者獻之輒謂之曰人之立身
雖百行殊途準之四科要以德行為首君若能
入孝出悌忠信仁讓不待出戶天下自知僮不
能然雖復下帷針股躡屩從師正可博聞多識
不過為土龍乞雨眩惑將來其於立身之道有
何益乎孔門之徒初亦未悟見早魚之歡方歸
而養親嗟乎先達何自覺之晚也束脩不易受
之亦難敢布心腹子其圖之由是四方學者莫

不高其行義而希造其門獻之善春秋毛詩毋
講左氏盡隱公八年便止云義例已了不復須
解由是弟子不能究竟其說後本郡舉孝廉非
其好也遍遊遭之乃應命至京稍疾輿還高祖
幸中山詔徵典內校書獻之謂名海內皆以疾辭
時周講唱閒徒千數其行業可稱者寡獻之
莊中山張五星貴與獻之齊名海內皆儒宗吾
貴毋一講唱閒徒千數皆經通之士於是有識者辨其
著錄數百而已皆經通之士於是有識者辨其

【魏傳七十二】　十三

優劣魏承喪亂之後五經大義雖有師說而
內諸生多有疑滯咸決於獻之六藝之文雖不
悉注然所摽宗旨頗異舊義撰三禮大義四
卷三傳略例三卷注毛詩序義一卷今行於世
开章句疏三卷注湼槃經未就而卒有四字放
古尨幼有人才為州從事年二十云
放古參古俻古
吺古參古並傳父詩而不能精通也
張五貴貴字吳子中山人少聰惠口辯身長八尺

容貌奇偉年十八本郡舉為太學博士吾貴先
未多學乃從鄺詮受禮牛天祐受易詮祐粗為
開發而吾貴覽讀一遍便即別構己補世人競
歸之曾在夏學徒千數而不講傳生徒竊去
為我一說荫蘭遂為講三旬之中吾貴兼讀左氏
我今夏講暫罷後當說傳君等來日皆當持
本生徒怪之而已吾貴謂劉蘭云君曾讀左氏
隱括兩家異同乘輿諸生後集便為講之義例
張生於左氏似不能說

【魏傳七十二】　十四

無窮皆多新異蘭乃伏聽學者以此益奇之而
以辯能飾非好為詭說由是業不久傳而氣陵
牧守不屈王侯竟不仕而終
劉蘭武邑人年三十餘始入小學書急就篇家
人覺其聰敏遂令從師受春秋詩禮於中山王
保安家貧無以自資且耕且學三年之後便
白其兄蘭欲講書其兄笑而聽之為立學舍聚
徒二百蘭讀左氏五日一遍兼通五經　是張
吾貴以聰辨過人其所解說不本先儒之旨唯

蘭推經傳之由本注者之意參以緯候及先儒
舊事甚爲精悉自後經義審博皆由於蘭蘭
又明陰陽博物多識爲儒者所宗瀛州刺史裵
植徵蘭講書於州城南館植爲學主故生徒甚
盛海內稱蘭又特爲中山王英所重英引在館
令授其子熙誘略等蘭學徒前後數千成業者
衆而排毀公羊又非董仲舒由是見讒於世永
平中爲國子助教延昌中靜坐讀書有人命門
門人通焉蘭命引入其人葛巾單衣入與蘭坐
謂蘭曰君自是學士何爲每見毀辱理義我長短
竟知在誰而出過無禮見陵也今欲相召當與君
正之言終而出告家人少時而蘭卒
十八師董道李講易十九師程玄讀禮經及春
六世祖道恭爲晉長秋卿自道恭至惠蔚世以
儒學相傳惠蔚年十三粗通詩書及孝經論語
孫惠蔚字叔炳武邑武遂人也小字陀羅自言
秋三傳周流儒肆有名於冀方太和初郡舉孝
廉對策於中書省時中書監高閭宿聞惠蔚

稱其英辯因相談薦爲中書博士轉皇宗博士
閭被勅理定雅樂惠蔚參其事及樂成閭上疏
請集朝貴於太樂共研是非祕書令李彪自以
才辯立難於其間閭命惠蔚與彪抗論事多參
屈黃門侍郎張彝常遊處每表疏論事多參
訪焉十七年高祖南征惠蔚常禮上書令熙冠之子皆
馮熙薨惠蔚監其喪禮上書令熙冠之子皆
服成人之服惠蔚與李彪以儒學相知及彪位
至尚書惠蔚仍太廟令高祖曾從容言曰道固
既登龍門而孫蔚猶沈洄澮朕常以爲貪矣雖
久滯小官深體通塞無忤孜孜之望儒者以是尚
焉二十二年侍讀東宮先是七廟以平文爲太
祖高祖議定祖宗以道武爲太祖祖宗雖定然
昭穆未改及高祖朋祔神主於廟時侍中崔光
兼太常卿以太祖既改昭穆以次而易兼御史
中尉黃門侍郎邢巒以爲太祖雖改昭穆仍不
應易乃立彈草欲按奏光謂惠蔚曰此乃禮
也而執法欲見彈劾思獲助於碩學惠蔚曰此

深得禮變尋爲書以與光讚明其事光慧蔚
書呈宰輔乃召惠蔚與慧庭議得失尚書令王
肅又助變而變理終屈彈事遂寢世宗即位之
後仍在左右敷訓經典目冗從僕射遷祕書丞
武邑郡中正惠蔚既入東觀見典籍未周乃上
疏曰臣聞聖皇之御世也必幽贊人經參天二
地憲章典故遵述鴻猷故易曰觀乎天文必察
時變觀乎人文以化成天下然則六經百氏圖書
祕籍乃承天之正術治人之貞範是以溫柔疏
遠詩書之教恭儉易良禮樂之道文彰以精
微爲神春秋以屬辭爲化故大訓炳於東序藝
文光於麟閣斯是太平之樞宗勝殘之要道有
國之靈基帝王之盛業安上靖民敦風美俗其
在妓平及秦棄學術禮經泯絕漢興求訪典文
載與先王遺訓燦然復存暨光武撥亂日不暇
給而入洛之書二千餘兩魏晉之世尤重典墳
收亡集逸九流咸備觀其鳩閣史篇訪購經論
紙竹所載略盡無遺臣學闕通儒思不及遠徒

循章句片義無立而慈造曲單厕班祕省恭官
承之唯書是司而觀閣舊典先無定目新故雜
糅又首尾不全有者累帙數十無者曠年不寫或
篇第褫落始末淪殘或文壞字誤謬相屬蜀篇
目雖多全定者少臣今依前丞臣盧昶所撰甲
乙新錄欲裨殘補闕損併有無校練句讀以爲
定本次第均寫永爲常式其省先無本者廣加
推尋搜求令足然經記浩博諸子紛綸部帙既
多章篇紕繆當非一二校書歲月可了今求令
四門博士及在京儒生四十人在祕書省專精
校考參定字義如蒙聽許則典文允正麾舉書
大集詔許之又兼黃門侍郎遷中散大夫仍兼
黃門久之正黃門侍郎代出崔光爲著作郎才非
文史無所撰著唯自披其傳注數行曰遷國
子祭酒封東強縣開國男食邑二百户肅宗初
之勞封東強縣開國男食邑二百户追賞待講
爲平東將軍濟州刺史還京除光祿大夫魏初
已來儒生寒官惠蔚最爲顯達先單名蔚正

始中侍講禁內夜論佛經有怨帝旨詔使加惠
號惠蔚法師焉神龜元年卒于官時年六十七
賜帛五百匹贈大將軍瀛州刺史謚曰戴子伯
禮龍襲封
伯禮善隸書拜奉朝請員外散騎侍郎襲朔將
軍步兵校尉贈國子博士卒贈輔國將軍巴州刺
史
子產同龍襲少有才學早亡時人惜之
徐遵明字子判華陰人也身長八尺幼孤好學
年十七隨鄉人毛靈和等詣山東求學至上黨
乃師屯留王聰受毛詩尚書禮記一年便辭聰
詣燕趙師事張吾貴吾貴門徒甚盛遵明伏膺
數月乃私謂其友人曰張生名高而義無檢格
凡所講說不愜吾心請更從師遂與平原田猛
略就范陽孫買德受業一年復欲去之猛略謂
遵明曰君年少從師每不終業千里負帙何去
就之甚如此用意終恐無成遵明曰吾今始知
真師所在猛略曰何在遵明乃指心曰正在於

魏傳七十二 十九

此乃詣平原唐遷納之居於讚蟄含讀孝經論語
毛詩尚書三禮不出門院凡經六年時彈箏吹
笛以自娛慰又知陽平館陶趙世業家有服氏
春秋是晉世永嘉舊本遵明乃往讀之復經
數載因手撰春秋義章為三十卷是後教授門
徒蓋寡求父之乃盛遵明每臨講坐必持經執疏
然後敷陳其學徒至今浸以成俗遵明講學於
外二十餘年海內莫不宗仰頗好聚斂有損儒
者之風後廣平王懷聞而徵焉至而辭退不好
京輦孝昌末南渡河客於任城以宛州有舊因
徙居焉永安初東道大使元羅表薦之竟無禮
辟二年元顥入洛任城太守李湛將舉義兵遵
明同其事夜至民間為亂兵所害時年五十五
永熙二年遵明弟子通直散騎常侍李業興表
曰臣聞行道樹德非求利於當年服義復仇豈
邀恩於沒世但天爵所存果致士宛州徐遵明
收屬終有祠墓之榮伏見故處士宛州之禮民望
生在衡沁弗因世族之基長於原野匪乘雕鏤

三百九三 魏傳七十二 二十 湖湘

之地而託心淵曠置情恬雅處靜無悶居約不
憂故能能垂簾自精下帷獨得鑽經緯之微言研
聖賢之妙旨莫不入其門戶踐其堂奧信以稱
大儒於海內擅明師於日下矣是故眇眇四方
知音之類延首慕德踵依風每精盧斬關校
策不遠千里束脩受業編錄將踰萬人固已企
盛烈於西河擬高蹤於北海若其慕奇好士愛客
尊賢罷能更遊梁紛而成列遵明以碩德重名首
蒙禮命曳裾雅步春同置醴黃門李郁具所知
明方申薦奏之恩處心守壑之志潛居樂道
遂往不歸故北海王入洛之初率土風靡遵明確
然守志忠潔不渝遂與大守李湛將誅叛逆時
有避近受斃凶險至誠高節埋沒無聞朝野人
士相與嗟悼伏惟陛下遠應龍序俯執天表每
端聽而忘吳常坐思而候曉雖微功小善片言
一行莫不衣裳加室玉帛在門況遵明冠蓋一
時師表當世溢焉寅沒雄紀寂寥近者長辭無
論榮價文明敘物敦厲斯在臣託跡諸生親承

顧盼惟脣齒之義感在三之重是以越分陳愚
上詣幃座特乞加以顯諡追以好爵仰申朝廷
尚德之風下示學徒稽古之利若爵旌昭回曲
垂衿採則荒墳千載式貴生平卒無贈諡
董徵字文發頓丘衛國人也祖英高平太守父
虯郡矼曹徵身長七尺二寸好古學尚雅素年
十七師清河監伯陽受論語毛詩春秋周易就
河內高望崇受周官後於博陵劉獻之遍受諸
經數年之中大義精練講授生徒太和末為四
門小學博士後世宗詔徵入琬華宮令孫惠蔚
問以六經仍詔徵教授京兆清河廣平汝南四
王後特除員外散騎侍郎清河王懌之為司空
司徒引徵為長流參軍懌遷太尉徵為倉曹參
軍出為沛郡太守加揚烈將軍入為太尉司馬
俄加輔國將軍未幾以本將軍除安州刺史徵
因述職路次過家置酒高會大享邑老乃言曰
腰龜返國昔人稱榮仗節還家吾不樂因誠曰
二三子弟曰此之富貴匪自天降乃勤學所致

耳時人榮之入為司農少卿光祿大夫徵出州

入卿匪唯學業所致亦由汝南王悅以其師資之

義為之啟請焉永安初加平東將軍尋以老

解職永熙二年卒出帝以徵普授父業故優贈

散騎常侍都督滄三州諸軍事驃騎大將

軍儀同三司尚書左僕射相州刺史謚曰文烈

子仲曜武定末儀同開府屬

刁沖字文朗勃海饒安人世鎮東將軍雍之曾

孫十三而孤孝慕過人其祖母司空亮女聰

明婦人也哀其早孤撫養尤篤沖免喪後便志

學他方高民泣涕留之沖終不止雖家世貴達

及從師於外自同諸生於時學制諸生悉日直

監廚沖雖有僕隸不令代已身自炊爨汲毋師

受之際發憤忘精專不捨晝夜殆志寒暑學通

諸經偏儔鄭說陰陽圖緯算數天文風悉□書

莫不關綜當世服其精博刺史郎祚聞其盛名

訪以疑義沖應機解辯無不祛其久惑後太守

范陽盧尚之刺史河東裴桓並徵沖為功曹主

簿非所好也受署而已不關事務惟以講學為

心四方學徒就其受業者歲有數百沖雖儒生

而執心壯烈不畏彊禦延昌中世宗易司徒高

肇擅恣威權沖乃抗表極言其事辭旨懇直

文義忠憤太傅清河王懌覽而歎息先是沖嘗

祖雍作行孝論以誡子孫稱古之葬者衣之以

薪不封不樹後世聖人易之以棺槨其有生則不

能致養死則厚葬過度及於末世至遂陳尸

俅而菆分者確而為論並非折衷既知二者之失

豈宜同之當今所存者棺厚不過三寸高不過

三尺弗用繪綵斂以時服轜車止用白布為慢

不加畫飾名為清素車又去挽歌方相并盟器

雜物及沖祖導將卒敕其子孫令奉雍遺旨河

南尹丞張普惠謂為太儉貽書於沖叔整議其

進退整失令與通學議之沖乃致書國學諸儒以

論其事學官竟不能苔沖以高選頻辟記室參軍

京兆王繼為司空也並以嫡傳祖爵東安侯

肅宗將親釋莫於是國子助教韓神固與諸儒

詣國子祭酒崔光吏部尚書甄琛舉其才學奏
而徵焉及卒國子博士高涼及范陽盧道偁盧
景裕等復上狀陳沖業行議奏諡曰安憲先生
祭以大牢
子欽字志儒早亡
盧景裕字仲儒小字白頭范陽涿人也章武伯
之兄子少聰敏專經爲學居拒馬河將老
婢作食妻子不自隨從又避地大寧山不營世
事居無所業性在注解其叔父同職居顯要
而景裕止於園舍情均郊野謙恭守道貞素自
得由是世號居士前廢帝初除國子博士參議
正聲甚見親遇待以不臣之禮永熙初以例解
天平中還鄉里與邢子才魏季景魏收邢昕等
同徵赴鄴景裕寓託僧寺講聽不已未幾歸本
郡河間邢摩納與景裕從兄仲禮據鄉作逆遍
其同反以應元寶炬齊獻武王命都督賀拔仁
計平之聞景裕經明行著驛馬特徵既而舍之
使教諸子在館十日一歸家隨以鼎食景裕風

儀言行雅見嗟賞先是景裕注周易尚書孝經
論語禮記老子其毛詩春秋左氏未訖齊文襄
王入相於第開講招延時儁令景裕解所注易
景裕理義精微吐發閑雅時有問難或相詆訶
大聲厲言至不遜而景裕神彩儼然風調如
顯入洛以為中書郎普泰初復除國子博士進
一從容往復無際可尋由是士君子嗟美之元
退其闊未嘗有得失之色性清靜淡於榮利
斂衣麤食恬然自安終日端嚴如對賓客興和
中補齊王開府屬卒於晉陽齊獻武王悼惜
之景裕雖不聚徒教授所注易大行於世又好
釋氏通其大義天笁胡沙門道悕每論諸經論
輒託景裕為之序景裕之敗也繫晉陽獄至心
誦經枷鎖自脱是時又有人負罪當死夢沙門
教講經覺時如所夢誦千遍臨刑刀折主者
以聞赦之此經遂行於世號曰高王觀世音
李同軌趙郡高邑人陽夏太守義深之弟體見
魁岸腰帶十圍學綜諸經多所治誦兼讀釋氏

又好醫術年二十二舉秀才射策除奉朝請領
國子助教轉著作郎典儀注修國史遷國子博
士加征虜將軍永熙二年出帝幸平等寺僧徒
講法勑同軌論難音韻朗往復可觀出帝善
之三年春釋菜詔延公卿學官於顯陽殿勑祭
酒劉歆共講孝經黃門李郁講禮記中書舍人盧
景宣解大戴禮夏小正篇時廣招儒學引令預
聽同軌經義素優辯析兼美而不得執經深為
慨恨天平中轉中書侍郎興和中兼通直散騎

常侍使蕭衍行行深航釋學遂集名僧於其愛敬
同泰二寺講涅盤大品經引同軌預席行兼遣
其朝臣並共觀聽同軌論難久之道俗咸以為
善盧景裕卒齊獻武王引同軌在館教諸公
子其加禮之每旦入授日暮始歸緇素請業者
同軌夜為說解四時恒介不以為倦武定四年
夏卒年四十七時人傷惜之齊獻武王亦殊嗟
悼贈驃騎大將軍瀛州刺史諡曰康
李業興上黨長子人也祖虬父玄紀並以儒學

舉孝廉玄紀卒於金鄉令業與少耽志學精
力負帙從師不憚勤苦耽思章句好覽異說晚
乃師事徐遵明於趙魏之間時有漁陽鮮于靈
馥亦聚徒教授而遵明聲譽未高著錄尚寡
業與乃詣靈馥黌舍類受業者靈馥乃謂曰孝
生名遂羌博士問其大義業與默爾不言及靈
馥說左傳傾學而就遵明學徒大盛業
此靈馥生徒傾心學而就遵明學徒大盛業
是振衣而起曰羌弟子正如此耳遂便徑還自
興之為也後乃博涉百家圖緯風角天文占候
無不詳練長筭歷雖在貧賤常自矜負若禮
待不足縱於權貴不為之屈後為王遵業開客
舉孝廉為校書郎以世行趙歐歷節之於時屯
下筭延昌中業與乃為戊子元歷上之於時屯
騎校尉張洪讞寇將軍張龍祥等九家各獻新
歷世宗詔令共為一歷洪等行之後遂共推業與為
主成戊子歷正光三年奏行在律歷志
遷奉朝請臨淮王彧征蠻引為騎兵參軍後廣

陵王淵比征復為外兵參軍業與以殷歷甲寅黃
帝辛卯徒有積元術數亡鈇業與又脩之各為一
卷傳於世建義初勅典儀注未幾除著作佐郎永
安二年以前造歷之勳賜爵長子伯遭憂解任尋
起復本官元曄之鎬號也除通直散騎侍郎普泰
元年沙汰侍官業與仍在通直太昌初轉
征虜將軍中散大夫仍在通直加寧朔將軍光祿大
夫尋加安西將軍後以出帝登極之初預行禮事
郎仍以典儀之勤特賞一階除平東將軍又除
封邑留縣開國子食邑五百戶轉中軍將軍通直
散騎常侍永熙三年二月出帝釋奠業與與魏季
景溫子昇寶瑗為適句後入為侍讀遷鄴之始起
部郎中辛術奏曰今皇居徙御百度創始營構一
興必宜中制上則憲章前代下則模寫洛京雖曰
都雖舊旦基址毀滅又圖記參差事宜審定臣雖曰
職司學之不稽古國家大事非敢專之通直散騎常
侍本業與碩學通儒博聞多識万門千戶所宜訪
詢令求就之披圖案記考定是非參古雜今折中

為制召畫工并所須調度具造新圖申奏取定
庶經始之日執事無疑詔從之天平二年除鎮
南將軍尋為侍讀於時尚書右僕射營構大將
高隆之被詔繕治三署樂器衣服及百戲之屬
乃奏請業與共參其事四年與兼騎常侍李諧
兼吏部郎盧元明使蕭衍行散騎常侍朱异明
業與曰魏洛中委粟山是南郊邪業與曰委粟
是圓丘非南郊异所是用鄭義
我此中用王義業與曰自然洛京郊丘之處專用
鄭解异曰若然女子逆降傍親亦從鄭以不業
興曰此之二事亦不專從若卿此間用王義除
禪應用二十五月何以王儉喪禮禪用二十七
月也异遂不若業與曰我昨見明堂四柱方屋
都無五九之室當具裴頠所制明堂上圓下方
裴唯除室何怪於方業與曰圓方之言出處甚
經典無文今止不圓何也异曰圓方之說
明卿自不見卿錄梁主孝經義我亦至上圓下方卿
壹豈非自相矛楯异曰若然圓方竟出何經業

興曰出孝經援神契并曰緯候之書何用信也
業興曰鄉若不信靈威仰叶光紀之類經典亦
無出者鄉復信之不異不炎呂蕭衍親問業興曰聞
鄉善於經義復信玄之中何所通達業興曰南
書生止讀五典至於深義不辨通釋衍問業少為
南王者之風繫之周公邵南仁賢之風繫之邵
公何名為繫業與對曰鄭注儀禮云昔大王王
李居于岐陽躬行邵南之教以興王業及文王
行今周南之教以受命作邑於酆分其故地屬

之二公名為繫衍又問若是故地應自統攝何
由分封二公業與曰文王為諸侯之時所化之
本國今既登九五之尊不可復守諸侯之地故
分封三公衍又問乾卦初稱潛龍二稱見龍至
五飛龍初何可名為虎問意小乘業與對學識
盧淺不足卬酬衍又問尚書正月上日受終文
祖此是何正業與對此是夏正月衍言何以
得知業與曰案尚書中候運行篇云日月營始
故知夏正衍又問堯時以何月為正業與對自

堯以上書典不載實所不知衍又云寅賓出日
即是正月日中星鳥以殷仲春即是二月此出
堯典何得云堯時不知用何正也業與對雖三
正不同言時節者皆據夏時正月周禮仲春二
月會男女之無夫家者雖自周書月亦夏時堯
之日月亦當如此但所見不深無以辨析明問
衍又曰禮原壤之母死孔子助其沐槨原壤叩
木而歌曰久矣不託音狸首之班然執女手之
卷然孔子聖人而與原壤為友業與對孔子即

自解言親者不失其為親故者不失其為故又
問原壤何勮人業與對曰鄭注去原壤孔子幼
少之舊故是魯人衍又問孔子聖人何以存故舊必可
法原壤不孝業與對曰原壤所行事自彰著
不孝之大罪業與對曰原壤所行事自彰著
幼少之交非舊之義於理無失衍又問孔子
深敬故舊何容棄之今始既無大故何以
以書原壤之事垂法萬代業與對曰此是後人
所錄非孔子自制猶合葬於防如此之類禮記

之中動有百數衍又問易曰太極是有無業興
對所傳太極是有素不女學術敢輒酬還兼散
騎常侍加中軍大將軍後罷議事省詔右僕射
高隆之及諸朝士與業興等在尚書省議定五
禮興和初又為甲子元歷時見施用復預議麟
趾新制武定元年除國子祭酒仍侍讀三年出
除太原太守齊獻武王每出征討時有顧訪五
年齊文襄王引為中外府諮議參軍後坐事禁
止業興乃造九宮行碁歷以五百為章四十四
十為部九百八十七為斗分還以已未為元始
終相維不復移轉與今歷法術不同至於氣序
交分景度盈縮一異也七年死於禁所年六十
六業興愛好墳籍鳩集不已手自補治躬加題
帖其家所有垂將萬卷覽讀不息多有異聞
諸儒服其淵博性寬容匪與其好合傾身無吝若有相非
歸命便能容匿與其好合傾身無吝若有相非
忤便即疵毀乃至聲色加以謗罵性又踔隘至於
論難之際高聲攘振無儒者之風毎語人云但

道我好雖知妄言故勝道惡務進已必前不顧後
惠時人以此惡之至於學術精微當時莫及
子崇祖武定中太尉外兵參軍
崇祖弟遵祖太昌中業興傳其長子伯以授之
齊受禪例降
史臣曰古語云容體不足觀勇力不足恃族姓
不足道先祖不足稱然而顯聞四方流聲後裔
者其惟學乎信哉斯言也梁越之徒篤志不
倦自求諸已逐能聞道下風稱珍席上或聚徒
千百或服冕乘軒咸稽古之力也

列傳儒林第七十二　　魏書八十四

高氏小史儒林傳無刁沖盧景裕李同軌三
人史目錄皆有之此卷刁沖盧暨景裕傳全錄
比史非魏收書史臣論亦出比史北史全用
隋書儒林傳論

袁躍　　裴敬憲

盧觀　　封肅

邢臧　　裴伯茂

邢昕　　溫子昇

夫文之為用其來日久自昔聖達之作賢喆之
書莫不統理成章蘊氣摽致其流廣變諸非一
貫文質推移與時俱化淳于出齊有雕龍之目
靈均逐楚著嘉禍之章漢之西京馬揚為首稱
東都之下班張為雄伯曹植信魏世之英陸機
則晉朝之秀雖同時並列分途爭遠永嘉之後
天下分崩夷狄交馳文章殄滅昭成太祖之世
南牧燕趙網羅俊乂遠高祖馭天銳情文學蓋
以頡頏漢徹掩踔曹丕氣韻高艷才藻獨構衣
冠仰止咸慕新風肅宗歷位文雅太盛學者如
牛毛成者如麟角孔子曰才難不其然乎
袁躍字景騰陳郡人尚書翻弟也博學儁才性
不矯俗篤於交友翻每謂人曰躍可謂我家千

里駒也釋褐司空行參軍歷位尚書都兵郎中
加員外散騎常侍將立明堂躍乃上議當時稱
其博洽蠕蠕主阿那瓌亡破來奔朝廷矜之送
復其國既而每使朝貢辭旨頗不盡禮躍為朝
臣書與瓌陳以禍福言辭甚美後遷車騎將軍
太傅清河王懌文學雅為懌所愛賞懌之文表
多出於躍卒贈冠軍將軍吏部郎中所制文集
行於世無子兄翻以子脩繼
畫脩字叔德沈沈有鑒識清靖寡欲與物無競
夫尚書崔休所知賞年十八領本州中正兼
尚書度支郎中齊受禪除太子庶子以本官行
博陵太守
裴敬憲字孝虞河東聞喜人也孟州刺史宣第
二子少有志行學博才清撫訓諸弟專以讀誦
為業澹於榮利風氣俊遠郡徵功曹不就諸府
辟命先進其弟世人歎美之司州牧高陽王雍
舉秀才射策高第除太學博士性和雅未嘗失

色於人工隸草解音律五言之作獨擅於時名
聲甚重後進共宗慕之中山[闕]將之部朝賢送於
河梁賦詩言別皆以敬憲為最其文不能贍逸
而有清麗之美少有氣病年二十三卒人物甚
悼之敬憲世有仁義於鄉里孝昌中蜀賊陳雙
熾所過殘暴至敬憲宅輒相約束不得焚燒為
物所伏如此永興三年贈中書侍郎諡曰文

盧觀字伯舉范陽　人也少好學有雋才舉秀
才射策甲科除太學博士著作佐郎與太常少
卿李神儁光祿大夫王誦等在尚書上省撰定
朝儀拜尚書儀曹郎中孝昌元年卒

封肅字元邕勃海人尚書回之兄子也早有文
思博涉經史太傅崔光見而賞其辭甚美正光
脩起居注兼廷尉監為還園賦其辭甚美位太學博士
中京兆王西征引為大行臺郎中卒肅性恭儉不妄交遊唯
除尚書左中兵郎中委以書記還
與崔勵勵從兄鴻先相親善所製文章多亡失
存者十餘卷

邢臧字子良河間人光祿少卿虯長孫也幼孤
早立操尚博學有藻思年二十一神龜中舉秀
才問策五條考上第為太學博士正光中議立
明堂臧為裴頠一室之議事雖不行當時稱其
理博出為本州中從事附時稱永安初徵天
徵為金部郎中以疾不赴轉除東牟太守時天
下多事在職少能廉白臧獨清慎奉法更民愛
之隴西李延寔是莊帝之舅以太傅出除青州啟
臧為屬領樂安內史有惠政後除濮陽太守尋
加安東將軍臧和雅信厚有長者之風為時人
所愛敬為特進甄琛行狀世稱其工與裴敬憲
盧觀兄弟並結交分曾共讀回文集臧獨先通
之撰古來文章并敘作者氏族號曰文譜未就
病卒時賢悼惜之其文筆凡百餘篇贈鎮北將
軍定州刺史諡曰文
子恕涉學有識悟

裴伯茂河東人司空中郎叔義第二子少有風
望學涉群書文藻富贍釋褐奉朝請大將軍京

兆王繼西討引為鎧曹參軍南討絳蜀陳雙熾
為行臺長孫承業行臺郎中承業還京師留伯
茂仍知行臺事以平薛鳳賢等賞平陽伯再遷
散騎常侍典起居注太昌初為中書侍郎永熙
中出帝兄子廣平王贊盛選賓僚以伯茂為文
學後官曹為豁情賦其序略曰余攝養舛和服
致効而草木下性實紫袗抱故後究覽莊生具
餌寫術自春徂夏三閱湊疾雖桐君上藥有時
不徙
體齊物物我兩忘是非俱遣斯人之達吾所師
焉故作是賦所以託名豁情寄之風謠矢天平
初遷鄴又為遷都賦文多不載二年因內宴伯
茂侮慢殿中尚書章武王景哲遂申啟稱
伯茂棄其本列與監同行以黎擊梅傍汙冠服
禁庭之內令人褺衣詔付所司後竟無坐伯茂
先出後其伯仲規與兄景融別居景融貧窘伯
茂了無賑恤殆同行路世以此譏薄之卒年三
十九知舊歎惜焉伯茂末年劇飲不已乃至傷

性多有恣失未亡前歎曰忽云吾得密信將被
收掩乃與婦乘車西逃避後因顧指壁中言有
官人追逐其病卒後殯於家園友人
常景本渾王元景盧元明魏本景本褰守子許
人於墓傍置酒設祭哭涕泣一飲一酹曰裴
以魏收亦與少友寄以示收時在晉陽乃同
中書魂而有靈知吾曹也乃各賦詩一篇本褰
其作論叙伯茂十字云臨風想玄度對酒思
公榮時人以伯茂性侮傲謂收詩頗得事實贈
散騎常侍衛將軍度支尚書雍州刺史重贈更
部尚書諡曰文伯茂曾撰晉書竟未能成無子
兄景融以第二子孝才繼
邢听字子明河間人尚書繕弟偉之子幼孤見
愛於祖母李氏好學卓有才情蕭寶黃以董騎
大將軍開府討關中以子明為東閣祭酒委以
文翰在軍解褐盪寇將軍累遷太尉記室參軍
吏部尚書李神儁奏听脩起居注太昌初除中
書侍郎加平東將軍光祿大夫時言冒竊官級

為中尉所劾免官乃為述躬賦未幾受詔與秘
書監常景典儀注事出帝行釋奠禮昕與校書
郎裴伯茂等俱為録義永熙末昕入為侍讀與
溫子昇魏收參掌文詔遷鄴乃歸河閒天平初
與侍中從叔子才魏收同徵赴都尋還
鄉里既而復徵時蕭衍使兼散騎常侍劉孝儀
等來朝貢詔昕兼正員郎迎於境上司徒孫騰
藻兼長兼寀目孝昌之後天下多務世人競以
引為中郎尋除通直常侍加中軍將軍既有才
衒於忤物人謂之牛是行也談者謂之牛象
外遊道有慙色與和中以本官副李象使於蕭
斷見知時與昕嘲謔昕謂之曰世事同知文學
吏工取達文學大衮司州中從事宋遊道以公
未奏遇疾卒士友悲之贈車騎將軍都官尚書
冀州刺史論曰文所著文章自有集録
温子昇字鵬舉自云太原人晉大將軍嶠之後
也世居江左祖恭之劉義隆彭城王義康戶曹

避難歸國家于濟陰寬句因為其郡縣人焉家
世寒素父暉兗州左將軍府長史行濟陰郡事
子昇初受學於崔靈恩劉蘭精勤以夜繼晝畫
夜不倦長乃博覽百家文章清婉為廣陽王淵
賊客在馬坊教諸奴子書作侯山祠堂碑文常
景見而善之故詣淵謝之景曰頃見溫生淵怪
問之景曰溫生是大才士淵由是稍知之熙平
初中尉東平王匡召辟人以充御史同時射
策者八百餘人子昇與盧仲宣孫搴等二十四
人為高第於時預選者爭相引決匡使子昇當
之皆受屈而去搴謂人曰朝來見韓陵亂轍者皆
子昇逐北遂補御史時年二十二臺中文筆皆
子昇為之以憂去任服闕還為朝請後李神儁
行荊州事引兼錄事參軍被徵赴省神儁表留
不遣吏部郎中李獎奏退表不許曰昔伯瑜之不
應留王朗所以發歎宜速遣赴無踵彥雲前失
於是還負正光末廣陽王淵為東北道行臺召
温子昇為郎中軍國文翰皆出其手於是才名轉盛黃

門郎徐紇受四方表啟咨之敏速於淵獨沈思
曰彼有溫郎中才藻可畏高軍破走珍子昇亦覓
子昇取絹四十四及淵為葛榮所害子昇得達冀州還京李柑執其手曰卿今
羈執榮下都督和洛興與子昇舊自識以數十騎
潛送子昇得達冀州還京李柑執其手曰卿今
得免使夷甫勦德自是無復官情悶門讀書
厲精不已建義初為南主客郎中脩起居注曾
一日不直上黨王天穆時錄尚書事將加捶撻
子昇遂逃遁【魏書傳七十三】 九 ▼
天穆甚怒奏人代之莊帝曰當世

才子不過數人豈容為此便相放黜乃寢其奏
及天穆將討邢杲召子昇同行子昇未敢應天
穆謂人曰吾欲收其才用當豈懷前忿也會復不
來便須南走越北走胡耳子昇不得已而見之
加以波將軍為行臺郎中天穆深加賞之元顥
入洛天穆召子昇問曰即欲向京師為隨我此
渡對曰毛上以虎牢失守致此狼狽元顥新
人情未安會往討之必有征無戰王若剋復京
師奉迎大駕植文之興也捨此比渡竊為大王

惜之天穆善之而不能用遣子昇還洛顥以為
中書含人莊帝還宮為顥任使者多被發黜而
子昇復為含人天穆每謂子昇曰恨不用卿前
計除正員郎仍含人及帝殺介朱榮也子昇預
謀當時赦詔子昇詞也帝入內遇子昇把詔書
問是何文書子昇顏色不變曰勅案介
朱兆入洛子昇懼禍逃匿永熙中為侍讀兼舍
人鎮南將軍金紫光祿大夫遷散騎常侍中軍
大將軍後領本州大中正蕭衍使張皋寫子昇
【魏書傳七十三】 十 ▼
文筆傳於江外衍稱之曰曹植陸機復生於北
土恨我辭人數窮百六陽夏太守傅摽集吐谷
渾見其國主牀頭有書數卷乃是子昇文也濟
陰王暉業嘗云江左文人宋有顏延之謝靈運
梁有沈約任昉我子昇足以陵顏轢謝含任
沈揚導彥作文德論以為古今辭人皆負才遺
行澆薄唯邢子才王元景溫子昇彬彬有
德素齊文襄王引子昇為大將軍府諮議參軍
子昇前為中書郎嘗詣蕭衍客館受國書自以

不脩容止謂人曰詩章易作通哨難為文襄館

客元僅曰諸人當賀推子昇久怛

悱乃推陸操焉又元僅劉思逸荀濟等作亂文

襄疑子昇知其謀方使之作獻武王碑文旣成

乃餓諸晉陽獄食檄襦而死棄尸路隅没其家

口太尉長史宋游道收葬之又為集其文筆為

三十五卷子昇外恬靜與物無競言有準的不

妄毀譽而内深險事故之際好預其間所以終

致禍敗又撰永安記三卷無子

史臣曰古之人所貴名不朽者蓋重言之尚存

又加之以才名其為貴顯固其宜也自餘或位

下人微居常亦何能自達及其靈蚰可握天網

俱頓並編緗素咸貫儒林雖其位可下其身可

殺千載之後貴賤一焉非此道也孰云能致凡

百士子可不務乎

列傳文苑第七十三　魏書八十五

趙琰

乞伏保　　長孫慮

董洛生　　孫益德

閻元明　　楊引

王續生　　吳悉達

張昇　　　李顯達

王崇　　　倉跋

郭文恭

二廿五　魏書傳七十四　一　金滋

經云孝德之本孝悌之至通於神明此盖生人

之大者淳風旣遠世情雉薄孔門有以責衣錦

詩人所以思素冠且生盡色養〈天終極哀思

之地若乃誠達泉魚感通鳥獸事匪常倫斯盖

希美至如溫床扇席灌樹負土時或加人咸為

度俗今書趙琰等以孝感為目焉

趙琰字叔起天水人父溫為楊難當司馬初符

氏亂琰為乳母攜奔壽春年十四乃歸孝心色

養饑熟之節必親調之皇興中京師儉婣簡粟

糶之琰遇見切責勅留輕粃嘗送子應冀州娉

室從者於路遇得一羊行三十里而琰知之令

送於本處又過路傍主人設羊羹琰訪知盜

殺卒辭不食而不受琰命委之而去初令為究

刃主刃主高之義而不受琰命委之而去初為究

州司馬轉團城鎮副將遷京爲淮南王他府長

史時禁制甚嚴不聽越關葬於舊兆琰積三十

餘年不得葬二親及臧曾孫慶等拜獻耳順而孝思

事每於時節不受子孫慶等拜獻年餘順而孝思

彌篤慨然歲月推移遷窆無期乃絕鹽粟斷諸

味食菜而巳年八十卒遷都洛陽子應等乃還

鄉葬焉

魏書傳七十四　二　夫

應弟照字實育好音律以善歌聞於世位秦州

刺史

長孫慮代人也母因飲酒其父呵叱之誤以杖

擊便即致死具為縣囚執慮以重坐慮列辭

尚書云父母忿爭本無餘惡直以謬誤一朝橫

禍今母喪未殯父命且夕慮兄弟第五人並各幼

稚慮身居長今年十五有一女弟始向四歲更

10-1119

相鞠養不能保全父若就刑交隊溝壑乞以身
代老父命使嬰弱眾孤得蒙存立尚書冝奏云應
於父為孝子於弟為仁兄尋究情狀特可矜感
高祖詔特恕其父死罪以從遠流
乞伏保高車部人也父居顯祖時為散騎常侍
領收曹尚書賜爵寧國侯以中謹慎密當往左
右出內詔命賜官人河南宗氏亡後賜以宮人
申氏宋太子左率申坦兄女也歲餘居平申撫
養伏保性嚴關揮捶馬切至而伏保奉事孝謹初
無恨色龍粟父爵例降為伯稍遷在中郎將每
請祿賜往處公私尺丈所用無不白知出以為無
善鎮將申年餘八十伏保手製馬輿親自扶接
申欣然隨之申亡伏保解官奉喪還洛復為長
兼南中郎將卒
孫益德樂安人也其母為人所害益德勿為
毋復仇還家哭母於殯以待縣官高祖文明太后
以其幼而孝決又不逃罪特免之
董洛生代人也居父喪過禮詔遣祕書中散溫

紹伯奉詔書慰之令自抑割以全孝道又詔其
宗親使相喻獎勿令有滅性之譏
楊引鄉郡襄坦人也三歲喪父為叔所養毋年
九十三卒引年七十五哀喪過禮三年服畢恨
不識父追服斬衰食粥羸服哲終身命終十三
年哀慕不改為郡縣鄉閭三百餘人上狀稱美
有司奏宜旌賞復其門樹其純孝詔別勅集
書撰楊引至行又可假以散負之名
閭元明河東安邑人也少而至孝行著鄉閭
太和五年除比隨郡太守元明以違離親養
興言悲慕毋亦慈念泣涙喪明元明悲號
上訴許歸奉養旦其毋目便開剌史呈壽
恩列狀上聞詔下卅郡表為孝門復其祖調
兵役令終毋年毋亡服終心喪積載每忌日
悲慟傍隣昆弟雍和尊事諸穆安貪樂道首
首同歸又㣥氏縣人令狐仕兄弟四人早喪
父泣慕十載奉養其毋孝著鄉邑而力田積
粟傳施不已又河東郡人楊風等七百五十

人列稱樂戶皇甫奴兄弟雖沈屈兵伍而操
尚彌高奉養繼親其甚著恭孝之（稱又東郡小
黃縣人董吐渾兄養事親至孝三世同居閨
門有禮景明初繼識內大使王疑奏請標異詔
從之

吳悉達河東聞喜人也弟兄三人年並幼小父
母為人所殺四時號慕悲感鄉隣及長報仇避
地永安昆弟同居四十餘載閨門和睦讓逸競
勞雖於儉年糊餰不繼賓客經過必傾所有每

守宰殯喪私辦車牛送終葬所隣人孤貧窘困
者莫不解衣輟糧以相賑恤鄉間五百餘人詣
州稱頌焉刺史以悉達兄弟行著鄉里板贈
悉達父勃海太守悉達兄欲改葬曾祖亡墳墓
推尋弗獲號哭之聲晝夜不止叫訴神祇忽
於悉達足下地陷得父銘記因遷葬曾祖已
下三世九喪傾盡資業不假於人哀感毀悴
有過初喪有司奏聞標榜復役以彰孝義時
有齊州人崔承宗其父於宋世仕漢中母喪

因殯彼後■徐歸國遂為隣絕承宗性至孝方
里投險隘偷路負喪還京師黃門侍郎孫惠蔚聞
之曰吾於斯人見廉范之情矣於是弔贈盡禮
如崔昌相識

王績生滎陽京縣人也遭繼母憂居喪杖而後
起及終禮制驢毀盡落有司奏聞世宗詔標雄
門間甄其僑役

李顯達潁川陽翟人也父喪水漿不入口七日
鬚髮隨墮落形體枯悴六年廬於墓側哭不絕聲
殆於滅性州牧高陽王雍以狀奏靈太后詔表
其門間

張昇滎陽京縣人也喪母水漿不入口五日吐
血數升居憂毀瘠見稱州里有司奏聞出帝詔
標門間

倉跋滎陽京縣人也喪母水漿不入口五日吐
吐血數升居憂毀瘠見稱州里有司奏聞出帝詔
標門間

王崇字乾邕陽夏雍丘人也兄弟並以孝稱身
勤稼穡以養二親仕梁州鎮南府主簿母亡杖

而後起蹟陵墮落未及葬榷殯宅西崇廬於殯
所書夜哭泣鴟鴞群至有一小鳥素質墨睞形
大如雀栖於崇廬朝夕不去母喪始闋復丁父
憂哀毀過禮是年陽夏風雹所過之處禽獸暴
死草木摧折至崇田畔風雹便止禾麥十頃竟
無損落及過崇地風雹如初成稱至行所感崇
雖除服仍居墓側於其室前生草一根莖葉其
茂人莫能識至冬中復有鳥巢於崇屋乳養三
子毛羽成長馴而不驚守令聞之親自臨視州
以聞奏摽其門閭

郭文恭太原平遙人也仕為太平縣令年踰七
十父母喪亡文恭孝慕罔極乃居祖父某次晨
夕拜跪跣足負土培祖父二冢寒暑竭力積年
不已見者莫不哀歎尚書聞奏摽其門閭
史臣曰塞天地而橫四海者唯孝而已矣然則
始敦孝敬之方終極哀思之道厥亦多緒其心
一焉蓋上智禀自然之質中庸有企及之義及
其成名其美一也趙琰等或出公卿之緒籍禮

教以資勸或出芻蕘之下非獎勸所得乃有負主
成墳致毀滅性雖乖先王之典制亦觀過而知
仁矣

列傳孝感第七十四　魏書八十六

魏收書孝感傳亡惟張昇事出宗諫史目與
北史小異高氏小史不載昇事迹案小史孝
感節義良史列女閹官五傳敘目并傳與正
史及諸書目次敘前後不同惟楊九齡撰錄
目錄與小史同九齡撰錄皆在殷仲藏宗諫
等後是時正史已不字往往取小史為據故
同之

于什門　段進
石文德　汲固
王玄威　婁提
劉渴侯　朱長生
門文愛　馬八龍
于提　晁清
劉侯仁　石祖興
邵洪哲　王榮世

（魏列傳七十五）一

王閭
胡小虎　孫道登
李几　張安祖

大義重於至聞自日人慕之者蓋希行之者實
宜勿至於輕生蹈節臨難如歸殺身成仁死而無之
悔自非耿介苦心之人懍懍激氣之士亦何能一
若斯僉列之傳名節義云

于什門字什門代人也太宗時為謁者使偷馮跋
及至和龍住外舍舍不入使人謂跋曰大魏皇帝

有詔須馮主出受然後敢入跋使人牽逼令入
見跋不拜跋令人按其項什門曰馮主拜受詔
吾自以賓主致敬何須苦見逼也與跋往復聲
氣厲然初不撓屈既而跋止什門於羣衆
之中留身背跋被袴後襠以辱之既見逼跋留隨
身衣裳敗壞略盡蟣蝨被體跋遺以衣服什門
拒而不受和龍人皆歎曰雖古烈士無以過也
歷二十四年後馮文通上表稱臣乃送什門歸
拜治書侍御史世祖下詔曰什門奉使和龍值

（魏書傳七十五）二　夫

狂賢肆虐男志壯厲不為屈節雖昔蘇武何以
加之賜羊千口帛千匹進為上大夫策告宗廟
頒示天下咸使聞也

段進不知何許人也世祖初為白道守將蠕蠕
大檀入塞圍之力屈被執進抗聲大罵迷為賊
殺世祖愍之追贈安北將軍賜爵顯美侯諡曰
莊

石文德河中蒲坂人也有行義真君初縣令黃
宣在任喪三宣單貧無其親文德祖父苗以家

財殞蚌持服三年奉養宣妻二十餘載及亡又
衰絰斂祔率禮無闕自苗連文德刺史守令卒
官者制服送之五世同居閭門雍睦又梁州上
言天水白石縣人趙令安孟蘭彌等四世同居
行著州里詔並標牓門閭

豈殊遂便潛還不復回顧徑來入城於式婦閭
式大言於眾曰程嬰杵曰何如人也固曰今古
事被收吏民皆送至河上時式子憲生始滿月
汲固東郡梁城人也為兗州從事刺史式坐
娌兒授之事尋泄固乃攜憲逃遁遇赦始歸憲
抱憲歸藏之及捕者收憲屬固有一娌產男母以
即為固長育至十餘歲固恒呼天婦為郎婆後
高祐為兗州刺史嘉固節義以為主簿
王玄威恒農北陜人也顯祖朋玄威立草廬於
州城門外衰裳疏粥哭踊無時刺史苟頹以事
妻聞詔令問狀玄威稱先帝統御萬國慈澤被
於蒼生舍氣之類莫不仰賴玄威不勝悲慕中
心知此不知禮式詔問玄威欲有所訴聽為表

列玄威云聞違悲號竊謂臣子同例無所求謁
及至百日乃自竭家財設四百人齋齋已忌日又
設百僧供至天除日詔送白䌽袴褶一具與玄
威釋服下州令麦異焉

妻提代人也顯祖時為內三郎顯祖暴崩提謂
人曰聖主升遐安用活為遂引佩刀自刺幾至
於死文明太后詔賜帛二百匹時有敕勒部人
蜎撥寅兄地千紫盜食官馬依制命死撥寅自
誣已殺兄又云實非弟殺兄事死辭不能定
高祖詔原之

劉渴侯不知何許人也票性剛烈太和中為
徐州刺史上庸侯賜絹千匹穀千斛有嚴奉者
亦為軍校尉與渴侯同殺勢窮被執終不降
屈後得逃還除立節將軍賜爵五等男
馬終不降屈為賊所殺高祖贈立忠將軍平
朱長生及于提並代人也高祖時以長生為其
外散騎常侍與提俱使高車至其庭高車主阿

伏至羅責長生等拜長生拒之曰我天子使安
肯拜下土諸侯阿伏至羅乃不以禮待長生以
金銀寶器奉之至羅既受獻長生曰為臣內附
宜盡臣禮何得口云再拜而實不拜呼出帳命
眾中拜阿伏至羅斬其臣長生等下大怒曰帳中何不
教我拜而辱我於大眾奪長生等獻物四十業
石之中兵胄之日汝能為我臣則活如其不降
殺汝長生與于提眶自屬聲責之豈有天子
使人拜汝夷我寧為魏鬼不為汝臣至羅彌怒

【魏列十五】 五

絕其飲食從行者三十人皆降至羅乃給以肉
酷惟長生與提不從乃各分徙之積三歲乃得
還高祖以長生等守節遠同蘇武甚嘉之拜長
生河內太守干提隴西太守並賜爵五等男從
者皆為令長
馬八龍武邑武強人也輕財重義友人武遂縣
尹靈哲在軍喪亡八龍聞即奔赴負屍而歸以
家財殯葬為制緦服撫其孤遺恩如所生州郡
表列詔表門閭

門文愛汲郡山陽人也早孤供養伯父母以孝
謹聞伯父亡母又亡文愛居喪持服
六年哀毀骨立鄉人魏中賢等相與標其孝義
晁清遼東人也祖暉濟州刺史潁川公清襲祖
爵例降為伯為梁城戍將蕭衍攻圍粮盡城陷
清抗節不屈為賊所殺世宗襃美贈樂陵太守
謚曰忠

子榮寶襲

【氏列七十五】 六

劉侯仁豫州人也城人白早生殺刺史司馬悅
據城南叛悅息朏走投侯仁賊雖重加購募又
嚴其捶撻侯仁終無漏泄朏遂免禍事寧有司
奏其操行請免府籍叙小縣詔可
石祖興常山九門人也太守田文彪令和其
等喪亡祖興自出家絹二百餘匹營護喪事州
郡表列高祖嘉之賜爵二級為上造後拜寧陵
令卒史部尚書李韶奏其節義請加贈謚以獎
來者靈太后令如所奏有司謚曰恭
邵洪哲上谷沮陽人也縣令范道榮先自晌城

歸款以除縣令道榮鄉人徐孔明妾經公府訟道榮非勳道榮坐除名覊旅孤貧不能自理洪哲不勝義憤遂代道榮詣京師明申曲直經歷褒暑不憚劬勞道榮卒得復雪又北鎮反亂道榮孤單無所歸附洪哲兄伯川復率鄉人來相迎接送達幽州道榮感其誠節訴省申聞詔下州郡標其里閭

王榮世陽平館陶人也為三城戍主方城縣子

蕭衍攻圍力窮知不可全乃先焚府庫後殺妻妾及賊陷城與戎副鄧元興等俱以不屈被害肅宗下詔裒美忠節進榮世爵為伯贈齊州刺史元興開國子贈洛州刺史

胡小虎河南河陰人也少有武氣正光末為統軍於晉壽孝昌中蕭衍將樊文熾等寇邊無刺史酈蚪遣長史和安固守小劔文熾圍之蚪命小虎與統軍崔珍寶同往防拒文熾掩龍襄小虎珍寶並擒之文熾攻小劔未陷乃將珍寶至城下使謂和安曰南軍彊盛北救不來豈若歸款

取其富貴和安命射之乃退復逼小虎與和安交言小虎乃慷慨謂安曰我柵不防為賊所虜觀其兵士勢不足言努力堅守魏行臺傅梁州遣將已至賊以刀歐擊言不得終遂害之三軍無不歎其壯節哀其死亡賊尋奔敗禽其次將蕭世澄陳文緒等二十一人行臺魏子建壯其氣既釋以世澄購其屍柩乃獲骸骨歸葬

孫道登彭城呂縣人也永安初為蕭衍將韋休等所虜向縛臨月巡遶村塢令其招降鄉曲道

登厲聲唱呼但當努力賊無所能賊遂屠戮之又荊州被圍行臺宗靈恩遣使宗女等四人入城曉喻為賊將所獲執女等巡城令其敗辭女等大言天軍垂至堅守莫降賊忿各剚其腹然後斬首二州表其節義道登等並賜五品郡五等子爵聽子弟承襲遣使詣所在吊祭

李几博陵安平人也七世共居同財家有二十二房一百九十八口長幼濟濟風禮著聞至於作役甲幼競進鄉里嗟美標其門閭

張安祖河陽人也襲世爵山北侯時有元承貴
曾為河陽令家貧且赴尚書求選逢天寒甚遂
凍死路側一子年幼停屍門巷棺斂無託安祖
悲哭盡禮買木為棺手自營作斂殯周給朝野
嘉歎尚書聞奏標其門閭

奏皆標門閭

王閭北海密人也數世同居有百口又太山
劉業興四世同居魯郡蓋儁六世同居
並共財產家門雍睦鄉里敬異有司申

史臣曰于什門等或臨危不撓視死如歸或赴
險如夷惟義所在其大則光國隆家其小則損
己利物故其盛烈所著與河海而爭流峻節所
標共松栢而俱茂並路復之所致身殁名立豈
徒然哉

列傳節義第七十五　魏書八十七

魏收書節義傳士

張恂　鹿生
張應　宋世景
路邕　閻慶胤
　　　明亮　杜纂
裴佗　竇瑗
牟敦　蘇淑

寬猛為用庇民調俗但廉平常迹聲問難高適
罷侯置守歷年永久統以方牧仍世相循所以
時應務招鄉督必速是故搏擊為侯起不旋踵儒
弱貽各錄用無時此則已然於前世矣後之為
吏與世沈浮季叔澆漓姦巧多緒所以蒲密無
為之化難見其人有魏初拓中州兼并疆域河
南關右遺黎未絕攟節分符多出豐沛政術治
風未能咸允離動貽大戮而貪虐未悛亦由綱
漏吞舟時多挂一目高祖肅明綱紀賞罰必行摩
革舊軌時多奉法世宗優遊而治寬政逯往太
和之風頗以陵替肅宗馭運天下肅然其於移

三百七　　魏書傳七十六　一　章讀

風革俗之美浮虎還珠之政九州百郡無所聞
焉且書其書其為時所稱者以著良吏云爾

張恂字洪讓上谷沮陽人也隨兄歸國參代
王軍事恂言於太祖曰金運失御劉石紛慕
容竊號山東符姚盜器秦隴遂使三靈乏饗九
域曠君大王樹基玄朝重明積聖自北而南化
被燕趙今中土遺民望雲異潤且因斯會以建
大業太祖深器異厚加禮焉皇始初拜中書侍
郎悵帷密謀頗預參議從將軍奚牧略地晉川

三百六　魏書傳七十六　二　張三

拜鎮遠將軍賜爵平皋子出為廣平太守恂招
集離散勸課農桑民歸之者千戶遷常山太守
恂開建學校優顯儒士吏民歌詠之於時喪亂
之後寧能克厲惟恂當官清白百姓
親愛之其治為當時第一太祖聞而嘉歎太宗
即位賜帛三百匹徵拜太中大夫神瑞三年卒
年六十九恂性清儉不營產業身死之日家無
餘財太宗悼惜之贈征虜將軍并州刺史平皋
侯諡曰宣

子純字道尚龍驤尉鎮遠將軍平皐子坐事廢
除

純弟代字定燕陳留比平二郡太守頗冠軍
將軍營州刺史諡曰惠侯代所歷著清稱有父
之遺風

代子長年中書博士出為寧遠將軍汝南太守
有郡民劉崇之兄弟分析家貧惟有一牛爭之
不決訟於郡庭長年見之悽然曰汝曹當以一
牛故致此競脫有二牛各應得豈有訟理即

【魏傳七六】 三 陳

以家牛一頭賜之於是郡境之中各相誡約咸
敦敬讓太和初卒於家

子琛字寶貴少有孝行歷武騎常侍羽林監卒

子翊軍校尉卒

子略武定中左光祿大夫

鹿生濟陰乘氏人父壽興沮渠牧犍庫部郎生
再為濟南太守有治稱顯祖真君大能特徵赴季
秋馬射賜以騘馬加以青服彰其廉潔前後在
任卅年時三齊始附人懷苟且蒲博終朝頗廢

農業生立制斷之聞者嗟善後歷徐州任城王
澄廣陵侯元衍征東安南二府長史帶淮陽太
守郯城鎮將年七十四正始中卒追贈龍驤將
軍兗州刺史

張素聲績著聞妻子樵采以自供高祖深嘉其
貞素不知何許人延興中為魯郡太守應履行
能遷京兆太守所在清白得吏民之忱焉

宋世景廣平人河南尹翻之第三弟也少自修
立事親以孝聞與弟道璵下帷誦讀博覽群言

【魏傳七六】 四 榮

尤精經義族兄弁甚重之舉秀才對策上第拜
國子助教遷彭城王勰開府法曹行參軍勰愛
其才學雅相器敬高祖亦嘉之遷司徒法曹行
參軍世景明刑理著律令裁決疑獄剖判如流
轉尚書祠部郎彭城王勰每稱之曰宋世景精
識尚書僕射于忠臺中疑事右僕射高肇常以
委之世景既干長從政加之風勤不怠兼領數
曹深著稱績頻為左僕射源懷引為行臺郎巡
察州鎮十有餘所黜陟賞罰莫不咸允遷徙七

鎮別置亭候以備其虞懷大相委重

還而薦之於宋世景文武才略當今寡

儔清平忠直亦少其比陛下若任之以機要終

不減李冲也世宗曰朕亦聞之尚書令廣陽王

嘉右僕射高肇吏部尚書中山王英共薦世景

為國子博士於世宗尋薦為尚書右丞王顯與宋世景有

隙毀之於世宗故事寢不報尋加伏波將軍行

滎陽太守鄭氏豪橫號為難治濟州刺史鄭尚

弟遠慶先為苑陵令多所受納百姓患之世景

下車召而謂之曰與卿親宜假借五日末至之前

一不相問今日之後終不相捨而遠慶行意自

若世景繩之以法遠慶懼棄官亡走於是寮屬

畏威莫不改肅終日坐於廳事未嘗寢息縣史

三正及諸細民至即見之無早晚之節來者無

不盡其情抱皆假之恩顏屏人密語民間之事

巨細必知發奸擿伏有若神明嘗有一吏休滿

還郡食人雞豚又有一幹受人一帽又食二雞

世景呵之曰汝何敢食甲乙雞豚取丙丁之帽

吏幹叩頭伏罪於是上下震悚莫敢犯禁坐第

道璵哭之哀切酸感行路形容毀悴見者莫不歎

死歲餘母喪遂不勝哀而卒世景嘗撰晉書竟

未得就

子季儒遺腹生弱冠太守崔楷辟為功曹起家

太學博士明威將軍曾至譙宋之間為文書秘

康甚有理致後夜寢室壞壓殞年二十五時人

咸傷惜之

【魏書列傳七十六】　〔六〕

路邕陽平清淵人世宗時積功勞除齊州東魏

郡太守有惠政靈太后詔曰邕莅政清勤著綏

民俗比經年儉郡內饑饉羣庶嗷嗷將就溝壑

而邕自出家粟賑賜貧窘民以獲濟雖古之良

守何以尚茲宜見褒錫以垂將獎可賜龍廐馬

一匹衣一襲被褥一具班宣州鎮咸使聞知邕以

善治民稍遷至南青州刺史而卒

閭慶胤不知何許人為東秦州敷城太守在政

五年清勤厲俗頻年饑饉慶胤歲常以家粟

石贓恤貧窮民賴以濟其部民楊寶龍等一千

餘人申訟美政有司奏曰案慶亂自徙此郡惠

政有聞又能自竭己粟贍恤饑饉乃有子愛百

姓之義如不少加優賚無以厲彼貪殘又案齊

州東魏郡太守治能與之相埒語其

分贍又亦不殊而聖旨優隆賜以衣馬求情即

理謂合同賞靈太后卒無襃賞焉

明亮字文德平原人姓方厚有識幹自給事中

歷貝外常侍延昌中世宗臨朝堂親自黜陟授

亮勇武將軍亮進曰臣本官山常侍是第三廞今

授臣勇武其號至濁且文武又殊請更改授世

宗曰今依勞行賞不論清濁卿何得乃復以清

濁為辭亮曰聖明在上清濁故分臣既屬聖明

是以敢啟世宗曰九流之內人咸君子雖文武

號殊佐治一世卿何得獨欲乖衆妄相清濁所

請未可但依前授亮曰今江左未賓書軌宜一

方為陛下授命前驅拓定吳會官爵陛下之所

輕賤命微臣之所重陛下方收所重何惜所輕

世宗笑曰卿欲為朕拓定江表揃平蕭衍揃平

拓定非勇武莫可今之所授副卿言辭勇及

武自相矛楯亮曰臣欲仰稟聖規運籌而定何

假勇武方乃成功世宗曰謀勇二事體本相須

若勇而無謀則勇不獨舉若謀而無勇則謀不

孤行必須兼兩乃能制勝何得去偏須運籌而

不復假勇乎亮曰請改授平遠將軍世宗曰運

籌用武然後遠人始平卿但用武平遠將軍之何惠不

得平遠也亮乃陳謝而退後除陽平太守清白

愛民甚有惠政聲績之美顯著當時朝廷嘉其

風化轉汲郡太守為治如前與宣遠近二郡民

更迄今追思之卒孝昌初贈左將軍南青州刺

史初亮之在陽平屬相州刺史中山王熙起兵

討元叉時幷州刺史城陽王徽亦遣使讀亮密

同熙謀熙敗亮詭其使辭由是徽音獲免二年

詔追前效重贈平東將軍濟州刺史拜其子希

遠奉朝請

亮從弟遠儀同開府從事中郎

杜纂字榮孫常山九門人也少以清苦自立時
縣令齊羅喪亡無親屬收瘞盡禮纂以私財殯葬由
是郡縣標其門閭後居父喪盡禮纂以孝廉補
豫州司士稍除積弩將軍領禘招納山
袙等脩立楚鎮招納山蠻本天保等五百戶從
初附賑給田廩從征新野及南陽平以功賜爵
豫州刺史田益宗率戶歸國使纂緣淮慰勞
征新野除騎都尉又從駕壽春纂詣廣陵安慰
稍之又詣赭陽武陰二郡課種公田隨供軍費
除南秦州武都太守正始中遷漢陽太守並以
清白為名又隨都督楊椿等詣南秦軍前招慰
逆氐還纂除虎賁中郎將領太倉令尋除窟遠軍陰
父之除伏波將軍復為太倉令令遭母憂去職
陵戍主延昌中京師儉勅纂監京倉賑給民廩
肅宗初拜征虜將軍清河內史性儉約尤愛貧
老至能問民疾苦對之泣涕勸督農桑親自檢
視勤者賞以物帛隋者加以罪譴弟死問生甚

有恩紀還以本將軍除東益州刺史無御邊威
略群氐反叛以失民和徵還太府少卿除平
陽太守後將軍太中大夫正光末清河人房通
等三百人頌纂德政乞重臨郡詔許之孝昌中
為葛榮圍過纂汲郡降榮榮令信都慰喻
都督李瑾欲斬纂刺史元孚德纂為常山太守還出又勸榮以
水灌城榮遂以纂為老舊令護博陵鉅鹿二
定州刺史薛曇尚以纂參所歷任好行小惠
郡纂以疾辭少時卒於家纂所歷任好行小惠
蔬食敝衣多涉誣矯而輕財潔己終無受納為
百姓所思號為良守永熙中贈本將軍定州
刺史天平四年重贈本將軍定州刺史
裴佗字元化河東聞喜人其先因晉亂避地涼
州苻堅平河西東歸寓居解縣焉父景惠
州別駕容貌魁偉儻然有器望少治春秋杜
氏毛詩周易並舉其宗致舉秀才以高第除中
書博士轉司徒參軍司空記室揚州任城王澄
開府參軍又為尚書倉部郎中行河東郡

事所在有稱績還拜尚書考功郎中河東邑中
正世宗親臨朝堂拜員外散騎常侍中正如故
轉司州治中以風聞爲御史所彈尋會救免轉
征虜將軍中散大夫爲趙郡太守爲治有方威
惠甚著姦吏姦民莫不改厲所得俸祿分恤貧
窮轉前將軍東荊州刺史蠻酋田盤石田敬
守雖屢征討未能降款佟至州單使宣慰示以
宗等部落萬餘家特飛阻嶮不賓王命前後牧
加撫軍將軍又遷中軍將軍在州數載以疾乞
晏寇盜寢息邊民懷之禍負而至者千餘家尋
禍福敬宗等聞佗宿德相率歸附於是闔境清
還永安二年卒遺令不聽請贈不受賻襚諸子
皆遵行之佗性剛直不好俗人交游其投分者
必當時名勝清曰任真不事家產宅不過三十
步又無田園署不張蓋寒不衣裘其貞儉若此
六子
讓之字士禮武定末中書侍郎

【魏書傳七十六　十一

讓之弟諏之字士正早有才學司徒記室參軍
天平末入於關西

【魏書列七十六　十二

寶瑗字世珍遼西遼陽人自言本扶風平陵人
漢大將軍寶武之曾孫宗爲遼西太守子孫遂
家焉曾祖堪慕容氏漁陽太守祖表馮文通以
瑗爲父請贈詔贈征虜將軍平州刺史瑗以
周太守入國父同舉秀才早卒普泰初瑗啓以
身階級爲父帳從師遊學十載始爲御史轉奉
朝請兼太常博士拜大將軍太原王尒朱榮官
年十七便荷帙徵虜將軍平瑗以拜
因是爲榮所知遂表留瑗爲北道大行臺左丞
以軍功賜爵陽洛男除員外散騎常侍瑗以拜
榮官賞賜新昌男因從榮東討葛榮事平封容城
縣開國伯食邑五百戶後除征虜將軍通直散
騎常侍仍左丞瑗乞以容城伯讓兄叔珍詔聽
以新昌男轉授之叔珍由是位至太山太守尒
朱世隆等立長廣王曄爲主南赴洛陽至東郭
外世隆等遣瑗奉璽綬執鞭獨入禁內奏曰
天人之望皆在廣陵願行堯舜之事曄遂禪爲

由是除征南將軍金紫光祿大夫敕奏偏然前
廢帝甚重之出帝時爲廷尉卿及釋貴開講瑗
與散騎常侍溫子昇給事黃門侍郎魏季景通
直散騎常侍李業興並爲摘句天平中除鎮東
將軍金紫光祿大夫尋除廣宗太守治有清白
之稱廣宗民情凶戾前後累政咸見告訟惟瑗
牧守令長稱瑗政績以爲勸厲焉後授使持節
一人終始全潔轉中山太守加征東將軍聲譽
甚美爲吏民所懷及齊獻武王班書州郡誡約
日蒙班麟趾新制即依朝命宣示所部士庶之
職又行晉州事既還京師上表曰臣在平州之
仰有若三章臣聞法象魏乃大舜之事政道
之聞於此爲證伏惟陛下應圖臨寓握紀承天
郁郁亦隆周之軌故元首股肱可否相濟聲教
王丞相府右長史瑗無軍府斷割之才不甚稱
本將軍平州刺史瑗在州政如治郡又爲齊獻武
克構洪基會昌寶歷式張琴瑟且調宮羽去甚
刪泰蕫弊遷澆俾高祖之德不隊至於地畫一既

十三　來

歌萬國歡躍臣伏讀至三六曹第六十六條母
殺其父子不得告告者死并三返覆之未得其
門何者案律子孫告父母祖父母者死又漢宣
云子匿父母孫匿大父母皆勿論蓋謂父母相
父母小者攘羊其者殺害之類恩須相隱抑
不言法理如是足見其直未必指毌殺父止子
不言是也若父殺毌乃是夫殺妻毌卑於此子
不告是也而毌殺父不聽子告臣下愚輒以
爲惑昔楚康王欲殺令尹子南其子棄疾爲王
御士而上告焉對曰泄命重刑臣不爲也王遂
殺子南其徒曰行乎吾與殺吾父行焉入曰
臣乎曰殺父事讎吾不忍乃縊而死注云棄疾
自謂不告之爲與殺謂殺父爲讎皆非禮春秋譏
焉斯蓋門外之治以義斷恩知君殺父而子不
告是也毌之於父同在門內恩無可掩義無斷
割知毌將殺理應告父如其已殺宜聽告官今
母殺父而子不告便是知毌而不知父識比野
人義近禽獸且毌之於父作合移天既殺已之

十四　來

天復殺子之天二天頓毀豈容頓默此母之罪

義在不赦下手之日母恩即離仍以母道不告

鄙臣所以致惑今聖化淳洽穆如韶夏食椹懷

音梟鏡猶變況承風稟教識善知惡之民哉脫

下愚不移事在言外如或有之可臨時議罪何

譁以明大朝有尊母甲父之論以臣管見實

所不取如在淳風厚俗必欲行之且君父一也

父者子之天被殺事重宜附父謀及大逆子得

告之條父一而已至情可見竊惟聖主有作明

賢贊成光國寧民厥用為火非下走頑蔽所能

上測但受恩深重輒獻瞽言儻蒙收察乞付評

議詔付尚書三公郎封君義立判玄身體髮膚

受之父母生我劬悴續莫大焉子於父母同氣

異息終天靡報在情一也今勿欲論其尊甲辨

其優劣推心未忍訪古無據母殺其父子復告

母母由告死便是子殺天下未有無母之國不

知此子將欲何之察春秋莊公元年不稱即位

文姜出故服虔注云文姜通兄齊襄遂殺公而

不反父殺母出隱痛深諱甚而中練思慕母殺

念至於母故經書三月夫人遜於齊既有念母

深諱之文明無讎疾告列之理且聖人設法所

以防淫禁暴極言善惡使知而避之若臨事議

刑則陷罪多矣惡惡之甚者殺父害母君著之律

百王周革此制何嫌獨求削去既於法無違於

事非害宣布有年謂不宜改瑗復難曰尋局判

云子於父母同氣異息終天靡報在情一也今

欲論其尊甲辨其優劣推心未忍訪古無據瑗

以為易曰天尊地甲乾坤定矣又曰乾天也故

稱父坤地也故稱母又曰乾為天為父坤為地

為母禮喪服經曰為父斬衰三年為母齊衰朞

尊甲優劣顯在典章何言訪古無據局判云母

殺其父子復告母母由告死便是子殺天下未

有無母之國不知此子將何欲之察典律未

聞母殺其父而子有隱母之義既不告母便是

與殺父天下豈有無父之國此子獨得有所之

千局判又云案春秋莊公元年不稱即位文姜
出故服虔注云文姜通於兄齊襄與殺公而不
反父殺母出隱痛深諱菁而中練思慕少殺念
至於母故經書三月夫人遜於齊既有念母深
諱者以父為齊所殺而殺母與之隱痛尋父死殺
諱之文明無讎疾告列之理瑗尋父死殺子
不言即位隱之也菁而中練父死殺子
母出故不稱即位非為諱母與殺也是以下文
以義絕其罪絕不為親得尊父之義善莊公恩大義
絕有罪故曰禮也以大義絕有罪得禮之衰明
桓之罪絕不為親禮也注云夫人有與殺
有讎疾告列之理但春秋桓莊之際齊為大國
通于文姜齊公讁之文姜以告齊襄使令子彭
生殺之魯既弱小而懼於齊是時惟天子衰微又
無賢霸故不敢讎之又不敢告於諸侯請以公子彭生除之齊
曰無所歸咎惡於諸侯請以公子彭生除之齊

母略書夫人遜于齊是內諱出奔猶為罪文傳

人殺公子彭生案郎此斷雖有援引即以情推
理尚未遣或事遂傅寢除大宗正卿加儒將
軍宗室以其寒士相與輕之瑗案法推治無所
顧避甚見讎疾官雖通顯貧窘如初清尚之操
為時所重領本州大中正以本官兼廷尉卿卒
官贈本將軍大僕卿濟州刺史諡曰明
羊敦字元禮太山鉅平人梁州刺史諡曰明
性尚閑素學涉書史以父靈引死王事除給事
中出為本州別駕公平正直見有非法敦終不
判署後為尚書左侍郎徐州撫軍長史永安中
轉廷尉司直不拜拜洛陽令後為鎮南將軍金
紫光祿大夫遷太府少卿轉衞將軍廣平太守
治有能名姦吏踡跼秋毫無犯雅性清儉屬歲
遇有疾苦家人餽未至使人外尋陂澤採藕根而食之
饑饉家家人解衣質米以供之然其為治亦
尚威嚴朝廷以其清白賜穀一千斛絹一百四
興和初卒年五十二吏民奔哭莫不悲慟贈都
督徐兗二州諸軍事衞大將軍吏部尚書兗州

刺史諡曰貞武定初齊獻武王以敦及中山太
守蘇淑在官奉法清約自居宜見追襄以屬天
下乃上言請加旌錄詔曰昔五袴興謠兩歧致
詠皆由仁覃千里化洽二邦故廣平太守羊敦
故中山太守蘇淑並器業和隱幹用貞潛善政
聞國清譽在民方藉良才遂登高秩先後周亡
朝野傷悼追旌清德蓋惟舊章可各賞帛二百
四教五百解班下郡國咸使聞知

子隱武定末開府行參軍

蘇淑字仲和武邑人也立性敦謹頗涉經傳兄
壽興坐事爲閹官壽興後爲河間太守賜爵晉
陽男及壽卒遂員養淑爲子淑熙平中
其爵除司空士曹參軍尋轉太學博士屬威將
軍員外散騎侍郎轉奉車都尉領殿中侍御史
因使於冀州會高乾邑執刺史元疑據城起義
淑贊成其事乾邑以淑行武邑郡事幾尒朱汝
歸疑率兵將至淑於郡逃還京師從除左將軍
中大夫行河陰令出除樂陵內史淑在郡綏撫

十九

甚有民譽始逕二周謝病乞解有詔聽之民史
老幼訴乞淑者甚衆後歷滎陽太守亦有能名
加中軍將軍司徒從事中郎興和二年拜中山
太守三年卒於郡淑清心愛下所歷三郡皆爲
吏民所思當時稱爲良二千石武定初贈衛大
將軍都官尚書瀛州刺史諡曰懿齊獻武王追
美清操與羊敦同見優賞

子子旦龍裝武定中齊獻武王廟丞

史臣曰〔闕〕

二十

列傳良史第七十六　　魏書八八

于洛侯　　胡泥
李洪之　　高遵
張赦提　　羊祉
崔暹　　　酈道元
谷楷

魏列七十七

淳風既喪姦宄競萌設法令以滋章草刑禁以多設為吏
罕仁恕之誠當官以威猛為濟魏氏以戎馬定
王業武功平海內治任刑罰肅厲為本猛酷之
倫所以列之今史

于洛侯代人也以勞舊自為秦州刺史而貪暴安
忍州人富貴者率民呂勝脛緪一具洛侯鞭富
熾一百截其右腕而已洛侯生拔隴客刺殺民王羌奴
王矣二人依律罪死而已洛侯生拔隴客不堪其痛隨刀
其本并刺曾腹二十餘瘡洛命將絕始斬其首支
戰動乃立四柱磔其手足命將絕始斬其首支
解四體分懸道路見之者無不傷楚閭州驚震
人懷怨憤百姓王元壽等一時反叛有司糾劾

高祖詔使者於州刑人慮宣告吏民然後斬洛
侯以謝百姓

胡泥代人也歷官至司衛監賜爵永城侯泥率
勒禁中不憚豪貴殿中尚書叔孫侯泥頭應內直
而闕於時泥以法繩之侯頭恃寵受納貨賄
高祖聞而嘉焉賜泥衣服一襲出為幽州刺史
假范陽公以北平陽尼碩學遂表薦之遷平東
將軍定州刺史以暴虐刑罰濫受貨賄
還殺人將就法也高祖臨大華殿引見追侍臣

宣詔責之遂就家賜自盡

李洪之本名文通惧農人少為沙門晚乃還俗
真君中為狄道護軍賜爵安陽男會永昌王仁
隨世祖南征得元后姊妹二人洪之以宗人潛
相餉遺結為兄弟遂便如親頗得元后在南兄
弟名字乃改名洪之及仁坐事誅元后入宮得
幸於高宗生顯祖后臨崩昭太后問其親因
言洪之為兄與相訣經日具條列南方諸兄珍
之等手以付洪之遂曉為顯祖親舅太安中珍

之等兄弟至都與洪之相見歘元后平生故事
計長幼為昆季以外戚為河內太守進爵任城
侯威儀一同刺史河內北連上黨南接載牛地
險人悍數為劫害長吏不能禁洪之至郡嚴設
科防募斬賊者便加重賞勸農務本盜賊止息
誅鋤奸黨過為酷虐後為懷州刺史封汲郡公
徵拜內都大官河西羌胡領部落反叛顯祖親
征命洪之與洪之為河西都將討山胡皆保險拒
戰洪之築壘於石樓南白雞原以對之諸將悉
欲進攻洪之乃開以大信聽其復業胡人遂降
顯祖嘉之遷拜尚書外都大官後為使持節安
南將軍秦益二州刺史至治設禁軒之制有帶
刃行者罪與劫同輕重品格各有條章於是大
饗州中豪傑示以犯禁之法制乃夜密遣騎分部
覆諸要路有犯禁者輒捉送州宣告斬決其中
柱見殺害者百數赤葩渴郎羌深居山谷雖相
羈縻羌人罕到洪之芟山為道廣十餘步示以

軍行之勢乃典軍臨其境山人驚駭洪之將數
十騎至其里閭撫其妻子問所疾苦因資遺之
衆羌喜悅求編課調所入十倍於常洪之善御
戎夷頗有威惠而刻害之聲聞於朝野初洪之
微時妻張氏助洪之經營資產自貧至富甚有所
補益有男女幾十人洪之後得劉氏劉芳從妹
由是二妻妒競互相訟詛兩宅母子往來如讎
洪之欽重劉而疎薄張氏為兩宅別居母子往來如讎

及葯西州以劉自隨洪之素非廉清每多受納
時高祖始建禄制法禁嚴峻司察所聞無不窮
紀遂鏹洪之赴京高祖臨大華庭集群臣有司
奏洪之受賕狼藉又以酷暴高祖親臨數之以
其六臣聽在家自裁洪之志性慷慨多所堪忍
參疾炎療艾姓圉將二十首足十餘處一時俱
下而言笑自若接賓不輟及臨自盡沐浴換衣
防卒扶持將出卻入遍遶家庭如是再三泣歎
良久乃卧而引藥始洪之託為元后兄公私自
同外戚至此罪後高祖乃稍對百官辨其誣假

而諸本猶善相視恩紀如親洪之始見元后計
年為兄及珍之等至洪之以元后素定長幼其
呼拜坐皆如家人暮年數延攜之宴飲醉酣之
後攜之時或言及本末洪之則起而加敬笑語
自若富貴赫弈當男戚之家遂棄宗專附珍之
等後頗存振本屬而猶不顯然劉氏四子長子
神自有傳

高遵字世禮渤海循父濟滄水太守遵賤出
兄矯等常欺侮之及父巳不令在喪位遵遂馳
赴平城歸從祖兄中書令允乃為遵父舉哀
以遵為喪主宗邑無不弔集朝貴感識之徐歸
奔赴免喪允為諸父涉歷文史頗有筆札進
成益之恩事允如諸父涉歷得補樂浪王侍郎遵感
中書侍郎詣長安引燕宣王廟碑進爵安昌子
及新制衣冠宗廟遵形貌粗潔音氣
雄暢常兼太祝令跪替禮事為俯仰之節粗合
儀矩由是高祖識待之後與游明根高閭本沖
入議律令親對御坐時有陳奏以積年之勞賜

■魏書豆七　　五　原

粟帛牛馬出為立忠將軍齊州刺史建節歷本
州宗鄉改觀而矯等彌妒毀之遵性不廉清在
中書時每假歸山東必借備驛馬將從百餘屯
遍民家求絲綿不滿意則詬罵不去彊相徵求
旬月之間縑布千數邦邑苦之遵既臨州本意
未弭選召賓吏多所取納又其妻明氏家在齊
州母弟舅甥共相憑屬乎求利嚴暴非理殺
害甚多貪酷之響帝頗聞之及車駕幸鄴遵
自州來朝會有赦宥遵臨辭帝於行宮

引見誚讓之遵自陳無負帝應聲曰若無遷都
赦必無高遵矢又卿非惟貪穢又虐人鄰遵
何如濟陰王猶不免於法卿何人而為此行自
今宜自謹約還州仍不悛革齊州人孟僧振至
洛訟遵詔廷尉小卿劉求窮鞫皆如所訴先是
沙門道登遵過遵以道登耆寵於高祖多奉以
貨賄深託往之道登屢言遵因言及元榮詣洛
納遂詔述賜遵死時遵子元榮語洛訟冤猶恃
道登不時還赴道登知事決方乃遣之遵恨其

■魏書列七十七　　六　原何

妻不與訣別處沐浴引椒而死

元榮學尚有文才長於几案位兼尚書右丞為
西道行臺至高平鎮遇城颭被害

遵弟次文雖無位官而貲産巨萬遵每責其財
又結憾於遵吉凶不相往反時論責之

張敕提中山安喜人也性雄武有規畫初為虎
賁中郎時京畿盜魁自稱豹子虎子並善弓馬
遂領逃連及諸畜牧者各為部帥於靈丘鷹門
間聚為劫害至乃斬人首射其口刺人腹引腸

遠樹而共射之以為戲笑其為暴酷如此軍騎
掩襲久弗能獲行者患焉敕提設防過道窮之
計宰同善之以敕提為逐賊軍將乃求驍勇追
之未幾而獲虎子豹子及其黨與盡送京師斬
於闕下自是清靜其靈丘羅恩祖宗門豪溢家
廚隱險多止亡命與之為劫顯祖怒之敕提應
家而思祖家黨相率冠盜敕提募求捕逐乃
以敕提為游徼軍將前後禽獲殺之略盡因而
溫有屠害尤為忍酷既貪前禽稱又籍此功除冠

軍將軍幽州刺史假安喜侯敕提克己屬約遂
有清稱後頗縱妻叚氏多有受納令僧尼因事
通請貪虐流聞中散李真香出使幽州採訪牧
守政績真香驗案其罪敕提懼死欲逃其妻姑
為太尉東陽王不妻恃不敕提自許詣旨寬憂
不為異計敕提曰當為訴理幸得申雪願且寬憂
求助謂敕提以此差自解慰叚乃陳列真香
昔嘗因假而過幽州知敕提有好牛從索不果
全臺使心恊前事故威通部下拷楚過極橫以

無辜證成誣罪執事恐有不盡使駕部令趙秦
州重徙究訊事伏如前處敕提大辟高祖詔賜
死於第將就盡召妻而責之曰貪濁穢吾者卿
也又安吾身而不得免禍九泉之下當為仇讎矣
又有華山太守趙霸酷暴非理大使崔光奏霸
云不遵憲度威虐任情至乃手擊吏人寮屬奔
走不可以君人字下納之軌物軏禁止在州詔免
所居官

羊祉字靈祐太山鉅平人晉太僕卿琇之六世

孫也父規之宋任城令世祖南討至鄒山規之
與魯郡太守崔邪利及其屬縣徐通變猛之等
俱降賜爵鉅平子拜鷹門太守徐剛愎好刑
名為司空令輔國長史龔襲爵鉅平子侵盜公資
私營居宅有司案之抵死高祖特恕遠徙後還
景明初為將作都將加左軍將軍四年持節為
梁州軍司討叛氐正始二年王師入蜀以祖假
節龍驤將軍益州刺史出劍閣而還又以本將
軍為秦梁二州刺史加征虜將軍天性酷忍又
不清潔坐掠人為奴婢為御史中尉王顯所彈
免高肇南征祖復被起為光祿大夫假平南將
軍持節領步騎三萬趣涪未至世宗崩班
師夜中引軍山當一徑軍人迷而失路至便斬
隊副楊明達梟首路側為中尉元昭所劾會赦
免後加平北將軍未拜而卒贈安東將軍兗州
刺史太常少卿元端博士劉臺龍議諡曰征志
存埋輪不避彊御及贊戎律能武斯裁仗節撫
藩遷夷識德化沿殊類襁負懷仁謹依諡法布

德行剛曰景宜諡為景侍中侯剛給事黃門待
郎元纂等駁曰臣聞惟名與器弗可妄假定諡
進行必當其迹亦案祖性急酷所在過武布德
宇聞暴聲屢發而禮官虛述諡之為景非直失
於一人實毀朝則請還付外準行更詳虛實靈
太后令曰依駁更議元端龍上言竊惟諡者
行之迹狀狀者迹之稱然尚書銓衡是司敕諡者
物若狀迹乖應抑而不受錄其實狀其後下
寺依諡法準狀科上豈有捨其行迹外有所求
去狀去稱將何所準檢祖以母老辭藩乃降手
詔云卿綏撫有年聲實兼舉邊寧境實稱朝
望及其歿也又加顯贈言祖誠著累朝效忠內
外作牧岷區字萌之績駿聞詔冊琛美無替倫
望然君子使人器望義無求備德行有數德優劣
不同剛而能剋亦為德焉謹依諡法布德行剛
曰景謂前議為允司徒右長史張列生簿本場
刺稱案祖歷官累朝當官之稱委剋西南邊偶
靖追稱準行易名景誡彼在竊謂無愆體例尚書

李韶又述秦以府寺為充靈太后可其奏祉自
當官不憚疆御禁以為剛斷時有檢覆每令
出使好慕名利頗為深文所經之處人號天狗
下及出將臨州並無恩潤兵民患其嚴虐焉
家初以秀才累遷南兗州刺史盜用官瓦贓污

崔暹字元欽本云清河東武城人也世家于榮
陽潁川之間性猛酷少仁恕奸猾好利能事勢
尋即具坐遺子析戶分隸三縣廣占田宅藏匿
狼籍為御史中尉李平所糾免官後行豫州事
官奴障客陂葦侵盜公私為御史中尉王顯所
彈免官後累遷平北將軍瀛州刺史貪暴忍
民庶患之嘗出獵州北單騎至於民村井有汲
水婦人暹令飲馬因問曰崔瀛州何如婦人不
知其暹也答曰百姓何罪得如此癩兒刺史暹
默然而去以不稱職被解還京武川鎮反詔暹
為都督隸大都督李崇討之逢崇節度為賊所
敗單騎潛還禁於廷尉以女妓園田貨元義獲
免建義初遇害於河陰贈司徒公冀州刺史追

封武津縣公
子瓚字紹珍位本兼尚書左丞卒瓚妻莊帝妹也
後封襄城長公主故特贈瓚冀州刺史
子茂字祖昂龍襄祖爵

酈道元字善長范陽涿鹿人也青州刺史範之子太
和中爲尚書主客郎御史中尉李彪以道元秉
法清勤引爲治書侍御史累遷輔國將軍東荊
州刺史威猛爲治蠻民詣闕訟其刻峻坐免官
女之行河南尹尋即具蕭宗以沃野懷朝薄骨
律武川撫冥柔玄懷荒禦夷諸鎮並爲州其
郡縣戌名令隽古城邑詔道元持節兼黃門侍
郎與都督李崇籌宜置立裁減去留儲兵積粟
以爲邊備未幾除安南將軍御史中尉道元素
有嚴猛之稱司州牧汝南王悅嬖近左右丘念
常與卧起及選州官多由於念悅匿念於僧第時
還其家道元收念付獄悅啓靈太后請全之敕
赦之道元遂盡其命因以刺悅是時雍州刺史
蕭寶夤及狀稍露悅等諷朝廷遣爲關石大使

遂為寶夤所害死於陰盤驛亭道元好學歷覽
奇書撰注水經四十卷本志十三篇又為七聘
及諸文皆行於世然兄弟不能篤穆又多嫌忌
時論薄之

【魏傳七十七】　十三

谷楷昌黎人濮陽公渾曾孫逺奉車都尉時
沙門法慶反於冀州雖大軍討破而妖帥尚未
柬除詔楷詣冀州追捕皆擒獲之楷眇一目而
性甚嚴忍前後奉使皆以酷暴為名時人號曰
瞎虎尋為城門校尉卒

史臣曰士之立名其途不一或以循良進或以
嚴酷顯故寬猛相資德刑互設然不嚴而化君
子所先于洛侯等為惡不同同歸於酷肆其毒
螫多行殘忍賊人肌膚同諸木石輕人性命甚
於芻狗長惡不悛鮮有不及故或身嬰罪戮或
憂恚值陷異途皆毀各其且為凡百君子以為
有天道矣

列傳酷吏第七十七　　魏書八十九

眭夸　馮亮
李謐　鄭脩

▍魏書傳七十八　一

蓋暴濟獨善顯晦之殊其事不同由來尚矣昔
夷齊獲全於周武華喬不容於太公何哉求其心
者許以激貪之用賢其情得喪忘懷累有比夫
肥遯不反代有人矣夷夷情得喪忘懷累有比夫
邁德弘道匡俗庇民可得而小不可得而忽也
自叔世澆浮淳風殆盡雖刀之末競入成輦而

能冥心物表介然離俗望古獨適求友千齡亦
異人矣何必御霞乘雲而追日月窮極天地始
為超遠哉今錄眭夸等為逸士傳

眭夸(一名昶)趙郡高邑人也祖遘晉東海王越
軍謀掾後沒石勒為徐州刺史父邃宇懷道兼
容寶中書令夸少有大度不拘小節兆志善傳
末嘗以世務經心好飲酒浩然物表年二十遭
父喪須鬢致白每一悲哭聞者為之流涕高尚
不仕寄情丘壑同郡李順願與之交夸拒而不

許邦國少長莫不憚之少與崔浩為莫逆之交

浩為司徒奏徵夸為其中郎辭疾不起州郡逼遣
不得已入京都與浩相見延留數日惟飲酒談
敘平生不及世利浩每欲論屈之竟不能發言
其見敬憚如此浩後遂投詔書於夸懷亦不
口夸曰桃簡卿已為司徒何足以勞國士也
吾便於此將別桃簡內之廏中異相
乘一驢更無兼騎浩乃以夸驟內之廏中異相
維縶夸遂詫鄉人輸租者謬為御車乃得出關

浩知而歎曰眭夸獨行士本不應以小職辱之
又使其父仗策復路五吾當何辭以謝也時朝法
其峻夸既私還將有私歸之咎浩仍相左右始
得無坐經年送夸本驟兼遺以所乘馬為書謝
之夸更不受其驟馬亦不復書及浩誅為之素
服受鄉人弔唁經一時乃止歡曰崔公既死誰

能更容眭夸遂作朋友篇辭義為時人所稱
父鉅鹿魏攀當時名達之士未嘗備堺之禮情
同朋好或人謂夸曰吾聞有大才者必居貴仕

子何獨在桑榆乎遂著知命論以釋之年七十
五卒葬日赴會者如市無子
馮亮字靈通南陽人蕭衍平北將軍蔡道恭之
甥也少博覽諸書又篤好佛理隨道恭至義陽
會中山王英平義陽而獲焉英素聞其名以禮
待接亮性清淨至洛隱居松高感英之德以時
展勤及英云亮舞盡其哀慟世宗嘗召以為
羽林監領中書舍人將令侍入見亮苦求以為
不拜又欲使衣幘入見亮苦求以幅巾就朝遂
不彊遇還山數年與僧徒禮誦為業蔬食飲水
有終焉之志會逆人王敞事發連山中沙門而
亮被執赴尚書省十餘日詔特免雪亮不敢還
山遂寓居景明寺亮既給衣食及其從者數人後
思其舊居復還山室亮既雅愛山水又兼巧思
結架巖林甚得栖游之適頗以此聞世祖給其
工力令與沙門統僧暹河南尹甄琛等周視嵩
高形勝之處遂造閑居佛寺林泉既奇營製又
美曲盡山居之妙亮時出京師延昌二年冬因

（汪惠老）

遇篤疾世宗敕以馬輿送令還山居嵩高道場
寺數日而卒詔贈帛二百匹以供凶事遺誡兄
子綜斂以衣帽左手持板右手執孝經一卷置
尸盤石上去人數里外積十餘日乃焚於山以
灰燼處起佛塔經藏初亮以盛冬喪時連日驟
雪窮山荒澗鳥獸飢寒初無所防護時
壽窮道人惠需每旦往看其屍拂去塵霧當時
之迹交橫左右而初無侵毀衰服如本惟風吹
帽巾又以亮識舊南方法師信大栗十枚以期
之將來十地果報開亮手以置把中經宿乃為
蟲鳥盜食皮殼在地而亦不傷肌體焚燎之日
有素霧翁鬱迴繞其傍自地屬天彌朝不絕山
中道俗營助者百餘人莫不異焉
李謐宇永和涿郡人相州刺史安世之子少好
學博通諸經周覽百氏初師事小學博士孔璠
數年後璠還就謐請業同門生為之語曰青成
藍藍謝青師何常在明經謐以公子徵拜著作
佐郎辭以授弟郁詔許之州再舉秀才公府二

（汪惠老）

辟並不就惟以琴書為業有絕世之心臨見考工記
大戴禮盛德篇以明堂之制不同遂著明堂制度論
曰余謂論事辨物當取正於經典之真文援證定
疑必有驗於周孔之遺訓然後可以稱準的矣今
禮文殘缺聖王言明堂之制誰使正之是非無準
人紛紜競興異論五九之說各信其習裴頠六今
得失相半故歷代紛紜靡所取正乃使裴頠所取
羣儒紛紜互相掎撼就令其象可得而圖其所
以居用之禮莫能通也為設虛器耳況漢氏所作

四維之个復不能令各處其辰愚以為尊祖配天
其儀明著廟宇之制理據未分直可為殿屋以
崇嚴父之祀其餘雜一皆除斯豈不以羣儒
外互亞乖其實義求衷莫適可從哉但恨典又
殘滅求之靡據而已矣乃復遂去室牖諸制施之
於教未知其所隆政求之於情未可喻其所以必
須惜哉言乎仲尼有言曰賜也爾愛其羊我愛其禮
余以為隆政必須其禮豈彼一羊哉推此而論則
聖人之禮殷勤而重之裴頠之於禮任意而忽之

是則頠賢於仲尼矣以斯觀之裴氏之子以不
達而失禮之旨也余籍不自重頗有鄙意據理
尋義以求其真貴合雅衷不苟偏信乃籍之以
禮傳考之以訓注博採先賢之言廣搜通儒之
說量其當否參諸異葉其所短收其所長而
義祭圖以折厭衷豈敢必善然聊亦今其志矣
凡論明堂之制者雖衆然校其大略則二途矣
已言五室者則據周禮考工之記以為本是康
成之徒所執言九室者則案大戴盛德之篇以

為源是伯喈之論所持此二書雖非聖言然
是先賢之中博見洽通者也但名記所聞未能
全正可謂既盡美矣未盡善也而先儒不能考
其當否便各是所習卒相非毀豈達士之確論
哉小戴氏傳禮事四十九篇號曰禮記雖未能
全當然多得其衷方之前賢亦無慚矣故採撮
王藻明堂三篇頗有明堂之義余故採撮二家
參之月令以為明堂五室古今通則其室居中
者謂之太廟太室之東者謂之青陽當太室之

南者謂之明堂當太室之西者謂之總宗旱當太
室之北者謂之玄堂四面之室各有俠宗謂之
左右个三十六戶七十二牖則寢矣室个之形今之
殿前是其遺像其个者即寢之房也但明堂與
寢施用既殊故房个之名亦隨事而遷其令粗
書其像以見鄙意案圖察義略可驗矣故檢之
五室則義明於考工校之戶牖則數恊於盛德
考之施用則事著於月令求之閏也合周禮與
王藻既同夏殷又符周泰雖眾儒僉儻或在斯
矣考功記曰周人明堂度以九尺之筵東西九
筵南北七筵堂崇一筵五室凡室二筵室中度
以几堂上度以筵余謂記得之於五室而謬於
堂之修廣何者當以理推之於悚古今之情也
夫明堂者蓋所以告月朔布時令宗文王祀五
帝者也然營構之範自當因且剏制耳故五室
者合於五帝各屋一室之義且四時之祀比皆據
其方之正又聽朝布令咸得其月之辰可請施
政及記三俱允求之古義竊爲當矣鄭康成

漢末之通儒後學所宗正釋五室之位謂土居
中木火金水各居四維然四維之室既乗其正
施令聽朝各失厥衷左右之个叅而不顧乃反
文之以美說飾之以巧辭言水木土用事之交
北木火金水用事交於東南火土用事交於東
水用事交於西北金既依五行當從其中鄭玄
出何經典可謂攻於異端言非而博疑誤後學
非所望於先儒也禮記王藻曰天子聽朝於南
門之外閏月則闔門左扉立於其中鄭玄注曰
天子之廟及露寢皆如明堂制明堂在國之陽
每月就其時之堂而聽朝焉至卒事及宿露寢亦
如之閏月非常月聽其朝於明堂門下還處露寢
王寢或舉明堂互言之以明其制同也其同制
寢門終月也而考工記周人明堂玄注曰或舉
之言皆出鄭注然則明堂與寢不得異矣而尚
書顧命篇曰迎子剑南門之外延入翼室此之
冀室即露寢矣其下曰大貝鼖鼓在西房垂之
竹矢在東房此則露寢有左右房見於經史者

也禮記喪大記曰君夫人卒於露寢小斂婦人
髽帶麻於房中鄭玄注曰此蓋諸侯禮帶麻於
房中則西南天子諸侯左右房非一同制
露寢則明其左右房闕其左右房見於注者也論
之說還相爭楯通儒之注何其然乎使九室之
徒舉華而爭鋒者豈不由處室之不當哉記云
東西九筵南北七筵五室凡室二筵置五室於
斯堂雖使班倕構思王爾營度則不能令三室
不居其南北也然則三室之間便居六筵之地
而室壁之外裁有四尺五寸之堂焉豈有天子
布政施令之所宗祀文王以配上帝之堂周公
負扆以朝諸侯之處而室戶之外僅餘四尺而
已哉假在儉約為陋過矣論其堂宇則偏而非
制求之道理則未愜人情其不然一也余恐為
鄭學者苟求必勝競生異端以相訾抑云二筵
者乃室之東西耳南北則狹焉余故備論之曰
若東西二筵則室戶之外為丈三尺五寸矣南
北戶外復如此則三室之中南北裁各丈二尺

《魏書傳七十八》　九

耳記云四房兩夾窗若為三尺之戶二尺之窗
窗戶之間裁盈一尺繩樞甕牖之室華門畫寢
之堂尚不然矣假令復欲小廣之則四面之制不為
闊狹不齊東西既深南北更淺屋宇之制不為
通狹之眾塗無算焉且凡室三筵丈八地
耳然則戶牖之間不踰二尺也禮記明堂天子
負斧扆南向而立鄭玄注曰設斧於戶牖之間
而鄭氏禮圖說扆制曰縱廣八尺畫斧文於其
上今之屏風也以八尺扆置二尺之間此之曰
通不待智者較然可見矣且若二筵之室為四
尺之戶則戶牖之兩頰裁各七尺耳全以置之猶
自不容矧復戶牖之間哉其不然二也又復以
世代檢之即虞夏尚朴殷周稍文制造之差每
加崇飾而夏后世室堂脩二七周人之制反更
促狹豈是夏禹卑宮之意周崇一筵便基高九
斯察之其不然三也又玄堂崇一筵便基高九
尺而壁戶之外裁四尺五寸於營制之法自不
相稱其不然四也又云室中度以几堂上度以

《魏書列七十八》　十

遵而復云凡室二遶而不以几還自相違其不
然五也以此驗之記者之謬抑可見矣盛德篇
云明堂凡九室三十六戶七十二牖上負下方
東西九仞南北七延堂高三尺七十二牖也余謂盛德篇
得之於戶牖失之於九室何者五室之制傍有
異術戶牖之數固自矣九室何者論之五帝事
既不合施之時令又失其辰左右之个重置一
隅兩辰同處參差出入斯乃義無所攄未足稱

【魏書列七八　　十一　　元

也且又堂之偹廣裁六十三尺耳假使四尺五
寸爲外之基其中五十四尺便是五室之地計
其一室之中僅可一丈置其戶牖則於何容之
哉若必小而爲之以容其數則令帝王側身出
入斯爲怪矣此匪直不合典制抑亦可哂之甚
也余謂其凡室之言誠亦有由然竊以爲戴氏
聞三十六戶七十二牖弗見其制靡知所置便
謂一室有四戶之窻計其戶牖之數即以爲九
室耳或未之思焉蔡伯喈漢末之時學士而見

重於當時即識其偹廣之不當而必未思其九
室之爲謬更爲偹廣之假其法像可謂爲飾
辭順非而澤諒可歎矣余今省彼眾家委心從
善庶探其東不爲苟異但是古非今俗間之常
情愛遠惡近世中之恒事而千載之下獨論古
制驚駭俗之談延多誚脫有深賞愛樂山水高
尚之情長而彌固一遇其賞悠悠忘歸乃作神
士賦歌曰周孔重儒教莊老貴無爲二途雖如

【魏書列七八　　十二　　朱

異一是買聲兒生平意不愜死名用何施可心
耶自樂終不爲人移脫尋余志者陶然正若斯
延昌四年卒年三十二逌悼惜之其年四門
小學博士孔璠等學官四十五人上書曰竊見
故處士趙郡李謐十歲喪父哀號罷鄰之相
幼事兄恭順盡友于之誠十三通孝經論語
毛詩尚書歷數之術九盡其長州閭鄉黨有神
童之號年十八詣學受業時博士即孔璠也覽
始要終論端究緒授者無不欣其言矣於是鳩

集諸經廣校同異比三傳事例名春秋叢林十
有二卷為瑙等判析隱伏垂盈百條滯無常滯
纖毫必舉通不長通有枉斯斯屈不苟言以達經
弗飾辭而背理辭氣石砋落觀者忘疲每旦丈夫
擁書萬卷何假南面百城送絕跡下幃杜門却
掃棄產營書千冊自冊削卷無重複者四千有餘
矣猶括次專家搜比譙議隆冬達曙盛暑通宵
雖仲舒不闚園君伯之閑戶高氏之遺漂張生
之忘食方之斯人未足為喻謚曾詣故太常鄉

三七四　■魏書傳卅八　十三　王壽

劉芳推問音義語及中代興廢之由芳乃歎曰
君若遇高祖侍中太常非僕也前河南尹黃
門侍郎甄琛內贊近機朝野傾目于時親識求
官者咸云趙郡李謐躭學守道不悶于時常欲
致言但未有次耳諸君何為輕自娛衒謂其子
曰昔鄭玄盧植不遠數千里詣扶風馬融今汝
明師甚邇何不就業也又謂朝士曰甄琛行不
魄時但未薦李謐以此負朝廷耳又結宇依巖
憑崖鑿室方欲訓彼青衿宣揚墳典異西河之

教重興北海之風不墜而祐善空聞暴疾而卒
邦國銜殄悴之痕儒生結榱梁之慕況璠等或
服議下風或親承旨師儒之義其可黙乎事
奏詔曰謚屢辭音旨師儒隱之操深可
嘉美可遠傍惠康近準玄晏謚曰貞靜處士并
表其門閭以旌高節遺謁者華冊於是表其門
曰文德里曰孝義云

鄭脩北海人也少隱於岐南几谷中依巖結宇
獨處淡然屏迹人事不交世俗耕食水飲皮冠

■魏書傳卅八　古　孫琦

草服雅好經史專意玄門前後州將每徵不至
岐州刺史魏蘭根頻遣致命脩不得已暫出見
蘭根尋還出舍蘭根申表薦脩蕭宗詔付雍州
刺史蕭寶夤訪實以聞會寶夤作逆事不行
史臣曰古之所謂隱逸者非伏其身而不見也
閉其言而不出也非藏其智而不發也蓋以恬
淡為心不躁不昧安時處順與物無私者也眭
夅輩志懷綢繆晃畢志丘園或隱不違親貞不絕
俗或不教而勸虛往實歸非有自然純德其孰

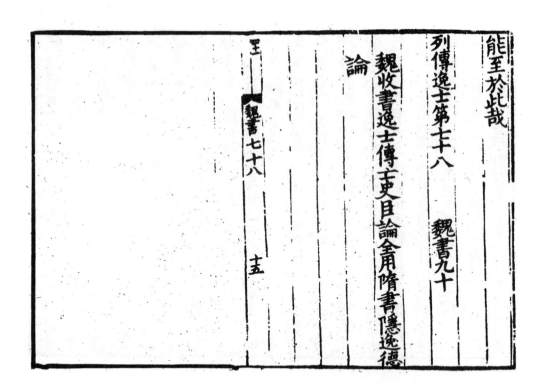

能至於此哉

列傳逸士第七十八　　魏書九十

論

魏收書逸士傳主更目論全用隋書隱逸德